来新夏学记

《来新夏学记》 编委会 编

广东人民出版社
· 广州 ·

图书在版编目（CIP）数据

来新夏学记/《来新夏学记》编委会编. —广州：广东人民出版社，2023.6
ISBN 978-7-218-15626-2

Ⅰ.①来… Ⅱ.①来 … Ⅲ.①来新夏–纪念文集 Ⅳ.①K825.46-53

中国版本图书馆CIP数据核字（2021）第276453号

LAI XINXIA XUEJI
来新夏学记
《来新夏学记》编委会 编

出 版 人：肖风华

责任编辑：王俊辉
装帧设计：奔流文化
责任技编：吴彦斌 周星奎

出版发行 广东人民出版社
地 址：广州市越秀区大沙头四马路10号（邮政编码：510199）
电 话：（020）83796809（总编室）
传 真：（020）83289585
网 址：http//www.gdpph.com.
印 刷 广州市人杰彩印厂
书 号：ISBN 978-7-218-15626-2
开 本：787mm×1092mm 1/16
印 张：45.75 字 数：800千
版 次：2023年6月第1版
印 次：2023年6月第1次印刷
定 价：288.00元

如发现印装质量问题影响阅读，请与出版社（020-85716849）联系调换。
售书热线：（020）87716172

《来新夏学记》编委会

柴剑虹　李广生　王振良

焦静宜　王红勇　徐建华

莫建来　刘小军

著名历史学家、方志学家、图书文献学家——来新夏

来新夏（1923—2014），浙江萧山人。1942年考入北平辅仁大学史学系，师从陈垣、张星烺、余嘉锡、启功诸名师，在抗战最艰苦的条件下，发愤读书，连续四年以优异成绩获得一等奖学金而得以完成学业。1946年大学毕业后，曾在天津担任中学教师。1949年1月天津解放，被民青组织保送到华北大学第二部学习，从此参加革命工作。同年9月分配至范文澜先生主持的历史研究室读研究生，主攻中国近代史。1951年奉调到南开大学，由助教循阶晋升为教授。曾同时担任南开大学校务委员会委员、校图书馆馆长、图书馆学系系主任、南开大学出版社社长兼总编辑。1992年被评定为享受国务院政府特殊津贴专家。生前任教育部古籍整理研究工作委员会地方文献研究室主任、北京大学中国古文献研究中心兼职教授。社会兼职有中国近现代史史料学学会名誉会长、中国地方志学会学术委员、全国高校图书情报工作委员会常委、文渊阁本《四库全书》学术委员会委员、北京大学《儒藏》精华编编纂委员会顾问、天津地方志编纂委员会顾问、美国俄亥俄大学图书馆顾问等。

来新夏主要从事历史学、方志学和图书文献学研究，他治学严谨，功底深厚，研究成果宏富，且多为开创之作。如《北洋军阀史略》、《古典目录学浅说》、《方志学概论》、《天津近代史》、《中国古代图书事业史》、《中国近代图书事业史》等都是新中国成立后相关学科的第一部著作，并由此开启了学术研究的新领域。来新夏的每一项研究都具有很强的持续性和精益求精的探索性，如《北洋军阀史》、《林则徐年谱长编》、《近三百年人物年谱知见录（增订本）》、《清人笔记随录》、《书目答问汇补》等著述都历经几十年不断修订增补，日臻完善，始终保持学术领先地位，因此以"纵横三学，自成一家"享誉于

学界。其学术成果曾先后获得教育部颁发的第三届全国高校人文社会科学研究优秀成果奖历史学二等奖、中国图书馆学会第二届图书馆学情报学学术成果奖著作一等奖、中国图书馆学会优秀科研成果特别奖、2011年度全国优秀古籍图书奖一等奖、国家科委颁发的科技情报成果三等奖、天津市社科优秀成果奖荣誉奖以及日本文部省国际交流基金奖等多种奖项，并多次被列入世界名人录。鉴于来新夏"在图书馆领导期间的卓越业绩以及在学术领域取得的众多优秀成果和推动中外国际交流所做出的努力"，经过世界各地图书馆人的提名评选，美国华人图书馆员协会特授予他2002年度"杰出贡献奖"，这是新中国成立以来我国被授奖的第二人。

来新夏一生以教书育人为职志。自1951年始在南开大学历史系任教，其间，曾开设多门专业课程，作育大批优秀人才。"文革"结束后，1979年在南开大学分校独力创办图书馆学专业，1983年在总校筹办图书馆学系，并于1984年秋开始招生，翌年即获设硕士点，为当时全国该学科五个学科点之一。由于业绩卓著，1984年被评为天津市劳动模范。来新夏重视培养人才，并提倡"通才"教育，曾同时招收历史学和图书馆学专业研究生。他选拔严格，指导认真，热情扶植和奖掖人才成长。他重视教学工作，且擅长课堂教学，1985年获南开大学教学质量奖一等奖。1989年被评为天津市高校系统优秀教师。他在教学实践中开创了图书文献学领域"三史合一"的新课程模式，成为本学科教学的范例。他根据专业发展趋势提出了人才培养"三层楼"制模式，是改革开放后我国图书馆学教育思想库的重要来源之一，从而成为图书文献学人才培养"南开模式"的创立者。

来新夏是开创新中国地方志编修事业的积极推动者和实干家，他参与制定条例，培训全国编志骨干，并深入基层，对地方志编纂的具体工作深究细研，其亲自指导过的全国200余部新修志书中有50余部佳志获国家或省部级奖。他在实践中认真研究方志学理论，并撰著多种相关著述，为建立中国新编方志学体系和方志事业的发展作出了卓越贡献。

来新夏一生笔耕不辍，有学术专著30余种面世及古籍整理多种，其中北洋军阀史、古典目录学等著述被译介到日、韩等国。他晚年尤以学术随笔著称，用学术随笔的形式把知识化艰深为平易，以"反哺民众"，成文800余篇，结集30余种，实现了"有生之年，誓不挂笔"的志愿。

《南开学术名家志》，见《南开学报》（哲学社会科学版）2014年第3期

代序：学海无涯，来公飞舟

柴剑虹

庚子金秋，焦静宜老师发来正在编辑中的《来新夏学记》目录与王振良先生为之撰写的《弁言》，嘱我撰序。来公为恩师启功先生任教辅仁时大弟子，我以师叔敬之；又承继杭州萧山来氏悠长文脉，吾又以前辈乡贤仰之。为序实不敢当，然又难违静宜女史之命，乃勉力拟此短文充作代序。

来公治学，诚如振良《弁言》所叙"学问渊深、纵横三学、旁及百家"，可圈可点处甚多，非我等学识浅陋者能够评述。我自上世纪九十年代起经启功师指点，方初识来公，遂得以亲炙教诲，最深切的感受是他的博闻求精、勤奋笔耕、热忱待人，且老而弥坚，传薪不倦、壮心不衰。所以启功先生致贺来公八十华诞的七言诗首联即云："难得人生老更忙，新翁八十不寻常。"记得启功先生让我将此诗交给来公时，我细细寻思诗句中"难得"、"更"、"不寻常"这几个字的含意，就觉得恩师对来公晚年的评述不仅极为准确，而且是心心相印、惺惺相惜的！启功先生暮年时，曾多次临写颜鲁公所书帖"行百里者半九十，言晚节末路之难也。"将它作为警示自己的治学指南。来公九十周岁时，即以《难得人生老更忙》为题写了一篇文章，叙说他对"行百里者半九十"的理解"是对人生的一种警悟，千万不要以为九十就快到终点，其实只不过走了一半。后一半怎么走？是对人生的考验。"来公一生，履津八十载，经受狂风暴雨洗礼，甚至火海炼狱锤冶，初心始终不变，晚节愈加坚韧，交出了一份完美的人生答卷。

作为编纂和研究传统学术思想史的"学案"体著述，源自佛家《传灯录》，经宋明理学之孕育，始创于明末清初黄宗羲、全祖望等编撰的《明儒学案》、《宋元学案》等著作，其实是记述、评论和考镜学者及其学术源流和成就的案例。这些儒家大学者撰著的"学案",当然也颇多精彩纷呈、启发心智的案例。然而,我感觉那些被评述学者的治学领域均不及来公之广,治学时间大多亦不及来公之长,且由于时代和立场的局限,编撰、评述者的眼光较为狭窄,理论不免偏颇,资料仍嫌单薄。我想,这恐怕也是静宜女史、振良先生不用"学案"而改用"学记"命题此书的一个原因吧。

本《学记》,厘为综说、治史、研志、文献、育才、变法、淑世、影响、传薪九编,大致涵盖了来公治学的领域及其在学界的影响力;所收录近百篇文章的作者,包括现当代我国文史界老、中、青三代专家学者;虽内容各有侧重,文章风格多样,篇幅长短不同,但对来公人格魅力的敬仰、学术思想及治学方法与成就的推崇,却是完全一致的。我这里特别要提请学林读者关注其中"变法第六"里的几篇宏文,作者吴小如、邵燕祥、朱正、宁宗一、施宣圆、徐雁等都是学界的领军人物,其中吴、邵二位已经仙逝,朱、宁年届九十,他们撰文肯定来公的"衰年变法",实非寻常。这启示我们应该改变一些学人的一种"成见",即认为学界老人是"保守"、"守旧"的代名词,与"创新"无缘。这其实是对"创新"的误解,是对"文化传承"规律缺乏正确的认识。创新必须遵循学术规范,而学术规范的形成,必须依靠一代又一代学人的实践与积累。老一辈专家学者,学养丰厚,功底扎实,常常是积薪冶炼至炉火纯青,数十年磨一剑,最具备推陈出新的基础、意愿与条件,故称为"衰年变法"。来公晚年对近代史学与图书馆学、方志学的发微,很好地体现在他撰写的大量随笔之中,而他自述写作随笔的宗旨,是"观书,窥世,知人",其随笔内容广泛,行文既洒脱自如,又颇具兴味,且不乏时弊针砭,新意迭出。这一些,我们不妨在研读上述诸君的文章时,再仔细阅读《来新夏随笔自选集》(上海人民出版社2015年4月版),即可明了。

作为企望突破"学案体"原有框架的《来新夏学记》,其中各编的内容也是互有渗透、贯通一气的。学海无涯,来公飞舟。其皇皇巨著,凝为度吾辈学人之金针,功德无量。我认为,一部学术史著作的宗旨,既要有个案实例的阐述,也需要对学术源流、治学氛围、治学方法、成果特色、学术影响的准确而中肯的评析。本"学记"是否达到了这个要求,期盼读者诸君当能在阅读中自行评骘,提出宝贵意见。

（2020年10月10日于乌鲁木齐市）

弁言：树帜来学　冀望来哲

本卷述萧山来新夏先生学术，因以"学记"名之。先生米寿之年，学界即有"来学"倡议。今先生归道山已逾六载，关于弢盦之学研读益进。绍兴孙伟良氏《来新夏著述经眼录》既肇其端，而此学记之辑或可树帜助澜也。

先生学问渊深，纵横三学，旁及百家，宗风屡树，涓流归海，为综说第一。

先生规步迁固，寄情少穆，探赜北洋，董笔直书，山林继立，为治史第二。

先生放眼职方，规划琢磨，著书立说，因时而动，探旧启新，为修志第三。

先生穷于目录，究于版本，敏于校雠，悠游坟典，寄情索丘，为征献第四。

先生创系南开，立于石渠，役于梨枣，图书事业，臻于大成，为育人第五。

先生晚岁精勤，砚耕舌耘，誓不挂笔，衰年拓土，反哺民间，为变法第六。

先生立身以德，嘉言懿行，允称模范，发覆成文，泽被广远，为淑世第七。

先生立学以道，文章寿世，播誉宇内，非借秋风，其声自远，为影响第八。

先生存亡继绝，学而不厌，诲人不倦，植桃树李，英华可掇，为传薪第九。

如是九篇述罢，来学或略得彰显。然此仅其端绪也，至若博大精深，可旁推侧及者，既远且众，稽逸勾玄，探幽阐微，则尚有待于来哲也。

庚子立冬之日杜鱼拜撰于沽上饱蠹斋

目 录

育人第五

变法第六

淑世第七

传薪第九

综说第一

来新夏先生学术述略

王振良*

【摘要】来新夏是南开大学著名教授，是最后一代1949年之前完成高等教育的知识分子，在历史学、方志学、文献学"三学"研究方面都取得突出成就。本文将其七十多年治学历程，划分为启蒙、奠基、鼎盛、升华四个时期，剖析其学术渊源和学术思想的发展脉络，以及其通过"衰年变法"实现的自身学术超越，对当代学人不无启发意义。

【关键词】来新夏；三学；学术思想；衰年变法

来新夏先生（1923—2014）是南开大学教授，主要从事历史学、方志学和文献学的教学与研究，并在三方面都取得了突出成就，被誉为"纵横三学"①的著名学者。来新夏离休之后，又致力于学术随笔的写作，短小精悍且又纵横捭阖，将其毕生学术之精髓播撒给普罗大众，并在此基础上实现了一种质的超越，延续和升华了个人的学术生命。来新夏的学术兴趣广、史料繁、开掘深，全面评价远非本文所能承担，在此谨就个人阅读和了解，作一些印象式述评——前人关注较多的这里从略从简，而对学者着墨尚少之处则稍为详述，以期使人们认识一个更

---

* 王振良，天津师范大学新闻传播学院教授、《今晚报》原高级编辑。

① 2018年9月12日作者向来新夏夫人焦静宜问询，此说最早出自中国政法大学教授杨玉圣书赠来新夏条幅，具体年月已难于考实。

加立体本色的学术的来新夏。

来新夏，号弢盦，斋名邃谷。祖籍浙江省萧山县长河乡（今杭州市滨江区长河街道），1923年生于杭州市中城三元坊。1946年毕业于辅仁大学史学系，师从陈垣、张星烺、余嘉锡等问学。1949年入华北大学第二部学习，后分配在该校历史研究室，为范文澜教授的研究生，专门攻读中国近代史。1951年调南开大学历史系任教，先后担任南开大学校务委员及图书馆学系主任、图书馆馆长、出版社社长兼总编辑等，并长期兼任南开大学地方文献研究室（直属教育部古籍整理研究工作委员会）主任直至离世。社会兼职主要有中国近现代史史料学学会名誉会长、文渊阁本《四库全书》学术委员会委员、天津市地方志编修委员会顾问等。

来新夏在南开大学分校和总校先后创办了图书馆学专业和图书馆学系并担任主任，还任过南开大学图书馆馆长。鉴于其在做图书馆领导工作期间的卓越业绩，在相关学术领域的众多优秀成果和推动国际交流所作出的努力，2002年美国华人图书馆员协会（CALA）特别授予其"杰出贡献奖"。

来新夏治学黾勉勤奋，去世前夕依然笔耕不辍。他的著述可谓林林总总，在诸多领域都有着开创性的成果——如历史学方面的《林则徐年谱》、《近三百年人物年谱知见录》、《北洋军阀史》、《天津近代史》等，方志学方面的《方志学概论》、《中国地方志》、《中日地方史志比较研究》等，文献学方面的《古典目录学》、《中国图书事业史》、《清人笔记随录》、《书目答问汇补》等。其晚年大量撰写学术随笔，汇编成集的有《冷眼热心》、《路与书》、《依然集》、《枫林唱晚》、《一苇争流》、《来新夏书话》、《出枥集》、《只眼看人》、《邃谷师友》等二十余种。

来新夏1940年前后读高中时，即开始发表各类文章，学术生涯综计超过七十年，这在当代学人中应该说是十分罕见的。这七十多年的治学经历，大体可以划分为四个时期，即1948年之前的启蒙期，1949年至1978年的奠基期，1979年至1996年的鼎盛期，1997年至2014年的升华期。下面就从这四个时期入手，对来新夏的学术作简略概述。

一、启蒙期：传统文化的砥砺（1948年之前）

来新夏是最后一代在1949年之前完成高等教育的知识分子。虽然这一代人

1949年以后大都经历坎坷，但因他们比较完整地接受过中国传统教育和西方现代教育，学术基础扎实牢固，学术眼光宏阔深远，因此不少人在二十世纪八十年代和九十年代进入学术盛期。来新夏的早期学术启蒙，就是在传统教育和西方教育的双重引领下完成的。

（一）祖父的启蒙

来氏是长河望族，门第书香不断，家学渊源有自。"长河是该地区最早居民聚集点，来氏从南宋以来一直是这里的大族，出了不少读书人和官员，有九厅十三堂的设置，至今尚遗存有光裕堂和绪昌堂等祖屋。我祖父长期在绪昌堂居住。我就是萧山来氏二十六世孙。"①

来新夏的祖父来裕恂是清末秀才，他饱读诗书，对来新夏的学术事业有着重要影响。在接受媒体访谈和有关文字中，来新夏屡屡提到这一点。来裕恂（1873—1962年），字雨生，号匏园。少攻经史诸子，光绪十六年（1890年）在杭州西湖诂经精舍肄业，得经学大师俞樾青睐，称其颇通许郑之学。光绪二十九年（1903年），入日本弘文书院师范科学习，次年主横滨中华学校教务。旋归国，应蔡元培之约加入光复会。辛亥革命后，长期从事教育教学工作。1927年，以浙江省民政厅长马叙伦征荐，出任绍兴县县长。然因不善敛财逢迎，在职仅六个月即辞官。中华人民共和国成立后，受聘为浙江省文史研究馆馆员。撰有《汉文典》、《中国文学史》、《萧山县志稿》、《易经通论》、《匏园诗集》及《续集》、《杭州玉皇山志》等。来裕恂认为"读书种子应传砚"②，因此对长孙来新夏精心培养。在祖父的监督与教诲下，来新夏受到了比较良好的国学启蒙教育。1927年春节，来新夏刚刚五岁即发蒙读书，以《三字经》、《百家姓》、《千字文》、《千家诗》为序，朝诵夕读，一年半卒业。来裕恂不但给来新夏讲解"三百千千"和《幼学琼林》、《龙文鞭影》等蒙学读物，传授地方掌故与名人逸事，还让来新夏拿市面上的粗陋读本与好的版本对读，以提高文献鉴别能力。来新夏后来涉足方志学和文献学两大领域，与来裕恂撰写《萧山县志稿》及版本目录学启蒙教育可谓密切相关。

---

① 来新夏：《烟雨平生·我的家庭》，《80后》，哈尔滨：北方文艺出版社，2008年，第3页。

② 来裕恂：《六月十一日接家书知初八日添孙喜而赋此》，《匏园诗集》卷三十五，天津：天津古籍出版社，1996年，第672页。

来新夏回忆道："我是祖父的长孙，生活上备受宠爱，但他对我的教育很严格。七岁以前，我一直随侍在祖父的身边，从祖父读书。第一课是接受传统的蒙学教育。祖父虽属于新派人物，但对传统的启蒙教育依然是一丝不苟。他强制我这个六七岁的孩子按三、百、千、千的顺序去读、去背诵，甚至采取'跪香'的办法来强迫我跪在那里来完成日课，一支香点完必须背出几行几段。当时，我感到十分苦恼和无奈；但是，随着时间的推移，我渐渐理解为什么一位思想先进的知识分子非要如此苛求儿孙们接受传统的启蒙教育的老辈苦心。后来，我之所以能够言而有物，谈吐不俗，又颇感得益于这段'幼而学'的启蒙教育。"①

来新夏还回忆说："祖父的学问和为人对我影响都很大。我幼年时期是在祖父身边成长的，他指导我读了很多蒙学读物，什么《三字经》、《百家姓》、《千字文》。直到我离开祖父随父亲到了北方，祖父还不断写信教导我应该读什么书。"②这种"通信教学"的方式，使得来新夏在离开祖父之后，仍能得到及时的点拨。他认为，祖父"以通信方式为我改文章，讲书理。在我入中学那一年，他亲为我从《古文观止》中选了几十篇，毛笔楷书，装订成册，并亲署《古文选萃》，后来又选过《唐宋诗词选》，命我细读精读，对我日后操笔作文有很大帮助"③。

（二）名师的熏陶

在接受祖父的传统私塾式教育之后，来新夏随着父亲来大雄工作的调动，在颠沛辗转中完成了正规的小学和中学教育。1929年，父亲供职北宁铁路局，来新夏由杭赴津，入扶轮小学读一年级。1931年，来新夏随母暂返萧山，入西兴铁陵关小学读三年级。1932年又到天津，入究真中学附小读四年级。1933年因父亲调职，再转南京新菜市小学读五年级。1935年考入金陵大学附中。1936年父亲重回北宁铁路局工作，来新夏进入天津究真中学重读初中一年级。1937年入旅津广东中学，直至1942年考入北平辅仁大学。因为迁徙不定和异乡孤独，来新夏需要不断熟悉新生活，适应新环境，使他的学习成绩平平。金陵大学附中期间，竟然两门课不及格，受到留级处分，灰溜溜地北归，到天津重读初中。抗战爆发后天津

---

① 来新夏：《烟雨平生·我的祖父》，《80后》，第13—14页。
② 田志凌：《访来新夏先生》，《南方都市报》2006年10月19日。
③ 韩淑举：《人生也就如此——访南开大学教授来新夏先生》，《山东图书馆学刊》2010年第4期。

沦陷，少年来新夏流亡意租界，最后随全家定居法租界，并考入旅津广东中学，这才得到五年较为安定的生活。其时来新夏"知耻而后勇"，加上遇到名师点拨，学习成绩很快冲到班级前列。

接受小学和中学教育时，来新夏遇到不少十分合格的教师，对他后来的学术生涯产生了潜移默化的影响。读南京新菜市小学时，有一位博闻强记、口若悬河、知识渊博的历史教员张引才先生，使来新夏对读史产生浓厚兴趣，并经常逃学到玄武湖畔狂读小说，享受自由无束快意的同时，不断拓展着少年的视野。进入旅津广东中学后，他又遇上学养深厚、藏书甚丰的国文教师谢国捷先生（历史学家谢国桢堂弟），在其引导、指点和帮助下，来新夏如饥似渴地阅读《史记》、《汉书》、《后汉书》、《三国志》、《十七史商榷》等。来新夏深情回忆过谢国捷对他的影响："谢老师当年住在他久居天津的五堂兄家，这是坐落在现在马场道和昆明路转角路北的一座高级楼房，家富藏书。我常通过谢老师的关系在这里看书、借书。我读了许多史书，并就近得到谢老师的指导，师生间的情意日进。谢老师除在课堂上传授给我们许多文学史和国学方面的基础知识外，在私下交谈中更给我不少书本中难以得到的掌故和见闻。这些对我日后能参与学术工作，起到不可估量的奠基作用，使我一生受用不尽。谢老师对我期望甚高，为了在我未冠之年就能初窥学术之门，他和我反复研究，为我确定《汉唐改元释例》这一课题，完完整整地为我讲了搜集资料、排比考证、论述行文诸方面应有的知识和方法。经过一年多的努力，终于在我十九岁高中毕业那年，完成我第一篇学术论文，其中不知耗费了谢老师多少心血。"[1]这篇论文后来经过陈垣先生的指点，成为来新夏的大学毕业论文。《汉唐改元释例》完稿前后，来新夏还相继在报刊上发表有《诗经的删诗问题》、《谈文人诔墓之文》、

1941年，来新夏在旅津广东中学读高中二年级

---

[1]　来新夏：《怀念谢国捷老师》，《80后》，第110—111页。

《桐城派的义法》、《清末的谴责小说》、《清末小说之倾向》、《记近事丛残》和《邃谷楼读书笔记》等文章，多刊于《庸报》和《东亚晨报》副刊上，其文史才华崭露头角。天津市地方史研究者侯福志，在1948年11月出版的《天津教育月刊》创刊号上，还找到一篇来新夏的法文译作《中学生的回忆》。此外，高中时代的来新夏，曾经短暂地追随谢宗陶（谢国捷之父）、王汉章（原名王崇焕，王懿荣之子）等学习甲骨、金石、经史等国学知识。谢宗陶、谢国捷和王汉章，虽然都非声名卓著的大学者，但均可算是学有专长的饱学之士，他们对来新夏后来学术事业的影响无疑都是积极的。

从前述的早年文章中，我们还可以看出，高中时代的来新夏涉猎是十分广泛的，同时也不难发现其兴趣所至、率性为之的特点。来新夏的这种学术状态，虽然尚处在自发、朦胧和泛化的状态，但却为其奠定了宽阔的学术视野，此后经过名师大家的引导，不断走向成熟。

（三）大家的点化

1942年8月，来新夏以优异成绩考上北平辅仁大学，9月正式进入史学系就读，受业于陈垣、余嘉锡、张星烺、朱师辙、启功、赵光贤、柴德赓诸先生。早年成功的学术启蒙，再加上四年的正规专业训练，使来新夏奠定了深厚的国学基础。辅仁四年可以说是他收获最大的四年，对其以后的人生之路与学术之途影响至巨。尤其是作为入室弟子，他得到陈垣先生的亲自指点，加以与其他师友的切磋探讨，来新夏的学术根底不断强化。

来新夏进入大学时，日本已经发动太平洋战争，北平的大学不是改成敌伪大学，就是因英美背景而遭到封闭，只有辅仁大学因是德国教会主办，而德国与日本是盟友，所以形式上保持着独立，许多知名学者由此纷纷应聘于辅仁。来新夏回忆说："我刚入学就受到名师效应的困扰，既不肯放弃受业名师之门的机遇，但又被每学期选课学分所限，只好分先后选自己喜欢的课程。四年中，我选读了许多由名师讲授的课程。虽然我因努力不够，没有达到高徒的水准，但是这四年的修业却使我一生受用不尽。有几位名师对我的教诲之恩也是终生难忘的。"[①]在这篇文章中，来新夏还详细谈到对他影响最大的三位名师。

第一位名师是张星烺先生。他是历史系主任，选课单必须由他签字，"他除了开设'中西交通史'课程外，还开设'秦以前史'、'宋辽金元史'。由于他

① 来新夏：《烟雨平生·师恩难忘》，《80后》，第41页。

中西淹贯，文理交融，所以听亮尘师的课比较难，有时英、德、法语的语词，甚至化学方程式都会同时出现于黑板，乡音又重而快，笔记很难当堂记全，需要课后相互对证，才能大致完整"①。

1946年大学毕业前夕陈垣师题赠的扇面

第二位名师是余嘉锡先生。来新夏选修的"目录学"是中文系一年级课程，余既是授课教师，又是中文系主任，因此来新夏得以亲聆教诲，"他的课讲得很好，虽带有湖南乡音，但口齿清晰，手不持片纸而滔滔不绝，侃侃而谈，如数家珍，使人若饮醇醪，陶醉于这门形似枯燥而内涵丰富的课程中。这门课规定以清人张之洞的《书目答问》为基本教材，余师要求我们准备范希曾的《书目答问补正》作课本，分二年按四部循序讲授。这是我第一次接触到《书目答问补正》这个书名。当时，我幼稚得以为由此就可以进窥古典目录学的堂奥。孰知展卷一读，只是一连串鳞次栉比的书名，彼此毫无关联，读之又枯燥乏味，昏昏欲睡；不过，还是硬着头皮通读了一遍。但久久不得其门，遂求教于先

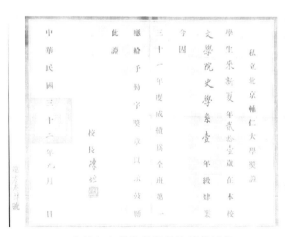

在辅仁大学读书期间的获奖证书

① 来新夏：《烟雨平生·师恩难忘》，《80后》，第42页。

生。先生告我再通读一遍，注意字里行间，并嘱以姓名、著作为序反复编三种索引，即可掌握其七八。归寓试作，果如所言"①。

第三位也是对来新夏影响最大的名师是陈垣先生。他对来新夏的本科毕业论文给予了直接且具体的指导，"在临毕业那年，我把读高中时在陈师《史讳举例》一书启示下仿作的《汉唐改元释例》一文的文稿，恭恭敬敬地用墨笔小楷誊清，诚惶诚恐地送请陈师审正，他……同意我把它作为毕业论文的初稿。我在陈师的亲自指导下，认真修改，终于成为被陈师认可的一篇毕业论文"②。来新夏一直非常珍惜这篇论文，手写两个副本保存，所以虽经"文革"之火，仍然有一份幸存下来。又经过四十多年，在1990年陈垣诞辰一百一十周年纪念会上，来新夏原样不动地将耗费过陈垣先生心血的习作奉献出来，留下了师生情谊的可贵记录。

南开大学教授徐建华，在总结其老师来新夏的学术思想时，从三个方面论述了陈垣对来新夏的影响：第一是陈垣先生的学术风骨，使来新夏在1949年后历次运动中遭受不公正待遇时，仍能治学不辍；第二是陈垣先生作为学者肯于为人作嫁，编制工具书的思想与做法，为来新夏一生提倡并身体力行；第三是陈垣先生将做人与治学结合起来，注重仪容，书写端正，来新夏也是如此，从来不以不修边幅自喜，面对学生时更是一丝不苟。③

关于陈垣先生为人作嫁，来新夏有过专门忆述："大学者往往喜欢作'为己'之学，把毕生精力专注于他所钟情的题目和领域内，不屑做为他人服务的学问，包括像编工具书这样的重要工作，甚至有些号称'学者'的人也以编工具书为小道，不仅不屑为，还歧视甘为人梯的学者。陈师则不然，他把'工具'提到与'材料''方法'共为治学三大要件的高度，不为俗见所扰，深刻地指出'兹事甚细，智者不为，不为终不能得其用'的道理，足以振聋发聩。以他这样一位智者甘愿去为'智者不为'之事，实在难得。他更身体力行地亲手编制过《中西回史日历》和《二十史朔闰表》等等嘉惠几代学者的大型工具书。这种精神也影响了他的学生，就以我为例，我的一点微不足道的学识，视陈师的学术造诣诚若小溪之望大海，惟独于工具书一道，我一直奉行师教。我曾历时二十余年，中

---

① 来新夏：《烟雨平生·师恩难忘》，《80后》，第43页。
② 来新夏：《烟雨平生·师恩难忘》，《80后》，第50页。
③ 徐建华：《我的老师来新夏》，《蓬谷主人速写》（《天津记忆》第54期），天津市建筑遗产保护志愿者团队，2010年，第13页。

经艰难的年代，重写被毁手稿达数十万字，终于撰成《近三百年人物年谱知见录》，呈献于学术界，虽不能达到陈师水平的高度，但自以为惟此一点，尚可称无负师教。"[1]这部《近三百年人物年谱知见录》在2010年出版了增订本，内容增加整整一倍。

1946年5月，来新夏以优异成绩毕业于辅仁大学史学系，获得文学士学位，随即回到天津谋职。赋闲家居期间，集中精力续读二十四史。1948年2月，应聘至天津新学中学任教，成为其从事教育教学工作的开端。

二、奠基期：科学方法的指导（1949—1978年）

经过1948年以前的传统教育和现代教育的启蒙，1949年1月天津解放直至1978年，成为来新夏学术的全面奠基期。其间他接受马克思主义科学方法的指导并积极实践，形成了数部早期著作，此后他在种种曲折磨难中仍然读书不辍，虽然失去近二十年发表文章、出版著作的权利，但其勤学博识，为新时期"三学"的"厚发"打下扎实基础。这个时期又可以大致划分为前后两个小的阶段。

（一）锻炼中成长

第一个阶段为1949年至1959年，是来新夏在"锻炼中成长"，学术研究初露峥嵘的时期。中华人民共和国成立之后，来新夏的思想也逐渐转变，开始接受马克思主义的新理论和新方法，从事以近代史为主的研究，同时进行了一些基础性资料工作，大大扩张了学术视野，丰富了文献基础。当然，这个阶段的研究也不可避免地带有时代的影响，如阶级斗争和阶级分析痕迹明显，使得相关的研究和结论，在今天看来既有方法论上的优势，同时也带有一定的偏颇。

天津解放后，来新夏的命运随之发生重大转折。他热切地投身于新的革命工作。1949年3月，被天津民青组织保送到华北大学，接受南下工作的政治培训；9月份结业时，因其有历史专业的经历，被留在华北大学历史研究室，师从范文澜教授从事研究，成为新中国培养的第一代中国近代史研究生。范文澜先生的治学精神，给来新夏以深刻且深远的影响。范时任华北大学副校长兼历史研究室（1950年改为中国科学院历史研究所第三所，是中国近代史所前身）主任，他对

---

[1] 来新夏：《烟雨平生·师恩难忘》，《80后》，第47—48页。

弟子的文章格外"挑剔"，使得大家都心存敬畏。他根据每个人不同情况分配任务，要求来新夏从原来攻读的汉唐史转向中国近代史。

来新夏说："解放后，我又在华北大学历史研究室从师范文澜教授，做中国近代史方向的研究生，学习新的理论和方法。我和几位同被分配到研究室的同志初次晋见范老时，范老就语重心长地为我们讲述了坐冷板凳和吃冷猪肉的'二冷'精神，勉励我们勤奋求成，范老晚年把这种'二冷'精神又化作一副名联：'板凳宁坐十年冷，文章不写半句空'，不仅使我们终生受益，在学林中也传诵颇为久远。"[①]在范文澜、荣孟源二位先生的直接指导下，1950年2月，来新夏完成《太平天国底商业政策》，为其试用新立场、新观点、新方法所写的第一篇论文，也是他在中国近代史领域中的第一篇论文（后收入三联书店《太平天国革命运动论文集》）。范文澜先生等谨严缜密、求实务真的学风，成为来新夏一生努力和坚持的方向。

师从范文澜先生期间，来新夏还参与了整理北京所藏北洋军阀档案的全过程，使他成为新中国最早的档案工作者之一，同时还被引入一个全新的学术领域。来新夏说："当时历史研究室的主要研究工作就是从整理北洋军阀档案入手。这批档案是入城后从一些北洋军阀人物家中和某些单位移送过来的藏档，没有做过任何清理和分类。这批档案有百余麻袋，杂乱无章，几乎无从下手。每次从库房运来几袋就往地下一倒，尘土飞扬，呛人几近窒息。当时条件很差，每人只发一身旧紫花布制服，戴着口罩，蹲在地上，按档案形式如私人信札、公文批件、电报电稿、密报、图片和杂类等分别打捆检放到书架上。""大约经过两个多月的时间，清理麻袋中档案的工作告一段落，为了进入正规的整理工作，研究室集中十来天，让我们读一些有关

2006年4月1日，来新夏出席绍兴名贤馆开幕仪式，在范文澜师像前留影纪念

---

① 来新夏：《烟雨平生·师恩难忘》，《80后》，第52页。

北洋军阀的著作。我虽是历史专业出身，但在大学时除了读过一本丁文江的《民国军事近纪》外，所知甚少，就乘此阅读了一部分有关著述。下一阶段的整理工作主要是将初步整理成捆的档案，按政治、经济、文化、军事四大类分开。每个人把一捆捆档案放在面前，认真阅读后，在特制卡片上写上文件名、成件时间、编号及内容摘要，最末签上整理者的名字，然后分类归架。因为看得仔细，常常会发现一些珍贵或有趣的材料，我便随手札录下来。"正是这个"随手札录"的习惯，使得来新夏既增长有关学识，也引起追索兴趣，"有时便在第二天去追踪原档，了解具体内容。前后历经半年多的整档工作，虽然比较艰苦，但却不知不觉地把我带进了一个从未完全涉足过的学科领域，它成为我一生在历史学领域中的中心研究课题"①。

1951年春，应南开大学历史系主任吴廷璆之请，范文澜先生同意来新夏到南开大学任教。进入南开大学前后，来新夏的学术活动也逐渐活跃起来，他撰写、编纂、翻译的一系列著述陆续出版，留下"锻炼中成长"印记的同时，也为其学术领域的拓展和深化预留了足够的空间。

1950年12月，来新夏有感于抗美援朝战争的爆发，撰成《美帝侵略台湾简纪》一稿，经范文澜先生审阅后，1951年8月由天津《历史教学》月刊社出版。这部仅有2.5万字的书稿，成为来新夏最早独立完成并出版的著述。1956年1月，通俗读物出版社出版了来新夏编写的《第二次鸦片战争》。1957年1月，南开大学历史系中国史第三教研组油印了来新夏编写的《中国近代史参考资料》。1957年12月，湖北人民出版社出版了来新夏、魏宏运编的《第一次国内革命战争史论集》。1958年3月，三联书店出版了来新夏等翻译的《美国是武装干涉苏俄的积极组织者与参与者》。1959年，为向国庆十周年献礼，他还与张文轩合作完成京剧《火烧望海楼》的创作，

1973年，来新夏在津郊翟庄子下放劳动时的读书笔记

① 来新夏：《烟雨平生·笔耕舌耘》，《80后》，第54—55页。

1960年2月由百花文艺出版社出版，列入《河北戏曲丛书》中。

在这一阶段，来新夏出版的最重要学术著作是《北洋军阀史略》。1952年，来新夏在南开大学的讲稿《北洋军阀统治时期》，在天津《历史教学》杂志上连载，引起史学界的广泛关注。后来他又不断补充完善，撰写出《北洋军阀史略》，1957年5月由湖北人民出版社出版。该书是新中国成立之后第一部系统论述北洋军阀历史的学术专著，提纲挈领，论而有据，对北洋军阀集团的形成、发展、更迭、派系混战及覆灭作了简明勾画，为此后北洋军阀史的研究打下了坚实基础。该书同时也奠定了来新夏在北洋军阀研究领域的领军地位，此后他的相关研究不断拓宽深化，至今仍难以超越。日本明治大学教授岩崎富久男将此书译为日文，并增加了随文插图，易名为《中國軍閥の興亡》，1968年由日本桃源社出版，1989年又由光风社再版，成为日本学者研究中国军阀的重要参考书。

（二）曲折中砥砺

第二个阶段从1960年至1978年，随着历次政治运动的起伏，来新夏失去了研究和教学的权利。1960年9月，因1946年在《文艺与生活》杂志短暂任助理编辑的所谓历史问题，来新夏在审干中受到严格审查并"内控"，教学和研究的权利被剥夺，同时也不能参与社会活动，不能写署名文章。从此他被"挂起来"长达十八年，直到1978年问题才得到落实解决。尤其是1970年至1974年，来新夏被下放到天津市南郊区太平村镇翟庄子村（时称翟庄子大队，今属滨海新区太平镇）落户当农民，其间居农舍、吃粗粝、赶驴车、榜大地，可谓苦不堪言。在坦然接受生活磨难的同时，来新夏以其豁达的胸襟，为自己赢得了专心读书的时间。在人生的逆境中，他没有在悲观和嗟叹中虚度，而是以一种坚忍不拔的精神，坚持读书写作，即使在无法正常读书写作的岁月里，也尽最大的可能地读些书刊，写点札记，或整理劫余残稿。农村四年中，他每晚"在15瓦的灯光下，盘腿坐在土炕上，凭着一张小炕桌，摊开旧稿、残稿和资料，笔耕不辍"[1]。

在将近二十年的坎坷中，来新夏以惊人的毅力营造着心灵的世外桃源。虽然不能出版著作和发表文章，但他完成了很多基础性工作。二十世纪八十年代，来新夏连续出版多部有着广泛影响的学术著作，大都是在这段时间里成稿和恢复成

---

[1] 来新夏：《烟雨平生·乡居四年》，《80后》，第78页。

稿的。我们不妨根据《弢盦自订学术年谱》[①]的叙述，看看他在将近二十年时间里所做的学术努力：

1958年6月，中华书局为出版《林则徐集》，将书稿送交来新夏审读。他在这些资料基础上，着手编纂《林则徐年谱》。1959年5月至10月完成草稿。1960年10月被"挂起来"后，来新夏开始修订草稿，1961年12月完成初稿。1962年1月再次修改清写、检校、订正，1963年2月完成第二稿（定稿）。

1956年6月，为丰富中国近代史教学内容，来新夏检读南开大学图书馆藏清人年谱，随读随写提要。1962年8月，经过五年多的不断工作，在阅读大量清人年谱的同时，写了870余篇书录近50万字，定名《清人年谱知见录》。1964年9月，经两年修订后手写为定稿10册，因清初有些人入清而不顺清，不得以清人名之，乃易名《近三百年人物年谱知见录》。

1963年3月，检读校图书馆所藏清人文集与笔记，每读一种均撰写提要。二年余积稿盈尺，其文集提要名曰《结网录》，笔记提要名曰《清人笔记随录》。

1966年8月，大量藏书及《近三百年人物年谱知见录》、《林则徐年谱》之定稿和《结网录》、《清人笔记随录》初稿被付丙丁。年谱部分草稿和知见录初稿因置乱书堆中幸免于难。

1970年7月，到南郊区太平村镇翟庄子大队插队落户，整理《林则徐年谱》草稿和《近三百年人物年谱知见录》残稿，历时三年完成两书第三稿。

1973年2月，就有关古典目录学之卡片与笔记，开始撰写《古典目录学浅说》，次年3月完成初稿。

1974年9月，举家奉召迁回天津。1975年1月，因参考资料较以前方便，对《林则徐年谱》三稿再加参校订正，计检校图籍168种，成文34万余言，是为第四稿（最后定稿）。

迁回天津后，来新夏还进行了两项与学术有关的工作。一是1974年10月，奉派参加法家著作《曹操诸葛亮选集》校注；二是1977年，奉命参加《中国古代史》新教材编写。因当时尚未落实政策，这些工作都不得署名。在将近二十年时间里，来新夏唯一正式出版的著作，是日本明治大学教授岩崎富久男翻译的《中國軍閥の興亡》（即《北洋军阀史略》，1968年由日本桃源社出版）。该书在日本学术界很受重视，而来新夏当时的处境，则是岩崎教授所无法了解和理解的。

---

① 来新夏：《旅津八十年记事》，《旅津八十年》，天津：南开大学出版社，2014年，第339—398页。

三、鼎盛期：纵横三学誉学林（1979—1996年）

1978年3月，来新夏开始恢复工作，为南开大学历史系开设"史籍目录学"课程。10月，南开大学历史系党总支为来新夏等十七位同志公开平反。在将近花甲之年，他开始迎来学术和事业的第一个春天。1979年和1983年，来新夏分别在南开大学分校和总校创办了图书馆学专业和图书馆学系，为图书馆学情报学领域培育了大批合格人才。二十世纪八十年代中期，除各种学术兼职外，他同时担任南开大学图书馆学情报学系主任、图书馆馆长、出版社社长兼总编辑，以及校务委员会委员等。他在历史系和图书馆学情报学系同时招收培养硕士研究生，并坚持给本科生上课。来新夏精力过人，所有职务均干得卓有成效。繁忙的社会工作和行政事务并没有影响他的学术追求，在十多年的时间里，来新夏出版了一系列具有开拓意义的学术著作，主要包括《林则徐年谱》（1981年）、《古典目录学浅说》（1981年）、《近三百年人物年谱知见录》（1983年）、《方志学概论》（1983年）、《北洋军阀史稿》（1983年，在《北洋军阀史略》基础上增订）、《天津近代史》（1987年）、《中国古代图书事业史》（1990年）、《中日地方史志比较研究》（1996年）等。来新夏的这些著作，大多为学术领域开拓或学科建设发展起到了奠基作用。

2002年，中华书局出版的《南开史学家论丛》中，收有来新夏的《三学集》，内容涵盖代表先生治学成就的历史学、方志学和文献学三个领域，虽然篇幅非巨，但却是对先生学术精华的准确总结。下面就从这三个方面，简略叙述来新夏学术盛期的成果（因为这方面的评论较多，仅点到为止不再展开）。

（一）历史学

来新夏在历史学领域的耕耘，主要取得了三方面的成就，这就是北洋军阀史、年谱学和天津史。

1. 北洋军阀史

1949年10月，在中国科学院历史研究所第三所（即后来的近代史所）当研究实习员时，来新夏开始接触整理北洋军阀档案，并积存起二百余篇札记和数百张卡片。其后他在南开大学讲课记录基础上完成《北洋军阀史略》约11万字，1957年5月由湖北人民出版社出版。1983年11月，在《史略》基础上增补修订的《北洋军阀史稿》再次由湖北人民出版社出版，全书36万余字，新增部分超出原书的两倍多。《北洋军阀史稿》集中反映1912年至1928年北洋军阀统治时期的历史，内容包括北洋军阀建军、袁世凯的统治与洪宪帝制、皖系军阀与直皖战争、两次直奉战争与直奉军阀，并设有军阀人物志、大事记、论文索引等。所选录的范围，涉及档案、传记、专集、杂著、报刊等，并尽可能选录一部分具有史料价值的原始资料和流传较稀的成书，如从中国第二历史档案馆选录的第一次直奉战争资料，比较完备地反映了战前的舆论准备、战争中直系的财政支出状况等。与《史略》相比，《史稿》大量补充和运用了当时所见已刊和未刊的图书、档案、译稿及报刊等新资料，代表了当时北洋军阀史研究的水平。民国史专家孙思白先生认为，该书是民国史研究领域一个良好开端，为后来的研究者起着提携与带头的作用。

与《北洋军阀史稿》相配套，来新夏还主编了"中国近代史资料丛刊"中的《北洋军阀》。新中国成立后，在范文澜、翦伯赞等著名史学家倡导主持下，中国史学会主编了"中国近代史资料丛刊"大型史料集，包括从鸦片战争到北洋军阀的十一个专题。《北洋军阀》是这套丛刊中的最后一种。1985年9月，上海人民出版社派专人来津，与来新夏面商该书的编辑出版事宜。相关编辑工作随即启动，陆续编辑陆续出版，自1988年8月起至1993年4月，全套资料五册出齐，总计330余万字。

《北洋军阀史稿》出版后，来新夏仍不断积累资料完善内容，完成了更加厚重的通史性著作《北洋军阀史》（南开大学出版社，2000年）。著名清史专家戴逸在评介《北洋军阀史》时，顺便梳理了来新夏的有关研究，对《北洋军阀史稿》和《北洋军阀》史料集作了高度评价。他说："改革开放以来，历史学得到迅速发展，北洋军阀史的研究提上了日程，获得长足的进步。研究队伍日益壮大，研究成果日益丰富，论文、著作、资料汇编大量问世。来新夏先生亦重理旧业，将《史略》一书，增补修订，完成了36万字的《北洋军阀史稿》，于1983年出版。篇幅较前增加，条理更加清晰，论证更加精密。1985年来新夏先生又应上海人民出版社之约编纂《北洋军阀》资料一书，收集档案传记、专集、专著、报刊等达300万字之多。此两项成果使北洋军阀史研究领域的面貌焕然一新。"[1]

---

[1] 戴逸：《功力深厚的佳作——读来新夏先生〈北洋军阀史〉》，《光明日报》2001年5月23日。

2. 年谱学

来新夏的年谱学研究，既有理论又有实践。早在1979年，他就发表了《清人年谱的初步研究》①。这是来新夏落实政策后公开发表的第一篇论文，曾以此文参加中国图书馆学会年会（太原），后来用作《近三百年人物年谱知见录》的代序。1991年，来新夏、徐建华师生又合作出版《中国的年谱与家谱》，为任继愈主编的"中国文化史知识丛书"之一。来新夏撰写其中的年谱部分约5万字，分为年谱的缘起与发展、谱主、编者、体裁、刊行与流传、史料价值、编纂工作、工具书等八个部分，对有关年谱的基本知识和基础理论，作了通俗易懂的阐述。

《林则徐年谱》（1981年、1985年）和《近三百年人物年谱知见录》（1983年），则是来新夏在年谱学领域的两大成功实践。

二十世纪五十年代初，来新夏对魏应麒撰《林文忠公年谱》进行过补订。六十年代初，他应中华书局赵守俨之邀，审读中山大学历史系编《林则徐集》书稿，遂在有关资料基础上纂成《林则徐年谱》稿。"文革"初期原稿被毁，至七十年代中期重加纂辑，1980年完成定稿，1981年正式出版。1982年冬，鸦片战争与林则徐学术讨论会在福州召开，《林则徐年谱》被列入1985年林则徐诞辰二百年纪念学术讨论会出版规划。于是，来新夏又将书稿进行了修正，补充新的资料，扩大征引范围，订正部分失误，又新编大事年表和索引。增订本《林则徐年谱》1985年7月由上海人民出版社出版。此后，来新夏又两次对该书进行增订，出版《林则徐年谱新编》和《林则徐年谱长编》（详见后述）。

《近三百年人物年谱知见录》既是年谱学著作，同时也是目录学著作。该书收录自明清易代之际开始，直至生于清而卒于辛亥革命之后的人物年谱800余种，包括自谱、子孙友生编谱、后人著谱，以及校书谱、诗谱、图谱、纪年诗、年表、合谱、专谱等。每部年谱均著录谱名、撰者、刊本，并注明各谱在专目中的著录情况，记载谱主事略（主要包括姓名、字号、籍贯、生卒年、科分、仕历、荣哀及主要事迹与特长），还增录相关史料，简述年谱编著原由、材料根据及编者与谱主关系等。南开大学冯尔康教授认为："《知见录》是一部研究性的著作，全面分析了近三百年人物年谱的总体特色和每一部年谱的具体要点，又是一部信息量很大的工具书，要了解清人年谱必须很好地利用这部书。"②

---

① 刊于《南开大学学报》（哲学社会科学版），1979年第3期。

② 冯尔康：《清代人物传记史料研究》，天津：天津教育出版社，2005年，第157页。

　　《近三百年人物年谱知见录》的写作缘起，是作者基于个人教学研究的需要，本属"为己"之学。作者在后记中简单交代说："在《近三百年人物年谱知见录》即将问世的时候，我怀着诚挚的敬意，忆念这部书的创议者，我的学术前辈——南开大学图书馆故馆长冯文潜（柳漪）教授。早在二十五年前，我正担负着中国近代史的教学工作，不时到校图书馆去翻读一些清人年谱。当时，冯老建议我，这类书看的人不多，也无需人人都去看，你既然在看，何不把清人年谱清个底数，顺手写点提要，积少成多，将来也能为人节省翻检之劳（大意）。冯老还表示可为搜求与转借图书提供方便。我原有这方面的朦胧想法，便接受了这一建议。"①

　　这部书稿的撰作成书，可谓是历尽坎坷。作者接受冯文潜教授的建议后，经过了五六个寒暑，写了八百多篇书录，近五十万字。可书稿增订完成后，很快就遭到散失的厄运。十多本手稿仅剩两册，另外还有些杂乱的卡片和原始记录，已经不易复原而不得不弃置一旁。对此来新夏在后记中又进一步说明："1970年，我到津郊学农。临行，亡友巩绍英同志义重情长地来送行，并谆嘱重新编纂《知见录》。几年的耕读生活和回校后等候具体工作的时间为我整理残篇断简、重新查书提供了方便。1975年，我终于又一次完成了定稿。"②在后来创作的学术随笔中，作者也多次回忆到这段经历，并谈到巩绍英谆嘱他鼓起勇气，学习谈迁，重新撰写。于是作者携残稿与零散卡片下乡，在耕读生活和回城候差的几年里以此排遣抑愤，忘却纷扰，终于在1975年秋完成《近三百年人物年谱知见录》定稿。

　　在后记的最末，来新夏又说，该书"虽已著录八百余种，但还很不完备，不仅有知而未见者，尚有未知者。一些稿本、抄本和或附于集首卷尾、或刊于报章杂志者，则搜求不易而缺漏尤多。但为了能为他人稍节翻检之劳，先将已有部分汇为初编；俟续有所得，再成续编。我殷切期望初编问世后，能有更多同志补正、惠告线索，俾获增补完善"③。这里面虽然含有学者的谦虚，但也是事实，以个人之力，确实很难穷尽各类年谱著作，这也成了作者继续在该领域探索的动力。其后，来新夏又以八旬高龄对《知见录》进行了增补修订（详见后述）。

①　来新夏：《近三百年人物年谱知见录》，上海：上海人民出版社，1983年，第347页。
②　来新夏：《近三百年人物年谱知见录》，第347页。
③　来新夏：《近三百年人物年谱知见录》，第347页。

3. 天津史

来新夏的天津史研究，实际上是其历史学和方志学研究在天津的实践与延伸。2012年来新夏迎来九十诞辰纪念，天津官方和民间分别举行了系列庆祝活动，这对一个有着七十多年治学经历和六十余年从教生涯的著名学者来说，无疑是最好的褒扬和礼遇。而来新夏关于天津的诸多史学成果，可以看作是他对天津这个第二故乡的最好回报。

来新夏籍隶萧山，生于杭州，但与其关系最密切的，仍莫过于天津。他接受正规学校教育、从事教书育人事业、最早涉足学术研究等，都是在天津这座城市起步的。他早年在扶轮小学、究真中学附小、究真中学、旅津广东中学就读，参加工作后又在新学书院、南开大学教书，先后居津垂八十年，对天津有着极为深厚的感情。在从事教育工作的六十多年时间里，来新夏为天津历史文化建设倾注了大量心血：他主编的《天津近代史》，已经成为新时期天津近代历史研究的奠基之作；他主持的"天津风土丛书"和"天津建卫六百周年丛书"，是研究天津历史必不可少的资料和参考；作为方志学权威，他参加过数十部天津新编志书的审订，并写了大量序言和评论等，贡献了诸多指导性意见；此外，他还撰有上百篇关于天津历史文化的学术随笔和回忆天津师友的散文，为天津地方文化建设身体力行和鼓吹呼吁，如他以《天津邮政博物馆刍议》文章首倡报端，推动了这一文化工程的启动和实现。

2010年10月天津邮政博物馆开幕，作为建立
天津邮政博物馆首倡者的来新夏接受媒体采访

来新夏对于天津史研究的贡献，撮其大端主要有三：

第一是1987年《天津近代史》的出版，这是来新夏天津史研究的扛鼎式成果，也是第一部正式出版的天津地方史著作。1985年冬，万里同志视察天津时向李瑞环市长建议说：天津近代史是中国近代史的一个缩影，可组织人员编写一部《天津近代史》。其后中共天津市委市政府选定南开大学图书馆馆长和出版社社长兼总编辑来新夏担任《天津近代史》主编。该书参考了近二百种文献资料，对自

1840年至1919年间天津近代历史中政治、经济、文化诸方面进行具体分析和系统阐述，并对若干重要史事和历史人物作出了较为恰当的评论。

1987年3月《天津近代史》面世后，全体作者总结座谈（左起：娄向喆、王德恒、黄小桐、张树勇、来新夏、林开明、林文军）

第二是主编《天津风土丛书》（1986年）和《天津建卫六百周年丛书》（2004年），其中前者侧重文献整理，后者侧重基础研究。《天津风土丛书》收有《津门杂记》、《天津事迹纪实闻见录》、《敬乡笔述》、《梓里联珠集》、《天津皇会考》、《天津皇会考纪》、《津门纪略》、《沽水旧闻》、《津门诗抄》以及《老天津的年节风俗》等。明清以来的天津地方文献，此前少有深入研究和系统整理，尤其是缺乏大型地方文献丛书。《天津风土丛书》虽然规模有限，但作为最早的天津地方文献整理丛书，其开创性和先导性不容忽视。《天津建卫六百周年丛书》包括《天津的城市发展》、《天津的人口变迁》、《天津的方言俚语》、《天津的邮驿与邮政》、《天津的名门世家》、《天津的园林古迹》、《天津早年的衣食住行》和《天津的九国租界》等八种。在2004年天津迎接设卫筑城600周年时，出版物虽然颇有一些，但《天津建卫六百周年丛书》是其中最具规模的成果，而且其专业性和学术性也是最强的，虽然该书的初衷仍是通俗和普及。

第三是促进天津新志的编纂和旧志的整理。来新夏长期担任天津市地方志编修委员会顾问，他不但亲自培训修志人员，而且先后参与过数十部各级天津

2006年6月召开《天津建卫六百周年丛书》编撰工作会议，部分作者合影

志书编纂的指导、论证、修订和评审，并为多部志书撰写序言或者评论。天津修志工作很长时间都走在全国前列，这里面应该说有着来新夏的很大一份心血。整理点校天津城区的旧志，是来新夏和天津史志同仁的一大愿望。经过多年的努力，最终由天津市地方志编修委员会办公室与南开大学地方文献研究室共同组织实施。天津市地方志编修委员会办公室原主任郭凤岐回忆说："来先生担纲审定，并亲自点校了《志余随笔》。先生博学多识，一字一事地审改，付出了大量心血。我有幸一起作为审定者之一，从中感受了先生严谨的治学精神。""经过三四个春秋的努力，《天津通志·旧志点校卷》（上、中、下）终于完成出版。全书收录天津旧志9种，500多万字，包含300年间的天津史料，是当时天津规模最大的志书著述。"[1]1997年之后，来新夏还主持编纂了《天津大辞典》（2001年）、《天津历史与文化》（2008年）等工具书和教科书，继续为天津历史文化研究奉献余热。2014年1月（去世之前两个月），来新夏在其曾任职多年的南开大学出版社，出版了生前最后一部著述《旅津八十年》。全书共分为天津史事、天津回忆、天津碑刻、天津的人、天津的事五部分，并附录了"旅津八十年记事"，为先生与天津的不解情缘画上了圆满句号。

（二）方志学

二十世纪八十年代和九十年代，随着经济社会的飞速发展，中国迎来一个编纂地方志的高潮。来新夏是新修方志的积极倡导者和实践者，除了参与天津市的修志之外，对全国很多地区的修志也都有介入，或顾问指导，或评审志稿，或撰写志评，或为志作序。

---

[1] 郭凤岐：《言传身教为师表——记来新夏先生几件事》，《九秩戋盦——来新夏先生九十诞辰纪念集》（《天津记忆》第112期），第9—10页。

关于在方志学领域的工作缘起，来新夏2003年接受南开大学夏柯、刁培俊两位博士访谈时，作过比较平实的叙述："在这方面，我的起步较早，因为我的祖父是民国《萧山县志》的独立纂修者，所以，我有一定家学渊源，也很想继承祖父研究地方文献的传统。四五十年代之交时，我阅读了大量旧志。我国的方志有2000余年的历史，但志书的分布却不均衡，有的地方修得多，有的地方少，有的甚至没有，所以，解放初期，中央很重视纂修地方新志的工作，号召各地编修自己的'地情书'。由于政治运动不断的原因，新方志的修撰工作屡兴屡废，直到八十年代初，才掀起全国性的修志高潮。当时由梁寒冰先生负责主持全国的修志工作，我担任第一助手，由此进入到地方志研究领域。"在这次修志潮流中，来新夏将自己的贡献总结为四个方面："我在这个领域除写了《方志学概论》、《中国地方志》、《中国地方志综览》、《志域探步》、《中日地方史志比较研究》等书外，还做了四点工作。首先，是做了新志编修的启动工作，负责起草了全国新志编修规划和第一次启动报告。第二，是参与了若干新志的评审工作，给几百个县市区的地方志写序，做了一些评论和纠谬的工作。第三，是培养了数以千计的新志纂修人才。1982年时，我担任了华中、华北、中南、西北四个地区新志编修人员的培训工作。现在我的学生和私淑弟子遍布全国各地。第四，是倡导和参与了旧志的整理研究工作。我国是个志书大国，解放前编修的旧志就将近万种，不但存量大，而且种类繁多，包括各级行政区划志、江河山川志、行业志种种。这些志书包含有政治、经济、文化、社会等多方面的地方情况，是一个蕴藏量和信息量极为丰富的资料库，所以有必要进行相关的整理研究工作，以为现在社会所用。当时，我参与了旧志的目录编修、资料分类、内容研究和整体评价工作。"①

来新夏的个人总结十分宏观，其实他还具体做了大量微观工作。为了推动修志基础工作的开展，来新夏策划编写了《河北省地方志提要（附天津市地方志提要）》计划，作为"中国地方志整理出版规划座谈会"参考资料。他还为此亲撰《河北地方志提要示例六则》（1982年）和《河北省地方志提要示例》（1985年），供编写提要者参考。郭凤岐就特别指出过，来新夏的新修方志观念，在理论上一直处于全国前沿。天津新志在人物篇增加有"生人简介"，这在旧志中是没有的。起初先生尚存异议，不久便感到这一做法的好处，并从此给予大力支

① 夏柯、刁培俊：《纵横"三学"求真知——访来新夏教授》，《书前书后——来新夏书话续编》，太原：三晋出版社，2009年，代序第4—5页。

持，认为这是新志的创新。1997年底，中国（海峡两岸）地方史志比较研究讨论会上，来新夏发表了论文《关于比较方志学建设的思考》，率先提出两个层面的创新理论：一是史志的比较研究，二是新方志学科建设，得到方志界的高度认同。[①]

来新夏的方志学著述主要有《方志学概论》（1983年）、《志域探步》（1993年）、《中国地方志》（1995年），其主编的《中国地方志综览》（1988年）、《河北地方志提要》（1992年）、《中日地方史志比较研究》（1996年）等，形成了比较完整的系列。

《方志学概论》是普通高等院校教学用书，为新中国成立以来第一部通论性的方志学著述，主要供给高校历史系开设方志学课程和培训全国各地史志编写人员，对新修地方志研究和编纂的推动非常之大。《中国地方志》实际是《方志学概论》的增订本，对方志与方志学的源流、类别特征以及历代方志的编纂、方志学的发展与现状、地方志之整理与利用、新方志的编纂等都进行了专题论述，并展望了今后地方志的发展趋势。《中日地方史志比较研究》是中国出版的第一部中外学者比较研究地方史志论著，为该领域的发轫之作。

（三）文献学

来新夏著作等身，已卓然跻身于当代学术大家之列。其众多的高水平成果，应该根源于其"三史合一"的大文献学思想。综观来新夏之学术，根基并得益于其图书文献学基础和理论，其全部学术可以说都是围绕着这一思想展开的。而这一思想的产生，可以追溯至早年祖父的启蒙和辅仁的训练、而后在其教学实践中逐渐成熟。二十世纪七十年代末开始，因教学授业的需要，来新夏的治学领域开始由古典目录学向图书馆学等领域延伸。1979年，他在南开大学分校创办图书馆学专业，当时提出的办学方针是，不仅要学习图书馆管理方面的有关技能性操作课程，还要求学生能植根于"博"。于是，广泛开设各种人文和自然学科方面的课程，培养了一批有学术根基和掌握管理技能的人才。1983年秋，先生又受命筹建南开大学图书馆学系。1984年1月，经教育部正式批准，于秋季公开招生。图书馆学系建立后，先生承担诸多的教学和管理工作，对相关学科的探讨剖析日益增多。先生在《中国古代图书事业史·叙言》中说，他当时已"朦胧地感到在图

[①] 郭风岐：《言传身教为师表——记来新夏先生几件事》，第10—11页。

书馆学的教学领域中某些课程有重见叠出的弊病，如中国书史、中国目录学史和中国图书馆史的分设就出现无可避免的重复，使人有数见向、歆父子之烦"①。思考之余，他力主将这三史合一，去其重复，构筑了"中国图书事业史"的框架。具体实践上，先生决定先从鸦片战争前的古代部分着手，并在1980年写成《试论〈中国古代图书事业史〉的研究对象与划阶段问题》一文，发表在当年《学术月刊》8月号上。此文发表后，得到不少学界同行的支持与鼓励，于是先生系统组织人力，进行《中国古代图书事业史》的撰述。经过三易书稿、四次修订，最后该书1990年由上海人民出版社出版发行。

2005年9月10日教师节，来新夏在南开大学图书馆会见信息资源管理系博硕研究生并合影留念

毫无疑问，以"图书事业"作为专有名词来概括中国书史、中国目录学史和中国图书馆史，为来新夏所首创。这一创新至少在理论和实践两方面实现了重大突破：理论上打破了传统的文献学、目录学、版本学与中国书史、图书馆史分立的框架，将其以"图书事业"来综合代替，形成了一全新的大图书文献学概念，将与图书有关的各种事业，包括制作、搜求、典藏、分类和再编纂等重新合为一体，修正了"各自为学"的偏颇，使极端细化的学科重新融会贯通；在实践上，避免了图书馆学课程设置中重见叠出的弊病，以图书为中心最大限度地容纳了原来三门课程的内容，而且重新进行了编排和整合，减轻学生负担的同时，也大大节省了师资。基于这两大原因，"三史合一"的课程一付诸实践，立即得到国内诸多同行的首肯，先生主持完成的《中国古代图书事业史》也被推誉为中国学

① 来新夏：《中国古代图书事业史》，上海：上海人民出版社，1990年，叙言第1页。

术界"第一部将中国书史、中国
目录学史和中国图书馆史熔为一
炉的学术专著"。继《中国古代
图书事业史》之后，来新夏又集
合老中青三代学者，于2000年完
成出版《中国近代图书事业史》
（上海人民出版社），与《中国
古代图书事业史》一起，构筑了
完整的"中国图书事业史"框架
体系。2009年，虞信棠、毛志辉
二位编辑，又将古代、近代二书

2004年7月，凝聚着师生心血的《中国近代图书
事业史》荣获中国图书馆学会第二届图书馆学情报
学学术成果奖著作一等奖

缩编为《中国图书事业史》，成为前后贯通的通史性著作，仍由上海人民出版社
出版。

　　贯穿来新夏学术人生始终的，还有"辨章学术"的"致用"意识。来新夏
图书文献学家的地位，其实早在二十世纪八十年代初期即已经奠定，其标志就
是1981年由中华书局出版的《古典目录学浅说》和1983年上海人民出版社出版的
《近三百年人物年谱知见录》。余庆蓉、王晋卿《中国目录学思想史》一书，介
绍"新时期目录学家"时只谈到两个人，一个是乔好勤，另一个即来新夏。该书
评价说，在新时期目录学研究恢复起步阶段，来新夏发表了大量的研究成果，其
《古典目录学浅说》被誉为"是一部'综合贯通研究'的目录学史著作。虽仍
是对史的研究，但该书的撰写体例，一别往古、别具新意"，"给当时目录学
界带来了一股学术的春风"①。这些评价作者确实当之无愧。该书虽然名为"浅
说"，篇幅也只有十五六万字，但其成就确是开创性的。全书分为四大部分：目
录学概说；古典目录学著作和目录学家；古典目录学的相关学科；古典目录学
的研究趋势。全书在论述古代目录学一般问题的同时，提纲挈领地总结了古代目
录学著作和目录学家的主要成就，讨论了本来属于目录学而有独立趋向的几个学
科分支与目录学的关系。来新夏还提出，研究古典目录学应从整理、研究、撰写
和刊印四方面入手的研究思路和研究方法。该书本来面对初学，写得简明扼要，
但客观上倒因通俗易懂，由此扩大了社会影响。书中关于基本理论研究方面的探

　　① 余庆蓉、王晋卿：《中国目录学思想史》，长沙：湖南教育出版社，1998年，第
275页。

索，对其后古典目录学研究的深入展开，起到了很大的推动和指导作用。

2005年1月8日，来新夏在"缘为书来综合文化社区"网站接受网友访谈，当被问及"最满意的个人著作是哪一部"时，先生毫不犹豫地回答："《近三百年人物年谱知见录》，它给了很多人方便。"①如果《古典目录学浅说》是予人以门径的话，那么《近三百年人物年谱知见录》就是直接予人以工具。从这两部著作中，我们既可以看出先生"致用"的文献意识，也能够看出他"为人"的治学思路。

《古典目录学浅说》1980年由南开大学历史系印行征求意见稿，1981年被中华书局列入"中华史学丛书"之一正式出版，成为新中国成立后正式出版的第一部今人的目录学专著。此书问世之后即赢来学界一片赞誉。其中以中华书局崔文印先生的《古典目录学津逮》②一文，评价最为全面允当。文章开头即对《浅说》的学术意义作了定位："我国古代目录学的成就，除解放前姚名达先生写过一本《中国目录学史》外，解放后还没有人作过系统的介绍。南开大学来新夏先生的新著《古典目录学浅说》的出版，无疑填补了这一空白。"文章还认为，《浅说》本来是指导初学的著作，但却体现了深厚的学术功力。除深入浅出、便于初学外，该书还具备了如下几个特点：首先是在介绍目录学发展成就过程中，抓住了每个时期的特点，并不是孤立地、单纯地罗列事实，而是把事实放在当时的历史条件下加以分析、考察，力图揭示出目录学发展的一般规律，使读者了解到目录学发展中的政治、经济、军事等广泛的社会因素；第二是持论公允，特别是遇到学术界尚有争议的问题更是如此，如目录学是否能独立为学的问题，学术界相当一部分同志认为只有校雠学而没有目录学，目录学应包括在校雠学之中，来新夏尽管不同意这种看法，但却能充分地摆出诸家有关重要言论，然后才申以己见，而不强加于人；第三是在这部篇幅不大的著作中，作者能够广泛吸收最新研究成果，如关于"旋风装"问题，以前大都采用刘国钧《中国古代书籍史话》的说法，可1981年北京图书馆善本室李致忠提出了新的观点，来新夏认为后者更科学可靠，在《浅说》已发排的情况下，仍坚持改为后者。

崔文总结的《古典目录学浅说》三个特点，充分反映了作者广阔的学者胸襟和对读者的负责态度。此外，这部著作也体现了先生"致用"的图书文献学思

---

① 来新夏：《答"缘为书来"网友问》，《邃谷书缘》，石家庄：河北教育出版社，2005年，第84页。

② 刊于《读书》1983年第1期。

想。无论是《浅说》还是后来编撰的大批工具书，都是先生这一思想的直接体现：就是作为入门书和工具书，必须对读者有用，要以此为"治学"来服务。到《近三百年人物年谱知见录》、《清人笔记随录》，作者在提供"工具"的同时，又加入了"辨章学术"的内容，加大学术含量之外，实质上是给读者提供了更大方便。

此后，在图书目录学领域来新夏耕耘不断，相继推出《社会科学文献检索与利用》、《图书馆学情报学档案学简明辞典》、《清代目录提要》、《古典目录学研究》、《古籍整理讲义》、《书文化的传承》等主编或撰写的著作，大大方便了学人。其中的《古典目录学研究》，基本涵盖了以往古典目录学研究的所有领域，学者在综论20世纪90年代以来古典目录学研究情况时认为，该书代表了当时古典目录学研究的最高水平。

四、升华期：古稀变法励后学（1997—2014年）

1993年4月，来新夏正式办理离休手续。就在大多数同龄人选择颐养天年的时候，已届七旬的来新夏却迎来学术的第二个春天。在不断出版新著完善旧著的同时，他顺利实现"衰年变法"，开始大量创作学术随笔，并使自己的学术大大地升华。

（一）出版新著完善旧著

离休以后，来新夏余勇可贾，又先后出版多部学术著作，其中最重要者应该是《清人笔记随录》（2005年）、《书目答问汇补》（2011年）。当然，这些新著的酝酿和写作，在数十年前就已经开始了，可谓是千锤百炼，绝非率性逞才之作可比。譬如收入《书目答问汇补》的《人名索引》、《书名索引》和《姓名略人物著作索引》，是来新夏1943年在北平辅仁大学历史系读书时，在余嘉锡先生指点下利用暑假完成的，至全书最后出版已经将近七十年。来新夏回忆道，余嘉锡先生指导他做了三项工作：一是讲了三国时董遇"书读百遍，其义自见"的故事，让他继续读《书目答问补正》，特别注意字里行间；二是再读一些与《书目答问》有关的书；三是利用假期为《书目答问》编三套索引，即人名索引、书名索引和姓名略人物著作索引①。汇补工作正式开始于1962年，他在所藏《书目答问补正》上过录有关资料，将叶德辉、刘明阳、邵瑞彭、高熙曾诸家的标注誊写于天头地脚之间。真可谓七十年磨一剑，这不但需要生命的足够长度，而且还要佐以超常的毅力。

《清人笔记随录》是"国家清史编纂委员会研究丛刊"之一。清代笔记为研究清史极重要的资料，早在1991年4月，来新夏就公开撰文《清人笔记的史料价值》②，为清代笔记的研究鼓吹。在自序《清人笔记随录》时他谈到，课余浏览清人笔记不辍，"每读一种，辄以小笺考其撰者生平，录其序跋题识，括其要点卓见，论其评说得失，甚者摘其可备论史、谈助之片断"③。该书对每种史料笔记，或考证作者，或追溯源流，或钩稽史料，或核定版本，集史料学与文献学研究为一体，充分体现了清人笔记的历史研究价值。阚红柳曾从清人笔记的特点、清人笔记的史料价值、《随录》的著录原则、注重比较分析与考证等四个方面，详细评析了《清人笔记随录》的价值，并认为"《清人笔记随录》可谓认识、学习和研究清人笔记的窗口，为发掘清史研究的数据宝库——清人笔记提供快捷方式，必能嘉惠后学，推动清人笔记的后续研究，并有益于促动清代史学研究的发展"④。

《书目答问汇补》可看作是《书目答问》研究的总结性成果，其编纂宗旨是："进一步增订《书目答问》，使之更趋完备，以达传本扬学之目的。遴选传世校本，汇录诸家校语；增补书目，胪列版本，订正讹误，利于学人；弘扬传统文化，

2012年9月，历经六十余年完成的著述《书目答问汇补》获2011年度全国优秀古籍图书奖一等奖

① 来新夏：《〈书目答问汇补〉叙》，来新夏、韦力、李国庆汇补《书目答问汇补》，北京：中华书局，2011年，叙第2页。

② 刊于《九州学刊》第4卷第1期。

③ 来新夏：《清人笔记随录》，北京：中华书局，2005年，序言第9页。

④ 阚红柳：《发掘清史研究的资料宝库——〈清人笔记随录〉读后》，《史苑》2005年第6期。

促进国学发展。"①孙文泱认为："《汇补》选择清光绪五年（1879）贵阳王秉恩校、陈文珊刻本为底本；汇集王、江、范、瞿潘、吕等五个版本的长处，使得《汇补》成为史上内容最为丰富、校订最为全面精审的《书目答问》版本。"同时，"《汇补》参考叶德辉、伦明、孙人和、赵祖铭、范希曾、蒙文通、

2011年8月盛暑校读《林则徐年谱长编》

邵瑞彭、刘明阳、高熙曾、张振珮等名家批校本，与李笠、吕思勉二家书目，汇总而成一汇校之本。尤其难得的是，将《答问》诸家校语一一区别，分列于各家名下。总之，《汇补》为一百三十年的《书目答问》流传史做一系统总结，使多种版本与名家批校，均荟萃《汇补》之中，《汇补》遂成为《书目答问》校勘与笺补考订的集大成之作。"②

整理出版新著，为的是赓续早年未竟的事业。而不断打磨增订旧著，则可以看出来新夏学术上的不断精进。这主要体现在他对《林则徐年谱》、《北洋军阀史》和《近三百年人物年谱知见录》的几次增订上。

《林则徐年谱》1981年首次出版，1985年《林则徐年谱》增订本出版。其后有关谱主的奏牍、日记、信札、诗文、题字不时被发现，其他诗文集、笔记、方志及民间收藏的有关资料也时有所见，于是来新夏再加增订，1997年甫一离职即出版了《林则徐年谱新编》，以祝贺香港的回归。该书附录中增收了林则徐的逸文、逸事，为林则徐所写的诗文，对林则徐的评论，以及鸦片战争有关文献和林则徐手札史料摘要等。而这还不算完结，2011年，第三次增订的《林则徐年谱长编》，再次补入大量原始资料，由上海交通大学出版社出版。

《北洋军阀史》也是如此，这部书来新夏先后写过三遍。他回忆说："1957年时，湖北人民出版社向我约写北洋史书稿。当时没有人写相关专著，我也是抱着试试的态度，写成了十二万字的《北洋军阀史略》。没想到，出版后有一定反

① 来新夏：《书目答问汇补编纂说明》，来新夏、韦力、李国庆汇补《书目答问汇补》，编纂说明第1页。
② 孙文泱：《〈书目答问汇补〉读后》，《书品》2011年第5辑。

响，日本还出了两次译本。我当时自认为这是以马列主义观点写就的第一部北洋军阀史。1957年以后至七十年代末，因受形势影响，研究处于徘徊阶段，没有什么进展。进入八十年代，湖北人民出版社又向我约稿，希望增补《史略》。1983年面世的《北洋军阀史稿》就是在原书基础上重新扩充、修改完成的。《史稿》出版后，我仍觉得当时没有一部完备的北洋军阀通史是一个缺憾，认为这是自己的职责所在，遂又经过十余年努力，在几位同仁的协助下，写就一百万字的《北洋军阀史》一书。这本书获得了教育部优秀科研成果二等奖。"①

来新夏对旧著的增订，并非简单的量的积累，而常常是质的升华。从《近三百年人物年谱知见录》的增订可见一斑。《知见录》初版于1983年，是先生较早的目录学著作。该书初版本涉及谱主680人，叙录778篇，总56万字；增订本涉及谱主1252人，叙录1581篇，总110余万字。而2010年中华书局之增订本，视初版本内容扩展了整整一倍。不过，《知见录》增订本的学术价值，更突出地表现在质量的"订"上。一是改正初版本之疏失。例如，《（先大父）泗州府君事辑》，谱主应为张佩芳，初版误为张佩芬；《（先）文靖公年谱》，编者应为孙慧惇，初版误为孙慧恺。凡是发现舛讹，先生均一一正谬，绝不饰过。二是考辨各家著录之疏失。例如，《肯庵自叙年谱》条，杨殿珣著。谱主清乾隆八年（1743）生，先生在按语中考订曰："谱主生于乾隆八年十一月三十日，应为公元1744年1月14日。"②又《范西屏施定庵二先生年谱》，谢巍著录编者为浮昙木斋主人，先生在按语中考订曰："浮昙木斋为'浮昙末斋'之误。"③诸如此类，全书随处可见。三是订补原谱之内容。例如，王廷灿编《潜庵先生年谱》，著录谱主汤斌为安徽来安人，未提其先世自来安迁睢州（今河南睢县）事，后人常由兹而生误会。先生略为点破，阅者疑团顿解。此外，还有一种"不订之订"。如某自撰年谱，记谱主任伪职等事，其亲属多次要求"修正"，先生此次增订时，重新详核并增录谱文佐证之，仍以遗老立场定论，体现了史家的实录精神。

出版高水平学术著作的同时，来新夏离休后还完成了多部普及性读物的编写与出版。其中有代表性的是《书文化的传承》（2006年）、《天津历史与文化》

① 夏柯、刁培俊：《纵横"三学"求真知——访来新夏教授》，《书前书后——来新夏书话续编》，代序第3页。

② 来新夏：《近三百年人物年谱知见录》（增订本），北京：中华书局，2010年，第215页。

③ 来新夏：《近三百年人物年谱知见录》（增订本），第169页。

（2008年）和《来新夏说北洋》（2009年）。这些书都具有讲座、教材的性质，通俗易懂，普及性强。它们与来新夏晚年创作的大量学术性随笔一起，成为其延续"为人"之学，以学术反哺社会的一部分。

（二）学术随笔的创作

1997年，来新夏连续出版《冷眼热心》（1997年1月）和《路与书》（1997年7月）两本随笔集，此后他一发而不可收，每年都会有一到两本集子问世。截至去世时已经超过二十部。针对这种情况，有评论者借用书画界成语，称之为"衰年变法"，意指先生晚年治学路子发生改变而更上层楼。

来新夏的"变"不是心血来潮，而是他身跨学术圈子和社会大众两个完全不同的圈层，多年思考的一个结果。这个"变"是主动的，他曾说："我是到了晚年才突然觉悟了。我原来在学术圈子里头所做的事情，只是给学术圈子里那几百个人看的。因此我要变法，我要把得自大众的一些东西反馈给大众。"①来新夏以其离休后的大量实践，将学术随笔化、散文化和美文化，使学术从象牙之塔走向普罗大众，这从某种意义上说，甚至比学术本身具有更大的社会价值。

来新夏的随笔创作自二十世纪八十年代即已开始。在1999年春他夫子自道说："八十年代，我以花甲之年进入第二个青春期。看到人们多从心有余悸的状态中逐渐苏醒过来，说自己的话，写自己的文章……经过摸索探求，我找到了随笔这样一种表达形式。于是我开始学写随笔。我要写自己走过的路，读过的书——我读的书不仅是用文字写的书，还读大千世界芸芸众生的无字书；我走的路不仅指地理概念的路，也包含拖着沉重脚步、跌跌撞撞走过的人生道路。我将以动乱纷扰后的冷静，写观书、阅世、知人之作。"②

来新夏之"衰年变法"值得注意之处有两点：一是学术界的"变法"多是年老体衰，精力减退，才有意或无意地专力于学术随笔的创作。而来新夏离休之后，仍继续从事学术活动，如出版《清人笔记随录》，笺补《书目答问》，增订《近三百年人物年谱知见录》以及主编其他各类学术丛书等，完成了相当数量的预定研究课题。第二个值得注意之处就是来新夏晚年的随笔量多质高。量多是因为他身体比较硬朗，质高则得益于学术功底的积累。在"衰年变法"的学者随笔中，量多者固然有，质高者也不鲜见，但能兼有两者的，则是屈指可数。来新夏

---

① 田志凌：《访来新夏先生》。
② 来新夏：《烟雨平生·衰年变法》，《80后》，第80页。

仅以古稀之年的余力，迈入学术随笔新领域，以其清新流畅的风格、平实老到的文笔、底蕴深厚的学养和对现实与人生的独特感悟而卓然成家。

来新夏已出版的二十多种学术随笔，总量有数百万字。这些文字，既是用历史眼光对现实进行的观察与思考，同时也是用现实眼光对历史进行的回顾与审视，逼真地展示了人生百态与另一方学术天空，文中所描述的人情物事，无不独辟蹊径，体现了当代意识与历史深度的有机融合。

来新夏随笔的"质"，主要体现在其受欢迎的程度上。其随笔集能得到出版社垂青，一本接一本地刊行，这本身就可视作质高的体现。综而言之，其随笔的突出特点有三：一是现实性，常常针对实际问题有感而发，针砭时弊，有的放矢；二是学术性，知识含量丰富，引经据典，要言不烦，观点明确，论述精彩；三是趣味性，即读着不枯燥，看起来轻松愉快，既能获得知识，又有美的享受。这些应该是读者喜欢其随笔的重要原因。从某种意义上说，笔者更看中的是最后一个特点，即将学问做得有趣味，好看且有用，成为学术的美文。关于这一点，来新夏似从未专门述及，而全部体现在他的学术实践之中。

来新夏随笔的美文特征，在其早年治学中就已有所体现，如《古典目录学浅说》、《古籍整理散论》等，虽然都是系统的学术性专著，但都通俗易懂，深入浅出。著名目录学家钱亚新认为，《古典目录学浅说》的特点"在于一个'浅'字，行文不论叙述、议论，都能由浅入深、'深入浅出'"。能把枯燥的学术论著写得"深入浅出"，说起来简单，实际上非学术大家而不能为。因此钱亚新在评价《浅说》时，才把眼光盯在了"浅"字上。

1984年由南开大学出版社出版的《结网录》，则已经充分显示了来新夏学术取向的美文化和随笔化特征。2005年，中华书局出版的《清人笔记随录》，则达到了学术与美文结合的巅峰。《随录》中的许多篇目，正式出版前就曾在《藏书家》等报刊上以随笔形式发表，受到学人追捧，这也正体现了美文耐读的特性。学术如果做得枯燥，不但自己没有兴趣，更易坏了读者胃口。因此，来新夏一直追求学问有趣味，文字有美感。当然，这些理论上总结比较容易，真正实践起来，绝对离不开渊博的国学素养和深厚的学术功力。

2006年6月，山西古籍出版社出版来新夏的《书文化的传承（插图本）》，该书被《中华读书报》评为"年度图书之100佳"之一，复旦大学陈福康教授在配发的短评中认为："作者跳出传统目录学、图书馆学的讲课框框，从中华文化承传的角度，对绵延数千年的中国'书文化'作了梳理。该书见解精辟，要言不烦，虽是一本小书，却展示了大学问家的功力。"①这也可以算作来新夏学术美文化的一个例证。这部书后来更名为《书文化九讲》，2012年由三晋出版社再版。

徐建华也对来新夏的随笔有着独到体会："虽少大言，却大义自显；行文平和却耐人寻味。从容，大气的行文风格体现出作者达观向上的人生精要。来新夏先生将自己对传统文化永难割舍的爱恋与执着流于笔端，将自己的经历苦难化作对历史的深刻理解以呈现于世人面前；以淡泊宁静依然故我的纯真境界，抒写对人间风雨沧桑的无怨无悔。"②

宁宗一先生的评价，则更显得具有哲学高度和诗的意境："来公的随笔最突出的特点正是以当代意识审视历史，又在历史的背景上思考当代，真正做到了当代意识与历史深度的融合。""如果说来公在几十年治近代史、地方志、目录学和图书事业发展史方面，是在铺陈文化和文化人的命运史，注重的是反映重大历史事件和文化衍演变革的话，那么与这种'编年史'的纵向宏观的叙述方式不同的是，他近年却在横断面上逼真地展示了人世百态和各有一方天空的学术文化，这既体现了他的学术见地，又说明了他文化焦虑和现实关怀之深。所以与他的'编年史'不同，作为横断面的随笔，其展示方式是描绘人、事、书、物、山川的品格与气韵、性质与形式，从而也就暗示了纵向的历史沉积过程。因此，读来公的大部分随笔，给人的强烈印象好像总是能不断地听到一连串的声音：这就是人生，这就是文化，这就是活着的历史！于是它证明了一点，历史过程和发展及其诸种生活方式，影响着人们的心灵，而心理结构正是浓缩了的人类历史文明；于是史与文在来公的随笔中得到了契合。"③

2006年，中华书局出版了《皓首学术随笔·来新夏卷》，与季羡林、任继愈等学术大家并立，这也不妨看作是对先生学术美文的一种评价。

除了上千篇的学术随笔，来新夏还在其各种著作上，给师友、弟子等题写了大量的跋文，短者三言两语，长者亦不过百言，因为题赠时心态悠然，往往更见性情。这些如果能够搜集整理成书，或可成为先生散文随笔集的隽品。仅就所

① 《中华读书报》2006年12月27日。

② 徐建华：《我的老师来新夏》，《蠡谷主人速写》（《天津记忆》第54期），第16页。

③ 宁宗一：《文史之对接与契合——来新夏先生的古稀"变法"》，《南开大学校报》（第1064期）2009年6月12日。

知、李国庆、刘运峰、谭宗远、冯传友、孙伟良、王庆安等中青年学人手中，就有不少这类文字。

五、来新夏的"杂学"

所谓"杂学"，是来新夏治学和生活的润滑剂，其中虽然不乏轻松愉快，但更寄寓着一位耄耋学者对学术、生活和社会的深切思考。"杂学"其实与来新夏一生致力的"三学"密切相关，或者本身就是"三学"的衍生和拓展。它们或者学术意义重大但未得到应有关注，或者有助于全面理解来新夏之道德文章，或者有裨于学院与民间互动的良性学术环境建立，因此下面分别简述之。

（一）鼓吹照片之学

1996年12月，山东画报出版社推出《老照片》系列书籍，此后"老照片"类书籍很是火了一把。以前读史基本是读文字，顶多再配点插图之类，而"老照片"则让以往熟知的历史，有了更加栩栩如生的影像。张元卿则认为："'老照片'更大的价值还在另一方面，即许多陌生的照片不仅颠覆了普通读者的历史常识，同时对一些专家用宏大叙事把握历史的治学范式也构成了一种挑战，它向人们提出了一系列问题：如何解释照片背后陌生的历史？照片上的历史细节作为史料如何进入史的构建？然而，这些问题目前并未引起广泛的关注，出版家和作者大多还停留在把'老照片'当古董，沉湎于展示古董的阶段。在这种情形下，'老照片'类书籍一度非常泛滥，造成照片解释时有错讹，图文信息不对称，照片版本缺乏考证等多种问题。"①

来新夏很早就发现了以上这些问题，2003年他撰写的《亟待建立"照片学"》②就是针对上述问题而来的："现在对照片已不是单纯收集就可以了，而是需要进行研究，这座房子是谁的故居？某些人物为什么在这儿照相？人物照上前排的是些什么人？是否都能认得出来，说得清楚？图书馆、博物馆和一些私人收藏的照片是否都有文字说明？如果没有，应如何补救？"来新夏不但指出

---

① 张元卿：《来新夏先生"照片学"思想初探》，《九秩弢盦——来新夏先生九十诞辰纪念集》（《天津记忆》第112期），第18页。
② 刊于《北京日报》2003年5月19日。

了"老照片"出版热带来的问题，还提出了从根本上解决这些问题的办法，即建立"照片学"。他的说明既简明又扼要："照片无疑是一种图形文献，它必将与文字文献、数字文献等成为文史研究工作者研究与编写的重要史源。因此，我们必须抓紧时机，搜集照片，反复辨认，多方研究，编写说明，不仅要多编些图说之类的书，并在进行全方位积累经验的基础上，进而建立'照片学'（或扩称为'图片文献学'）这类专学，以扩大史源，推动文史研究。"

2011年，来新夏又发表了《〈影像辛亥〉：用"照片学"诠释历史》①。在这篇文章中，来先生继续阐述了他对图片文献与文史研究的看法，认为"以照片说史是历史文献的一种拓展"，并对闵杰《影像辛亥》"以图解史"所取得的成绩给与了充分的肯定，认为"这不是辛亥革命的老照片集，而是辛亥革命这一历史重大事件的图史。是以老照片作为史料来叙述、分析和论断这段历史的"。

针对来新夏的照片学思想，张元卿进一步指出："在来先生心中，'照片学'始于编写说明的'图说'，最终是要达到'以图解史'的目的，亦即'照片学'的基础虽然是图片的整理与鉴别，但它不是档案学之分支，而是史学之新军，其宗旨还在于解史，因此在西方史学界'照片学'又被称为图像史学。"

来新夏以其史学家的敏感，提出并不断丰富着"照片学"的概念，与此相映成趣的是，近几年来在年轻的天津文史研究者中，出现了一些实践"照片学"的新型学人，他们专门通过研究老照片来考察城市历史建筑，推导出很多有价值的成果，比如卢鹤绂旧居、袁克文旧居、张爱玲旧居、马占山旧居等一大批重要历史建筑身份的确认等，其中部分建筑因此成功进入天津市文物保护单位的行列。

关于"照片学"这一概念的内涵和外延，也许还需要不断地修正、补充和丰富，但来新夏这一思想本身，已经给我们提供无限的研究张力，具有十分重要的理论和实践价值。最近几年"影像史学"的勃兴，其实就可以看作是"照片学"向特定学科领域的拓展。

（二）钟情京剧艺术

来新夏热爱天津这座城市，也热爱天津这座城市的人民。他关心天津地方史志编撰和文献资料挖掘的同时，还倾注心血宣传弘扬天津的特色文化。来新夏与

---

① 刊于《北京日报》2011年11月21日。

京剧的缘分就可充分证明这一点。

来新夏与京剧的结缘，至少在旅津广东中学读初中时就开始了。1937年"七七事变"后，来新夏家从天津北站附近的新大路，搬到法租界绿牌电车道的益德里，过一个街口即是其就读的旅津广东中学，再过几个街口则是驰名海内的劝业场。劝业场内的天华景戏院，组织了个著名的票房稽古社，少年来新夏经常到那里看"蹭戏"。他回忆说："我很喜欢看稽古社小演员的戏，除了演技纯熟外，还可以看到成人演员身上难以看到的清纯。有好多戏演得很有情趣，如拾玉镯、三岔口、四杰村、夜奔等，看起来很逗乐。尤其是张春华的偷鸡、盗甲、盗银壶等，真是神乎其技，身手不凡，给人以美的最大享受，难怪他日后成长为武丑行中的名家。""我蹭戏不纯是娱乐消遣。每次听完回家，头等大事就是找出家中已被翻掉书皮的《大戏考》来对照剧情，日积月累，我对京剧剧目所知渐多，剧情也很熟悉。"[①]另据来新夏与笔者的谈话，他1940年前后读高中时，受劝业场天华景戏院之请，曾经获得免费观剧的机会，并撰写了十余篇剧评，刊于《庸报》副刊（署名"弢盦"）。可惜目前我们还未见到发表这些文章的报纸。

1959年，为迎接新中国成立十周年，来新夏受有关部门委托，以"天津教案"为题材，与人合作编写了京剧历史剧《火烧望海楼》，热情地讴歌天津人民不屈不挠的反帝爱国精神。该剧在中国大戏院公演多场，引起社会广泛关注，并获文化部调演二等奖。遗憾的是，因为该剧塑造了"清官"形象，后竟遭到无限上纲，给他本已十分坎坷的命运，又增添了一层严霜。

与《火烧望海楼》相表里，二十世纪八十年代后期，来新夏又创作了京剧历史剧《血战紫竹林》，剧团内部已"彩排"和"响排"，然而由于时移世变，这部剧本至今未能得到正式演出的机会。不过，来新夏对京剧艺术的钟情，还是催生出了另外一个成果，就是他与友人合作出版的《谈史说戏》（1987年）。

《谈史说戏》这是一本通过经典京剧而介绍历史的通俗读物，在介绍剧情和具体内容的同时，运用丰富的历史知识，详细考证了整个剧目的人物、情节和背景知识，在肯定其艺术真实的同时，也指出了其中的以戏为实、牵强附会之处。全书57篇文章，来新夏撰写了《文昭关》、《赠绨袍》、《萧何月下追韩信》、《王昭君》、《战宛城》、《长坂坡》、《群英会》、《定军山》、《刮骨疗

---

① 来新夏：《蹭戏——劝业场怀旧》，《今晚报》2008年6月10日。

毒》、《空城计》、《汾河湾》、《贵妃醉酒》、《贺后骂殿》等十三篇。2007年该书增订再版，来新夏所撰又增加了《哭秦廷》、《连营寨》两篇。来新夏认为，这些成果的取得仍得益于他早年"蹭戏"，"当我后来主修历史专业以后，常喜欢拿戏中的主要情节和史实对照，分辨几真几假，如有所得，就写成片段小文。多年以后，我和几位同道，把这些篇什集成一书，题名为《谈史说戏》，先后由北京出版社和山东画报出版社出版，颇得佳评，这不能不归功于多年前那段蹭戏的经历"[①]。

（三）推进民间学术

来新夏"衰年变法"，晚年大量创作学术随笔，在学术界发挥影响的同时，更是深深影响了普通知识阶层，其中绝大多数都是不以学术和智识为生，但却热心文化且痴迷读书的人，他们依托多种多样的平台，办起了形形色色的非正式出版物（来新夏戏谑地称其为"非婚生子"），并在南京《开卷》的引领带动下，逐渐形成了所谓民间读书圈层（也有少数重视民间活力的学院派学者参加）。来新夏晚年就交了一大批这类的"小友"，为他们的书写了许许多多序言或者评论。而由这些民间学人组织的全国民间读书年会，来新夏也多次莅临以示支持。他晚年很少参加正式的学术会议，但这类民间的会议却露面得不算少。这些会议虽然缺乏学术性和规范性，但其学术意义其实十分重大。学术研究固然可以视为精英化的行为，但如果缺乏广泛的社会基础，最终也很难有大的突破。而民间学人的存在，恰恰填补了学院派学者和普通民众之间的空白——他们在向更广大民众普及知识、推动阅读的同时，一部分人还通过自身的努力和提升，进入更高的学术层次。由此来看，来新夏晚年放下著名学者的身段，广泛参与民间读书普及活动，在给他带来更高社会声誉的同时，也大大提升了民间学人的层次，而且通过这些民间学人，又提升了更多读书人的层次。这种影响和提升，无论从提高民族素质还是促进社会和谐方面讲，其功德都是难以用数字来量化的。

来新夏在作文或演讲场合，多次提到读书要"淑世润身"，也就是"达则兼济天下，穷则独善其身"的更精练概括。2008年起，笔者先后创办《天津记忆》、《问津》等内部交流资料，来新夏先生不但充任顾问、亲笔题签，而且还经常地撰文支持，他说："《天津记忆》……始创之际，我曾应振良之请

---

① 来新夏：《蹭戏——劝业场怀旧》。

为题刊名，一直使用至今。我也不时为刊物写稿，刊物亦曾为我出过几期有关我的人与文的专册。彼此契合无间，我当算与这份民间刊物有过相伴共舞的岁月。"[①]在来新夏的关怀鼓励下，天津民间学人以《天津记忆》为平台，五年来举办约二十次各种规模的学术活动，有的在国内乃至海外都有着广泛影响。2013年6月天津问津书院揭牌后，来新夏还主动走上问津讲坛，于当年9月28日为市民讲述《袁世凯：在津推行北洋新政》，完成了其生命历程中最后一场公开的学术活动。

来新夏十分强调各种民刊（内部资料）的文献性，尤其注重其为民间学者与学院派交流搭建平台，从而推动民间挖掘、整理、保存史料活动的意义。天津，只不过是近水楼台得到其更多指导而形成的一个范例。

六、结语

来新夏说过"勤是治学的不二法门……与勤相连还必须有点坚韧性"之类的话，因为"人生一世，不可能永远是康衢；挫折、逆境往往会使人消沉、颓废、懒散、嗟叹。这样，一二十年的岁月会无形中蹉跎、荒废掉。一旦有所需用，只能瞠目以对，追悔莫及"[②]。

来新夏七十多年来治学不辍，著作等身，而且其开拓性和创新性极强，以"博大精深"四字来评价，是绝对当得起的。2010年8月，在天津举行的"来新夏教授米寿庆祝会"上，苏州学者王稼句提出"来学"概念，虽因时间关系没有作更深程度的阐发，但是与会者一致认为，来新夏治学的方法论的意义，学术思想的意义，社会研究的意义，以及其"金针度人"的学问本身，确实都是值得认真总结与弘扬的。2017年10月，各地学者又齐聚杭州市萧山区，举行"传承学术精神，感悟人格魅力——缅怀来新夏先生逝世三周年座谈会"，会上对"来学"概念又有所深化，并提出打造"弢盦"学术品牌的设想，具体包括注册弢盦书院、开办弢盦讲坛、创编《弢盦学刊》、筹设弢盦学术奖励基

---

① 来新夏：《〈天津记忆〉百期》，《三年间——百期行旅纪念集》（《天津记忆》第100期），文津社，2011年，第6页。

② 来新夏：《良师·勤奋·坚韧》，《书林》杂志编辑部编《治学集》，上海：上海人民出版社，1983年，第93—94页。

金、辟建弢盦书室等。所有这些活动，都可以反观出来新夏作为著名学者的社会意义和学术价值。

2012年，笔者在组织庆祝来新夏教授九十诞辰系列活动之际，曾与张元卿兄为撰一联，觉得用来概括先生的学术经历和学术成就还是十分恰切的，谨恭录在此，以为本文之收束：

鲍园破混沌，辅仁奠颖博，南开终展鸿道，半途挥洒马班重；
志域辟荆蓁，史海发昧隐，款略更殖新境，三学纵横斗岳高。

2013年6月5日完稿于四平轩
2018年10月2日订补于恐高轩

原载于《关东学刊》2019年第1期

1999年10月17日南开大学八十年校庆留影

读来新夏先生的《三学集》

戴　逸[*]

　　来新夏先生是一位知识渊博、造诣精深的学者。九年前我读他的《北洋军阀史》，敬佩他的功力深厚，取材丰富，后来知道他撰写此书自青年时代积累材料起，长期寝馈其中，三次成书，屡加修订，厚积薄发，才能有此研究成果。近日因工作需要又读了他的《近三百年人物年谱知见录》，此书采集广博、评论中肯，是他在六十年代蒙冤受审查期间，百无聊赖中发愤读书所写成。他的作品或者开辟一个研究领域，或者树立个人的独立见解，具有重要的学术价值。

　　来新夏先生研究领域之广泛在同辈学者中鲜有匹比。他的文集取名《三学集》，自称"包括我一生致力于学术的三个方面，即历史学、方志学、图书文献学"。一位学者在这三个广阔的学术领域中能做出突出的成绩，已非寻常。而且他的成就还不止于此，他常写散文、杂文，颇多精品，享誉文坛，曾出版文集《冷眼热心》、《一苇争流》等，又写过戏剧《火烧望海楼》，涉猎文史两界，均有卓越成就。他的文章纵论古今，意境清新，文笔优美，具有学者的书卷气。

　　专与博是治学中的一对矛盾，一般学者难得兼有，而来新夏先生是一位既专又博的学者。他何以能达到这种很高境界？当然，这和他的家学渊源、名师授业极有关系。他生长在书香门第，自幼得到祖父的关爱熏陶，在校学习、工作期间又有陈垣、范文澜、郑天挺等师长的诱掖。他资质颖敏，在一个良好的学术环境中茁壮成长，但最重要的还是个人的努力。他治学勤奋，锲而不舍。你看他在辅仁大学攻读四年，每年以全班第一名获"勤"字奖章并奖学金；你看他二十五岁

*　戴逸，中国人民大学教授、国家清史编纂委员会主任。

以前即潜心阅读，博览群书，先读前四史和两唐书，后读此外的正史，今世青年中谁能通读全史？你看他在受审查下放劳动的日子里，孜孜不倦地修订《林则徐年谱》，以排遣闷愁，同侪中因受不公正打击而消沉者有之，弃业者有之，有多少人能够愈挫愈奋？你看他年近花甲才落实政策，迎来了一生中的辉煌时期，兢兢业业，奋笔著作，写下了许多精品佳作。是勤奋推动来新夏先生不断前进，是勤奋使得他在学术上取得成功。摆在我们面前的这部《三学集》就是来新夏先生勤奋研究的见证和勤奋治学的成果。他的勤奋精神值得我们敬佩，也值得后人学习。

原载于《书品》2003年第4期

来新夏先生的治学之道

徐建华[*]

业师来新夏先生，幼年发蒙，得祖父来裕恂公耳提面命、悉心调教，为日后学术研究的成功培养了浓厚的兴趣、打下了坚实的小学基础。在负笈求学之路上，迭遇良师，广采众家之长，其中影响最大的大约是陈垣、余嘉锡、范文澜三位先生，他们的学识、风骨、眼界，成就了今天来先生的学术高度和境界。

仔细考察一下，来先生的治学之道主要有如下特点：

第一，开创性。

纵观来新夏先生的学术经历，他的许多学术成果都具有开拓意义。除却论文不算，专著之中，成为本领域或建国后本学科第一部学术著作的大致有：1957年出版的《北洋军阀史略》，1981年出版的《古典目录学浅说》，1983年出版的《方志学概论》、《近三百年人物年谱知见录》，1984年出版的《林则徐年谱》，1990年出版的《中国古代图书事业史》，2000年出版的《中国近代图书事业史》和1993年出版的《中日地方史志比较研究》，以及即将出版的《清代经世文选编》等，无不为本领域的开拓或本学科的建设起到了奠基石的作用。

第二，连续性。

连续性大约是来先生学术之道中最具特色的。在学术研究中，资料的阅读、发现是渐进的，随着阅读量的扩大和新资料的出现，认识和观点发生变化是学术

---

* 徐建华，南开大学教授。

常态，这也就是时人"常悔少作"的由来。高明者当不断将自己的最新研究成果向读者提供，将著作修订出版，这不仅是对读者负责，更是对学者自身的学术生涯负责。读者从中不仅可以了解本领域的最新研究进展，同时还可了解到作者的学术进境和心路历程，为自己的读书治学之路，树立一个良好的榜样与示范。只有这样，方能真正做到"不悔少作"。当然，这是需要范文澜先生提倡的"板凳宁坐十年冷，文章不写半句空"的精神，来先生可以说是真正遵师教做到了这一点的不多的学者之一。他的学术研究连续性贯穿于多个领域：

1957年出版了《北洋军阀史略》，1983年修订为《北洋军阀史稿》，2000年第三次修订成《北洋军阀史》，由十几万字增补到百万字。

1981年出版了《古典目录学浅说》，1991年增补为《古典目录学》。

1983年出版了《方志学概论》，1995年经修订成《中国地方志》，由台湾商务印书馆出版。

1983年出版了《近三百年人物年谱知见录》，2011年又由中华书局出版了增订本。

1985年出版了《林则徐年谱》，1997年，第四次修订成近70万字的皇皇巨帙《林则徐年谱新编》。2011年9月，再一次增订成近90万字《林则徐年谱长编》。

1990年出版了《中国古代图书事业史》，2000年出版了《中国近代图书事业史》，2010年汇补成《中国图书事业史》。

第三，周延性。

学术做到一定程度，就应该考虑如何在专业领域之内全覆盖的问题，以使自己的学术见解能够得到更为全面的传播，同时亦使不同类型的读者都能够各得其所，因此，在形成学术成果时就应考虑到多种表达形态，尽最大可能地做到学科内的全覆盖。来先生在诸多领域的学术研究就是这样做的：

在北洋军阀研究领域，来先生除了不断修订代表本领域最高学术成就的专著之外，还主持编辑了五巨册、三百余万字的大型资料汇编——《中国近代史料丛刊》之一的《北洋军阀》，同时还出版了通俗著作《来新夏说北洋》。

在古典目录学领域，不仅有学术著作《古典目录学浅说》、《古典目录学》，还有论文集《古典目录学研究》，工具书《书目答问汇补》、《清代目录提要》、《清人笔记随录》，以及即将出版的《古典目录学读本》。

在地方志领域，先是出版一般性教材《方志学概论》，继而修订成《中国地方志》，此外，还有研究文集《志域探步》、《中日地方史志比较研究》，工具书《中国地方志综览》、《河北地方志提要》，旧志整理的《天津通志·旧志点校卷》等。

在年谱领域，不仅创纪录地四次修订出版《林则徐年谱新编》之外，还编写了通俗性的著作《中国的年谱与家谱》和研究性工具书《近三百年人物年谱知见录》。

在中国图书事业史领域，先出古代的，再出近代的，最后汇总成整体的《中国图书事业史》，同时还有简本的《中国古代图书事业史概要》。

第四，利他性。

陈垣、余嘉锡先生均为史学大师、学术名家，都对目录学研究和工具书编制情有独钟。作为二位先生的高足，来先生自然是继承衣钵，身体力行，以为人作嫁、甘当人梯的精神，由目录学入手，编制了涉及多个学术领域的工具书和资料书，自利利他，嘉惠学林。如：《近三百年人物年谱知见录》、《林则徐年谱》、《书目答问汇补》、《清代目录提要》、《清人笔记随录》、《中国地方志综览》、《河北地方志提要》、《清代科举人物家传资料汇编》与索引、《清代经世文选编》、《中国近代史料丛刊·北洋军阀》、《天津通志·旧志点校卷》、《图书馆学情报学档案学简明辞典》等等。尤其是《书目答问汇补》，是来先生二十岁时发愿，八十九岁成书，几七十年，令人赞叹。

来先生的学术利他性还体现在他晚年的学术随笔上。离休之后的古稀之年，又以一种再次超越自我的过人气概，以其清新流畅、平实老到的文笔，深厚的文化学养和对现实与人生的把握，以及独到的文学感悟力，将历史与现实、学术与生活、人情与世态融为一体，娓娓道来，在学术界独树一帜，卓然成家。目前已出版《冷眼热心》、《路与书》、《依然集》、《枫林唱晚》、《邃谷谈往》、《来新夏书话》、《一苇争流》、《且去填词》、《出枥集》、《访景寻情》、《交融集》、《邃谷师友》、《邃谷书缘》等近二十种，数百万字。这既是一个文化奇迹，同时也是来先生对于中国文化传承的历史担当。衰年变法，浑然天成。

原载于《友声集——来新夏教授九十初度暨从教65周年纪念集》 孙勤主编 中华书局2012年版

邃谷先生

王稼句[*]

邃谷，本指幽深的山谷，如朱熹咏白鹿洞诗曰："邃谷新华馆，风烟再吐吞。"方象瑛咏七盘关诗曰："层崖邃谷路转通，拾级忽见云霞空。"来新夏先生取以名斋，却并非这个意思。少年时，天津家中楼梯下有约八平方米的空间，可放一榻一架一桌，他就在那里读写、歇宿，因为狭窄黝暗，宛如幽谷，白天也要开灯，但那是真正属于自己的小天地，可以随心所欲，便题名"邃谷楼"，还用文言写了一篇《邃谷楼记》。这样的小天地，实在也是当时不少都市洋房少年的向往，但早年的美好情愫，往往随岁月流逝而消磨殆尽，新夏先生却难以忘怀，将这个斋名一直沿用至今，屈指算来，已七十多年了。

新夏先生，浙江萧山人，萧山长河来氏乃绵延近千载的名门望族。自南宋嘉泰初来廷绍卒葬湘湖方家坞后，来氏一脉就占籍萧山，著名于史的，明有来宗道、来斯行、来端蒙、来周、来集之等，清有来蕃、来起峻、来鸿缙、来裕恂等，可谓簪缨世家，风雅门第。来裕恂字雨生，号匏园，乃新夏先生祖父，早年入诂经精舍，列曲园老人门墙，又留学日本，回国后由蔡元培介绍加入光复会。辛亥后，从事教育而外，潜心学术，寄情诗词，著有《萧山县志》、《汉文典》、《中国文学史》、《匏园诗集》正续编等。一九二三年新夏先生出生，匏园公有《六月十一日接家书，知初八日添孙，喜而赋此》，诗曰："家音传到笑颜温，却喜今朝已抱孙。私幸平安方报竹，居然弧矢早悬门。读书种子应传砚，乐宴嘉宾合举樽。麟趾原来遗泽远，姬宗王化我思存。"颈联"读书种子"

* 王稼句，苏州市作家、出版家。

云云，正是匏园公对长孙寄托的厚望。故新夏先生幼年即由祖父启蒙，先生说："我七岁以前，一直随侍于祖父左右，生活上备受宠爱。但祖父对我的教育却很是认真，非常严格地对我进行传统文化的蒙学教育，以三、百、千、千的顺序去读，去背诵，还为我讲解《幼学琼林》和《龙文鞭影》等蒙学书，为我一生从事学术活动奠定了入门基础。"（《我的学术自述》）匏园公对长孙每一点进步，都感到由衷的高兴。一九四四年，先生有绘画在北平展出，匏园公作《六月初三日接长子大雄家书，云长孙新夏于暑假其间在旧京出其绘事图画展览》四首，第一首咏道："顾陆张吴王李卫，前人六法我孙通。艺林运笔参今古，画苑题名动外中。跳上龙门倍声价，买回骏骨奋英雄。从兹绘事成家学，匏老闻之黟两瞳。"可见得老人的喜悦之情。一九四五年抗战胜利，百废待兴，老人想到的还是长孙，作《勉孙新夏二十韵》，中有"物换星移民庶富，烟铭日出水澄清。闲修功课忙能用，暇裕经纶治可行。所愿如偿诸愿慰，不鸣则已一鸣惊"诸句，时先生即将大学毕业，而国家正当用人之际，老人自然充满期待。当长孙在学术上崭露头角，老人又作《读孙新夏〈四库开元释教录提要〉书后》八首，末一首曰："据比五端著细编，匏园披阅正欢然，读书得间非攻击，我赞吾孙史学专。"对匏园公来说，无论绘事、史学，还是其他，只要长孙学有专长，总是欣慰的，新夏先生不但没有辜负老人的期望，而且在学术上作出如此建树，在学术界产生如此影响，著书满家，门庭广大，且耄耋高寿仍笔耕不辍，匏园公或许也是没有想到的。

　　四十年代初，新夏先生考入北平辅仁大学，受业于陈垣、余嘉锡、张星烺、柴德赓、朱师辙、启功、赵光贤诸先生，他的第一篇论文《汉唐改元释例》，就是在陈垣先生指导下完成的。新夏先生晚年写过几篇文章，追怀前辈先生，记述了他们的学术贡献，他们传道、授业、解惑的孜孜不倦、循循善诱，他们诚信可敬的师道和律己自好的尊严。更重要的是，他们谨严缜密的学风和各具一格的治学方法，给新夏先生很大的影响。如陈垣先生曾编《中西回史日历》、《二十史朔闰表》、《释氏疑年录》等工具书，自以认为编这样的书，琐碎繁复，很有点吃力不讨好，但确乎给学者治学的便利，故有"兹事甚细，智者不为，不为终不能得其用"（《中西回史日历序》）之论，新夏先生由此大受启发，就以二十余年光阴作《近三百年人物年谱知见录》，再费十年增订，煌煌一册，其目的也是嘉惠学者，开方便之门。再如余嘉锡先生，讲授目录学，新夏先生在他的指导下研究《书目答问》，具体方法，一是精读，二是参阅相关著述，三是编制三套索引，由此而入门，想不到持续七十年，终成《书目答问汇补》这一巨著。这样一种师生之谊、薪火之传，诚然是难得的学林掌故。在先生的邃谷楼里，挂着一副对子："旧学商量加邃密，新知探求转深沉。"这是朱熹《鹅湖寺和陆子寿》中的两句，只是将原句"新知培养转深沉"改了两个字，而"探求"正是先生一生提倡的学术精神，"储积山崇崇，探求海茫茫"（陆游《抄书》），这是没有止境的。

在广阔的史学领域里，新夏先生找到自己的研究方向，则是一九四九年九月初到华北大学历史研究室以后。当时研究室由范文澜先生主持，他对新夏先生等后学说，只有做到"坐冷板凳"，才能"吃冷猪肉"，这就需要有甘于寂寞的精神。事有凑巧，就在这时陆续运来了百余麻袋的北洋军阀档案，信札、公文、批件、电报、密报、照片等等，什么都有，真是杂乱的一堆，让他们去整理，稍一翻动，就尘土飞扬，正像当年鲁迅等人在教育部西花厅内整理大内档案一般，一天下来，"不仅外衣一层土，连眼镜片都被灰尘蒙得模糊不清，鼻孔下面一条黑杠"（《我和北洋军阀史研究》）。初步整理后，再进行分类上架。这个过程对新夏先生来说，得益匪浅，一方面切身体会到了档案资料和学术研究的密切关系，另一方面他阅读了丁文江、文公直、陶菊隐等人的旧著，开拓了视野，发现了前人的不足，增强了研究的信心，于是就将北洋军阀作为自己的研究方向。前后五十余年，他从《北洋军阀史略》开始，先后增订、出版了《北洋军阀史稿》、《北洋军阀史》，并辑成三百余万字五厚册的《北洋军阀》（《中国近代史资料丛刊》之一种），由此而填补了北洋军阀史的空白，构建了研究和资料的系统，先生也就当之无愧地成为这一研究领域的泰斗。与此同时，新夏先生还研究林则徐，研究太平天国，研究秘密社会等专题，有《林则徐年谱》、《中国近代史述丛》、《近三百年人物年谱知见录》、《结网录》等问世。年谱是研究人物生平的重要资料，至清代作者尤盛，张之洞《书目答问》将年谱列入史部谱录类。晚近以来，人文学者都参考年谱作学术研究，先生说："常常见到人们为了论史、证史而需从浩繁史籍中搜集资料时，往往都是人自为政，穷年累月、孜孜不倦地去检读爬梳，不禁使我想到为什么不能由一部分人对大量的史籍分门别类地清查一下底数，然后把结果写成报告，再编制相应的工具书，给别人提供些不走重复道路的便利呢？"（《清人年谱的初步研究》）《近三百年人物年谱知见录》就是一部关于年谱的工具书，自然也是年谱一门的目录书，上海人民出版社初印于一九八三年。二十多年来，此书备受学界赞赏，被认为是拓宽年谱学术含量和实用空间的一部力作。但先生并未止步，又费数年寒暑再作增订，增订主要有五个方面，一是扩展内容，二是增录版本，三是重分卷次，四是增补订正，五是指引史料。即就扩展内容来说，初版收叙录七百七十八篇，新增八百零三篇，共计一千五百八十一篇；初版收谱主六百八十人，新增五百七十二人，共计一千二百五十二人；字数也由初版的五十余万字，增加到一百一十余万字，并附谱主、谱名、编者及谱主别名字号索引四种。去年岁末，增订本由中华书局刊行，一时衰传，被视为清史研究的一大成就。

新夏先生的另一个研究方向，就是方志学，起步于六十年代初，至七十年代末才真正开始。他和梁寒冰先生一起推动了全国性的修志工作。新夏先生先后培训了华北、西北、中南、东南四大区的修志人才，并主持编写了《方志学概论》，这是第一本方志学的专著，对全国新编地方志起了重要的指导作用，筚路蓝缕，功莫大焉。先生在对方志学作比较和研究之后，又先后写出了《志域探步》、《中国地方志》、《中国地方志综览》等，由此建立了中国新编方志学的体系，他又成为这一研究领域的泰斗。他还审读过近百种志稿，担任了数十部志书的顾问，撰写了许多篇序文，对新编方志的实践，身体力行。与此同时，他不忘地方文献的整理，他主编的《天津风土丛书》就是一个事例，"它不仅可资掌故谈助，也可备编写方志的采择"，"可以起到保存地方文献，提供乡土资料和介绍天津历史风貌等作用"（《天津风土丛书总序》）。先生十分关心天津地方文化的整理和研究，鼓励和支持天津一批有志青年去做这方面的事，他们编印的刊物《天津记忆》，至今已出满百期，其中也有着先生的心血。值得一提的是，先生将收藏的新旧方志近千种捐献给故乡萧山，建立了"来新夏方志馆"，不但供更多的读者阅读查检，也为故乡的方志研究铺筑一点基础，并且让自己的藏书有了一个好的去处。

八十年代初，新夏先生已年近花甲，他在此前二十年，命运多舛，一直被"控制使用"，想不到时来运转，大受器用，先后出任南开大学的校务委员、图书馆馆长、出版社社长兼总编辑、图书馆学系系主任、地方文献研究室主任等，由于工作重心转移，他的学术研究又开辟了新领域，那就是图书文献目录学。他在公务繁忙的十多年里，写了《中国古代图书事业史》、《中国近代图书事业史》、《书文化的传承》、《古典目录学》、《古典目录学浅说》、《古籍整理讲义》等，主编了《图书馆学情报学档案学简明辞典》，整理了《阅世编》、《清嘉录》、《史记选注》等古籍。二〇〇五年中华书局印出的《清人笔记随录》，厚厚一册，实际早在五十年代就已入手，断断续续增辑而成，凡著录清人笔记约二百余种，所谓披沙拣金，集腋为裘，终究有蔚然之观。戴逸先生在序中说："他研究清人的笔记，大力考证其作者，详尽介绍其内容，精心甄别其版本，还有许多别具新见的评说议论，足以窥见作者的功力与识断。"各篇随录，行文平实，间有考论，能撷取每种笔记的重点和特色，要言不烦，具有相当的可看性。另外还附录《清人笔记中社会史料辑录》，乃取谢国桢《明代经济史料选编》体例，就只嫌其少了。在我想来，这又是先生有待继续增补、日臻完善的一部大书。今年，中华书局又印出先生的《书目答问汇补》两大本，凡一百二十余万字，那是在韦力、李国庆两位的协助下完成的，采用十七家校本、校语而汇为一编，如编纂宗旨所述："遴选传世校本，汇录诸家校语；增补书目，胪列版本，订正讹误，利于学人。"这是先生研究《书目答问》的总结，同时也登上了这个学术领域的巅峰。《清人笔记随录》和《书目答问汇补》两书的出版，既是先生对文献目录学的巨大贡献，也是近年古籍整理的重要收获，同时也让先生了了夙愿，毕竟这已魂牵梦绕了几十年。

先生晚年除继续研究自己的专业外，写了不少随笔，自九十年代至今，出版了《冷眼热心》、《路与书》、《依然集》、《邃谷谈往》、《枫林唱晚》、《一苇争流》、《来新夏书话》、《且去填词》、《出枥集》、《只眼看人》、《学不厌集》、《交融集》、《来新夏谈书》、《80后》、《邃谷师友》、《谈史说戏》、《访景寻情》等集子，这个书目是凑出来的，或许并不齐全，寒斋只庋藏了其中的大部。先生在读中学时，就写文史随笔在报刊发表，如《诗经的删诗问题》、《桐城派的义法》、《清末的谴责小说》、《邃谷楼读书笔记》等，由此开始而持续七十年而不辍，即使是八十年代初写的《结网集》，不少篇什仍可当作随笔来读。这是另一副笔墨，似乎随意写来，不拘章法，却浑然天成，那是以博大浑厚的学养为基础的。去年岁末，某报让我谈谈一年读过的十种书，我就提到《来新夏谈书》，这样说："今年恰逢来新夏先生米寿，印出一本《来新夏谈书》（南开大学出版社版），分藏书、读书两卷，虽是闲文，但也可窥见他的学术构架，史学、方志学、图书文献学交叉缠络，'植根于博，专务乎精'，形成治学的新视角和新方法。"（《岁暮读书回想》）从随笔固然可看他的学问，宁宗一先生则又看到了另一方面："他善于把握时代脉搏，而又对喧嚣的俗情世界、新潮的时髦保持着距离，绝不随波逐流；同时又敏感地警惕着生命的钝化、灵性的消亡、人性的物化和人文精神的沦丧。我想，这就是我心中一位文史大家以其学识的睿智反思历史和认知当代的学术品格。"如果说先生"衰年变法",就是指这一方面而言。先生的才情确乎又是天然生成,那是谁也钦羡不得的。宗一先生说:"由于来公的文史积淀丰富多样,几乎涵盖了中国文化的方方面面,而命笔时则又拥有多种笔墨,表现出多种气象:笔触有时细致,有时奔放,有时严峻,有时悠然,且反讽意味又溶在其中;至于文采色调,柔和浓烈兼有,议论则繁详简约并举,这都构成了他自成一家的风韵。"(《心灵史:文学与历史的契合点》)像近年写的《旧镇纪事》、《异国情愫》、《民族灾难》几篇,读后哪会想到出自八十老人的手笔,"庾信文章老更成",老杜之说固然矣,但还有几多人在。

新夏先生长我三十五岁,对他的道德文章,风范气格,我是拳拳服膺。具体而言,他的治学精神,他的学问见识,他的待人处事,在我认识的前辈中是不多的。承先生不弃,视我为小友,凡点滴成绩,即广为揄扬,真是问心有愧。

前年五月,新夏先生翩翩作苏州之游,席间有人出了一个谜,"晓钟才到已非春",打一学人姓名,谜底自然是"来新夏",虽然贴切,却有一点伤春的怅叹。我更欣赏宋人姜特立的一首《初夏》,诗曰:"催成新夏荷浮翠,送尽余春柳褪绵。正是清和好时节,嫩柯娇叶媚晴天。"张梦阳先生说他晚年的随笔,就像他的名字一般,并解释说:"为什么说来公的随笔像是新夏,而不说是早春,也不说成中秋呢?就是因为他文气健旺,生机勃发,靓丽光彩,犹如夏天青翠欲滴、枝繁叶茂的绿荫,给人以长者的呵护与智者的启悟,不像早春那样,虽然在原野上透发出一派新绿,但是终究未成大气象;也不似中秋那般,纵然月圆气朗,果实累累,然而究竟已近岁末,后劲不足了。来公是八十初度'老来旺',底气充足,心神清健,正处于夏天,而且是新来的夏天!"(《晚景能否来新夏》)又将十年过去,先生步履蹒跚了,自然也更多一点老态,但精神矍铄,风度依然,仍不知疲倦地伏案劳作。当我收到他的一本本新著,都带着他手泽的温郁,不由会想起文徵明的诗来,"白发不嫌春事去,绿阴自喜夏堂凉"(《新夏》),就真想北赴津门,到邃谷楼上拜唔先生,那北窗外正是一片苍翠的浓阴。

二〇一一年十月三十一日

原载于《书生风味》 南京师范大学出版社2013年5月版

笔耕不辍　真情用世

——敬贺来新夏先生九十初度

李广生　黄立新[*]

晚年的来先生，学力益深，著述益丰；与时偕行，日新精进。八十初度时，启功先生赞其为"难得人生老更忙"，"今朝典籍满堆床"。近十年间，来先生主持学术工程、整理私撰巨著，奖掖后进、嘉惠士林，活力不减当年，值高龄少年矣。

与来先生交往益深，愈感其学问之精深、人品之高尚，令吾辈钻之弥坚、仰之弥高；其废寝忘食，不知老之将至之精神，直教吾辈汗颜。本文略举近闻，管窥先生学术、人品之一端，以为吾辈末学之学资，益欲借此彰显先生之丰德，顺致先生九十寿祺！窃思吾等学浅，错谬之处恐多，尚祈方家见谅。

笔耕不辍，硕果累累

八十初度以来，来先生老当益壮，非常人可以企及。近十年间，公开出版的著作有40多种，涉及清史研究、方志谱牒、天津地方文化、目录学、文献学、随笔等诸多方面。

来先生是清史、民国史研究的大家，在史学界言必称秦汉的时代，先生慧眼

---

* 李广生，研究馆员、天津市高校图工委常务副秘书长；黄立新，天津商业大学图书馆研究馆员。

独具，一潜心于清史、民国史的研究，并多所创获，成绩斐然。受老师陈垣、余嘉锡等先生的影响，先生于衰集史料，用力甚勤，2005年，先生以高龄担纲国家清史工程项目《清代经世文选编》，再创辉煌。2011年3月，先生主编的全套170册的《清代经世文全编》出版，在此基础上形成的总字数达200万字的《清代经世文选编》亦已结项并即将获得出版。与2007年出版的全101册的《清代科举人物家传资料汇编》一起，不仅仅是来先生高年成就，也是嘉惠清史研究者的大功德。笔者曾有幸忝列先生主编《清代经世文选编》的点校队伍，亲睹先生果决高效的领导能力，亲炙先生不倦的教诲，受益匪浅，终生难忘。

研治清史、民国史之外，先生力倡方志、谱牒学研究，对于天津地方文献尤为关注，主持了多部旧志、风俗志的整理点校以及新志的编修工作。修志之余，先生还对人们注意不多的年谱、家谱用力尤多，尤以新版《近三百年人物年谱知见录（增订本）》为世人称道。近年来，随着各地方志的大量出版，如台湾成文出版社的《中国方志丛书》和大陆凤凰出版社的《中国方志集成》，大力推动了方志学研究的进程。故而有人谓先生为"复兴方志的功臣"①，筚路蓝缕，功不可没。

2010、2011年中华书局前后出版的《书目答问汇补》和《近三百年人物年谱知见录（增订本）》两部著作为学界带来了质量上乘的精品，亦是对先生米寿最好的祝贺。中国古典目录学向为学者所重视，其最大的功用，乃如章学诚所言"考镜源流、辨章学术"，清末张之洞深知于此，作《书目答问》，嘉惠士林。该书较《四库提要》、《四库简明目录》更为简约精当、重点突出，是后学者入门之捷径。问世以后，深受学者钟爱，增修、订补者若叶德辉、刘明阳、邵瑞彭、高熙曾等等，尽皆版本目录学大家，范希曾氏《书目答问补正》更将其打造成为承续《四库提要》的经典之作。先生的老师、近代目录学大师余嘉锡先生，更是以之作为教材，引领先生进入国学圣殿。来先生这部书就是从那时开始编写，其间风雨坎坷，竟用了近七十年的时间，方得以成稿面世，个中情节，令人唏嘘慨叹②。

先生爱书、懂书，常于不经意处着眼，益见其版本目录学之功力。如2005年，应天津人民美术出版社之约，搜罗一批不为一般人所经眼、日益珍稀的古旧

---

① 曹振武. 复兴方志的功臣——来新夏教授［J］. 沧桑，2002（04）.

② 崔文印. 来新夏与《〈书目答问〉汇补》［N］. 北京：中国社会科学报，2007-06-21，第017版.

书籍，亲任主编，名之曰《老资料丛书》，影印出版，为清代及近代史研究增添了珍贵的图像资料，此亦为近十年来先生出版成果之一。

先生自"衰年变法"以来，一发而不可收，文思如泉涌、妙笔如生花。近十年来，随笔著作已经出版了近二十种，规模之盛、产量之多，令人叹为观止。先生的随笔著作分为几类，一是文史掌故，述往谈故，笔述历史是史家正途，亦具古代笔记遗风。如《邃谷师友》写师友交往，名人轶事，补正史之不足；《谈史说戏》正本清源、考证精详，雅俗共赏，别开生面的戏剧读物。二是学术随笔，《皓首学术随笔·来新夏卷》、《当代学者文史丛谈·依然集》、《交融集》等等，举凡历史、方志、谱牒、目录、文献等学科，涉猎既广、探究益深，行文清爽、深入浅出，大家风范、跃然纸上。三是谈书随笔，如《邃谷书缘》、《书前书后·来新夏书话续编》。先生爱书、好书、懂书、聚书，先生自述"抓周"时即与书结缘，时光荏苒，忽忽已近九十载，可谓书缘绵长，书文化的亲历与研究，和来先生的工作学习及生活息息相关，读书与藏书也成为先生绵久的话题。先生聚书源于他的爱书、好书、懂书，但并不执着，这也是近年来先生散书的原因，先生曾对笔者说，年轻时聚书，年老时散书，都是一种书缘吧。先生的藏书重在用，这与一般的藏书家有所区别，而堪破聚散之因缘，又高出一个境界。先生说："藏书容易散书难，捐书之举实现了我'不散之散'的心愿。我的很多藏书来自民间，如今捐出给大众使用，这是为书找到了最好的归宿。"益见其胸怀之宽，眼界之广。四是文史杂文。来先生文笔流畅自然，清新雅致，娓娓道来，如山间流水，余韵无穷。如《砚边余墨》、《访景寻情》、《只眼看人》等，类皆如此。

奖掖后进，惠泽学林

来先生为人和蔼平易，慈祥真诚，对年轻后进关爱提携、奖掖鼓励，处处体现出长者风范。不仅对于求教者一概善待，知无不言，且善于发现人才，给以热情鼓励，慷慨襄助。

中国政法大学杨玉圣教授主持"学术批评网"，推行学术规范，旗帜鲜明反对学术腐败，为先生所重，当先生听闻杨玉圣因难欲退的消息，特地属文，呼唤杨玉圣"回来"，在文章中为之叫好助阵，使得年轻的杨玉圣倍感亲切与鼓舞，坚定了他永不退却的信心。在提到先生对他的鼓励与期许时，杨玉圣说道："就是因了整整大我四十岁的来教授的'挽留'，我没有把学术批评网交给朋友打理，而是坚持自己主持，因为我不能辜负了这位德高望重的前辈的嘱托，尽管为此招惹了不少莫名其妙的官司……但是，我无怨无悔，因为在我这个边缘小人物的背后，有包括来新夏老教授在内的一批学界前辈和挚友的关心、支持和爱护，我没有理由懈怠，更没有理由退却。"[①]

绍兴有位自学青年，叫孙伟良，他是一位失地农民，白天以换煤气为生，独好藏书，私藏几近万册，常利用晚上时间阅读文史书籍，尤好绍兴方志掌故，常年浸淫于斯，亦是一位小有成就的民间学者，他以勤奋读书、逆境就学在绍兴有一定知名度[②]。2006年，他求教于先生，先生了解情况后，并不以为冒昧，谆谆教诲之外，竟慨允赠书。2006年春，来先生应绍兴市政府之邀，出席祭禹大典后，莅临孙宅，并将所著《邃谷文录》相赠。是年冬，数次寄赠书籍逾千册，嘱孙伟良在自家开辟民众阅览室，让文化浸及大众。并在孙伟良所藏先生的多种著作上亲署题记，关爱之情，不可言表。自此二人常相往还，成就一番忘年佳话，亦可见来先生关爱后学之拳拳爱心。

沧州几位民间学者成立了纪晓岚研究会，先生亦给予很大支持，2006年9月23日，应邀到沧州，为沧州文化名人研究及地方志修撰支招。先生说，地方文化的研究建设工作应该更加细致些，在整理出粗线条的文化"写意"后，应该向细致的"工笔"发展。对纪晓岚研究会注释《阅微草堂笔记》工程也提出了自己的观点。他认为，要把各大图书馆馆藏的有关学者对《阅微草堂笔记》批语整理下来，把这项学术工作做细。针对沧县地方志的编纂，来先生说，一是要注意原始资料的收集与积累，二要注意历史细节的把握。言之无文行之不远，更要注意语言美。

来先生的高义不单以个人行为来看待，其间不单倾注了老一辈学者对晚辈末学的关爱，体现了老辈学者对于学术薪传的重视，也是先生对于维系学术文脉的一种亲力亲为。正是由于这种传承精神，中华学术才有得以发扬光大的机会，中华文化才能重现辉煌。

---

① 杨玉圣. 有师友的人生是幸福的人生——读来新夏教授《邃谷师友》［J］. 世界知识，2009（10）.

② 《浙江日报》2007年1月18日以《我白天换煤气晚上攻文史》为题曾作报道。

倾情方志，服务桑梓

倾情方志、服务桑梓，可以说是来先生高年学术生活及社会活动的重头戏。旧志的整理和新志的编修，倾注了先生绝大精力，先生倾情方志，渊源有自，先生的祖父来裕恂先生既是一位研究中国语言文学的学者，又是一位方志专家，曾两度参与故乡《萧山县志》的编纂工作。1948年，在艰苦条件下，来裕恂先生一手完成七十余万字的民国时期最后一部志书——《萧山县志稿》。四十年代，大学时代的来先生即开始有意识地利用方志资料研究史学问题，随着研究工作的不断深入，来先生越来越多地且得心应手地使用起当时不甚为学者所注重的方志资料，建国后，来先生有机会参与和主持旧志整理和新志修撰工作，成为方志学领域的带头人之一。

来先生虽然生于杭州萧山，但学习、生活和工作大都是在天津，已有七八十年，可以说天津和萧山都是先生的故乡。八十年代以后，先生不遗余力地在全国推行新方志编修理论和实践经验，亲自指导全国新方志编修工作，还拿出大量时间亲自参与了大量的天津方志的个体工作，系列《天津通志》的出版，也凝聚了先生方志学思想和心血。

不仅如此，先生对于天津地方文化的兴趣始终如一，近十年来，不仅有新的天津地方文化新编出版（如2004年主编"天津建卫六百周年丛书"，天津古籍出版社出版），还积极参加各类相关社会活动，如2011年4月召开的城市形象高层论坛上，来先生从天津城市文化定位上发表了重要观点，对天津文化建设提出了独到见解。

来先生情系桑梓，时刻关注天津文化的复兴和光大，除了官方渠道之外，对各种能够推进天津文化建设的民间学者的研究成果也给予肯定和支持。2008年以来，"天津市建筑遗产保护志愿者团队"提出了"以研究推动保护，以保护促进研究"的理念。一方面，进行大规模城市田野调查，确认了数以百计的已经湮没在时间尘埃中的历史建筑的身份，同时组织各种学术性会议来推广这些成果；另一方面，团队在天津历史建筑的保护上也做了几件有全国影响的大事，先后获得中国文物保护基金会颁发的中国文化遗产保护年度贡献奖和杰出人物奖，还受国务院发展研究中心之邀参加了中法文化交流年有关活动。来先生不但为团队的"队刊"——《天津记忆》题签，还欣然接受了团队的终身顾问之聘，多次参加团队组织的学术会议，并在中国文化遗产保护天津论坛上为团队和文化遗产保护大声疾呼。

先生对故乡萧山的文化事业也倾注了大量心血，特别是在萧山地方志事业发展中做出了重要的贡献。八十年代初，先生应邀担任《萧山县志》顾问，精心指导萧山的修志工作，最终使《萧山县志》成为建国后全国第一轮修志的典范。2003年启动编纂的《萧山市志》，被列为全国第二轮修志工作试点单位。先生再次担当《萧山市志》的顾问，满腔热情、毫无保留地建言献计，为《萧山市志》编纂付出了大量的精力。2007年，先生毅然决定，将自己编著的著作和收藏的地方志书籍以及学术研究文献、著作手稿等无偿捐献给故乡，以实际行动支持萧山的地方志事业。这是他回报故里的一份厚礼。对于繁荣和丰富萧山历史文化发展，具有积极而深远的意义。萧山区人民政府为表彰来先生对故乡的奉献精神，特在江寺民俗园中开辟"来新夏方志馆"，供萧山人民研究使用。先生谦虚地说，他是一名萧山子弟，虽然一生漂泊四方，但时刻心系故乡，捐赠书籍建立方志馆，是希望给萧山的方志研究铺一点基础，也是希望有更多的有识之士来支持方志工作。

关注图书馆事业

来先生爱书、好书，家学渊源，四十年代在辅仁大学就读时，亲聆注重史料钩稽的陈垣先生的教诲，又选修目录学、文献学大师余嘉锡先生的目录学课程，深受其影响，可谓书缘匪浅。目录学、文献学研究始终是来先生的主要研究方向之一。

书缘深厚，注定了与图书馆的亲近，先生尝言"十分之八的研究完成在图书馆"[①]，使用图书馆并不等于要从事图书馆工作，与众不同的是，先生与图书馆的缘分由来已久，早在南京上小学时就对当时的图书室情有独钟，"开始对图书馆产生特别的情愫"[②]。六十年代初，来先生受时任南开大学图书馆馆长的冯文潜教授之托，参与古籍选购与版本鉴定工作，多年后，一同与来先生选过书的元

---

① 来新夏. 十分之八的研究完成在图书馆［C］. 陈燮君，盛巽昌主编. 二十一世纪图书馆与文化名人，上海：上海社会科学院出版社，2004。

② 同上。

史研究大师杨志玖先生在文章中回忆起当时选书的情节时，还是记忆犹新[①]，由此也可以想见几位先生当时畅游书海的愉悦，这实际上是在参与图书馆一部分工作了，与后来来先生出掌南开大学图书馆，可谓是因缘前定。

八十年代初，经历十年动乱后，重新焕发青春的来先生，出掌南开大学分校图书馆专业，继而任南开大学图书馆馆长，正式与图书馆结缘。

来先生掌图书馆，做了几件大事，于今看来，亦是意义非凡。一是一手创办了分校、总校两个图书馆专业，对形成目前这个有着本科、硕士、博士多学历培养层次的、在全国和业内具有相当影响且实力强大的信息资源管理系（原称图书馆学系）奠定了坚实的基础，实现了来先生培养图书信息方面人才的最初愿望[②]。二是先生在这一时期对图书馆学教育教学方面兴利除弊的改革，及在图书馆学、目录学、文献学方面的成就，对于南开大学图书馆学系的纵深发展，形成高水平的图书馆学教育有着非同寻常的开拓作用。三是先生对于图书馆的管理与运作实行了一系列现代化改革，对于南开大学图书馆的规范化管理，和谐、严谨的馆风与浓厚学术气氛的形成，有着重要的贡献。四是首创华北地区高校图书馆协会，使得华北高校图书馆界有了共同合作的基础，以此带动了全国图书馆跨省协作、共建共享的运动，使读者最大限度地利用图书馆的资源成为现实。从这一点来看，先生的工作除了具有非凡的前瞻性之外，还有着中国图书馆发展史上里程碑的意义。

年高德劭的来先生，并没有因为从图书馆领导岗位上退下来而疏远了图书馆，相反，除了日常与图书馆的联系之外，先生还时时关心图书馆事业，对于图书馆的发展，先生在2000年召开的第十四届华北图协年会上提出了"把高校图书馆办成研究型图书馆"的主张，这无疑是为高校图书馆的生存与发展开出了一剂良药。从目前国内高校图书馆发展进程来看，原先传统的诸如采编、流通以及网络服务器管理等工作，正在被服务商的新型服务所逐渐代替，技术含量较低的工作逐渐被技术含量较高的工作所取代是一个大的趋势，而如何解决这个趋势下图书馆和馆员的生存与发展问题？来先生的回答是，把高校图书馆建成研究型图书馆，围绕教学与科研做足文章，为读者提供个性化高端服务，这样一来，每一位

① 杨志玖. 我的教学科研工作离不开图书馆［C］. 南开大学图书馆编. 南开大学图书馆建馆八十周年纪念集1919—1999，天津：南开大学出版社，1999。

② 韩淑举. 人生也就如此——访南开大学教授来新夏先生［J］. 济南：山东图书馆学刊，2010（04）。

馆员都是某一个方面的信息情报专家，具有相对的不可替代性，这样高校图书馆的生存与发展问题就会得到圆满解决；为稳妥过渡起见，来先生建议高校图书馆"分设为研究型图书馆与学生型图书馆"①，这一可操作的设计，就解决了日常事务性工作与研究性工作的矛盾，面对高校图书馆的生存现状，回望先生当年的观点，无疑是超前的。

高校图书馆相对于学校其他部门来说，馆员的生活和待遇相对较低，来先生了解这种现象，多次在各种场合呼吁重视图书馆人，令我们这些从业者倍感振奋。由于工作性质较繁琐和重复，部分高校图书馆馆员容易安于现状、不思进取，甚至引起倦怠情绪，这是近年来研究者注意的一个问题。先生针对现实情况，适时地提出了图书馆人再塑造的问题②。先生承续前述观点，把高校图书馆办成研究型图书馆，关键在于人才，先生要求图书馆人做到五点：一是要贯通本行业的传统知识，不能数典忘祖，图书馆最值得学习的分类学和目录学知识，是进入任何学问殿堂的门径，因此从事这一行业的人必须掌握这些知识；二是要有动手能力，图书馆的日常工作还有很多需要亲力亲为，需要一些小的技巧，诸如高科技环境下，人们已经逐渐忘却的写字能力等等，都需要图书馆人重新训练掌握；三是要有现代化认识，跟上科技发展的步伐；四是每个人要有专精的努力方向，将事业和职业拧成一个；第五要有担当，"任重道远"，了解自己的处境和机遇，具备面临挑战的胆识和勇气以及超强的能力。

在身体条件允许的情况下，先生几乎每次华北图协的会议都要亲自参加，并且有重要发言，一方面谆谆教诲广大图书馆后进，一方面为改善图书馆待遇与处境鼓与呼，真正尽到了一位老图书馆工作者的职责与义务。

原载于《友声集——来新夏教授九十初度暨从教65周年纪念集》 孙勤主编 中华书局2012年版

---

① 来新夏. 把高校图书馆办成研究型图书馆（2000年9月在"华北图协第十四届年会"上的讲话）[M]. 来新夏. 出枥集——来新夏自选集，北京：新世界出版社，2002。

② 来新夏. 图书馆人的再塑造[J]. 河北科技图苑，2007（05）。

来新夏：九旬"老骥"犹"出枥"

张春海　吴文康[*]

冬日午后，记者走入位于南开大学北村的书房，九十余岁的来新夏先生端坐在电脑旁，一篇稿件已完成。

头发皓白，神情静穆中带着几分平淡，先生给人的印象是严肃、安静，像是在沉思，谈起师友或趣事，才会淡然一笑，此时，令人觉得几许阳光在室内飘洒。

他告诉记者，"我七十多岁学用电脑，动机说来可笑，是预计到日后自己用毛笔、钢笔写字手会颤抖；而点键盘，尽管手指会颤，但不会出错"。

寄身邃谷　纵横三学

邃谷，是来新夏先生的书斋名。这是一间朝北的书房，室名为启功先生亲笔题写，老师的书法对他是一种无言的鞭策。房间本就狭小，从过道开始，书籍占满墙壁。卧室也被书刊盘踞，确如幽邃的深谷。

书房同时也是客厅，除了来客的座位和电脑桌外，便是几盆绿色植物，勉强有下脚之处。在这间书房，来新夏先生轻敲电脑，笔耕不辍。

在后辈看来，他做了别人三辈子的事情。历史学、方志学、图书文献学，他的多部著作都是国内首部，被列为后辈必读的参考书或指定教材，故有"纵横三学"之说。他本人对此却不赞同，认为其中不乏赞誉、期望、鼓励："不过都是

---

*　张春海、吴文康，《中国社会科学报》记者。

别人那么说，实际并非如此。这些事是我该做的，不足道。后学对前辈不要过于迷信。我不过是略知一二、粗窥门径，知道学问该怎么做，至于学问做到什么程度，很难说。"

他毕业于辅仁大学，曾受教于陈垣、余嘉锡、启功、柴德赓等先生。后来，又在华北大学历史研究室范文澜先生指导下攻读近代史研究生。他是国内首位完成北洋军阀史专著的学者。"我进入北洋军阀史研究纯属偶然，此前历史研究只到清代为止，近代史研究只有蒋廷黻的《中国近代史》等寥寥几部，没有北洋军阀史的专著。"他的北洋军阀研究从整理原始档案开始，当时研究室收缴了100多麻袋北洋旧档，当纷乱的原始档案落出麻袋，尘土飞扬，非常呛人，而仅有的防护工具是工作服和口罩。1957年，他出版《北洋军阀史略》，后经逐步修改、完善，写出《北洋军阀史稿》；最终"积五十年之功"写成《北洋军阀史》，结束了北洋军阀研究无通史的局面。他还爬梳史料，主编了《中国近代史资料丛刊·北洋军阀》。

研究北洋军阀这批"坏人"还曾被当作他的罪状。他说，这些将研究北洋军阀当作罪状的人不懂辩证法：没有坏人，哪有好人。他强调，不能以"坏人"简单地概括历史人物："这牵涉到我对历史的基本看法之一，判断历史人物有两个标准：首先，一个人做了前人未做的事情，即做了在其所处的时代应做的事情；其次，不以其功掩其过，也不以其过没其功。"

他还完成了一个历时数十年的"长跑项目"。2011年，在韦力、李国庆等人的帮助下，他集数十年功力的《书目答问汇补》出版。该书从二十世纪四十年代策划，六十年代着手，二十一世纪初成书，中间时断时续，历时近七十年。此外，他还编撰了《清经世文选编》、《近三百年人物年谱知见录》等书。

学者当以知识反哺百姓

晚年，来新夏先生迎来了一生中唯一的"辉煌时期"，先后担任南开大学图书馆馆长、出版社社长兼总编辑、图书馆学系主任等，他的诸多作品都诞生于这个迟到的黄金时期。在历史学家等身份之外，近年来他又以"随笔作家"的身份闻名，出版了20多部学术随笔，不仅获得学术同道的好评，也赢得了普通读者的赞誉与喜爱。有朋辈称其为"衰年变法"，他欣然接受。

他认为，应当将学术成果通俗化，在公众层面传播学术。这种学术随笔沟通了学术与公众，起到了推广学术的作用。

"我们读了一辈子书，学术从哪里来？来自于公众。民众养育了学者，当后者学术小有所成，应当以知识回敬民众、反哺百姓。所以，我要回归民众。另外，旧的学术文章我写了不少，大家希望我改改笔调，写点老百姓能接受的文章，使学术走向通俗化。"他这样表达书写学术随笔的缘由与体会。

为老师整理讲稿的"老学生"

"陈垣校长"是辅仁大学、北京师范大学的毕业生对历史学家、教育家陈垣的尊称。在他们心目中，陈垣先生是"永远的校长"。

"陈垣校长的大部分课我都听过，虽然他是校长，但是他承担的教学任务与普通教师是一样的。"虽然已九秩高龄，来新夏这位"老学生"还对陈垣校长《中国史学名著评论》的课程讲稿进行了增补、核对。即将出版的这部书，收录了来新夏先生的听课笔记。对此，他说道："《陈垣全集》出版之后，还在继续补充，如将当时讲稿与我们课堂记录对照。当时所用的文辞等与今天差别较大，现在的读者接受、消化可能存在困难，所以要加上注释、说明等。在北京师范大学教授郭预衡去世之后，我可能是听过陈垣校长课的最后一个学生了。这是一个老学生对于发扬老师之学应尽的责任。"

此外，他还关注个人文集的编选工作，该书总字数或达960万。一摞摞捆扎整齐的稿子放在地上，足有10多厘米高。他说，这是全部稿子的三分之一。

他从来没想过编自己的文集。这部文集由他的学生、南开大学教授徐建华倡议、组织并担任主编，但来新夏先生仍表示，稿子集齐之后，他要自己通读、修改一遍。

对于学术的未来，他充满期望："你们年轻一辈太幸福了，你们应该出现大师。如果在事业上无成的话，真是愧对人生。"他以四句话与青年共勉：立足于勤，持之以韧，植根于博，专务乎精。

记者告辞后，先生又回到书房，投身工作。记者当即想到，他有本自选集名为"出枥集"，真是"老骥出枥，志在万里"。

原载于《中国社会科学报》2014年2月10日（第557期）

治史第二

来新夏与中国近代史研究

周新国　弓　楷[*]

摘要　来新夏是中国当代在海内外具有重要影响的著名历史学家，特别是他对中国近代史研究（包括晚清阶段和民国初期的历史研究），无论是在以其个人的研究成果开拓研究领域方面，还是以其声望与影响推动研究事业的发展而论，都成果丰硕，贡献卓著，实执史学界之牛耳。纵观来新夏的学术之路，大致经历了四个阶段，依次是：起步阶段（二十世纪五十年代至六十年代初）、沉寂阶段（二十世纪六十年代初至七十年代末）、发展阶段（二十世纪八十年代到九十年代初）和高峰阶段（二十世纪九十年代中期到二十一世纪初）。来新夏在学术研究的过程中，既获得了巨大的学术成就，更逐渐形成了鲜明的治史风格，其主要表现在四个方面：首先，重视史料的搜集、整理，持之以恒的坚韧精神；其次，重视理论的研究，客观公允的治史品格；再次，奠基铺路，嘉惠后学的奉献精神；最后，敬仰先贤，传承中华优秀传统文化的民族情愫。

关键词　来新夏；中国近代史；治史风格

*　周新国，扬州大学教授、江苏省历史学会会长；弓楷，扬州大学社会发展学院硕士研究生。

一、来新夏治中国近代史的渊源

来新夏（1923—2014），字弢盦，号邃谷，浙江萧山人。1923年出生于浙江省杭州市，1946年毕业于北平辅仁大学历史学系，1951年始任教于南开大学，历任南开大学历史学教授、校务委员、校图书馆馆长、校出版社社长兼总编辑、图书馆学情报学系主任、教育部地方文献研究室主任等职，主要从事历史学、方志学、图书文献学等研究，被学界赞誉为"纵横三学"的著名学者。来新夏主要编著有《北洋军阀史》、《古典目录学》、《方志学概论》等，另撰有大量学术随笔，汇编成集的有《学不厌集》、《邃谷四说》、《不辍集》等。

来新夏走上史学之路，尤其近代史成为其学术研究的重心，是因为其深受幼年环境，少年、青年时代学习和生活道路的影响。来新夏出生于书香世家，他的祖父来裕恂先生是经学大师俞樾的弟子，后考中秀才，具有深厚的国学功底。来裕恂先生也曾东渡日本，接受西学洗礼，回国后加入光复会，在家乡推行新式教育，著述有《汉文典》、《匏园诗集》和《萧山县志稿》等。作为新旧兼具的知识分子，他亲自对来新夏进行启蒙教学，一面安排来新夏熟读《三字经》、《龙文鞭影》、《幼学琼林》等传统蒙学书籍，一面又讲述明治维新、戊戌变法等史事。这样，来新夏从小耳濡目染，对历史产生了特殊的兴趣和爱好。随着年龄的增长，来新夏进入中学，对历史的爱好与日俱增，读过很多演义性的历史读物。高中时，来新夏在谢国捷老师（著名史学家谢国桢六弟）帮助和指导下，开始阅读二十四史，并撰写了第一篇史学论文《汉唐改元释例》，后又完成并发表了《诗经的删诗问题》、《桐城派古文义法》等多篇文章。这些成果促使来新夏决心学习历史，后顺利考入北平辅仁大学历史学系。

1942至1946年，来新夏就读于北平辅仁大学，接受传统史学的科班训练。当时正值抗日战争时期，辅仁大学作为德国教会学校，因德国与日本同属轴心国的关系，很少受到日军的干扰，所以当时留在北京而又不愿任伪职的学人纷纷任教于辅仁，一时名师云集，文史方面就有陈垣、余嘉锡、朱师辙和启功等名家。在这一环境熏陶下，来新夏打下了扎实的学术基础。来新夏从北平辅仁大学毕业后，任教于天津新学中学（前身为新学书院）。

1949年，天津解放后，来新夏被选送至北京华北大学第二部学习，半年后被留在由该校副校长范文澜主持的历史研究室，做一名研究生。当时，历史研究室分通史和近代史两个方向，来新夏被指定到近代史方向。从此，来新夏从原来致力研究的汉唐史领域转向中国近代史领域，并直接受教于著名马克思主义史学家范文澜教授。在历史研究室里，范文澜教授"对属下的研究人员，要求甚严，平时不许随意上街闲逛，对研究生更不许看影剧，怕分散心志。拿出去发表的东西，他都帮助审阅和修改"①。范文澜教授提倡的"二冷"②精神给了来新夏以深刻的教育，加深了日后治学中的"求实"信念。来新夏感慨道："后来想想，还是受益匪浅。不是严格的管理，当时我们就荒废掉了。"③

在范文澜教授直接指导下，来新夏完成了一篇纪念太平天国起义100周年的文章，也是他在中国近代史领域中的第一篇论文——《太平天国底商业政策》，后署名禹一宁，收入《太平天国革命运动论文集》。除此之外，来新夏在历史研究室的主要工作是整理北洋军阀统治时期的档案。后来新夏在回忆其一生学术之路时，曾说道："我后半生从事中国近代史的教学与研究以及对北洋军阀史的专门研究，都是范老的决定，开辟了我一生的学术道路。"④

二、来新夏治中国近代史的几个历史阶段

纵观来新夏的学术之路，他对中国近代历史的研究相对地集中于清朝晚期至民国初期这一历史阶段，而林则徐研究、北洋军阀史研究又是来新夏治近代史最为显著的成果。

（一）起步阶段（20世纪50年代至60年代初）

这个阶段，来新夏对中国近代史的研究，包括为《林文忠公年谱》笺注、编

---

① 韩淑举：《人生也就如此——访南开大学教授来新夏先生》，《山东图书馆学刊》2010年第4期，第1—5页。

② "一冷是坐冷板凳，二冷是吃冷猪肉。坐冷板凳，是说做学问要耐得住寂寞；吃冷猪肉，是说你真有成绩，总有人会承认你，请你入孔庙，吃冷猪肉。"见谭汝为：《满目春光来新夏——来新夏教授的人格与文品》，《社会科学论坛》2012年第8期，第90—105页。

③ 郑士波：《淡看人生乐通达——访南开大学来新夏教授》，《学习博览》2012年第9期，第10—15页。

④ 韩淑举：《人生也就如此——访南开大学教授来新夏先生》，《山东图书馆学刊》2010年第4期，第1—5页。

撰《林则徐年谱》、整理北洋军阀档案、发表《北洋军阀统治时期》的讲课记录、编撰《中国近代史资料丛刊·北洋军阀》（中辑）以及撰写开拓性的《北洋军阀史略》为主。这些学术成果，为开展林则徐研究和北洋军阀史研究起到了探索和引导作用。

中国近代史，是一部中华民族抵抗外国殖民侵略以实现国家独立、民族解放，反抗封建专制统治以实现人民民主和富强的斗争史。在这波澜壮阔的时代背景下，中华民族涌现出无数英雄，林则徐便是其中杰出的一位。来新夏上中学时，每年南京国民政府都要举办"六三"禁烟纪念活动，隆重纪念民族英雄林则徐虎门销烟的壮举，来新夏对林则徐始感兴趣。大学时，来新夏阅读了魏应麒编写的《林文忠公年谱》，感觉"如此重要人物，却只有薄薄一本谱传，似难相称"[①]，便萌发修订的想法。二十世纪五十年代，来新夏从事中国近代史的教学与研究工作，重索魏编，为之笺注。恰逢此时，中华书局将由中山大学历史系主编的《林则徐集》全稿送给来新夏审读，来新夏在审读的同时积累了大量资料。六十年代初，经三易其稿，来新夏终于撰成了《林则徐年谱》，约三十余万字。但不幸的是，《林则徐年谱》在"文革"期间被焚，所幸二稿随后被来新夏在乱纸堆中寻得。于是，来新夏利用下放津郊务农的时间重加整理，终得恢复旧观。

1982年9月，来新夏在北戴河参加"全国第一次清史学术讨论会"（三排右七）

北洋军阀史是来新夏研究近代史的核心，也是他整个学术研究的重中之重。来新夏在历史研究室的主要工作是对从一些北洋军阀人物家中和某些单位移送来的藏档进行清理和分类。这批档案有百余麻袋，杂乱无章，几乎无从下手。整理的场所是在东厂胡同旧黎元洪府第花园的八角亭，来新夏、唐彪等七人把这些档

---

① 来新夏：《林则徐年谱·序》，上海：上海人民出版社，1984年，第1页。

案按照档案类型如私人信札、公文批件、电报电稿、密报、图片和杂志等分别摆放到书架上，随后集中进行有关北洋军阀史资料的学习，如阅读丁文江、文公直、陶菊隐等人的著作。后来整理档案的地方搬到了面积较大的干面胡同，他们在这里将档案再次分成政治、经济、军事、文化四大类，认真阅读，分类上架。休息时，来新夏和其他同学交谈阅档所了解到的珍贵或有趣的材料，有时对自己感兴趣的还会在第二天去追踪查档，了解具体内容。

通过研读著作和整理档案材料，来新夏对北洋军阀这一近代的政治军事集团从兴起到覆灭的过程已有了一个大致轮廓的了解，对错综复杂的派系关系也掌握了基本的脉络，从而奠定了他将以一生大部分精力致力于北洋军阀史研究的基础。正如来新夏后来所说："半年多的整档工作，虽然比较辛苦，但收获是很大的。一是我通过整档阅档活动，不知不觉地把我带进了一个从未完全涉足过的学术领域——它影响我一生的学术道路；二是我毫无愧色地以自己是新中国最早一批档案工作者而自豪。"①

1950年初，来新夏任中国科学院历史第三所研究实习员。1951年初，应天津南开大学历史系主任吴廷璆教授的诚邀，并经过范文澜教授同意，来新夏到南开大学历史系从事教学与研究工作。来新夏在南开大学任教后，仍然坚持北洋军阀史的研究，搜集有关资料，并开始撰写有关文章。1952年，来新夏在《历史教学》杂志上接连发表了题为《北洋军阀统治时期》的讲课记录，叙述了北洋军阀集团从小站练兵兴起到覆灭的整个过程。尽管《北洋军阀统治时期》体系上不是很完整，内容上不是很充实，但确是来新夏第一篇北洋军阀史方面的专文。从此，来新夏正式进入了北洋军阀史研究的领域。与此同时，来新夏又得到了一次深入这一领域研究的机遇。二十世纪五十年代初，为了更好地推动中国近代史的研究，在范文澜、翦伯赞等史学前辈的倡导和主持下，由中国史学会主编一套《中国近代史资料丛刊》，包括从鸦片战争到北洋军阀12个专题，分别组织专人编选。当时，北洋军阀这一专题组织了一个包括京津史学工作者在内的编委会，由荣孟源、谢国桢领衔，来新夏也受邀请名列其中，并接受委托在天津地区搜集资料。但不久，因人事变动资料搜集和编辑工作被迫中断，所搜集的图书资料全部归南开大学图书馆入藏。来新夏对此感慨道："我虽对此事的中辍抱有微憾，但却意外地接触了不少有关资料，为我日后撰写《北洋军阀史略》作了必

① 来新夏：《北洋军阀史·序》，上海：东方出版中心，2011年，第2页。

需的准备。"①

1956年4月，中国共产党提出"百花齐放、百家争鸣"的方针，学术研究呈蒸蒸日上之势。在荣孟源教授的引荐下，来新夏应湖北人民出版社之邀，准备撰写一部关于北洋军阀史的专著。于是，来新夏将之前《北洋军阀统治时期》的讲课记录进行扩大、改订和充实，终于1957年完成和出版了新中国第一部系统论述北洋军阀史的专著——《北洋军阀史略》。该书约12万字，以唯物史观为指导，运用了大量的原始资料，如档案、杂志、笔记等，将北洋军阀集团的兴衰变化作为一个历史整体进行考察，探求其成败兴亡的内在联系。《北洋军阀史略》出版后，曾受到国内外学者的极大关注。在国内，《北洋军阀史略》被作为教学和科研中最主要的参考书之一，复旦大学沈渭滨教授认为："这部著作的出版，不仅开拓了北洋军阀研究的新领域，而且也为今后学术界研究这段历史奠定了良好的基础。"②在国外，日本明治大学岩崎富久男于1969年翻译了此书，增加了随文插图，改名为《中國軍閥の興亡》后，先后由日本桃源社、光风社出版，成为日本学者研究北洋军阀的重要参考用书。正如来新夏所说："这部著作虽然篇幅不大，但它是我的第一部专著。我很自信，它为北洋军阀史的研究开拓了新领域；也为后来学术界研究这段历史奠定了良好的基础。"③

（二）沉寂阶段（二十世纪六十年代初至七十年代末）

这个阶段，来新夏学术研究相对沉寂。《纪念来新夏专辑》一书记载，其"因1946年在《文艺与生活》杂志任助理编辑四个月的'历史问题'，在审干中受到严格政治审查，一时难以定论，但仍被剥夺教学与研究工作的权利，不能参与社会活动，不能署名文章，生活待遇保留。这就是当时社会上所说的'挂起来'，正式名称是'内控'。"④从二十世纪六十年代初至七十年代末，前后达十八年之久，问题才得以解决。来新夏在此期间遭受种种不公正的待遇，其在"文化大革命"中，被宣布为"牛鬼蛇神"，受到点名批判，不时被揪去接受批斗，且被罚在校园内清扫道路及厕所；1970年夏，又被下放到天津南郊区太平村

---

① 来新夏：《北洋军阀史·序》，上海：东方出版中心，2011年，第3页。
② 沈渭滨、杨勇刚：《来新夏与北洋军阀史研究》，《文汇报》1992年3月24日，第6版。
③ 来新夏：《北洋军阀史·序》，上海：东方出版中心，2011年，第3页。
④ 杭州市萧山区人民政府地方志办公室等编：《萧山记忆》第8辑（纪念来新夏专辑），杭州：浙江人民出版社，2015年，第175页。

公社翟庄子大队插队落户。其人生的谷底也是其学术研究的沉寂时期。

尽管如此，来新夏仍在极其艰难的困境中坚持学术研究。1960至1961年《林则徐年谱》初稿30万字修改完成，1962年完成了50万字的草稿本《清人年谱知见录》和《结网录》等二稿，在"文革"中均焚毁。1964年在《清人年谱知见录》基础上修改完成并易名为《近三百年人物年谱知见录》定稿，1966年数遭红卫兵以"破四旧"为名打砸抢，均付之丙丁，存踪者片纸寸笺而已。1969年，其著《北洋军阀史略》被日本明治大学教授岩崎富久男译为日文，由日本桃源社出版，颇受日本学术界重视。1970至1974年，来新夏携妻李贞下放天津南郊区太平村公社翟庄子大队落户，其间除每日下地劳动外，每晚坚持整理残稿《林则徐年谱》、《近三百年人物年谱知见录》，同时在1973至1974年开始撰写《古典目录学浅说》初稿。1974年，奉命由农村返回学校，参加《曹操诸葛亮选集》校注工作，1977年奉命参加刘泽华任主编的《中国古代史》新教材编写工作。1978年3月，为历史系开设"古典目录学"课程，同年10月南开大学历史系党总支宣布《关于为八七开花中我系被迫害的同志平反的决定》，1979年来新夏恢复原有教学和科研工作。蹉跎岁月，前后达十八年之久。正如启功先生所说："王宝钏寒窑十八年，终有这一天。"

（三）发展阶段（二十世纪八十年代到九十年代初）

这个阶段，来新夏对中国近代史的研究以出版《林则徐年谱》，编撰《林则徐年谱》（增订本），主编《北洋军阀史稿》、《中国近代史料丛刊·北洋军阀》和《天津近代史》为主。这些学术成果，为他进行林则徐和北洋军阀史的深入研究奠定了扎实的基础。

1981年，来新夏在好友汤纲教授引荐下，将完稿近二十年的《林则徐年谱》交由上海人民出版社出版。该书是新中国成立以来最早面世的一部林则徐年谱，约34万字，征引资料达160余种，将林则徐置于十九世纪中叶错综复杂、风云变幻的背景下来叙述，使林则徐的言论和行动能与整个时代、社会、民族有血有肉地联系起来。李苹教授曾评价《林则徐年谱》"是一份爱国主义的生动教材"，该书具有三大特点："第一个特点，资料丰富，诗文并茂；第二个特点，夹叙夹议，考释精当；第三个特点，主题突出，形象丰满。"[1]

---

[1] 李苹：《一份爱国主义的生动教材——评〈林则徐年谱〉》，《江海学刊》1982年第3期，第46—47页。

1982年冬，"鸦片战争与林则徐学术讨论会"在福州举行。在此次会议上，来新夏的《林则徐年谱》受到一致好评，鉴于此，会议决定把该书的增订本列入1985年召开的"林则徐诞辰二百周年纪念学术讨论会"的出版规划中。之后仅一年多时间，来新夏就完成了修订工作——《林则徐年谱》（增订本）。全书约45万字，征引国内外资料达220余种，由上海人民出版社再版。此次增订不但增加了若干旧籍文献，还将新发现的手札、碑刻等文物资料，经认真考订后纳入其中，而且所征引资料均注明出处，以便开拓读者的研究视野。

七十年代末，随着政治气氛的宽松，民国史研究兴起，有关北洋军阀史的历史资料也日见丰富。在此背景之下，来新夏重理旧业，参与了北洋军阀史的研究对象、阶段划分、北洋军阀特点、作用，以及对"军阀"、"北洋军阀"、"北洋军阀史"和"北洋军阀统治时期史"概念的界定等一系列理论问题的探讨，对这些理论问题发表了多篇高质量的学术论文。

此后，在旧雨新知的关注、鼓励和帮助下，来新夏翻阅了大量文献著述、已刊和未刊历史档案、报纸杂志、方志笔记和文集传记等文献资料，对北洋军阀的研究对象、范围、分期、特点、地位、影响及其阶级基础等重大问题进行了再研究，并于1983年完成了《北洋军阀史稿》的编写工作，该书仍由湖北人民出版社出版。全书约36万字，比先前《北洋军阀史略》，不仅篇幅增大，条理更加清晰，论证更加缜密，而且论述范围也有所扩展。在书中，来新夏对中国各派反军阀统治力量的斗争史和有关历史人物的活动方面，军阀混战的具体战役、战斗方面，北洋军阀集团与帝国主义侵略势力的关系方面，都有较多的增加和拓展，并附有"大事年表"和"北洋军阀人物小志"，方便读者检索利用。中国社会科学院近代史研究所孙思白教授读完《北洋军阀史稿》后，将它与先前《北洋军阀史略》进行比较后认为有四点不同："第一，补充运用了已刊的档案、未刊的资料和译稿；第二，吸取了回忆性文章和近年来的研究成果；第三，对若干问题作出了新的分析和论断；第四，丰富了若干具体情节内容。"[1]人民出版社编审乔还田评价道，《北洋军阀史稿》的价值"并不仅仅在于它的'筚路蓝缕'之劳。更重要的是，作者在系统论述北洋军阀何以兴起、发展、形成、掌权直至覆灭，以及由他们创造和影响的各种内外纷争与错综复杂关系所形成的种种社会现象时，刻意钻研，提出了不少独到的见解。本书还以分析深入细致而见长"[2]。对此，

---

[1] 孙思白：《北洋军阀史稿》序，武汉：湖北人民出版社，1983年，第2—3页。

[2] 乔还田：《读〈北洋军阀史稿〉》，《人民日报》1985年3月15日，第5版。

来新夏也确信"这在当时确是这方面唯一的一部专著，对军阀史和民国史研究的深入开展起到了推动和促进作用"①。

《北洋军阀史稿》完成后，来新夏感觉当时北洋军阀史研究资料不够全面，亟需一部比较完整和系统的资料汇编，产生了继续编纂《中国近代史资料丛刊·北洋军阀》的想法。此外，北洋军阀专题是中国近代史资料丛刊的最后一个专题，由于这一专题编撰的中辍，致使中国近代史料丛刊未能及时配套。1985年秋，上海人民出版社为补足这套丛刊，特派该社编审叶亚廉躬临天津，与来新夏面商北洋军阀资料的编辑问题，并有多次信件往还。1986年初，来新夏借赴沪出席中国文化史国际学术讨论会之机，与上海人民出版社负责人就编辑问题作进一步的具体磋商，并订立了编辑出版协议。鉴于教学与研究的迫切需要，来新夏不能不力求在较短时间内完成这一资料的选编工作。于是，来新夏力邀张树勇、焦静宜和娄向哲等一批中青年学者参与资料的编撰，并身兼多职，既负责全书的编辑体例、选材取舍和审定全稿工作，又承担具体分册的编选、整理、标点工作。经过不懈努力，历时七年到1993年，《中国近代史资料丛刊·北洋军阀》的正式出版，为"中国近代史资料丛刊"画上了圆满的句号。

1989年5月在珠海召开的民国人物唐绍仪学术讨论会上发言（右为中国现代史学会理事长李新）

来新夏主编的《中国近代史资料丛刊·北洋军阀》共5册，达300余万字，前4册按北洋军阀的兴亡历程分四个阶段，并围绕各阶段中的几个重要问题分别选编六七十万字不等，各成一册；第五册则包括军阀人物传志、大事记、书目提要、论文摘要与附表等。在这套资料书全部出版后，莫建来教授对这套资料的特点进行了点评："第一，资料的收录紧紧围绕北洋军阀兴亡这一主线；第二，资料的选录范围相当广泛，涉及档

① 来新夏：《我与北洋军阀史研究——〈北洋军阀史〉的撰写缘由》，《学术界》2001年第5期，第249—253页。

案、传记、专集、杂著、报刊和汇编等方面；第三，入选的资料均经严格筛选和整理校订，可供研究者直接利用。"①这套资料的编辑完成，大大推动了北洋军阀史的研究，为研究者提供了丰实的资料。

来新夏潜研学术的同时，也热心参与中国近代史领域中的几次重大讨论，如中国近代史分期、太平天国革命性质等问题，通过学术交流和探讨来提高自己的专业水平。来新夏在史学研究方面除专著外，还在国内重要专业刊物上发表过数十篇论文，均以翔实的史料及流畅的文笔著称于世，他将有关近代史的论文收录于《中国近代史述丛》，由齐鲁书社于1983年出版。

此外，来新夏还投身于地方教材的编撰。1986年，来新夏受天津市委、市政府委托，主编《天津近代史》。来新夏认为："近代天津无疑是近代中国的缩影，因为中国近代史中的重大历史事件、社会经济的各种变化以及重要历史人物的活动都在天津近代史中有所反映，留下了历史的痕迹。所以研究和编写天津近代史不仅有益于理解中国近代史，而且还将提供一部信而可征的乡土教材。"②在编写过程中，来新夏始终践行着这一指导思想。该书征引资料达200多种，约29万字，并有图片和附表，对自1840年至1919年间天津近代历史中政治、经济、文化诸方面进行具体分析和系统阐述，并对若干重要史事和历史人物作出较恰当的评论，使大众更深刻地了解近代天津的发展历程。

（四）高峰阶段（二十世纪九十年代中期到二十一世纪初）

在这个阶段，来新夏对中国近代史的研究以出版《林则徐年谱新编》、主持编纂《林则徐全集》、主编《林则徐年谱长编》和通史性的《北洋军阀史》为主。这些学术活动，使林则徐和北洋军阀史研究跃上了新台阶。

1997年，香港回归。在这样的氛围下，人们对在鸦片战争中坚决抵抗外侮、历尽艰辛的民族英雄林则徐格外怀念。来新夏编撰的《林则徐年谱新编》由南开大学出版社出版，该书的出版适逢其时。此书告成于1997年香港回归祖国之日，来新夏在书中表达了他新编林谱的初衷："林公鸦战遗恨，从此湔雪；我则摩挲《新编》以祭林公。林公有知，歆其来格！"③该书征引资料达270余种，约67万字，搜集考订了大量珍贵的第一手资料，增补了各地博物馆及文化部门提供的实

① 莫建来：《一部蕴藏丰富、编选科学的史料巨著：〈中国近代史资料丛刊·北洋军阀〉简介》，《民国档案》1994年第3期，第124—127页。

② 来新夏：《天津近代史》，天津：南开大学出版社，1987年，第1页。

③ 来新夏：《林则徐新编·序》，天津：南开大学出版社，1997年，第3页。

物资料。在来新夏的林则徐研究进入全面收获期的时候，他又承担了编纂《林则徐全集》的组织工作。来新夏作为编委会的召集人，与其他编委齐心协力，历时六年，终于在2002年9月完成了《林则徐全集》的编纂工作。《林则徐全集》400余万字，分为奏折、文录、诗词、信札、日记、译编六个部分，另有书法专卷。

1997年香港回归前夕，来新夏《林则徐年谱新编》出版座谈会留影（左三为林则徐六世孙、中国驻联合国大使凌青，左四为南开大学校长侯自新）

然而，来新夏并不满足于此，而是力图将林则徐研究推向更高、更深的境界。2003年，全国"林则徐与江苏"学术研讨会在江苏姜堰举行，来新夏以书面发言形式首先提出了林则徐研究应作为专门学来研究的倡议。随后，来新夏又在《光明日报》发表了题为《林则徐研究与林学研究》的长文，进一步论证林则徐研究已具备作为专学研究的条件，重申建立"林学"研究的主张，并从五个方面阐述了建立林则徐专门学研究体系的具体意见，再次呼吁通过加强对这位中华民族有代表性的历史人物的研究，以增强中华民族的凝聚力，激励后人奋发前进。2008年，来新夏借上海交通大学出版社编审冯勤邀稿之机，将《林则徐年谱新编》重新审核、增补内容，于2011年完成《林则徐年谱长编》一书的编撰。全书约86万字，征集了包括奏议、公牍、诗文、日记、书札等大量第一手资料，对林则徐有关资料、事迹多有考证，并引述学界最新成果，是目前研究林则徐最完整的编年文献。

在北洋军阀史研究方面，来新夏既编写了专著，也编纂了资料汇编，应该说，该领域的研究已经基本完备了。但是，来新夏认为，"应该再努力以赴，把《北洋军阀史稿》撰写为真正意义上的通史性著述——《北洋军阀史》。于是重读《北洋军阀史稿》，发现确有增订余地，反复思考，重新草拟写作提要"。①为此，来新夏邀请焦静宜、莫建来、张树勇等一批中青年学者，还有日本中国近代史学者水野明、贵志俊彦等一起合作，从1994年开始，至2000年出版，耗时六年，搜集资料，考订章节，润色修改。与《北洋军阀史略》和《北洋军阀史稿》这两部专著相比，《北洋军阀史》一书体系更加完善，详细地记叙了北洋军阀集团的兴起、发展、派系纷争、衰落直至灭亡的整个过程。这部《北洋军阀史》出版后，好评如潮。《北京日报》、《历史教学》等报刊随后也均有报道。这部著作也引起了国内著名学者的高度关注，他们撰写专文进行了评价，如中国人民大学历史系教授、著名史学家戴逸评论《北洋军阀史》的三个优点是："内容充实，史事详明，条理清晰；史料丰富，辩证考信，根据充分；观点鲜明，颇多新意。"②天津社会科学院研究员罗澍伟也对此书进行了点评："《北洋军阀史》是迄今为止研究北洋军阀最为详尽的著作，代表了作者几十年的学术功力。是书对于北洋军阀的出现，能够沿波讨源，钩沉致远；对于北洋军阀的统治，能够条分缕析，剖毫析芒。'绪论'高屋建瓴，笔补造化，对此前的北洋军阀研究作了全面、精审的概括，登堂入室，嘉惠学者；'附录'网罗剔抉，囊括巨细，就全书的编年、人物与资料运用作了必要的补充，文无剩语，极便应用。"③《北洋军阀史》获得学术界的一致肯定，2003年获得第三届中国高校人文社会科学研究优秀成果二等奖。

---

① 来新夏：《我与北洋军阀史研究——〈北洋军阀史〉的撰写缘由》，《学术界》2001年第5期，第249—253页。

② 戴逸：《功力深厚的佳作——读来新夏先生〈北洋军阀史〉》，《中国新闻出版报》2001年11月8日，第13版。

③ 罗澍伟：《〈北洋军阀史〉——五十年的学术之旅》，《天津社会科学》2001年第6期，第111页。

三、来新夏研究中国近代史的治史风格

来新夏从事中国近代史研究前后六十余年，成果丰硕。在学术研究的过程中，来新夏逐渐形成了鲜明的治学风格。

（一）重视史料的搜集、整理，持之以恒的坚韧精神

史料，是指那些人类社会历史在发展过程中所遗留下来的，并帮助我们认识、解释和重构历史过程的痕迹。人类对历史的认识和研究都离不开史料。关于史料，来新夏认为：“资料是写作的基础，而积累资料又是基础的基础。”[①]来新夏确实做到了陈垣、傅斯年等史学前辈那样，躬行“竭泽而渔”、“上穷碧落下黄泉、动手动脚找东西”原则，尽可能地穷尽研究领域的所有资料。因此，来新夏在写每一本学术著作前，都尽可能地搜集相关资料，如档案、笔记、年谱、报刊、全集等各种不同类型的资料。以北洋军阀史研究为例，来新夏前后搜集、整理和积累资料长达近半个世纪。二十世纪五十年代初，来新夏在历史研究室做研究生时，便开始了搜集资料工作，他利用空闲时间抄录了两册黄草纸本的自认为有用的材料。1951年，来新夏任教于南开大学，在天津周围地区继续搜集北洋军阀的资料。随后，来新夏利用参与编辑《中国近代史资料丛刊·北洋军阀》的机会，搜集了更多资料。尽管来新夏在“文革”中受到了冲击，特别是1970至1974年其被下放至天津郊区农村当农民期间，也从未消极，每天劳动之余，他仍默默地搜集和整理资料。直到1993年，来新夏主编完成了《中国近代史资料丛刊·北洋军阀》这一套大型资料汇编丛书，北洋军阀资料终呈完整化、系统化，前后长达五十余年，这种持之以恒的坚韧精神是极其难能可贵的。

（二）重视理论的研究，客观公允的治史品格

理论的研究在历史研究中占有重要地位。北洋军阀史研究因其研究对象多为反面人物、头绪纷杂和资料缺失，一度成为学术“禁区”。在荣孟源、来新夏等学者的努力下，关于北洋军阀史的研究逐渐增多。但北洋军阀史作为新开辟的研究领域，史学界不同意见甚多，众说纷纭。这就需要从理论上进行界定，来新夏

---

① 孙黎明、徐亚男：《学者、事业家——访南开大学图书馆长来新夏教授》，《情报资料工作》1988年第4期，第56—59页。

从二十世纪八十年代初就开始进行理论探讨，主要集中在对军阀的定义，北洋军阀兴起的原因，北洋军阀集团的地位和作用、阶级基础、发展阶段、特点及北洋军阀集团分裂割据局面的形成原因等方面。对此，来新夏认为，"从理论上探寻北洋军阀兴衰起落的必然根脉，并对它的性质、特点和历史作用等给予实事求是的分析与评价，在整个北洋军阀史研究中无疑具有打破坚冰、开通航道的重要作用"。[1]其中对于一些重要历史人物客观、公允的评价，体现了当代中国史学的品格。

1995年5月，来新夏（前左六）出席中国近现代史史料学学会在黄山主办的"抗日战争史及史料研究"学术讨论会，来新夏时任该会常务副会长

（三）奠基铺路，嘉惠后学的奉献精神

来新夏在治中国近代史过程中，十分重视"为人"之学，充分利用自己的积累和学识，甘当"铺路石子"。"从多年的教学与实践中我发现，人们为了论史证史，需从浩繁的史籍中去搜集资料时，大都是穷年累月，孜孜不倦，各自检读爬梳，最后完成一种或几种个人论著，但却没有给后人留下方便。如果能分门别类查资料底数，编撰一些工具书，这就是为人摆好'梯子'，或者说甘当'铺路石子'。"[2]以北洋军阀史研究为例，一方面，来新夏多次撰写有关北洋军阀史

---

① 来新夏、莫建来：《50年来北洋军阀史研究述论》，《社会科学战线》1999年第5期，第1—17页。

② 来新夏、柳家英：《植根于博，专务乎精——来新夏教授访谈录》，《历史教学问题》2000年第3期，第12—13页。

文献和研究的学术综述类文章①，以便后进学者及时了解和把握学术前沿；另一方面，来新夏着手编撰北洋军阀史的工具书，如《北洋军阀史》中附录了《大事年表》、《北洋军阀人物志》和《参考书目提要》，《近三百年人物年谱知见录》中也收录了诸多北洋军阀时期人物的年谱，为他人研究北洋军阀史提供了便利。这种甘当"铺路石子"的奉献精神是非常值得称道的。

（四）敬仰先贤，传承中华优秀传统文化的民族情愫

中华优秀传统文化作为中华民族的精神命脉，其中包含着由对国家、对民族深厚感情所产生的凝聚力。来新夏在中国近代史研究过程中，始终贯穿着浓厚的民族文化情愫。以林则徐研究为例，来新夏十分钦佩、敬仰这位中国近代史开端时的民族英雄，他从林则徐开眼看世界、严禁鸦片、坚决抗英和关心民生等言行，深刻地认识到林则徐不仅是一位具有远见卓识的爱国者，也是中国近代一位进步的思想家和有作为的政治家，更是一位对近代中国有深远影响的历史人物。于是，来新夏前后耗时半个世纪，先后主持或参与编撰了《林则徐年谱》、《林则徐年谱》（增订本）、《林则徐年谱新编》、《林则徐年谱长编》和《林则徐全集》等书，并倡导建立林则徐学专门研究，这既是研究林则徐学术工作之必需，同时也表明了作者重视民族文化和敬仰先贤的情结。

纵观来新夏研究中国近代史的整个过程及特点，他的"立足于勤、持之以韧"的治学精神，"植根于博、专务乎精"的治学方法，客观求实、审慎平允的治史风格，奠基铺路、嘉惠后学的奉献精神，都值得我们学习和借鉴。

原载于《扬州大学学报》（人文社会科学版）2017年第1期

---

① 此类文章有来新夏：《关于北洋军阀史的文献》，《中学历史》1982年第2期；焦静宜、来新夏：《近年来北洋军阀和地方军阀史的研究》，西南军阀史研究会编《西南军阀史研究丛刊》第二辑，成都：四川人民出版社1983年版，第364—379页；来新夏：《关于军阀史的研究》，西南军阀史研究会编《西南军阀史研究丛刊》第三辑，成都：四川人民出版社1985年版，第1—17页；来新夏：《北洋军阀史研究四十年》，《历史教学》1991年第8期，第24—29页；来新夏：《北洋军阀史文献述略》，《民国档案》1995年第4期，第73—79页；来新夏、莫建来：《50年来北洋军阀史研究述论》，《社会科学战线》1999年第5期，第1—17页；来新夏：《北洋军阀与日本：20世纪末中国学者的研究》，《学术月刊》2004年第8期，第79—86页。

来新夏师与北洋军阀史研究

莫建来*

一

二十五年前的1986年，我从浙江师范大学历史系考入南开大学历史系，师从来新夏先生攻读中国近代史专业的硕士研究生。来师是北洋军阀史研究名家，当时他正应上海人民出版社之约，在主持编纂《中国近代史资料丛刊》的最后一种专题资料——《北洋军阀》。为使我们几位新入门的弟子在资料搜集与整理这一史学研究的基本功方面得到一些实际的训练，来师安排我们在《北洋军阀》专题资料的编纂中做一些辅助性工作。我们先遵师嘱，认真学习了他主编的《北洋军阀史稿》一书及其他有关专著，同时又把建国以来有关北洋军阀研究的论文基本上通览了一遍。在对北洋军阀史的基本史实和学术研究动态有了大致了解后，我们开始接触具体的资料，实际参与到《北洋军阀》专题资料的搜集与整理工作之中。在此过程中，我们很自然地确定了把北洋军阀史作为自己在硕士研究生阶段的研习方向。

研究生毕业后，我因留校奉职的关系，较之其他师兄弟有了更多的聆听来师教诲的机会。特别是后来来师着手撰著《北洋军阀史》这一通史性学术专著时，可能觉得我在该领域已有一些研究功底和成果积累，邀约我加入了该书的作者队

---

* 莫建来，南开大学出版社编审、社长助理。

伍，承担其中一些章节的编写。在将近十年的编写、磨砺该书的过程中，我与来师间的接触更多了，我们围绕北洋军阀史研究和《北洋军阀史》编写诸多具体问题而反反复复进行商讨与沟通的情景，至今仍是历历在目。在来师的耳提面命和要求点拨下，我终于比较顺利地完成了书稿的撰写，同时经此历练，也多少领悟到了一些治学的方法和窍门。惟因自己智质樗栎，未能尽得来师真传而光大北洋军阀史的研究。记得来师在给我撰写的《皖系军阀统治史稿》一书所作的序言中勉励我道："我甚望建来锲而不舍，更加广搜博采，精雕细刻，再尽十年潜研之功，由三十余万字之《皖系军阀统治史稿》走向五十余万字之《皖系军阀统治史》，俾我以逾九之年，获见桃李之盛开，又何其乐也！建来其勉旃！"时光飞逝，来师的九十大寿已经临近，而我并没能捧上他所希望获见的《皖系军阀统治史》为之寿，这是我颇感愧疚的地方。但我想，对于前辈的学术薪火，传承与光大固然重要，而梳理与总结也是不容或缺。梳理与总结不单是为了表达一份纪念，也是为了更好地传承与光大。从这个意义上说，在来师九十大寿即将来临之际，对他所涉及的一些主要学术研究领域，包括北洋军阀史领域的研究历程及成果进行梳理，并作出客观评价，还是很有必要的。因为，这毕竟是来师孜孜矻矻穷六十年之功进行潜心耕作的一块学术园地，也是他确立在学界崇高地位与影响的一个重要研究领域。当然，对来师在北洋军阀研究领域的学术经历与建树进行梳理与总结，责无旁贷该由我这位北洋史专业方向的弟子来做。

二

北洋军阀是中国近现代史上一个恶名昭彰而又有着重要地位的政治军事集团。这一集团肇兴并活跃于辛亥革命前后中国社会经历重大震荡与变革的特殊历史时期，又曾在一定时期内把持了对全国的统治权（即使不够完整和有力）而叱咤风云、拨弄历史，它的兴衰起落及其制造的政争、割据、混战种种历史的客观现象，给人们留下了诸多需加认真研究与论定的重要课题。因此，北洋军阀史的研究无疑地应是中国近现代史研究中的重要领域之一。但在过去较长一段时间里，由于种种原因，这一研究领域却备受漠视与冷遇，没能像近现代史研究中的其他领域如太平天国、戊戌变法、辛亥革命、五四运动等那样掀起过热潮，受到更多人的青睐。业师来新夏先生独具卓识，早在建国初期即开始涉足这块多数人不屑一顾或不愿多顾的荒凉园地。六十多年来，虽然物换星移，人事变幻，但来师对北洋军阀史却是痴情不改，一直无怨无悔地在这块园地里耕耘着，可谓毕生寝馈于此。他先后向学术界奉献了一系列令人称羡的重要成果，包括被称为北洋军阀史研究"三部曲"的《北洋军阀史略》、《北洋军阀史稿》、《北洋军阀史》三部学术专著和5卷300余万字的大型专题资料《中国近代史资料丛刊·北洋军阀》等。这些佳构巨制的接踵面世，使北洋军阀史研究无疑地成为来师博涉多通的学术研究中最令人瞩目的一个领域，也成为近现代史研究中熠熠生辉的一个亮点。

来师涉足北洋军阀史领域，最早是从整理有关北洋军阀的档案开始的。1949年9月，来师结束了在华北大学的政治学习，被分配到由该校副校长范文澜教授主持的历史研究室工作。当时，历史研究室的主要任务，是对入城后从北洋军阀人物家中和某些单位收缴移送来的百余麻袋藏档进行整理。在历时半年多的整理这批藏档的过程中，来师对北洋军阀从兴起以至覆灭的历史过程及其内部错综复杂的派系关系等有了较为清晰的认识，并很快对这一全新的学术领域产生了浓厚兴趣。从此，他便与北洋军阀史结下了不解之缘，成为这块学术园地里最执着的耕耘者。

1951年春，来师奉调到南开大学工作。在教学之余，他开始利用以前在整理档案时所积累的一些资料，对北洋军阀史正式进行专门性的研究，并于翌年在《历史教学》上连续发表了题为《北洋军阀统治时期》的讲稿，引起了学术界同仁的关注。不久，在范文澜、翦伯赞等史学界前辈的倡导与主持下，中国史学会开始启动《中国近代史资料丛刊》这一大型资料丛书的编辑整理工程。来师当时虽尚不及而立之年，但由于已在北洋军阀史研究领域崭露头角，因而也获邀参与了北洋军阀专题的资料搜集及整理工作。这一专题后来虽然因故中辍，没能像其他十余种专题那样结出硕果，但来师却意外地接触了不少有关资料，这为他后来继续从事这方面的研究打下了良好的基础。

1956年，来师应湖北人民出版社的邀约，开始着手撰写北洋军阀方面的专著。他在《北洋军阀统治时期》一文的基础上加以扩充和改订，经过一年多时间的潜心撰写，终于在1957年完成了《北洋军阀史略》一书。这是来师的第一部学术专著，也是新中国第一部系统论述北洋军阀兴亡历史的专著。来师在撰写此书的过程中，力求以历史唯物主义的观点和方法，将北洋军阀集团的兴衰变化作为一个历史整体进行考察，探求其成败兴亡的历史根源与内在联系。因此，这部书虽然篇幅不大，才十几万字，但却是一气呵成，具有结构严谨、条理清晰、内容明畅的特点。这部书出版后，在学术界产生了较大影响，成为当时治近现代史者案头必备的参考书；而且被日本学者译成日文，先后由桃源社和风光社两家出版社出版，在日本学术界风行一时。

《北洋军阀史略》出版后不久，来师即遭致投闲置散的命运，被迫中断北洋军阀史的研究工作。直至七十年代末，随着政治气氛的日渐宽松以及民国史研究的悄然兴起，他才又重理旧业，对北洋军阀史这块荒芜园地进行新一轮的耕耘。当时，学术界非常关心来师所从事的北洋军阀史研究，不少新知旧雨纷纷敦促他对其二十年前的处女作《北洋军阀史略》进行修订再版，以应社会之需。来师受此鼓舞，立即投入了修订前作的紧张工作之中。他翻检查阅了大量的文献资料，并对北洋军阀史的研究对象、分期问题以及北洋军阀的特点、地位、影响等重大问题重新进行了审视和研究，并发表了专题成果。在此基础上，他拟定了具体的修订方案，并邀约合作者，开始对《北洋军阀史略》一书进行全方位的修订。1983年，修订工作完成。来师将修订稿易名为《北洋军阀史稿》，仍交由湖北人民出版社出版。《北洋军阀史稿》虽然脱胎于《北洋军阀史略》，是在《史略》的基础上修订而成的，但它并非一般意义上的修订之作，而是在量（篇幅）和质（内容）上都有较大的改观。民国史专家孙思白教授曾对《史稿》与《史略》的不同作了如下四方面的概括：（1）它在好些地方补充运用了已刊的档案、未刊的资料和译稿；（2）它吸取了回忆性文章和近年来的研究成果；（3）它对若干问题作了新的分析和论断；（4）它丰富了若干具体情节内容。并由此得出结论：《史稿》与《史略》看似有递嬗的联系，但实际上应说它是一部新著了。将《史稿》定性为新著，无疑是贴切的。它表明来师在北洋军阀史研究方面已经超越过去，上了一个新的台阶。

《北洋军阀史稿》面世后，来师开始把研究工作的重心转到北洋军阀文献资料的整理这一北洋军阀史研究的基础性工作之上。他把目光再次投向了三十年前曾参与编纂但却中途夭折的《中国近代史资料丛刊·北洋军阀》这一项目，并与亟谋完成丛刊补缺任务的上海人民出版社达成了合作意向。由于北洋军阀的资料涉及范围较广，有许多资料尚未经时间筛选和学术考辨；有的又往往由于当时不同派系的政治需要而真伪参半；有些不仅已有较多的印本，还有近期的重印本，因此，资料搜求与整理工作的难度之大是可想而知的。但来师知难而进，只用了三四年时间，即主持完成了这套大型专题资料的编辑整理工作。1993年春，这套资料全部面世（第一册于1988年先期出版）。全书共三百余万字，分为五册。前四册系按北洋军阀兴亡历程中所呈现的阶段性，并围绕各阶段的几个重要问题选编而成，其中北洋军阀建军（1895—1912）为第一册，袁世凯的统治与洪宪帝制（1912—1916）为第二册，皖系军阀与直皖战争（1916—1920）为第三册，两次直奉战争与直奉军阀（1920—1928）为第四册，而第五册为参考检索工具书。就资料选编整理而言，这套书有以下几方面特点：（1）资料收录紧紧围绕北洋军阀兴亡这一主线。（2）资料的选录范围相当广泛，涉及档案、传记、专集、杂著、报刊和资料汇编等方面。（3）选录的资料均经严格筛选与考辨，可供研究者直接利用。这套大型专题资料的出版，弥补了《中国近代史资料丛刊》因最后一种专题长期阙如而迟迟未能配套的缺憾，使之终成完璧，也使来师了却一桩牵挂了三十年的学术心愿；更为重要的是，它为中国近现代史有关领域教学与研究的深入，包括来师自己在北洋军阀史研究领域百尺竿头，更进一步，提供了丰富的史料，打下了坚实的基础。

在编辑整理北洋军阀专题资料的过程中，来师接触了大量的文献资料，对北洋军阀史实的把握更加丰富，对诸多问题的认识也更为深入，因而益感《北洋军阀史稿》之不足而思重新编撰一部真正意义上的北洋军阀通史性著述。1993年《中国近代史资料丛刊·北洋军阀》出版后，已年届古稀的来师没顾得上稍事休息，又立即邀约合作者，紧张地投入了撰著北洋军阀通史的工作之中。经过近十个寒暑，数易其稿，一部洋洋洒洒一百余万言，完整、系统、详尽、客观地论述北洋军阀兴起、发展、纷争、衰落直到覆灭全过程的北洋军阀通史性专著——《北洋军阀史》，终于在2000年底由南开大学出版社出版面世。

《北洋军阀史》是一部专门研究和完整论述北洋军阀集团兴起、发展、纷争、衰落以至覆灭全过程的通史性著述，上起1895年袁世凯小站练兵，下迄1928年张学良"东北易帜"。这部著作凝结了来师毕生研究北洋军阀史的心血覃思，堪称他在该领域内的集大成之作；同时，这部尽显学术功力，饱含学术精髓，填补了北洋军阀通史性著述空白的著作，无疑也是代表了现阶段该领域总体研究水平的标志性成果。作者在撰著本书过程中，对该领域内一些关乎全局而又颇有疑义的问题进行了深入研究，对建国后五十年来北洋军阀史研究的基本情况进行了系统梳理，加上资料积累极其充分，又能坚持以马克思主义唯物史观为指导的著书原则，因此，这部书在章节架构、史实厘定、内容编排、观点论列、史料征引等方面，均有独到之处。为此，这部书出版后，立即赢得了学术界的肯定与好评。著名史学家戴逸教授评价该书是一部"功力深厚的佳作",认为它有三个明显的优点:一是内容充实,史事详明,条理清晰;二是史料丰富,辩证考信,根据充分,堪称信史;三是观点鲜明,颇多新意,自成一家之说。著名党史专家张注洪教授认为该书有三大特点:(1)选用资料原始翔实,力求反映历史真实;(2)论述观点正确得当,具有深刻的理论内涵;(3)整体结构严谨合理,形式内容堪称统一。并称誉它是:"史学界同类书中少有的范体","为北洋军阀史的总体研究的深入发展及其研究体系的形成奠定了良好的基础"。只要细心研读一下《北洋军阀史》这部书,就不难发现,这些分析与评价是客观中肯的,没有虚美的成分。2003年,《北洋军阀史》荣获教育部第三届人文社会科学优秀学术成果历史类二等奖。2011年5月,中国出版集团东方出版中心鉴于《北洋军阀史》的传世价值,将之收录入由中国出版集团发起并实施的"中国文库",重新印行本书。

除上述这些代表性成果外,来师在北洋军阀史研究方面还发表有许多闪现着学术思想灵光与火花的论文,在学术界也颇有影响。如在北洋军阀史研究中,首先碰到的一个问题就是如何给"军阀"下定义、立界说。由于"军阀"这一称谓从其产生和使用情况看,只是用作贬义的政治性通俗名称,而非严格意义上的政治概念,因此,要对它作出科学的界定,殊属不易。但这一问题又不容含混其词、模糊处理,因为它直接关系到人们对军阀本质的认识,更关系到对诸多历史人物功过是非的评价。来师为此撰写了《论近代军阀的定义》一文,专门对这一问题进行探讨。他论列了中外学者关于"军阀"定义的各种观点,并对这些定义多集中于从私兵、地盘和武治(直接的军事统治)三方面来立论提出了异议。他认为私兵、地盘和武治只是作为军阀应具备的基本条件,而不是决定本质的东西;拿这三项和军阀特别是北洋军阀的现实情况相比量,往往有不相符合者;给军阀下定义固然应包含条件,但最终须取决于本质,而最体现本质的是在一定思想指导下的行为,或说行动准则。基于这样的认识,他给军阀下了如下定义:"以北洋军阀为代表的近代军阀是以一定军事力量为支柱,以一定地域为依托,在'中体西用'思想指导下,以封建关系为纽带,以帝国主义为奥援,参与各项政治、军事及社会活动,罔顾公义,而以只图私利为行使权力之目的之个人和集团。"显然,这一定义较之其他关于"军阀"的种种定义,立论更全面深刻、更缜密到位,也更有说服力。又如关于北洋军阀集团形成的原因问题,长期以来都认为它是近代中国半封建半殖民地社会的产物。民国史专家李新、彭明等均持此说。这一观点实际上是受到毛泽东在《中国的红色政权为什么能够存在》一文中论述军阀时所持观点的影响。从宏观上看这一观点无疑是可以被接受的，但缺乏深入具体的分析与说明。因为，中国自1840年第一次鸦片战争后就逐步沦为半封建半殖民地社会，为什么直到十九世纪末才孕育北洋军阀这一怪胎呢？可见，仅仅从近代中国半封建半殖民地社会性质的角度去揭示北洋军阀产生的原因，既显得笼统，也有些苍白。来师识见及此，又专门撰文对这一问题作进一步的论述，提出了更为接近历史的客观实际的观点。他认为，北洋军阀集团的成因，首先是由于鸦片战争后清朝的衰朽和旧军的腐败，迫使统治者为维持其政权的存在与延续而需要建立一支新式军队；其次是当时的社会思潮和资本主义的发展，为建设一支新式军队提供了思想和物质基础；再次是列强侵华策略改为通过支持代理人而物色了袁世凯这类人物；而袁世凯在掌握一定权势后，又善于运用权术，抓住时机，使这支武装力量日益发展壮大，终于形成了一个政治军事集团。由于北洋军阀史是新开辟的研究领域，因此，争议问题甚多，疑义迭出。来师对一些有较多争议又较为重要的理论问题，如北洋军阀的社会基础和阶级属性，北洋军阀的特点与历史作用，以及北洋军阀史的划阶段问题等，几乎都有专文论述。这些文章或力排众议，提出自己的独到见解；或折衷诸说，断以己见，形成新的观点，论据充分，论述缜密，具有较强的说服力，每每有一锤定音之效。

来师对北洋军阀史的研究，经历了六十余年的漫长路途。他的这一学术历程，既充满了普通人难以想象的坎坷艰难，也取得了一般人难以企及的学术成就。值此来师九十华诞之际，我谨行文对来师在北洋军阀史研究方面的大致情况作一梳理与介绍，以表达对先生的钦仰之情与纪念之意。我们衷心地祝愿来师身体健康，生命之树常青，学术之花常开！

原载于《友声集——来新夏教授九十初度暨从教65周年纪念集》 孙勤主编 中华书局2012年版

从东厂胡同开始的故事

——来新夏与北洋军阀史研究

危兆盖[*]

治中国近代史者，一般都喜欢研究太平天国、戊戌变法、辛亥革命、五四运动，而很少有人问津北洋军阀史。在大多数治近代史的学者不碰这段历史的时候，一位青年无意中走进这个世界，并浸润一生。五十年后，他出版了第一部通史性的北洋军阀史研究专著。

东厂胡同——"新中国最早的一批档案工作者"

1949年9月，在北京东厂胡同旧黎元洪府第花园的八角亭一间面积很大的房间里，七位长幼不齐的学者每天像清洁工一样从一堆麻袋中整理旧物。这其中有位二十六岁的青年，他的名字叫来新夏。这时，他还不知道这次经历会决定他一生的方向，也不知道他这一生会与北洋军阀史研究密不可分。

来新夏，1946年夏毕业于北平辅仁大学史学系。在随后的几年里，为了谋生，他当过公司小职员、中学教师。1949年3月，他被所在中学的"民青"组织保送到华北大学接受政治培训，培训结束后被分配到由该校副校长、我国著名马克思主义史学家范文澜教授主持的历史研究室，从事中国近代史研究。原本学古

---

[*] 危兆盖，《光明日报》史学版主编。

代史的来新夏，对近代史知之甚少，但在高昂的革命激情驱动下，他没有任何犹豫，欣然服从组织的安排，而且庆幸自己能在范文澜的指导下从事近代史的研究工作。

当时，历史研究室的主要任务是整理入城后从一些北洋军阀人物家中和一些单位收缴移送过来的有关北洋军阀史的藏档。这批档案共有百余麻袋，因为没有做过任何清理与分类，所以积满了灰土，杂乱无章，几乎无从下手。时过五十余年，来新夏还能清晰地回忆起当时的整理情形：每次从库房运来几袋就往地上一倒，尘土飞扬，呛人口鼻。参加整理者均着旧紫花布制服，戴着口罩，蹲在地上，按档案形式如私人信札、公文批件、电报电稿、密报、图片和杂类等分别清检，再打捆置于书架上。因为每件档案都有脏污之物，要抖干净就会扬起灰尘，所以，整理者每天都在曝土扬尘中过日子。一天下来，不仅外衣积满一层土，连眼镜片都积上厚厚的灰尘，鼻孔下面常常出现两条黑杠。尽管如此，参加整理的七个人工作热情却挺高，有说有笑，不以为苦，也从未抱怨。大约经过两个多月，初期清理工作就完成了。

对于来新夏来说，这当然只能说是接触北洋军阀档案的开始而已，还根本谈不上什么研究。但正是这种机缘巧合，使他从此与中国近代史结缘，与北洋军阀史结缘，并逐渐定位于北洋军阀史研究。五十年后，来新夏说："整档阅档工作，不知不觉把我带进了一个从未涉足过的学术领域——这影响我一生的学术道路。我毫无愧色地以自己是新中国最早的一批档案工作者而自豪。"

夭折的《中国近代史资料丛刊·北洋军阀》

七位学者整理过的北洋军阀档案，奉命移送到南京原国史馆（中国第二历史档案馆的前身）。有几位学者随从南下，而来新夏则应聘到天津南开大学历史系任教。

这是1951年的春天。

由于有了在北京整理北洋军阀档案的经历，来新夏不想放弃业已开始的北洋军阀史研究工作，因而在教学之余仍坚持研究，继续搜集整理有关资料。到津第二年，他的讲稿《北洋军阀统治时期》开始在《历史教学》杂志上连载。由于当时的历史刊物很少，他的这个讲稿虽然还显得稚嫩，却立即引起了史学界同仁的关注。这是来新夏的第一篇北洋军阀史方面的专文，对来新夏个人而言，标志着他正式进入了北洋军阀史研究的学术领域。

众所周知，新中国成立后，近代史的研究一直是史学研究乃至社会各界关注的一个热点。为了方便广大研究者和学习者从汗牛充栋的近代史料中查找材料，在范文澜、翦伯赞等著名史家的倡导和支持下，中国史学会开始启动《中国近代史资料丛刊》的编辑出版工作。这套资料包括鸦片战争、太平天国、戊戌变法、辛亥革命等11个专题。"北洋军阀"被列为专题之一。鸦片战争、太平天国等专题资料在五六十年代相继推出后，几乎成为国内外研究近代史者的必备工具书，据说，在美国还有不少人就靠研究这套资料而取得博士学位。它的地位与影响由此可想而知。当时，"北洋军阀"这一专题由荣孟源、谢国桢负责，未及而立之年的来新夏也是编辑成员之一。遗憾的是，其他专题都先后陆续完成，惟"北洋军阀"这一专题的编辑工作由于某种原因在启动不久就停顿下来，来新夏在津刚开始的资料搜集工作也被迫中断，所搜集的图书资料全部缴归南开大学图书馆入藏。日前向笔者提起时，来先生对这一工作的中辍还摇头叹息，深为遗憾。

在"百花齐放，百家争鸣"的日子里

1956年，学术界提倡百花齐放、百家争鸣，学术大有欣欣向荣之势。正是在这种环境下，经荣孟源先生推荐，湖北人民出版社邀请来新夏撰写一部关于北洋军阀的书稿。虽然时年三十方三，但来新夏自恃这些年整理、搜集了比较多的有关北洋军阀的资料，颇有学术积累，而且也正欲找一个突破口一试身手，所以，他愉快地接受了这一约稿。然而，在接受约稿后，思想顾虑来了。因为，在那个年代，研究历史上正面人物和进步潮流的学者占绝大多数，研究反面人物及倒退思潮的学者很少。而北洋军阀集团显然是中国近代史上的反面人物，研究的压力显而易见。为此，来新夏经历了激烈的内心斗争，度过了无数的不眠夜。但在荣孟源先生的鼓励下，来新夏凭着年轻气盛一股劲，终于克服了不碰历史"阴暗面"的心态，经过一年多的研究与撰述，于1957年完成并出版了他生平第一部学术著作——《北洋军阀史略》。值得一提的是，这也是解放后在国内出版的第一部试图以历史唯物主义观点和方法来考察北洋军阀集团的兴衰变化、探求其成败兴亡的内在联系的著作，因此堪称为新中国史学工作者在这一领域的拓荒之作。

回忆往事，来先生由衷地说，如果当时不提倡百花齐放、百家争鸣，如果处在史无前例的"文革"时期，就根本没有可能写这样一本书。即使写了，也只能压箱底，无论是作者，还是出版社，都不会出这样一本书。

《北洋军阀史略》出版后，引起了海内外学者的注意。在国内，相当一段时期内它被当作教学和科研中最主要的一种参考书；在国外，日本明治大学岩崎富久男教授将它译成日文，增加了随文插图，易名为《中國軍閥の興亡》，先后由两家出版社出版，成为日本学者研究北洋军阀史的案头用书。

从五十年代后期起，由于不断的政治运动和"左"的思潮的泛滥，特别是十年"文化大革命"，迫使来新夏不得不中断北洋军阀史的研究工作，被投闲置散近二十年。

重返"北洋军阀"的世界

七十年代末，极左阴云烟消云散，知识分子的心情又畅快起来，无人关注的民国史研究也悄然兴起。一些新朋旧友非常关心来新夏的北洋军阀史研究，纷纷敦促他将《北洋军阀史略》修订再版。在新知旧雨的鼓励下，已过知命之年的来新夏深感这是他应尽的一份社会职责，于是又燃起了重理旧业的欲望。从1980年开始，他又大量翻检查阅有关北洋军阀的文献著述、历史档案、报纸杂志、方志笔记和文集传记等资料，对北洋军阀史的研究对象、范围、分期、特点和北洋军阀的影响、阶级基础等问题进行了深入的再研究。在此基础上，他拟定新方案，补充新史料，增订新内容，准备修订前作，并邀约自己的学生参与其中，很快完成易名为《北洋军阀史稿》的撰写工作，于1983年仍交湖北人民出版社出版。较之《史略》，《北洋军阀史稿》不仅篇幅增大，条理清楚，论述缜密，而且论述范围也有所拓展。当时的评论认为，这是国内唯一一部反映北洋军阀史研究进展、具有较高学术水准的学术专著。能得到学术界的如许认可，来新夏从内心感到愉悦和欣慰。

《北洋军阀史稿》脱稿后，最让来新夏挂怀的是三十多年前曾参与编辑但却无果而终的《中国近代史资料丛刊·北洋军阀》专题能否再续。他真心希望能尽一己之力把《丛刊》补成完璧。命运似乎关爱有心人，机缘说到也就到。1985年上海人民出版社为补足这套丛书，特派该社编审叶亚廉来津面商《中国近代史资料丛刊·北洋军阀》专题的编辑出版事宜，并力邀来新夏出任主编。双方就编辑出版事宜几经磋商，于次年达成出版协议。

《北洋军阀》是《中国近代史资料丛刊》的最后一种。由于这一时期的资料非常零散，而有些资料的搜集又还存在某种窒碍，有的资料则尚须进行严肃的学术考辨，因此其搜集的难度可想而知。而国内专门从事北洋军阀研究的学者又为数不多，因此，要在较短的时间内完成它实属不易。在来新夏的主持下，他的多位学生参加了编辑工作。计划中的这一专题共分五册，一至四册按北洋军阀的兴亡变化分为四个阶段，一段一册，每册都围绕各段的几个重要问题分别选编具有重要学术价值的资料六七十万字不等。第五册则包括军阀人物志、大事记、书目提要、论文摘要与各种附表等，总字数达300余万字。这套资料字数不菲，但对于浩繁的史料而言，它仍有很多东西不得不割舍，而它提供的书目提要和各种附表等又确实大大方便了读者。1993年，这套丛书由上海人民出版社出齐。由于有了这套比较系统的研究资料，今日治北洋军阀史者就要轻松多了。

一部北洋军阀史　五十年风雨坎坷路

《中国近代史资料丛刊·北洋军阀》出版后，来新夏已是七十高龄。但他兴犹未减，仍在北洋军阀史研究领域辛勤耕耘。由于在编辑《北洋军阀》时接触了大量新的史料，进一步拓宽了学术研究的视野，来新夏感到有必要对《北洋军阀史稿》进行重新修订。于是，他又邀约几位对北洋军阀史有专门研究的学生共同着手，把《北洋军阀史稿》扩充修改，成为真正通史意义上的北洋军阀史专著。经过反复推敲，他重新拟定提纲，并邀青年学者参加，共同讨论，分头撰写，最后由他通读全稿，审定内容，划一体例，润色文字，总纂成书。日前，这部名为《北洋军阀史》的专著由南开大学出版社隆重推出。

较之《史稿》，《北洋军阀史》的篇幅约增3倍，总字数达100多万字，内容也颇多增删修订。来新夏先生在交稿时谦虚地说："设新著《北洋军阀史》能为北洋通史补空而在一定时期内可备研究与教学参考之选，则数年辛劳亦足以自慰。"他还说，自己对北洋军阀史的研究经历了半个世纪的漫长路途，耗费了一生中的主要精力，要说痴迷似未为不可，但也自觉此生没有虚耗，生活得比较充实。

是的，史学研究要的就是这种痴迷劲儿。套用范文澜先生的一句名言，那就是：板凳宁坐十年冷，文章不写半句空。在此，笔者衷心地祝愿来新夏先生老当益壮，永葆学术青春。

原载于《光明日报》2001年11月1日

北洋军阀史研究的丰硕成果

——读来新夏等著《北洋军阀史》

张注洪[*]

北洋军阀集团的兴衰变化无疑是中国近现代史研究的重要课题之一。但是在过去相当长的时间内，这一课题的研究却被忽略和冷落。来新夏教授独具卓识，建国初即开始研究，不顾各种非难和冷遇，先后撰写和主编《北洋军阀史略》（1957）、《北洋军阀史稿》（1983），编纂五巨册、三百余万字的资料书《北洋军阀》（中国近代史资料丛刊）；从而填补了北洋军阀史研究和资料整理的空白和不足。尽管这一领域的研究基本完满结题，但作者并不以此为满足，不顾年已古稀，亲自主持并相约其高足焦静宜、莫建来、张树勇、刘本军等同力以赴，把《北洋军阀史稿》撰写成真正意义上的通史性著述——《北洋军阀史》。这本百万字的大型学术专著，以唯物史观为指导，相当完整地阐述了北洋军阀的兴衰历程。它史料基础丰厚，理论分析深入，结构严密合理，文字表达清晰。在《史略》、《史稿》的基础上，对于北洋军阀史的史实、论断乃至研究的理论与方法，都有进一步开拓。今就粗读所及，略陈对《北洋军阀史》一书特点的几点浅见。

第一，选用资料原始翔实，力求反映历史真实。

来新夏教授早年进入史学研究，就十分重视史料的搜集和考辨。他一开始即

---

* 张注洪，北京大学教授。

从整理北洋军阀档案和阅读北洋军阀史籍入手，给错综复杂的派系关系理出了脉络，写出北洋军阀史研究的最早论述。当时所著北洋军阀"史略"和"史稿"二书，即以充分运用原始史料著称。此次他和其他作者撰写《北洋军阀史》是在编纂了大型《北洋军阀》史料之后继续进行的，所用史料更堪称广泛、深入、准确、精细。所谓"广泛"，是说该书不仅引用大量第一手、原始的档案资料，如中国第二历史档案馆所藏北洋政府已刊未刊档案，还利用其他传记、专集、方志、笔记、汇编、报刊等各种不同类型的可靠资料；不仅利用《政治官报》、《政府公报》等中央政权资料，也利用地方、地区的奏稿、报告等；不仅利用袁世凯、张作霖、吴佩孚等重要人物的文集，也利用有关人物孙中山、黄兴、蔡锷等人的文集；不仅利用中国学者编纂的北洋军阀史料，也利用《清末民初政情内幕》等国外学者编辑的史料；不仅利用解放前出版的《最近三十年中国政治史》等有价值的著述，还利用新中国成立后出版的大量北洋政府史料。所谓"深入"，是指作者利用说明深层次、关键问题的别人没有用过的新史料。比如袁世凯《养寿园奏议》清抄本，是袁世凯编练新军的文件汇编，是研究北洋军阀集团兴起、发展与形成的基本文献资料，作者不引用项城袁氏宗祠藏版本，而用1987年天津古籍出版社的全刊本。又比如张一麐久居袁幕，参与机密，并与各派军阀均有交往，所著《心太平室集》及记述直皖战争之作，作者都将其作为重要参证，有助于对有关问题的了解。所谓"准确"，是指作者善于引用各种准确的史料或经过考证堪称准确的回忆录等资料。有的史料如日本向袁世凯提出的"二十一条件"，一般都沿用王芸生著《六十年来中国与日本》第六卷中的转述材料，本书作者则引用保存于台北"中央研究院"所藏的汉文本原件，当更为准确。而有些笔记杂著如《梦蕉亭杂记》、《世载堂杂忆》以及解放后的《文史资料选辑》所刊有关北洋政府回忆，经过考核查实后作者亦予引用。所谓"精细"，指作者运用史料做到精密细致。如作者从《白狼始末记》中引用白朗在甘肃洮州的布告中提出的七项政治主张时，指出这布告显然是经过删改的：其第一条的空白，是为"袁世凯"三字而讳；其第七条有一说是袁世凯所加以攻击政敌岑春煊的；其署名"白狼"显示非原署。然后作者始指出从中可略窥白朗反对袁世凯统治，希望建立新政府的政治主张。于此可见，本书具有相当广泛的史料来源，比较深入的内情了解，颇为准确的史实根据、反复考核的资料印证，这就足以保证它可以达到很高的学术质量。

第二，论述观点正确得当，具有深刻的理论内涵。

作者运用历史唯物主义观点，从具体史实出发，总结历史规律，提出自己的见解。其一，作者把问题放在一定的历史范围内进行考察，例如在论述北洋集团形成的原因时，作者认为当时清朝政府需要有一支能够保护和维护其统治权的军队，给北洋军阀的兴起创造了一个合法的土壤和条件。"这些历史需求从内部作为北洋军阀集团形成的背景条件，是形成的内因，也是主要的原因。"而外因则是列强侵华政策的变化：在二十世纪初期，"帝国主义一变初衷，开始物色代理人，并通过代理人攫取所需权益"，以袁世凯为首脑的北洋军阀军事政治集团适得其选，"这就是北洋军阀集团形成的外因"。考察内因固然重要，但也不能漠视某些历史人物的个人作用。因而作者认为"北洋军阀正是在一定历史要求下加上某些人物的个人作用而逐渐兴起、发展和壮大的"。这都是从当时历史条件和社会进行考察的。其二，作者运用阶级和阶级关系观点进行分析。作者着重考察北洋军阀集团以封建地主阶级为社会基础，对外卖国媚外、对内施行凶残酷虐统治的反动行径。论及直系军阀失败的主要原因，则指出"吴佩孚'武力统一'政策违背民心，而曹锟贿选的罪恶行径以及直系大小军阀在地方上的种种罪行，更遭到全国人民的反对"。奉系军阀正是利用了人民的反战情绪，加之直系腹背受敌、内部离德以及战略上的错误等原因，才暂时取得了胜利。近年个别研究者对劣迹昭彰但也有一些善举的军阀如袁世凯、吴佩孚和徐世昌等人，"不顾事实地随意夸大他们的功德或掩饰他们的罪责"，作者指出：这是"对历史一种不负责的扭曲"。其三，作者对诸多复杂的历史现象作出辩证的分析。对北京政变在历史上的作用，指出：不过是军阀内部变乱而进行的一次倒戈活动，绝谈不上是一次革命，这从政变的结局又把早已下台的皖系军阀头目段祺瑞捧为北洋政府的首脑，就是一个绝好的说明，但对此次政变的积极作用，还从另一方面指出，"它毕竟推翻了被全国人民唾弃的直系军阀曹、吴政权"，"对于北方革命运动的发展创造了有利的条件"，"冯玉祥邀孙中山北上至京，扩大了孙中山与革命的影响"，"将溥仪驱逐出宫，从而铲除了复辟的祸根"，"国民军的建立对后来的北伐战争起了积极的推动作用"。这都是颇具见地的论述。其四，作者坚持实事求是的科学方法。例如作者对于北洋军阀集团对中国社会的破坏，给人民生活所造成的灾难，对国际帝国主义的惟命是从和丧权辱国等等，都作了充分的揭露，但对它在改革军制方面的成效，仍然给予一定程度的肯定。又如，1928年12月29

日张学良宣布"东北易帜"。一般仅说到"至此，中国南北实现了形式上的'统一'"。作者则进而指出它"标志了蒋介石南京政府最终完成了对全国的统一（尽管只是暂时的和形式上的），同时也宣告了中国近现代史上一个时期即北洋军阀统治时期的结束"。凡此论述都反映了作者对北洋军阀史研究中若干重要问题的独到的分析。

第三，整体结构严谨合理，形式内容堪称统一。

首先，全书以《我和北洋军阀史研究》为序，阐明此书编辑宗旨和著述缘起。来新夏教授回顾了他从事这一研究的艰辛历程，娓娓道来，引人深思。正如他所说："经历了半个世纪的漫长路途，别人看我似乎有点痴迷，而我则非常自慰地感到此生没有虚耗，因我终于做了一件有益于他人的事。我的这一历程充满着坎坷艰难，《北洋军阀史》的告成，既为学术书林种植一株树木，也体现出一种人间的冲刷。"此中流露出一个全心致力学术始终不渝的学者的心路历程，也启示人们从他和学生们的劳作中寻求治学的奥秘。其次，全书以"绪论"阐明了编书的指导思想和基本观点。作者集中讨论了北洋军阀史的研究对象、划阶段问题、北洋军阀的定义、北洋军阀集团的特点和历史作用、五十年来的北洋军阀史研究、文献述略、未来的展望等。作者对军阀下的确切界定是："以北洋军阀为代表的近代军阀是以一定军事力量为支柱，以一定地域为依托，在'中体西用'思想指导下，以封建关系为纽带，以帝国主义为奥援，参与各项政治、军事及社会活动，罔顾公义，而以只图私利为行使权力之目的之个人或集团。"作者还从以下几个方面深入阐明北洋军阀集团的特点："封建地主阶级为其主要的社会基础"；"以'中学为体，西学为用'思想为指导"；"割据称雄，拥兵争霸"；"各树派系，荣损与俱"；"纵横捭阖，制造政潮"；"卖国媚外，残民以逞"。第三，全书正是以"绪论"中的分期理论和基本观点进行北洋军阀的兴衰变化的阐述的，作者关于北洋军阀史的分期法不同于其他学者的分期法，而是别有创见，将1895—1916年袁世凯自毙（过去习惯作为一个阶段），划分为两个阶段，即1895—1912年与1912—1916年。其理由是辛亥革命这一重大历史事件应该作为划分北洋军阀史的界标，"北洋军阀正是以辛亥革命为契机，从而由一个军事集团一跃而为全国的政治军事集团，出现了中国近代史上的军阀统治"。因此，书中分章则按以下阶段安排，即第一阶段从1895年袁世凯小站练兵起到1912年初袁世凯获任中华民国临时大总统前止；第二阶段从1912年袁世凯获任中华民国临时大总统职位起至1916年洪宪帝制失败、袁世凯自毙止；第三阶段从1916年袁世凯自毙后到1926年7月北伐开始前；第四阶段从1926年7月北伐战争开始起到1928年12月张学良等宣布东北"易帜"止。这种科学的分期结构与各阶段的相关史事相结合，全书的章节框架与所应涵盖的具体论述相结合，达到结构框架等形式与史事、论述等内容的统一。第四，全书还在附录中列有详尽的《大事年表》、《北洋军阀人物志》、《参考书目提要》，提供人们进一步研究的参考。特别是《人物志》和《书目提要》是作者从所编的《二十世纪初的遗老遗少》（科学出版社1989版）和北洋军阀史料汇编中提炼而成的，有颇高的文献、史料和传记研究的价值。历史学科或专题研究的确立和发展，除了研究上具有高质量的创新成果外，还应形成它相对独立的研究理论、史料研究、研究进程、研究方法，始可推动学科和专题研究进一步走向繁荣。可以说《北洋军阀史》以深厚的学术含量，为北洋军阀史的总体研究的深入发展及其研究体系的形成奠定了良好的基础。

如果说《北洋军阀史》还有什么需要改进，那就是在揭示北洋军阀的兴衰变化时，对它给社会生产力带来的破坏和给劳动人民造成的苦难以及作为其军事政治活动指导的封建文化思想似还可做进一步的阐明。

来新夏教授在"后记"中写道，希望他们的这一专著"能为从事这方面教学与科研的同道提供一种可资信赖的学术著述"，"能为广大读者奉献一种可以让他们耐心读下去的历史书籍"。这是多么恳切的期望和质朴的语言！《北洋军阀史》完全称得起是"可资信赖"的专著和值得"耐心读下去"的史书，而且可说是史学界同类史书中少有的范本。可惜目前学术界这样肯下功夫而确具学术质量的史书仍嫌太少。愿《北洋军阀史》这本书的出版能给学界带来某些启示和起点先导作用，让更多更好的史学精品图书能够不断奉献给我们的读者。

原载于《来新夏教授学术研讨会纪念集》 南开大学地方文献研究室编 新疆大学出版社2002年版

来新夏与北洋军阀史研究论探

（1949—2006）[*]

廖德明[*]

目录

[*] 本文为福建师范大学2007年度硕士学位论文，指导教师高峻教授。

[*] 廖德明，福建师范大学社会历史学院2007届硕士研究生。

第1章　绪论

1.1　研究的缘起

作为一名当代著名学者，南开大学教授来新夏的学术成就是多方面的。他的学术足迹涉及到历史学、图书馆学和方志学等三个领域，在三个领域都取得了非凡的成绩，均有足以传世的学术论著问世。在历史学方面，他涉猎了中国近代史的各个阶段，尤其青睐北洋军阀史研究。经过近半个世纪的努力，取得卓著的学术成就。

来新夏，字弢盦，浙江萧山人，1923年6月8日出生于杭州市一个清贫的知识分子家庭。来新夏在童年时期就在祖父来裕恂先生的身边接受启蒙教育，他的祖父除了教授《三字经》、《千家诗》和《幼学琼林》等传统蒙学读物外，经历过辛亥革命的祖父还给来新夏讲一些诸如明治维新和康梁变法等史事。这些初步知识对来新夏后来选择历史专业有着潜在的影响。来新夏对于历史学的兴趣，缘起于高小的历史老师张引才，在高小时候，读过不少演义性的历史读物，后来在他的高中国文老师，即已故史学家谢国帧先生的六弟谢国捷的指导下，对史学进行了初步的研究，开始读二十四史，从两汉书与两唐书中搜集有关汉唐改元的资料，撰写了《汉唐改元释例》、《诗经的删诗问题》等初作。1942 年，来新夏考入当时名师云集的辅仁大学历史系。在此后的四年时间里，来新夏更是得到史学大家陈垣、版本目录学巨擘余嘉锡、中外交通史大家张星烺以及朱师辙、柴德赓、启功、赵光贤等名家的言传身教，打下了厚实的史学功底。在陈垣老师的直接指导下，完成了大学毕业论文——《汉唐改元释例》。这几位学界前辈的博大精深、严谨不苟和诲人不倦的精神，把他引进了学术的大门。1949 年 3 月，天津解放后不久，来新夏被送到北平华北大学第二部接受政治培训，1949 年 9 月，年方二十六的来新夏在北京华北大学史地系读书，被副校长范文澜挑中到校属历史研究室读研究生。在接下来的近两年时间里，来新夏师从著名史学家范文澜先生，攻读中国近代史研究生，研究方向也从古代史领域转向近现代史领域。在学期间的近半年的整理北洋军阀档案的工作，使得来新夏成为新中国最早一批档案工作者之一，也使他进入了一个全新的学术领域，开辟了一条专攻北洋军阀史的学术道路。来新夏以史学家执著之精神，运用丰富的档案文献资料，进行了大量的实证性研究，先后撰写或主编了《北洋军阀史略》、《北洋军阀史稿》和《北洋军阀史》等一部比一部分量重的学术专著，并在 1989 年至 1993 年间，与合作者主编了大型资料《中国近代史资料丛刊·北洋军阀》，共五册，从而填补了北洋军阀史研究和资料整理的空白和不足。来新夏对"北洋军阀"进行了广泛而深入的研究，学术视野开阔，造诣精深，著述宏富，取得了世人瞩目的成就，并形成了独具特色的治学理念和方法，堪称这一领域的开拓者和奠基者。来新夏五十年著书不辍，坚持不懈，为北洋军阀史研究作出突出贡献。来新夏的学术经历和成就，及独特的治学理念引起笔者极大兴趣，笔者认为选择《来新夏与北洋军阀史研究论探》的论题，有显著的学术价值和意义。

1.2 选题的学术价值和意义

首先，新中国成立五十七年来，特别是改革开放后的二十八年间，中国近代史研究全面展开，成果林林总总，蔚为壮观，取得了巨大成绩。然而当前学术界的目光却着重放在近代中国史与当代中国史的具体事件、人物和文化现象的研究，忽视了对学术史应有的关注，学术成果极少，这对史学的发展是不利的。中国社会科学院研究员耿云志在《学术史研究重在积累》中认为，学术史是一个极大极难的课题，需要众多学者代代相继，深入研究，不断积累。由此以一个个具体学者的学术生平史为研究对象来作个案研究，是为一个较好的突破口，是为一个积累之径。因此，有必要对中国近现代史研究中一些具有杰出成就和重要影响的史学家的学术思想进行总结和探讨。研究当代史学界具有代表性的人物活动、学术著述与学术思想，三者并重，使学术史的研究在这三个基点上构成三维角度考察，得出全面、系统和如实的分析判断。

其次，通过研究史学大家的学术思想，可以管中窥豹，了解新中国多年来中国近代史研究的基本概况及某一方面的详况。之所以选择来新夏的学术生平、学术著作和学术思想为研究对象，其一是因为来新夏是北洋军阀史研究的权威学者，他的论著及其观点、研究方法、治学经验等均对中国近现代史研究有着深远的影响。其二，通过对来新夏北洋军阀史研究的系统回顾和梳理，可以了解和把握新中国成立以来北洋军阀史研究的学术轨迹，探讨学术得失，关照往后的研究。因此，对来新夏五十年来的北洋军阀史研究做一个归纳和总结，不仅可以津梁后学，亦可起到一个承前启后的作用。

再次，研究来新夏这样一位具体的史学大家的学术生平史，是青年研究生进入史学研究殿堂的一种路径。从具体的学者入手，表面上看来不够高屋建瓴，但不无可取之处，它让抽象的学术史变成一个个更为具体的学者的学术生涯史和学术思想。通过对某位史学大家的学术成就、主要学术观点、治学态度、人生态度、治学方法、求学治学历程、师从师承、治学特色、治学经验与教训等等系统地了解，大学生、研究生可以更加容易、更加顺畅地进入史学研究之门。

1.3　学术史回顾和研究方法

对来新夏的北洋军阀史研究成果的研究，1985 年 3 月 15 日人民出版社编审乔还田在《人民日报》上就发表了《读〈北洋军阀史稿〉》。此后，在《中国近代史资料丛刊·北洋军阀》出版后，菲楠、莫建来等学者对该书作了介绍和评介；在《北洋军阀史》出版后，诸多史学名家如戴逸、陈明显和张注洪等均撰文对该学术成果进行了评论。但是，系统研究来新夏北洋军阀史研究生涯及学术思想，自二十世纪九十年代以来才陆续进行，但总的看来，学者们大多只是对其进行简单介绍。最早的是沈渭滨、杨勇刚，他们在《文汇报》（理论学术版）1992年3月24日发表了《来新夏与北洋军阀史研究》一文，这篇论文以一千字左右的篇幅按时间顺序简单介绍了来新夏研究北洋军阀史所取得的成就：有二十世纪五十年代《北洋军阀统治时期》和《北洋军阀史略》，还有1983年的《北洋军阀史稿》以及1989年开始陆续出版的《北洋军阀》（中国近代史资料丛刊）；对《北洋军阀史略》和《北洋军阀史稿》作了简单的和比较中肯的评价，认为《北洋军阀史略》开拓了北洋军阀研究的新领域，为今后学术界研究这段历史奠定了良好的基础，而《北洋军阀史稿》则对军阀史和民国史研究的深入开展起到了促进和推动作用。但是，在二十世纪九十年代初，来新夏主编的《北洋军阀》（中国近代史资料丛刊）和《北洋军阀史》均未完成或还未编写，所以，是无法了解来新夏的北洋军阀史研究的整个过程的。并且，该文没能详细展开比较分析，显得不足。后来，焦静宜在《津图学刊》（1992年第1期）发表《人生难得老更忙》和在《文献》（1995年第4期）发表《来新夏教授学术述略》两篇文章，以一个小篇幅对来新夏的北洋军阀史研究经历作了简要介绍，对来新夏的著作作了评述，认为《北洋军阀史略》把北洋军阀史置入专史研究领域而具有适应时代要求的筚路蓝缕之功，在教学和研究领域中发挥有益的作用，而《北洋军阀史稿》比较集中体现了当时北洋军阀史研究的水平；叙述了《北洋军阀史略》出版的国际影响。但是，焦静宜的这两篇文章中对来新夏的北洋军阀史研究的评介的篇幅都很小，不能让读者看到来新夏对北洋军阀史研究作的具体贡献。2001年来新夏在《学术界》第5期上发表《我与北洋军阀史研究——〈北洋军阀史〉的撰写缘由》，对自己从1949年9月开始的北洋军阀档案整理到1952年的《北洋军阀统治时期》讲课记录的发表、1957年的《北洋军阀史略》的出版、1983年的《北洋军阀史稿》的问世，再到1988至1993年的《北洋军阀》的编成及2000年的《北洋军阀史》的出版的北洋军阀史研究历程进行了详细的回顾，对自己在北洋军阀史研究领域所作贡献有所评述，认为是做了一件有益于社会的事。但是在该文中，缺乏与同时代论著间的横向比较，略显不足。

2002年，值来新夏先生八十华诞之际，他的学生们为此编订了一本纪念集——《来新夏教授学术研讨会纪念集》，收录了《光明日报》史学版主编危兆盖在《光明日报》2001年12月6日发表的《从东厂胡同开始的故事——来新夏与北洋军阀史研究》、南开大学出版社副编审莫建来的《来新夏师与北洋军阀史研究》和浙江省杭州市萧山区地方志办公室副研究员陈志根的《来新夏：北洋军阀史研究的痴迷者》。危兆盖在论文中把来新夏研究北洋军阀史的历程分成五个阶段，即从整理北洋军阀档案与北洋军阀史结缘，到《北洋军阀统治时期》标志来新夏正式进入北洋军阀史研究的学术领域及《中国近代史资料丛刊·北洋军阀》编辑出版的夭折，再到《北洋军阀史略》这部新中国史学工作者在北洋军阀史领域的拓荒之作的出版，以及《北洋军阀史稿》和《中国近代史资料丛刊·北洋军阀》让来新夏重返"北洋军阀"的世界，最后是《北洋军阀史》的完成。莫建来在文章中对来新夏在北洋军阀史研究方面的大致情况作了简要介绍，表达他对来新夏的钦仰之情和纪念之意。陈志根在文中简要评介了来新夏的三部代表性的著作，认为《北洋军阀史略》使来新夏在北洋军阀研究中初露头角，《北洋军阀史稿》则让来新夏对北洋军阀史的研究更上一层楼，《北洋军阀史》使得来新夏攀登上北洋军阀史研究的顶峰。这些学者都能够回顾来新夏半个世纪的北洋军阀史研究生涯，对来新夏的论著作出评价，但是内容上均过于简单，评介上较相似，缺乏论著间的详细对比，对其治学方法和史学思想研究得不够深入。

总的来说，史学界对来新夏的研究还是做得不够，处于简单的介绍和评介阶段，未能就此问题作系统的、深入的研究，以至于读者对于来新夏研究北洋军阀史的完整历程、学术成就与学术思想还不是很清楚。因此关于来新夏和北洋军阀史的研究关系尚处于起步阶段，亟待深入。

研究方法对于历史研究极其重要，它是史学研究者解读历史现象不可缺乏的工具。在历史唯物主义和辩证唯物主义的指导下，本文主要运用比较的研究方法，对来新夏的史学业绩和史学思想进行了系统的梳理和研究。毛泽东说"有比较才有鉴别"。运用比较方法于各事物之间，求同求异，不但可以更清楚地认识事物的优劣，而且可以较容易地总结经验和探索事物发展的规律。根据文献和资料的实际掌握情况，本文通过对来新夏在北洋军阀史研究领域中所取得成就的分析，从而形成了对他学术思想的由点及面、点面结合的认识。

第2章　北洋军阀史研究的缘起和历程

2.1　发轫阶段（二十世纪五十年代）

在这个阶段，来新夏对北洋军阀史的研究工作，以参与初步整理北洋军阀统治时期的档案起步；发表《北洋军阀统治时期》的讲课记录，进行北洋军阀史的尝试研究；在京津及周边地区搜集北洋军阀史料，编撰《中国近代史资料丛刊·北洋军阀》的中辍以及撰写开拓性的《北洋军阀史略》一书为主。这些学术活动，为新中国开展北洋军阀史的研究进行了探索和引导。

新中国成立后，各项事业百废待兴，史学也不例外。国民党政府未带到台湾的有关晚清和民国的历史资料需要整理。1949年9月，来新夏被著名史学家范文澜教授选中，留在华北大学攻读中国近代史研究生。当时的其中一项主要工作是清理和分类一批包括信札、电报、部下的报告、公文批件等等有关北洋军阀的历史档案。这批档案是从一些北洋军阀人物家中和一些单位收缴过来的，共有百余麻袋，杂乱无章。整理的场所先是在东厂胡同旧黎元洪府第花园的八角亭，后来搬到乾面胡同。来新夏和其他六个同学把这些档案按照档案的各种形式分类上架，随后集中阅读了一些有关北洋军阀史的著作，如文公直、陶菊隐等人的著作；将这些档案按政治、经济、军事、文化的分类阅读整理后，来新夏还摘录了一些珍贵的或有趣的材料，并在休息时和在宿舍里与同学交流心得体会，对自己感兴趣的档案，他还在第二天去追踪查档。通过整理档案材料和研读著作，来新夏对北洋军阀这一军事政治集团从兴起到覆灭的历史线索有了一个大致的轮廓，对错综复杂的派系关系也掌握了基本的脉络；来新夏对北洋军阀这一专题产生了浓厚的兴趣，发现当时对北洋军阀的研究也相当匮乏，这些都给他从事北洋军阀的研究增添了信心。正如来教授后来所说的，"前后历经半年多的整档工作，虽然比较艰苦，但却不知不觉地把我带进了一个从未完全涉足过的学科领域，它成为我一生在历史学领域中的中心研究课题"。[①]

1950年初，来新夏任中国科学院历史第三所研究实习员。1951年初，应天津

---

① 来新夏：《舌耕笔耘致力"为人"之学》，《学术界》2003年第2期。

南开大学历史系主任吴廷璆教授的诚邀，并经过范文澜教授同意，来新夏到南开大学教学和研究历史学。来新夏在教学"中国近代史"等课程之余，继续搜集整理有关北洋军阀史的资料，并于1952年在《历史教学》（第8至10期）上相继发表了《北洋军阀统治时期》的讲课记录。由于当时历史学类的刊物很少，因此这份讲课记录引起了众多历史学者的关注。《北洋军阀统治时期》叙述了北洋军阀集团从小站练兵兴起到覆灭的整个过程。在"记录"中，来新夏试图利用阶级分析法分析北洋军阀统治时期的阶级关系，认为北洋军阀代表大地主阶级大买办阶级的利益。从引用资料来看，有毛泽东、陈伯达、胡绳、苏尔玛朔夫等中外马克思主义者的著作，有马震东的《袁氏当国史》、王芸生的《六十年来中国与日本》等民国时期著作，有1950年中国科学院近代史研究所在北京徐树铮故宅发现的原始档案——《〈中日共同防敌军事协定〉的说明》等。尽管《北洋军阀统治时期》体系上不是很完整，内容上不是很充实，但是作为新中国第一篇对北洋军阀作系统研究的文章，该文揭开了新中国研究北洋军阀史的序幕。从此，来新夏正式进入了北洋军阀史研究的领域。

此后不久，遇上《中国近代史资料丛刊》编纂的机缘，来新夏参与了其中《北洋军阀》部分的资料搜集工作。新中国成立后，为了推动新中国史学的研究，在范文澜、翦伯赞等史学前辈倡导主持下，中国史学会主编一套《中国近代史资料丛刊》，包括从鸦片战争到北洋军阀十二个专题。鉴于来新夏在"北洋军阀"领域取得的初步成绩，《北洋军阀》卷的编委成员荣孟源、谢国桢邀请来新夏为这一选题的编委成员，负责筹划《北洋军阀》的编纂工作。此后，来新夏即在京津及周边地区搜集有关北洋军阀的资料。但不久因人事变幻，资料搜集和编辑工作被迫中断，所搜集的图书资料全部缴归南开大学图书馆入藏。

在1956年"百花齐放、百家争鸣"的政治气候下，在荣孟源先生推荐下，来新夏应湖北人民出版社之邀，准备撰写一部关于北洋军阀史的专著。但是，在接受约稿后，来新夏顾虑重重。由于在那时，学术界认为研究太平天国、戊戌变法、辛亥革命和五四运动等才是正途，而研究以反面人物出现的北洋军阀则是剑走偏锋了。因此，来新夏当时进行北洋军阀史研究的压力可想而知。但是在荣孟源先生的鼓励下，他在讲课记录和丰富的资料搜集的基础上，经过对《北洋军阀统治时期》讲课记录的扩大、改订和充实，于1957年5月出版了他在北洋军阀史研究方面的第一部专著——《北洋军阀史略》。在这本12万字的论著中，作者力图运用唯物史观的方法，引用马克思主义经典作家的理论，来指导构建关于北洋军阀的形成、发展和覆灭历程的研究框架，揭露北洋军阀与帝国主义的勾结及对中国社会的祸害，阐述中国人民反对军阀专制统治的不懈斗争。此书运用了大量的原始资料，有原始的档案资料，有民国初年出版的著作，有当时的报纸杂志上的有关资料等等，并汲取了此前史学界研究的最新成果。

也正是在这一时期，陶菊隐撰写的《北洋军阀统治时期史话》一书，于1957年8月至1959年12月由三联书店陆续出版。陶著在内容上记述了北洋军阀统治时期南、北军阀，国民党等政治派别的政治、军事情况，用了较多的故事、当时社会上的一些传言；在结构上，以时间系事，各方情况分别详细介绍；陶著是为通论性书籍，非专题研究。探讨的是1895年至1928年间的政治史，并不专记军阀。而来新夏的《北洋军阀史略》在内容上侧重于以北洋军阀为核心，探讨北洋军阀的起源、发展和覆灭情况，包括北洋军阀的统治与广大人民的反军阀斗争，以及当时的社会情况；在结构上，安排得更为集中、紧凑。陶著篇幅较大，共8册，材料丰富，叙述详细，对北洋军阀统治时期的整个社会面貌做了比较全面的描述。但该书是史和话的结合，且更侧重于话，在书中也未注明资料来源，使读者不易查找、核对史料。另外，陶著也较少从理论上进行论证，作者希望"做到从事物的现象中反映事物的本质"①。读者更多是把此书当作史料来用。而来著有史有论，简明扼要。作者在书中说，"本书根据具体的史料，运用新的观点，对'北洋军阀'的形成、发展、更迭、派系混战及其覆灭，作了较全面的叙述；在某些章节，也注意到结合当时的社会经济及政治外交的情况，加以分析"②。读者可以更清晰地了解北洋军阀统治的发展脉络。

《北洋军阀史略》出版后，受到国内外学者的极大关注。在国内，相当长的一段时期内，它被当作教学和科研中最主要的参考书之一。复旦大学历史系教授沈渭滨认为"这部著作的出版，不仅开拓了北洋军阀研究的新领域，而且也为今后学术界研究这段历史奠定了良好的基础"③。在国外，与来新夏素未谋面的日本明治大学岩崎富久男于1969年将此书翻译，并增加了随文插图，更名为《中国军阀の兴亡》后，由日本桃源社出版，引起日本史学界的关注。1989年又由光风社再版，得到日本学界的好评，成为日本有关学者案头的参考用书。可以说，《北洋军阀史略》的出版开垦了北洋军阀史这一新领域，也为此后学术界研究这

---

① 陶菊隐：《北洋军阀统治时期史话》，北京：三联书店，1983年3月，第1727页。
② 来新夏：《北洋军阀史略·内容提要》，武汉：湖北人民出版社，1957年5月。
③ 沈渭滨、杨勇刚：《来新夏与北洋军阀史研究》，《文汇报》1992年3月24日。

段历史指引了方向。

当然，由于《北洋军阀史略》是新中国第一部系统论述北洋军阀史的专著，由于史料的缺乏和其他原因，也不可避免地存在这样或那样的不足，如还有许多问题没有展开详细论述。

2.2 发展阶段（二十世纪八十年代至九十年代初）

这个阶段，来新夏对北洋军阀史研究的主要成就是，参与诸多重大理论问题的研讨，主编《北洋军阀史稿》专著；利用多年积累的史料素材，主编《北洋军阀》大型资料，为北洋军阀史的深入研究奠定了扎实的基础。

"文化大革命"结束以后，经过拨乱反正，学术界的气氛开始活跃起来，民国史的研究亦然，学术界兴起了研究民国史的高潮，有关北洋军阀史专题，出版了诸如《中华民国史档案资料汇编》、《中华民国史》、《军绅政权》和《袁世凯传》①等档案资料汇编和历史专著；此外也发表了一批高质量的论文，如《北洋军阀（研究提纲）》、《试论军阀史的研究及相关的几个问题》、《辛亥革命后军阀地主的形成及其特征》和《清末"新军"与辛亥革命》②等，学者们进行了大量的理论的探讨和史事的研究。

来新夏参与了北洋军阀史的研究对象、阶段划分、北洋军阀特点、作用，以及对"军阀"、"北洋军阀"、"北洋军阀史"和"北洋军阀统治时期史"的概念的界定等一系列理论问题的探讨，对这些理论问题发表了多篇高质量的学术论文。这些理论探讨是具有重要的意义的，来新夏认为："从理论上探寻北洋军阀兴衰起落的必然根脉，并对它的性质、特点和历史作用等给予实事求是的分析与

---

① 中国第二历史档案馆：《中华民国史档案资料汇编·第二辑》，南京：江苏人民出版社，1981年5月；李新：《中华民国史》，北京：中华书局，1981年9月、1982年4月、1987年9月；陈志让：《军绅政权》，北京：三联书店，1980年9月；李宗一：《袁世凯传》，北京：中华书局，1980年11月。

② 彭明：《北洋军阀（研究提纲）》，《教学与研究》1980年第5期；孙思白：《试论军阀史的研究及其相关的几个问题》，《贵州社会科学》1982年第6期；吴慧敏：《辛亥革命后军阀地主的形成及其特征》，《经济研究》1980年第9期；乔志强：《清末"新军"与辛亥革命》，《山西大学学报》1980年第3期。

评价，在整个北洋军阀史研究中无疑具有打破坚冰、开通航道的重要作用。"①

在对这些理论深入思考和翻阅大量已刊和未刊档案、译稿、文献著述、报纸杂志、方志笔记和文集传记等文献资料的基础上，结合学术界研究的新成果，在新知旧雨频加关注、鼓励和助手的帮助下，1983年来新夏主编了"文革"后北洋军阀史研究领域的新专著——《北洋军阀史稿》，字数约36万字。在"序论"中，作者对诸如北洋军阀史和北洋军阀统治时期史的不同研究对象、北洋军阀史的划分阶段问题、北洋军阀集团的特点等问题进行了再研究，对有关北洋军阀史的文献进行了综述，这对于读者阅读这部著作起了重要的指引作用。在书中，作者追溯了北洋军阀的历史渊源，叙述了北洋军阀的兴起、形成、统治、混战到覆灭的整个完整的历史过程；对北洋军阀统治时期的具体战役、战斗，对北洋军阀集团与帝国主义的关系和中国各派力量反对军阀统治的斗争，以及有关历史人物的活动等方面都有不同程度的增加和扩展。并附有"大事年表"和"北洋军阀人物小志"，方便读者检索利用。中国社会科学院近代史研究所孙思白教授读完《北洋军阀史稿》后，把它与《北洋军阀史略》作比较，认为有四点不同："第一，补充运用了已刊的档案、未刊的资料和译稿；第二，吸取了回忆性文章和近年来的研究成果；第三，对若干问题作出了新的分析和论断；第四，丰富了若干具体情节内容。"②

这本专著叙述简明，视角独特，成一家之言。此书出版后，得到了学术界的一致好评。孙思白教授称"《史稿》这本著作是民国史研究领域中一个良好的开端。从《史略》到《史稿》，经过这番重写之后，它将为后来的研究者起着提携和带头作用"③。人民出版社编审乔还田评价道，《北洋军阀史稿》的价值"并不仅仅在于它的'筚路蓝缕'之劳。更重要的是作者在系统论述北洋军阀何以兴起、发展、形成、掌权直至覆灭，以及由他们创造和影响的各种内外纷争与错综复杂关系所形成的种种社会现象时，刻意钻研，提出了不少独到的见解。本书还以分析深入细致而见长"④。来新夏也确信"这在当时确是这方面唯一的一部专

---

① 来新夏、莫建来：《五十年来北洋军阀史研究述论》，《社会科学战线》1999年第5期。

② 来新夏：《北洋军阀史稿·序》，武汉：湖北人民出版社，1983年11月。

③ 来新夏：《北洋军阀史稿·序》，武汉：湖北人民出版社，1983年11月。

④ 乔还田：《读〈北洋军阀史稿〉》，《人民日报》1985年3月15日。

著，对军阀史和民国史研究的深入开展起到了推动和促进作用"①。

二十世纪八十年代末至九十年代初，来新夏研究北洋军阀史的主要成就中还有一项就是重新主持了《中国近代史资料丛刊·北洋军阀》的编撰工作。

有关北洋军阀的档案数量多，种类也多，包括北洋军阀的家书、文稿、批示、圈阅文或与他们直接相关的函电、条陈、说帖、呈单、上禀、报告、译呈、抄录、证书、账册等公私文件。并且由于袁世凯逝世后北洋军阀分裂成好几派，资料比较分散，又历经战火，原北京政府的档案大多散失，现存者残缺不全，加上各派互不相属，互相攻讦，资料的真实性也不足；再者，"有些不仅有较多的印本，还有近期的重印本"。尽管从新中国成立前，国内就开始出版关于北洋军阀统治时期的史料，主要有佚名的《民国史料文编》（沈云龙，《近代中国史料丛刊三编》第28辑，文海出版社1990年）共十二卷，包括孙中山解辞职、袁世凯致各方电、袁世凯告诫军人训令（条）、论今日人才之凋乏、张謇致徐世昌书等。这本史料汇编包罗万象，但是显得较为零散。还有1927年上海文明书局发行、由孙曜编辑的《中华民国史料》（三册本），辑录1911年至1926年间官方重要文电，分七个专题，按年月先后顺序排列，是被较为重视的一种史料。此外还有经世文社编辑部编辑的《民国经世文编》（经世文社1914年），刘寿林编撰的《辛亥以后十七年职官年表》（沈云龙，《近代中国史料丛刊续编》第5辑，文海出版社1974年）和1914年3月广益书局印行的《袁大总统书牍汇编》等等。解放初期，范文澜、翦伯赞等史学前辈曾主持编写一套《中国近代史资料丛刊》，"北洋军阀"也是其中一种，来新夏是"北洋军阀"这一专题编委会委员之一，但是，后来由于种种原因，这一专题没有完成。直到二十世纪八十年代，国内才陆续出版了《北洋陆军史料（1912—1916）》、《北洋军阀史料选辑》（二册）②，但是，这些史料选辑均不够全面。因此，要研究北洋军阀史，亟需一部比较完整和系统的资料汇编。《北洋军阀史稿》的完成，来新夏发现了许多新资料，引起了他三十年前参与编纂《中国近代史资料丛刊·北洋军阀》的情思，并且北洋军阀专题是中国近代史资料丛刊的最后一种，由于这一专题的长期阙如，致使丛刊未能及时配套。1985年秋，上海人民出版社为补足这套丛刊，特派该社

① 来新夏：《我与北洋军阀史研究——〈北洋军阀史〉的撰写缘由》，《学术界》2001年第5期。

② 张侠：《北洋陆军史料（1912—1916）》，北京：中国社会科学出版社，1981年；杜春和：《北洋军阀史料选辑》，北京：中国社会科学出版社，1981年6月。

编审叶亚廉躬临天津，面商北洋军阀资料的编辑出版问题并有多次信件往还。1986年，来新夏教授与上海人民出版社负责人就编辑出版北洋军阀资料问题作具体磋商，并订立了编辑出版协议。此后，来新夏力邀张树勇、焦静宜和娄向哲等一批中青年学者参与资料的编撰，并身体力行地既负责全书的编辑体例、选材取舍和审定全稿工作，又承担具体分册的编选、整理、标点工作。经过两方七年的不懈努力，到1993年，《中国近代史资料丛刊·北洋军阀》的全部付印，为这套丛刊划上了圆满的句号。

来新夏主编的这套《中国近代史资料丛刊·北洋军阀》共五册，达300余万字，前四册按北洋军阀的兴亡历程，并围绕各阶段中的几个重要问题分别汇编资料，第五册包括军阀人物小志、大事记、书目提要、论文摘要和附表等。1988年这套资料汇编第一册出版后，受到学术界的关注，菲楠在《历史档案》1989年第3期以《中国近代史资料丛刊·北洋军阀》为题，进行了介绍。在这套资料书全部出版后，莫建来在《民国档案》1994年第3期以《一部蕴藏丰富、编选科学的史料巨著：〈中国近代史资料丛刊·北洋军阀〉简介》为题，对这套资料进行了点评。这套资料汇编的出版，对北洋军阀史研究者提供了极大的便利，对于北洋军阀史研究的开展无疑具有重要的推动作用。

2.3 成熟阶段（二十世纪九十年代中期至二十一世纪初）

这个阶段，来新夏关于北洋军阀史研究的主要成就是，主编《北洋军阀史》通史性巨著，使北洋军阀史研究跃上新台阶。

来新夏既编写了专著，也编辑了资料汇编，在北洋军阀史研究上，可谓是功德圆满了。但是，他不满足于此，"我总以为应该再努力以赴，把《北洋军阀史稿》撰写为真正意义上的通史性著述——《北洋军阀史》。于是重读《北洋军阀史稿》，发现确有增订余地，反复思考，重新草拟写作提要"[①]。二十世纪八十年代初中期，史学界尽管也先后出版了《袁世凯与北洋军阀》、《中华民国史

---

① 来新夏：《我与北洋军阀史研究——〈北洋军阀史〉的撰写缘由》，《学术界》2001年第5期。

纲》、《皖系军阀与日本》①等有关北洋军阀史的著作，但确实缺乏一部真正意义上的把北洋军阀史作为专史研究的通史性专著。因此，来教授邀请他的学生焦静宜、莫建来、张树勇、刘本军和日本的中国近代史学者水野明、贵志俊彦等合作者，从1994年开始，至2000年交付出版，用了六年时间，搜集资料，考辨史料，撰写而成。

作者在马克思主义理论指导下，运用辩证唯物主义观点和方法，以实事求是的精神考辨史料，论述史事，以探求历史的真实面貌。与《北洋军阀史略》和《北洋军阀史稿》这两部专著相比，这部著作体系更加完善，详细地记叙了北洋军阀集团的兴起、发展、派系纷争、衰落直至灭亡的整个过程，从章节的安排上，也可以看出作者力图从军事力量上的壮大到政治权益上的角逐的角度，揭示军事力量导致北洋军阀起家、发展到覆灭的规律；资料上以《中国近代史资料丛刊·北洋军阀》为支撑，辅以其他广泛的资料，有国内马克思主义学者的文集，如《李大钊文集》；有如《北洋德华日报》这样的报刊资料；有中国第二历史档案馆藏档及台湾版的《袁世凯奏折专集》等文献资料；在开篇绪论中，该书就一些理论问题进行阐述，确定了北洋军阀史研究的对象、阶段划分，创新地阐释了北洋军阀的定义，全面地探讨了北洋军阀的特点，从正反两方面恰当地评价了北洋军阀在历史上的作用，对新中国成立五十年来北洋军阀史研究的动态情况作了总结；并附录有大事年表、北洋人物志、参考书提要等工具书。

这部《北洋军阀史》出版后，好评如潮。《人民日报》于2001年7月28日在《学术动态》版发表评介"这部百余万字的《北洋军阀史》给人以耳目一新的感觉。该书结构严谨，内容翔实，论述充分，观点鲜明，文字流畅，反映出作者在北洋军阀史研究方面的深厚功力，代表了现阶段该领域的总体研究水平"。《光明日报》于2001年11月1日于书评版以半版篇幅介绍成果完成的历程。《北京日报》、《今晚报》、《历史教学》等报刊随后也均有报道。这部著作也引起了国内著名学者特别是京津地区学者的关注，他们撰写专文进行了评介，如中国人民大学历史系教授、著名史学家戴逸评论《北洋军阀史》的三个优点是"内容充实，史事详明，条理清晰；史料丰富，辨证考信，根据充分；观点鲜明，颇多

---

① 谢本书：《袁世凯与北洋军阀》，上海：上海人民出版社，1984年6月；张宪文：《中华民国史纲》，郑州：河南人民出版社，1985年10月；章伯锋：《皖系军阀与日本》，成都：四川人民出版社，1988年4月。

新意"①。中国人民大学中共党史系教授、博士生导师陈明显认为此书有三个优点："第一，具备了敏锐的'发现'意识。第二，史料丰富，真实可信，论证充分。第三，观点鲜明，颇多新意。作者在书中作了细致而翔实的论述，北洋军阀史研究领域从此有了全面系统的通史性专著，有了科学的总结性成果。这部新著面世，标志着北洋军阀史的研究达到了一个新的高度。"②北京大学历史系教授张注洪认为《北洋军阀史》"第一，选用资料原始翔实，力求反映历史真实。第二，论述观点正确得当，具有深刻的理论内涵。第三，整体结构严谨合理，形式内容堪称统一"③。此外，天津社会科学院研究员罗澍伟也对此书进行了点评："《北洋军阀史》是迄今为止研究北洋军阀最为详尽的著作，代表了作者几十年的学术功力。是书对于北洋军阀的出现，能够沿波讨源，钩沉致远；对于北洋军阀的统治，能够条分缕析，剖毫析芒。'绪论'高屋建瓴，笔补造化，对此前的北洋军阀研究作了全面、精审的概括，登堂入室，嘉惠学者；'附录'网罗剔抉，囊括巨细，就全书的编年、人物与资料运用作了必要的补充，文无剩语，极便应用。"④由于《北洋军阀史》获得学术界的一致肯定，2003年获得第三届中国高校人文社会科学研究优秀成果二等奖。

第3章　对北洋军阀史研究有关学术理论的探索和争鸣

　　历史理论对历史规律的探求是史学研究进一步深化和向更高层次发展的表现，是史学研究终极目标之所在。史学家对历史理论的研究都很重视，李大钊在《史学要论·历史学的系统》中明确指出："历史理论是说明历史现象的一般性

---

　　①　戴逸：《功力深厚的佳作——读来新夏教授〈北洋军阀史〉》，《中华读书报》2001年5月23日。

　　②　陈明显、黄黎：《"植根于博，持之以韧"——读来新夏等著〈北洋军阀史〉》，《民国档案》2003年第2期。

　　③　张注洪：《北洋军阀史研究的丰硕成果——读来新夏等著〈北洋军阀史〉》，南开大学地方文献研究室编：《来新夏教授学术研讨会纪念集》，乌鲁木齐：新疆大学出版社，2002年8月，第243-246页。

　　④　罗澍伟：《〈北洋军阀史〉——五十年的学术之旅》，《天津社会科学》2001年第6期。

质、形式、理法的。"①改革开放以前，理论研究由于思想方法的束缚和人为的禁锢而成为最难施展的领域。在排除"左"的干扰以后，历史理论的研究得到拨乱反正。来新夏在研究北洋军阀史的过程中，就很重视有关理论的研究。

3.1 来新夏对军阀的定义的研究

对于什么是"军阀"，在国民革命军北伐前夕就有学者从学理上对其进行了讨论，政治学者王吉占强调："应当把'军阀'当作一个制度来看待，每一个'军阀'都有相同因素：据有一定之防地；自由练兵敛财，及处分一切民政；个人地位，均以实力为保证，所以每一个军阀的势力范围，即是一个小侯国。"②这种认识对当时及以后的对"军阀"的认识产生了深远的影响。新中国成立后，史学界很多学者主要从军事、政治角度去看，从私兵、地盘和武治等方面给军阀下定义。著名的民国史专家李新就认为，所谓军阀，最基本的条件是军队为个人所私有，而曾国藩、左宗棠、胡林翼、李鸿章及辛亥革命前的袁世凯还都不具备这一点。③费正清主编的《剑桥中华民国史》中简要地给"军阀"下的定义是："最简单地说，'军阀'就是那种指挥着一支私人军队，控制着或企图控制一定地盘，并且多少是独立行动的人。"④著名史学家陈旭麓认为"没有无军队和地盘的军阀"⑤。台湾学者工尔敏对构成军阀的条件作了如下概括："一、对于中央政府有极大的离心力。包括不受节制，任意扩张和充分的人事任命权。二、据地自雄。包括占据一定区域之土地，拥兵自卫和地方财政的任意搜刮支配。三、军事行动为个人目的，而非为国家利益，或中央政策。"⑥

① 李大钊：《李大钊文集》（下），北京：人民出版社，1984年12月，第740页。

② 王吉占：《军阀是个什么东西》，徐勇：《"军阀"治下之军阀"学理"研讨——以北伐战争前夕一场政治与学术论战为中心》，《北京大学学报》（哲学社会科学版）2005年第4期。

③ 李新：《北洋军阀的兴亡》，《史学月刊》1985年第3期。

④ ［美］费正清主编、章建刚等译：《剑桥中华民国史》，上海：上海人民出版社，1991年11月，第299页。

⑤ 陈旭麓：《近代中国社会的新陈代谢》，上海：上海社会科学院出版社，2006年1月，第372页。

⑥ 王尔敏：《淮军志》，北京：中华书局，1987年8月，第377–378页。

来新夏认为除了从军事、政治角度外，还应该从最能体现本质的意识形态即文化的角度加以定义，即军阀是"以儒家文化为中心，以封建伦常为纽带"[①]，北洋军阀作为一个政治集团，它必然有一种把集团成员紧密联系在一起的精神，否则军就不能成阀了。袁世凯给北洋军人灌输的就是对他的绝对服从、忠军思想等一套封建伦理观念。后来的吴佩孚在军队中说君臣讲忠义，推行"武神"崇拜；张作霖则依靠江湖义气来维护内部的凝聚力。来新夏把这点加入到"军阀"定义中，使得其更加完整。在《北洋军阀史》中，来新夏对"军阀"的定义进行了全面、严密的论述，首先回溯了从《新唐书》到当今古今中外诸家对军阀的有关论述，归纳出他们主要集中从私兵、地盘和武治三点立论。进而对此进行了驳论，认为"凡是确定一个定义和界说，应该用许多事实的比量来验证，看是否讲得通，并且看是否概括得比较完善"；经过比量，认为"为那些军阀下定义的论据，只能作军阀应具备的基本条件，或者说是定义的不完整论据"，没有从内涵上、本质上定义。一个科学概念必须反映事物的本质，一个科学概念必须明确揭示概念的内涵。最后，《北洋军阀史》给予北洋军阀为代表的近代军阀的定义是"以一定军事力量为支柱，以一定地域为依托，在'中体西用'思想指导下，以封建关系为纽带，以帝国主义为奥援，参与各项政治、军事及社会活动，罔顾公义，而以只图私利为行使权力之目的之个人和集团"[②]。

所谓下定义，就是用简短明确的语句提示概念的内涵，即揭示概念所反映的对象的特点或本质的一种逻辑方法。近代军阀的本质就是军队私人化、割据地盘、以封建思想为纽带、作为帝国主义统治中国的工具。这样看来，来新夏的定义更为全面。

3.2 来新夏对有关北洋军阀史理论的研究

3.2.1 关于北洋军阀兴起的原因问题

对于北洋军阀兴起原因的讨论，新中国成立前就有学者进行研究，吴虬从国内、国外两方面分析了北洋军阀兴起的原因，"甲午以后，中国国力脆弱，

---

① 来新夏：《略论民国军阀史的研究》，《学术月刊》1985年第1期。
② 来新夏：《北洋军阀史》，天津：南开大学出版社，2000年12月，第14–18页。

已暴露于世界，清廷乃定练兵自强之国是……为美国远东政策所牵制，致国家病态……据此可见北洋派之形成及发展，乃国内国际两重环境"①。新中国成立后，国内外学者们继续对其进行了探讨。但长期以来，学者们普遍认为它是中国近代半殖民地半封建社会的产物。如1985年李新在《北洋军阀的兴亡》文中认为：北洋军阀的产生是与中国这个老大封建国家殖民化的程度日益加深分不开的。是由于封建势力依然存在，分散的个体经济及封建主义的意识形态。这些研究都比较宏观，后来的研究逐渐转向微观研究，任恒俊在《新军差异与南北军阀的形成》（《文史哲》1990年第4期）文中从南北新军的差异方面探讨南北军阀形成的原因。马平安在《北洋集团的兴起与清末中央与地方权力之争》（中国史学会编：《辛亥革命与二十世纪的中国》上卷，中央文献出版社2002年）文中则从清末中央与地方权力之争的角度寻求北洋集团兴起的原因。冯勇智等在《北洋军阀兴亡的军事经济原因》文中通过概括北洋军阀的四点军事经济特点，即增加武器装备费用，加紧更新武器装备；重视军费的作用，千方百计筹集经费；提高北洋新军的俸饷，改善军人地位，稳定军心；加紧武器装备的维护管理，一定程度上注意到了军事经济效益等；从而得出北洋军阀的军事经济与古代军阀相比，已经有了明显的资本主义色彩，有一定的先进性，是北洋军阀初期能够迅速壮大的一个重要原因。②王振羽和王翔宇在《中国近代社会结构与军阀产生根源浅论》文中考察了北洋军阀产生的原因是，在社会结构中，传统的专制型权力结构被动摇，权威体系的合法性受到了怀疑，权力结构与权威体系出现了真空；在经济结构中，中国以家庭为中心的小农社会结构蕴涵了政治上的一统和经济上的分散这样两种对立悖反的需要，结果演变成高度整合又高度离散的两极特征；微弱的资本主义经济和严重的半封建经济同时并存；中西文化的冲突与对抗等③。此外，日本学者渡边惇在《袁世凯政权的经济基础——北洋派的企业活动》（《国外中国近代史研究》第3辑，中国社科出版社1982年8月）、《袁世凯政权与周学熙》（《近代中国》第2辑，上海社科院出版社1991年11月）等文中，也从经济

① 吴虬：《北洋派之起源及其崩溃》，荣孟源、章伯锋：《近代稗海》第6辑，成都：四川人民出版社，1987年9月，第282-283页。
② 敖四林、冯勇智、程海南：《北洋军阀兴亡的军事经济原因》，《军事历史》1997年第2期。
③ 王振羽、王翔宇：《中国近代社会结构与军阀产生根源浅论》，《南京化工大学学报》2000年第4期。

角度考察了北洋军阀的兴起问题。

来新夏也从微观上进行研究，认为北洋军阀集团的成因，首先是由于旧军的腐败，迫使统治阶级为延续自己的统治而需要建立一支新式军队；其次是当时的社会思潮趋向改革，中体西用的半封建半殖民地意识形态和资本主义的发展，为建设新式军队提供了思想和物质基础；再次是列强侵华政策改为通过支持代理人攫取所需权益，而袁世凯又善于运用权术，利用矛盾抓住时机，使这支武装力量日益发展壮大，形成一个政治军事集团。[①]来新夏把三者结合起来考察，"北洋军阀集团的产生无论从清统治者的要求、从当时社会经济和意识形态的变化看，都是内因为主要决定因素，但也不能完全忽略外因。……也决不能抹杀个人在历史上的作用"。世界上任何事物的产生、发展都是内外因相互作用的结果，并且在分析原因时，还应注意到杰出人物在历史上所起的作用。来新夏这种分析是完全符合历史唯物主义的观点的。他还深刻地指出内因在于"晚清社会的转型"。

学者们从历史因素、现实因素、外部因素、内部因素等多角度对北洋军阀兴起原因进行了分析，比较他们在这个问题上的研究，来新夏的观点更为全面、精辟，因此，在来新夏的观点的影响下，有些学者在论述这个问题时，也认同了这种观点。如冯培兰在《关于讲授北洋军阀史的几个问题》（《历史教学》2000年第1期）就是从当时的国内形势、社会经济的变化、外部情况以及袁世凯个人的作用等角度来分析北洋军阀集团的成因。

3.2.2　关于北洋军阀集团的地位和作用问题

对于北洋军阀集团的地位和作用问题的研究，二十世纪八十年代以前，主要是只看到它在近代中国历史上的统治最黑暗，它在辛亥革命前后十六年的历史进程中是一个祸国殃民的丑角和反动势力的代表，因此在历史上作用就是反动的，就应该加以完全否定。如陶菊隐认为"北洋军阀是继承了曾国藩、李鸿章等出卖国家和反人民的罪恶事业，又替蒋介石匪帮提供了独裁政治的可耻榜样。它的长期统治带来了中国人民的严重灾难，加深了中国殖民地化。但是另一方面，它又激起了中国人民的政治觉醒和革命斗争。中国人民革命的领导力量就是在这个时

---

① 来新夏：《北洋军阀史研究札记三题》，《民国档案》1985年第2期；来新夏：《略论民国军阀史的研究》，《学术月刊》1985年第1期。

期生长和发展起来的"①。这样认识仅仅从"压迫愈深反抗愈烈"的角度承认其"反作用"，而难以认识北洋军阀集团统治时期社会经济的演进。这就像恩格斯批评欧洲中世纪史研究中的"非历史的观点"时所指出的："在这里，反对中世纪残余的斗争限制了人们的视野。中世纪被看做是由千年来普遍野蛮状态所引起的历史的简单中断；……这样一来，对伟大历史联系的合理看法就不可能产生，而历史至多不过是一部供哲学家使用的例证和插图的汇集罢了。"②二十世纪八十年代后，许多学者对这种公式化结论提出了疑问。何一成认为北洋政府的财政来源同资本主义性的经济有愈来愈多的联系；北洋军阀统治在名义上基本保持着民主共和的体制；北洋军阀统治的思想支柱——封建专制主义也有某些形式上的变化。揭示在北洋军阀统治下出现中国旧民主革命向新民主革命转变的内在规定性，才能真正说明这种转变的主客观条件何以会在北洋军阀统治时期成熟。③张华腾认为北洋集团在中国军事近代化、清末新政改革及推翻清王朝的过程中起了一定的积极作用，推动了社会的发展。北洋集团对中国社会发展的阻碍作用则表现在扼杀民主制度、丧失发展机遇、复辟帝制及长期的军阀混战带来的祸国殃民。④

　　来新夏对北洋军阀的地位及作用问题的认识也经历了从简单到全面的过程。在《北洋军阀史稿》中，来新夏从北洋军阀集团的特点出发，认为北洋军阀"在辛亥革命前后十六年的历史进程中只不过扮演了历史舞台上被人唾骂的丑角而已"。1985年后，来新夏开始否定这种简单公式化的评述，他主张应有所分析论述。来新夏根据马克思主义经典作家的理论："判断历史的功绩，不是根据历史活动家没有提供现代所要求的东西，而是根据他们比他们的前辈提供了新的东西。"⑤在承认北洋军阀是维系晚清十余年统治的支柱、辛亥革命时转移政权举足轻重的力量、中华民国对外关系的代表人以及祸国殃民、造就新军阀等作用

①　陶菊隐：《北洋军阀统治时期史话》第一册，北京：三联书店，1957年8月，第1页。

②　斯大林：《路德维希·费尔巴哈和德国古典哲学的终结》，中共中央马克思恩格斯列宁斯大林著作编译局编译：《马克思恩格斯选集》第4卷，北京：人民出版社，1972年5月，第225页。

③　何一成：《北洋军阀统治与新旧民主革命的转变》，《求索》1989年第1期。

④　张华腾：《辛亥革命前后的北洋集团》，《民国档案》2004年第2期。

⑤　列宁：《评经济浪漫主义》，中共中央马克思恩格斯列宁斯大林著作编译局编译：《列宁全集》第2卷，北京：人民出版社，1984年10月第2版，第154页。

外，还肯定了北洋军阀在对旧军制的改革，推动军事近代化方面以及对人民觉醒的促进作用。北洋新军对于绿营、湘淮军来说，是新事物，而且它又孕育了中国现代化军队，因此由于其反动，就一棍子打死，显然是不科学的。此外，来新夏还承认北洋军阀的统治在客观上为再次"统一"提供了方便，扫清了道路。

当然，相对于其他学者的分析，来新夏对北洋军阀的作用的评价主要是从政治和军事方面入手，而对于北洋军阀统治时期的社会经济和思想文化没有作更深入的分析。北洋军阀统治时期，在经济上、外交上和思想文化上，中国社会还是比晚清进步了很多。如中国现代外交就肇始于北洋军阀统治时期，不少学者在评价北京政府的外交部和外交家时充满溢美之辞。北洋军阀统治时期发生的新文化运动和五四运动均使这个社会文化思想有所进步。

3.2.3　关于北洋军阀集团的阶级基础问题

列宁在《革命青年的任务》中认为，"阶级划分是政治派别划分的最根本的基础"[1]。因此国内学者比较关注北洋军阀集团的阶级基础问题，但没有一个统一的观点，不同的说法有地主阶级代表说、买办说及资产阶级代表说。

许多学者坚持地主阶级代表说。毛泽东在《怎样分析农村阶级》一文中指出："军阀、官僚、土豪、劣绅是地主阶级的政治代表，是地主中特别凶恶者。"[2]他进而在《中国革命和中国共产党》一文中指出："皇帝和贵族的专制政权是被推翻了，代之而起的先是地主阶级的军阀官僚的统治，接着是地主阶级和大资产阶级联盟的专政。"[3]受毛泽东论断的影响，彭明认为北洋军阀是以封建地主阶级为其阶级基础的。依据是：从经济特点看，中国"资本主义虽然有所发生和发展，但是封建主义的经济形态在这个社会中仍然占有着显著的优势"；"从阶级关系看，封建主义经济占着显然的优势，也就是说，地主阶级对农民阶级的剥削和统治仍然占着主要的地位"。而北洋军阀正"是符合了地主阶级封建统治的需要"。所以，"北洋军阀是地主阶级的代理人，是最落后和最反动的生

① 列宁：《革命青年的任务》，中共中央马克思恩格斯列宁斯大林著作编译局：《列宁全集》第7卷，北京：人民出版社，1986年10月第2版，第325页。

② 毛泽东：《怎样分析农村阶级》，《毛泽东选集》（一卷本），北京：人民出版社，1966年3月，第121页。

③ 毛泽东：《中国革命和中国共产党》，《毛泽东选集》（一卷本），第625页。

产关系的代表，它极力维护和巩固地主阶级对农民阶级的封建统治秩序"。[1]吴慧敏认为："封建军阀是地主阶级的政治代表，同时他们又是利用政治特权大量掠夺土地，成为新兴的大地主。"[2]胡绳在地主阶级上加了买办阶级，认为"袁世凯的政权，在国内依靠的是封建主义的旧势力，加上同封建势力勾结在一起的买办阶级的势力"[3]。而韩剑夫认为军阀"是封建地主阶级、买办资产阶级和帝国主义的联合政治代表"[4]。

对于北洋军阀集团的阶级基础问题，来新夏也有自己的见解。首先，来新夏肯定了北洋军阀代表大地主阶级的利益。其次，提出阶级基础应该根据经济地位来判断，只能认为北洋军阀是帝国主义在华的政治买办，因此他否定了"买办"说。再次，对于"资产阶级"说，来新夏认为应该从经济和政治的角度说明北洋军阀的资产阶级性质，并提出"要注意时间和阶段的问题。北洋军阀之含有资产阶级性质并非开始即有，而是发生在后期，大体上说是在第一次世界大战后期才开始的"[5]。因此，他认为北洋军阀是以封建地主阶级为主要的社会基础，它的某些部分在一定时期带有资产阶级性质，大致时间在1914至1925年间。来新夏在分析了各位学者的观点后认为："北洋军阀的社会基础和阶级属性是一个有待于深入研究而尚不能遽下定论的问题。由于社会基础和阶级属性问题涉及当时社会的经济基础和上层建筑诸方面，不仅需要以马克思主义基本理论为指导，还需要有大量的历史史实为依据。"[6]

列宁认为，"区别各阶级的基本标志，是它们在社会生产中所处的地位，也就是它们对生产资料的关系"[7]。作为一个阶级，在经济基础上产生以后，还具有它的政治特征和思想特征，表现为一个独立阶级的全部面貌。北洋军阀集团是军人和政客组成的一个集政治、军事于一体的集团，它占有了绝大部分的土地、银行和资本主义企业，它在经济上依赖于农民、资产阶级及外国资本主义，政策

---

① 彭明：《北洋军阀（研究提纲）》，《教学与研究》1985年第5期。

② 吴慧敏：《辛亥革命后军阀地主的形成及其特征》，《经济研究》1980年第9期。

③ 胡绳：《从鸦片战争到五四运动》，北京：人民出版社，1981年6月，第918页。

④ 韩剑夫：《中国近代军阀史研究中的几个问题》，《广东社会科学》1988年第3期。

⑤ 来新夏：《关于军阀史的研究》，《西南军阀史研究丛刊》第三辑，昆明：云南人民出版社，1985年。

⑥ 来新夏：《北洋军阀史》，天津：南开大学出版社，2000年12月。

⑦ 列宁：《社会革命党人所复活的庸俗社会主义和民粹主义》，中共中央马克思恩格斯列宁斯大林著作编译局编译：《列宁全集》第7卷，第30页。

上尽管有推行一些有利于资本主义工商业发展的措施，但主要是为其集团的利益服务的，因此不能简单地把北洋军阀集团划分为地主阶级、买办或者是资产阶级。北洋军阀的军费、财政来源主要是各种苛捐杂税，它的指导思想是封建的伦理观念，因此，北洋军阀根本上是属于封建地主阶级，但是由于北洋军阀还从事了资本主义的经济活动，不免带上了一定的资产阶级性。并且应该按时期具体分析，在1914年前，更多地表现为地主阶级的代表，1914年后，表现为地主阶级和资产阶级的代表。因此，来新夏的观点更具科学性。

3.2.4 关于北洋军阀史的划阶段问题

对于北洋军阀史的划阶段问题，学者也有不同的意见。改革开放以前，没有学者对这个问题进行探讨，直到1980年彭明在《北洋军阀（研究提纲）》中把北洋军阀史分为三个阶段，即从1895年的小站练兵到1916年袁世凯死去的北洋军阀兴起和扩大阶段；从1916年袁世凯死去到1926年北伐前夕的北洋军阀派系斗争和混战阶段；从1926年7月北伐出师到1928年张学良东北易帜的北洋军阀覆灭阶段。此后，陶菊隐把北洋军阀统治时期按实际掌权者分为四个阶段，第一阶段，袁世凯当政时期，从1912年袁氏篡夺辛亥革命果实取得临时大总统，到1916年洪宪帝制失败毙命新华宫止，前后共计五年；第二阶段，皖系首领段祺瑞当权时期，从1916年段任内阁总理起，直到1920年爆发了直皖战争，段氏兵败下台，前后共计四年；第三阶段，直系首领曹锟、吴佩孚当权时期，从1920年直系战胜皖系直到1924年在第二次直奉战争中被奉系打败，直系政权瓦解，前后共计四年；第四阶段，从1924年奉系首领张作霖战胜直系，实际上控制北京政府，到1928年为北伐军所败，逃回关外，在沈阳附近皇姑屯被炸身死，为期也近四年。[①]李新在《北洋军阀的兴亡》一文中认为，从1895年袁世凯小站练兵至1911年武昌起义爆发这十六年，只能说是北洋军阀的孕育阶段；从武昌起义至清帝退位，继而袁世凯出任临时大总统这一时期，可称为北洋军阀形成阶段，1926年至1928年为北洋军阀覆灭阶段。乐秀钰在《中国半殖民地半封建社会军阀史分期问题之我见》[《华东石油学院学报》（社会科学版）1987年第1期]中把它分为形成阶段（1895年到1911年）、发展阶段（1912年到1926年）、覆灭阶段（1926年到1928年）。

来新夏在此基础上，认为在考察一个专门方面历史进程时也应该注意到当时整个中国历史进程中最重大的历史事件，因此，以辛亥革命为界，把第一阶段一

---

① 陶菊隐：《北洋军阀统治时期史话》，北京：三联书店，1983年3月第2版，第1—2页。

分为二，即从1895年袁世凯小站练兵至1912年取得政权为北洋军阀的兴起、发展和形成阶段，1912年至1916年袁世凯在反袁声中自毙为袁世凯专制及帝制自为阶段。来新夏又把第二阶段具体细分为两个小阶段，即从1916年袁世凯死去至1920年直皖战争爆发前止的皖系军阀执政阶段；从1920年直皖战争后到1926年7月北伐战争开始前的混战和反革命联合阶段；从1926年7月北伐开始到1928年奉系军阀退到东北止为北洋军阀覆灭时期。[①]

考察一个事物的历史进程，应该分清它产生、发展到衰亡、灭亡的完整阶段，即要明白划分该事物历史进程的依据是什么。来新夏的划分方法，既考虑到重大历史事件的标志性，也凸显了北洋军阀集团的产生、发展及覆亡历程，是一种更为科学的划分方法。

3.2.5 关于北洋军阀集团的特点问题

对于北洋军阀集团的特点，国内许多学者基本认定彭明在《北洋军阀（研究提纲）》中提出的三点，即军队、地盘和帝国主义统治中国的工具。莫杰在《军阀的基本特征和新旧桂系的比较研究》中认为近代军阀的特征是：依赖帝国主义的扶植，充当地主买办的政治代表；拥有私人军队；割据地盘，实行"武治"[②]。李新在《北洋军阀的兴亡》一文中指出北洋军阀特点为：采用外国兵制，北洋军阀治军的主要思想还是封建观念，即以忠、孝、节、义为中心的三纲五常、四维八德那一套；北洋军阀的财政来源已不完全依靠封建经济；北洋军的兵源主要依靠招收破产农民或其他劳苦群众，也有些无业游民；北洋军阀不仅不能统一中国，且不断分裂，乃至发展为各成一派，各据一方，连年混战。张华腾在《北洋集团崛起研究（1895—1911）》中作了更为详细的分析，认为北洋集团是以北方直、皖、鲁、豫为主体的一个地方势力集团，是一个以新式军人为主体的军事政治集团，其思想更为趋新，是一个凝聚全国许多人才的政治集团，它的进取精神较强，是一个汉族官僚集团，是清末新政的一支中坚力量，是清末民初社会转型时期的一个军事政治集团，其动员方式大多是陈旧的，依附于腐朽的满洲贵族等，是一个利己的利益集团。[③]

① 来新夏：《略论北洋军阀史研究中的几个问题》，《学术月刊》1982年第8期。
② 莫杰：《军阀的基本特征和新旧桂系的比较研究》，《学术论坛》1985年第8期。
③ 张华腾：《北洋集团崛起研究（1895—1911）》，复旦大学博士学位论文，2005年，第206–214页。

来新夏在肯定上述论点合理性的同时，作了补充，提出了五个特点，即它以封建地主阶级为其主要的社会基础；割据称雄，拥兵自卫；各树派系，荣损与俱；纵横捭阖，制造政潮；卖国媚外，残民以逞。后来，来新夏在撰写《北洋军阀史》过程中对北洋军阀特点的分析进行了补充，首先对第一点的补充是，认为北洋军阀"它以封建地主阶级为其主要的社会基础，但某些部分在一定时期带有不同程度的资产阶级性质"。来新夏认为具体事物应具体分析，而不是简单地一刀切。《北洋军阀史》看到了北洋军阀是地主阶级中的重要组成部分，又一定时期进入资产阶级的行列，是处于过渡的角色。其次，新增一点，"它以'中学为体，西学为用'思想为指导"。小站练兵是"中体西用"指导思想在军事方面的应用和体现，在政治上，"中体"体现在封建主义的伦常关系，"西用"则体现为采用了一些西方的军事和资产阶级民主制度。

要弄清北洋军阀的特点，只能是通过北洋军阀与此前的淮军和此后的国民党新军阀相比较得出。与淮军相比较，尽管在淮军中出现了洋枪洋炮，但是淮军在完整系统的训练体系和作战思想上还是不如北洋军阀，并且北洋军阀在掌握了政权后，在封建伦理关系的指导下，使用了宪法、选举等西方资本主义的民主形式，体现了北洋军阀与此前军阀的不同所在。与国民党新军阀相比较，北洋军阀是以地主阶级为主要的社会基础，以"中体西用"为指导思想。来新夏的分析既体现了北洋军阀与近代军阀的共同点，有割据、有派系、有虐民等等军阀特点，也显现了北洋军阀自己的特点，如一定时期的资产阶级性，指导思想上的"中学为体，西学为用"。

3.2.6　北洋军阀集团分裂割据局面的形成原因

北洋军阀集团分裂割据局面的形成原因问题，梁启超曾用向心力和离心力加以分析。毛泽东则认为是"地方的农业经济（不是统一的资本主义经济）和帝国主义划分势力范围的分裂剥削政策"[①]。毛泽东的看法对新中国的学者对这个问题的认识有深远的影响。谢本书认为中国军阀割据和军阀混战的局面的原因是：袁世凯死后，帝国主义需要寻找各自的走狗，作为自己在华的代理人；北洋军阀内部勾心斗角，争权夺利；袁世凯死后，他们失去了共同的反袁目标，于是各自拥军称霸，割据一方；护国战争没有改变中国半殖民地半封建的社会制度，没有

---

① 毛泽东：《中国的红色政权为什么能够存在？》，《毛泽东选集》（一卷本），第51页。

瓦解产生军阀的社会经济基础。[1]唐学锋认为原因是北洋军阀各派系头面人物是以省长、督军、巡阅使等封疆大吏的资格独霸一方的；其财富基础依赖于国家的赋税收入；其武力凭借法律上属于国家的军队；他们的军队来源是破产农民和无业游民。[2]刘进撰文进一步指出农民的贫困为军阀割据提供了充足的兵源。[3]刘江船从文化学的角度分析了民初军阀割据的原因，即传统的伦理道德观，根植于小农经济的皇权主义、地方主义、有奶便是娘的混世思想和"兵多，钱多和姨太太多"的"三多"思想。[4]这种观点包括了历史文化和现实思想因素，能够从思想文化上审视军阀割据，是一个全新的分析角度。高海燕则以地方主义和军事主义为起点探讨民初军阀割据的历史根源。认为在辛亥革命推翻清统治后这个特定的历史条件下，地方主义和军事主义便成为中国社会的决定因素，并最终聚合为一种新的政治形式——军阀割据。[5]李岱恩在《中国早期现代化与民初军阀割据》中认为浓厚的封建意识，近代社会变革催生的军阀割据的生力军——职业军人，中国社会的贫困又滋生了大量士兵，形成从军热，这三种因素相结合形成了军阀割据。[6]

对于北洋军阀集团分裂割据局面的形成原因，来新夏也进行了研究，起初在《北洋军阀史略》中认为"只要有兵有地盘，再加上帝国主义支持"就可以形成军阀割据。《北洋军阀史稿》则认为形成原因是"中国当时的半殖民地地位和中国社会经济的落后性"。《北洋军阀史》进一步分析原因有三：即由于中国当时的半殖民地地位，帝国主义支持各自的在华统治的代理人；中国社会经济的落后性，军阀是地主阶级的代表，他们的残酷剥削造就了大量的游民，提供了兵源；北洋军阀内部各势力派别的存在及其相互间矛盾的激化。来新夏对这个问题的认识由浅到深，由片面到全面。

分裂割据需要政治上、经济上和思想文化上等社会各方面条件的支持。北洋

---

① 谢本书：《袁世凯与北洋军阀》，上海：上海人民出版社，1984年6月，第108页。

② 唐学锋：《试论军阀割据的社会基础》，《西南民族学院学报》（哲社版）1990年第4期。

③ 刘进：《农民与民初军阀割据》，《甘肃社会科学》，1999年论文辑刊。

④ 刘江船：《论民初军阀割据的文化原因》，《民国档案》1994年第3期。

⑤ 高海燕：《地方主义·军事主义——近代中国军阀政治探源》，《中州学刊》1998年第3期。

⑥ 李岱恩：《中国早期现代化与民初军阀割据》，《西南师范大学学报》1997年第6期。

军阀统治时期，由于北洋军阀集团这个特殊的政治军事集团的崛起及帝国主义各自扶植自己代理人的侵华政策为北洋军阀分裂割据创造了政治条件，落后的封建自然经济和未充分发展的资本主义又为北洋军阀分裂割据提供了经济条件，而传统文化中的皇权主义和地方主义又为军阀割据提供了思想文化条件。来新夏的分析仅仅是从政治和经济角度出发，而忽视了思想文化因素，略显不足。

第4章　来新夏对有关北洋军阀史具体史实的研究

4.1　来新夏对北洋军阀战争史的研究

历史是由人物和事件组成的，并且以事系人，要研究北洋军阀这一军事政治集团，必然要清楚它所参与的重大事件。而战争是北洋军阀进行的主要活动，为了扩充地盘，扩大权力，维系和发展本集团的利益，战争是军阀最有效的手段，战争是军阀的本能。

4.1.1　关于"二次革命"战争

"二次革命"由于主要发生在江西、南京，所以又称"赣宁之役"。对于此次战争的研究，新中国成立前就展开了较为充分的讨论。对于其失败的原因，郭斌佳把其与辛亥革命作比较得出："国内舆论，究未能趋于一致征讨之程度。北政府中，固泰半效忠于袁氏，而报章之评论，与夫商民之态度，又皆不利于革命同志。此外只就军事布置方面而言，南方诸省，既困于军饷之短缺，又无良好之合作战略，其能获胜者几许。北军则人数与饷，均可源源而来，不虑枯竭。而北军之心理，绝对视此次战事为平乱性质，而平乱则军人之天职，其情形较之辛亥北军之畏惧革命军者，又不可同年而语矣。此外又有一事宜注意者，即湖北一省，此时完全为黎元洪所把持"[①]。文公直认为失败的原因是战前失计和志意各殊。李剑农的《戊戌以后三十年中国政治史》则认为是人心厌乱，进步党和帝国

---

① 郭斌佳：《民国二次革命史》，章伯锋：《北洋军阀（1912—1928）》第二卷，武汉：武汉人民出版社，1990年6月，第289页。

主义祖袁。吴玉章的《辛亥革命》认为"二次革命"之所以迅速失败，"根本的原因在于自辛亥革命以后，国民党就已经放弃了革命纲领，逐渐地脱离了群众，因此，发动的反袁斗争，再不像同盟会时代那样能够激起群众的热情了"①。白蕉则认为是袁世凯占了先机；反袁各省各自为政，孙黄不一；民众厌乱，不能像排满、推翻专制那样容易号召民众。②

新中国成立后，学者们对"二次革命"中国民党失败的原因继续进行了多角度更深入的探讨。有从资产阶级和国民党的角度进行分析的，如陶菊隐分析道："国民党讨袁运动的失败，不是由于北洋派军事力量的强大，而是由于国民党本身的弱点太多，对封建军阀一味地采取无止境的妥协政策，国民党内部的不纯洁与不统一，不善于争取中间派和孤立敌人的策略，没有与广大人民结合在一起。"③章开沅认为大资产阶级和各派军阀之间存在着密切的血缘关系，他们自然要坚决反对"二次革命"；民族资产阶级中的很多人越来越疏远革命，甚至公然或抵制革命。④李新在《北洋军阀的兴亡》中认为："二次革命"的失败有着深刻的社会经济原因，即在中国尚不具备实行宋教仁所追求的那种议会民主制度的客观条件；农村变动不大，人民厌战；国民党的纲领很少革命性。王仲则从反革命营垒方面来分析，帝国主义在经济、政治、军事等方面大力支持，对袁世凯迅速扑灭讨袁战争起了重要的作用；国民党领导核心意见不一致，组织涣散无力；资产阶级"厌乱"，商会公开反对革命党出兵讨袁。资产阶级革命党领导人严重地脱离广大群众的反袁斗争等也是"二次革命"失败的原因。⑤有的学者从军事、经济、政治角度全面进行分析的，如石彦陶在1988年对此进行了重评，他认为南军虽然数额占优，但军事素质、"政治"素质较弱；袁世凯代表"中央"，而孙中山代表"地方"，导致在财政上、帝国主义的支持上南方都吃亏；袁世凯为实现"统一"，早有谋划、安排。⑥华东师范大学博士许顺富从心理学角度分析了"二次革命"中国民党的败因，认为"'破坏告终，建设伊始'的社

① 吴玉章：《辛亥革命》，北京：人民出版社1969年9月，第168页。

② 白蕉：《袁世凯与中华民国》，荣孟源、章伯锋：《近代稗海》第4辑，成都：四川人民出版社，1985年10月，第46–47页。

③ 陶菊隐：《北洋军阀统治时期史话》第一册，北京：三联书店，1957年8月，第199–200页。

④ 章开沅：《试论一九一三年的"二次革命"》，《新建设》1964年第2期。

⑤ 王仲：《试论"二次革命"与资产阶级革命派》，《近代史研究》1984年第1期。

⑥ 石彦陶：《重评"二次革命"败因》，《史学月刊》1988年第4期。

会心理，使革命再次失去了理论准备和社会基础；民众的厌乱心理，使他们在'二次革命'中选择了袁世凯，而抛弃了革命派；独立各省心志不一，缺乏与袁世凯血战到底的趋同心理，削弱了'二次革命'的势力"[1]。

来新夏在《北洋军阀史略》中对国民党进行了详细的剖析："'二次革命'的失败主要是因为国民党本身存在着严重的弱点。国民党抛弃革命方略和革命纲领，内部涣散，意志不一；在国会斗争中，受压于进步党；在讨袁战争中，主要靠单纯的军事行动，而没有群众运动支持和配合；再加上内部步调不一，指挥失当"。此后在《北洋军阀史稿》中，他在承认袁世凯得到借款和帝国主义的支持的同时，指出失败的主要原因是国民党存在的弱点，他认为国民党内部涣散，意志不统一；在讨袁战争中，主要靠单纯的军事行动，而没有群众运动的支持和配合；内部步调不一，指挥失当。这都导致了国民党在"二次革命"中的败北。

今天看来，来新夏在《北洋军阀史稿》中的分析和大部分学者的分析是一致的，但是，分析中主要是从资产阶级革命派的角度考虑，强调资产阶级革命派的弱点，而对袁世凯、资产阶级立宪派、黎元洪、帝国主义的因素分析得不够。在"二次革命"爆发前，袁世凯在得到帝国主义支持的前提下，袁世凯制定了用兵计划，争取同盟者，分化国民党；黎元洪向袁世凯请兵，倒向袁世凯；资产阶级立宪派成为袁世凯的盟友以及袁世凯拥有国家权力、军事实力强于国民党等等都使得袁世凯在"二次革命"中稳操胜券。

4.1.2　关于直皖战争的研究

以段祺瑞为首的皖系军阀和以曹锟为首的直系军阀在1920年7月间进行的混战，史称直皖战争。此战是1916年袁世凯死后北洋军阀分裂为直、皖、奉三大派系之后为争夺中央统治权而进行的首次军阀大混战，也是一场祸国殃民的非正义战争。关于这次战争皖系败北的原因，濑江浊物编辑的《段祺瑞秘史》认为"边防军之第一师未经战阵"，"且第一师下级军官皆保定军官学校毕业生，曹锟在保，礼军官学校学生甚厚"。[2]而尚其亨写的《直皖战争》分析道："皖军之败，败于天降暴雨，败于皖军内变，其所以致败之重大原因，则行军重视仁义（段祺瑞不忍严令航空队施掷炸弹和重炮队施放炮弹），而吴光新之受绐于王占

---

[1]　许顺富：《"二次革命"失败原因新论》，《江西社会科学》2001年第4期。

[2]　濑江浊物：《段祺瑞秘史》，第146页，沈云龙：《近代中国史料丛刊》第67辑，文海出版社，1973年。

元，又为直系是役成功之母"①。两者均着重从直系、皖系分别分析。

新中国成立后史学界对直皖战争的研究主要从人心的向背、战略战术的得失、研究系的背离、西南军阀的"联直制皖"策略、奉系军阀的直接参战，以及日本未能公然援助皖系等角度来分析皖系军阀失败原因。这样的研究有王华斌撰文探讨了皖军在数量上、装备上和供给上均占据优势的情况下，失败的原因是皖系不得人心以及皖军的战略战术运用失当。②章伯锋从外部原因上认为日本由于受到英美等国的牵制以及中国人民反对日本帝国主义侵略的群众斗争，迫使日本不敢公开露骨地支持声名狼藉的皖系军阀，导致了皖系的一败涂地。③李新在《北洋军阀的兴亡》一文中，指出皖系的失败固然有其军事指挥失算的原因，但更重要的则是它在政治上被指为卖国，而直系吴佩孚却打扮成爱国将军，以爱国攻卖国，胜负之数本已决定。直系在政治上、军事上都处于优势，同时又采取了南联孙、北联奉的策略，使皖系在1920年的直皖战争中两面受敌，归于失败。国际形势上，皖系的后台受挫。皖系失败的主要原因是它反动的政策在国内丧尽人心。陈长河在《从档案看1920年直皖战争》（《军事历史研究》2000年第2期）文中认为在直皖战争中，实际参战的只有段祺瑞、徐树铮指挥的皖军，其他的皖军仅摇旗呐喊，表示声援而已。朱之江主要通过军事角度来分析段祺瑞及其将帅在军事上的失误是导致皖军战败的一个直接原因，具体表现在：战前谋局布势严重失当；武力使用轻率，缺乏对行动的总体筹划；将帅私心过重，盲目轻敌，缺乏作战决心和吃苦、勇敢精神。④张绪忠则试图通过安福系集团的考察，来进一步探索直皖战争直胜皖败的原因。安福系使靳云鹏投向了直系的怀抱；安福系不为国人所容，而直接导致扶植它的皖系集团也不为国人所容。舆论支持直系，打击了安福系及皖系集团。⑤

来新夏在《北洋军阀史稿》中也对直胜皖败作了分析，认为政治攻势是直系获取胜利的重要因素之一；皖系历年在外交上、军事上、财政上胡作非为，丧尽人心，而使自己处于十分不利的地位；皖系军阀的将领张敬尧、傅良佐等多庸碌

① 尚其亨：《直皖战争》，《北洋军阀（1912—1928）》第三卷，第686页。

② 王华斌：《试论直皖战争直胜皖败的原因及其后果》，《学术月刊》1986年第1期。

③ 章伯锋：《直皖战争与日本》，《近代史研究》1987年第6期。

④ 朱之江：《直皖战争中皖系败北的军事原因探析》，《军事历史研究》2001年第1期。

⑤ 张绪忠：《直皖战争皖系败北原因新探》，《贵州师范大学学报》2004年第3期。

怯懦，既非将才，又无治术；皖军处于直奉军的夹击或监视中；皖系大搞"武力统一"，投靠日本，不得人心；英美联合。《北洋军阀史稿》从内因上分析了直系、皖系和奉系，外因上论述了日英美的作用和影响，视角显得更为全面。此后，来新夏在《北洋军阀史》中对直胜皖败的原因作了进一步的分析，认为皖系军阀的亲日和穷兵黩武丧失了民心；日本由于中国国内高涨的反日浪潮和英美的牵制，被迫采取"中立"；皖系军队与直系相比，成军时间短，缺乏实践经验；奉系的助直倒皖，这些均致皖系于失败之地。来新夏对这个问题的分析一步一步深入，越来越具体。从政治、军事等角度全面展开分析。

4.1.3 关于第一次直奉战争的研究

第一次直奉战争，是研究者颇为关注的一场军阀战争，对于奉系失败原因，新中国成立前的观点有：汪德寿分析道"此次奉军之败，皆在将领不明阵法耳"[①]。文公直在《中华民国革命史》（国史研究会，1927年）认为败因是由于张景惠驻守的西路败退，直、奉双方力量相比较，直军在外交和海军方面均占优势。

新中国成立后，苏全有、孙宏云从人心所向、政治联盟、军队素质、战略战术和日本对奉系援助不够等方面分析了直胜奉败的原因[②]。丛曙光认为奉系失败是因为奉系政治上劣迹昭彰；虽然军队数量、军械和粮饷的供应上优于直军，但奉军素质差，纪律松弛，战和不一；后勤供给上奉军款饷充足，经济实力雄厚，但路途遥远，运转困难；日本对奉张的支持不积极，有顾虑。[③]蒋自强在《从第一次直奉战争看吴佩孚的军事谋略》（《军事历史研究》1987年第4期）中指出第一次直奉战争期间，直军总司令吴佩孚的军事谋略得到了充分的施展，表现出出色的军事才能。诚然，第一次直奉战争胜负原因是多方面的、复杂的，其中政治原因是根本的。不过，军事上的胜负主要还是靠军事手段来实现的。因而，对吴佩孚在这次战争中所表现的军事才能不能低估。李新在《北洋军阀的兴亡》文中分析道：直系气焰方张，直系的狰狞面目尚未暴露，人民群众对其还不厌弃；

---

① 汪德寿：《直皖奉大战实记》，《近代稗海》第4辑，第581页。

② 苏全有、孙宏云：《论第一次直奉战争直胜奉败的原因》，《社会科学战线》1994年第5期。

③ 丛曙光：《两次直奉战争结果迥异之剖析》，《辽宁大学学报》（哲社版）1994年第4期。

而奉系军阀的名声本来就不好，人们认为奉系与直系之争只不过是争权夺利而已，并不支持它。加以"三角同盟"并未发生作用，故直系以新胜之师，一举击败奉系，将其逐出关外。

来新夏在《北洋军阀史稿》中认为奉系失败的原因是奉军十六师的倒戈，使直军取得了长辛店大捷，从而决定了整个战场的胜负局面。继而，来新夏在《北洋军阀史》中分析奉系失败的原因有四：奉张支持梁阁大失人心；直吴破坏了奉张的原来部署；奉张在战略上的失误；奉张在战术上不够灵活。从这些分析看，史家对于此原因的认识已经一致，即从人心向背上、战略战术及外援上认识。来新夏在《北洋军阀史》中虽然有专节阐述帝国主义与直奉军阀，但是在分析奉系失败的原因时未分析日本对战局的影响，略显不足。

4.1.4 关于第二次直奉战争的研究

第二次直奉战争，也是北洋军阀时期一场重要的军阀战争，此役直接导致直系瓦解。对于直系败北原因，新中国成立前就有学者作过探讨，如《最近三十年中国军事史》从军械及军心方面和北京政变来分析直军失败原因。丁文江的《民国军事近纪》论述道："推其原因，虽由于冯玉祥、胡景翼之倒戈，而将骄士惰，轻敌无备，固亦有致败之道也。"[1]《直皖奉大战实记》认为吴佩孚不防范王承斌和冯玉祥，委他们以重任；每次吴之战斗均取攻势，而此次取守势，又不亲自督战。[2]陶菊隐的《吴佩孚》认为除外交关系外，还有吴不太懂政治，对外只一味树敌，促成奉、皖、冯与西南大联合，对内漫无组织，只一味盛气凌人，促成高级干部之离心离德；战略上的错误，闪电战是他的特长，就全盘而论，顾前而不顾后。[3]陆光宇写的《民国史要》分析为"此次战役，直方致败之因，直军苦于饷粮不足，器械准备未充，骤与奉方接触，则胜负之分，可以预见也"[4]。

新中国成立后，史学界对此问题继续探讨，李军从直系的内在根源和外部原因两方面分析，其中内因有：直系内部的争权夺利，财政危机，军队腐败，吴佩孚经营的武力统一政策的破产；外因为镇压人民运动及曹锟贿选导致全国各界的反对，奉粤皖三角同盟的建立和英美的支持不够。[5]郁慕湛从政治角度进行了分

---

① 丁文江：《民国军事近纪》，《近代稗海》第6辑，第321页。
② 汪德寿：《直皖奉大战实记》，《近代稗海》第4辑，第585—587页。
③ 陶菊隐：《吴佩孚》，上海书店1998年，第96页。
④ 陆光宇：《民国史要》，第117页，《近代中国史料丛刊三编》第26辑。
⑤ 李军：《第二次直奉战争中直系失败的原因》，《近代史研究》1985年第2期。

析，认为吴佩孚和冯玉祥的矛盾、财政危机以及直系在政治、舆论上的破产是导致直系失败的因素。[1]俞辛焞认为日本在直奉战争中的对华政策是对直系宣扬不干涉，在暗中却给予奉张支持。[2]王贵安则认为，冯玉祥北京政变，仅是直系失败的一个直接原因，其根本原因在于政治上的多行不义，不得人心，经济上的捉襟见肘，军事上的内部分裂。[3]娄向哲在《直系军阀政权的财政破产及其倾覆》（《学术月刊》1984年第2期）中试图从财政角度分析直系败北的原因，从战争进程中的具体情况来看，军费的缺乏造成了直系内部军心涣散乃至叛离，加以军械窳劣，直接影响了直军的战斗力，致使直军在战斗中失利。此后他在《论第二次直奉战争》（《史林》1987年第4期）中更全面分析了原因，直系财政贫乏无疑是其失败的重要原因。粤、奉、皖反直三角同盟的出现并发挥极大作用，成为直系在第二次直奉战争中失败的另一重要因素。第二次直奉战争，日本曾施加了影响，给予奉系一些支持，这也是奉系能获胜的重要原因。同样，马陵合在《吴佩孚的筹饷与其沉浮》（《安徽师大学报》1994年第1期）也认为经济问题应是其中的关键因素。

来新夏在《北洋军阀史稿》中从四方面分析了直系的败因，即军事上冯玉祥、胡景翼、孙岳的回师倒戈；政治上奉、皖与西南的大联合，直系内部的分裂；战略上直系后防空虚；战备上直军军费困难，装备落后。在这些分析中，各有其侧重点，《北洋军阀史稿》更倾向于内因，作了更为具体的研究。《北洋军阀史》在《北洋军阀史稿》的基础上，概括直系失败的主要原因是吴佩孚"武力统一"政策违背民心，使直系军阀的统治遭到全国人民的反对。来新夏只是从直系的角度分析，而较少从战争的另一方奉系及帝国主义的因素来分析，显得不足。

4.2 来新夏对"袁世凯与日本帝国主义关系"的研究

北洋军阀与帝国主义的关系是个复杂的历史现象，一方面，各帝国主义在华寻找代理人，同时各派军阀也需要有列强的支持；另一方面，帝国主义列强又各

---

① 郁慕湛：《第二次直奉战争直系失败的政治因素》，《河北学刊》1987年第2期。
② 俞辛焞：《日本对直奉战争的双重外交》，《南开学报》1982年第4期。
③ 王贵安：《第二次直奉战争直系失败原因之管见》，《山西师大学报》（社会科学版）1991年1月。

自具有自己不同的特点，在对华侵略政策上存在着差别。北洋军阀控制的北京政府与帝国主义的关系问题是北洋军阀史研究中的重要课题，长期以来受到研究者的关注。而在北洋军阀与众帝国主义的关系中，尤与日本的关系最为引人关注。

袁世凯是北洋军阀集团的创始者，辛亥革命后，有关他与日本的关系主要集中于"二十一条"和"洪宪帝制"问题上。1915年1月18日，日本方面向中国政府提出对华"二十一条"要求是中日关系史上的重大事件，许多学者认为日本是看透了袁世凯要复辟才提出"二十一条"，并且袁世凯是为了帝制而接受"二十一条"。在"二十一条"交涉期间，以孙中山为首的资产阶级革命派就宣传袁世凯是为了帝制而签约。对于"二十一条"，孙中山在1915年5月在《复北京学生书》中说："袁氏以求僭帝位之故，甘心卖国而不辞，祸首罪魁，岂异人任？"[①]新中国成立后史学界在此问题上更是几乎形成了共识，如李新在《北洋军阀的兴亡》中论述道，当时袁世凯的后台英国和德国在忙于欧洲战争，无暇东顾，他只得求助于日本。而日本政府也看破了这一点，乘机要挟，提出了灭亡中国的"二十一条"。开始，袁世凯也嫌日本要价太高，但为了早日当皇帝，也就不顾一切地承认了。郎维成在《日本的大陆政策和二十一条要求》（《东北师大学报》1984年第6期）中认为"二十一条"的签订是"袁世凯违背中国人民意愿，向日本妥协投降的结果"。侯宜杰认为袁世凯"为了换取一姓尊崇，他不惜出卖国家主权和民族利益"[②]，以获得日本的支持。梁义群在《袁世凯与日本》（《历史教学》1991年第7期）中认为，"二十一条"最后得以签订，从一定意义上说，是袁世凯与日本政府都作了某些妥协的结果。苏黎明在《"二十一条"与袁世凯称帝》[《泉州师范学院学报》（社会科学）2001年第5期]中认为日本以帝制为筹码对袁世凯进行要挟，迫使其接受严重丧权辱国的条款。

但也有少数人持相反看法，如王芸生在《六十年来中国与日本》中认为："迨二十一条交涉结束，帝制问题继起，日本强硬派以攻略中国之机会又至。"[③]陈恭禄分析袁氏让步的原因说："就国际形势而言，中日强弱悬殊……衡其轻重利害，决定大计，终乃迫而忍辱签订条约，何可厚非？"[④]米庆余称

① 孙中山：《孙中山全集》第3卷，北京：中华书局，1984年6月，第176页。

② 侯宜杰：《袁世凯》，《北洋政府总统与总理》，天津：南开大学出版社，1989年，第31页。

③ 王芸生：《六十年来中国与日本》第6卷，北京：三联书店，1980年9月，第70页。

④ 陈恭禄：《中国近代史》，上海：商务印书馆，1935年，第737页。

帝制只不过是为日本帝国主义的侵华要求提供了客观条件。日本提出"二十一条",不是看透了袁对帝制的野心,而是侵华政策的必然结果。①张神根在《对国内外袁世凯研究的分析与思考》(《史学月刊》1993年第3期)指出其中固然有袁氏妥协的一面,更重要的是日本乘第一次世界大战欧美无暇顾及东方之机,极欲吞并中国,英国等在其中也扮演了不光彩的角色,换了李世凯、王世凯也可能签订妥协条约,弱国无外交。周彦在《日本与洪宪帝制》(《求是学刊》1994年第2期)一文中指出,日本始终反对袁世凯称帝,在日本看来,袁世凯是日本推行"大陆政策的一大障碍"。进入二十一世纪后,更多的学者支持这一观点。张国平、吴佩林在《重论中日"二十一条"交涉与袁世凯帝制野心的关系》(《长春师范学院学报》2003年第6期)中通过考察袁世凯让步之后对日本的抵制以及对日让步的时代背景,认为中日"二十一条"交涉的结局与袁氏的帝制野心无关。苏全有、景东升在《论袁世凯的仇日政策及实践》(《历史教学》2004年第5期)文中认为在"二十一条"交涉过程中,袁世凯的总体立场是强硬的,那种认为袁为称帝而向日本妥协的观点值得商榷。宋开友认为从日本提出"二十一条"的时机、中国的虚弱地位、欧美各国的反应、中国内部政治斗争诸方面来看,中国是无法彻底抵制日本的。袁世凯有以承认"二十一条"换取日本支持帝制的一面,但这只是"二十一条"最终形成的众多因素之一。②郭海军在《浅析日本在洪宪帝制初期对待帝制的观望态度》(《内江师范学院学报》2006年第1期)中认为洪宪帝制初期,日本并没有支持袁世凯复辟帝制,在外交上采取了旁观的政策。

来新夏在《北洋军阀史稿》中认为"二十一条"是日本经过长期酝酿发展而形成的侵华政策的具体体现。日本对袁世凯又拉又打,一面恫吓袁世凯,一面又示意可以支持袁世凯称帝。袁世凯见祈求欧美干涉的希望落空,便加速了接受日本通牒的过程。在此后出版的《北洋军阀史》中来新夏指出,由于日方的压力和帝制野心的驱使,袁世凯派代表同日本谈判。在谈判过程中,充分暴露了袁世凯为一家一姓和军阀集团的利益而不惜丧权辱国的面目。来新夏还在《北洋军阀与日本:20世纪末中国学者的研究》(《学术月刊》2004年第8期)一文中写道,大隈对中国主要采取了"以军事恫吓、外交讹诈为主的策略"。而袁世凯却逆来

---

① 米庆余:《对〈袁世凯的帝制计划与二十一条〉一文的质疑》,《近代史研究》1983年第1期。

② 宋开友:《袁世凯与日本对华"二十一条"谈判》,《广西社会科学》2005年第3期。

顺受，并以向日贷款作为表态。他为了实现"洪宪帝制"，更不惜出卖领土主权，接受日本提出的"二十一条"。可见来新夏倾向于袁世凯是为了帝制而接受"二十一条"的论断。

然而，从以上多位学者，包括来新夏的分析看，我们知道，日本提出"二十一条"不是在帝制进行得轰轰烈烈的时候，并且袁世凯在双方谈判中采用拖延及泄露秘密的对策，和在签订"民四"条约后，袁世凯政府颁布土地租让的禁令等一系列破坏条约的法令，可以得出袁世凯不是心甘情愿地接受"二十一条"的，而是日本一步步紧逼，迫使袁世凯签订的。

第5章　来新夏对北洋军阀史资料的收集与编纂：两部《北洋军阀》之比较研究

来新夏主编的《中国近代史资料丛刊·北洋军阀》，由上海人民出版社自1989年到1993年间陆续出版，全书共5册，300余万字，是研究北洋军阀的一部大型史料集。反映出1895年至1928年北洋军阀从兴起到覆灭的历史，内容包括北洋军阀建军、袁世凯的统治与洪宪帝制、皖系军阀与直皖战争、两次直奉战争与直奉军阀，并附有军阀人物志、大事记、论文索引等。本书选录的范围，涉及档案、传记、专集、杂著、报刊等。本书所选录的资料多系"具有史料价值的原始资料和流行较稀的成书。如从中国第一历史档案馆的藏档中选录清末北洋新军活动的资料；从中国第二历史档案馆选录的第一次直奉战争资料"①。"此外，还从《德宗实录》、《宣统政纪》中辑录了有关北洋新军的资料，同时，也收录了部分具有相当史料价值的外国人的著作，如：埃·劳伦斯所著《中国的军事力量——军阀》，凡现已流行的重印或发表过的资料，如确有一定史料价值亦有所选入。"②该书的出版为读者提供了丰富可信的基本史料，为推动民国史领域中北洋军阀史的研究与教学作出了贡献。

在此期间，中国史学会与中国社会科学院近代史研究所合编，章伯锋、李宗

---

① 来新夏：《北洋军阀·前言》（第一册）（中国近代史资料丛刊），上海：上海人民出版社，1988年8月。

② 菲楠：《中国近代史资料丛刊——北洋军阀》，《历史档案》1989年第3期。

一主编的《北洋军阀（1912—1928）》大型综合资料集也由武汉出版社于1990年6月出版，全书共6卷，486万字。全书力求反映1912年至1928年北洋军阀统治时期各个历史阶段重大历史事件的始末，内容包括北洋军阀的由来、北京政府及民初政党、袁世凯及直皖奉军阀的政治统治与内政外交、各派政治势力与军阀派系之间的矛盾和冲突，以及北洋军阀的覆灭。全书史料，主要来源于文献档案、未刊稿本、政府公报、有关专著、回忆录、文集、报刊中的文电记载及外文史料等。有的全文辑录，有的选录。除收录北京政府档案文书、名人回忆录、报刊通讯报道以外，还大量翻译日、俄、美、英、法诸国外交文书，例如皖系军阀统治时期这一专题，就从《日本外交文书》、日本外务省档案缩微胶卷及其他日文资料中选译了数十万字的资料。本书还专卷编纂了北洋军阀统治时期大事要录和北洋军政人物简志，其人物简志共收460余人，活跃在民国初年政治舞台上的重要人物多收录在内。书末附有《北洋军阀统治时期图书目录》和《近代史资料》总第1至74号及专刊上有关北洋军阀统治时期资料篇目题解。《北洋军阀（1912—1928）》是中国史学会主编《中国近代史资料丛刊》重点选题之一，从上世纪五十年代开始着手搜集资料，中国社会科学院近代史研究所金毓黻、聂崇岐、荣孟源三位研究员先后主持过该项工作，但因各种因素，时编时辍。"文革"期间，积累的资料多有散失。1986年由李宗一（时任中国社会科学院近代史研究所副所长）、章伯锋主持此书重新开始编辑。李宗一去世后，章伯锋继续主持本书的出版，为研究民国初期历史提供了极大方便，也得到国内外学者较高的评价，认为全书选材精细、全面、完整，1993年获中国社会科学院优秀科研成果奖。

鉴于两书的出版时间相近，而且均对北洋军阀史研究的开展起到推动作用。因此笔者将从内容、史料来源及被引用情况等三个方面比较这两套资料丛刊。

首先，从内容上看，两书均按照历史发展顺序编写，且最后一部分均为附录部分。第一部分，《北洋军阀》的主要内容有北洋军的创始、演化、军事教育、营制、操法、官员奖惩、任免、军饷等，以及各派军阀间的矛盾和斗争等。以第一历史档案馆的资料为主，辅以新中国成立前的研究成果。而《北洋军阀（1912—1928）》编撰的有关北洋军的资料有：北洋军、西北军、东北军的沿革情况，兵工厂、巡防营和警备队情况，军费和军事学堂。主要是民国时期的研究成果，对军队的沿革只是作简单介绍。除了北洋军的内容外，还有民初的政党社团，苛捐杂税与农民工人的反抗斗争，重要法规选编（约法、官制）等等。

第二部分为袁世凯统治时期。关于"善后大借款",《北洋军阀》收录的是《中国政府善后借款合同》,这是南开大学图书馆藏的抄本;黎元洪的《关于宋案借款之通告》、叶景英的《外债问题》、吴鼎昌的《大借款与财政之将来》、周宏业的《善后借款详论》和黄远庸的《一年来借款交涉始末记》等政论文。而《北洋军阀(1912—1928)》选录的是高劳的《大借款之经过及其成立》、陆九如的《民国元年六国银行团借款始末记》(双方往来文电和交涉始末)、有关大借款各方文电(有孙中山、黄兴、参政院和袁世凯等人及机构)和选译了苏联和美国档案中有关资料。两者各有其侧重点,前者重结果,后者重过程。

关于"二次革命",《北洋军阀》选录是张敬尧撰写的《赣征纪略》、《袁世凯等与张勋往来函件一束》(围绕"二次革命"期间的"南京事件",袁世凯对日本借"南京事件"欲行侵略野心的揭露和任命张勋为"长江巡阅使"的解释,及阮忠枢、徐世昌二人对此的解释及张勋的回应)和《大总统为赣乱发生之通令》、吴鼎昌的《分析赣宁战祸之原因》。而《北洋军阀(1912—1928)》首先收录的是郭斌佳的《民国二次革命史》,而后分别介绍了江西、江苏、上海等各地的反袁情况,再次是选自《北京政府公报》的袁世凯的各项命令和北京政府陆军部抄录的《癸丑讨袁人物表》。

关于洪宪帝制,《北洋军阀》收录的是1916年铅印版黄毅著述的《袁氏盗国记》,上篇记载了袁世凯称帝过程、盗国的动机、盗国的工具(包括筹安会、请愿联合会、国民代表大会、令文、金钱、爵位、暴力和外交等)、帝制的失败及结果。下篇为包括公民、各团体、报刊、名流和帝国主义等反帝制的文电、书函、言论和南方各省当局反帝制的文电,以及共和军政府的通电。而《北洋军阀(1912—1928)》收录了高劳的《帝制运动始末》,内容有制造舆论(古德诺的《中国新法约论》和《共和与君主论》、杨度的《君主救国论》及筹安会等机构的活动)、袁世凯伪造民意纪实,袁世凯有关帝制文告命令及各界人士反对帝制(中华革命党、梁启超的《异哉所谓国体问题者》、留日学生及海外华侨)、北京及各省军政要员有关帝制密电密呈等等。这些资料主要选辑自中国社会科学院近代史研究所藏的《洪宪帝制资料》。《北洋军阀(1912—1928)》对袁世凯称帝的资料选辑得比较全面。

关于"二十一条",《北洋军阀》选录的是《关于"二十一条"的历次修正案》。而《北洋军阀(1912—1928)》则主要选自日本、俄国外交文件和北京政府外交部档案,有"二十一条"的酝酿和提出,日本为胁迫袁世凯接受"二十一条"所采取的措施，中国人民的坚决反对和欧美列强的态度。

关于护国战争，《北洋军阀》主要选录的是《共和军纪事》，总记了南北两军的数量，中国军械调查；有关于云南起义的经过及云南情况，云南护国军的主要人物略历，共和军实力等；介绍北军情况，有关政府的对策，当时袁世凯控制区的情况，军事布置，筹设机关，京中戒备等；战讯（主要是当时报刊新闻、各地的电文）。而《北洋军阀（1912—1928）》首先选录了由云龙、白之瀚和刘云峰等人在民国时的著作或笔记，浙江、陕西等省的独立情况，其次收录了高劳的《北京政府的军事计划》及《护国军纪事》中的四川战事情形，再次选录了有关袁世凯撤销帝制和帝制败亡的情况。

除了以上内容外，《北洋军阀》还收录了《洪宪惨史》和《三水梁燕孙先生年谱》等论著。而《北洋军阀（1912—1928）》也收录了有关民初的政治斗争，宋教仁案，白朗起义，日本对东三省和蒙古的侵略，俄国与蒙古问题，欧战期间日本侵略山东及美国对此的反应等内容，以及选录了60件袁世凯公牍选编（1912—1914年）。

第三部分为皖系军阀统治时期。关于张勋复辟，《北洋军阀》选的是张赣盦著的《复辟详志》（记载张勋复辟的准备，复辟的导火线，复辟情形，反复辟及善后情况及作者对此次复辟及张勋的看法），以及《黎元洪藏函电稿》中有关张勋复辟活动的函电148件（还收录了江朝宗所撰《六月十三日夜张勋复辟纪实》）。而《北洋军阀（1912—1928）》则选译了《宗方小太郎文书》中有关宗社党活动的报告，选辑了复辟分子密函和张勋藏札，以及白蕉、冷汰和张宗祥等人的著作。

关于北军祸湘，两者均节录了傅熊湘的《醴陵兵燹记略》，但《北洋军阀（1912—1928）》还收录了《湖南》杂志上的有关文章。

关于直皖之争，《北洋军阀》选录的是张一麐编著的《直皖秘史》，全书详细记载了直皖两派的起源、地盘、兵力、人物、交恶、开衅、战争、战争前后的文电等内容。《北洋军阀（1912—1928）》先是辑录自中国第二历史档案馆编的《直皖战争》有关直系与南方结成反皖三角同盟的密电；其次选录了《吴孚威传》和《直皖战争始末记》中记载的湖南战事，张作霖调停的情况，再次收录了尚其亨的《直皖战争》、战后处置的电文、欧美人士评论吴佩孚等资料。

关于西原借款，《北洋军阀》收录自王芸生著的《六十年来中国与日本》，该篇系统地记述了"西原借款"的始末，有论述其意义，日本国内的争论，中华汇业银行的设立，各借款条文，章宗祥的自述，西原龟三的回忆，关于山东问题等内容。而《北洋军阀（1912—1928）》则选译了日本胜田龙夫为西原借款当事人之一的胜田主计之子的《中国借款与胜田主计》、铃木武雄编的《西原借款资料研究》和西原龟三日记，以及收录了刊载于《近代史资料》的曹汝霖、陆宗舆的回忆文章。关于中日军事协定，《北洋军阀》收录自王芸生著的《六十年来中国与日本》，系统地叙述了中日陆军、海军军事协定的始末，具体有日本的大陆政策，日方对协定的提议，行军区域问题，共同防敌换文，协定文本，协定时期。而《北洋军阀（1912—1928）》则选录了台湾"中央研究院"近代史研究所编的《中俄关系史料》中有关文件，选译了《日本外交文书》中的有关协定签订和取消的电文，并且收录了韩世儒的《参战军概述》以及有关各界人士反对协定的活动。

从以上有关中日关系的两个内容看，《北洋军阀》仅仅收录了王芸生的著作，而《北洋军阀（1912—1928）》则收录了日文档案、著作及中文资料，显得更为全面。

除了以上内容外，《北洋军阀》还收录了《黎元洪藏函电稿》中有关新旧约法之争、辛博森外务报告和丁世峰上黎元洪呈文等七个专题499件函电，以及《三水梁燕孙先生年谱》（内容涉及约法之争、府院之争、张勋复辟、直皖之争、巴黎和会、上海和会、四国新银行团等等）。《北洋军阀（1912—1928）》也收录了有关袁世凯死后的北方政局、参战问题、护法运动、段祺瑞发动对南方的战争、直皖之争、南北和谈、巴黎和会与山东问题及日美两国在华的争夺等档案文件。

第四部分为直系统治时期。关于第一次直奉战争，《北洋军阀》选录的是张梓生的《直奉战争纪事》（记述了战争的原因、战争的导火线、开战前之调和、战前双方的局势及各省的牵动、奉直两方进兵的情形及其实力、两军开战前的军事计划、开战前之哀的美敦书、两军决战、奉军溃兵缴械、战争中两方关系者之动作、事后惩办、外交影响、近畿战后之轩然大波及奉直战事结束）和《北洋政府档案》中有关直奉战争前的反直活动、直奉间的争斗与两次直奉战争。而《北洋军阀（1912—1928）》则首先收录了《奉直战史》（奉直破裂近因，战前、战中情形，战争进行中各地的影响），尚其亨的《直奉战争》和徐廷荣的《直军进攻山海关参观战事日记》，其次收录了时任京畿卫戍司令王怀庆的发电稿和奉系密函，再次节录了《吴张战记》中的《酝酿时期之外人态度》和河南情况，以及选译了《日本外交文书》中有关此次战争的文电等等。

关于江浙战争，《北洋军阀》选译了原上海公共租界工部局警务处所记《警务日报》中与江浙战争有关部分。这些资料对这场战争的起因、双方兵力的调遣和变化、战争对东南各业的影响，以及上海工商各界对此次战争的态度，都有较翔实的记载。而《北洋军阀（1912—1928）》则节录了文公直、李菊庐合编的《江浙战记》（战争的原因、战前布置及战况），大山的《东南战事的了结》，慎予的《浙变始末记》和报刊上刊登的有关文电。

关于第二次直奉战争，《北洋军阀》收录了古蔚孙的《甲子内乱始末纪实》（奉直的备战情况、驱黎和曹锟贿选总统情况、直系的骄奢、江浙双方的备战、江浙战争及直奉战争、善后情况、推测今后的时局）和英国《伦敦邮报》驻北京记者劳伦斯·英培著的《中国军队的军事力量——军阀统治时期》（第二次直奉战争期间直方情况），以及《奉系军阀密电》。而《北洋军阀（1912—1928）》则首先收录了上海宏文图书馆编的《甲子奉直战史》、张国淦的《吴佩孚四照堂调兵遣将》以及《吴佩孚先生集》中的《榆关之战》等篇，其次也收录了《奉系军阀密电》，再次节录了白坚武的《第二次直奉战争日记》和魏益三的回忆文章，以及选译了日本外务省档案缩微胶卷中的有关电函。

除了以上内容外，《北洋军阀》还收录了李泰棻著的《国民军史稿》（记载了第二次直奉战争及国民军情况，以及江浙战争、国奉战争至冯玉祥下野情况。曹锟贿选，有关直奉间的争斗与两次直事战争的北洋政府档案等等内容）。《北洋军阀（1912—1928）》则收录了有关直奉的矛盾和妥协，湘鄂、川鄂战争，两次直奉战争，黎元洪上台与下台，直系内部矛盾，直系的统治，临城劫车案，江浙战争，北京政变，华盛顿会议，中苏复交，吴佩孚与英美关系等等内容。

第五部分为奉系统治时期，关于善后会议。《北洋军阀》收录的是《善后会议资料》（系1925年善后会议进行过程中，《东方杂志》连载的一组由松涛撰写的关于善后会议的报道和评论。共七篇，分别是善后会议、善后会议的进行、善后会议开会、国民会议、善后会议的前途、善后会议自身的善后问题、善后会议终场等）。《北洋军阀（1912—1928）》则节录了费保彦的《善后会议史》、许世英的《善后会议经过情形略述》、《东方杂志》上发表的《善后会议之终场》以及奉系代表密电。

关于北伐战争，《北洋军阀》收录的是文公直的《国民革命北伐成功史》，全书分上、下两卷二十三章，记载了北伐始末。编者选录书中有关兵力配备及北洋军阀衰亡部分章节，分别为北伐出师以前国内情况、北伐军的编制及法令、北伐出师时的敌军、两湖战事、武汉军北伐、国民联军克复陕豫、第二集团军肃清后方、阎冯在北方作战、北伐双方的兵力、四个集团军所经历的战役、东三省的统一。《北洋军阀（1912—1928）》则主要选录了有关冯玉祥及阎锡山参加北伐的资料。

此外，《北洋军阀》还收录了《奉系军阀密信》。《北洋军阀（1912—1928）》也收录了有关北京临时执政府、国民会议、关税特别会议、金佛郎案、大沽口事件北方混战、安国军政府、国民军驱逐段祺瑞下台、日本帝国主义侵华、北洋军阀的覆灭、皇姑屯事件等等的资料。

第六部分为附录。《北洋军阀》收录了袁世凯、冯国璋、段祺瑞、张作霖、吴佩孚的年谱和北洋军阀人物小志，北洋军阀大事年表、参考书目提要、重要论文摘要、参考文献索引，北洋政府将军府将军表，北洋政府将军行署将军表，北洋时期中央军队序列和职官表。《北洋军阀（1912—1928）》则收录了北洋军阀大事要录、孙宝铭编的《北洋军阀人物简志》和北洋军阀统治时期图书目录以及本书各卷引用书目。其中，《北洋军阀》中的《北洋军阀人物小志》和《北洋军阀大事年表》，比《北洋军阀（1912—1928）》中的《北洋军阀大事要录》和《北洋军阀人物简志》均稍简略。

通过以上对两部资料书的内容对比看，两者都能围绕有关北洋军阀史研究的重点、热点问题进行资料的搜集。具体比较两者，在篇幅上，《北洋军阀》为5册、300余万字，而《北洋军阀（1912—1928）》为6卷，486万字，超过《北洋军阀》；在内容上，《北洋军阀》主要选录的是集中反映北洋军阀兴起、发展和覆灭过程中的政治、军事情况，而《北洋军阀（1912—1928）》则较全面反映了北洋军阀统治时期的政治、经济和军事情况；在某个专题的资料选编上，《北洋军阀》除了关于北洋军建军的部分外，其他的均因篇幅的限制只选编了一、二种资料，而《北洋军阀（1912—1928）》基本上选编了多种资料；在资料的编排上，《北洋军阀》显得较零散，而《北洋军阀（1912—1928）》则按历史发展顺序按专题编排，显得更有条理。但是在附录部分，《北洋军阀》收录的参考书目提要和重要论文摘要，对民国以来有关北洋军阀史的中、外著作及新中国成立后发表的有关北洋军阀史研究的论文进行了整理、介绍，比起《北洋军阀（1912—1928）》来更显编者考虑周详。

其次，从史料来源看，《北洋军阀》选录的有《东方杂志》、`《警务日报》等民国报刊资料，有《新建陆军兵略录存》、《北洋派之起源及其崩溃》、《中国五十年来军事变迁史》、《袁氏盗国记》、《北京兵变始末记》、《赣征纪略》、《民国经世文编》、《三水梁燕孙先生年谱》、《洪宪惨史》、《共和军纪事》、《直皖秘史》、《复辟详志》、《醴陵兵燹记略》、《直奉战争纪事》、《癸亥政变纪略》、《甲子内乱始末纪实》、《国民军史稿》、《国民革命北伐成功史》等清末民初的史著，有选自《宣统政纪》、《五四爱国运动档案资料》、《中华民国史资料丛稿电稿》等资料丛刊的资料，有北洋军阀建军档案、《长庚、徐世昌考验北洋三镇陆军日记》、《姚锡光校阅陆军第六镇日记》、黎元洪藏函电稿、袁世凯等与张勋往来函件等档案馆、博物馆未刊档案，有《中国政府善后借款合同》这样的南开大学图书馆藏抄本，也有英国《伦敦邮报》驻北京记者劳伦斯·英培著的《中国军队的军事力量——军阀统治时期》等外文著作，还有像《六十年来中国与日本》这样的现代史学著作。

而《北洋军阀（1912—1928）》选录的有民国时期出版的《亚细亚日报》、《民立报》、《民权报》、《民国日报》、《戊午周报》、《时报》、《申报》、《顺天时报》、《中华新报》、《大自由报》、《大公报》等报纸，有《政府公报》、《国闻周报》、《向导》、《庸言》、《军政府公报》、《建国粤军月刊》、《民心周报》、《直声周刊》、《湖南》、《现代评论》、《人文月刊》、《青鹤》、《建国月刊》、《新青年》、《国民月刊》、《东方杂志》等刊物，以及《袁大总统书牍汇编》、《黎副总统政书》、《中华民国史料》、《总理年谱长编初稿》、《孙中山文集》、《三水梁燕孙先生年谱》、《饮冰室合集》、《盾鼻集》、《叶遐庵先生年谱》、《癸日战事汇录》、《二次革命史》、《中日交涉始末》、《最近三十年中国外交史》、《最近三十年中国军事史》、《中华民国立法史》、《护国军纪实》、《君宪纪实》、《袁氏盗国记》、《湘灾纪略》、《段氏卖国记》、《山东问题汇刊》、《湘军援鄂战史》、《直军进攻山海关战记》、《吴张战纪》、《癸亥政变纪略》、《直奉大秘密》、《国债与金融》、《贿选记》、《曹锟》、《江浙战记》、《江浙大战记》、《甲子奉直战史》、《北京政变记》、《善后会议经过情形略述》、《国民代表会议条例草案》、《中国关税问题》、《法权委员会报告书》、《金佛郎案痛史》、《东三省金融概论》、《国民革命军战史初稿》、《善后会议史》、《六月十三日》、《四国新银行团往来函件》、《国民军革命史初稿》、《徐世昌全传》、《陈炯明叛国史》、《军务院考实》等资料、著作，有建国后出版的各种《文史资料》、《近代史资料》、《近代稗海》、《纵横》、部分县志、《中华民国史档案资料汇编》、《中华民国史资料丛稿》、《直皖战争》、《中华民国外交史资料选编（1919—1931）》、《五四运动文选》、《中国对外关系史资料选辑》、《白朗起义》、《满铁史资料》、《中日关系史料——二十一条交涉》、《徐树铮电稿》、《日本军国主义侵华资料长编》、《冯玉祥选集》、《孙中山全集》、《宋教仁集》、《黄兴集》、《梁启超年谱长编》、《顾维钧回忆录》、《民初政争与二次革命》、《清末民初云烟录》等杂志、资料集、人物文集、回忆录以及著作，有台湾出版的《传记文学》、《革命文献》、《中华民国史事纪要》、《民国川事纪要》、《黎元洪评传》、《国父全集》、《九一八事变史料》、《双城莫德惠自订年谱》、《中俄关系史料》、《吴佩孚先生集》、《国父年谱》、《徐世昌评传》等文献著作中的资料，也有《美国对外关系文件》、《美国外交文书》、《日本军国主义侵华资料长编》、《九一八事变——奉天总领事林久治郎遗稿》、《宗方小太郎文书》、《东三省官宪的施政内情》、《中国借款与胜田主计》、《小幡西吉》、《日本外交年表并主要文书》、《日本外交文书》、日本外务省档案缩微胶卷和俄文资料《帝国主义时期国际关系》、红档杂志等外文档案资料和著作，还有张国淦遗稿和《直奉战争》等中国社会科学院近代史研究所藏的稿本、抄本。

从以上内容可以看出两者都较重视对民国报刊、专著、资料以及建国后出版的资料集的选用。《北洋军阀》利用档案馆、博物馆未刊档案，与刊行过的资料基本不重复；但是《北洋军阀（1912—1928）》显得来源比较多样化，除了文献档案、未刊稿本、政府公报、有关专著、回忆录、文集、资料汇编（包括台湾编辑出版的资料）外，还很重视外文档案和外文著作的引用，便于中外资料比较使用。在史料来源这点上比较，《北洋军阀》较之《北洋军阀（1912—1928）》史料来源单一、种类较少，台湾及国外资料运用得较少。

第三，从两部资料书在论文中被引用情况看[①]，《北洋军阀》被引用的共29篇，其中研究军事的主要集中于北洋新军、军事近代化及兵变，论文有《论军阀时期军队士兵的职业化》、《论军阀时期的兵源匮化》、《浅析清末新式建军运

---

① 本文截取中国学术期刊全文数据库里所收录的1994年至2005年的论文，对这两套资料进行比较。

动中的武毅军》和《迁都之争与京保津兵变》①等14篇；研究政治的有《辛亥革命前后的北洋集团》、《尊孔与袁世凯复辟》、《清末徐世昌改革东北地方官制述评》和《北洋袁世凯政府军用钞票样本与一九一二年"二次革命"》②4篇；研究外交的主要有《清末袁世凯集团的崛起与列强对华政策的演变》和《清末新政与日本的亚洲主义》③2篇；研究人物的论文有《袁世凯功过谭概——与祝曙光先生商榷》、《段祺瑞与善后会议》、《段祺瑞与张勋复辟》和《段祺瑞武力统一政策失败原因探析》④等8篇；研究社会的有《"军阀时期"中国红十字会的兵灾救护》⑤1篇。引用的资料涉及新兵遴选、兵役制度、军事教育、饷银制度、河间会操、湖北新军和武毅军情况，京保津兵变情形，徐世昌为经略东北上清廷折，袁世凯与唐绍仪、梁士诒关系，袁世凯复辟，日本向袁世凯提出"二十一条"，清廷对外政策，以及护国战争期间云南情况。从援引的论文分布及引用资料情况看，《北洋军阀》主要集中运用在新军研究方面。

《北洋军阀（1912—1928）》被引用的论文共118篇，其中研究北洋军、军事近代化及战争、兵变的有《北洋军阀武器装备问题初考》、《二十世纪初的军事教育近代化及影响》、《论军阀时期的兵源匮化》和《北洋军阀统治时期兵变的原因及特点探析》⑥等17篇；研究政党、政治、法律的有《唐绍仪、益友社与戊午军政府改组》、《古德诺与民初宪政问题研究》、《北洋军阀政府的政权

① 张欣、李永福：《论军阀时期军队士兵的职业化》，《台州学院学报》2005年第4期；涂小元：《浅析清末新式建军运动中的武毅军》，《文物世界》2004年第1期；焦静宜：《迁都之争与京保津兵变》，《福建论坛》（人文社会科学版）2005年第2期。

② 张艳国：《尊孔与袁世凯复辟》，《湖北大学学报》（哲社版）2002年第1期；李秀莲、杜伟：《清末徐世昌改革东北地方官制述评》，《北方论丛》1998年第3期；范卫红：《北洋袁世凯政府军用钞票样本与一九一二年"二次革命"》，《中国钱币》2004年第1期。

③ 马平安：《清末袁世凯集团的崛起与列强对华政策的演变》，《北京科技大学学报》（社会科学版）2005年第1期；曹吉爱：《清末新政与日本的亚洲主义》，《乐山师范学院学报》2004年第6期。

④ 眭传厚：《袁世凯功过谭概——与祝曙光先生商榷》，《台州学院学报》2005年第2期。

⑤ 池子华：《"军阀时期"中国红十字会的兵灾救护》，《上海师范大学学报》（哲社版）2004年第6期。

⑥ 吴永明：《北洋军阀武器装备问题初考》，《江西师范大学学报》（哲社版）1994年第2期；邓亦武：《二十世纪初的军事教育近代化及影响》，《新疆社科论坛》2000年第4期；郭永学：《北洋军阀统治时期兵变的原因及特点探析》，《吉林大学社会科学学报》2000年第5期。

性质再探讨》和《民初〈大总统选举法〉出台的条件与原因初探》①等24篇；研究外交及对外关系的有《试析北洋政府修约外交的特点》、《论顾维钧"联美制日"的统战外交》、《呼伦贝尔"独立"始末与东北亚国际政治》和《论英国与直系的关系》②等22篇；研究人物的有《冯玉祥与武穴主和》、《段祺瑞与善后会议》、《袁世凯帝制自为的心路历程》、《吴佩孚与1926年武汉之战》和《陆征祥与巴黎和会》③等35篇；研究社会的有《二次革命前后的文化心态与宪政挫折的探析》、《民国初期山东土匪的新特点》和《试析近代关内移民进入松花江流域的原因》④等13篇；研究经济的有《论北洋时期地方政府外债》、《论民国时期湖南军阀的鸦片贸易》和《善后大借款债票发行之分析》⑤等6篇；学术史研究的有《中华民国在中国社会发展史上的地位——从宏观上兼评几部中华民国史通论著作》⑥，引用的资料涉及政党、辛亥革命后的人事安排、帮会、古德诺的聘用及他的政论、徐世昌治理东北成效、孙传芳统治江浙政策、清室优待、报刊立法、张勋复辟、侨务政策、顾维钧的外交政策、巴黎和会；土匪、禁烟；吴佩孚与冯玉祥的矛盾；军事教育、军火贸易、武汉会战、军费、"二次革命"中的

① 谭群玉：《唐绍仪、益友社与戊午军政府改组》，《广东社会科学》2004年第5期；张学继：《古德诺与民初宪政问题研究》，《近代史研究》2005年第2期；潘敏：《北洋军阀政府的政权性质再探讨》，《黄冈师专学报》1999年第1期；叶利军：《民初〈大总统选举法〉出台的条件与原因初探》，《中南大学学报》（社会科学版）2004年第1期。

② 李斌：《试析北洋政府修约外交的特点》，《安徽史学》2002年第1期；钟芝兰：《论顾维钧"联美制日"的统战外交》，《零陵学院学报》2004年第5期；韩狄：《呼伦贝尔"独立"始末与东北亚国际政治》，《呼伦贝尔学院学报》2000年第4期；张北根：《论英国与直系的关系》，《史学月刊》2003年第7期。

③ 刘敬忠、杨明治：《冯玉祥与武穴主和》，《河北大学成人教育学院学报》2004年第1期；马勇：《袁世凯帝制自为的心路历程》，《学术界》2004年第2期；苏全有：《吴佩孚与1926年武汉之战》，《武汉文史资料》2003年第7期；石建国：《陆征祥与巴黎和会》，《历史档案》2003年第1期。

④ 丁以德：《二次革命前后的文化心态与宪政挫折的探析》，《求索》2005年第4期；徐树梅、陈兰芝：《民国初期山东土匪的新特点》，《绥化师专学报》2003年第4期；任杰玉、杨松涛：《试析近代关内移民进入松花江流域的原因》，《佳木斯大学社会科学学报》2002年第3期。

⑤ 张侃：《论北洋时期地方政府外债》，《中国社会经济史研究》，2001年第1期；熊英：《论民国时期湖南军阀的鸦片贸易》，《常德师范学院学报》（社会科学版）1999年第4期；张侃：《善后大借款债票发行之分析》，《厦门大学学报》（哲社版）1999年第3期。

⑥ 茅家琦：《中华民国在中国社会发展史上的地位——从宏观上兼评几部中华民国史通论著作》，《南京大学学报》（哲社版）2004年第1期。

讨袁军、直系崛起、北洋军装备；外债、税收、经济立法；中国参战问题、银行团、"二十一条"交涉、列强对华的侵略等等问题。

其中两者都被引用的共有5篇，分别是胡晓的《段祺瑞武力统一政策失败原因探析》（《安徽史学》2003年第1期）、《段祺瑞与张勋复辟》（《江淮论坛》2003年第5期）和《段祺瑞与善后会议》（《安徽史学》2004年第3期）、张华腾的《辛亥革命前后的北洋集团》（《民国档案》2004年第2期）、张欣的《论军阀时期的兵源匮化》（《浙江社会科学》2005年第4期）。在这些论文中，从《北洋军阀》中引用的资料有《直皖秘史》中张一麐的评述；《复辟详志》中记载的复辟情形，调解情况，善后情况；《东方杂志》上刊载的善后会议的结果；《北洋派之起源及其崩溃》中的北洋集团在辛亥革命中的作用和袁世凯练兵动机；《新建陆军兵略录存》中的选兵要求，家属责任。从《北洋军阀（1912—1928）》中引用的资料有段祺瑞的两份电函；《中华新报》刊载的段祺瑞电稿，《清末民初烟云录》中的时人评价；《善后会议史》中收录的《段祺瑞之建设宣言》和孙中山、段祺瑞之间的电函往来；《最近三十年中国军事史》中的北洋军的驻扎情形；《国闻周报》刊载的陆军部呈文中的军队、军费数量。从这5篇论文的引用资料情况看，《北洋军阀》主要是时人的记载，而《北洋军阀（1912—1928）》则是电函、文件为主。

总体来说，《北洋军阀》被引用的面较窄，被引用主要集中在北洋军阀的军事、政治情况；而《北洋军阀（1912—1928）》被引用的面宽范围广，有政治、军事、外交，还有社会、经济方面，但是来著对于研究北洋军阀集团更较有参考价值。

从上面三个方面的比较情况可以看出，来著比章著略逊一些，这当然一方面是来著在编纂过程中较少借鉴，且人力、时间上的缺乏，另一方面，也由于有关北洋军阀史的档案比较零散，难以穷尽。但是由于两者在选编的资料上较少重复，因此，读者可以两者结合起来使用。但总体来看，来新夏教授主编的这套资料，还是具有自己的特点。莫建来教授就认为来书有三个特点：第一，资料的收录紧紧围绕北洋军阀兴亡这一主线；第二，资料的选录范围相当广泛，涉及档案、传记、专集、杂著、报刊和汇编等方面；第三，入选的资料均经严格筛选和整理校订，可供研究者直接利用。厥功至伟与夫裨益学术之巨，宜当有所显扬。[①]

---

① 莫建来：《一部蕴藏丰富、编选科学的史料巨著：〈中国近代史资料丛刊·北洋军阀〉简介》，《民国档案》1994年第3期。

这套资料的编辑完成，大大推动了北洋军阀史的研究，为研究者打下了厚实的资料基础。

此外，来新夏教授还培养和带动一批学者进行北洋军阀史研究，培养了一批研究北洋军阀史的人才。北洋军阀史的研究中心在天津，而天津研究北洋军阀史主要有三个点：南开大学，天津市社会科学院和天津历史博物馆。来新夏教授在南开大学历史系先后讲授过中国通史、中国近代史、北洋军阀史等课程并指导研究生进行北洋军阀史的研究，并曾在天津社会科学院历史研究所兼职，而历史博物馆有他过去的学生和同人。他们在来新夏教授的影响下，志同道合地走到一起，进行北洋军阀史的研究。其中比较著名的有焦静宜、莫建来、张树勇、刘本军、王红勇、娄向哲、宁敬立等学生和学者，他们中有些人直接参与了《北洋军阀》（中国近代史资料丛刊）及《北洋军阀史》的编撰工作。

第6章　来新夏研究北洋军阀史的学术特点及启示

6.1　来新夏研究北洋军阀史的学术特点

来新夏教授从事北洋军阀史的研究达五十多年，成果斐然。在研究过程中，形成了一些鲜明的特点。

6.1.1　重视资料的搜集、运用和汇编

史学的对象是史料，不是文词。史学的工作是整理史料，不是做艺术的建设，不是去扶持或推倒这个运动，或那个主义。史学便是史料学，史料学便是比较方法之应用。[①]来新夏认为："资料是写作的基础，而积累资料又是基础的基础。"[②]他还像顾炎武等前辈学者那样，提倡"挑水于河"、"采铜于山"，尽

---

① 傅斯年：《史学方法导论：傅斯年史学文辑》，北京：中国人民大学出版社，2004年9月，第2页。

② 孙黎明、徐亚男：《学者事业家——访南开大学图书馆馆长来新夏教授》，《情报资料工作》1988年第4期。

可能地发掘原始资料。因此，来新夏在写每一本著作前，都尽可能地搜集第一手、原始的档案资料。此外，他还注意搜集笔记、方志、传记、专集、杂著、报刊和汇编等各种不同类型的可靠资料。在写《北洋军阀史略》一书的过程中，来新夏除了在华北大学就读期间参与整理北洋军阀的史料外，他来到南开大学后，没有放弃对北洋军阀史的研究，在天津周围搜集"北洋军阀"的资料。后来，参与编辑《中国近代史资料丛刊·北洋军阀》时，搜集了更多资料。尽管在二十世纪六七十年代社会动乱的困难的条件下，来新夏教授仍然默默地搜集资料，为编写《北洋军阀史稿》作了资料上的准备。二十世纪九十年代前后，他更是与他的学生们一道共同编纂了有300余万字的大型资料汇编——《中国近代史资料丛刊·北洋军阀》，并以此为基础，在二十世纪末完成了《北洋军阀史》的编写工作。在积累了丰富的资料后，来新夏主张采用排比资料、认真分析、发现矛盾、深入研究、反复比证和求取结论的方法，进行考察核实和具体分析。在使用资料时应当以一当十，慎重选用，不遗漏有价值的资料，也不滥用和堆砌十分无意义的资料，务使资料各得其用。

来新夏在史料运用上的探讨和努力得到同仁很好的评价，在论述来新夏在《北洋军阀史》中的史料运用时，北京大学历史系张注洪教授认为，所用史料堪称广泛、深入、准确、精细。所谓"广泛"，是指该书不仅引用大量第一手、原始档案资料，如中国第二历史档案馆所藏北洋政府已刊未刊档案，还利用其他传记、专集、方志、笔记、汇编、报刊等各种不同类型的可靠资料，不仅利用《政府公报》等中央政权资料，也利用地方、地区的奏稿、报告等；不仅利用袁世凯、张作霖、吴佩孚等重要人物的文集，也利用有关人物孙中山、黄兴等人的文集；不仅利用中国学者编纂的北洋军阀史料，也利用《清末民初政情内幕》等国外学者编辑的史料；不仅利用解放前出版的《最近三十年中国政治史》等有价值的著述，还利用建国后出版的大量北洋政府史料。所谓"深入"，是指作者利用说明深层次、关键问题的别人没有用过的新史料。比如袁世凯《养寿园奏议》清抄本，是袁世凯编练新军的文件汇编，是研究北洋军阀集团兴起、发展与形成的基本文献资料，作者不引用项城袁氏宗祠藏版本，而用1987年天津古籍出版社的全刊本。所谓"准确"，是指作者善于引用各种准确的史料或经过考证堪称准确的回忆录等资料。有的史料如日本向袁世凯提出的"二十一条"，大都沿用王芸生著《六十年来中国与日本》第6卷中的转述材料，本书作者则引用保存于台湾"中央研究院"所藏档案原档的汉文本原件，当更为准确。所谓"精细"，指作者运用史料做到精密细致。如作者从《白狼始末记》中引用白朗在甘肃洮州的布告中提出的七项政治主张时，指出这布告显然是经过删改的：其第一条的空白，是为"袁世凯"三字而讳。然后作者指出从中可略窥白朗反对袁世凯统治、希望建立新政府的政治主张。于此可见，本书具有相当广泛的史料来源，比较深入的内情了解，颇为准确的史实根据、反复考核的资料印证，这就足以保证它可以达到很高的学术质量。[①]

6.1.2　重视理论的研究

理论的研究是史学研究的基本建设。北洋军阀史是新开辟的研究领域，史学界不同意见甚多，疑义迭出，众说纷纭。这就需要从理论上进行界定。来新夏从上世纪八十年代初，就开始进行理论的探讨。在《略论北洋军阀史研究中的几个问题》中，来新夏教授着重探讨了"北洋军阀史"和"北洋军阀统治时期史"这两个不同含义的概念、北洋军阀史的阶段划分问题和北洋军阀集团的特点，亮出了与他人不同的学术观点。《北洋军阀史研究札记三题》从军事力量、社会思潮、帝国主义侵华政策以及袁世凯个人作用等方面分析了北洋军阀集团的形成问题，对北洋军阀集团作用也进行了新的估计和评价，并对怎样正确看待民初统一与割据问题进行了分析。《略论民国军阀史的研究》认为军阀是"以儒家文化为中心，以封建伦常为纽带，形成一种层次性宝塔式的统治体系，等级隶属关系异常明显"。在北洋军阀集团形成问题上，新增了从经济方面考察；对于北洋军阀集团的阶级基础问题，认为是"以封建地主经济为主要的社会基础，它的某些部分在一定时期带有资产阶级性质"。对于北洋军阀史的阶段划分问题和北洋军阀集团的特点，也专门撰写论文进行阐释。莫建来教授认为这些文章"或力排众议，提出自己的独到见解，或折衷诸说，断以己见，形成新的观点，论据充分，论述缜密，具有较强的说服力，每每有一锤定音之效"[②]。这些理论问题的探讨，对于北洋军阀史事的研究，无疑具有重要的指导意义。

---

①　张注洪：《北洋军阀史研究的丰硕成果——读来新夏等著〈北洋军阀史〉》，《来新夏教授学术研讨会纪念集》，第243—245页。

②　莫建来：《来新夏教授和北洋军阀史研究》，《来新夏教授学术研讨会纪念集》，第239页。

6.1.3 高屋建瓴地进行整体性的研究

由于北洋军阀经历了以辛亥革命和五四运动为标识的中国政治制度和革命性质的兴替变化，头绪纷繁复杂，不太易于整体把握，因此，目前史学界对北洋军阀史所做的研究，主要集中在对有关人物、事件等个案问题与局部现象进行探讨的微观层面，完整论述这一段历史的宏观研究成果甚少。撰写通史性专著虽然有难点，却也有其独特的长处，这就是它的全面性和系统性，可以更好地把握一个事物的发展脉络。来新夏的北洋军阀史研究从《北洋军阀史略》到《北洋军阀史稿》再到《北洋军阀史》，一次比一次详细和全面，始终做的是通史性的研究，力图构建北洋军阀的兴起、发展、派系纷争、衰落直至灭亡的整个过程。

6.1.4 重视"为人"之学

"从多年的教学与实践中我发现，人们为了论史证史，需从浩繁的史籍中去搜集资料时，大都是穷年累月，孜孜不倦，各自为政地检读爬梳，最后完成一种或几种个人论著，但却没有给后人留下方便。如果有一些人肯分门别类查资料底数，编写一些工具书，那不就可让另一些人不走或少走重复路吗？这就是由少数人为多数人摆好'梯子'，或者说甘当'铺路石子'。"①来新夏在长期的北洋军阀史研究中就甘当"梯子"和"铺路石子"。他认为投入大量时间和精力在丰厚的资料和提要的基础上作学问能有所发明，独抒新见，写出论著来固属可贵，但更应提倡一种"为人"之学。

6.1.4.1 来新夏针对北洋军阀史的研究状况，多次进行综述总结，以对后来的研究进行引导和启迪

来新夏很重视对北洋军阀史研究动态作综述分析，就这些年来北洋军阀史研究的进展作一述评，对于交流信息，推动研究工作进一步深入，无疑是有益的。他认为："一个人要把本领域的文献看完或绝大部分看完，是有困难的，因此就需要有一些搞动态情报的服务性工作。我们由于不注意动态分析，许多课题往往落在后面，甚至重复劳动。动态综述与分析应放在科研课题的高度来对待。这是节省人力资源的好办法。"②自从研究北洋军阀史以来，来新夏在上世纪八十年

---

① 来新夏、柳家英：《植根于博 专务乎精——来新夏教授访谈录》，《历史教学问题》2000年第3期。

② 来新夏：《关于军阀史的研究》，《西南军阀史研究丛刊》第三辑，昆明：云南人民出版社，1985年3月。

代就撰写了《关于北洋军阀史的文献》、《近年来北洋军阀和地方军阀史的研究》、《略论民国军阀史的研究》、《关于军阀史的研究》等论文①；九十年代又写了《北洋军阀史研究四十年》、《北洋军阀史文献述略》、《五十年来北洋军阀史研究述论》②等，新世纪之初还撰写了《北洋军阀与日本：二十世纪末中国学者的研究》③等论文。如此众多的文献以及研究的综述分析，大大方便了后来的研究者对现阶段的北洋军阀史研究的学术前沿的了解和把握，推动了北洋军阀史研究更好地开展。

6.1.4.2　来新夏十分重视工具书的编写

编写工具书是来新夏"为人"之学的重要体现。这主要是受了其老师陈垣的影响，陈垣不以编工具书为小道。他把"工具"提到与"材料"、"方法"共为治学三大要件的高度，不为俗见所扰，指出"兹事甚细，智者不为，不为终不能得其用"。陈垣亲自编写的《中西回史日历》和《二十史朔闰表》成为治中国古代史的必备工具书。来新夏认为："在资料浩繁、问题众多的研究领域中，工具书的需要十分迫切。而军阀史研究中对这方面没有足够的重视。"④因此，在《北洋军阀史稿》中附录了《北洋军阀人物小志》，在《中国近代史资料丛刊·北洋军阀》第五册中收录了军阀人物小志、参考书目提要、参考文献索引及附表。在《北洋军阀史》也附录了《北洋军阀人物志》和《参考书目提要》。此外，《近三百年人物年谱知见录》中也收录了如袁世凯等北洋军阀的年谱和如蔡锷等其他北洋军阀时期人物的年谱。这些工具书的编写，为他人研究北洋军阀史提供了极大便利，节省了大量的翻检之劳。

---

① 来新夏：《关于北洋军阀史的文献》，《中学历史》1982年第2期；来新夏、焦静宜：《近年来北洋军阀和地方军阀史的研究》，《西南军阀史研究丛刊》第二辑，贵阳：贵州人民出版社，1983年6月；来新夏：《关于军阀史的研究》，《西南军阀史研究丛刊》第三辑，昆明：云南人民出版社，1985年3月。

② 来新夏：《北洋军阀史研究四十年》，《历史教学》1991年第8期；来新夏：《北洋军阀史文献述略》，《民国档案》1995年第4期；来新夏、莫建来：《五十年来北洋军阀史研究述论》，《社会科学战线》1999年第5期。

③ 来新夏：《北洋军阀与日本：二十世纪末中国学者的研究》，《学术月刊》2004年第8期。

④ 来新夏：《关于军阀史的研究》，《西南军阀史研究丛刊》第三辑，昆明：云南人民出版社，1985年3月。

6.1.5　立足于勤、持之以韧的治学精神

在北洋军阀史研究过程中，来新夏笔耕不辍，勤奋治学，坚持不懈，完成了三部著作、一部资料汇编和十几篇的高质量论文。在治学上，来新夏认为应有勤奋和坚韧的精神。来新夏在研究北洋军阀史过程中，就发扬了勤奋和坚韧的精神。

来新夏认为，立足于勤是求学的基点，手、耳、心和脑都要勤，要勤写、勤听、勤读、勤思。四勤的根本在勤读，勤读才能博涉。在整理北洋军阀档案时，来新夏不仅读档案，还仔细读了丁文江的《民国军事近纪》、文公直的《最近三十年中国军事史》和陶菊隐的《督军团传》等等有关北洋军阀的旧著。在读的过程中要善于发现问题，有疑就要追根究底，即所谓"勤思"。疑而后思，思而后得。来新夏在阅读档案与旧著中，发现两者不同之处，这引起他的疑问和思考。四勤最后是"勤写"。"勤写"要积少成多，由片段成整篇，由多篇成专著。这不仅是积累，而且也是一种磨砺。来新夏在阅读北洋军阀档案时，他就记了两册黄草纸本的笔记，在写北洋军阀史著作前，还写了综述。

与勤相连的还必须有一种坚韧性。韧是中华民族的优秀品质，谁要没有韧性，遇到事情就会被打垮。从解放初整理北洋军阀的档案，到现在已经五十余年，来新夏教授一直从事着北洋军阀史的研究，反复增补，精益求精治史，力戒浮躁，五十年著一书。即使在"文革"的艰辛岁月中，被人说成放着人民的历史不写，非要去研究军阀，可见你跟他们气息相通的罪状，也没有放弃。他把《北洋军阀史略》修订成《北洋军阀史稿》，又进而写成《北洋军阀史》。来新夏没有在某一阶段上陶然自醉，裹足不前，而是不断地挑战，不断地创新，不断地前进。这充满艰辛的历程，如果没有持久的毅力，是坚持不下来的。"我的这一历程充满着坎坷艰难，而自己也备遭人忌，受到恶意的诽谤、抨击，甚至是背后捅刀；但并没有损我毫毛，更未能阻止我坚持不懈终底于成。"[1]这句话体现了来新夏教授这种锲而不舍、永不止步的学术精神。来新夏就是用这种"持之以韧"的精神，在北洋军阀史研究之路上不断地前进。

---

[1]　来新夏：《我和北洋军阀史研究》，《福建论坛》（文史哲版）1999年第3期。

6.2 来新夏的北洋军阀史研究对当代史学研究的启示

新中国成立伊始，华北大学历史研究室的北洋军阀档案整理工作，让来新夏进入到"北洋军阀"这个陌生的学科领域，成为他一生在历史学领域中的中心研究课题。透视来新夏教授研究北洋军阀史的整个过程及特点，寻绎他的学术成就、治史思想和治学方法，我们可以得到很多深刻的启示。

6.2.1 进行史学研究必须具有非凡的勇气

新中国成立之初的学术研究环境远没有现在宽松，政治气氛极浓，要作出与当时革命史研究不甚合拍的研究，需要极大的学术勇气。新中国成立后，有很大一部分人认为我国是无产阶级领导的社会主义国家，不能去研究倒退的、落后的阶级和集团，不能去研究反面的人物。但是历史不仅是客观存在的，也是一个整体，不能因人为的因素被忽略了，就认为这段历史不存在了。在革命史学科体系的指导下，二十世纪五十至六十年代，广大中国近现代史研究者对人民群众的反帝反封建斗争给予了高度的重视。太平天国、义和团、辛亥革命的研究经久不衰。这一时期的革命人物、革命事件受到了前所未有的重视，而对统治阶级营垒的人物却研究不够，也使得从辛亥革命到五四运动这段历史除了新文化运动外，几乎等于空白。孙思白教授就指出："我们的学术、教育界首先着重讲解、学习、论述中国近现代革命史和中共党史，这是有十分重大现实意义，十分必要的。但是，历史的运动是对立统一的运动，民国史（包含军阀史）的研究与革命史、党史的研究决不是相互排斥，而是相互促进的。历史这门学科具有规律性、借鉴性、知识性。学习历史不限于正面，也要懂得反面。中国近现代先后发生的旧式的与新型的民主革命都埋根于中国近现代社会矛盾之中。我党领导新民主主义革命在制定路线、策略、方针时都离不开对民国史上军阀势力统治下的政治、经济、社会情况作深入的调查分析。"[1] 彭明教授也认为"学习中国近、现代史，学习中国革命史和党史，不清楚北洋军阀，便对许多政治现象无从理解，对许多问题也就无从说明它们的来龙去脉"[2]。

来新夏在研究北洋军阀史过程中曾承受着人们的不解和无形的压力。1952

---

[1] 孙思白：《试论军阀史的研究及其相关的几个问题》，《贵州社会科学》1982年第6期。

[2] 彭明：《北洋军阀（研究纲要）》，《教学与研究》1980年第5期。

年，来新夏教授第一次在刊物上连续发表《北洋军阀统治时期》的讲课记录时，便有人说"这是舍正道而不由，走偏锋而猎奇"。1957年5月《北洋军阀史略》的出版，一方面使来新夏感到兴奋，另一方面，面对当时越来越严峻的政治形势，尤其是听到荣孟源先生因倡导研究民国史而被划为"右派"，又让来新夏感到沉重的压力。后来在"文革"期间来新夏的一个罪名就是写军阀史，说放着人民的历史不写，非要去研究军阀，可见你跟他们气息相通。但来新夏教授不为所动，坚持自己的学术思想与研究主旨，表现了可贵的学术勇气。

6.2.2　史料对于史学研究的基础性作用

一个史学观点或理论的说服力主要来自于大量完整系统可靠史料的支撑。因此，要对所研究的问题有全面的了解，就须以"上穷碧落下黄泉"的精神去搜集史料。历史学是一门实证科学，历史学研究的基础就是必须占有充分可信的史料。"研究必须充分地占有材料，分析它的各种发展形式，探寻这些形式的内在联系。只有这项工作完成以后，现实的运动才能适当地叙述出来"①。著名马克思主义史学家范文澜非常重视档案的作用，在来新夏等学者整理北洋军阀档案时，范文澜讲了档案与研究工作的关系，从档案中搜求资料如披沙拣金，确实很艰难，但这是研究工作"从根做起"的重要一步。只有这样，才能基础广泛而扎实。从此"从根做起"的教诲就深植于来新夏的头脑之中，使他终身受益。

来新夏认为，"专攻一经"的"从根做起"确实艰难烦劳，不易"立竿见影"地获得效应；但这是人文科学研究的一般规律。来新夏在《我学中国近代史》（《近代史研究》2003年第3期）极其真诚地对有志于学术的学者们提出建议：能在将要步入学术殿堂之际，不妨发扬范文澜教授的"坐冷板凳"和"吃冷猪肉"的"二冷"精神，"泡"在档案之海中，"从根做起"，去寻求自己的学术未来。

6.2.3　史学研究需要"植根于博、专务乎精"治学方法

来新夏认为学术应该博涉多通，不能拘于一端，这样才能思路开阔，相辅相成，取得更大的学术成果。在整理北洋军阀档案之前，来新夏对这一专题知之甚少。于是一边整理档案，一边尽可能地阅读包括正史、野史、杂史、史话、官书

---

① 马克思：《资本论·1872年第二版跋》，《马克思恩格斯选集》第2卷，北京：人民出版社，1995年6月第2版，第111页。

和私著在内的有关北洋军阀的著作。通过这样日复一日的阅读档案和著作，并把两者相结合进行了一些思考，来新夏打下了深厚的北洋军阀史基础。这为日后来新夏开展北洋军阀史研究奠定了扎实的基础。在具备了一定的历史学基础之后，来新夏又深入到目录学、文献学、方志学、图书馆学等各个领域，先后写出了本领域本学科的重要著作，这些领域的学问反过来又对他的史学研究有所助益。

结论

　　风风雨雨五十余年，来新夏以他独特的学术热忱和毅力在北洋军阀史这一研究领域上，默默耕耘着。从二十世纪五十年代的拓荒，到二十世纪八十至九十年代的辛勤耕耘，而今取得了硕果累累。可以说，建国后，北洋军阀史领域研究所取得的建树，来新夏是作出突出贡献的。他不仅在北洋军阀史的理论研究上有诸多突破，如确定了北洋军阀史研究的对象、阶段划分，创新地阐释了北洋军阀的定义，全面地探讨了北洋军阀的特点，从正反两方面恰当地评价了北洋军阀在历史中的作用；而且他撰写的多篇研究综述及主编的《中国近代史资料丛刊·北洋军阀》也推动和有助于其他学者开展北洋军阀史研究。以往后相当长一段时间内，在北洋军阀史系统性研究方面，学人将难以超越来新夏的学术成就。作为北洋军阀史研究的奠基者和辛勤耕耘者，来新夏是当之无愧的。他自己也认为是"在领域中已完成自己应尽的职责"，"终于做了一件有益于社会的事"。

　　在研究北洋军阀史的过程中，来新夏形成了自己特有的学术特点。这种独特的治学方法，是值得史学家和青年一代史学工作者学习和借鉴的。首先，来新夏重视资料的搜集、运用和汇编。来新夏先是参与了北洋军阀档案的整理，而后在京津周围地区搜集资料，再是扩展到全国范围，甚至台湾及海外。来新夏在资料搜集上，不仅范围广，而且强调搜集第一手资料。其次，来新夏对北洋军阀史的研究是高屋建瓴的整体性的研究。大多数学者对北洋军阀史的研究只是对个别人物或个别事件、个别战争进行剖析，属于微观的个案研究，而来新夏不畏北洋军阀史线索复杂、资料分散的困难，毅然对北洋军阀史进行全方位的宏观研究。这种大气磅礴的不畏艰险的精神是可贵的。再次，来新夏对北洋军阀史进行了五十余年的勤耕细耘，尽管初期遭到了各种非议、"文革"的破坏，但是他依然坚守在这块学术之土上。改革开放后，随着观点的更新、新的档案资料的发掘，以及来新夏的学术视野的不断拓宽，来新夏与时俱进，推陈出新，不断突破，在北洋军阀史研究领域中取得一个个举世公认的成就。这种执著的治史精神同样值得我们学习和发扬。

当然，来新夏对北洋军阀史的研究，也不能说是尽善尽美的。如在理论研究中、在某些战役分析中，有些观点还不够全面；主编的《中国近代史资料丛刊·北洋军阀》在被引用率方面，现在尚不如章伯锋主编的资料集。

来新夏的"立足于勤、持之以韧"的治学精神，"植根于博、专务乎精"的治学方法值得后人学习，他的客观求实、审慎平允的治史风格，奠基铺路、嘉惠后学的奉献精神，都值得我们加以继承与发扬。

参考文献

第一部分　来新夏有关北洋军阀史研究论著目录

一、论著

1. 来新夏：《北洋军阀史略》，武汉：湖北人民出版社，1957年5月。

2. 来新夏：《北洋军阀史稿》，武汉：湖北人民出版社，1983年11月。

3. 来新夏：《北洋军阀》（《中国近代史资料丛刊》），上海：上海人民出版社，1988年8月、1993年。

4. 来新夏：《北洋军阀史》，天津：南开大学出版社，2000年12月。

二、论文

1. 来新夏：《北洋军阀统治时期》，《历史教学》，1952年第8-10期。

2. 来新夏：《北洋军阀对内搜刮的几种方式》，《史学月刊》，1957年第3期。

3. 来新夏：《谈民国初年白朗领导的农民起义》，《史学月刊》，1957年第6期。

4. 来新夏：《北洋军阀史研究的"小有"之年》，《文稿与资料》，1981年第1期。

5. 来新夏：《关于北洋军阀史的文献》，《中学历史》，1982年第2期。

6. 来新夏：《略论北洋军阀史研究中的几个问题》，《学术月刊》，1982年第8期。

7. 来新夏：《北洋军阀的来历》，《文史知识》，1983年第1期。

8. 来新夏：《近年来北洋军阀和地方军阀史的研究》，《西南军阀史研究丛刊》第二辑，贵阳：贵州人民出版社，1983年6月。

9. 来新夏：《北洋军阀史研究札记三题》，《民国档案》，1985年第2期。

10. 来新夏：《略论民国军阀的研究》，《学术月刊》，1985年第1期。

11. 来新夏：《关于军阀史的研究》，《西南军阀史研究丛刊》第三辑，昆明：云南人民出版，1985年3月。

12. 来新夏：《北洋军阀史研究四十年》，《历史教学》，1991年第8期。

13. 来新夏：《论近代军阀的定义》，《社会科学战线》，1993年第2期。

14. 来新夏：《北洋军阀史文献述略》，《民国档案》，1995年第4期。

15. 来新夏：《我和北洋军阀史研究》，《福建论坛》（文史哲版），1999年第3期。

16. 来新夏：《五十年来北洋军阀史研究述论》，《社会科学战线》，1999年第5期。

17. 来新夏：《北洋军阀史的划阶段问题》，《光明日报》，2000年11月10日。

18. 来新夏：《北洋军阀集团的特点》，《福建论坛》（文史哲版），2000年第2期。

19. 来新夏：《〈北洋军阀史〉的撰写缘由》，《民国档案》，2001年第3期。

20. 来新夏：《我与北洋军阀史研究——〈北洋军阀史〉的撰写缘由》，《学术界》，2001年第5期。

21. 来新夏：《针对有学者在评价〈北洋军阀史〉中提出的所谓新见，来新夏提出质疑：能用"善"和"恶"来划分历史学吗？》，《北京日报》，2001年12月3日。

22. 来新夏：《论吴佩孚开府洛阳》，《江海学刊》，2003年第1期。

23. 来新夏：《北洋军阀与日本：二十世纪末中国学者的研究》，《学术月刊》，2004年第8期。

第二部分　其他参考文献

一、资料

1. 章伯锋：《北洋军阀（1912—1928）》，武汉：武汉人民出版社，1990年6月。

2. 杜春和、林斌生、丘权政：《北洋军阀史料选辑》，北京：中国社会科学出版社，1981年6月。

3. 朱宗震、杨光辉：《民初政争与二次革命》，上海：上海人民出版社，1983年6月。

4. 黄纪莲.《中日"二十一条"交涉史料全编（1915—1923）》，合肥：安徽大学出版社，2001年10月。

二、著作

1. 来新夏：《邃谷文录》上下册，天津：南开大学出版社，2002年5月。

2. 来新夏：《三学集》（《南开史学家论丛》之一种），北京：中华书局，2002年9月。

3. 来新夏：《中国近代史述丛》，济南：齐鲁书社，1983年9月。

4. 来新夏：《结网录》，天津：南开大学出版社，1984年10月。

5. 来新夏：《学不厌集》，福州：海峡文艺出版社，2004年7月。

6. 来新夏：《邃谷书缘》，石家庄：河北教育出版社，2005年5月。

7. 来新夏：《出枥集》，北京：新世界出版社，2002年6月。

8. 南开大学地方文献研究室：《来新夏教授学术研讨会纪念集》，乌鲁木齐：新疆大学出版社，2002年8月。

9. 徐雁、钱军：《来新夏的读书生活》，《中华读书之旅·三星卷》，郑州：海燕出版社，2002年5月。

10. 陈志让：《军绅政权》，北京：三联书店，1980年9月。

11. 李新：《中华民国史》，北京：中华书局，1981年9月、1982年4月、1987年9月。

12. 张宪文主编：《中华民国史纲》，郑州：河南人民出版社，1985年10月。

13. "中央研究院"近代史研究所：《六十年来的中国近代史研究》（下册），台北：台北永裕印刷厂，1989年6月。

14. 唐宝林、郑师渠：《共和与专制的较量》，郑州：河南人民出版社，1996年8月。

15. 齐庆吕、孙志升：《直奉大战》，北京：社会科学文献出版社，1993年1月。

16. 廖一中：《一代枭雄袁世凯》，北京：北京图书馆出版社，1997年8月。

17. 张国刚、乔治忠等：《中国学术史》，上海：东方出版中心，2002年7月。

18. 余三定：《新时期学术发展的回瞻》，北京：北京大学出版社，2005年7月。

19. 范达人、易孟醇：《比较史学》，长沙：湖南出版社，1991年4月。

三、论文

1. 来新夏：《读书与人生》，《社会科学论坛》，2005年第7期。

2. 来新夏、柳家英：《植根于博　专务乎精——来新夏教授访谈录》，《历史教学问题》，2000年第3期。

3. 来新夏：《挑水还是倒水》，《人民日报》，1998年10月24日。

4. 来新夏：《莫吝"金针"度与人》，《人民日报》，1998年9月12日。

5. 来新夏：《积累资料与"为人"之学》，《津图学刊》，1998年第3期。

6. 来新夏：《1895—1905年中国的政治风云》，《文史杂志》，1995年第5期。

7. 来新夏：《难忘辅仁恩师》，《文史精华》，1988年第8期。

8. 任士英：《"寂寞"学者的情怀——读来新夏先生〈学不厌集〉》，《博览群书》，2005年第3期。

9. 危兆盖：《五十年写成一部北洋军阀史》，《光明日报》，2001年12月6日。

10. 焦静宜：《来新夏教授学术述略》，《文献》，1995年第4期。

11. 沈渭滨、杨勇刚：《来新夏与北洋军阀史研究》，《文汇报》（理论学术版），1992年3月24日。

12. 徐建华：《我的老师是来新夏》，http://jw.nankai.edu.cn/history/show_history.php?id=607.

13. 倪忠文：《毛泽东同志论中国近代军阀》，《武汉师范学院学报》（哲学社会科学版），1983年第6期。

14. 张鸣：《"花样"年华——1920年代军阀寻求维系道德资源的努力》，《浙江社会科学》，2004年第1期。

15. 全国华：《辛亥革命后"二次革命"爆发的原因和经过》，《史学月刊》，1981年第2期。

16. 经盛鸿：《南京"二次革命"述评》，《扬州大学学报》（人文社会科学版），1986年第2期。

17. 金怡顺：《对二次革命失败原因的再探讨》，《青海师范大学学报》（社会科学版），1997年第1期。

18. 王立：《直皖矛盾和直皖战争》，《史学月刊》，1986年第2期。

19. 焦静宜：《北洋军阀与日本——兼述近年来我国学者对此问题的研究》，《学术月刊》，1992年第9期。

20. 庄洪铸：《袁世凯与日本帝国主义的关系及其实质》，《新疆大学学报》（哲学人文社会科学版），1982年第4期。

21. 马良玉：《袁世凯与"二十一条"》，《历史教学》，2005年第2期。

一代伟人　一流年谱

——读来新夏编著《林则徐年谱新编》

茅家琦*

谱牒之学，魏晋以来已受重视，清代学者尤好此学。历代名宦学人多有年谱，一代伟人林则徐独付阙如。来新夏教授以中国近代史见长，兼攻谱牒之学，曾以所著《近三百年人物年谱知见录》，为学林推重，几为治清史与近代史者案头必备工具书，另有《林则徐年谱》及其增订本先后面世，补近代名人谱传之缺陷。1997年，香港回归，中国近代以来民族耻辱得以彻底湔雪。在这样的历史氛围下，人们对在鸦片战争中坚决抵抗外侮，历尽艰辛的民族英雄林则徐格外怀念。《林则徐年谱新编》（以下简作《年谱》）的出版适逢其时。该书以丰富可靠的资料，谨严的考订和条畅可读的文笔向读者展示了林则徐的生平经历和抗击侵略的光辉业绩，同时在更深层次上反映了19世纪中叶封建制度走向衰亡时期的社会状况。因此，该书在出版后即受到社会各界的广泛关注和学术界的好评。正如学者所说："该书有研究、有观点、有考证、有分析、有原始资料，也有学术信息，翔实丰富，体大思精，不啻为一部极富价值的学术著作。"

来新夏教授在《年谱》中说：年谱"并非只是史料的缀辑，而是在丰厚的基础上，有所取舍按断，以见青史是非的一种著述。"又说："林则徐不愧是一位坚决维护民族利益的爱国者和有卓识远见的政治家。……这部年谱也主要是以此为中心线索来贯串全书的。"在这种思想指导下，《年谱》对林则徐经世致用的

---

* 茅家琦，南京大学教授。

思想和活动作了深刻的叙述与分析。

林则徐一生中杰出的功绩是他严禁鸦片走私，坚决抵抗英国的侵略。《年谱》对广州禁烟事迹的论述篇幅即占全谱的三分之一，不仅详尽地记述了林则徐的禁烟业绩，而且对鸦片战争的始末也有完整记录。《年谱》还引用了林则徐的诗文著作，刻画林则徐的内心思想境界，使读者对林则徐的伟大有深层次的理解。道光十八年十一月，林则徐奉命离京赴粤，查禁鸦片，结局如何，他并没有把握。《年谱》载："公夙以天下事为己任，感上殊遇，毅然成行，而中外柄臣，有忌阻之者。京朝官、故人子弟，亦以边衅为公虑。公谒座师沈鼎甫侍郎曰：'死生命也，成败天也。苟利社稷，不敢不竭股肱以为门墙辱'。相顾涕下，遂出都。"人们十分赞赏道光二十二年七月林则徐在自西安出发赴戍伊犁时写的两句诗："苟利国家生死以，岂因祸福避趋之。"这种精神气概在道光十八年离京赴粤时就已经十分强烈了。道光三十年十月林则徐奉旨离家，去广西镇压太平军时，又出示这两句诗给他的儿子林聪彝。《年谱》记："林则徐之出示此诗，或以诗中'苟利国家生死以，岂因祸福避趋之'之语以明志。林则徐居恒，也常自诵'苟利国家生死以，岂因祸福避趋之'两语不置。"正是这种思想感情，支持他在中国历史上演出了威武悲壮的一幕。理解这种思想感情，对我们理解林则徐是大有裨益的。

林则徐另一个影响极为深刻的思想和活动是他开眼看世界，寻找新知。《年谱》说："这一时期，值得注意的是，林则徐作了一件在当时极为新颖繁重、对后世极有意义有贡献的工作，就是网罗各种翻译人才，开展对西书西报的翻译。"《年谱》介绍了林则徐聘用的五位专职译员，他们是：亚孟、袁德辉、亚林、梁进德和陈耀祖。林则徐对这批译著非常重视，视如珍宝，随身携带备用。道光二十二年谪戍新疆时，林则徐随身带有二十箧书，其中包括一些重要的译稿。《年谱》按："林则徐所带的这些译稿，召还时又带入关，其幕友陈德培于道光二十六年居幕中时从中抄辑成《洋事杂录》，卷末陈自记说'道光二十六年丙午，自春二月至夏六月，在少穆先生幕下得录此千百之一。'"《年谱》对林则徐翻译洋书，研究外国情势，探求新知，作了高度评价："这在自我闭塞的清朝中叶，确实是违反封建体制的勇敢行为。林则徐对当时内外形势的认识水平已远远超出了他的同时代人物。这些不仅对当时制定对外策略发挥了重要作用，而且对近代思想界有启蒙作用，许多封建知识分子纷纷起来探求新知。魏源据《四洲志》而撰的《海国图志》、徐继畬的《瀛环志略》、汪文泰的《红毛番英吉利考略》和梁廷枏的《海国四说》等等著述活动，都是以林则徐的止足点作为自己的起步处，继承了林则徐探求新知的思想传统。十九世纪末的戊戌变法领导人康有为也推崇林则徐的探求新知'为讲求外国情形之始'。从这些作用和影响看，范文澜教授说林则徐是'清朝开眼看世界的第一人'确是恰当的历史评价。"

除上述两大功绩以外，《年谱》还记录并评论林则徐改革内政的思想与活动以及林则徐的政治敏感。

学者们论及道咸以后，今文经学盛行，经世致用学风大发扬，往往归功于龚、魏。林则徐虽少今文经学方面的论著，但《年谱》记录了林则徐与郑光策和陈寿祺的师友关系。"嘉庆三年（1798），他十四岁中秀才后就到福建著名的鳌峰书院读书，受教于具有实学的郑光策和陈寿祺，开始研读《天下郡国利病书》和《读史方舆纪要》等经世致用的著作，为日后的政治实践准备了一部分思想资料。"陈寿祺"是一个对汉学、宋学都有相当造诣的学者，而且还对当时具有某些维新趋向的今文遗说有所研究。陈和林则徐交往密切，不仅研讨学术，而且还交流政治见解"。林则徐与龚自珍、魏源又是挚友。他们都是经世派，不泥古，重当今，指天画地，规划天下大计，注重"边计"，不能否认他们在学术思想体系上的一致性。林则徐与龚、魏相比，又具有特点。龚自珍主张改革，但是不了解西方文化，未吸取西方文化，"药方只贩古时丹"；魏源有吸取西方文化的思想和活动，但在时间上迟于林则徐，且是在林则徐的启发下得到提高的。《年谱》记载：道光二十一年"七月中旬，林则徐在京口（镇江）会见魏源。二人同宿一室，对榻倾谈。林则徐把有关《四洲志》的全部资料交给魏源，希望魏源编撰《海国图志》。魏源在此以前已有志于这方面的著述，曾根据道光二十年在宁波、台湾等地收集的英俘所述英国情况，写成'英吉利小记'一文，后收入《海国图志》。所以他便接受了林则徐的嘱托，开始纂集《海国图志》"。从事功上看，即从实际行动看，龚自珍与魏源都赶不上林则徐。读过《年谱》，不能不得出以下结论：发扬今文经学的经世致用精神，睁开眼睛看世界，开启一代学术新风，林则徐应与龚、魏齐名。

"十年磨一剑"，久为辛劳著书之赞语。来新夏教授之于林则徐又何止十年！他仰慕林则徐"苟利国家生死以，岂因祸福避趋之"的爱国情操乃始于少年时代。他就读中学时即以魏应骐所撰《林文忠公年谱》过于简略而为之笺注；五十年代末，因应中华书局之邀审读《林则徐集》全稿，搜集了大量资料；六十年代初，三易其稿，撰成《林则徐年谱》初稿三十余万字，不幸于1966年毁于丙丁。其后下放习农，乘暇重整残稿，历时三年，补苴罅漏，乃成第四稿，1981年正式出版。时隔一年，又有据新资料进行增补修订的增订本问世。尔后不断搜集的新资料、新见解，殆已盈箧。十年披沙，重加编订，遂成近七十万字之《林则徐年谱新编》，1997年6月由南开大学出版社出版。这种穷四十余年精力磨砺一书的精神是令人钦佩的。

《年谱》资料之丰富、考订之精当，均可见编著者功力之深厚。初编本曾用书170种，增订本又较广泛地扩大了检读范围，达229种，新编本更增至271种。其中最突出的一点，是搜集考订了大量珍贵的第一手资料。采录范围包括林则徐的著作和手迹、林则徐的传记、与林则徐有关人物的年谱、官书奏议、地方志、诗文集、资料汇刊、笔记杂著、近人著作、国外著作以及近人论文等11类。搜集的深度也做了进一步的挖掘。除图书资料外，还增补了各地博物馆及文化部门提供的实物资料，如林则徐手书佚文《观操守》。这是林则徐晚年经过一番人生阅历后所制定的座右铭，反映了林则徐的人生态度，手迹是从"田家英收藏展"上发现，并辗转获得。同时又得到林氏后人的无私支援，提供了家藏的原始资料，更增加了该书的史料价值。该书可贵处是对大量资料均有所取舍按断，如对宣南诗社的创建、发展、集会和性质，均据大量资料而加以按断。对新发现的资料，不盲从众说而提出个人见解，如四川绵竹有林则徐于嘉庆二十四年五月初二所书唐太宗与许敬宗对语横幅，流传颇广，已为一些人所认可；但编著者从所书内容、当时的行程路线、年画制作的依据以及林则徐的性格各方面反复考订，认为"此件恐非林则徐所作"，故虽录入资料，却仍注明"系此存疑"。又林则徐死因，一直谜团难释，年谱前二稿均深信内外敌人暗害之说，后来有多篇论文，持不同意见。对此重要问题，编著者并未擅下结论，而是广存众说，以待深考。

《年谱》在年谱体裁和编纂方法上也有与前人各类年谱相异而有所革新的地方。入谱内容与文字均注意取舍，避免了无重点地铺张和只着眼于禁烟而自成专谱的缺陷。编著者还注意体例的完备，在谱前增入《林则徐传论》一文，大略勾画林则徐一生的面貌，一改年谱仅有编年条例，读谱者难以立即取得对谱主的整体了解。《年谱》为知人论世之作，将林则徐的个人活动置于历史大背景下，使读谱者在了解谱主一生行事的同时，也向读谱者深刻地反映了这段历史，使之更具有深厚的历史感和时代感。尤其具有新意的是年谱的附录部分，共150余页，分为五类：一是《谱余》，凡未收入本谱，但尚可供参证和谈助者，均辑录入此，使本谱既简洁而避免了枝蔓，又不轻易丢弃资料，以增加年谱的参证作用。二为《林则徐出生时有关人物简况》，择要录入出生在林则徐以前而后来又和林则徐有各种关系的人物119人，可备读谱时参考。三是《大事索引年表》，按年月排列谱中所涉大事，颇便翻检。四是《征引参考书目》，可借知此谱所据之史料根据。五为前此林谱之前言与后记，以显示历次修订之轨迹。有此五类，则《年谱》资料庶无遗珠。

林则徐乃一代伟人，《年谱》是一流著作。一代伟人得一流年谱，使后代加深对伟人的理解，从中受到教育；一流年谱因一代伟人而得以扩大其学术价值与社会影响，可谓"相得益彰"。

来新夏教授说："我主观上希望，至少一二十年内，《林则徐年谱新编》能保持为研究这一领域的学者们提供主要参考书的领先地位。"这不仅是"主观上的希望"，亦将是"客观事实"。

原载于《社会科学战线》1999年第4期

来先生与《林则徐年谱》

周　轩[*]

一

在国内外三十年来的林则徐研究领域，来新夏先生以其编著《林则徐年谱》而负有盛名。

我手头就有来先生编著的关于林则徐的四部年谱：

一是《林则徐年谱》（34万字），上海人民出版社1981年10月第1版，由来先生委托责任编辑王有为先生寄赠。

二是《林则徐年谱》（增订本，45万字），上海人民出版社1985年7月第2版，是当年10月于福州召开的"纪念林则徐诞辰二百周年国际学术研讨会"所赠。

三是《林则徐年谱新编》（68万字），南开大学出版社1997年6月出版，在香港回归前夕由来先生签名寄赠。

四是《林则徐年谱长编》（86万字），上海交通大学出版社2011年9月出版，由来先生委托策划编辑冯勤先生寄赠。特别应当指出的是，《林则徐年谱长编》（套装上下卷）是"晚清人物年谱长编系列"之一。本书是国内首部完整辑录关于林则徐一生资料的年谱长编，文献征引包括奏折、文录、诗词、信札、日记、编译、旧谱等大量第一手资料，有些文献是第一次公开发表。书中对林则徐

*　周轩，新疆大学中亚研究院教授、《新疆文库》编务总监。

的有关资料、重要事迹多有考证，并引述学术界的最新成果，是研究一代伟人林则徐生平历程的最新、最完整的编年资料。

面对这四部林则徐年谱，挥之不去的如烟往事涌上心头，令我感慨万千！

二

上世纪八十年代初，我在新疆大学从事学报编辑工作，业余从事新疆文史研究。为林则徐的伟大爱国精神和高尚人格所感，开始注释林则徐的流放诗作，自是难处颇多。正在这时，从《南开史学通讯》上获悉来新夏先生将出版《林则徐年谱》一书，这对我无疑是极大的福音，于是冒昧向素未相识的来先生致函求教，很快就接到来先生热情鼓励的回信，并委托上海人民出版社的责任编辑王有为先生赠书。

就这样，我成为来先生《林则徐年谱》的直接受益者。在注释林则徐流放诗作的过程中，解释诗题与介绍背景，多采用年谱之语。每有疑难不解之处，都是致信请教，来先生也都是不厌其烦地认真解答。同时随着研究的逐步深入，产生一些个人看法，想向先生提出来，但因顾虑就放下了。

1985年10月，我赴福州参加"纪念林则徐诞辰二百周年国际学术研讨会"，这才首次见到来先生。会议向每位代表赠送了来先生新出版的《林则徐年谱》（增订本），我便为自己未能在此前提出个人看法，心中深感内疚和自责。

为迎接香港回归，来先生又着手进行《林则徐年谱新编》。1996年4月12日来函："我现正在改写林则徐年谱，思有新内容补入，望弟支持二事：（1）近年有否见到新发现史料（特别是新时期）；（2）林公有关诗、画及行踪遗迹照片（如坎儿井、修水利以及实物）。"

我遵嘱陆续寄上有关资料和往年所拍照片（后来《林则徐年谱新编》出版时，书前选用了我所拍的伊犁惠远城钟鼓楼照片），并说想就先生年谱中的流放部分提点儿意见。先生很快回信说"甚为欢迎。现正一校，尚易增改，请速寄下，切切。"在先生的鼓励下，我寄上了对先生《林则徐年谱》（增订本）流放部分的意见。先生回信说："所提各条足征爱护之切，可称净友。我已逐条核对，不禁汗颜，如此疏缺不可自谅。承为指正，当今之世实为难得。尚有数处共商。"同时寄上的还有我对福建郑丽生先生《林则徐诗集》校笺本写的指瑕文章。来先生此前曾嘱咐我，郑先生年高，应示尊重，批评不要过甚。信中同时指出："对郑老之做法，甚见宽厚。"读着信，我不禁为先生严于律己、宽以待人，认认真真做人做事的精神所深深地感动。

三

香港回归之前的1996年9月，我也正准备出版三易其稿的《林则徐诗选注》，通过林则徐后裔林子东先生向林则徐基金会申请出版赞助，并向来先生寄上打印稿一校样，请为作序（此前1992年底，来先生曾应邀为我在紫禁城出版社出版的《清宫流放人物》作序）。先生回信说：

> 周轩老弟：
>
> 　　我因积劳于十月六日不得已住进医院检查，结果是房颤。医嘱休息，强迫治疗，条件尚好。现已开始恢复，待体力稍恢复即着手治疗。但年龄大了，最多维持原状。我对这些事素来洒脱，无所谓，听天由命吧！
>
> 　　在病榻上看了你的诗选，很好。有几点意见供参考：
>
> 　　（1）错字太多，当然是排错。但有些估计是原稿写错，希望再照原件细校一次。
>
> 　　（2）注释中第①条应标出题解，从第二条下标注释，这样体例明显些。
>
> 　　（3）诗作编排次序，有些编不太顺，最好详细核查一下作品年代。
>
> 　　（4）题解和注释中有些语句似采用年谱原词，互通有无，我认为可以，但希望你稍加改变，以免给人口实，你核对一下。叨在知己，实话实说。
>
> 　　（5）诗选以赴戍为中心，首尾分量稍轻，是否增大一点。
>
> 　　浅见如此，备参考。
>
> 　　申请书写得不错，希望你再致函子东大姐，她很热心，会帮忙促成的，我也会在通信中涉及的。

先生在病榻上认真审读我的书稿，并提出具体修改意见，还那样关心书稿的出版，我真是感动得不知说什么才好，立即全身心投入修改之中。我这部历时十余年的书稿，在新疆高校学术著作出版基金和林则徐基金会的赞助下，由林子东先生题写书名，由来先生作序，终于在香港回归前夕，由新疆大学出版社出版。

我的《林则徐诗选注》（30万字）的出版，配合了当时庆祝香港回归的宣传活动，新疆各大报刊、电台、电视台都给予报道，中央电视台7月18日"读书时间"介绍了来先生的《林则徐年谱新编》和我的《林则徐诗选注》。10月5日，香港《文汇报》发表了介绍我的专访文章。加拿大皇家学会院士叶嘉莹教授在南开大学讲学期间拜会来先生后，亲自致函向我索书。该书还荣获新疆社会科学优秀成果二等奖。此后，我和同学挚友、曾任新疆新闻出版局书记、副局长刘长明共同合作，在新疆大学出版社先后出版《林则徐在新疆》（35万字，荣获第十四届中国图书奖）、《林则徐新疆诗文》（20万字）和《林则徐新疆资料全编》（60万字）。

来先生的林则徐研究，奉献社会，嘉惠学人，而我更是直接受益者，今生不敢忘矣！

四

以《林则徐年谱长编》和另外三个版本对比，从字数上来说，第一个版本34万字，第二个版本45万字（增加了10万字）；第三个版本68万字（增加了23万字）；第四个版本86万字（增加了18万字）。字数递增，开始是10万字，后来是20万字左右。可见来先生对林则徐年谱的修订所下功夫之大。

关于林则徐最早的年谱，应当是林则徐同乡、近人魏应麒编写的《林文忠公年谱》，由商务印书馆1935年铅印出版。虽是薄薄的一本小册子，但有着筚路蓝缕的开拓之功。来先生感到与林则徐如此重要的人物似难相称。于是有心重编林则徐年谱。我认为，这是学术的薪火相传，更是弘扬民族精神的志向所在。

在魏氏年谱三十年后，来先生积多年之功，广泛搜集资料，蛰居斗室，俯首书案，历时多年，终成《林则徐年谱》初稿三十余万字。不料竟遭"文革"厄运，幸存草稿，被遣放津郊农村四年，在耕余灯下遂成三稿。返校后参校订正，是为四稿，成三十四万言。在那个时期，何敢言出版？来先生和《林则徐年谱》的命运，不正是那个时代大多数学术精英落魄潦倒而又不甘沉沦的缩影和写照么？

如来先生业师启功先生所调侃的：十八年寒窑盼来了薛平贵。在百废俱兴的八十年代，《林则徐年谱》终于在上海出版。与此同时，厦门大学杨国桢先生的《林则徐传》在北京出版，南传北谱，标志着林则徐研究的学术春天已经到来。

随后，来先生对《林则徐年谱》进行了再三修订，由新编而成长编，皇皇巨著，利在当代，造福后人。

众所周知，来先生是著名历史学家，著作等身的学者和作家，杰出的图书馆领导者。在近代史研究、方志学研究、图书文献学研究和随笔书话的创作方面，都取得了令人瞩目的成就，为什么要对《林则徐年谱》再三修订？

我想，主要应当有两方面的原因吧——

一是来先生出于学者的使命感。五十年代初作为范文澜先生的研究生时，就聆受了"板凳宁坐十年冷，文章不写半句空"的教诲。来先生要求自己不仅坐得住，还要多生产，更要出精品。随着新史料的不断发现，特别是主编了十卷本的《林则徐全集》（海峡文艺出版社2002年版），来先生感到有修订的必要。有良知的学者著书立说，就是着眼于要经得起历史的检验。

二是为了社会的需求。古人有言：书生报国，唯有文章。《林则徐年谱》的出版，对推动民族英雄林则徐的宣传、推动林则徐研究，作用无疑是巨大的。为了满足社会各界的需求，来先生在七十四岁完成《林则徐年谱新编》，八十八岁又完成《林则徐年谱长编》。大多数学者安享晚年是搁笔不写了，而来先生"老骥出枥，志在万里"。这种精神是何等感人！我套用改动唐人刘禹锡的诗句敬呈来先生："莫道骚人在三楚，文星今向南开园！"

五

当代史学家冯尔康先生在《清代人物传记史料研究》书中第四章专谈"年谱"，开头就说："关于清朝人的年谱，来新夏有过很成功的研究，他著作了《近三百年人物年谱知见录》，特别是代序《清人年谱的初步研究》，论述清人年谱基本情况和学术地位，对清人年谱的谱主、编者、表达形式、编制体例、史料价值评论尤详。"来先生在对清人整体观照的同时，更对林则徐独具慧眼，情有独钟。

旧年谱往往孤立地叙述个人的活动，读后难能达到"知人论世"的目的。来先生则把林则徐放到十九世纪中国的乃至世界的广阔背景下来叙述，使林则徐的言论行为与整个时代、社会和民族有机地联系起来。

书中运用大量资料，不是简单地堆砌或剪贴，而是在认真分析研究的基础上，归纳分类，提要钩玄。旧的年谱之作，大都偏重于"叙"，罗列材料而已。来先生则夹叙夹议，史论结合，而又有所考订。我对来先生四个版本的林则徐年谱的目录进行了对照，应当说变化不大。只是《林则徐年谱新编》的目录上，将皇帝纪年与公历之间加上了干支纪年；《林则徐年谱长编》的目录上，在公历之后加上"是年××岁"。但是细读全书，就感到增补修订的内容实在不少。

举例如道光二十一年五月十日（1841年6月28日），道光帝以靖逆将军奕山主持的广东战事失败归咎于前任，下旨流放林则徐和邓廷桢。此前年谱和国内外学者的所有论述，都是如此。《林则徐年谱长编》中来先生从《清宣宗实录》引录全文，前面说："谕内阁，国家设立兵丁，勤加训练，所以严武备而不虞。总督有统辖之责，必应于平时认真督率将备，加意练习，使之有勇知方，一旦猝遇外侮，何患不破敌摧坚，立功奏凯。道光十二年，两广总督李鸿宾，广东提督刘荣庆，因办理军务，临事不能得力，平素毫无整顿，曾经遣戍。"接下来再说林邓之事。来先生按语："道光帝为此追究历任粤督以掩饰靖逆将军奕山在粤的败绩。"

又如《林则徐年谱新编》将道光二十二年四月二十七日道光帝下罪己诏，只是一笔带过。而《林则徐年谱长编》中录入全文。其实历史上皇帝的罪己诏，历来都是受人关注的，对道光帝也不应例外。

还如此前年谱都引林则徐日记赞美冬天的果子沟，而《林则徐年谱长编》增加了日记中所记在果子沟遭遇大风雪，更突出了行路难。

林则徐与哈密王的斗争，是他结束流放前的大事件。但在《林则徐年谱新编》中没有提及。这次《林则徐年谱长编》从《林则徐全集》第五册文录卷中将长篇告示和致伊犁将军布彦泰的信全部录入。信中的"百余人环跪递呈"，足以纠正中华书局版《林则徐集·奏稿》中的《商议新疆南路八城回民生计片》称哈密"有军民数万人环跪具呈"之误（但需指出的是，《林则徐全集》第三册奏折卷收入此折片，仍沿袭"数万人"之误）。

由此可见，来先生经过增补修订而成的《林则徐年谱长编》，无论在深度还是广度，都达到前所未有的成就，具有里程碑的意义。

甲午年除夕前一日

原载于《中华读书报》2012年4月4日

图片文献与文史研究

——来新夏先生"照片学"思想初探

张元卿[*]

自山东画报社推出《老照片》系列书籍后，"老照片"书着实火了一把，跟风而出的相关书刊屡见不鲜。以前读史基本是读文字，自"老照片"出现后，一些以往熟知的历史，有图片为证，就栩栩如生了。但"老照片"更大的价值还在另一方面，即许多陌生的照片不仅颠覆了普通读者的历史常识，同时对一些专家用宏大叙事把握历史的治学范式也构成了一种挑战，它向人们提出了一系列问题：如何解释照片背后陌生的历史？照片上的历史细节作为史料如何进入史的构建？然而，这些问题目前并未引起广泛的关注，出版家和作者大多还停留在把"老照片"当古董，沉湎于展示古董的阶段。在这种情形下，"老照片"类书籍一度非常泛滥，造成照片解释时有错讹，图文信息不对称，照片版本缺乏考证等多种问题。

一

来新夏先生很早就发现了以上这些问题，2003年他撰写的《呼吁建立"照片学"》就是针对上述问题而来，在这篇文章中来先生指出："现在对照片已不

---

* 张元卿，南京大学文学博士。

是单纯收集就可以了，而是需要进行研究，这座房子是谁的故居？某些人物为什么在这儿照相？人物照上前排的是些什么人？是否都能认得出来，说得清楚？图书馆、博物馆和一些私人收藏的照片是否都有文字说明，如果没有，应如何补足？"来先生不仅指出了"老照片"出版热带来的问题，还提出了从根本上解决这些问题的办法，即建立"照片学"。对于建立"照片学"，来先生在文中有简要的说明：

照片无疑是一种图形文献，它必将与文字文献、数字文献等成为文史研究工作者研究与编写的重要史源。因此，我们必须抓住时机，搜集照片，反复辨认，多方研究，编写说明，不仅要多编些图说之类的书，并在进行全方位积累经验的基础上，进而建立"照片学"（或扩称为"图片文献学"）这类专学，以扩大史源，推动文史研究。

2011年11月21日，《北京日报》又发表了来先生的《〈影像辛亥〉：用"照片学"诠释历史》。在这篇文章中，来先生继续阐述了他对图片文献与文史研究的看法，认为"以照片说史是历史文献的一种拓展"，并对闵杰《影像辛亥》"以图解史"所取得的成绩给与了充分的肯定，认为"这不是辛亥革命的老照片集，而是辛亥革命这一历史重大事件的图史。是以老照片作为史料来叙述、分析和论断这段历史的。"也就是说，在来先生看来，"照片学"或说"图片文献学"就是强调图片文献诠释历史的独立价值，不再把照片视为文字的附庸，图片不再是插图，而是说史的主体。由此可见，在来先生心中，"照片学"始于编写说明的"图说"，最终是要达到"以图解史"的目的，亦即"照片学"的基础虽然是图片的整理与鉴别，但它不是档案学之分支，而是史学之新军，其宗旨还在于解史，因此在西方史学界"照片学"又被称为图像史学。

图像史学起源于19世纪下半叶法国学者马莱提出的图像学。图像学以图像为研究对象，起初主要关注图像中的人物、故事，图像的制作时间与制作意图等内容。1912年德国学者阿比·瓦尔堡阐述了将图像研究引入文化史研究的观点："文化史可以借助文本与图像的联合来书写。"此后在瓦尔堡周围聚集了一批从图像学视角研究艺术史的图像史学学者，他们被学界称为瓦尔堡学派。在当代西方学界，图像史学又发展为图像阐释学，主要关注图像的意义补充功能，图像对语言无法描述的历史的解释，以及图像是如何想像历史，及其与意识形态的关系等问题。很明显，早期的图像学只是图像文本学，在文本考证题无剩义时，转向图像阐释学也是很自然的事。图像阐释学虽能在哲学层面揭示图像的深层意蕴，却也容易流于过度阐释。相较而言，图像史学较为稳健，在史学层面发挥照片的文献功能也较为切实。因此，我以为来先生呼吁建立"照片学"，却不曾提倡"照片阐释学"，自是他的史家立场，却也暗含了对于图像阐释学的警惕。

二

来先生"照片学"思想的形成，当得益于他敏锐的史源意识。在《吹尽黄沙始见金——评〈清代史料丛刊〉》一文中，来先生指出："考史必据史料，丰富史料必不断开源，此陈援庵师之所以创史源学。"也就是说，来先生的史源意识在辅仁大学时就已形成。有了这种"丰富史料必不断开源"的意识，才会发现老照片这种新史料的新价值，进而呼吁建立"照片学"。

前几年于庆祥在《图像史学：历史研究的新视点》中阐述这样的观点："与传统史学研究通常利用大量文献资料比较而言，图像史学就是通过一组或一系列的有关联的历史图片，排列出简洁明快的历史解读长卷，透过直观的画面感悟，使人们能够很轻易、很顺畅地进入历史的语境，读懂历史沿革的脉络。"这和来先生的"照片学"思想很相近，是当下史学界在学理上对来先生"照片学"思想的一种呼应。有趣的是，近几年来在新一代天津文史研究者中，出现了一些实践"照片学"的新型学人，他们也有敏锐的史源意识，虽未与来先生直接切磋过"照片学"思想，却默默地实践着来先生的思想，而且他们的实践还在一定程度上丰富了来先生的"照片学"思想。

王振良是较早把照片考证引入文史研究的学者，他调查天津老建筑时常将不同时期的建筑照片进行比对，并进行细节的甄别，以此来确定建筑的年代与位置，并通过考证同一建筑在不同照片上的变化来挖掘叠加在同一建筑上的历史，在此基础上通过城市田野调查来检验文献研究的成果。《天津记忆》刊出的《鲜为人知的天津洋楼》，就是他运用照片发掘隐藏在建筑背后历史的研究成果。王振良的学术思路是面对一张老照片，要努力在现实时空找到它的踪迹；面对身边的老建筑，要努力确认它的身份，刻画出它的前世今生。他在《藏书家》发表的《天津的藏书楼》，之所以能引起同行们的关注，就在于以往研究者基本局限在文字文献中谈藏书楼，而王振良则强调藏书楼不管现在是否留存，一定要在图片文献上对它作一番考察，努力找到它的照片，特别是正在被拆除的照片，或片瓦不存的遗址照片。这样做不仅能全面反映藏书楼的历史，更能通过藏书楼的变迁反映社会历史的变化，特别是城市历史的变迁。借助于图片研究的成果，王振良等还成功地确认了天津的袁克文旧居和张爱玲旧居。王振良的天津历史建筑研究之所以与众不同，就在于他的研究不满足于自己找到或确认了多少建筑的身份，而在于他积极向社会推广自己的调研成果，呼吁政府去保护那些鲜为人知的老建筑。来先生的呼吁建立"照片学"与王振良的呼吁保护老建筑，表面看似不同，但内在精神是相通的，即他们都重视图片文献的解史功能，只是王振良更强调文献和历史研究要参与当下的城市文化建设。这也表明，"照片学"有两个大的研究维度：一是利用图片文献重构历史；一是将图片文献研究成果应用于当下的城市文化建设。

以王振良为学术中坚，还初步形成了一个运用老照片来考察研究历史建筑的民间团队。王和平、张翔、陈硕、褚云等人，通过对大量历史照片细节信息的解读，成功推导出一系列有关建筑的成果：如已经消失的历史照片上经常出现的建筑的位置、身份等信息，某些重要点位建筑物的变迁过程等。还有不少建筑，以前只见于文献记载，也是通过他们的努力，才从老照片上被"发掘"出来。

唐文权除按如上方法解读历史照片外，其照片研究还另有特点，他很善于利用图片文献复原老建筑原貌。他的复原图片既有艺术价值，又有应用价值；既是两个维度的"照片学"研究的基础，又自开一种研究路径，可谓是"照片学"中的异军。

张建的照片研究则将自家镜头对准即将消失的城市街区，用自己的照片记录这一街区的历史变化，反映这一街区原住民的生活状态。《天津记忆》推出的《最后的南市》、《告别堤头》、《老城夫妻》、《走近铃铛阁》，就是他在这方面取得的系列成果。他是在用自己的镜头制造新的图片文献，同时进行口述资料的采集，用这些图片和文字来同时记录历史，进而解释历史，可谓相得益彰。

方博很重视民间艺术品照片的文献价值，比如他通过解读年画照片《天津杨柳青四面水灾图》上的题识，复原了1917年杨柳青水灾的许多历史细节，提升了这张年画照片的价值。这便提醒我们来先生所说的"照片"，除了人物、事件等常规的老照片外，也应包括书画作品、陶瓷器皿、金石拓片等各种艺术品的照片，换言之，凡是能用照相机拍摄到的东西（包括影像资料的截图）均属于"照片学"研究的范围。

以上这些照片研究，可以说是来先生"照片学"思想的有益补充，即既重视老照片等现有图片文献的研究，也要在"图片学"思想指导下制造新的图片文献，不断提高"以图解史"的能力，深化"以图解史"的效果，并进一步丰富"以图解史"的内涵。

王振良、唐文权、张建、方博等都是来先生的小友，他们与来先生在"照片学"上的默契，已然形成一道特别的学术风景，虽知者尚少，但特色鲜明，成果坚实，已具学派之雏形，因此来先生"照片学"思想的价值，或许还在于无意间催生了一个天津"瓦尔堡学派"。

二〇一二年五月二十六日写于北秀居，三十日改定

原载于《天津记忆》2012年第112期

修志第三

多业并举样样出彩

——怀念方志大家来新夏

魏 桥[*]

来新夏教授被学界称为"纵横三学（历史学、方志学、图书文献学），自成一家"，真是名不虚传，而他在方志界中称得上是一位多业并举的方志大家。

二十世纪八十年代以来，由于修志，我与来新夏教授有较多的接触，现在斯人已逝，可是他的渊博知识、诚恳待人以及音容笑貌给我留下深刻难忘的印象。早在二十世纪六十年代，他就参加过河北省地方志的编纂工作，这是如今方志队伍中难得的先行者。社会主义时期首轮修志至今三十多年来，他仍孜孜不倦，兀兀穷年不间断地参加修志动员、志稿评审、修改定稿等项事宜，他常有精辟之言受到方志界的好评。来教授从事方志事业可谓视野开阔、多业并举、与时俱进。早在八十年代初，新一代的方志事业正在中华大地上萌动，但不少人不知方志为何物，况且"左"倾思想未除，修志急需有正确的理论和业务指导，他在1983年率先出版了《方志学概论》一书，简明扼要，深入浅出阐明了方志的基本概念、发展简史、编纂要领等，对当时方志事业沿着正规道路前行起到不可磨灭的指导作用。

编纂新志的同时，应重视对当地旧志的收集、整理和使用，这个浅显的道

* 魏桥，浙江省社会科学院原副院长、浙江省地方志办公室原主任。

理，看似平常但当时却被扭曲。如浙江省有的地方竟将旧志归入敌伪档案而束之高阁。来教授出身于修志世家，他的祖父来裕恂先生在中华人民共和国成立前十分艰难的条件下编修过《萧山县志稿》，留下了大量志稿。1991年在萧山区政府和地方志办公室的大力支持下，经过整理，由天津古籍出版社公开出版，填补了当地方志的一段空白。方志贵在有用、可用。来教授善于运用方志资料为学术研究服务，早在1957年发表在《历史研究》上的《试论清光绪末年的广西农民大起义》的学术论文中就利用了大量地方志资料。后来浙江省地方志办公室在他的影响下编出了《方志功能面面观》一书，发展了修志为用的观点。

方志评论是发展方志事业不可缺少的一环。来教授曾著文肯定当今修志"成绩斐然，成果丰硕"，同时又严肃指出一些志书存在的突出问题，如"史实不准，取舍不当，语言不精，校对粗疏，甚至某些历史事件和历史人物记述不够客观"①等。他在指出问题的同时并不居高临下、冷嘲热讽，而是心平气和、与人为善，使人心悦诚服，乐于改正。

方志虽是我国独特的文化传承，同样应该走出国门，通向世界。来教授在这方面的成果也是突出的，如他较早地在日本一些大学开设"中国方志学概论"这门课程，博得高度评价；同时他还与日本学者合作"中日地方志比较研究"，并出版了论文集，为方志国际交流开创了可喜的局面。

关于方志馆的建设，当今已较普遍地开展起来。可以说来教授对此早有所见。他在萧山区领导和地方志办公室的大力支持下，捐献了他的所有藏书，尤其是大量志书，在家乡萧山办起了"来新夏方志馆"，馆址设在热闹的街头，便利百姓参观、利用。开馆之日我专程前往参加盛典，受益不少。

来教授深深的志情是与他浓浓的乡情紧密联系在一起的。他常用非标准的萧山腔称自己是"萧山长河头人"，对当地的种种变化铭记在心头。他曾说来老家萧山开始住招待所，后来住交际处，再到宾馆、星级宾馆，不断的发展变化应该一一记入志书。深深的志情，从他参加新志编纂、旧志整理、理论探讨、方志评论、国际交流以至方志馆建设等多方面工作已充分表达。

斯人已逝，后有来者，相信方志事业定能多业并举，兴旺发达。

原载于《中国地方志》2014年第7期

---

① 来新夏：《新世纪的修志思考》，见《皓首学术随笔·来新夏卷》，第24页，中华书局2006年版。

来新夏与新方志编修事业

郭凤岐[*]

我与来先生的关系，在他1994年为我的《方志论评》一书所作的序中，曾经写道："郭凤岐君毕业于南开大学中文系，与我有师生之情；他于1990年初投身志界，与我有同行之雅；后又应邀兼任我所主持之地方文献研究室研究员，又与我有同事之谊。有此三同，且不时就志学商讨评论，相互沟通，遂益增了解。"来先生讲得情真意切。特别是我走进志门的十二年时光，与先生朝夕相处，风雨同舟，结下了深厚的忘年情缘。来先生在历史、方志、图书、文献等众多学科的广博知识，是难以伦比的；来先生撰写出版的史籍、论著、散文、随笔、剧本等，多达几十种，是望尘莫及的；来先生的勤奋精神、治学严谨、学术深湛等，是有口皆碑的；来先生的思维敏锐、讲话口才、文笔才华、为人正直等，是令人钦佩的。我感叹自己的笨拙之笔，不能把这些抒发出来。本文只就来先生对新方志的编修，谈以下四点。

一、新编地方志的奠基者

编修地方志，在中国已有两千多年的优良传统。就各个朝代说，代代有志，连绵不断；但就届次来说，间隔较长，约五十年编修一次，形成了修志的跳跃式发展。新中国成立以后，又三十多年基本没有修志，致使历史上最后一次修志到

---

* 郭凤岐，天津市地方志编修委员会副主任兼秘书长。

本次编修新志，其间有很长一段时间差。比如天津历史上最后一部志书《天津志略》，是1931年编修的，到二十世纪八十年代首届修志，之间中断了五十多年。所以参加本届修志的同志，既没有修志的经验，也不懂修志理论，甚至不知道地方志为何物；即使是其他学科的专家，在修志这一行上同样也是新手。因此地方志理论培训十分重要。

八十年代初，中国地方志指导小组尚未成立，由中国地方史志协会组织了华东、中南、西北、华北四片修志人员，分地区举办了地方志研讨班。来新夏先生往返奔波，承担了组织和主讲任务。这次研讨班培养了新中国第一批志人，这些同志后来都成了全国各地新编志书的骨干，对于启动本届修志起到了重要作用。

举办这次研讨班的时候，天津市地方志机构还没有成立。1991年7月，也就是我到地方志工作的第二年，为了补上这一课，同来先生商量再办一次培训班。来先生非常支持，提出与他主持的、教委批准可以办班的地方文献研究室联合举办，按正规的培训进行，经学习考核合格者，颁发结业证书，于是培训班在蓟县和南开大学分两段进行，前后半个多月，集中讲了十几课，来先生亲自担任主讲，又为天津修志培养了百十名骨干，此后的修志十多年来，天津又办了一二十次修志班，几乎每一次来先生都为主讲。

为了加强修志理论指导，来先生邀约了当时地方志领域为数不多的专家，主编了《方志学概论》一书（1983年福建人民出版社出版），这是第一届新志编修伊始，出版最早、也是最好的地方志理论专著之一，成了修志人员必读的教科书。此后来先生还撰写了《志域探步》（1993年南开大学出版社出版）、《中国地方志》（1995年台湾商务印书馆出版）等多部专著。1998年我们在台湾进行史志学术交流时，还在宜兰县史志馆发现了来先生的一部地方志理论专著。为了便于修志人员查阅文献，来先生还组织人员编写《中国地方志综览（1949—1987）》（1988年黄山书社出版）。来先生是享誉海内外的史志专家，为中国地方志的启动和发展起了不可磨灭的重要作用。

二、地方志编修工作的实践者

地方志理论研究难，地方志编修实践更难；地方志系统以外的专家参与地方志编修工作的比较少，十多年来业外专家始终参与地方志编修的更少。据我所知，像来先生这样高层次、高年龄的专家，一二十年来一直参与新志编修实践的，在全国屈指可数。

志稿的评审，是志书编修过程中的重要关节，修志同仁最害怕这一关，但又非过这一关不可。专家们真杀实砍地对志稿评头论足，常使编修人员头上禁不住冒汗。但是这是志书提高质量的关键一环，也是新志编修中创造性的举措。来先生是志书评稿会上的首席专家，全国许多省区市的评稿会，如浙江、江苏、山西、河北等，都请他前去参加。天津已召开的几十次评稿会，来先生基本上都参加了。每部志稿百万言左右，来先生都认真审读，并且写出文字的评审意见。每次评稿会都打头发言，提出真知灼见，对志稿的修改具有举足轻重的意义。特别是他指出的一些史实方面的硬伤，更是为志书起到了把关作用。天津的评稿会还是以评代训的课堂，每部区县志稿评审，都请各区县的修志人员参加，专家们的评审发言，是宣讲修志理论、专业知识和地方常识的生动课堂。

志书评论，包括为志书所作的序，大多属于方志应用理论。这种应用理论，对于修志工作者来说，比纯理论更有实际效用。十多年来，来先生为多部新编志书作序，并写了大量志评。全国一些名城名志和天津大多数区县志和部分《天津通志》分志，都有他的赐笔。这些志评，不仅总结了志书的得失，扩大了志书影响，而且对具体指导修志大为有益。

来先生还担任了天津市地方志编修委员会顾问，以及天津和外地不少新编志书的顾问。他这个顾问不是顾而不问，而是尽职尽责，具体介入志书编修。我九十年代初刚来到市志办，来先生就向我提出对天津十几部旧志进行点校出版，在他的倡导下开始运作后，他亲自担任主编、审定，并承担了《志余随笔》的具体点校工作，使500多万字的《天津通志·旧志点校卷》顺利出版问世。他具体参与志书篇目的制定，如对《蓟县志》篇目设计就起了重要作用；他还为志书的重要篇章拟定提纲，如《河东区志》大直沽篇等。来先生既是新编志书的理论家、批评家，又是实际工作的参与者。天津和外省市的一些志书，渗透着来先生大量的心血和智慧。

三、地方志比较研究的先驱者

有比较才有鉴别。比较研究是深化学术研究的有效方法。但是把比较研究引入地方志学术研究的，在我国首当其事的是来先生。这个比较不仅是新编志书与旧志的比较，也不仅是天津新编志书与外省市新编志书的比较，而且还是中国海峡两岸新编志书的比较，特别是中国新编志书与国外史志书类的比较。

1991年，来先生与日本独协大学教授齐藤博先生，经过多次组织商讨和学术交流，在广泛深入的比较研究基础上，历时四年，完成了近30万字的《中日地方史志比较研究》著作。收入中方论文九篇（日文本七篇）、日方五篇，作者大都为中日地方史志方面知名专家学者。分别于1995年与1996年由日本学文社和中国南开大学出版社出版。该书是我国出版的中外学者比较研究地方史志的第一部论著，"它既标识着中日地方史志学者学术合作研究的开端，也反映了当代两国地方史志的研究水平"。

经过来先生和我与香港大学亚洲研究中心研究员林天蔚先生近一年的策划，1997年底至1998年初，由天津市地方志办公室和南开大学地方文献研究室共同主办了"中国（海峡两岸）地方史志比较研究讨论会"。加拿大、美国、日本等国外学者和中国的专家学者60余人参加了会议。天津市有关领导出席会议，并讲了话、接见了海外学者。提交会议的论文23篇，就大陆与台湾、中国与外国、新志与旧志等史志理论问题，进行了广泛深入的比较研究，如此正规的大型地方史志比较研讨会，在天津社会科学界是头一次，在全国方志界也首开先河。来先生在会上宣讲了《关于比较方志学学科建设的思考》，在全国第一个提出了比较方志学学科建设的命题，并进行了深刻的探讨，受到与会学者的普遍关注。会后由天津市地方志办公室编入了正式出版的《海峡两岸地方史志比较研究文集》，这是这一领域的第一本专集。

1998年11月，我作为团长，率大陆8个省区市的史志专家学者32人，赴台湾参加了"海峡两岸地方史志、地方博物馆学术研讨会"。参加这次会议的除中国学者外，还有美国、日本、加拿大、新西兰等国的高层次专家，共120多人。这次研讨会，是中国大陆组团与台湾进行地方志交流的首创之举。会上来先生首先发言，宣读了《新编方志的人文价值》的论文。这次研讨会，全面而准确地介绍了大陆修志的情况，同时考察了台湾修志的状况。这次研讨会突出的特点是，在主讲人宣讲自己的论文后，先由评议人进行评议，然后与会专家学者向主讲人提出问题，主讲人进行答辩，从而形成面对面的学术交流和交锋，在某种意义上说，是大陆与台湾，中国与外国地方史志编修的、生动活泼的比较研究学术会议。

1999年，我们又组织和兄弟省市的史志专家学者赴美国犹他州，成功地举办了地方志与家谱学术研讨会。虽然来先生没有参加这次会议，但这是我们与来先生共同策划的天津、台湾研讨会的继续。通过这次会议，实地了解到犹他州每个县也都编修了类似我们的地方志类的书，会议也带有比较研究的性质。使中国史志学者走出国门，大开眼界，进一步从"修志是中国独有传统"的误区中解放了出来。

四、修志理论和实践的创新者

古人云："七十不逾矩"。一般人认为，年岁大了思想就趋于保守了。来先生却不然。在多年的共事中，我深切感受到，来先生精力充沛，思维敏锐，与时俱进，勇于创新。除上述比较方志学的首创外，为了弥补志书下限距离出书时间过远，而全部延长下限又难以做到的缺憾，来先生首倡在志后附设经济和社会发展纪略，既省时省力，又补救了下限之不足，这一方式为许多新编志书所采用。

来先生大力支持新编志书创新。大事记在志书中是放前还是置后，在我市专家学者中曾有争论。有的学者认为大事记起检索作用，主张放在志后，甚至志书中间。我们考虑，志书的大事记除检索功能外，还起着全志"纲"的作用。因为志书是横排门类的，大事记作为经线可以纵贯历史大事，于是提出了放在志前的意见。在《蓟县志》评稿会上，来先生对我说："我们所提意见是学者意见，如何放置你们决定，不要影响你们的工作。"我听后非常感动，这不仅是对我工作的支持，而且表明了来先生开阔的胸怀。

关于民国时期志书的纪年，也是在我市评稿会上几经争议的问题，有的老同志主张用民国纪年，当然这是对的。但是修志之初，审志办搞了一个书写规定，要求从民国开始采用公元纪年。为了保持各部志书纪年的一致性，我们意见还是按书写规定办理。南开大学出版社负责《蓟县志》的责任编辑，在处理这部志书时，把民国时期的公元纪年改为了民国纪年。我向责编提出了这个问题，责编说这是根据来先生的学术思想修改的。我说用民国纪年无可非议，但是既然有这一规定，请责编再同来先生商量。结果得到来先生支持，又改为了公元纪年。

来先生对我提出的志书下限贴近现实，加强志书的著述性、学术性也都给予大力支持和倡导。来先生写道：郭君在"论及新志之社会作用、近期新志之表述方式以及如何提高新志学术水平诸论题，颇能独抒胸臆，自陈新意而发人深思，引人入胜。"我市《南开区志》等志书篇目，一改既定模式，创新力度很大，有的修志同仁一时都难以认同，来先生却给予充分肯定，这样的创新受到各方称赞，《南开区志》荣获天津市第七届社会科学优秀成果二等奖，这是至今我市新编志书获此殊荣的最高奖项。其他凡是有创新的，来先生都热情鼓励。

来先生有修正原来观点、吸纳新观念的大家风范。如入志人物的"生不立传"，是历来的著述原则。在编修新志中，为了强化人文内涵，更好地表现区县、行业的人文荟萃，并且使已收集到的珍贵资料能在志书中保存下来，我们天津的新编志书在全国最早尝试了在志书设生人简介。开始一些专家学者对此有不同看法，来先生起初也不大同意。但是当看到其尝试受到各方好评，逐渐为各地志书所接受时，来先生毫不含糊地转变观念。1997年3月，在《天津通志·出版志》评稿会上，他高度评价该志的生人简介，说这是新编书的创新。他当即兴奋地表示赞同，这也证明来先生修志观念的发展和创新。

对于反对志书创新的论调，来先生都给予坚决驳斥。某大学有一位先生，不顾事实，对新编志书横加指责。其中有一条，将新志把汪伪政权放入"附录"的创新，说成是"感情用事"。对此，来先生撰写了多篇文章，发表于《光明日报》、《天津史志》等报刊上，有情、有理、有据、有力地进行批评，满腔热情地赞颂新志的创新之举，不遗余力地维护新编书的声誉，志界同仁对来先生这种勇于任事的精神十分钦佩和敬仰。

"人生贵相知"，"芳草春长在"。我们由衷地祝愿来先生健康长寿，祝愿来先生的方志学术思想名扬四海！

2002年4月26日初稿

2002年5月10日修改

原载于《来新夏教授学术研讨会纪念集》 南开大学地方文献研究室编 新疆大学出版社2002年版

来新夏教授在首届新志编修事业上创五项第一

杨静琦*

我与来新夏教授相识于1981年8月，是中国地方史志协会在山西省太原市晋祠举行的成立大会上，当时我们都当选为协会理事。为此，在尔后的二十多年的修志工作中，我有机会多次向来教授请教，并请他到河南省讲学。特别是在修志工作过程中，我发现了一个珍贵的资料，即查到了记述来教授祖籍是河南省许昌市鄢陵县。其先祖在北宋靖康之难后随宋室南迁到浙江省萧山县。来氏先祖任南宋建都于杭州后的第一任绍兴府知府。来教授亦认定祖籍在河南，从而我们是河南老乡了。他热心关照祖籍家乡的修志工作。我请他具体指导《许昌市志》和《鄢陵县志》的编纂，并请为两部志书写序。来教授为《许昌市志》和《鄢陵县志》写的序，学术水平很高，又非常实际，有益于推动县志为现实服务，促进了当地社会主义两个文明建设的发展。

以上所言，仅是来教授对本届社会主义新方志事业发展，作出贡献的一朵璀璨鲜花，而花团似锦的贡献是他为社会主义新方志事业的发展创下了五个第一。这首先是来新夏教授出身于方志世家，他的祖父来裕恂先生就是一位方志专家，更是一位中国语言文字学专家。老先生曾两度参加浙江省《萧山县志》的编纂，更于1948年激烈的战争环境中，艰苦的生活条件下，一手完成了70万字的民国最后一部志书——《萧山县志稿》。来教授承继家学，自幼对地方志富有深情，他大学毕业后在教学和科研工作中就熟悉地运用地方志书的资料。为此，在1979年中共中央领导批示在全国编纂当代社会主义新方志之时，来教授以自身所具有的

---

* 杨静琦，中国地方志协会常务理事、河南省地方志编委会总编室原副主任。

深厚的方志学理论基础，与全国社会科学界高层次的专家学者共同发起编修地方志。1980年，在天津市召开成立中国地方史志协会预备会，来教授受梁寒冰同志委托，在会上作了《总结旧志，创编新志》的发言，提出了在新时期创编社会主义新志书的若干创见和思路，其中核心思想和许多提法成为尔后指导全国地方志编纂工作的规范和原则。会后，他将这篇发言修订成《略论地方志的研究状况与趋势》一文，正式发表在《天津社会科学》杂志上（后由日本学者译为日文，在《东洋史学报》发表）。这是本届修志在全国发表的第一篇方志学论文。可称是为编纂社会主义新方志在方志理论准备上作出了首要贡献。这应该是首项第一。

来教授创的第二项第一，是他于1983年组织编写并出版了全国第一本方志学专著，即《方志学概论》。《概论》的编辑成书，是来教授在1981至1982年期间以中国地方史志协会理事的职责，为全国修志工作的开展，组织举办华东、华中、华北、西北各大区修志人员培训班上的讲

1982年5月参加"旧志整理工作座谈会"前接受中国地方史志协会委托在武汉东湖宾馆草拟《中国地方志整理规划（1982—1990）》

稿。来教授风尘仆仆忙碌于苏州、武汉、蓟县、太原各地培训班上，培训班为全国各省、市（地）、县（市）培训修志主编和编辑。之后，更把各班的讲稿作了认真修改、加工，编辑出版了《方志学概论》，由福建人民出版社出版。来教授创的这一项第一，是为全国编纂社会主义新方志奠定了人才基础，提供了方志学理论基础知识。

来教授创出的第三项第一，是他于1983年在洛阳市召开的中国地方史志规划会议上的发言，和与规划会议同时举办的河南省修志人员培训班上的讲课。其中提出了新编社会主义地方志书的四项质量标准。当年，河南省地方志编纂委员会总编室，借中国地方史志规划会议在洛阳召开的良机，在洛阳市举办了全省、

地（市）、县志主编和编辑1000多人的培训班，邀请参加中国地方史志规划会议的十几位专家，到河南省的培训班上讲课13次。其中讲课的有董一博、朱士嘉、傅振伦、谭其骧、侯仁之、来新夏等全国知名度很高的专家。来教授讲了新编地方志的四项标准：一、政治标准：坚持以马克思主义、毛泽东思想为指导，明确"修志就是为社会主义服务，为两个文明建设服务"的目的。具体说，政治标准包含指导思想和政策要求两项内容。二、论述标准：要注意三个方面，一是全面性，使志书能成为提供全面资料的一部书；二是时代性，要以新材料体现出时代特点；三是地方性，要使新志书在共性基础上突出地方特色以表达个性。三、资料标准：志书要重视资料，以资料为论述的基础，而不能成为资料汇编。使用资料既要广征博引，又要严加考辨甄选，对旧志资料要正确地以批判继承的观点对待。四、结构与文字标准：应广采诸体，综合表述，文风端正，严谨朴实，不滥用辞藻，不虚誉，不溢美。以上四条新编社会主义新方志的质量标准，是来新夏教授在全国修志工作发展的关键时期首次提出的，对全国提高志书质量有重要意义。至今未见有人能突破此论。这应是来教授创的第三项第一。同时，来教授还十分重视旧志整理工作，在此从略。

来教授创的第四项第一，是1996年在中日两国分别以中、日两国文字出版的《中日地方史志比较研究》两部方志学专著。两书主编均为来新夏和齐藤博。中文版《中日地方史志比较研究》书中收入"中国地方史志的研究"的几篇文章，介绍了《中国纂修新方志工作的回顾与展望》、《新方志与现代科学结合——谈河南省新编县（市、区）志创新尝试》和《中国〈慈溪县志〉与日本〈广岛新志〉的比较》等9篇文章；收入"日本地方史志的研究"5篇文章。中文版本的《比较研究》一书全书共27.1万字，出版1200册。为大32开精装本加封套，印制装帧精美，由南开大学出版社出版。《中日地方史志比较研究》一书的出版意义重大，是来新夏教授当年到日本讲学，把中国新方志编纂与研究全面推向国际学术界的第一部书。应是来教授为本届社会主义新方志事业的发展创下的第四项第一。当时来教授还到美国去讲学，讲中国地方志与地方文献学，带去了河南省地方志编委会总编室的有关地方志资料书。如《河南地方志综录》、《河南地方志提要》、《河南地方志佚书目录》、《河南史志资料》等多集。来教授是把中国地方志的编纂与研究进一步推向了全世界，今已发现在美国有利用来教授带去的河南地方志资料出版的英文专著。

来教授创的第五项第一，是1997年12月29日由来教授主持的南开大学地方文献研究室和天津市地方志办公室，共同发起召开的"海峡两岸史志比较研讨会"。这是中国海峡两岸史志界首次正式开展交流，参加会议的有来自台湾、香港和国外的专家学者，有中国地方志协会和各省、市地方史志机构的领导、专家，有天津市史志界、社科界、高等院校的专家学者等60多人。会议研讨了海峡两岸地方志编修的比较、比较方志学科的建设，以及修志的热点和难点探讨等问题。会上一方面广泛研讨了修志的学术问题，还相互交换了已出版的志书。这次"海峡两岸史志比较研讨会"后，更启动了海峡两岸以及中外史志学术交流的继续进行。1998年11月30日至12月9日，来新夏教授又与天津市地方志编修委员会秘书长郭凤岐等一同赴台，参加了"海峡两岸地方史志、地方博物馆学术研讨会"。大陆各省、市方志学，地方博物馆学学者赴会者32人，到会的还有中国台湾和香港以及美国、日本、新西兰、加拿大的学者，共125人。研讨会讨论发言热烈。总之，来新夏教授参与发起的1997"海峡两岸史志比较研讨会"，开创了海峡两岸地方史志界的文化交流，不仅推动了海峡两岸在地方史志文化上的认同，更有重要的政治意义，有益于祖国的和平统一。这应是来新夏教授创下的更重要的一项第一。

2004年12月23日，来新夏（右六）参加家乡浙江萧山区志办座谈会

总之，来新夏教授为中国首届社会主义新方志事业的发展创下了五项第一，作出了重大贡献。同时，他更热心地、执着地、勤勤恳恳地、严肃认真地参与地方志编纂工作实践，在修志工作开展的二十多年中，全国各省、市（区）的一些市（地）、县（市、区）方志编纂工作会议上，评稿、评书会议上都有来教授参

加，为方志编辑们授业解惑，为志书编纂出谋献策，提高质量。他参评的志书有的评为全国一等奖，如，《萧山县志》等。来新夏教授是当代新方志编纂和新方志学发展的重要奠基人之一，是当代海内外顶尖著名的方志学专家。同时他更是博学多才的史学家、古典目录学家，是图书馆学、地方文献学等多学科的国内外知名度极高的专家，几十年的辛勤耕耘，研究硕果累累。如有《近三百年人物年谱知见录》、《北洋军阀史》、《结网录》、《林则徐年谱》、《天津近代史》、《中国地方志综览》、《中国古代图书事业史》、《图书馆学情报学档案学简明辞典》、《古典目录学》、《志域探步》、《北洋军阀》（中国近代史资料丛刊）等多种著作。可惜限于笔者的学识局限性，无力详作介绍。

另外，当年来教授十分关注祖籍《鄢陵县志》的编修，由于在县志中突出了地方特色，如来教授亲自撰写的序言中，就浓彩重墨地写了鄢陵县的花卉，说"鄢陵莳花殆有千年历史，古有'花都'、'花县'之美誉，尤以蜡梅名葩，久负'鄢陵蜡梅冠天下'之令名，是志乃于经济编中特立《花卉》专章，此犹宋范成大《吴郡志》之志园林、今萧山志之志围垦、青州志之志烟草，皆以彰其地方之特色"。《鄢陵县志》地方特色浓，花卉专章写得好，县志于1989年出版后，为现实服务的功能大显身手。在全面改革开放，发展社会主义市场经济的大好形势下，鄢陵县调整农业经济结构，发展花卉生产，建成了海内外有知名度的花卉生产基地，花卉产业已成为该县的支柱产业。中央电视台、报刊新闻媒体对此有多次报导，影响极大。一些典型户种花致富，年收入达万元以上。花卉生产促进了鄢陵县经济发展。以上仅是从新闻媒体报导中得知的粗线条的资料，详情有待进一步深入调查后再谈。不过，以上简略情况已说明来教授在修志工作中下功夫，促进了用志，为发展先进生产力作出了贡献。我更以此新成就为来教授八十大寿祝贺。

原载于《来新夏教授学术研讨会纪念集》 南开大学地方文献研究室编 新疆大学出版社2002年版

为新编地方志事业倾注心血的来新夏教授

曹振武[*]

　　始于春秋形成于宋盛于明清的地方志，是我国世代相承特有的民族传统文化。由于种种原因，清末逐渐衰落，以致中断。1980 年，胡乔木同志在中国史学会上倡议，用"新的观点，新的材料，新的方法"编纂社会主义新方志。号召大家为此"大声疾呼，予以提倡"，受到与会代表一致拥护。为了动员组织全国有志于此者共襄盛举，当即由北京、天津、山西、湖南等八省市牵头发起成立了中国地方史志协会筹备组，在国家未恢复修志机构前指导地方志编修。对地方志一直情有独钟的南开大学历史系教授来新夏先生，闻讯而动，在不误繁忙的教学、科研和行政工作的情况下，将余力倾注于地方志。二十余年来，他为地方志复兴，深究细研，解疑破难，奔波于海内外讲授、著述、审稿、评论、指导，夜以继日，至今无闲。粗略统计全国有200余部新修志书包含着来先生的心血与辛劳，其中有50余部佳志获国家或省级奖。

　　1981年2月和7月，来先生同天津社会科学院副院长左健先生，两次到太原参加中国地方史志协会（后改为中国地方志协会）筹备会和成立大会。来先生当选为理事，以后历届连选连任，1998年起兼任协会学术委员。协会成立伊始，诸事待兴，而协会领导及学术顾问曾三、梁寒冰、李志敏、董一博、朱士嘉、谭其骧、史念海、傅振伦等俱已年逾古稀，年近花甲的来先生主动承担重任，作了许多效果显著、促进复兴方志事业的实事。为了培训全国急需的修志人才，协会决定1982年夏秋季节分别在太原、苏州、武汉和天津蓟县四地举办地方志培训班。

　　*　曹振武，山西省地方志史志研究院研究员。

太原班负责西北和山西，武汉班负责中南和西南，苏州班负责华东，蓟县班负责华北（不含山西）和东北，每班吸收数百人学习。来先生首先考虑到学习内容，立即牵头组织南开大学、安徽大学、宁夏大学、福建师范大学、苏州大学和辽宁、杭州、贵阳师范学院等八院校的历史系教授、副教授分工合作编著了《方志学概论》，来先生任主编，由福建人民出版社出版。受到各地欢迎，不仅成为当时既及时又实用的教材，亦是新中国第一部方志学著述。

在办培训班过程中，来先生操心最多，出力最大，他独自筹划领导了苏州和蓟县两个班。苏州培训班结业的当天晚上，即溯江西上赶往武汉班授课；在太原班连讲两课后马上返津筹办蓟县班。风尘仆仆，日夜奔波。在教学内容和方法上理论联系实际，灵活多样，如在蓟县班除请董一博、鲍觉民、刘光禄等专家学者讲课外，又邀请《威海市志》主编王学强、山西省地方志办公室的曹振武介绍编纂市志和县志的经验教训。后来，参加培训的多数人都成为本届修志的主力，不乏佼佼者，如学者欧阳发、刘乾昌等入门后努力钻研，专业知识日益渊博，成为颇有成就的地方志专家。欧阳发先生曾戏言，苏州培训班如同复兴方志的"黄埔军校"，具有开拓之功，我是第一期学生。笔者当时兼管协会联络处工作，有幸参加了四地培训，受益匪浅。亲见来先生及诸多领导、师友对方志事业的无私奉献事迹和精神，深受鼓舞，坚定了终生从事方志工作的决心。

全国方志培训班的举办起了示范作用。之后，各省区市修志机构和大专院校围绕方志纷纷举办各式各样的学习班、研究会、志稿评审会、成书后的评论会等等，持续不断。来先生更忙了，凡能请到他出席的多能听到其针对实际的精辟见解和解难释惑的高论，自然成为公认的方志学权威。

自浙江《萧山县志》开始，来先生为各省市县志及梁滨久、任根珠等中青年方志工作者专著做序数十篇，为各级各类志书写评论近百篇。实事求是，公正准确，肯定成绩不夸张，缺失谬误不隐讳，勉励新秀不溢美，担任顾问不挂名。实例不胜枚举，如给《晋中地区志》写的书评，充分肯定优点后，一一指出不当和不足，言之有理，字数超过写优点。该志主编柳俊礼心悦诚服地说："来先生真心帮我进步。"1998年，山西平遥县分管县志的李副县长亲到南开大学聘请来先生任《平遥县志》顾问，来先生应允后广览有关资料，帮助设置篇目，审阅蓝本并两度到平遥实地考察，自始至终尽心尽力，助平遥编纂出一部难得的佳志。

原载于《来新夏教授学术研讨会纪念集》　南开大学地方文献研究室编　新疆大学出版社2002年版

来新夏方志学思想及实践探析[*]

吴五燕[*]

目录

* 本文为苏州大学2018年度硕士学位论文，指导教师侯德仁教授。

* 吴五燕，苏州大学社会学院2018届硕士研究生。

一、选题意义

来新夏是我国当代著名的学者，在治学上，他涉猎颇广，人称"纵横三学，自成一家"，所谓三学，指的是历史学、方志学与图书文献学。这当中每一个领域都足以让人望洋兴叹，但来新夏却能游刃有余，并常常取得开创性成果。1957年《北洋军阀史略》、1981年《古典目录学浅说》、1983年《方志学概论》、1987年《天津近代史》、1991年《图书馆学情报学档案学简明辞典》……这些都是新中国成立以后相关领域中的第一部书，开一时风气，为学术的发展辟出一片新天地。

改革开放以来，来新夏还积极参与推动我国图书馆学、方志学的研究发展，培养了大批人才，为学科建设做出了重要贡献，并将学术服务于社会。特别是对方志学方面的研究，可谓是开风气之先。来先生的《方志学概论》一书，是建国以来第一本通论性的方志学著述，该书系统论述了方志的起源、发展，介绍了古、近代学者对方志学的研究，并重点阐述了新方志的编写要求和方法。方志学家魏桥认为"《方志学概论》一书，简明扼要，深入浅出地阐明了方志的基本概念、发展简史、编纂要领等，对当时方志事业沿着正规道路前行起到不可磨灭的指导作用。"

作为当代著名的历史学家，来新夏可谓是著作等身，为我国史学的发展做出了很大的贡献，他的很多著作都值得我们这些后辈去认真学习和解读。由于来新夏先生离世未久，学界还没有对其开展系统全面的研究，目前涉及的只是一些学者在论文或专著中所引用的先生的一些作品，本文所选取的研究方向是来新夏先生在方志学方面的成就。

方志是综合记述一个地区情况的著作，内容包括自然、经济、历史文化、人物、风俗、灾害、文艺等，大多以行政区域为单位。在中国，方志有着悠久的历史，留传下浩瀚的卷帙。从宋代开始，修志事业出现萌芽，历经宋元明三朝形成期，到了清代修志成风，名家辈出，产生了探讨方志学方面的专论，民国以后，对地方志的研究取得了较大的进展，出版了大量关于方志研究的专著。

建国以来，方志学重新回到了学者的视野，来新夏先生在这方面的成就尤其突出，因此，应对先生在方志学方面的成就进行全面的梳理，以便我们今后对方志学的学习和研究能够有更为透彻的理解。

二、学术史回顾

学术界对来新夏先生的研究，目前主要集中在其在图书文献学、中国近代史和随笔等方面，关于来新夏先生方志学的研究，大多是一些介绍怀念性的文章，对其学术思想展开系统论述的较少。其中有代表性的文章可分为以下几个方面：

（一）方志学。魏桥的《多业并举，样样出彩——怀念方志大家来新夏》[①]，该篇文章简单介绍了来新夏先生在方志学方面的成就，但就其方志理论并未展开系统的论述。重庆大学图书馆馆员朱晓梅的《来新夏新志编纂思想述论》[②]，文章围绕来新夏先生的方志编纂原则进行了比较系统的论述，但该文仅围绕方志编纂原则进行了论述，未能全面系统地论述来新夏先生在方志学方面的

[①] 魏桥：《多业并举，样样出彩——怀念方志大家来新夏》，《中国地方志》2014年第7期。

[②] 朱晓梅：《来新夏新志编纂思想述论》，《新世纪图书馆》2015年第2期。

成就。新疆伊犁州地方志编委会成员吴佩昀所写的《浅谈来新夏教授关于第二轮修志的"三新观点"》①，文章就来新夏先生在《我对第二轮修志的一些看法》一文提出的三新观点，即理念新、观点新和编纂方法新三个方面进行了简单的梳理。此外，还有李明所写的评论性文章《中日地方史志合作前景广阔——读来新夏、齐藤博〈中日地方史志比较研究〉》②，该文主要介绍了《中日地方史志比较研究》一书，肯定了中日地方史志的合作研究方向。

（二）中国近代史。周新国、弓楷合作写成《来新夏与中国近代史研究》③，文章主要论述了来新夏先生在中国近代史方面的治学之路，大致可分为起步、沉寂、发展、高峰四个阶段，以及在治学过程中形成的鲜明的治史风格，即重视史料的搜集、整理，持之以恒的坚韧精神；重视理论的研究，客观公允的治史品格；奠基铺路，嘉惠后学的奉献精神；敬仰先贤，传承中华优秀传统文化的民族情愫。

（三）北洋军阀史。北洋军阀史是来新夏先生在学术上一个绕不过去的高峰。福建师范大学廖德明的硕士学位论文《来新夏与北洋军阀史研究论探（1949—2006）》④，对来新夏先生在北洋军阀史研究成就及其学术思想进行了系统、全面的研究和分析。陈明显和黄黎发表于《民国档案》上的书评文章《"植根于博，持之以韧"——读来新夏等著〈北洋军阀史〉》⑤，文章主要围绕来新夏先生的《北洋军阀史》一书的特点进行了评论。

（四）图书馆学。这方面的研究主要有王振良的《来新夏图书文献学思想综说》⑥，文章围绕"三史合一"的大文献思想、"辨章学术"的"致用"意识、"好看有用"的学术美文这三方面内容，对来新夏先生在图书馆文献学方面的成就作了论述。此外还有徐建华与冯凯悦为纪念来新夏先生图书馆学学术生涯所写

---

① 吴佩昀：《浅谈来新夏教授关于第二轮修志的"三新观点"》，《新疆地方志》2012年第1期。

② 李明：《中日地方史志合作前景广阔——读来新夏、齐藤博〈中日地方史志比较研究〉》，《江苏地方志》1996年第4期。

③ 周新国、弓楷：《来新夏与中国近代史研究》，《扬州大学学报（人文社会科学版）》2017年第3期。

④ 廖德明：《来新夏与北洋军阀史研究论探（1949—2006）》，福建师范大学，2007年。

⑤ 陈明显、黄黎：《"植根于博，持之以韧"——读来新夏等著〈北洋军阀史〉》，《民国档案》2003年第2期。

⑥ 王振良：《来新夏图书文献学思想综说》，《山东图书馆学刊》2011年第1期。

的专文《来新夏先生图书馆学思想与成就研究》①，由来新夏先生接触图书馆学开始，叙述了他与图书馆学研究、图书馆教学、图书馆事业之间的关系，以及他为图书馆界所做出的贡献，并在此基础上，分析了他的图书馆管理理念和图书馆学研究思想，从而概括他对图书馆教育、事业和研究三界产生的影响。

从以上研究现状看来，对来新夏先生的研究目前还是介绍性文章为主，系统深入的研究还很缺乏，作为方志学大家，来新夏先生的方志学理论值得我们系统全面地进行研究。鉴于此，本文将从来新夏先生与方志结缘入手，对来新夏先生的方志学理论进行全面的梳理。

三、研究内容与研究方法

（一）研究内容

本文主要研究内容为来新夏对方志的整理与研究、来新夏方志学理论及其方志学成就的地位与影响，其中通过对来新夏有关方志学的专著、学术论文、方志评论、为他人方志所著序言的概述，进而得出他在方志学方面提出的理论，对方志学的发展做出了怎样的贡献。

全文共分为五个部分。

第一部分：绪论。主要包括选题意义、学术史回顾、研究内容与研究方法、创新与不足四方面内容。

第二部分：来新夏其人。简介来新夏的生平、与方志结缘的历程。

第三部分：来新夏对方志的整理与研究。此部分主要为来新夏对旧志的整理及其对方志研究成就的概述。

第四部分：来新夏的方志学思想。共分为五个小节，分别从方志的起源、方志的名目及种类、方志的性质、方志的特征和作用以及新方志编纂的理论对来新夏的方志学思想进行了梳理总结。

第五部分：来新夏方志学成就的地位和影响。主要体现在来新夏建立了新时期的方志学理论、为新编方志提供理论指导和开启中日地方史志比较研究三个方面。

---

① 徐建华、冯凯悦：《来新夏先生图书馆学思想与成就研究》，《国家图书馆学刊》2012年第3期。

（二）史料来源

史料的认识和掌握，对历史学研究具有重要意义，是历史学研究的基础和保障。本文的资料来源有以下几个方面：一是来新夏本人的专著、学术论文，这是本文的主要资料来源。二是学界相关的研究资料，如其他学者在其论著中有关来新夏的内容，这些史料同样能够作为重要史料来应用。三是近年来各大报纸杂志对来新夏先生的专访，以及一些追忆先生的文章，这也是研究来新夏先生不可或缺的重要史料来源。

（三）研究方法

本文以传统史学研究方法为基础，历史文献法将是本文主要运用的研究方法。本文以来新夏在方志学方面的成就为研究对象，在大量阅读其专著、论文的基础上，运用历史与逻辑、归纳与演绎、综合与分析等方法论对其进行梳理、总结，在此基础上，结合历史学、文学、地理学等相关学科知识进行综合分析阐述，以期能够对来新夏在方志学方面的成就得到一个较完整的认识。

四、创新与不足

任何一项研究都是建立在继承、发展和借鉴前人的基础之上，本文也不例外。本文的创新之处在于：

一、学界目前还没有对来新夏个人的专门性研究，而作为一位享誉其高的史学家、方志大家，他无疑是值得我们去研究的，本文选取来新夏的方志学为研究视角，可视作对来新夏先生方志学思想及实践研究的首探。

二、本文总结了来新夏对方志及方志学研究的成就，目前学界对这方面的研究还比较欠缺，希望通过本文为日后研究来新夏先生的学术成就提供资料。

三、对来新夏方志学思想与同时期方志学家仓修良先生的方志学思想的不同之处进行了比较，通过对不同方志学思想的比较，可以更加全面地了解新时期我国的方志学思想。

当然，因能力所限，本文也会存在一定不足。不足之处表现在：一是在资料的甄选和行文上，尚有进一步锤炼提升的必要。二是理论的运用：如何以历史的方法与逻辑的方法、归纳的方法与演绎的方法、综合的方法与分析的方法等方法论正确而有效的实际运用仍是一大挑战，这些都是笔者在以后的写作中要补充和完善的地方。

第一章　来新夏其人

第一节　来新夏生平简述

来新夏（1923—2014），浙江萧山人，1946年毕业于北平辅仁大学史学系。1950年至今，历任南开大学历史学教授、校务委员、图书馆馆长、出版社社长兼总编辑、图书馆学情报学系主任等职。曾创办南开大学图书馆学系。生前任教育部所属地方文献研究室主任。2014年3月31日在天津去世，享年92岁。他是我国当代颇有建树的学者，可谓著作等身，涉足诸多领域，尤在历史学、方志学、图书文献学三个领域，取得了开创性的成果。

民国十二年（1923）夏天，来新夏出生在江南名城杭州的一个读书人的大家庭中，父亲常年在外为生计奔波，家中大小事务都由其祖父来裕恂先生主持。来裕恂先生，字雨生，号匏园，少时攻读经史诸子，曾得清末经学大师俞樾青睐，受业于俞樾大师，被赞为"颇通许郑之学"。光绪二十九年（1903），受新思潮影响，东渡日本，于弘文书院师范科学习教育，在留学期间考察了日本各类学校的教育状况，并曾在同盟会主办的横滨中华学校任教务长。回国后经蔡元培介绍加盟光复会，在家乡从事新式教育的劝学工作。辛亥革命后，曾任萧山县教育科长，民国四年（1915），任萧山县志馆分纂，参与编修了民国《萧山县志》。抗战时期，来裕恂先生拒任伪职，在宗祠以教育儿童为生。抗战胜利后，在萧山县志馆任编纂。来裕恂先生一生潜心研究学术，寄情于诗词，所著有《汉文典》（有清光绪商务印书馆刊印本、1993年南开大学出版社注释本）、《匏园诗集》、《萧山县志稿》（以上二书已由天津古籍出版社出版）、《中国文学史》（萧山市志办影印本）和《易经通论》等多种[①]。

---

① 来新夏：《我的学术自述》，《社会科学战线》2008年第9期。

来新夏在七岁以前一直跟随祖父生活，祖父对他的教育极其认真，非常严格地对他进行传统文化的启蒙教育，为来新夏一生从事学术活动奠定了扎实的基础。祖父来裕恂先生当之无愧为他的第一位启蒙老师。七岁后，由于父亲供职于天津，来新夏告别了祖父随母亲来到了天津，之后虽然没有与祖父再生活在一起，但是祖父来裕恂先生仍然不时写信，指导他的读书和写作。正因为有祖父悉心的指导，为来新夏以后的学术活动奠定了良好的基础。

来新夏一生遇到了很多良师，这些老师从各个方面给他日后的学术道路带来了很大的影响。二十世纪三四十年代，来新夏在南京新菜市小学读高小时，遇到了张引才老师，张老师是一位刻苦自学、博览史籍的好老师，他常常讲述有益于学生的历史故事，而这些历史知识的灌输在无形中奠定了来新夏后来攻读历史学的根基。

在天津读高中时，来新夏得到著名史学家谢国桢之弟谢国捷的指导，谢老师家富藏书，来新夏借此机会读了很多谢氏藏书，谢老师还经常与他谈论治学方法和经验，鼓励他写作。来新夏的第一篇史学论文《汉唐改元释例》初稿就在这时写成。该文后来在陈垣老师的多次指导下修改，成为了来新夏的大学毕业论文。

1942年来新夏考入北平辅仁大学，当时的辅仁大学正值发展的巅峰期，名师云集，像史学大家陈垣、中国书法家、书画鉴定家启功，目录学家余嘉锡，文字训诂学家朱师辙、历史学家张星烺都在学校任教。时任辅仁大学校长的陈垣亲自指导来新夏的毕业论文。这些名师都为来新夏日后走上学术道路留下了深远的影响，特别是他们严谨缜密、求实求真的学风，成为了来新夏一生的追求方向。

1946年来新夏大学毕业，当时正值抗日战争取得胜利、解放战争即将开始，在此期间，来新夏经中学恩师介绍去天津一所教会中学教书。1949年1月天津解放，来新夏和另一位同事被保送到华北大学去接受南下工作的政治培训，期满后他被留在华北大学的历史研究室，成为中国近代史研究生，直接受教于史学大师范文澜先生，至此，来新夏从古代史方向转到近代史方向，并在范文澜教授和荣孟源先生指导下写出第一篇学习新观点的文章——《太平天国底商业政策》，作为太平军起义百年的纪念[①]。

当时华北大学历史研究室的主要研究工作就是从整理北洋军阀档案入手，这批档案也为来新夏的学术生涯开辟了一个全新的领域，当时辛苦的北洋军阀档案

---

① 来新夏：《我的学术自述》，《社会科学战线》2008年第9期。

整理工作，使得北洋军阀史这一研究课题进入来新夏的视野，成为了他后来在历史学领域中的中心研究课题。

1951年，来新夏去南开大学任教。在新的工作岗位上，来新夏除了坚持科研工作，又开始了教学生涯，他先后教过中国近代史、中国历史文选、中国通史、古典目录学、历史档案学、鸦片战争史专题和北洋军阀史专题等。1952年，他在《历史教学》杂志上连续发表了题为《北洋军阀统治时期》的讲课记录，正式进入了北洋军阀史研究的历程，并于1957年撰写了新中国第一部力图用新的观点和方法系统论述北洋军阀史的专著——《北洋军阀史略》①，引起了海内外学者的注意。九十年代前后，应上海人民出版社的邀约，来新夏与他的学生们共同编纂了《中国近代史资料丛刊·北洋军阀》，并在二十世纪末完成了百余万字的《北洋军阀史》。这部著作不仅受到学术界同行们的认同和肯定，还荣获了教育部颁发的"第三届中国高校人文社会科学研究优秀成果"二等奖。②

二十世纪六七十年代，受当时的政治环境影响，来新夏被迫停止研究工作，下放农村，直至七十年代末，才重新开始了正常的研究工作。当时来新夏已经临近花甲，这段时间却成为了他的辉煌期，先后担任了校务委员、校图书馆馆长、校出版社社长兼总编辑、图书馆学系主任、地方文献研究室主任等职务。随着职务的变动，来新夏又开辟了学术研究工作的新领域——图书文献学，先后主持并参与编写了《中国古代图书事业史》、《中国近代图书事业史》和《图书馆学情报学档案学简明辞典》；学术著作有《古典目录学》、《近三百年人物年谱知见录》和《古籍整理讲义》等。1993年10月，来新夏应美国俄亥俄大学图书馆馆长李华伟博士之邀，担任该馆顾问，负责该馆"海外华人文献研究中心"的资料征集工作。"美国华人图书馆员协会"规定，每年从世界华人图书馆从业人员中根据工作业绩与学术成就评选一人授予"杰出贡献奖"，2002年春，来新夏因在中国高校图书馆事业的发展和国际交流工作中的成绩以及丰富的学术成果而被授予该年度"杰出贡献奖"，成为我国第二位获此殊荣的人。

进入新世纪，年逾八旬的来新夏仍然在舌耕笔耘的漫长道路上走着，2002年6月，南开大学出版社出版的《邃谷文录》是来新夏一生学术工作的记录，共160余万字，分编为四卷，前三卷是他所致力的主要学术方向：卷一是历史学，卷二是方志学，卷三是图书文献学；卷四则是他晚年所写的随笔等。也在这一时期，

① 来新夏：《我的学术自述》，《社会科学战线》2008年第9期。
② 来新夏：《我的学术自述》，《社会科学战线》2008年第9期。

他历时十年，终于完成了《清人笔记随录》^①一书，该书是对清人所撰200余种笔记所写的书录，为我国的清史研究工作做出了很大的贡献。

2014年3月31日，来新夏因病医治无效不幸逝世，享年92岁。去世前不久，他还在报刊上发表文章。他将写作坚持到生命最后时刻，履行了自己"有生之年，誓不挂笔"的诺言。他的治学精神值得我们穷毕生之力去追随。

第二节　与方志结缘

作为"纵横三学，自成一家"的大家，在对方志的研究，以及对方志学理论的探索是来新夏学术生涯中浓墨重彩的一笔。

来新夏与方志结缘可谓由来已久，祖父来裕恂先生在极其困难的条件下独力修成了一部70余万字的《萧山县志稿》^②，这是最后一部民国志。祖父呕心沥血之作成为后来来新夏涉足方志领域的契机，他克承祖业，为新编地方志尽一份力。

我国的方志编修历史悠久，新中国成立以前，各个时期都有方志的编修，以及对方志理论的探索。在过去，编修方志是为封建统治者服务的，而进入新的历史时期，方志的性质必然要发生改变，所以编修新的方志便提上了日程。二十世纪六十年代前后，编修新方志的推动者梁寒冰先生曾多次动员来新夏参与其事，于是在梁寒冰先生的领导下，开始了全国修志的筹备工作，并以河北省丰润、霸县等地为试点，开展了修志工作。正当修志工作顺利推进之时，"文化大革命"风波席卷全国，来新夏和梁寒冰先生因发起修志被扣上了"举逸民"的罪状^③，有关修志的文件和资料也被抄走。在如此困难的境遇中，来新夏依然没有放弃，在接下来被监管和被批斗之余，来新夏还是偷偷读了一些方志学的著作，为后来的修志工作蓄力。

灾难的十年终于结束，迎来改革开放的新时期，梁寒冰和来新夏先生再次以极大的热情重新发动全国性的修志工作，来新夏负责初期培训和组织修志队伍的工作。1983年春，在华北、西北、中南、东南四个大区先后举办了培训班，教授修志基本知识。在讲课的基础上，来新夏主持编写了新时期我国第一部修志

<hr>

① 　来新夏：《清人笔记随录》，中华书局2005年版。
② 　来裕恂：《萧山县志稿》，天津古籍出版社1991年版。
③ 　来新夏：《我的学术自述》，《社会科学战线》2008年第9期。

教材——《方志学概论》，该书系统地论述了方志的性质、特征、编纂方志的原则、指导方针、方志编纂的体例及方志中人物立传的问题，为新时期首轮修志指引了方向。

在首轮修志同时，来新夏对方志学进行了比较深入的研究，写了一些论文，如《中国方志学理论的发展与现状》①、《1949年以来中国地方志的编写与研究》②、《略论地方志的研究状况与趋势》③等等。其中《中国方志学理论的发展与现状》一文，详尽地论述了我国从古至今各个时期方志的发展历程，从最早阐发方志价值和作用的东晋常璩所写的《华阳国志》，到隋唐时发展而成的对方志编修"求实"的要求及"资治"作用；宋代是方志盛行的时期，所谓"方志之书，至赵宋而体例始备"④，即将方志的内容由仅记述地理扩展到人文、历史方面，为后世修志创立了基础，在方志理论发展史上起着承先启后、继往开来的作用⑤。清代之前对方志的探索和努力为清代方志学的兴起奠定了基础。方志学集大成者章学诚主张"志乃史裁"、"志属信史"、"史体纵看，志体横看，其为综核一也"。这些论点在于改造方志即地记的传统旧观念，树立起对方志的新概念以明确方志的性质⑥，他提出的"三书"、"四体"编纂方法，至今影响深远。及至民国时期，梁启超、傅振伦两位学者对方志的起源、性质、功用、价值等都做了论述，进一步推动了方志学理论的发展。方志学理论进入新中国发展时期后，许多学者都注重对中国方志这笔宝贵遗产的开发，进行了综合性研究、分区性研究、专题、专著研究，为新中国的修志事业做了理论指导，方志学得到了进一步的发展。

1991年9月，来新夏应日本独协大学之邀赴日，与该校齐藤博教授合作进行了日本文部省科研项目"中日地方史志比较研究"，后来分别出版了中、日文版本的《中日地方史志比较研究》一书，来新夏是我国最早有意识且主动进行比较研究地方志的学者，为方志学理论研究的国际交流与合作开辟了新路。

来新夏在研究方志学理论的同时，将自己的理论应用到实际编修方志中，

---

① 来新夏：《中国方志学理论的发展与现状》，《中国地方志》1995年第2期。
② 来新夏：《1949年以来中国地方志的编写与研究》，《高校社科情报》1994年第1期。
③ 来新夏：《略论地方志的研究状况与趋势》，《天津社会科学》1981年第1期。
④ 张国淦：《中国古方志考·叙例》，中华书局1962年版。
⑤ 来新夏：《中国方志学理论的发展与现状》，《中国地方志》1995年第2期。
⑥ 来新夏：《中国方志学理论的发展与现状》，《中国地方志》1995年第2期。

指导了很多地方的修志事业，还写出了大量评析方志和方志读后感的著作，如《〈中国地方志总目提要〉序言》、《浅评〈商丘地区志〉（续卷）》、《读〈临汾市志〉》、《题〈南宁市志〉》、《〈运城市志〉读后》、《〈汾州府志·平遥编〉序》等等。

从与方志结缘到成为方志学大家，历程艰辛，但结果可喜。1993年，南开大学出版社出版的《志域探步》，后应台湾商务印书馆之约，对《志域探步》作了全面的增补和修订，撰成了《中国地方志》一书[①]，成为了来新夏在方志学领域中的一部代表性著作。

第二章　来新夏对方志的整理与研究

第一节　旧志的整理

对于旧志，来新夏认为应该持批判继承的态度，封建时代的地方志，避免不了竭力宣扬封建统治者功业、宣传封建伦理纲常和一些不恰当的溢美之辞等糟粕部分，对这部分内容应该坚决给予批判；而对于旧志中合理的编纂体例、文献资料等部分，应该得到继承，一则可以为新方志的编写提供体例借鉴，二则旧志中的大量文献资料有征考、纠谬、补缺之效。来新夏在《旧地方志资料在经济建设中的作用》[②]一文中从经济建设需要的角度论证了旧志资料的重要作用，目的是能够引起学术界对旧志整理工作的重视，使华夏文化重要宝库之近万部旧志，能从半昏睡状态中完全苏醒过来，能为当前经济建设提供所需的参考信息，端正人们对我国传统文化的认识，并给以应有的评价。本节内容拟通过列举来新夏对旧志整理的具体实践个例，来探索来新夏对旧志整理所作的贡献，进而可以得出其方志学理论中关于旧方志问题的观点与看法。

一、民国《萧山县志稿》的整理

萧山古称余暨、永兴，古属绍兴府，拥有八千年历史，二千年建县史。1959

---

① 来新夏：《我的学术自述》，《社会科学战线》2008年第9期。

② 来新夏：《旧地方志资料在经济建设中的作用》，《中国地方志》1994年第1期。

年，萧山县改属杭州市；1988年撤县设萧山市；2001年3月，撤市设萧山区。

明朝之前的萧山事务是否有方志记载，至今未见载籍。萧山独立成志于明代宣德年间，今天能见到最早的萧山县志有嘉靖时期所修《萧山县志》六卷（今有胶卷本及抄本），以及明万历年间所修《萧山县志》六卷（现存残卷）。到了清朝，有康熙年间所修《萧山县志》二十一卷、乾隆时期知县黄钰修《萧山县志》四十卷。黄钰所修《萧山县志》后，将近百年未见修志，直至民国三年（1914），湖北武昌的彭延庆任萧山知事后，"有鉴于民国肇建，百业待举，诸多事务已非旧志所能及，立意修志"①。但是民国五年（1916）8月，彭延庆调离萧山，《萧山县志》编修工作暂时搁浅。直到民国二十一年（1932），河北保定的张宗海出任萧山县长，县志编修才步入正轨，他于民国二十四年（1935）组织县志修刊委员会，聘请杨士龙为总纂和总校，王仁博、汤镇邦为分纂。同年《萧山县志稿》纂修完成，铅印行世。这是民国时期萧山县第一部官修志书。"该志分山川、水利、田赋、建置、古迹、学校、纪事、官师、选举、人物、琐闻、艺文等13门、33卷，门下列若干子目，约90万字。卷首为张宗海、陈曾荫、施凤翔、姚莹俊4人分别所作的序，杨士龙所作二跋与县境全图、县城区图、县公署平面图、孔庙平面图、县立第一小学校舍平面图、豫大仓平面图计六图；卷末为《萧山县志·序》和《萧山儒学志·序》。"②

民国时期另一部《萧山县志稿》是由来新夏的祖父来裕恂先生独力纂修的。来裕恂先生历尽艰辛，在民国二十四年（1935）刊本《萧山县志稿》的基础上删繁补略，斟酌体例重加编纂，于民国三十六年（1947）修成。该志分大事记、地理、交通、户口、经济、水利、政治、党务、司法、文化、建置、人物、文艺、杂记共14卷，志余1卷，约80万字（稿本今存浙江图书馆），是萧山县志殿后之作。

来新夏在《萧山县志稿》整理前言中谈到："民国二十四年本《萧山县志稿》论述颇称详明，于事多言其始末，于人则重其事迹，内容充实可信，超越前志，与先祖所撰《萧山县志稿》后先辉映，均为上世纪八十年代新编《萧山县志》所凭借。"③民国二十四年本《萧山县志稿》的点校整理由萧山区志办与南开大学地方文献研究室共同承办，来新夏作为萧山籍学者，不负乡老重托，历时

---

① 陈志根：《两部民国〈萧山县志稿〉的比较研究》，《中国地方志》2014年第8期。

② 陈志根：《两部民国〈萧山县志稿〉的比较研究》，《中国地方志》2014年第8期。

③ 来新夏：《〈萧山县志稿〉整理前言》，《萧山记忆》（第四辑），2011年。

数年，完成点校整理工作，于2010年由南开大学出版社出版问世。

在民国二十四年本《萧山县志稿》整理前言中，来新夏历数该志优处，从中也可以看出来新夏先生对旧方志的整理与研究中所持观点与见解。

> 民国二十四年本《萧山县志稿》为约百万字之巨制。内容引述丰富，考证翔实可征。全志以大字列纲，小字附注史料依据，斑斑可考。谱前有《志例举凡》十七则，论康、乾旧志得失，评述本志分门理由，均称详尽，更著新意，固非一般地方志书之陈规可比，适以见民初修志之要略。如《艺文》诸卷，矫康熙志之疏及乾隆志之冗，而自立书目、金石、诗文抄三纲要，其诗文抄多有关政教、社情之篇什，为地方文献之一大积存。其他门类之设置与下限之期均有较详诠释，为修志者树一绳墨，为读志者作一先导。其卷末所附旧志诸序，除县令所撰为职任所在外，其余多出名家手笔。如《萧山儒学志序》出明崇祯首辅来宗道之手，他如来集之、任辰旦诸先贤，亦有笔墨留存，而本志编者特著其称："旧序为全志攸关，故以为殿"，足见民国二十四年本之编修，曾参稽旧志，故所述有所凭借，益以明本志之信而可征也。尤可贵者，明志多佚，今赖卷末所附旧序，犹得窥原志一二。清康、乾二志，虽今犹存世，设难得原书，仅读其序，亦能得其大概。故存旧序确为编者之卓识，今之修新志者往往附载旧志序跋，实为善举，此不仅可窥前志之大略，亦以见一方文献之不绝如缕。[1]

1983年12月，中国地方志指导小组第三次会议通过了《关于开展旧方志整理工作问题的决定》，其中规定旧方志整理工作项目是："原本复制、点校翻印、类编资料、辑录佚志及编辑方志目录、提要、专题索引等。"[2] 来新夏在整理旧志中正是遵循了这一原则，他对民国二十四年本《萧山县志稿》中《志例举凡》的内容大加赞赏，而对《艺文》中有关政教、社情等篇目的编录、参考旧志、保留旧志序言等内容更是认同。此外，在保留旧志原本的基础上，来新夏还为民国二十四年本《萧山县志稿》编制了检索目录，方便读者查阅资料。

来裕恂所著《萧山县志稿》于1989年由来新夏整理完成，1991年10月由天津古籍出版社出版发行。来新夏在"整理说明"中提到："先祖于纂辑之初曾手订凡例十八则，论修志体例綦详，颇具新意，如以'不悖古、不戾今'为宗旨，

① 来新夏：《〈萧山县志稿〉整理前言》，《萧山记忆》（第四辑），2011年。

② 来新夏：《志域探步》，南开大学出版社1993年版，第25页。

总括历来萧志体例，论其得失，有兴有革，以为纂志依归。其论'田赋则隶于赋税，役政则隶于户籍'；军事、疆域分列二志；艺文所收'以文字有关于文献掌故乃国家地方之有切实考证者'诸例，皆独具新意，于今之修志工作不无参考价值。"① "不悖古，不戾今"也是今天编修方志时应遵循的原则，突出反映时代的特点、地方的特色是方志编修的意义所在。来裕恂先生所纂方志内容贴近民生，注重民生，诚如在凡例中所说："经济之充裕，固因物产之丰富，而尤在农工商各业之进步。中国各界，竞言实业，但实业之范围甚广，凡切于民生日用，如农业、林业、矿业、盐业、渔业、工业、商业，其计划、设备、产销等，本书特别注意。"②

来新夏在整理过程中将原稿中的人物表删除，因为其所载人物表在民国二十四年本中已有，且来裕恂先生原稿中只录有人名，没有事迹记载，所以在整理中将人物表删除。原稿中缺卷佚失的部分，在目录中注明，如原稿中的"疆域"、"地质"、"土壤"、"十年来户口统计表"等部分原稿均已缺失，但在整理版中的目录中都已明确标识，这样有助于后来读者了解全书概况。

我国方志历来已久，旧志数量丰富，但是刊印较少，流传不广，不仅难于保存，而且不便于研究利用，所以对旧志的点校与刊印急需推进。来新夏先生对民国两部《萧山县志稿》的整理，为二十世纪八十年代新编《萧山县志》和当今续修《萧山区志》提供了大量可靠资料。"《萧山县志》虽于明代嘉靖、万历、清代康熙、乾隆多次编修，但自乾隆以后，失修者已一百六十多年，民国《萧山县志稿》填补了这一空白。"来裕恂的《萧山县志稿》下限在民国三十七年（1948），民国时期的萧山史志由此得全。编修志书需要收集资料，这些资料一般分为文字资料、实物资料和口碑资料。而旧志是文字资料中的重要一种，它集中记载了当地各方面的情况，许多内容为他书所不载，资料比较可靠，因而两部志稿"均为二十世纪八十年代编修《萧山县志》发挥了巨大作用，许多内容进入了新志。"③基于此，有选择地对旧志进行点校整理，能够使方志这一文化宝库真正发挥其作用，进一步推进中国特色社会主义文化的建设。

---

① 来裕恂：《萧山县志稿》整理说明，天津古籍出版社1991年版。
② 来裕恂：《萧山县志稿》凡例，天津古籍出版社1991年版。
③ 陈志根：《两部民国〈萧山县志稿〉的比较研究》，《中国地方志》2014年第1期。

二、《河北地方志提要》的编纂

旧志数量浩繁，为能够更快地搜集翻检旧志资料，急需推进目录编制工作。现已出版的有朱士嘉编著的《中国地方志综录》①。1985年，由北京天文台在《中国地方志综录》基础上作了广泛的调查增补，新编的《中国地方志联合目录》由中华书局出版，共著录8264种，使中国这一丰富的历史宝藏得以昭示于世界②。

在区域性志目方面，山西省图书馆编印了《山西省地方志联合目录》，著录了山西省现存方志463种，5100多卷，其中包括省志、府志、州志、县志、乡土志、关山志、水志、寺庙志等。

旧志目录编制工作中最为繁重的则是提要目录编制。由中华书局出版的张国淦的遗作《中国古方志考》③（原名《中国方志考》第一编），是一部辑录体的提要目录，对自秦汉至元的方志，凡有名可稽，不论存佚，均予收录、考证，凡2271种。

来新夏在《〈河北地方志提要〉序》中提到："提要目录古称叙录、解题、读书志。其体非仅录其书名、撰者、卷数及刊印而已。尚须言篇目之次第、续作者志行事及著述之旨意，此又非具学术功力者不能为。"④

由来新夏主编的《河北地方志提要》，始作于1982年初，终成书于1992年。共收录河北省现存方志563种及天津现存地方志28种，佚志14种。所收录志书，编纂年代截至1949年。"提要目录以省、府、州、县、乡为序，府志置首县之前，乡土志、里镇志随所属县后，并以河北省现行政区分别类属"⑤。体例依据古典目录之成规，除记述书名、作者、卷数、版本、作者生平、编纂缘起、著述意旨之外，为了便于读者搜取资料，对于收集典藏面较广的著作，在每一书末署收藏者，这是《河北地方志提要》的一大创新之处。虽没有全录史料，但是在书中提供了线索，不仅增添了史料价值，而且有助于考史证史。如在《康熙·畿辅通志四十六卷》中提到：

① 张国淦：《中国古方志考》，中华书局1962年版。

② 朱士嘉：《中国地方志综录》（增订本），商务印书馆1958年版。

③ 来新夏：《1949年以来中国地方志的编写与研究》，《高校社科情报》1994年第1期。

④ 来新夏：《河北地方志提要》，天津大学出版社1992年版。

⑤ 来新夏：《河北地方志提要》，天津大学出版社1992年版，前言第5页。

畿辅旧无通志，此为创作。清康熙十九年（1680）七月，直隶巡抚于成龙奉诏创修，康熙二十一年（1682）四月，由继任格尔古德终其事。

全志46卷，卷首为序，皇畿赋、凡例、姓氏、京师、目录。正文依次为图、星野（祥异附）、建置沿革、疆域形胜、山川、城池、学校、兵制、公署、祠祀（寺观附）、古迹（陵墓附）、户口、田赋、风俗（物产附）、帝后、封建、职官、选举、名宦、流寓、人物、艺文、杂志。该志附图较多，目录之后有皇城图、畿辅总图、畿辅郡城图（八府图8幅）、畿辅景图（21幅）。另外星野一目还附有图4幅。

全志内容侧重记人，有关人物的类目即达22卷之多，其中"人物"为15卷。卷十三"风俗"所附"物产"记载较详，文字数倍于"风俗"。叙物产细分谷、蔬、花、果、木、草、药品、杂产、货、禽、兽、水族、虫等类，每个品类均有详细注释。[1]

三段短语就将一部方志呈现于读者眼前，省却了读者许多查阅时间，这就是提要目录的意义所在。

在新时期，旧志目录编制虽取得一定成果，但"仅起到登记图籍，读书知津的作用，尚未进而辨章考镜"[2]，来新夏建议可组织力量，先分区编撰，并规定每篇提要包括书名、作者、卷数、出版年月、出版者、主要内容、篇目和评价等项目，然后由专人整齐文字，统一体例，汇为《综合目录》，学界有识之士可试行，以期能够更好地利用旧志资料，推进学术的发展。

三、《中国地方志历史文献分类专辑》的汇编

我国编修地方志的历史悠久，地方志中不仅记录了山川沿革、人物变迁，而且涉及一地政治、经济、文化、历史，所以旧地方志中所藏的资料之富可想而知，旧志资料的类编就是将地方志中所蕴藏的丰富资料得以条理化，更好地为我们的现代化建设服务。

我国方志的资料汇编始于二十世纪五十年代，由北京图书馆和地质部合作利用馆藏方志辑录的《祖国二千年铁矿开采和锻冶》和《中国古今铜矿录》，开启

---

[1] 来新夏：《河北地方志提要》，天津大学出版社1992年版，第3页。

[2] 来新夏：《1949年以来中国地方志的编写与研究》，《高校社科情报》1994年第1期。

了按专题从方志中类编资料的时代，但是这类资料汇编有一个共同不足之处，"即取材大多采用本地区和本藏书单位所收藏者，显然有一定局限"①。

来新夏提出的类编资料原则是："全面取材，重点类编，求训致用"。全面取材就是综合治理，即将旧志中的有关资料全部选辑出来，编成资料索引，否则每编一个专题资料类编就翻检一次旧志，工程浩大，难胜其劳。

《中国旧志历史文献分类专辑》于2006年5月启动，取材不再限于一地区或一收藏单位，而是遍搜全国之收藏，"然后，全方位对比同一地区不同纂修年代至版本，论证其史料价值及版本价值，并慎加遴选，一般以该地区较晚方志为主，盖取其记述较全，编制较善，征选较易耳"②。该书选取全国方志达2600种，先以"建置沿革"、"灾异"及"金石"分别类编，目前已问世的有2009年由学苑出版社出版的《中国地方志历史文献专辑·灾异志》（全90册），2012年学苑出版社出版的《中国地方志历史文献专辑·金石志》（全60册）。

《中国地方志历史文献专辑·灾异志》收集了中国历代所记载灾荒事件的资料，内容尤为丰富、详实。其实地方志中对天灾人祸并没有明确的定义，称谓繁多，如：五行、祥瑞、灵征、祥异等，及饥荒、兵燹、匪患，甚至将自然界中怪异现象不加区分也列入此类，所以《灾异志》可以为中国历代灾害史、天文地理以及赈济制度的研究提供系统的原始文献。

《中国地方志历史文献专辑·金石志》遍查全国各地包括台湾的民国前旧地方志资料，论证旧方志的价值，而后选入。一般以每一地区较晚的方志为主，共收录近三千种旧方志，收其碑记、篆刻等金石相关内容，涵盖题、序、记、文、赋、诗等多种文体。因此，《中国地方志历史文献专辑·金石志》是目前一套全面、完整、系统的金石志资料集。

来新夏认为类编资料的目的是"求训致用"，即从中取得经验教训来为经济建设服务。如自然灾害对经济建设的危害特别大，为降低自然灾害所带来的经济损失，增强抗灾能力，旧志在这方面可以为我们提供了大量的、较系统的历史依据。安徽省文史研究馆自然灾害资料搜集组，曾根据安徽历代方志，将安徽省历史上近千年的自然灾害资料进行系统整理，辑成《安徽地区地震历史记载初步整理》、《安徽地区历代旱灾情况》、《安徽地区蝗灾历史记载初步整理》、《安

---

① 来新夏：《〈中国旧志历史文献分类专辑〉序言》，《中国地方志》2010年第6期。
② 来新夏：《〈中国旧志历史文献分类专辑〉序言》，《中国地方志》2010年第6期。

徽地区风雹雪霜灾害记载初步整理》等四种材料①。为安徽省防止自然灾害提供了可靠的历史依据，大大提高了预防灾害的能力。又如河南省鹤壁市志办曾及时整理、传播地方信息，使濒临灭绝的鹤壁淇鲫得到保护，不仅维护了物种的多样性，而且为地方经济的发展提供了新思路。

此外，来新夏还提出在选编资料类编时，要注意远近结合、历史和现实结合、整旧和纂新结合，"各地可根据实际需要，自选类目，或酌增类目。选辑类编资料多以县为基础，尽量保持资料的原貌和完整，不任意删改，并详细注明出处"②。来新夏评价《南京莫愁湖志》③说这是整理旧志的一种新模式。"首先，它广泛搜集了莫愁湖的日志和有关要籍，如《金陵莫愁湖志》、《添修莫愁湖志》、甘元焕撰《莫愁湖志》稿本和《莫愁湖风雅集》、《莫愁湖修禊诗》等多种文献"④。这样就把多人撰写的志书汇编在一书，既全方位地展现了莫愁湖的全貌，又有利于后来的研究者借鉴。"其次，编纂者没有局限于进行一般整理旧籍的点校工作，还进一步加以考证、纠谬、再编纂等多项整理手段"⑤。如该志编撰者考证了《莫愁湖志》的作者马士图应生于1776年，解决了许多历来相沿的疑点。再次，《南京莫愁湖志》一书的编撰者在整理旧志的基础上，还搜集了众多名人学士有关莫愁湖的诗词作品，使旧志增添新内容，使读者受益。该志的编撰者可谓是将来新夏整理旧志方面的建议一一得到落实，也证实了来新夏在研究旧志整理方面理论的可行性。

来新夏还提出在新时期要继续开展旧志整理类编资料工作，旧志中有关社会经济、文化艺术、著名人物等方面的珍贵资料以及前代学者研究方志所取得成果的资料，特别是清代许多著名学者如钱大昕、戴震、章学诚、洪亮吉、汪士铎、孙诒让等人的著作中都有多少不等的有关方志的论述，这些论述对深入研究方志学有重要参考价值。如能将其整理出来进行资料类编，对推进我国方志学的发展将大有裨益。

---

① 来新夏：《旧地方志资料在经济建设中的作用》，《中国地方志》1994年第1期。

② 来新夏：《1949年以来中国地方志的编写与研究》，《高校社科情报》1994年第1期。

③ 吴小铁：《南京莫愁湖志》，中央文献出版社2005年版。

④ 来新夏：《整理旧志的一种新模式——读〈南京莫愁湖志〉》，《中国地方志》2008年第1期。

⑤ 来新夏：《整理旧志的一种新模式——读〈南京莫愁湖志〉》，《中国地方志》2008年第1期。

作为我国当代方志学大家，来新夏先生正是从浩繁的旧志整理与研究过程中提出了自己的方志理论，旧志的点校与整理、旧志资料的类编以及方志目录的编写，这些工作无不凝聚了来新夏先生对方志的热爱，以及对推进我国方志学发展进程所付出的艰辛。

第二节　来新夏方志研究成就概述

方志由来已久，在两千多年的发展史中不断得到完善。作为方志学大家，来新夏不仅对方志的发展史进行了梳理，而且对方志学理论在各个时期的发展也提出了自己的看法，通过对旧方志的整理与研究，阐明旧方志的价值；通过对新方志编纂的指导与实践，推动了新时期我国方志的发展。他对方志研究的成就可以从其编著的专著以及撰写的大量学术论文中体现，具体可归为以下几个方面：

一、梳理了我国历代方志的发展变迁

来新夏在《略论地方志的研究状况与趋势》和《地方史志的过去、现在和未来》两篇文章中均系统地梳理了方志的发展历程。提出地方志的起源如果从战国时的《禹贡》算起，已有两千多年的历史。1973年马王堆汉墓出土的汉初地形图、驻军图和城邑图是现存最早的早期图经，早期的图经侧重在地理方面。东汉时期的《越绝书》中记载了很多人事活动，已经兼具了史、志的规模。魏晋以来，方志的编纂体制逐渐完备，当时的两部名志《华阳国志》和《荆楚岁时记》，"前者综述蜀地情况，后者专记荆楚风俗，已开方志综合与专科的分野"①。唐时期，方志编纂开始受到政府的注意，隋大业年间，国家开始明令修志。现存唐代所修的《沙州图经》和《西州图经》残卷为后来方志体例的定型起了先导作用。宋代时地方志著述体例大致定型，长篇巨制相继出现，如《太平寰宇记》在记述地理的基础上，又编入了姓氏、人物、风俗等门类，详细地记录了人物的地位官爵、所写诗词以及人事活动，丰富了地方志的内容，开后世地方志立人物、艺文体例之风气。同时，地方志的续修制度也开始建立。从数量上说，北宋以文字为主的方志尚不如图经之盛。直至南宋，图经趋于衰弱，而以文字为主的志书日盛。南宋时图亡，改称志。元代创立了一统志形式，纂修了《大元大

---

① 来新夏：《略论地方志的研究状况与趋势》，《天津社会科学》1981年第1期。

一统志》，开启了明清两代官修一统志的风气。明清时期，方志编纂工作遍及州县乡镇。清代的方志成就尤为突出，在现存的方志中，清代所修大约可占70%，学术界也广泛开展了探讨方志性质、条例、规制等问题的研究以及对古方志的研究等学术活动。章学诚的《修志十议》为后世的方志编纂提供了指导。周广业的《两浙地方志录》开创了地方志目录的创作。辛亥革命后，修志工作虽不像清代那样繁盛，但仍在继续修志。建国以后，来新夏认为在方志方面开展的工作主要有："刊印旧志、类编方志资料、编制方志目录、研究方志和方志学以及创编新志。"①

二、阐述了传统方志学理论研究的发展历程

来新夏认为清以前所作的种种努力为清代方志学的形成和兴起产生了导源奠基的先驱作用。从魏晋以来到清代，志家通过修志实践对方志理论进行了探索，这时的方志学理论处于萌芽、酝酿的过程中。清初的著名学者顾炎武在研究整理地方志的基础上，撰写了《天下郡国利病书》和《肇域志》两大名著，开启了对方志学的研究。康熙时大学士周祚在《曲沃县志》序中提出了对修志者的要求——"修志三长论"，即"正、虚、公"，其中"正是指志德，秉笔刚正，不阿权贵；虚是指修志态度，要虚怀若谷，能聚纳众人的不同意见；公是指修志者的操守，要主持公道，不偏倚门户"②。雍正时期桐城派的创立者方苞在《与一统志馆诸翰林书》中提出了他的修志原则：体例统一、内容简略、资料可靠。发展到乾嘉时期，方志学理论逐渐成为指导修志的准则。其中以章学诚为首的"史志学派"与以戴震为首的"考据学派"关于地方志编纂体制问题的论争更是在学术史上留下了巨大的影响。考据学的主要编志方法是："以水系辨山脉，以山川形势考察郡县建置和地理沿革"③。来新夏认为考据派专注于考据，不探究新文献，对反映现实的资料不够重视，所以会影响志书的实用价值。"史志学派"代表章学诚从多次修志的实践中，形成了比较系统的方志学理论，建立了清代的方志学。章学诚主张的"志乃史裁"、"志属信史"、"史体纵看，志体横看，其为综核一也"等观点，树立了方志的新概念，明确了方志的性质，改造了方志即地志的旧观念，对此梁启超认为是章学诚对方志学的最大贡献。来新夏也同意

① 来新夏：《地方史志的过去、现在和未来》，《山东图书馆季刊》1982年第3期。
② 来新夏：《中国方志学理论的发展与现状》，《中国地方志》1985年第2期。
③ 来新夏：《中国方志学理论的发展与现状》，《中国地方志》1985年第2期。

这一观点，他说："章学诚这种史志观确是一种创见，是建立方志学的一块奠基石，从而引申出一套较系统的方志学的理论。"①章学诚提出的"三书"、"四体"的方志编纂方法、指导修志时应注意的"五难"、"八忌"和"四要"，针对地方志体制杂乱而提出的"辨体"理论和设立州县志科的建议等内容，将方志的性质、体例、功能、编纂方法等进行了系统全面的阐述，为清代方志学的建立作出了重要贡献。民国时期的方志学理论研究呈现出前所未有的活跃景象。来新夏认为，辛亥革命后方志学的研究主要在四个方面：一是续修方志；二是对方志学体制、源流、纂著方法的研究。梁启超在《中国近三百年学术史》中系统阐述了方志的性质与编纂方法，确立了方志学在清学中的地位。李泰棻的《方志学》是民国时期研究方志学的一部理论专著，他主张"在中央者谓之史，在地方者谓之志，故志即史"②。傅振伦的《中国方志学通论》一书，全面论述了方志的意义、性质、种类、价值和功用以及方志的起源、发展等内容。他的方志学理论兼容了清代"史志派"和"考据派"的主张，提出撰写新志要"略古详今，侧重现代，博采详志，注重实用，广辟类目，注重科学"等要求。三是方志目录的编纂。朱士嘉的《中国地方志综录》是中国第一部全国性的馆藏方志联合目录，收录了各地收藏方志5832种，93237卷，开创了编制地方文献目录的先河。此外，还有谭其骧编制的《国立北平图书馆方志目录》26卷，瞿宣颖编制的《方志考稿（甲集）》。四是对古地方史、志的辑佚。如鲁迅的《会稽记》、《会稽典录》、张国淦从《永乐大典》中所辑得古方志稿。建国后，对方志学理论研究主要有：（一）综合性研究，如"对方志学的研究对象和内容、方志学的学科体系、方志学的研究方法、方志学的特征、旧志的批判继承问题、对旧方志学的评价、新志编写体例和质量标准、对章学诚方志学的研究与评价以及新方志的编纂方法等"③。其中史志关系问题仍是研究热点，来新夏认同林衍经在《史志关系论》一文中有关史志关系的看法，即地方志与地方史在内容和形式上有着一定程度的差异，"即便是有明显的历史学科属性的志书，也不应当、不可以与地方志划上等号"④。（二）分区性研究，即对地方志进行分区研究，从理论上分析方志源流，探讨方志体例。如"里僻的《略述方志源流及〈湖北通志〉的沿革》考

---

① 来新夏：《中国方志学理论的发展与现状》，《中国地方志》1995年第2期。
② 来新夏：《中国方志学理论的发展与现状》，《中国地方志》1995年第2期。
③ 来新夏：《中国方志学理论的发展与现状》，《中国地方志》1995年第2期。
④ 林衍经：《史志关系论》，《中国地方志》1994年第3期。

述了湖北行政区域的沿革和《湖北通志》的源流，并对明清两代的六部有史可查的湖北通志进行了述评。这是八九十年代方志学者进行研究工作用力较勤、成果较多的一个方面"①。（三）专题研究。二十世纪六十年代以后，专题研究也取得了一些成绩，其中热点问题为旧志的继承与批判，来新夏认为对旧志的批判内容主要有三方面：一为竭力宣扬封建统治功业的内容；二为宣传封建伦理纲常方面的内容；三为不恰当的溢美之词。旧志可以继承的内容：一是继承旧志中合理的编纂体例；二是文献资料的继承。（四）专著。如来新夏主编的《方志学概论》、仓修良的《方志学通论》、刘光禄的《中国方志学概要》。此外，来新夏还梳理了港台地区的方志学理论研究情况，"香港地区的学者把方志学理论的研究纳入区域研究之中，或视为地方史。他们往往把地方志的研究与族谱、家谱联系在一起"②，台湾地区对方志学理论的研究主要集中在探讨方志性质以及对新方志的探索与研究两方面。

三、对旧志进行了具体的研究

来新夏通过对旧志体例、著述内容的分析、史志关系的具体运用以及史料价值的体现来论述一部方志的优劣，进而可以为旧志的整理和利用及新志的编修提供借鉴。如在《储料备征的史志巨擘——重印〈畿辅通志〉前言》一文中，通过对清代三次纂修的《畿辅通志》体例、内容、撰修方法的研究，对《畿辅通志》作出了比较全面的评价。来新夏认为康熙时初修的《畿辅通志》因成书时间短，所记述内容不全面、论述不严谨而多被后世所诟病。雍正重修的《畿辅通志》较康熙志完善，但仍不如光绪时三修的成书。来新夏称赞光绪《畿辅通志》是"清季修志的重要成果，也是清代各省通志中的名作"③。他从四个方面论述了光绪《畿辅通志》的特色：首先是编制体例诸体并用，这样便于汇聚和保存资料，易于较全面地反映各种情况；其次是坚持史法修志；第三是在保存和汇聚河北省的资料上起了重要的作用；第四是"博采众志义例，斟酌损益，择善而从"④。光绪志正是因为这些特色，成为后世数次重印的范本，也从侧面印证了光绪《畿辅

---

① 来新夏：《中国方志学理论的发展与现状》，《中国地方志》1995年第2期。

② 来新夏：《中国方志学理论的发展与现状》，《中国地方志》1995年第2期。

③ 来新夏：《储料备征的史志巨擘——重印〈畿辅通志〉前言》，《河北学刊》1985年第1期。

④ 来新夏：《储料备征的史志巨擘——重印〈畿辅通志〉前言》，《河北学刊》1985年第1期。

通志》的价值。

此外，来新夏认为风土笔记也是方志的支流，"记一地物产民风、遗闻琐事，既可资掌故谈助之掇拾；又可备地方志料之采择"①。来新夏点校了清人笔记随录《清嘉录》，此书为清代道光年间苏州文士顾禄撰，以十二月为序，记述苏州及附近地区的节令习俗，书中大量引证古地志、诗文、经史，文笔优美，叙事详实，有保存乡邦文献的作用，是研究明清时代苏州地方史、社会史的重要资料。来新夏在点校过程中进行逐条考订，这也是《清嘉录》的首个点校本，1986年由上海古籍出版社出版，作为"明清笔记丛书"的一种，受到各界的一致好评。来新夏还对清初周亮工撰著的《闽小纪》与清施鸿保撰的《闽杂记》十二卷进行了点校，其点校合刊本由福建人民出版社于1985年出版发行。"《闽小纪》是清代较早记述福建地方风土、人情、物产、工艺、掌故的杂著"②，来新夏以康熙年间赖古堂刊印的四卷本为底本，又参考了赖古堂和《说铃》刊本分别刊印的二卷本，将二卷本中删去的诗文、序言及附录文章进行了考订，刊谬补缺。为方便读者查阅，来新夏还于卷首增添了各卷的条目。来新夏在《闽杂记》说明中，指出了《中国丛书综录》中关于《闽杂记》十二卷本由清褚华撰的错误之处，并通过考证指出《闽杂记》十二卷本为施鸿保所撰。来新夏认为该书"记风俗能详其异陋，记园林颇著其工艺，记物产则表其特异。虽短篇小什，未能概括事物的全貌；但言之娓娓，又颇有可观，其间尚有可供采择证史者"③。这两部著作有助于了解福建地方风土人情，也是来新夏对旧志整理与研究的成就体现。来新夏编著的《清人笔记随录》中也有关于方志的研究内容，如屈大均的《广东新语》二十八卷、王韬的《瀛壖杂志》、顾禄的《桐桥倚棹录》、方拱乾的《宁古塔志》、方式济的《龙沙纪略》、李斗的《扬州画舫录》、西清的《黑龙江外纪》八卷、张焘《津门杂记》三卷、张大纯《姑苏采风类记》、褚华《沪城备考》六卷、范祖述《杭俗遗风》等等。《广东新语》中详细地记录了广东地方山川、物产、风俗、气候各方面的情况，来新夏认为："书前有自序，设为问答之词，叙述书宗旨和缘由。撰者系以厚今薄古的意趣，作《广东通志》的补篇。"④《瀛壖杂志》中对上海的社会经济情况、社会各阶级状况以及上海土著

---

① 来新夏：《清人北京风土笔记随录》，《故宫博物院院刊》1983年第3期。
② 来新夏：《闽小纪·闽杂记》，福建人民出版社1985年版。
③ 来新夏：《闽小纪·闽杂记》，福建人民出版社1985年版。
④ 来新夏：《屈大均与〈广东新语〉》，《学术研究》1985年第1期。

人物进行了详细的纪述，来新夏评论此书时指出："此书虽自提《杂志》，但不啻是上海邑志的别乘，较《津门杂记》之类似胜一筹。"① "《桐桥倚棹录》是顾禄另一种具有风土小志性质之著述，专记苏州虎丘山塘一带山水、名胜、寺院、第宅、古迹、市廛、手工艺等事物"②，来新夏认为《桐桥倚棹录》具备地方文献之价值。《宁古塔志》是研究东北史地的重要著作。《龙沙纪略》和《黑龙江外纪》为研究黑龙江风土人情提供了重要的资料。来新夏评价《龙沙纪略》："所记皆为耳闻目见，并经籍考群籍，实舆地不可少之书。"③《扬州画舫录》记述了扬州的地方风土人情、人文胜迹、社会风貌，来新夏认为其是格调远胜其他画舫录的地方史志。在《清人北京风土笔记随录》一文中，来新夏介绍了九部记载北京风土的著作，分别是顾炎武撰《昌平山水记》二卷和《京东考古录》、项维贞辑《燕台笔录》、查慎行撰《人海记》二卷、吴长元《宸垣识略》十六卷、戴璐《藤阴杂记》十二卷、《燕京杂记》（撰者不详）、柴桑《京师偶记》和芯珠旧史（杨懋建）《京尘杂录》四卷。通过对这些风土笔记的体例、记述内容以及价值的研究，不仅可以更加全面地了解清代北京的风貌，还可以为日后编纂方志提供资料以及进行专题研究提供借鉴。

四、阐述了方志的作用和价值

主要包括地方志的史料价值、旧方志在经济建设中的作用和新编方志的人文价值三方面内容。来新夏在《中国地方志的史料价值及其利用》一文中，通过列举相关案例，阐发了旧地方志和新编地方志的史料价值，并对如何利用地方志的史料价值提出了建议。在《旧地方志资料在经济建设中的作用》一文中指出，发掘研究旧地方志中所包含的经济资料，能够为我们今天的经济建设提供历史借鉴。来新夏从为战胜自然灾害提供历史依据，为农业生产建设服务，为工业生产建设服务，为发展商业、外贸事业服务，为发展第三产业、旅游业服务，为城市规划和基本建设提供科学依据，为各级领导机关制定经济政策措施和进行经济体制改革起咨询作用，为学术研究提供基础条件八个方面论述了旧地方志资料在经济建设中所起的作用，希望能够引起学术界对旧志整理工作以及对中国传统文化的重视。在《论新编方志的人文价值》一文中，通过对方志"资治、教化、存

---

① 来新夏：《清人笔记随录》，《文献》1995年第3期。
② 来新夏：《清人笔记随录（二）》，《中国典籍与文化》2004年第2期。
③ 来新夏：《清人笔记随录》，中华书局2005年版，第171页。

史"价值的阐述，指明了"方志旨在推动人类发展，保存和汇集人类文化成果的人文价值"①。并提出了新编方志真正发挥人文价值的方法，即要改变地方志被动等待别人使用的状态，通过信息化手段，将志书中的资料与现实结合，激发阅读兴趣；要将编修完的志书推向市场，提高利用率；进行二次编纂，如可编制一些检索工具和参考用书；要积极整理余料，使其发挥社会效用。这些都是来新夏对新编方志发挥其人文价值的探索，为新时期方志的利用提供了借鉴。

五、对新编方志的评论与指导

首轮修志结束后，来新夏为多部新修志书或作序言，或作评论，这些文章都是他对方志研究的重要成果。关于对方志的评论与指导，本文第三章第五节中有详细论述，在此只做简要概括。这些文章中有对方志体例进行评价的，如来新夏在《〈晋城市志〉读后》、《〈潞城市志〉读后》、《〈泰州志〉读后》、《〈宿迁市志〉读后》、《〈青州市志〉序》等文中均提到了方志编修的体例问题。有对方志是否体现地方特色进行评论的，如在《评〈杨柳青镇志〉蓝本》一文中，来新夏指出："全书的最大特色在于吸收了天津市各区县志的经验，突出了当地特色，不惜独立篇章，以体例突出地方特色。"②在《〈运城地区志〉读后》、《浅评〈阳泉市志〉》等文中对体现地方特色都作了较详细的论述。有对人物立传问题进行阐释的，如《〈河西区志〉序》中对外籍人士是否立传的问题，《独具一格的〈阳城县志〉》中对坚持生人不立传，以生年为序原则的赞同，在《读〈吴县志〉随录》、《读〈扬州市志〉随札》、《题〈南宁市志〉》等文中都有提及。还有针对二轮修志提出建议的，如在《我对第二轮修志的一些看法》、《新世纪的修志思考——写在第二届修志之前》和《浅评〈商丘地区志〉（续卷）》中，提出了二轮修志需把握的"三新"宗旨，即理念新、内容新、编纂方法新，这是来新夏对首轮修志成果的总结与升华，也是其方志研究的新成就。此外，来新夏还呼吁使城市区志和地区志上升为独立志类，在《城市区志编纂的探索与创新》、《给城市区志一席之地》、《〈晋中地区志〉读后》、《〈河西区志〉序》等文中反复提及"地区志的地位就是地区志，它既不是省志的拾遗补缺，也不是县志的简单相加。它从本身功能出发，立足全区，面向民

---

① 来新夏：《论新编方志的人文价值》，《河北学刊》1996年第6期。
② 来新夏：《评〈杨柳青镇志〉蓝本》，《中国地方志》2004年第10期。

众，反映整体，体现特色。它能补省志所缺，详省志所略，通县志所不通"①。

来新夏在旧志整理、理论探讨、新志编纂、方志评论的基础上，提出了自己的方志学理论，推动了新时期我国方志学的发展。

第三章　来新夏的方志学思想

方志学作为一门独立学科的地位，是由清代章学诚确立的，章学诚吸取了清代以前方志理论的研究成果，结合自己的修志实践，建立了比较系统、完整的方志学理论。确立了"志乃史裁"的性质、存史和经世的作用，"三书"、"四体"的编纂方法，使得方志学成为了专门研究方志领域中所特有的运动形态的学科。近代以来，对方志学进行比较系统的研究与论述，主要有梁启超的《清代学者整理旧学之总成绩——方志学》、王葆心的《方志学发微》、傅振伦的《中国方志学通论》、寿鹏飞的《方志通义》等，这些著作从不同的角度对地方志的起源、体例、编纂理论与方法进行了探讨与研究，极大地发展了方志学理论。新中国成立后，方志编修工作被重新提上了日程，但并没有一本通论性的方志学著述来指导亟待开展的修志工作，来新夏在这时承担了这一重任，主持编写了《方志学概论》一书，而且撰写了多篇方志论文，阐述其方志学思想，为首轮方志的编修提供理论指导，本章就来新夏方志学思想中有关方志的起源、性质、特征及作用和方志编纂理论作出论述。

第一节　关于地方志的起源

方志，或称地方志，是记载一定地区（或行政区划）自然和社会各个方面的历史与现状的综合性著述。这是来新夏在《方志学概论》一书中对方志所下的定义。"方志的内容极其广泛，举凡一地的建置、沿革、疆域、山川、津梁、关隘、名胜、资源、物产、气候、天文、灾异、人物、艺文、文化、教育、民族、

---

① 来新夏：《〈晋中地区志〉读后》，《史志学刊》1997年第6期。

风俗……等情况，都为其所包容。它反映我国各族人民在不同历史时期的社会生活状况，记载各时期思想文化、开发自然、科学技术等方面的成就，为后世提供不竭的研究资料。"①

关于方志的起源，历来诸多争论，其中比较有影响力的有"《禹贡》说"、"《周官》说"、"诸侯国史说"、"两汉地记说"、"方志多源说"等。来新夏认同"方志多源说"，他认为方志起源的多源性和源远性，是我国方志起源的两个显著的和基本的特征。来新夏提出"方志应是在兼收国别史、地理书和地图等各种不同源泉的基础上，逐渐发展融合而成为一种新的反映地区特色的体裁"②。作为周朝五史之一的外史即可看作方域之史，具有明确的地域性，具有今天意义上的方志的萌芽性质。《山海经》与《禹贡》是方志起源于古代地理书的代表著作。此外，方志的起源还可追溯到古地图的形式，他认为"土地之图"的广泛运用，导致了作为方志前身的"图经"的兴盛，也可视为方志的起源。

关于方志起源于《山海经》和《禹贡》的观点，我国著名方志学家仓修良先生对此有不同看法，本文就来新夏所著《方志学概论》与仓修良先生所著《方志学通论》③中有关方志起源的问题进行梳理，以此来探究关于方志起源的争论在当代的不同见解。

来新夏认为方志可导源于古代的地理书，如《山海经》和《禹贡》。他在《方志学概论》第一章第一节《方志概说》中写道：

> 《山海经》是我国现存最古老的一部地理书，内容包括《山经》、《海经》、《大荒经》三部分。其中《山经》成书最早，记载也最丰富。全书以山为纲。以方向与道里为经纬，附载动物、植物、矿物、民族、祭祀、巫医等，保存了不少远古神话传说，对研究古代历史、地理、民俗、文化、神话等均有参考价值。……从记载内容来看，《山海经》的记风土、人物、世系，与后世方志的设风俗、人物门类，是一脉相通的。④

《禹贡》为《尚书》的一篇，较《山经》晚出，作为一种地理著作来看，它的价值在《山经》之上。此书用自然分区方法，记述了我国古代的地

---

① 来新夏：《方志学概论》，福建人民出版社1983年版，第1页。
② 来新夏：《志域探步》，南开大学出版社1993年版，第4页。
③ 仓修良：《方志学通论》（修订本），方志出版社2003年版。
④ 来新夏：《方志学概论》，福建人民出版社1983年版，第3页。

理情况，把全国分为九州，对黄河流域的山岭、河流、薮泽、土壤、物产、贡赋、交通等都有描述。长江、淮河等流域也略有涉及。《禹贡》是我国现存最早的一部全国性区域志，历来言地理者，大抵溯源于《禹贡》。……后世方志，特别是全国性的区域志，在体例和内容方面同《禹贡》都存在着源流关系。①

由此可知，来新夏认为《山海经》、《禹贡》都可作为我国方志的起源。而仓修良则认为《禹贡》作为我国最早的一篇地理文献、《山海经》作为"不可视为实用的地理著作"②均与我国方志的起源没有关系。仓修良认为《禹贡》可作为地理学源头，但"方志编修，既用《春秋》、《史记》之法，无疑已是地方史了，这与《禹贡》有何关系？"③对于《山海经》，则认为它对后世志怪小说影响很大，并不同意方志与它有渊源关系。

仓修良在《方志学通论》一书中关于方志起源于《禹贡》说写道：

《禹贡》作为我国最早的一篇地理文献，所述内容确是相当丰富的，它把全国区分为九州，而对于山脉、河流、土壤、物产、贡赋、交通等多有叙述，古人言地理确实有人将它视为源头，是完全可以理解的。如《隋书·经籍志·地理类序》中说："《书》录禹别九州，定其山川，分其圻界，条其物产，辨其贡赋，斯之谓也。"这里所讲其实就是指《禹贡》所载内容。……《禹贡》既然是别九州以叙九州之事，如何又与割据一方之诸侯国史相比附？④

仓修良认为《禹贡》里的九州是夏代的行政区划，但其作用并不能与诸侯国史相提并论，且《禹贡》的编写体例依据的是地理学，将《禹贡》作为我国方志的起源是缺乏认真分析的。

关于方志渊源于《山海经》，在《方志学通论》中这样论述道：

① 来新夏：《方志学概论》，福建人民出版社1983年版，第4页。
② 仓修良：《方志学通论》（修订本），方志出版社2003年版，第7页。
③ 仓修良：《方志学通论》（修订本），方志出版社2003年版，第5页。
④ 仓修良：《方志学通论》（修订本），方志出版社2003年版，第4—5页。

关于这部书的价值，袁珂在《〈山海经〉写作的时地及篇目考》①一文中作了很好的概括，文章开头就说："在先秦古籍当中，《山海经》是一部具有丰富内容和独特风貌的书。全书虽然仅仅三万一千多字，却包含了我国古代神话、历史、地理、物产、医药、宗教……各方面的许多宝贵材料，是研究我国古代历史和古代神话的极重要的文献。这些材料，大体上还保存着传说中古代社会生活各方面的本来面貌，并没有经过多少涂饰和修改，尤其使我们感到可贵。……对这样一部书为什么在看法上会产生这样大的分歧呢？关键在于它所记的内容、形式、体例都与众不同，过于奇特。像这样一部书，直到现在，竟还有人硬把它与方志挂起钩来，说是方志起源的一个源头。事实上只要大家将此书与方志冷静作一比较，就可发现无论形式、体例、结构全无共同之处。"②

在这里，仓修良教授认为《山海经》的写作体例与后世方志的写作体例没有任何相同之处，因此《山海经》不能作为方志的起源。

两位先生对方志来源于《山海经》与《禹贡》各执己见，均有道理，究其实质，在于新时期我国方志理论的不断发展。况且此学术之争，历来已久，不能简单论对错，在笔者看来，我国方志由来已久，就如任何新生事物一般，都需要经历一个由弱到强、由不成熟到逐渐完善的过程，方志也不例外。正如《四库全书总目》中对于方志源流的叙述："古之地志，载方域、山川、风俗、物产而已，其书今不可见。然《禹贡》、《周礼·职方氏》其大较矣。《元和郡县图志》颇涉古迹，盖用《山海经》例。《太平寰宇记》增以人物，又偶及艺文，于是为州县志书之滥觞。元明以后，体例相沿，列传侔乎家牒，艺文溢于总集，末大于本，而舆图反若附录。"③方志由最开始的如《禹贡》、《周礼·职方氏》所记载的方域、山川、风俗、物产增至后来的如《山海经》所载古迹，其后又增设人物、艺文，至宋代时最后定型，确立了方志的体制。方志是在漫长的历史发展过程中逐渐定型的，并不是某一时代的特定产物。

① 袁珂：《〈山海经〉写作的时地及篇目考》，《中华文史论丛》第七辑。
② 仓修良：《方志学通论》（修订本），方志出版社2003年版，第6-7页。
③ 来新夏：《方志学概论》，福建人民出版社1983年版，第6页。

第二节　关于方志的名目及种类

一、方志的名目

我国方志的名目众多，即便是同样的名目下，也会因朝代、年号等的不同而有差异，方志的名目变化也是方志的发展过程。来新夏在《方志学概论》一书中对方志在各个时期的名目都作了详细的介绍，了解方志的名目，有助于我们了解方志在长期的发展过程中所采取的不同形式，也可反映出方志在各个发展时期的特点。

（一）图经

图经，又称图志、图记。图经包括"图"和"经"两部分，"图则作绘之名，经则载言之别"[①]，图经即是地图和文字说明的结合。图经最早可以追溯到春秋战国时期的"版图"、"土地之图"。现在所知最早以"图经"为名的著述是东汉《华阳国志·巴志》篇中引有东汉《巴郡图经》的文字。两晋南北朝时期，图经是方志通行的名目；唐宋则是图经发展的特盛时期，以现存最早的《沙州图经》和《西州图经》残卷为代表。南宋直至明清，图经的地位日渐衰落，直到被"志"所取代。来新夏认为从地图到图经的发展，是由于随着社会生活内容的日趋变化，单靠图已无法满足记述的需要，必须添加说明文字来辅以记述，这是方志发展的必然结果。图经是方志的早期发展形式，而图志、图记只是图经的变称。"志"、"记"也是文字记载的意思，如《元和郡县图志》、《长安图记》，其内容、体例与图经并无明确的区别，只是变称而已。

（二）传

图经发展到东汉时期就有了"传"的名称，"传"主要是记述一地的人物与风俗。代表作有《南阳风俗传》、《海内先贤传》、《沛国耆旧传》、《陈留风俗传》等。来新夏认为"这种单记人物、风俗的传，可能是从'正史'纪传的'传'脱胎而来"[②]。但是随着方志体例的发展，这种单记人物、风俗的传书逐渐被替代，以至清以前的这类书都没有流传下来，我们现在了解到的只是一些散见于类书、政书、注文中的片段。

---

①　来新夏：《方志学概论》，福建人民出版社1983年版，第7页。

②　来新夏：《方志学概论》，福建人民出版社1983年版，第8页。

（三）记

记的名称应起源于东汉的《十三州记》，后流行于魏晋隋唐时期，代表作为北宋时期的《太平寰宇记》，这部志书内容丰富，体例完备，对后世修志的影响很大，后世的志书基本上沿用了它的体例，但"记"的名称并没有因袭。来新夏在论述"记"与"志"时这样写道：

> "记"和"志"，意义其实是一样的，郑玄就曾经说过："志，谓记也。"清孙诒让跋《永嘉郡记》辑本也说："或称《永嘉地记》，或称《永嘉记》，亦作志。斯并文偶省易，谊互通假。"[1]

可见记与志的名称虽然不一样，但却并没有特别的意思，它只表明了在一定历史时期对于某一方志名目的叫法不同而已，且"记"的名称自宋代后就逐渐被"志"所取代，亦可作为辅证。

（四）录

以录为名目的方志，大约开始于魏晋，且数量比较少，"如晋虞豫的《会稽典录》、后魏刘芳的《徐地录》、高似孙的《剡录》、程大昌的《雍录》等，其中《雍录》和《剡录》至今仍有流传，是方志中的重要著作"[2]。其体例与"志"、"记"并无明显的差别，也只是发展过程中的不同名称而已。

（五）乘

> 方志取"乘"为名的，始于元于钦的《齐乘》。……方志的名为乘，是因袭先秦的《晋乘》而来的，所以，与把史籍泛称为史乘一样，地方志也有概称作地方志乘的。[3]

可见，称"乘"也是方志的一种比较古雅的名称，其体例亦与"志"无明显的区别，且真正以"乘"为名的地方志并不多见，现在可见的有明代王奇的《雄乘》，耿定向所著《黄安初乘》，清代陈弘绪所著《南昌郡乘》。

（六）志

方志称"志"，这是宋元以来最为通行的名目，也是方志载籍中数量最多的一种。现存最早的以"志"为名的方志是晋常璩记述巴蜀地区的《华阳国志》，

① 来新夏：《方志学概论》，福建人民出版社1983年版，第8页。
② 来新夏：《方志学概论》，福建人民出版社1983年版，第9页。
③ 来新夏：《方志学概论》，福建人民出版社1983年版，第9页。

全国性的总志有陈顾野王的《舆地志》、唐李泰的《括地志》。"自宋以后，方志不仅在内容上，由过去的基本只是记地理、山川、风土、人物、物产等方面，扩展到天、地、人、社会的各个方面；在体例上，也由过去的驳杂不清，变为较为齐备和明朗的形式；而且在名称上，各类方志几乎都以志为名。"①

来新夏认为方志之所以名目繁多，主要是因为历史上纂修方志的时间间隔比较短，重修的志书多了，一个地区可能就会有很多重名的，为了区别同一地区的同名志书，就为方志换个名称，或在前面加上当时的年号，如《苏州府志》，就有洪武志、正德志、崇祯志等称谓。当然地名的变化也与方志名目变化有关，由于方志记述的是一个特定的区域，所以历史上该地的地名变化就会显示在方志的名目上，就如苏州，在历史上曾有吴、吴郡、苏州、平江、姑苏等名称，反映在方志上就有《吴地记》、《苏州图经》、《吴郡志》、《姑苏志》等。（"吴地"并不是历史上苏州的正式名称，应该是《吴地记》的简称，《方志学概论》一书中称苏州为吴地，这一说法是不正确的。）而且由于方志起源的多源性和源远性，方志在不同时期的不同名目，与它们各自所记述的内容和所运用的体例都有着密切的关系。所以说，不同的方志名目，是方志发展反映在历史的阶段性特点。

二、方志的种类

由于方志数量众多，名目繁杂，所以对方志进行科学的分类不仅是方志学研究的一个重要课题，同时对旧志的整理工作也十分必要。来新夏认为方志通常有以地区区分和以内容区分两种。

以地区区分可分为总志、省志、府志、州志、厅志、县志、乡镇志、乡土志、边关志、土司司所志、盐井志十一种。其中总志是记述两省以上地区自然与社会各方面情况的志书。如《太平寰宇记》、《湖广总志》。省志是记述一省范围的方志，一般由官府编纂。府志是记述一府范围的方志，在封建时代的行政规划中，府位于省以下，高于县。厅的管辖范围相当于府和县，厅志多由厅的长官主修。县志记一县范围，明清时，县是最基层的行政区划，县志也是方志总量中占比最大的，省、府、州志的编纂必须参考县志的资料。乡镇志是记述县以下一乡、一镇范围的方志，乡镇志始于宋代。"乡土志侧重记述当地经济情况，内容

---

① 来新夏：《方志学概论》，福建人民出版社1983年版，第9页。

为采访实录，体例简明概括。"①明代因重视北方防务而产生边关志，主要记述边疆要塞的情况，包括边地的武备、兵力及地理沿革。土司制度是我国历史上设于少数民族地区用以管辖当地的行政制度，"其体例与州县志相似，只是在书首有世系一篇，专记土司家世"②。盐井志仅见于云南，有《黑盐井志》，除记述盐务外，也有一般州县志的内容。

方志以内容区分可分为通志、专志、杂志三类。来新夏在《方志学概论》中关于方志的种类这样写道：

> 通志，与《畿辅通志》、《湖北通志》等作为一种方志的名目不同。这类志书所记述的，大体上包括一地（或一国）的疆域、沿革、山川、厄塞、田亩、物产、矿藏、民族、人口、灾异、风俗、丁役、赋税、胜迹、人物、文献等多种内容。一般的省、府、州、县等志和全国性总志，都属通志类。如唐李吉甫的《元和郡县图志》、宋高似孙的《剡录》、元于钦的《齐乘》等。③

专志是专记某一项或主要是某一项内容的志书。如清代龚柴的《满洲考略》、孙诒让的《温州经籍志》等。杂志多是私人撰述的，不以官府修志的通用名目命名。杂志所记述的"都是有关一地的舆地、政治、经济、文化等种种现象，而又没有通志那样完备、系统"④。

此外，从方志的编纂体例又可分为纪传体、门目体、"三宝体"、编年体、纪事本末体、类书体等类型。其中纪传体是模仿正史而来，"它把许多名目，归属于图、表、纪、志、传、录等类，每类下又分许多细目"⑤。这种体例的特点在于分类明确，层次分明，后世的方志多采用这种体例。"三宝体"即分为土地、人民、政事三类。这种体例的特点在于分类比较简明，但是其不足之处在于不能很好地统摄比较复杂的内容。编年体就是将各种记事和资料按照年代顺序编入书中，在体例上没有篇目组织，方志中大事记的编写方法利用的就是编年体的形式。纪事本末体即每事为一篇，详细叙述事情发展的始终。明朝康海的《武功县志》运用的就是这种形式。"类书体就是按照编纂类书的方法，将从许多书中

① 来新夏：《方志学概论》，福建人民出版社1983年版，第14页。
② 来新夏：《方志学概论》，福建人民出版社1983年版，第14页。
③ 来新夏：《方志学概论》，福建人民出版社1983年版，第15页。
④ 来新夏：《方志学概论》，福建人民出版社1983年版，第16页。
⑤ 来新夏：《方志学概论》，福建人民出版社1983年版，第17页。

采撷来的有关地区情况的资料，按类加以编排，并往往注明资料出处或附载引用书目。"①这类志书的特点在于能够辑录丰富的地方文献资料，对史料的保存有很重要的作用。

上述这些分类皆是来新夏对方志的认识，目前方志学界对方志类型划分的问题，看法还未统一，关于方志的分类也是在今后的方志学研究中需要解决的问题之一。

第三节　关于方志的性质

关于方志的性质，历史上曾长期存在着不同的看法，直至清代更是形成了"考据学派"和"史志学派"两大学术派别，他们对方志性质的探索与争论，对后世方志的发展影响极大。其中以戴震为代表的考据学派和以章学诚为代表的史志学派之间的争论影响最为深远。

考据学派的兴起源于清王朝在确立了对全国的统治后，为了防止和镇压来自知识分子界的反抗，于是实行了特别残酷的文化专制政策，历史上臭名昭著的文字狱在清代屡屡发生就是源于文化专制政策。在这种文化高压政策的压制下，许多知识分子为了生存下去，被迫埋首故纸堆，从事训诂、考据工作，考据学因而成为潮流，进而形成了考据学派。有些学者也将考据方法用于方志的编纂，着重考证地理沿革与方位，因而也被称为地理学派，代表人物有戴震、钱大昕、孙星衍、洪亮吉等。

戴震发展了清代考据学的严谨学风，开创了古地理研究方法，即"以水系辨山脉，以山川形势考察郡县建置和地理沿革"②。考据学派在修志实践中，十分重视旧材料，而对能够反映现实情况的实际资料却持轻视态度，他们经常用"正史"中的有关材料作为编修地方志的依据和凭借，因而所修志书的实用价值就会大为降低。

来新夏在《方志学概论》一文中这样评价考据学派："考据学派编修地方志的理论观点和方法，实际上就是这一学派在学术上'崇古薄今'思想和'诠释故训，究索名物'方法，在修志实践中的反映和运用……考据学派重视资料的来源

① 来新夏：《方志学概论》，福建人民出版社1983年版，第18页。
② 来新夏：《中国方志学理论的发展与现状》，《中国地方志》1995年第2期。

和体例的根据，认为资料搜集后，只要进行排比，注明出处，搞成资料汇编就可以，所以又被称为纂辑派。对于志书的类目，则都以前人的撰著为依据。"①方志的编修是为了反映一地的实际，而考据学派这种专营考据，不重视现实材料的做法无疑是与方志的编修实际相悖的，虽然在当时的历史条件下考据学派曾风盛一时，但终究还是在以章学诚为首的史志学派兴起后逐渐衰微。

以章学诚为首的史志学派，虽然也受到了当时考据之风的影响，但他们对地方志理论的创立之功确是需要我们正视的，来新夏认为这一派最大的建树是"首先确立了方志是史，一方之志为一方全史，可供国史要删的新观念，从而破除了方志是图经、是地理书的旧观念"②。

来新夏先生在谈到对方志学科属性的不同认识时，认为对方志的性质之所以会有不同看法，与方志产生的多源性和方志发展过程中曾出现过多种形态的事实有着直接的关系。方志之所以会被认为属于地理学范畴的一个重要原因，是因为方志在早期发展时，多采用图经、地记等形式，其内容和体例也与地理书相近。但是随着社会的进步，方志并没有固守图经、地记这些形式，方志发展到了宋代，其体例已发展成为"综合反映某一地区政治、军事、经济、文化、教育、社会、民族、宗教、人物、事件、典章制度以及天文、地理、风俗、人情等各方面状况的一种内容广泛的著述体裁"③；而体例的发展演变也使方志在编纂宗旨、编纂原则、编纂方法、内容体例以及方志的特征、作用等方面都体现出明显区别于地理书的"历史著述"，所以来新夏认为方志是属于历史学范畴的，地方志书是一种史书体裁。

地方志书这种特殊的史学体裁被称为"志体"，它与一般的史学体裁即"史体"还是有区别的。

首先在编写的形式上，"志体"与"史体"不同。"史体"主要记述的是过去，一般都以时间、事件为中心线索，侧重于事物的纵向发展；而志体主要记述的是现状，它虽然也会追溯过去、列大事记，但这些内容并不是方志的主体。此外，"史体"是在占有大量资料的基础上，通过分析研究历史现象，从而探索出历史发展的客观规律，并作出详尽、深入的阐释，其中论述部分是史书的主体；而"志体"却是资料性的，它将搜集、调查来的大量资料经过整理、鉴别、分门

① 来新夏：《方志学概论》，福建人民出版社1983年版，第114页。
② 来新夏：《方志学概论》，福建人民出版社1983年版，第115页。
③ 来新夏：《方志学概论》，福建人民出版社1983年版，第19-20页。

别类地进行综述，以此来反映一地的自然与社会状况。"许多方志都专门设有'文献'或'掌故'一类的书目，来储存史料，以备历史研究征考。因此方志中所记载的内容，往往可以成为同时代的人直接征引的资料依据"①。

其次，在门类广泛程度上，"志体"与"史体"不同。"史体"一般以时间、事件为中心线索，所以记事往往比较集中，且阐释得比较系统深入。"史体"虽然也包含政治、经济、军事、文化等门类，但是对这些门类的叙述，都是紧紧围绕着某一明显的核心内容的，因此在材料的取舍及各部分内容记叙的详略程度上，都会有不同。而"志体"的内容涉及之广，"举凡一地的疆域、沿革、山川、水利、土地、赋役、军事、职官、选举、人物、艺文、金石、碑刻、建筑、名胜、古迹、风俗、方言、灾异、轶闻等等，事无巨细"②。"志体"除了个别能体现地方特点的门类较为突出外，并没有特定的核心内容，因而在材料的取舍、记述的详略程度上，一般并没有明确的轻重之分。

第三，在内容的详约程度上，"志体"与"史体"不同。我国古代不间断修志的目的之一就是备修史时所采用。所以"志贵详细，而史存大体。"史体可以在志体的基础上写就，如清顾炎武的《天下郡国利病书》、钱大昕的《辽史拾遗》、陆心源的《宋史翼》等名著，所依据的材料，主要就是从大量的方志中来的；但志体却决不能在史体的基础上编成。清人很早就指出了它们的这种关系。章学诚在《永清县志·士族表序例》中说："正史既存大体，而部府州县之志，以渐加详焉。所谓行远自迩，登高自卑。州县博收，乃所以备正史之约取也。"③

最后，在成书方法上，"志体"与"史体"不同。由于"史体"主要是记述过去，详古略今，在成书时主要依靠文献资料。在修史过程中，虽然也需要调查采访，但是在整个修史进程中所占比例不是很大，而且史体在记述上比较集中和大体，不像方志内容所涉之广，所以史书成书可以由少部分人完成。而"志体"主要记述现状，要详今略古，而且我国古代的方志编修要求每隔一定年限就要重修，所以需要从当时当地调查、搜集大量的资料，这个过程占修志工作的主要部分，搜集、调查、整理资料的过程，会直接影响到所修志书的质量和成败。又因为志体记载内容的详细和广泛，所涉及的各行各业需要通力合作，且需要有各方

---

① 来新夏：《方志学概论》，福建人民出版社1983年版，第20–21页。
② 来新夏：《方志学概论》，福建人民出版社1983年版，第21页。
③ 来新夏：《方志学概论》，福建人民出版社1983年版，第21页。

面的专家参加，所修志书质量才会有保证，因此成书所需的人力、物力也与"史体"有很大的不同。

总之，来新夏认为方志属于历史学的范畴，但是"史体"与"志体"的区别必须重视，两者的关系可以概括为"同源异体、殊途同归、相辅相成"①。史和志不一定要界限分明，最好的做法应该是史中有志，志中有史。"地方志不妨志经史纬，整个的经史志，每个问题的叙述是史的发展。"这是新时期来新夏对史志关系问题的见解，对于指导新时期地方志的编修有重要的指导意义。

第四节 关于方志的特征和作用

一、方志的特征

关于方志的特征，有很多学者谈论到，朱士嘉在《中国地方志浅说》中提出方志有区域性、连续性、广泛性、可靠性四个特点。也有如仓修良提出的五种方志特征：突出的地方性、编纂的连续性、内容的广泛性、记载的多样性、鲜明的时代性。来新夏认为方志具有地方性、连续性、广泛性、资料性、可靠性的特征。

（一）地方性

方志的首要特征就是地方性，因为方志从产生之日起就是专门记载一地的事实，不管是省志、府志、州志、县志，还是乡镇志、边关志、乡土志，都是有一定的明确的地域范围。由于我国地域广阔，因而各个地区在地理位置、气候地形、建制沿革、资源物产、风土人情、农业生产、社会历史环境等方面都不尽相同，地方志在记述一地的实际情况时，就会有显著的地方特色。地方志的早期形式地记的目的就是"矜其乡贤，美其邦族"，且编纂方志的大都是熟知该地情况的人士，为了能够使其乡族显耀，在编纂方志时总是尽力选取那些能够反映该地区特点的内容。正因为地方志突出的地方性特征，所以古代有的地方官每到一地，首先就要找来该地的地方志来了解该地的建置沿革、土地、气候、山水、园林、氏族、人物、物产工艺等。

① 来新夏：《地方史志的过去、现在和未来》，《山东图书馆季刊》1982年第3期。

（二）连续性

在封建时代，在政局稳定之时，官方会特别重视地方志的编修，一部方志修成，过若干年后就会续修。"首次编纂的方志，往往探本溯源，贯通古今，记述历代的沿革变化；续修的方志，则重点反映两次修志期间本地区的变化。"①如唐代统治者曾规定，各府州每三五年为尚书省兵部职方编送图经；明清两朝，更是屡次发布修志命令，要求各地按时编修方志。"我国绝大部分方志都曾续修，续修两三次以上的方志，约有七千种，有的县续修更多……"②如《镇江府志》，从宋代开始的《京口记》（镇江别名）、《京口续志》，宋乾道年间所修《镇江志》、《永乐镇江府志》、《成化镇江府志》、《正德镇江府志》直至《乾隆镇江府志》，共有二十二部志书。"历史上任何一种图书体裁的纂修，在连绵的长久性和间隔的短暂性方面，都不能与地方志相比拟。"③方志编纂的连续性特征，不仅使地方志的体例形式越来越成熟完善，而且为我们在连续考察某一地区的不同社会历史方面的情况提供了可靠的资料。

（三）广泛性

方志记载的内容极其广泛，一地的疆域、沿革、山川、水利、土地、赋役、军事、职官、选举、人物、艺文、金石、碑刻、建筑、名胜、古迹、风俗、方言、灾异、轶闻等等，包罗巨细。如明正德年间，王鏊、吴宽纂修的《姑苏志》六十卷所载内容：

> 卷一：郡邑沿革表。卷二至四：古今守令表。卷五至六：科第表。卷七：沿革、分野、疆域。卷八至九：山。卷十：水。卷十一至十二：水利。卷十三：风俗。卷十四：户口、土产。卷十五：田赋。卷十六：城池。卷十七：坊巷。卷十八：乡都。卷十九至二十：桥梁。卷二十一至二十三：官署。卷二十四：学校。卷二十五：兵防。卷二十六：仓场、驿递。卷二十七至二十八：坛庙。卷二十九至三十：寺观。卷三十一：第宅。卷三十二：园池。卷三十三：古迹。卷三十四：冢墓。卷三十五：吴世家。卷三十六：平乱。卷三十七至四十二：宦迹。卷四十三至五十八：人物。卷五十九：纪

---

① 来新夏：《方志学概论》，福建人民出版社1983年版，第23页。
② 来新夏：《方志学概论》，福建人民出版社1983年版，第23页。
③ 来新夏：《方志学概论》，福建人民出版社1983年版，第23页。

事。卷六十：杂事。①

从《姑苏志》所载内容不难看出方志记载内容的广泛性。此外，顾颉刚在《中国地方志综录》序言中写道："纪地理则有沿革、疆域、面积、分野，纪政治则有建置、职官、兵备、大事记，纪经济则有户口、田赋、物产、关税，纪社会则有风俗、方言、寺观、祥异，纪文献则有人物、艺文、金石、古迹。"②方志之所以被誉为"地方百科全书"，原因即在此。

（四）资料性

编纂方志的目的，不是为了直接探索自然和历史发展的规律，而是为了全面反映一地区的自然与社会状况，同时也为各门学科的研究、发展积累资料。因此方志在编写形式上多采用记叙性的体裁，"述而不发，即将是非褒贬寓于事实的记述之中；而且，对于采集来的资料，大都如实记录，较少经过笔削润色，所以方志有着十分强烈的资料性特征。"③正是因为方志的资料性特征，使得方志成为史家取材的基础。而方志所提供的大量资料，成为后来学者们在学术活动中参考、查证、借鉴的可贵资料。

（五）可靠性

在封建时代，统治阶级一般都很重视志书的编纂，且地方官吏一般都会担任当地志书的主修，许多地方官吏更是将编好一部志书作为自己的功绩，所以方志在资料的获取上就有了其他体裁的图书所不能比拟的优势，比如不对外开放的地方档案文献，其中包括公文档册、金石碑刻、谱牒家传等。又因为方志"述而不作"的特点，使得方志所包含的那些资料的可靠程度加强。除了地方档案文献，方志资料的另一可靠来源就是实地调查、采访、测绘所得。章学诚提出的"地近则易核，时近则迹真"，也说明了方志资料具有较高的参考价值。

关于方志的可靠性特征，仓修良在《方志学通论》一书中曾表达过不同意见，他认为旧方志中虽然包含着大量的可贵史料，但并不能说方志中的资料都可靠、真实，因此不能给方志下可靠性、真实性和科学性这样一类的结论。为此他还引用了谭其骧先生在中国地方史志协会成立大会上的讲话《地方史志不可偏废，旧志资料不可轻信》中的一段话来论述自己的观点：

---

① 仓修良：《方志学通论》（修订本），方志出版社2003年版，第75-76页。

② 来新夏：《方志学概论》，福建人民出版社1983年版，第24页。

③ 来新夏：《方志学概论》，福建人民出版社1983年版，第24页。

我们的祖宗给我们传下来八千多部方志，这是我国一个很伟大的、特有的宝库，这中间有大量的可贵的史料。这是肯定的。但是，这决不等于说，旧方志中的资料完全可靠，完全可信。我喜欢说老实话，老实说，我们八千多部地方志并不是每一部都修得好，旧方志十部中难得有一部好的，大多数是不好的，但坏的也保留了那个时候的资料。对待地方志里的每一条史料都要慎重，照抄照搬要上大当。地方史一般是私人著作，学术价值较高。地方志除少数出于名家手笔外，多数是由州县官找几个会作八股文的乡曲陋儒修的，这些人只会做八股，根本不懂做学问，不懂著作之体，不懂得前朝的掌故，所以有的志越修越坏。虽然每一部方志都有保存的价值，但对方志中的各个项目，每一条具体记载，我们决不能轻信不疑，不经考核，照抄照搬。①

其实，来新夏在论述方志可靠性的特征中也曾指出："并不是所有的方志资料都是可以征信的，旧方志中也存有不少浮夸失实、荒诞迷信、歪曲事实、污蔑人民的现象，所以我们在利用旧志资料时，决不能过于轻信，而必须谨慎从事，认真分析，仔细鉴别，在弃其糟粕的同时，注意利用其有价值的部分。"②此外，来新夏曾多次在其学术论文中提到，对于旧志，应该一直持批判继承的态度："批判那些竭力宣扬封建统治者功业、宣传封建伦理纲常和一些不恰当的溢美之词等糟粕部分，继承旧志中合理的编纂体例与文献资料。"③可见来新夏先生是在认真分析方志的基础上提出的可靠性这一特征。当然，随着方志学理论的不断完善，可能还会有不同的方志特征被提出，这就有待后来者们去分析论证了。

二、方志的作用

最早阐发方志价值和作用的是东晋的常璩，他在《华阳国志》序言中提出著书应有"五善"，即"'达道义'、'章法戒'、'通古今'、'表功勋'、'旌贤能'"④。此后中国历代方志学者所达成的共识为"资治、教化、存

---

① 谭其骧：《地方史志不可偏废，旧志资料不可轻信》，载《中国地方史志通讯》1981年第5-6合期。

② 来新夏：《方志学概论》，福建人民出版社1983年版。第25页。

③ 来新夏：《地方志资料在经济建设中的作用》，《中国地方志》1994年第1期。

④ 来新夏：《志域探步》，南开大学出版社1993年版，第19页。

史"。来新夏认为方志至少有两方面的作用，即"资治"与"资料"。而关于方志的存史作用，来新夏在《方志学概论》一书中并未论及，这也可以看作当时来新夏方志学理论不太完善的表现，但是随着不断的修志实践，来新夏在后来的学术论文中也提到了方志的教化与存史作用，他在《论新编方志的人文价值》一文中，历数了方志"教化"与"存史"的作用，这也体现出来新夏作为方志学家，孜孜不倦地完善自己的方志理论，为推动我国方志学的发展贡献自己的力量。

方志的"资治"作用，主要表现在封建社会方志编修工作主要由官府主导，最高统治者用方志来了解各地情况，以此来作为制定政策措施的依据；地方官则把方志当作为皇帝歌功颂德，为自己彰显政绩的工具，如唐朝时所撰修的名志《元和郡县图志》，曾公然宣称就是为了"佐明王扼天下之吭，制群生之命，收地保势胜之利，示形束壤制之端"[1]。方志的"资治"作用跃然于纸。对于新时期所修方志，来新夏提出也有"资治"作用，不过这种"资治"是为广大人民服务的，"要把新方志作为向经济建设提供依据和保存资料的来源和总汇。同时，也应把新方志作为对人民进行爱国爱乡教育的重要乡土教材"[2]。这样新方志才能更好地为社会主义现代化建设服务。

方志的"资料"作用，是因为中国地方志以起源早、持续久、类型全、数量多而享誉于世界，是我国文化遗产中的一个重要资料宝库。"据《中国地方志联合目录》的统计，仅保存至今的宋至民国时期的方志就有8264种，11万余卷，占中国古籍的十分之一左右"[3]。这些资料可以分为以下各类：

（一）农业生产技术资料

我国是农业大国，从原始社会的刀耕火种到封建社会的小农经济，再到新的历史时期的家庭联产承包责任制，农业一直是国民经济的基础，而方志中就有大量关于农业生产技术与经验的记载，如乾隆时期《罗江县志》中记载："凡事皆当因时，而农尤甚。凡浸种清明节，播种宜趁谷雨节，插秧宜趁芒种前后五日或十日。"[4]农业生产要按农时进行，这是劳动人民根据长期的农业生产实践总结而来的经验，在今天仍在发挥作用。"民国《灵石县志》把当地一百四十条农谚归纳为'耕地及施肥法'、'中耕及间苗法'、'灌溉及除苗法'、'察禾及收

---

① 来新夏：《方志学概论》，福建人民出版社1983年版，第26页。

② 来新夏：《方志学概论》，福建人民出版社1983年版，第26页。

③ 来新夏：《中国地方志的史料价值及其利用》，《国家图书馆学刊》2005年第1期。

④ 来新夏：《方志学概论》，福建人民出版社1983年版，第27页。

藏法'等十类，这些资料，至今仍有参考作用。"①

（二）矿藏物产资料

我国的矿藏、物产资源非常丰富，方志作为"地方百科全书"，详细地记载了各地的矿藏物产资源，我国已故的著名地质学家章鸿钊先生曾根据方志中有关矿物产地的材料，按照地区和种类编成了《古矿录》。我国地质部在北京图书馆的协助下，在查阅大量方志的基础上编成了《祖国二千年铁矿开采和锻冶》、《中国古今铜矿录》，这些都是研究我国古代矿产资源的重要参考书。据来新夏在《旧地方志资料在经济建设中的作用》②一文中介绍，中国农业遗产研究室曾经从八千多种方志中摘引了数千万字的资料，编成四百余册《方志物产》、一百二十册《方志综合资料》。上海文物保管委员会从方志中辑录了《上海方志物产资料汇辑》，这些旧志资料对了解当地物产资源都有重要的参考价值。

如甘肃省玉门县盛产石油，《玉门县志》记载当地的农民称石油为"石脂水"，用来点灯。建国后国家利用玉门县丰富的石油储量，进行原油开采和炼化，有助于缓解我国的石油紧张问题。陕西蓝田县矿藏资源丰富，"蓝田玉"更是中国四大名玉之一，早在方志的早期形成地记中就有记载，"（蓝田）有川，方三十里，其水北流。出玉、铁、石"③。又如南朝宋的盛弘之所著《荆州记》中记载：

> 南阳有菊水，其源旁悉芳菊，水极甘馨。又中有三十家，不复穿井，即饮此水。上寿百二三十，中寿百余，七十犹以为夭。汉司空王畅、太傅袁隗，为南阳令，县月送三十余石，饮食澡浴悉用之。太尉胡广父患风赢，南阳恒汲饮水，此疾遂瘳。此菊短，范大，食之甘美，异于余菊。广又收其实，种之，京师遂处处传置之。④

南阳在魏晋南北朝时隶属于荆州，现隶属于河南省。在《荆州记》中记述了南阳的"菊水"这一神奇的水，传说饮此水可长寿，"南阳之寿"的典故就是来源于此。南阳的这种菊花为郦菊，是古代一种非常著名的菊花，自唐代起，众多

---

① 来新夏：《方志学概论》，福建人民出版社1983年版，第27页。
② 来新夏：《旧地方志资料在经济建设中的作用》，《中国地方志》1994年第1期。
③ 《三秦记》，汉辛氏撰，存一卷，该书记秦汉时三秦地理、沿革、民情、都邑、宫室、山川，为我国早期地方志书代表作。
④ 《荆州记》三卷，原书已佚，辑本约24万字，转引自仓修良《方志学通论》第145页。

名人墨客为菊潭之菊留下了诸多名贵诗篇，但受自然灾害的影响，到明清时这种菊花已难寻其迹。现在国家在大力发展旅游业，南阳是历史文化名城，如果能将这种特有的菊花再次开发出来，那么不仅能够使当地人民受益，而且能够使游客观赏到"菊潭秋月"之美，可谓双赢。

（三）自然灾害资料

我国也是自然灾害频发的国家，而自然灾害对经济社会建设造成的危害极大，旱涝、洪灾、地震不仅会使农业减产、工业受损，而且会造成惨重的人员伤亡，对国家发展极为不利。而旧志在"灾异"、"祥异"等门目中，记载了大量历代自然灾害的情况，通过这些记载，有助于我们把握自然规律，增强抗灾能力。来新夏在《中国地方志的史料价值及其利用》一文中，列举了很多方志作为研究自然灾害资料的例子，如中央气象局在查阅大量方志的基础上，辑录了《五百年来我国旱、水、涝史料》，中国科学院地震工作委员会编辑了《中国地震资料年表》，1980年又重新校补为《中国地震资料汇编》。安徽省文史研究馆自然灾害资料搜集组，曾根据安徽历代方志记载，系统整理了安徽省历史上近千年的自然灾害资料，编成《安徽地区地震历史记载初步整理》、《安徽地区历代旱灾情况》、《安徽地区蝗灾历史记载初步整理》、《安徽地区风雹雪霜灾害记载初步整理》等四种材料。这些资料汇编的完成，都与方志资料有直接的关系。

这些资料汇编不仅能够为研究各地区自然灾害提供丰富的资料，而且能够在抗灾救灾过程中起到很好的作用。来新夏在《旧地方志资料在经济建设中的作用》一文中所举的例子就很好地说明了这一作用。

> 安徽省马鞍山市人民政府在1983年5月发出当年有特大洪水的通知，市志办及时整理、编印了《马鞍山口岸地质构造》、《马鞍山历年水文情况》、《马鞍山历年崩岸、保坰工程情况》、《马鞍山历年水位一览表》、《当涂县近千年来水灾记录》等五份资料，在7月市委召开的防汛抗洪紧急动员大会上发给各级领导参阅，直接配合了抗洪斗争，起到良好作用。[①]

蝗灾也是自然灾害的一种，而且对农业生产的危害极大，历史上国人为了防止蝗灾，修建了许多八蜡庙、虫王庙和刘猛将军庙，希望能够借助"神灵"的力量，起到防灾的效果。这种做法虽然不科学，但我们却能从这些庙宇的分布得出

---

① 来新夏：《旧地方志资料在经济建设中的作用》，《中国地方志》1994年第1期。

我国蝗灾分布的范围。我国著名地理学家陈正祥先生，就是根据方志中所载八蜡庙、虫王庙和刘猛将军庙的记录，找出了我国蝗灾分布的范围，绘制了《蝗神庙之分布图》、《明代北方蝗灾之频率图》、《河北省大名县蝗灾记录表》和《华北平原明代蝗灾发生之频率表》，基本上理清了历史上蝗灾发生规律及分布范围，为农业生产提供了比较科学的依据。

（四）天文地理资料

我国的天文学由来已久，成就突出，旧方志中关于天文现象的记载也很丰富。对此，来新夏在《旧地方志资料在经济建设中的作用》一文中列举了很多具体资料来说明，如中国科学院北京天文台从数千种方志中摘录天文资料，最后编成《中国天文资料汇编》，记载天文现象包括流星、陨石、日食、月食、雨雪冰雹等，还有关于极光的记载：

> 如乾隆《武乡县志》记载："乾隆三十五年七月二十二日红光见，自戌至子照耀经天，观者无不惊怖。"对于1862年的极光，湖北《竹溪县志》描述道："同治元年八月十九日夜，东北有星火如月，色似炉铁，人不能仰视。初出声则凄凄然，光芒闪烁。顷之，向北一泻数丈，欲坠复止，止辄动摇，直至半空。忽然银瓶乍破，倾出万斛明珠，缤纷满天，五色俱备，离地丈余没，没后犹觉余霞散彩，屋瓦皆明。"[1]

而关于历史地理资料，几乎是每部方志中所述内容，地理沿革、山川形胜、城池疆域、交通驿站、关塞险要都可以在方志中找到，一些学者们难以确认的历史也可以从地方志中找到答案。如宋代是否在上海设立过市舶司这个问题的解决，就离不开方志的记载。著名日本经济史学家藤田丰八在《宋代之市舶司与市舶条例》一文中，根据《宋史》和《宋会要》对宋代是否在上海设市舶司表示不可置信。实际上藤田丰八所依据的《宋会要》只修到南宋宁宗朝，而《宋史》主要依据《宋实录》修成，《宋实录》中对理宗、度宗的记载有很多缺失，所以依据《宋史》、《宋会要》只能说明宋代在南宋宁宗前没有在上海设立市舶司。谭其骧教授在《浅谈地方史和地方志》一文中，依据明代弘治《上海县志》中所载的宋人董楷在咸淳五年所作的两篇文章，驳斥了藤田丰八的说法。这两篇文章，"一篇名《古修堂记》，有云：'前分司缪君司之。'另一篇名《受福亭记》，

---

① 来新夏：《方志学概论》，福建人民出版社1983年版，第28页。

篇首即云：'咸淳五年八月，榷泰市舶司，既逾二载'"①。根据这两条史料，证实了宋末在上海确实设置了市舶司。

旧方志对各地所设置的机构会有详细的记载，而正史在记载时往往不会细化到每个地区，所以地方志可以补正史之缺，这也正是方志资料作用的可贵之处。

（五）社会经济资料

旧方志中对土地、徭役、贡赋、税收、手工业、商业等内容的记载，对于研究我国封建社会经济制度、土地制度以及人口、赋役制度是不可或缺的重要资料。如清代周郁滨纂《珠里小志》在"户口"一目中记载：

> 保甲之法，七十户为一保，七户为一甲，保有保长，甲有甲长，十一图保长，十一名甲长，一百七名二十五图，保长七名，甲长六十七名。按当差人丁，每丁旧征徭里银二分一厘六毫六丝四忽。康熙五十二年恩诏：征收丁银据康熙五十年丁册，定为常额，滋生人丁，永不加赋。雍正流年题准丁银随田办纳在按自丁银摊入地粮。②

从中我们可以清楚地了解到清代实行的保甲制度的具体做法，徭役的征收情况，康熙五十二年颁布的"盛世滋生人口，永不加赋"、雍正时期推行的地丁银制度。诸如此类的记载还有很多，要想了解一地过去的社会经济情况，查阅方志可达到事半功倍之效。

（六）农民斗争资料

人民是历史的创造者，在封建时代，面对统治阶级的黑暗统治，农民阶级也曾奋起反抗，旧方志中记载了大量历代农民斗争的资料，虽然这些资料是将农民斗争作为"暴动"而载，但我们同时却可以从这些记载中了解到农民斗争的活动、领袖、过程、影响等情况。"如从乾隆《成县志》、《宝鸡县志》和陕西、河南省的大量方志中，可以找到明末李自成起义的资料。在《漳州县志》、《乐清县志》及两广江南的许多方志中，记载了大量太平天国运动的资料"③。

此外，方志中还有很多反映文化艺术、反对外来侵略、记载风俗、文物古迹的资料，以及交通、水利、军事等方面的资料。方志所包含资料涉及自然、社会各个方面，是我们了解各个时期社会不同风貌的重要窗口，如何利用旧方志中这

---

① 来新夏：《中国地方志的史料价值及其利用》，《国家图书馆学刊》2005年第1期。
② 清·周郁滨：《珠里小志》，嘉庆二十年（1815）刻本影印。
③ 来新夏：《方志学概论》，福建人民出版社1983年版，第30页。

些丰富的资料，使其能够为我们的现代化建设服务，是方志学在新的历史时期需要研究的一个重要课题。

关于方志的教化作用，来新夏认为封建社会所编方志的教化作用，更多是为封建统治者服务的，是为了"教育臣民，各尽其力，以求'上下相维，以持一统'"①。而新时期方志的教化作用主要表现为：对干部和人民进行国情教育。新编方志详细地记述了国家及省、市、县的情况，所以可以在地方志的基础上，再进行汇编，成为对国民进行乡土教育的教材，这样不仅可以提高篇幅巨大的新编方志的利用率，还可以达到传播知识，进行教育的效果。这是来新夏提出的新时期方志发挥教化作用的具体方法，可供借鉴。

第五节　关于新方志编纂的理论

来新夏认为方志编纂理论是方志学研究的中心内容和最重要的任务之一。它主要包括方志编纂的指导思想、原则、方法、体例及编纂方志需具备的条件五个方面。研究方志编纂理论，是为了更好地为我们今天编纂新方志服务，总结方志发展的历史，从而推动我国的方志事业不断向前发展。

一、新方志编纂的指导思想

进入社会主义新时期，一切都处于急剧变革中，方志的编纂同样需要用新观点、新方法、新材料。来新夏在《方志学概论》中提出了新方志编纂的指导思想，即"编纂新方志，必须以马克思列宁主义和毛泽东思想为指导，坚持辩证唯物主义和历史唯物主义的基本原理，力求思想性、科学性和资料性的统一"②。

首先，编纂新方志，要把社会经济放在首位。来新夏认为这与当前我国确立的以"经济建设为中心"的社会主义初级阶段基本路线的中心是相一致的。经济基础决定上层建筑，那么在新编纂的方志中也必须体现这一点，旧志中记载的社会经济相对较少，而且由于当时所处的社会历史条件，方志编纂者们也不能用科学的观点去解释生产力的发展变革。而新编纂的方志必须反映当前的生产力与生产关系的变革，只有这样才能比较透彻地说明社会现象的发展变化。

---

① 来新夏：《论新编方志的人文价值》，《河北学刊》1996年第6期。
② 来新夏：《方志学概论》，福建人民出版社1983年版，第163页。

其次，编纂新方志，要有鲜明的阶级观点，任何的阶级斗争背后都隐藏着代表阶级双方的利益关系，所以要求我们运用阶级分析的方法去研究历史，编纂新方志也必须在马克思主义的指导下，"把阶级斗争和特定的生产方式、经济结构联系起来考察，正确阐明发展规律"①。

第三，编纂新方志，要正确处理人民群众和个人在历史上的作用问题。人民群众是历史的创造者。在旧方志中，有大量夸大帝王将相和封建官僚士绅作用的记载，而没有给人民群众以应有的历史地位。所以编纂新方志，"一定要充分反映人民群众在生产斗争和阶级斗争中的事迹，高度评价他们勤劳勇敢、艰苦奋斗、不怕牺牲的优良品德"②。而关于个人在历史上的作用问题，也要实事求是地进行记载，对于那些推动社会历史进步的人，要予以肯定；而对于那些阻碍历史发展的人要予以批判。

最后，编纂新方志，要详细地占有资料，进行具体分析，从中引申出科学的结论。详细占有资料的前提必须深入实际，开展广泛的调查研究，并对所得资料进行科学的分析，这是编纂新方志的基础。在占有资料的基础上，要对地方现状进行如实的记述，评价地方人物也要坚持秉笔直书，功过分明。只有这样才有可能编纂出有质量、有水平且能够经得起历史考验的地方志，才能为地方的社会主义现代化建设提供历史的借鉴和现实的依据。

（一）编纂新方志，必须突出时代特点。

地方志要能够真实地反映一个地区某一历史时段的情况，因此编纂新方志首先必须突出时代特点。从五四运动到新中国的成立再到改革开放的新时期，社会经历了翻天覆地的变化，如何反映这一时代特点？来新夏先生在《方志学概论》一书中提出：

> 首先，必须掌握马列主义、毛泽东思想的基本观点。其次，必须吸收旧志的长处，采用各种先进的方法。再次，编纂新方志，还必须采用新的材料。③

其中，关于吸收旧志长处的问题，旧方志中一般在卷首都绘有疆域图、山川图和分区图，这些图的绘制使读者便于查考地方沿革的变迁、建置的兴废等，这

---

① 来新夏：《方志学概论》，福建人民出版社1983年版，第165页。
② 来新夏：《方志学概论》，福建人民出版社1983年版，第166页。
③ 来新夏：《方志学概论》，福建人民出版社1983年版，第168-170页。

是旧志的一大优点。所以今天编纂新方志时，应该借鉴这一点，运用现代科学的测绘技术和方法绘制方志中能够用图表展现的内容，使新编地方志的面貌焕然一新。此外，旧地方志中比较系统、全面地记载了一个地区的天文、气象、水利以及历年发生的水、旱、地震等自然灾害的资料，这也是新编方志需要学习的一个优点。关于采用新的材料的问题，因为当前社会正发生着日新月异的变化，所以方志在编纂中要记述这些变化，就必须采用能够反映这些变化的新材料。总之，只有用新观点、新方法、新材料来进行方志的编纂，才能使新方志反映出时代特点。

（二）编纂新方志，必须反映出地方的特色。

来新夏认为编纂新方志需遵循的另一个原则就是必须反映地方的特色。我国地域辽阔，各个地区在历史沿革、地理位置、地形气候、风土人情、物产资源以及工农业生产的发展状况方面都不尽相同，这就要求地方志在编写时要尽力反映地方特色，防止照搬硬套，使所有的方志都千篇一律。如苏州以园林建设闻名于世界，所以宋代范成大在其编修的《吴郡志》中就把"园亭"单独立卷，突出了苏州"池馆林泉之胜，号吴中第一"的地方特点。今天编修新方志时，就必须把"苏州园林"这一特色体现出来，因为苏州是国家历史文化名城和风景旅游胜地，苏州园林更是被联合国教科文组织列为世界文化遗产，只有这样才能体现出方志鲜明的地方特色。

（三）编纂新方志，必须坚持详今略古的原则。

新方志编修的推动者梁寒冰先生曾说："古今关系，必须配置适当，不能轻重倒置。追叙历史，不论自然现象或社会活动，都要注意'古为今用'的原则。编纂新志书的出发点，应该是有助于社会主义现代化的建设事业，不论是物质文明还是精神文明的建设。"[1]来新夏认为编纂地方志坚持详今略古的原则，不仅可以避免重复旧志中的内容，而且重要的是可以为后代留下丰富的当代材料，"衡量一部地方志价值的高低和质量的好坏，不仅看它的结构是否严谨、论述是否精当，更主要的是看它有没有如实地记载了当时当地的新材料。"[2]此外，详今略古不是指完全不写历史，只记现状。只是要分清主次轻重，不能漫无边际地编写贯通古今的方志。

---

① 梁寒冰：《整理旧方志与编辑新方志刍议》，《中国地方志通讯》1981年第5—6期合刊，转引自来新夏：《方志学概论》第173页。

② 来新夏：《方志学概论》，福建人民出版社1983年版，第173页。

（四）编纂新方志，必须坚持有利于民族团结的原则。

我国自古以来就是统一的多民族的国家，全国五十六个民族一起努力，共同创造了祖国悠久的历史和灿烂的文化。但是在过去的旧志中，编修者大都是汉族封建文人学者，他们对其他兄弟民族缺乏正确的认识；同时，历史上也有少数民族进驻中原的例子，当他们统治国家时，也会对汉族报以同样轻蔑的态度，这就使得在旧志中出现了很多含有大汉族主义和地方民族主义的糟粕。建国后，我们国家推出了一系列的民族政策，力求实现民族平等、团结、互助、和谐的关系，所以来新夏提出在编修新志时要特别注意民族团结这个问题是符合我国现行民族政策的。

二、新方志编纂的基本体例

确立方志编纂的体例，是方志编纂过程中至关重要的一环，因为"如果没有一个比较完善的体例，就很难把千头万绪、内容广泛的自然和社会现象有条不紊地表述出来，也很难反映出地方历史和现状的真实面貌"①。所以来新夏认为编纂新方志，为了防止出现各行其是的现象，必须制定出一个大体一致的基本篇目和体例。来新夏曾为多地的方志编修担任顾问，也为很多新编方志撰写了序言，从这些理论和实践中，关于方志编纂体例问题，他提出：一要总体规划，分头进行；二要全面反映，储料备征；三是类目应从实际出发，不能强求一致；四是关于断限问题，上限要考虑旧志编纂情况，下限要考虑阶段性，以大事作为界标；五是关于人物立传问题，历史人物立传应该以其社会作用为准、应遵循生人不入传的原则。

1. 概述的设置

"概述"这一体例为首轮新编方志中的创新之举。其写法有三种：一是全志浓缩法，即将全志浓缩提炼，成万字之篇，置之志首；二是特点勾勒法，将地方特点要言不烦，写意勾勒；三是分段提要法，按全书大篇区划，等分撰写提要。来新夏认为"概述既是一书之要，也是一地之要，最要者应为'引而不发'"②。概述的作用之一就是能够引发读者读全志的兴趣，所以，概述不是概论，也不是概说，应该是全书精华的提炼。

来新夏对山西省《阳泉市志》的概述编写给予了很高的评价。他在《浅评

---

① 来新夏：《方志学概论》，福建人民出版社1983年版，第175页。

② 来新夏：《〈新方志"概述"点评〉序》，《中国地方志》2009年第3期。

〈阳泉市志〉》中写道：

> 概述或总述为新编方志之创例，可概一地之盛及一书之要，进而引发通读全志之兴趣。历年推行，颇见实效，而编纂之法各殊，《阳泉市志》自成格局，甚见新意。该志以优势与不足对比立论，言优势则有地理区位优势，矿产资源优势，山区农村经济优势，交通优势，历史文化优势与革命传统优势；言不足则为城市现代化水平有待提高，水资源匮乏的状况亟待改变，产业结构亟待调整，国民素质亟待提高。夹叙夹议，使地情社情一览可得。[①]

《阳泉史志》在概述中使用优势对比的方法，将阳泉市的优劣展现出来，既使读者一目了然，又引起了读者继续读下去的兴趣，真正使概述的作用得以发挥。

在《〈许昌县志〉序》中他又提到："《许昌县志》之概述，言不足万字，而古往今来之天地人各方面，均见于笔下，而全书内容复得提挈。其言简，其意赅，既方便于一般需知县情者，又启示欲知其详者之求读全书，诚可谓得概述之立意。"[②]

从以上这些对志书的评论中，可以看出来新夏先生对新编方志中"概述"的设立持肯定态度，同时认为需要注意的是，在写概述时要言简意赅，"引而不发"，更激起读者兴趣。

2.大事记的编写

大事记为全志之纲领，既能见一地之大事，又能查一志之缺漏。来新夏提出："大事记宜通贯古今以见一县志之要，因而首应平衡古今比例。"[③]方志在编写中应坚持"详今略古"的原则，在新编方志中设立大事记，可将过去发生的重大事情编成大事记，既可以补方志"略古"之不足，又可以使本地区发生的重大事情集中在一起，便于读者查阅。但在编写大事记时要注意简明扼要，重大事情入记即可。

来新夏在《读〈镇江市志〉札记》中写道：

> 《镇江市志》之大事记共92页，分四期，辛亥革命前10页，民国时期18

---

① 来新夏：《浅评〈阳泉市志〉》，《沧桑》1999年第4期。
② 来新夏：《〈新方志"概述"点评〉序》，《中国地方志》2009年第3期。
③ 来新夏：《志域探步》，南开大学出版社1993年版，第115页。

页，镇江解放后2页，中华人民共和国62页，比例失调，显而易见。从而辛亥以前史事或有失载，如唐代为中华一盛世，而大事记于唐玄宗开元二十六年以前了无一字；有明一代，亦仅六事，殊难置信。中华人民共和国时期则过于繁多，以致一基层机构之建立，一条马路之修建，一俱乐部之开放，一展览会之结束等等，皆以入志，使人有烦琐之感。[①]

《镇江市志》大事记在选取材料上有较多不足，该入大事记的未入，繁琐之事记述过多，大事记所记各时间段内容的比例严重失调，来新夏先生所指出的这些不足之处，可为后来修志工作提供借鉴，在二轮修志时应特别注意。

来新夏对《潞城市志》的大事记颇多赞赏。他在《〈潞城市志〉读后》中写道：

> 大事记本应简明扼要，而今修新志，颇多冗长烦琐之弊，甚至有非大事而入大事记者，有失大事记之本旨。而此大事记，年不过数事，事不过数行，简要得体，从而能促使读者有进而求读全志之念。[②]

由此可见，大事记的编写应简明扼要，比例均衡，所记之事避免繁琐。

3. 志、记、图、表、传相结合

新编方志大都沿用旧方志编纂体例，采用志、记、图、表、传相结合的形式。"志"记一地地理、政治、经济、文化等专题；"记"即大事记；"图"、"表"则为全志节省篇幅，又有一目了然之效；"传"记人物。

山西省《晋中地区志》的编写体例，来新夏给予了比较全面的评价：

> 《晋中地区志》共分21编86章185节，共110余万字，有图照81幅，是晋中地区第一部综述自然条件、社会状况以及人物等历史与现状的地方文献著作。在篇章结构上采用了以志为主，志、记、传、表、图、录六体并用的编纂方法，合乎志体的要求。其编前无题小序，钩玄纂要，颇利于阅读本编。
>
> 图表之设既为全志节省篇幅，更便读者检阅，如人口编的各种统计表，财政金融编之财政收支表等均简要可查，尤其是自然编中的"晋中地区各矿种各矿区储量统计表"更发挥出表的功能，使重要产煤地区的矿产资源情况一览即得。

---

① 来新夏：《读〈镇江市志〉札记》，《江苏地方志》1995年第2期。
② 来新夏：《〈潞城市志〉读后》，《沧桑》1994年第4期。

卷首插图为全书精华所在而篇幅较少，故宜特加珍惜；本志所刊修志有关人员合影，现行诸志，多无此例，且入影人员又系部分，易增枝节；尤以历史照片，如确系珍贵可保存于档案馆或在文史专业刊物中配文发表，志书对此类照片则应审慎对待，如所刊"蒋介石视察太古铭贤校"一幅，则颇感突然，与各类照片甚不相称。①

而山西省《盂县志》中表的应用，来新夏对其评价甚高：

《盂县志》最具特色者，莫若图表。图文并茂为志书所必需，一般志书虽皆设图，但仅具格式而已。《盂县志》则置于重要视野之内，不仅卷首有彩图，尚有随文插图及诸表。彩图量大而精美，既有传统文化，复具时代气息，不拘一格，读图即可见盂县风貌，随文插图虽寥寥数幅，皆为难得之件，参以诸表，更得读文之便。②

对图、表的设置要进行精细的选择，真正发挥图表一览即得的作用，而各种写作形式的应用，使得所编方志内容详实、体例完备。

4. 人物立传问题

人物是一志之灵魂。来新夏在《关于新编地方志工作条例的建议》中给出了人物立传的建议，可概括为立传范围、原则、要求等方面。人物立传范围主要以原籍为主，兼顾主要活动地区。立传之人为对社会历史发展起过推动或阻碍的已故人物，坚持生不立传的原则。对立传人物的记述要本着实事求是的态度，寓褒贬于叙事之中。

新编方志中关于传记这部分内容，很多方志均采用以卒年为序的编写方法，这是来新夏不赞同的。他在多篇方志评论中都提到过这个问题。

如在《读〈吴县志〉随录》中他强调：

至于以人物卒年为序，虽现有此风，但难苟同。人生自有自然顺序，生卒颠倒，必然导致事迹混乱，而吴县名人多驰誉遐迩，孰前孰后，早有记忆，翻读志书，反生疑窦，三复斯言，至祈志界共识，庶免祖孙父子之乱次。③

---

① 来新夏：《〈晋中地区志〉读后》，《沧桑》1997年第6期。

② 来新夏：《〈盂县志〉读后》，《沧桑》1996年第6期。

③ 来新夏：《读〈吴县志〉随录》，《江苏地方志》1994年第3期。

在《〈盂县志〉读后》中又说："至有所吹求处则以卒年为序，非我所能苟同，即以李允则与李允正为说，允则生卒年为953—1028年为兄，允正生卒年为959—1010年为弟，二人相连排比，但弟允正居前而兄允则次之，以卒年为序，似于理难洽。"①

在《题〈南宁市志〉》中提到："至于'立传人物以卒年顺序排列'，恐易致班辈事迹凌乱颠倒，则为不佞素持异议而未敢苟同者也。"②

来新夏认为以卒年为序，会导致事迹混乱，不符合人生自有之自然顺序，所以人物传应以生年为序，这才符合人生长消亡之规律。在记述人物时，以生年为序，可使该人物的一生跃然纸上，顺时而下，不会有突兀之感。《阳城县志》就遵守了这一原则，"《阳志》之人物传一本生不立传，以生年为序等原则，皆合志例。"③

5. 体现地方特色

地方志的首要特征就是地方性，而地方志所记述内容能否体现一地的地方特色，是评审方志时最为重视的一点。来新夏在评审方志中就颇注重此点。

他在《〈运城地区志〉读后》一文中，对于该志在其地方特色——关帝庙的记载上，颇多赞赏。"《运城地区志》颇注重于地方特色。运城关帝庙为全国历史最久、规模最大的庙宇，久已远近驰名，近年又兴起关公文化研究之风，于开展学术研究及开发旅游资源，独具特色。修志者特为此立《关公文化》专卷，详述关羽生平、关公纪念物、关公祀典、关公文艺，以及关公文化开发等内容，无论传说、文献均有所本，不仅为研究者提供参考资料，亦使志书地方特色，显然突出。"④

江苏省宿迁市盛产硅胶，而硅胶是制作玻璃的主要原料，《宿迁市志》在编制中专立《玻璃》一编，记述了有关玻璃的原料、生产状况、销售及效益、玻璃企业等。来新夏在《〈宿迁市志〉读后》中写道："此编内容因为他志所绝无，而宿迁地方之特色于此编可得充分反映，更合乎志书要求突出地方性之主旨。此又可见编纂者于编章结构之用心。"⑤

①　来新夏：《〈盂县志〉读后》，《沧桑》1996年第6期。
②　来新夏：《题〈南宁市志〉》，《广西地方志》2000年第3期。
③　来新夏：《别具一格的〈阳城县志〉》，《沧桑》1995年第6期。
④　来新夏：《〈运城地区志〉读后》，《沧桑》2000年第2—3期。
⑤　来新夏：《〈宿迁市志〉读后》，《江苏地方志》1997年第3期。

于方志中记载地方特色，不仅可以使读志者快速了解该地，而且有助于增强该地人民对地方特色的保护和传承。尤其是近年来国家大力提倡发展可持续经济，如能将一地特色发展为该地的特色经济，在促进当地人民增收的同时也传承了地方文化，可谓一举两得！

6. 编制索引，增设外文目录

新编方志，动辄百万余字，如未编制索引，使用时需要全书翻检，耗时耗力。近年来，有很多外国学者在研究我国方志，如能增设外文目录，甚至将概述部分译为外文，不仅可以扩大方志的使用范围，而且能够起到宣传当地的效果。来新夏先生在读《临汾市志》时，便提出编制索引的建议：

> 志书之用，非为精读，实作翻检查阅之具。《临汾市志》共3册300余万字，若使用时需全书翻检，实感不便；若能有一《综合索引》则不仅有利读者，且能符合当前著述体例之时尚，为志书增加使用率，符合修志重在用志之旨。目录有英译，使域外读者颇为便利，将为宣传临汾，让世界认识和研究临汾有所贡献矣。①

新编方志重在能够用志，如将耗时数年的新志束之高阁，不仅是对学术的不尊重，更是人力物力的浪费，随着时代的发展，运用新的科技和方法编制索引已不是难事，所以来新夏先生倡议在新编方志中都能够编制索引，提高方志的使用率。《扬州市志》、（天津）《河西区志》的编修者就为所修新志编制了索引，增设了外文目录，来新夏先生对此赞誉有加。

他在为《河西区志》所作序言中就提到："《河西区志》于书成之后，念及读者，力任繁剧，为全志编制索引，使新志体制臻于完备。不仅如此，其尤令人惊异者为所增之概述英译之作。前者，我尝于多次审评志书会议上倡导，新志应增概述英译，虽颇获赞同，而以兹事较难，尚未见诸实施。今《河西区志》不顾艰难，将概述译为英文，使仰慕中华文化而苦于不娴中文之海外人士亦能因此而窥中华之地情风物，中华文化亦将广被宇外。《河西区志》创始之功，固不可没。"②在《读〈扬州市志〉随札》中写道："书末以分析索引法所编索引，甚为详备，如此巨制设无索引，检读必有困难。有此索引，无异为读者辟一捷径。

---

① 来新夏：《读〈临汾市志〉》，《中国地方志》2003年第1期。
② 来新夏：《〈河西区志〉序》，《中国地方志》1993年第3期。

若能于卷首增入外文目录，更能与当前先进著述体例接轨。"①

综上所述，概述的编制，大事记的选取，志、记、图、表、传相结合的运用，人物传的立传原则，地方特色的涵括，编制索引、外文目录，其目的都是能够使新编方志的体例更加完备，内容更加详细，篇章结构更加合理。随着二轮修志的开始，来新夏先生的这些建议依然能够发挥作用，广大修志工作者们积极采纳，使新编志书不仅成为质量上乘之作，而且适用范围更广，真正达到修志重在用志的宗旨。

三、新方志编纂的方法

新时期编纂方志是一项十分艰巨的工作，因为现代社会经济水平的发展是空前的，社会分工也日渐细密，而新编纂的方志，要求全面反映本地区的自然、社会、人文等各个方面的历史和现状，这绝不是少数几个人或单位能够胜任的，因此，来新夏认为新志编写的首要条件就是编制机构的建立。"必须在当地党和政府的领导和支持下，坚持群策群力的原则，把行政力量、学术力量和社会力量结合起来，建立相应的得力机构，专司其职，才能完成这项时代赋予的光荣任务。"②

根据1981年在山西省太原市召开的首届地方史志学术讨论会中的建议，建立编制机构，包括建立全国性编修地方志领导机构，省（市）、区地方志编纂机构，州、县（市）编纂机构三级地方志编纂机构，也包括创办地方史志学术团体。

编纂新志还需要对编制人员进行培训。要编写出质量上乘的志书，专业人员的配置是必备条件，因为修志人员的数量多少，水平高下，直接影响着最后成书的质量。对参与修志的人员进行专业培训，是提高他们业务能力的一种较好的办法。

编制机构的设立、专业人员的培训是修志的前期工作，而资料的搜集、鉴别、整理工作在整个修志过程中可谓重中之重。其中包括搜集资料的范围、编制资料的来源和修志资料的鉴别和整理等问题。

关于搜集资料的范围问题，需要注意的是方志既然是地方百科全书，在范围上便具有地区性、时间性和全面性的特点。地区性指新志编修搜集的材料以本地

---

① 来新夏：《读〈扬州市志〉随札》，《江苏地方志》1998年第2期。
② 来新夏：《方志学概论》，福建人民出版社1983年版，第192页。

区疆域为限；时间性指所搜集资料的时间宜在修志体例所规定的时限内；全面性指所搜集的资料必须包括本地区的自然、社会、人文等各个方面。

关于编制资料的来源，主要包括已有文字或图表记载的各种地方文献和尚无文字图表记载的资料两大类。其中文字和图表记载的资料又包括档案资料、报刊资料、旧史志、族谱资料、金石碑刻资料、私人著述资料、工商实业资料、图像照片资料，及其他图书文字资料等，凡是可供修志者参考的都可以列在搜集资料的范围之内。尚无文字图表记载的资料又称为"活资料"，其中包括口碑记录、实地实物的考察测绘、民间传说等。

在获取资料的基础上，要对修志所得资料进行鉴别和整理。使用旧地方志中的资料时，不能不加考核，以免出现讹误。对待各种回忆录、访问记录和民间传说也都应该进行审核。来新夏提出，地方志应该重视资料，但在编写过程中要避免将方志编为资料汇编。"选用的资料应该从作者、时代、可靠程度、使用准确等方面来考察。选材精炼往往能够以一当十。"①

编纂新方志的最后阶段就是撰写志稿。首先需要拟定志稿编写的提纲，提纲具有提纲挈领的作用，为新志的编纂搭好框架。其次就是分工撰写、反复审核、修改定稿，直至一部方志完成。在撰写志稿中，来新夏提出应该有一个论述标准，这个标准包括全面性、时代性与地方性三方面。全面性即志书内容应该将自然、社会各方面情况都反映出来；时代性中有关古今比例的问题，来新夏提出"详今略古，立足当代，回首过去，放眼未来"的具体办法；地方性即要突出地方特色。来新夏认为只有从全面性、时代性和地方性三方面来进行系统论述的方志，才是一部有成就的志书。此外，还应注意方志的文风问题，新编方志不可能出于一人之手，这就需要修志专家中有"既能高瞻远瞩地观察形势，又能鞭辟入里地分析问题，既能从纷至沓来的资料中撷取珍珠，又善于删繁就简画龙点睛"②的人，端正文风，达到严谨朴实、简洁流畅、通俗易懂、附录齐备的效果。

---

① 来新夏：《新编地方志的标准问题》，《浙江学刊》1984年第2期。
② 来新夏：《新世纪的修志思考——写在第二届修志之前》，《福建省社会主义学院学报》2001年第2期。

第四章 来新夏方志学成就的地位与影响

地方志是我国文化宝库中的重要组成部分，其由来已久，发展更是历经兴衰，地方志的编修是我国民族文化发展中的一个优良传统，据统计，我国现存历代方志八千余种，十万多卷。纵观历史，无数的方志学者为方志的发展做出了贡献。地方志作为一地"百科全书"，详细地记录一地的建置沿革、山川疆域、名胜古迹、物产资源、天文气候、文化教育、风俗人情等内容，是研究祖国大好河山不可或缺的资料宝库。新中国成立后，方志编修工作曾一度停滞，编修方志这一优秀传统不该就此黯然失色。二十世纪八十年代后，随着我国经济的复苏和发展，方志编修工作也重新被提上了日程，与此同时，对方志学的研究也逐渐开展起来。

来新夏先生在方志学方面的成就推动了我国方志学的发展，特别是建设了新时期的方志学理论，为新编地方志工作提供了理论指导，开启了中日地方史志比较研究这一新的视角，为新编方志作序、进行评论，并提出意见和建议，来新夏先生是新时期方志学领域当之无愧的领军人物。

一、建立新时期方志学理论

新中国成立后，方志编写工作亟待开展，但是由于缺乏通论性的方志学著作，许多从事地方志编写工作和有志于方志学研究的同志都急需有一部著作能够提供比较系统的方志学入门知识，来新夏先生就是在这样的背景下，完成了建国后第一部通论性方志学著作《方志学概论》。《方志学概论》虽不是由来新夏一手写成，但他作为主编承担着全书的体例安排与总修任务，书中必然体现他的方志学思想。这本书后来成为高等学校历史系开设方志学课程的教材，以及培训全国各地史志编写人员的讲稿。开创之功不容忽视。

《方志学概论》一书历述了我国历代方志的编纂与研究，同时明确提出了方志编纂的原则与体例，以及方志编纂的方法与步骤，为当时从事方志编写工作的人员提供了明确的指导，使新时期的方志编写工作能够顺利开展。目前第一轮修志工作已经宣告结束，其中不乏优秀的方志作品，如全国首轮修志的榜样书《萧山县志》，就是在来新夏先生担任顾问时完成的，也证明了来新夏方志学理论的实际可行性。二十世纪八十年代，在中国地方史志协会的领导下，来新夏先生负责当时参加方志编写人员的培训工作。1982年5月在苏州举办的全国第一期地方志研究班，来自华东地区六省的方志编修人员接受了培训，这些人成为首轮修志中的中坚力量，可以说首轮修志能够圆满结束，并取得丰硕的修志成果，来新夏先生功不可没。《蚌埠市志》主编孙乔女士曾参加了全国第一期地方志研究班，她在《我的启蒙老师——回忆来新夏先生》一文中讲述了来新夏先生对她在方志编修工作上的启蒙与指导：

> 研究班学习结束后，我们回到了工作岗位，按照老师的讲课要求，事先制定了修志工作计划。在市领导的重视和支持下，经过一年多的努力，全市成立了各级修志组织，调配了专、兼职修志人员，并广泛开展了资料的征集工作。为了保证修志工作的良好进行，我们不忘名师嘱咐，狠抓了修志队伍的建设。到1984年，全市共有修志人员1001人，为了不断提高修志水平，共举办各种形式和层次的学习班143次。参加学习的计有5000余人次。我们所用的教材，最初就以苏州方志研究班的讲课油印稿为参考，1983年8月，来新夏老师主编的《方志学概论》问世后，又以此为依据，并参照全国的修志经验，结合本市的修志情况，编写了讲课提纲，深得修志人员的欢迎。至1989年，经过对资料的精心筛选，先后整理汇编了《市志资料》、《专辑》等20册计280万余字，为修志打下坚实的基础。1990年，各类专业志全部完成计700万字。在此基础上浓缩成300万字的市志总纂讨论稿，并分别于1991年10月和1992年8月召开了评稿会，得到省志领导、专家和兄弟市志办同志的充分肯定，它凝聚了全市修志人员的心血和智慧。①

从孙乔女士的这篇文章中，我们看到了来新夏先生在培养建国后修志人才方面的建树，地方志编修工作需要人才，这也是来新夏先生对我国方志学的深远影响。

二、为新编方志提供理论指导

来新夏方志学成就的另一影响在于为许多新编方志作序或作评论，这些序言

---

① 孙乔：《我的启蒙老师——回忆来新夏先生》，《江苏地方志》2014年第6期。

和评论不仅体现了来新夏先生的修志思想，更为新时期地方志的编写提出了宝贵的意见和建议，促使我国方志事业更上一层楼，修成真正有价值的地方志。

如在《〈晋中地区志〉读后》一文中，来新夏先生这样评价：

> 《晋中地区志》共分21编86章185节，共110余万字，有图照81幅，是晋中地区第一部综述自然条件、社会状况以及人物等历史与现状的地方文献著作。在篇章结构上采用了以志为主，志、记、传、表、图、录六体并用的编纂方法，合乎志体的要求。其编前无题小序，钩玄纂要，颇利于阅读本编。由于地区志的特殊地位，提出了"重在地直，概述全区，略县之繁，补省之缺"的十六字指导方针。这不仅为完成地区志书起到指导作用，更因它的较早成书，对其他正在进行和准备编纂的地区也有所借鉴。全志内容比较全面，记述也较充分，有些编章叙述较详尽，如第八编《商业》中的私营商业下的晋中商帮……的历史及发展历程能给人以完整概念，即对晋商的全面研究也提供了重要的参考资料。但有些章节则略嫌单薄，如同编中饮食服务一章似欠充实，仅将事实按条写列，而缺乏应有的论述。
>
> 《晋中地区志》尚有可补充者，如第二编第七章第五节《动物》仅列动物名称而未记分布地区及资源价值。军事编仅有我方资料而缺国民党及日伪资料，虽在《附录杂记》中有《日军暴行》一目，终难引人注意，不如在军事编中将日伪军事设置与暴行等内容列入章节后以小字附入，则修志者之褒贬态度更为显然。人物传恪遵志例，颇多可取，唯自1938—1972年间，三十四年无一人入选，是无人物可入，抑文献不足而难有可选？至最为缺项者为无民俗志，据著者称因地区所属风俗习惯极不统一，故而不设，如各地能有不同风习入志，则更显中华文化之绚丽多姿，成事不说，愿今后修续志时能注意及之。[①]

在《〈潞城市志〉读后》一文中写道：

> 《潞城市志》之卷首目录则中外文对照并列，不但耳目一新，似尚未见于他志。
>
> 《潞城市志》论述明快，文字简洁，有便阅读。大事记本应简明扼要，而今修新志，颇多冗长烦琐之弊，甚至有非大事而入大事记者，有失大事记

---

① 来新夏：《〈晋中地区志〉读后》，《沧桑》1997年第6期。

之本旨。而此大事记，年不过数事，事不过数行，简要得体，从而能促使读者有进而求读全志之念。各分志叙事也多集中。

志书下限与出版时间无可避免地存在一定差距，少则二三年，多则五六年，而限外政绩，难以见志，诚属憾事，于是，修志人士遂有限外政事辑要等等之体附于卷末。如此，不致因下限时有变动而牵动全志，不可谓非善策。

（《潞城市志》限外）人物部分处理，似略有欠妥。辑要人物若按本志体例，各撰简介，或制职掌表附入，均无不可。而今以彩色照片各按官秩排列，新志尚无此例。修志者或有难言之隐衷，但无异置领导于炉火之上，既见忌于上峰，复非议于众生。①

来新夏先生在肯定一地方志编修工作所取得的成就的基础上，实事求是地指出了方志存在的问题，并针对每部方志的编写中存在的问题提出了具体的修改意见，为后来编修方志的工作者指明了改进的方向，这是作为一位方志大家对方志编修工作最殷切的关注。

三、开启中日地方史志比较研究

来新夏先生是我国最早开启中日两国地方史志比较研究工作的，二十世纪九十年代初他与日本学者齐藤博合作的《中日地方史志比较研究》，为推进我国方志学理论研究的国际交流与合作开辟了新路。书中汇集了14位中日两国的著名学者所写的史志研究论文，其中"有中国方志与历史、地理等学科著作的比较；有不同历史时期方志与方志的比较；有新方志与旧志书，特别是新旧方志编修情况的比较；有史志资料、语言、体例、篇目以及编纂的比较。有日本志与史的比较；有日本不同时期史志的比较；有日本现代志书与史类书籍的比较；有日本史志研究潮流的比较。有中日史志的比较；有中国具体志书与日本具体史志书籍的比较等"②。特别是通过对中国《慈溪县志》和日本《广岛市志》的比较，证明了"方志编修并非是中国独有传统"的认识误区，用杭州大学（1998年由原浙江大学、杭州大学、浙江农业大学和浙江医科大学合并组建成立了新的浙江大

---

① 来新夏：《〈潞城市志〉读后》，《沧桑》1999年第1期。

② 郭凤岐：《方志理论研究的新开创——评〈中日地方史志比较研究〉》，《中国地方志》1997年第2期。

学）陈桥驿教授的话说："地方志的编纂乃是汉文化圈内的一种共同文化的产物。"①这对于正确认识我国方志有着重要的意义，也为我国方志开展国际交流奠定了基础。

事实上，作为中日两国学者的共同学术结晶，《中日地方史志比较研究》一书中尚未展开中日两国方志的具体比较研究，来新夏先生的影响在于开启了比较研究这一新的视野，为后来者留下了巨大的发挥空间。苏州大学社会学院王卫平教授是目前我国在中日地方史志的比较研究这一领域的佼佼者，王卫平教授曾于1999年应日本国立广岛大学之邀，以"中日地方史志的比较研究"为题进行了为期两周的学术交流。次年再赴日本，对4本地方史志的编纂情况进行了较为全面的考察，通过赴日实地考察以及对日本方志编修情况的了解，他撰写了多篇学术论文介绍日本的地方史志编纂情况，弥补了我国史志学界对这一方面的缺憾，从《日本的地方史志编纂》②和《日本地方史志的源流》③两篇文章中，可以了解到日本地方史志编纂的历史与现状，可知编修方志不只是中国特有的传统，受中国地方志的影响，日本地方史志的起源大约可以追溯到公元八世纪的风土记，一直到明治时代，日本的地方史志大都是以志为名，采用记述体的方式，横分门类，竖写发展。进入二十世纪，出现了志体向史体的转变。从《日本地方史志编纂的理论与方法——以〈地方史研究与编集〉一书为例》④一文中，可以了解到日本地方史志编纂的动机与目的（强调地方史志的实用性和史料价值，是日本地方史志编纂事业的主要目的）、史料的收集与整理、地方史志的体裁与规模（日本地方史志的体裁主要有编年体、项目体或兼具两者的中间型三种）等内容，可以为我国新方志的编纂提供借鉴。此外，《日本的村志编纂》⑤、《近代以来日本地方史志体例的演变》⑥、《日本的"地域史料保存活用联络协议会"》⑦

---

① 郭凤岐：《方志理论研究的新开创——评〈中日地方史志比较研究〉》，《中国地方志》1997年第2期。

② 王卫平：《日本的地方史志编纂》，《中国地方志》2000年第3期。

③ 王卫平：《日本地方史志的源流》，《中国地方志》2001年第12期。

④ 王卫平：《日本地方史志编纂的理论与方法——以〈地方史研究与编集〉一书为例》，《中国地方志》2000年第3期。

⑤ 王卫平：《日本的村志编纂》，《江苏地方志》2001年第3期。

⑥ 王卫平：《近代以来日本地方史志体例的演变》，《江苏地方志》2000年第4期。

⑦ 王卫平：《日本的"地域史料保存活用联络协议会"》，《江苏地方志》2000年第1期。

等文章均为作者实地考察后的学术成果，是我们了解日本地方史志的主要资料来源，有志于方志比较研究的学者可以此为基础，将我国方志学理论发扬光大，进而推动我国地方志编纂事业的发展。

综上所述，来新夏先生不仅在学术上颇有建树，而且能够将自己的学术转化为影响力，深刻地影响了我国方志学的发展，是建国后推动我国方志事业向前发展不可或缺的核心人物。此外，坐落于浙江省萧山江寺公园的来新夏方志馆，收藏了来新夏先生捐赠自己一生所藏的6000余部各类志书，以实际行动支持家乡的地方志事业，是这位方志学家最后为方志所做的贡献。

结语

本文通过对来新夏先生其人，对旧方志的整理与研究、对方志学的思考，方志及其起源、方志的性质、方志的特征及作用、方志编纂理论及实践等方面进行了简要的论述。来新夏先生作为建国后我国方志学发展的集大成者，不仅领导了首届修志工作的启动，而且为新编志书提供了理论和方法指导，提出了方志编纂的原则和体例。对旧方志进行了整理与研究，为新编方志提出了意见与建议，为我国方志学的发展做出了巨大的贡献。来新夏先生的一生虽充满波折，但逆境并未消磨他的意志，反而更加坚定了他学术创作的信心，"纵横三学，自成一家"是对来新夏先生最好的评价。

来新夏先生在总结前人经验的基础上，对方志的起源问题提出了自己的看法，即方志是在兼收了春秋战国国别史、地理书和地图特点的基础上逐渐发展完备的。关于方志的性质，来新夏先生认为方志属于历史学的范畴，地方志书是一种史书体裁，但要注意辨别志体与史体的区别。方志具有地方性、连续性、广泛性、资料性和可靠性等特征。方志具有"资治"和"资料"两大作用。这些都是方志学的研究范围内容，来新夏先生为初入志学的学子奠定了志学基础，指明了学习方向，这对于方志的传承与发展至关重要。

关于方志编纂的原则、方法与体例，这直接关系着所修志书的质量。来新夏先生提出新编方志应该遵循突出时代特点、反映地方特色、坚持详今略古、有利于民族团结的原则，这些原则、体例的提出为新编方志提供了编纂模板，使得新编志书有了统一的指导原则，按照来新夏先生提出的新编纂体例与方法编成的方志，其质量是有保证的。这也是来新夏先生对方志学的重要贡献之一。

从上世纪八十年代开始到新世纪来临之际，首届修志结束，其成果卓著。据统计，截至二十世纪末，已出版面世的新志约4000部，完成了预期目标6000部的三分之二，这些数字表明首轮修志是成功的，体现了修志事业的空前繁荣，达到了历代修志的新高度。而首轮修志的成功与来新夏先生及多位方志学家的努力有着密切的联系，由来新夏先生起草的《关于新编地方志工作条例的建议》为方志的编纂提出了指导原则、编纂体例、工作步骤等建议，使得首轮修志能够在正确的方向指引下有条不紊地进行，这是修志成功的先决条件。进入新世纪，第二轮修志工作已经启动，来新夏先生在耄耋之年仍然心系方志，为第二轮修志工作提出三个"新"要求，即理念新、内容新、编纂方法新，希望二轮所修志书能够提高志书学术性，所修志书应该全面反映社会的变革，与时俱进。

旧志的整理工作也是来新夏先生一直重视的，首个《清嘉录》点校本，对《闽小纪》、《闽杂记》的点校，两部民国《萧山县志稿》的整理，《河北地方志提要》的编纂，《中国地方志历史文献分类专辑》的汇编，以及他在旧志整理过程中提出的方法，都是来新夏先生在旧志整理方面的贡献，为更好地利用我国方志这一珍贵文化宝库作出示范，也为后来的学者提供了很大的便利与帮助。

从与方志结缘，直到生命的尽头，来新夏先生对推动方志的发展以及方志学的探索从未停步，正是因为有这样孜孜不倦的学者，我国的方志学才能够薪火相传，不断进步。

参考文献

一、资料类

1. 傅振伦：《中国方志学通论》，商务印书馆，1935年版。
2. 陈正祥：《中国方志的地理学价值》，香港中文大学，1949年版。
3. 朱士嘉：《中国地方志综录》（增订本），商务印书馆，1958年版。
4. 张国淦：《中国古方志考·叙例》，中华书局，1962年版。

5. 来新夏：《方志学概论》，福建人民出版社，1983年版。

6. 李吉甫：《元和郡县图志》，中华书局，1983年版。

7. 来裕恂：《萧山县志稿》，天津古籍出版社，1991年版。

8. 傅振伦：《傅振伦方志论文选》，浙江人民出版社，1992年版。

9. 来新夏：《志域探步》，南开大学出版社，1993年版。

10. 来新夏：《中国地方志》，台湾商务印书馆，1995年版。

11. 来新夏、（日）齐藤博：《中日地方史志比较研究》，南开大学出版社，1996年版。

12. 梁启超：《中国近三百年学术史》，商务印书馆，2001年版。

13. 仓修良：《方志学通论》（修订本），方志出版社，2003年版。

14. 吴小铁：《南京莫愁湖志》，中央文献出版社，2005年版。

15. 来新夏：《闽小纪·闽杂记》，福建人民出版社，1985年版。

16. 来新夏：《清人笔记随录》，中华书局，2005年版。

17. （清）周郁滨：《珠里小志》，嘉庆二十年（1815）刻本影印。

18. 来新夏：《中国地方志历史文献专辑·灾异志》（全90卷），学苑出版社，1996年版。

19. 饶宗颐：《潮州志汇编》，香港龙门书局，1965年影印本。

20. 袁珂：《〈山海经〉写作的时地及篇目考》，《中华文史论丛》第七辑，1978年。

二、论文类

1. 傅振伦：《整理旧方志与编辑新方志问题》，《新建设》1956年第6期。

2. 金毓黻：《普修新方志的拟议》，《新建设》1956年第5期。

3. 朱士嘉：《中国地方志浅说》，《文献》1979年第1期。

4. 骆兆平：《读天一阁藏明代地方志》，《文献》1980年第3辑。

5. 徐一夔：《史中有志，志中有史》，《山西地方志通讯》1980年第5期。

6. 来新夏：《略论地方志的研究状况与趋势》，《天津社会科学》1981年第1期。

7. 徐一夔：《史以述往，志以示来》，《山西地方志通讯》1981年第2期。

8. 谭其骧：《地方史志不可偏废，旧志资料不可轻信》，《中国地方史志通讯》1981年第5-6合期。

9. 来新夏：《地方史志的过去、现在和未来》，《山东图书馆季刊》1982年第3期。

10. 来新夏：《清人北京风土笔记随录》，《故宫博物院院刊》1983年第3期。

11. 来新夏：《新编地方志的标准问题》，《浙江学刊》1984年第2期。

12. 来新夏：《储料备征的史志巨擘——重印〈畿辅通志〉前言》，《河北学刊》1985年第1期。

13. 来新夏：《屈大均与〈广东新语〉》，《学术研究》1985年第1期。

14. 林衍经：《史志关系论》，《中国地方志》1994年第3期。

15. 来新夏：《1949年以来中国地方志的编写与研究》，《高校社科情报》1994年第1期。

16. 来新夏：《旧地方志资料在经济建设中的作用》，《中国地方志》1994年第1期。

17. 来新夏：《读〈吴县志〉随录》，《江苏地方志》1994年第3期。

18. 来新夏：《中国方志学理论的发展与现状》，《中国地方志》1995年第2期。

19. 来新夏：《清人笔记随录》，《文献》1995年第3期。

20. 来新夏：《论新编方志的人文价值》，《河北学刊》1996年第6期。

21. 郭凤岐：《方志理论研究的新开创——评〈中日地方史志比较研究〉》，《中国地方志》1997年第2期。

22. 来新夏：《〈宿迁市志〉读后》，《江苏地方志》1997年第3期。

23. 来新夏：《〈晋中地区志〉读后》，《史志学刊》1997年第6期。

24. 来新夏：《读〈扬州市志〉随札》，《江苏地方志》1998年第2期。

25. 来新夏：《题〈南坳镇志〉》，《沧桑》1998年第6期。

26. 来新夏：《〈潞城市志〉读后》，《沧桑》1999年第1期。

27. 来新夏：《〈泰州志〉读后》，《江苏地方志》1999年第3期。

28. 来新夏：《浅评〈阳泉市志〉》，《沧桑》1999年第4期。

29. 来新夏：《〈运城市志〉读后》，《沧桑》2000年第1期。

30. 王卫平：《日本的"地域史料保存活用联络协议会"》，《江苏地方志》，2000年第1期。

31. 来新夏：《题〈南宁市志〉》，《广西地方志》2000年第3期。

32. 王卫平：《日本的地方史志编纂》，《中国地方志》2000年第3期。

33. 王卫平：《日本地方史志编纂的理论与方法——以〈地方史研究与编集〉一书为例》，《中国地方志》2000年第3期。

34. 来新夏：《〈明代孤本方志选〉序言》，《文史杂志》2000年第4期。

35. 来新夏：《〈晋城市志〉读后》，《中国地方志》2000年第4期。

36. 王卫平：《近代以来日本地方史志体例的演变》，《江苏地方志》2000年第4期。

37. 王卫平：《日本地方史志的源流》，《中国地方志》2001年第1-2期。

38. 来新夏：《新世纪的修志思考——写在第二届修志之前》，《福建省社会主义学院学报》2001年第2期。

39. 王卫平：《日本的村志编纂》，《江苏地方志》2001年第3期。

40. 来新夏：《〈中国地方志总目提要〉序言》，《书屋》2002年第1期。

41. 来新夏：《〈中国地方志总目提要〉序言》，《中国地方志》2002年第1期。

42. 来新夏：《旧镇纪事》，《文史精华》2002年第9期。

43. 来新夏：《读〈临汾市志〉》，《中国地方志》2003年第1期。

44. 来新夏：《清人笔记随录（二）》，《中国典籍与文化》2004年第2期。

45. 来新夏：《浅评〈商丘地区志〉（续卷）》，《中国地方志》2004年第5期。

46. 来新夏：《评〈杨柳青镇志〉蓝本》，《中国地方志》2004年第10期。

47. 来新夏：《中国地方志的史料价值及其利用》，国家图书馆学刊2005年第1期。

48. 来新夏：《地方志与文学研究》，《中国地方志》2007年第2期。

49. 来新夏：《整理旧志的一种新模式——读〈南京莫愁湖志〉》，《中国地方志》2008年第1期。

50. 来新夏：《〈阶州志集校笺注〉序》，《中国地方志》2008年第7期。

51. 来新夏：《我的学术自述》，《社会科学战线》2008年第9期。

52. 来新夏：《苏州〈友新六村志〉序言》，《江苏地方志》2009年第1期。

53. 来新夏：《我对第二轮修志的一些看法》，《中国地方志》2010年第

1期。

54. 来新夏：《〈中国旧志历史文献分类专集〉序言》，《中国地方志》2010年第6期。

55. 来新夏：《〈萧山县志稿〉整理前言》，《萧山记忆》2011年第4辑。

56. 来新夏：《〈汾州府志·平遥编〉序》，《沧桑》2014年第1期。

57. 孙乔：《我的启蒙老师——回忆来新夏先生》，《江苏地方志》2014年第6期。

58. 陈志根：《两部民国〈萧山县志稿〉的比较研究》，《中国地方志》2014年第8期。

来新夏方志理论研究简述

裴丽芳*

【摘要】来新夏是我国著名的历史学家、图书馆学家、方志学家。他在志书编纂实践中，推动和提升方志理论研究。他提出史与志是"同源异体、殊途同归、相辅相成"的关系，明确方志学的研究对象；坚持四项质量标准编纂新编志书，志书体例要有创新；发挥"地方志人文价值的再衍生"；整理旧志是"新时代修志事业的第二任务"；由"众手成志"向"专家修志"转变等观点，为新编地方志事业发展作出积极贡献。

【关键词】来新夏　方志理论

来新夏（1923—2014）是我国著名的历史学家、图书馆学家、方志学家。他自幼受家庭的熏陶，对地方志产生浓厚的兴趣。20世纪60年代，来新夏在"四史"（村史、家史、社史、厂史）运动中走上编写地方志之路。改革开放初期，拨乱反正，百废待兴，修志界亟需高水平人才，来新夏以极大的热情关注、倡导、发动、参与新编方志工作，并开创了国内多个"第一"。1981年，其在《天津社会科学》第1期发表首轮修志的第一篇方志学论文《略论地方志的研究状况与趋势》；1983年，主编出版新中国第一本修志教材《方志学概论》；1996年，出版第一部地方史志中外学者比较研究论著《中日地方史志比较研究》；1997年，发起召开首次"海峡两岸史志比较研究会"等等。本文从五个方面对他的方志理论研究，予以研讨。不妥之处，请方家指正。

---

* 裴丽芳，山西省和顺县委党校讲师。

一、提出史与志是"同源异体、殊途同归、相辅相成"①（P31-41）的关系，并明确方志学的研究对象

中国地方志以其起源早、持续久、类型全、数量多而享誉世界。随着宋代方志的兴盛、清代方志学的建立，史志关系的研究成为方志学者所关注的焦点。长期以来，学界对"史"、"志"的定义和两者之间的关系争论不休。二十世纪八十年代编修社会主义新方志的实践中，编纂者们对"史"与"志"两者概念及相互关系的认识存在混淆趋同或分割不清的现象。经过首轮修志的实践和探讨，编纂人员对"史"、"志"概念的认识、编史与修志方法的把握、史书或志书架构的设计等等，逐渐由认识模糊走向界限明晰。这一时期，来新夏先生较早地继承和发展了章学诚"志属史体"、"志乃一方之全史"，梁启超"最古之史，实为方志"等思想，认为"史和志都共同归源于从一时一地史实来采备资料"。通过对二者的分析，他指出其不同点是："地方志是全面述往记今，以文献资料反映情况；而地方史则是记某时某地或某集团的史事，以文献资料为征信依据"。由此，来新夏提出史志关系即"同源异体、殊途同归、相辅相成"。在地方志的编写中，来新夏主张将二者有机地结合起来，"史中有志，志中有史"，诸体并用。

方志学自章学诚始建立。随着近代方志的重大转型，方志学的发展已超出地理学和历史学，成为一门独立的综合性学科。1924年，梁启超总结方志发展史，首次提出"方志学"这一概念。来新夏先生认为方志科学的研究对象决定了方志科学的性质内容及学科理论体系的建立。他通过分析旧方志学与方志科学的发展关系，在1992年提出方志科学的研究对象是：地方志书本身的研究；地方志编纂原则及方法的研究；地方志编写组织工作的研究；地方志应用的研究；方志学发展史的研究；方志领域相关因素的研究②（P37-41）。

二、提出新编志书要坚持四项质量标准，志书体例要有创新

提出新编志书四项质量标准。质量是志书的生命。历代政府对志书的编修进

---

① 来新夏.地方史志的过去、现在和未来.山东图书馆季刊，1982（3）.

② 来新夏.论方志科学.中国地方志，1992（5）.

行规范，明代曾颁布《纂修志书凡例》，清政府对地方志编纂体例体裁都有明确的规定，民国颁布《修志事例概要》、《地方志书纂修办法》。改革开放后，来新夏先生积极探索社会主义新方志的编纂标准，在1984年就提出新志编纂的政治、论述、资料和结构文字四项标准[①]（P59-62）。政治标准包括指导思想和政策要求，"修志是为建成社会主义现代化国家服务"，即必须"以马列主义、毛泽东思想为指导"。论述标准是指志书的"全面性、时代性、地方性"。资料标准，即志书"应重视资料，但却不能写成资料汇编"，"要以冷静的态度和科学的头脑"来考辨资料、选用资料。资料收集应重视包括文献、口碑资料、实物遗迹等资料。收集资料的过程中要注重社会调查，将文献和田野调查结合起来，并将调查所得写成专题报告[②]（P14-15）；并采取史料类编的原则，即"全面取材，重点类编，求训致用"[③]（P5-8）。结构与文字标准，即广采诸体，综合表述，出处详明，体例统一，文风端正，附录齐备，并体现实事求是的原则[④]（P14-15）。在来新夏等方志学家的积极倡导下，中国地方志指导小组为确保地方志编纂质量进行制度设计。1985年，通过《新编地方志工作暂行规定》，这是中国地方志指导小组成立后发布的第一个修志文件，在其后的十三年内，为全国各地所遵循，基本指导了第一轮的修志工作。1998年，中国地方志指导小组颁发《关于地方志编纂工作的规定》的通知。2006年，国务院颁发《地方志工作条例》。这是二十多年来全国大规模修志实践的收获和经验总结，反映了人们对地方志事业所达到的认识高度，也是对地方志编纂质量进行的制度保证。

（二）提出新编志书要创新体例。志书体例即体裁和凡例，是志书的组织形式和编纂方法的总称。地方志的体裁主要包括述、记、志、图、表、录、补、索引等。来新夏先生认为"修志之要，莫过于定体例"[⑤]（P11-12）。首轮志书编纂基本遵循《新编地方志工作暂行规定》，随着改革开放的深入，社会发展出现了许多新生事物，如何记述社会发展的新变化、新成绩和新业态，方志界面临着志书体例和编纂方法如何适应的问题。来新夏及时指出，第二轮志书要改变原来的

---

① 来新夏.新编地方志的标准问题.浙江学刊，1984（2）.

② 来新夏.我对第二轮修志的一些看法.中国地方，2010（1）.

③ 来新夏.中国地方志的史料价值及其利用.国家图书馆学刊，2005（1）.

④ 来新夏.十年一剑，坦露地情——《无锡市志》读后.江苏地方志，1996（8）.

⑤ 来新夏.新世纪的修志思考——写在第二届修志之前.福建省社会主义学院学报，2001（2）.

志书编纂体例和方法，要体例创新；创新不是简单地增减门类，或更换标题，而是一次相对独立的设计与组合。来新夏强调新志体裁要诸体并用，即以志为经，而表、传、纪并用；新志体例要划一，称呼、年代、地名、标注、纪年等都应划一①（P59-62）。

同时，来新夏先生提出，要在传统的横排竖写基础上强化整体性和综合性的新思路；全面刷新体例、体裁、结构、章法，不再纠缠大编小编之争；增强志书的学术性；为适应信息网络化处理的发展态势，应建立对应的处理程序，做好进入信息网络的准备（P33-35）。

（1）设限外辑要，加强志书为现实服务功能。来新夏担任《蓟县志》顾问时，对《蓟县志》的编纂体例进行规范和创新。他针对出现的由于志书记述下限的限制，难以体现为现实服务的功能，建议志书在1985年下限之后设置《1986—1987年蓟县经济和社会发展纪略》，使志书益趋充实。这是一轮志书编纂后期和二轮志书普遍采用的限外辑要形式的发端。

（2）设立人物传，要"以他的社会作用为标准"。人物志是志书编纂中不可或缺的重要组成部分。关于人物入志的标准，认识上各有不同，有一些意见甚至是相左的。来新夏提出人物入志要"以他的社会作用为标准"②（P33-35）。自宋代《太平寰宇记》开后世地方志立人物之端后，历代史家都十分重视人物传的编写。明清以后，方志则以记人事为重。来新夏认为，"人物是志书中最具活力的组成部分，为志书所不可或缺"。他主张人物立传要"以他的社会作用为标准"，这个标准包括正反两方面，一方面要有充分展示正能量的人物即时代先进人物，另一方面也要有产生负面影响的人物即历史上有反面教育意义的人物。随着二轮修志的开展，来新夏强调在人物立传方面创新，既要突破生不入传的陈规，又要做到采取以事系人，只述其人事功，不作全面结论和颂赞。

来新夏先生针对已经出版的志书中存在的"人物传"的"以界分类"，以卒年为人物排序等现象，明确表示"尚难苟同"③（P5-6），"实不可取"④（P116）。他

---

① 来新夏. 新世纪的修志思考———写在第二届修志之前. 福建省社会主义学院学报，2001（2）.

② 来新夏. 新世纪的修志思考———写在第二届修志之前. 福建省社会主义学院学报，2001（2）.

③ 来新夏. 别具一格的《阳城县志》. 沧桑，1995（6）.

④ 来新夏. 读《临汾市志》. 中国地方志，2003（s1）.

明确提出人物志排序"以生年为序，顺次而下"^{（P5-6）}的原则。

三、提出要发挥"地方志人文价值的再衍生"^{①（P5-8）}

志书是地方文献中的大宗，蕴藏着丰富而有价值的史料。来新夏先生发展章学诚"补史之缺，参史之错，详史之略，续史之无"文献价值观，提出"旧志的文献价值在于挖掘考辨，提供编写研究的依据，而新志的文献价值在于求真求实地创建文献，足资后人征信的文献依据"^②。他充分肯定新编志书是文献性资料，其创建的文献价值在于求真求实。他指出，对于地方志不仅要正确认识其价值和功能，还要发挥其作用，为社会所用。针对大多数人对地方志的认识不足、重入藏轻利用的现状，来新夏提出，首先，要把地方志由被动提供变为主动参与，要改变地方志的静态存在为信息化的动态配合与服务。其次，为使更多的人读志用志，要大力开展宣传工作，使志书立体化。第三，要积极开展志书二次文献的编纂工作。第四，尽快尽多地应用高新技术来利用方志资源。

来新夏认为志书文献价值的发挥，主要表现形式之一，就是读者能在较短的时间内、在浩瀚的志书里查找到需要的资料。所以，他要求新编志书必须有检索功能。胡述兆和金恩辉编纂《中国地方志总目提要》时，为各志撰一提要，叙其志名、撰者生平、修纂沿革、内容概述、志书价值、版本源流及附注等，他对这种方式大加赞赏^{③（P61-63）}。在《临汾市志》的总纂中，来新夏建议编制《综合索引》，提高志书使用率^{④（P116）}。来新夏对《平遥县志》将"概述"译为英文的做法十分推崇，认为"也为域外人士更深认识平遥提供重要阶梯"^{⑤（P2）}。

来新夏在充分肯定他人撰写提要、编制索引的同时，他也践行编写提要和索引。如他在担任《中国地方志总目提要（1949—1999）》一书总顾问时，力主采用对每一种方志，著录其出版事项，并详介其编、章、细目、体例特征，主要内容，修志过程与志书特色等，书末编有纂修者人名索引。主编《河北地方志提

---

① 来新夏.中国地方志的史料价值及其利用.国家图书馆学刊，2005（1）.

② 来新夏.中国社会科学报，2011- 5- 3（04）.

③ 来新夏.中国地方志总目提要（序言）.中国地方志，2002（1）.

④ 来新夏.读《临汾市志》.中国地方志.2003（s1）.

⑤ 平遥县地方志编纂委员会.平遥志.中华书局，1999.

要》记载每一本方志的书名、作者、卷数、版本、作者生平、编纂缘起及著述意旨，于每一书末署藏书单位。

四、提出整理旧志书是"新时代修志事业的第二任务"[①](P22-23)

目前，我国保存下来的旧志书大约有8000多种。这些旧志书既是宝贵的文化遗产，更是继承和弘扬地方优秀传统文化的重要载体。旧志书具有起源早、持续久、数量大、层次全、资料富等特点，记载着大量的有关当地的历史沿革、生态环境、社会经济、景物资源、风土人情、文化艺术等方面的资料。来新夏先生指出，旧志书的文献价值在于挖掘考辨、整理研究、借鉴利用。来新夏主张对旧志资料，一不迷信，二不唾弃，要正确对待，批判继承，取其精华，去其糟粕。

1984年3月，中国地方志指导小组旧方志整理工作委员会成立，来新夏任委员。为继承中华民族优秀传统文化，发挥地方文献的作用，来新夏倾情对旧志的整理，参与制定旧志整理工作规划和计划，开展有关旧志整理工作的调查研究，对各地旧志整理工作进行指导、检查、协调、推动发展，并亲自校勘、重印、整理旧志。

比如，1991年，来新夏整理完成浙江图书馆所藏来裕恂遗著《萧山县志稿》。1999年，来新夏主编《天津通志·旧志点校卷》（3卷）由南开大学出版社出版。上册收康熙《天津卫志》、乾隆《天津府志》、光绪《重修天津府志》；中册收乾隆《天津县志》、同治《续天津县志》、民国《天津县新志》；下册收民国《天津政俗沿革记》、民国《天津志略》、道光《津门保甲图说》、民国《说磬》、民国《杨柳青小志》、民国《志余随笔》。

2010年，来新夏主编《中国地方志历史文献专辑·灾异志》（90册），在全国各地近3000种旧地方志资料的基础上，分类甄别出其中与灾害有关的内容整理而成。

2012年，来新夏、黄燕生主编《中国地方志文献·学校考》，该书遍查全国各地包括台湾的民国前之旧地方志资料，共收录3700多种旧方志，是研究古代教育史珍贵的原始文献，具有重要的史料价值。

---

① 来新夏.整理旧志的一种新模式——读《南京莫愁湖志》.中国地方志，2008（1）.

五、提出修志要由"众手成志"向"专家修志"^{（P33-35）}转变

二十世纪八十年代，全国掀起盛世修志的热潮。第一轮修志是在没有理论准备的情况下开始的。旧的方志理论不能适应社会主义修志需要，而人才是推动修志事业发展的关键，但修志人员匮乏却是不争的实事。在这种情况下，只能是边学边干，在干中学。培训修志人员便成了当时的重要课题。来新夏先生受中国地方志领导小组委托，负责地方志教材编写和对编纂业务骨干的培训工作①（P249-251）。1983年8月，来新夏主编的新中国第一本修志教材《方志学概论》由福建人民出版社出版。来新夏先后在太原、保定、武汉、苏州、天津蓟县、洛阳等地举办培训班，为全国新编地方志的开展奠定了坚实的人才基础。

随着首轮修志逐渐结束和经验总结的不断深入，以及方志研究理论的成熟，来新夏进一步提出二轮修志要由首轮"众手成志"向"专家修志"转变，并指出专家群体包括"一是熟悉方志理论，有一定修志经验的专业人员；二是掌握各行业情况的行家里手，要具备高科技的基础知识；三是了解社会经济发展的人员"，而且还要具有会写作、会用电脑、会调查研究的能力。

来新夏先生从上世纪六十年代开始，对地方志从关注到参与，从理论到实践，始终置身于其中。他发表学术性论文，并利用参加志书评稿会、撰写志评、为志书作序等机会，推动和提升方志理论研究。他还提出一方之志应当具有一方之特色②（P41-43）；大事记为志书中通贯古今之篇，应自当详今略古③（P11-12）；图文并茂为志书所必需④（P27-28）等观点，逐步形成和丰富了其方志理论。

原载于《史志学刊》2018年第5期（总第23期）

---

① 来新夏.我的学术自述.社会科学战线，2008（9）.
② 来新夏.读《吴县志》随录.江苏地方志，1994（3）.
③ 来新夏.铸古镕今继往开来——《徐州市志》读后.江苏地方志，1996（2）.
④ 来新夏.《盂县志》读后.沧桑，1996（6）.

来新夏与旧志整理*

周余姣*

【摘要】来新夏是我国著名的历史学家、文献学家、图书馆学家，人称"纵横三学，自成一家"。文章着眼于来新夏在方志学领域内的成就，尤其是其在旧志整理上的贡献。自20世纪80年代开始，来新夏积极投入旧志整理与研究工作当中。通过对旧志整理理论的探讨、旧志目录提要的编纂，旧志的点校出版和旧志资料的类编等活动，来新夏形成了自己在旧志整理上的主要观点：重视对旧志经济资料的整理，主张点校和刊印旧志，强调对旧志的开发利用等。

【关键词】来新夏　地方志　旧志整理　点校

来新夏（1923—2014）是我国著名的历史学家、文献学家、图书馆学家，人称"纵横三学，自成一家"。"三学"——"历史学、方志学与图书文献学"中的方志学是其学术成就的重要组成部分，其生前对地方文献研究与编志实践多有贡献。目前已有专文探讨来新夏对新志编纂的学术思想和观点[1-2]，本文仅就其旧志整理工作的理论与实践作一探讨，揭示来新夏对旧志整理的主要学术观点和贡献。

* 本文系天津师范大学引进人才基金项目（人文社会科学）"古籍保护学科系列论著的编撰"（项目编号：135305YJ03）研究成果。
* 周余姣，天津师范大学古籍保护研究院讲师。

1 来新夏与旧志整理工作

1.1 1980年代前我国旧志整理工作概况

有学者曾总结，1949年后我国地方志修志概况是"五十年代发动过、六十年代启动过，终于在改革开放的八十年代，真正形成高潮"[3]。国家科学规划委员会1956年制定《十二年哲学社会科学规划方案》时，将地方志研究列为重要项目，旧志整理工作也是工作重点之一。据不完全统计，从1956年到1966年"文革"前，各地重印旧志达200余种。1958年周恩来总理指示成立地方志小组，由曾三担任组长。其后随着多项政治运动的开展，地方志编修事业未能顺利进行。1979年湖南恢复编修省志，是十一届三中全会以来第一个启动修志工作的省份[4]。1980年代后，山西、湖北、贵州、四川、河南、山东、黑龙江、安徽等省的修志工作先后开展。此后，无论是整理旧志还是编纂新志都取得了前所未有的进展。蓬勃发展的新时代，呼唤更多的人为修志事业奉献心力，来新夏就是在这样的时代发展背景下积极地参与地方志整理事业。

1.2 来新夏参与的旧志整理活动

1960年代，来新夏就参与了河北省地方志的修纂工作。此后受"文革"影响而中辍。1980年在天津举办的中国地方史志协会预备会上，来新夏作了题为《总结旧志创编新志》的发言。1981年7月25日至8月1日，中国地方史志协会成立大会暨首届地方史志学术讨论会在太原举行，来新夏受大会委托起草相关会议文件，当选为中国地方史志协会理事。1981年9月17日，中共中央发出《关于整理我国古籍的指示》，地方志作为古籍中的重要组成部分也引起了重视。1982年5月，中国地方志小组在武汉召开"旧志整理工作座谈会"，来新夏应邀先期到会，在东湖宾馆拟定《中国地方志整理规划（1982—1990年）》草案。1983年4月28日在洛阳举行的地方志规划会议上，来新夏介绍了旧志整理规划讨论情况，并对《中国旧方志整理规划实施方案1983—1990（草案）》作了说明，要求编撰方志目录、方志提要、方志索引和地方志分类资料等。1983年12月，在中国地方志指导小组第三次会议上，董一博提出关于旧志整理工作的建议，如编制地方志目录、地方志索引，编写地方志提要，编辑地方志分类资料丛书，出版方志学论文集，重印方志学专著，旧志点校重印，组织领导等[5]，此次会议通过《关于开展旧地方志整理工作问题的决定》。

1984年1月，中国地方志指导小组旧志整理工作委员会在北京成立，董一博为主任，来新夏为委员。同年3月在天津召开第一次旧志整理工作会议，明确了两个问题——整理什么以及如何整理。与会学者达成一致，明确旧志是指1949年前的地方志书，规定旧方志整理工作项目是"原本复制，点校翻印，类编资料，辑录佚志及编辑方志目录、提要、专题索引等等，并且鉴于各地方志机构力量有限和为经济服务的要求，当前整理工作重点是从旧方志中检选出有关资料，类编成册，兼及方志目录、内容提要和索引等等"[6]712。该年4月，南开大学地方文献研究室成立，为教育部全国高校古籍整理研究工作委员会所属古籍研究机构之一，研究重点为新修地方志的评审、旧志资料的整理等，来新夏担任主任。1985年1月，在旧志整理工作第二次会议上，交流了旧志整理工作经验，董一博提出旧志整理工作的重点是整理经济资料，为"四化"服务，为建设有中国特色的社会主义贡献力量[5]185-186。同年5月8日至14日举行的第三次会议明确了"七五"期间旧志整理的任务[5]207-211。这些会议来新夏都积极参与其中，还主持了多次方志研修班，培养方志工作人员。同年8月，"中国地方史志协会"更名为"中国地方志协会"。由上可以看出，1980年代中期是旧志整理事业的活跃期，也是来新夏积极参与旧志整理活动的时期。此后旧志整理工作在全国开展起来，地方志的整旧与纂新呈现了齐头并进的趋势。

1.3 来新夏对旧志整理工作的理论探讨

在《中国地方志联合目录》中，著录保存至今的宋至民国时期的方志有8264种11万余卷，占我国古籍十分之一左右。这些旧志是我国传统文化遗产，应予以整理并加以利用。在整理旧志的呼声中，1985年来新夏在《古籍整理出版情况简报》发表了《旧志整理工作的回顾与展望》，全面论述旧志整理相关问题，认为旧志卷帙繁多是旧志整理的物质基础，自有旧志整理工作以来，主要进行旧志的刊印、旧志资料的类编、旧志目录的编制、旧志的综述、旧志的点校等工作，在整理旧志的过程中要继承旧志中合理的编纂体例和文献资料，旧志整理的趋势是类编资料、编辑目录、重印旧志以及编定点校地方风土丛书[7]。此文后被增删收入来新夏所著《中国地方志》（台湾学生书局2000年版），成为第四章"旧地方志的整理与利用"的主要内容。1988年来新夏主编的《中国地方志综览1949—1987》一书，从"书目·考录·索引、资料类编、旧志刊印（点校本、影印重印本）"等类别对这一时期的旧志整理资料进行了汇编[8]，较为全面。可以看出，来新夏参与的旧志整理工作与整个国家重视地方志工作的时代背景是分不开的，正是有了国家的高度重视，来新夏等地方志研究者才有了更好的施展空间。

2 来新夏对旧志目录提要的编纂

翟宣颖1930年出版的《方志考稿（甲集）》通常被视为我国第一部方志提要专著。傅振伦1956年也曾提出整理旧志的办法，并主张先把旧有方志按行政地域的等级区分编成目录，然后把每种志书编成篇目明细索引，最后编为提要[9]。张国淦1962年出版《中国古方志考》，是当时收志书最多的方志提要专著，对以后方志提要考录的发展产生了重要影响[10]。编目录和撰写提要是整理旧志的常见形式，来新夏也不例外，编辑了几部方志提要。

2.1 《河北省地方志提要示例》

1960年代，来新夏就参加过河北地方志的编纂工作。旧志整理工作铺开后，按照董一博的要求，来新夏负责主持《中国地方志提要丛刊》的编辑工作。1981年来新夏与王德恒、萧朝宾编撰《天津地方志提要》（油印本），为提要编纂者提供了范例。1982年，来新夏带领学生着手河北省地方志提要的编写，先行编写了6则提要，此为当时草拟的一个计划，并作为"中国地方志整理出版规划座谈会"参考。虽只是6则，但已制定出基本的体例。1985年，在6则的基础上进行增广，编纂成《河北省地方志提要示例》。《河北省地方志提要示例》中的提要示例共40则，所据资料利用了南开大学图书馆的33种藏书和故宫博物院的7种藏书。此前所编的康熙《天津卫志》、乾隆《天津府志》、光绪《重修天津府志》、乾隆《天津县志》、同治《续天津县志》、民国《天津县新志》（《天津政俗沿革记》为该志卷一至十六）、《天津志略》的提要均作为示例，入编《河北省地方志提要示例》[11]。

2.2 《河北地方志提要》

河北省的地方志工作一直居于全国前列。据查，河北省历代纂修的旧方志约有1400余种万卷以上，现存通志。府、州、县志和其他专门志计有800余种7000卷以上[12]26-32。河北省于1986年制定《关于旧志整理的方式与体例规范》，对旧志整理方式、旧志校点注释、旧志的编务工作及印刷方式等做了具体的规定[13]。来新夏在原有所编《河北省地方志提要示例》基础上，邀集了京、津、沪、宁、冀等地人士组成编委会，撰稿者60余人[14]，主编《河北地方志提要》，1992年由天津大学出版社出版。按照通行的著录办法，该提要目录各条目为书名、作者、卷数、版本、作者生平、编纂缘起、著述意旨以及藏书单位，共收录编纂年代截至1949年的河北省现存方志563种，可见较原来又有大的增补。文后附录《天津地方志提要》和《天津地方志佚志录存》，共收录天津现存地方志28种、佚志14种。部分提要，如乾隆《天津县志》被誉为"于史有征，要而不烦，最是妥当"[15]；学界评价"是我国为数不多的较早编制省志提要目录的尝试之作"；"不仅使读者知其书之所在，更能使人读其提要，得其概貌，是研究河北地方志乃至研究河北地方文化的重要参考资料"[16]。来新夏自谓"提要目录则是旧志目录编制工作中的一项繁重工作"，该提要目录以及其他一些省市的旧志提要"为区域性的考录工作，为综录全国性方志提要目录作了试探和准备。这些提要目录的基本内容包括书名、作者、卷数、藏者、出版年代、出版者、主要内容和篇目、志书评价等项"[6]715。此一时期类似的提要还有1993年出版的《江苏旧方志提要》等，可见该提要的出版适逢其时，为编纂全国性《中国地方志提要丛刊》打下了基础。可惜《中国地方志提要丛刊》最终还是因为过于繁难而未能编成。

3 来新夏对旧志的点校出版

3.1 点校出版两部《萧山县志稿》

来新夏的祖父来裕恂曾编有《萧山县志稿》。此手稿存浙江图书馆古籍部，未曾编入目录，是经工作人员整理后发现的，为海内孤本。萧山县志办公室的工作人员将70余万字的手稿用铅笔抄录，再用毛笔誊清，这一方志稿本才为人所知。1982年来新夏回到萧山，通过萧山县志办公室的工作人员见到祖父《萧山县志稿》的抄本，就决定整理出版[17]。1991年，来新夏为祖父的《萧山县志稿》完成了点校，并予以出版。在其相关的学术简谱中曾有这样的记述："10月，先祖遗著《萧山县志稿》整理本由天津古籍出版社出版，共80万字，自资印行500册，分赠修志单位。"[18]188来裕恂的《萧山县志稿》时间下限到1948年，几乎涵盖整个民国时期。为了保存文献，也为了促进萧山地方志的研究，来新夏自筹经费将该志印行500册，由多个单位保存，起到了"化身千百，传本扬学"的作用。

此外，《来新夏先生简表》中还详细记录了来新夏点校另一版本《萧山县志稿》（民国二十四年本）的过程："（2009年）8月14日，受萧山志办委托，由我负责整理点校《萧山县志稿》（民国二十四年本），并写前言。该书已与南开大学出版社签订出版合同。"[18]211"（2009年）12月4日，开始校《萧山县志稿》（民国二十四年本）清样，共百余万字，又需数月之功。由繁改简，由直易横，极易出错，当敬谨从事。""1月4日，终审《萧山县志稿》（民国二十四年本）三校稿。"[18]213"（2010年）3月29日，受家乡萧山方志办委托，由我整理点校之《萧山县志稿》（民国二十四年本）由南开大学出版社正式出版，共百余万字，印制、装帧质量精良，即请社内经物流运往萧山。"[18]215该书2010年由南开大学出版社出版。此志点校可追溯至2007年。在该志之整理前言中，来新夏评价道："民国二十四年本《萧山县志稿》论述颇称详明，于事多言其始末，于人则重其事迹，内容充实可信，超越前志，与先祖所撰《萧山县志稿》后先辉映，均为上世纪八十年代新编《萧山县志》所凭借。"[19]这两部《萧山县志稿》的点校出版为萧山新编县志准备了完备的材料，为后人对这两部旧志进行比较研究[20]奠定了基础，也是来新夏为家乡地方史志事业所作的突出贡献。

3.2 点校《天津通志》旧志卷

3.2.1 缘起

南开大学图书馆所藏的天津旧志甚为丰富，有必要进行整理。1985年来新夏首次倡议点校《天津通志》，但未引起重视。1987年他撰写"《志余随笔》点校本前言"[21]，介绍《志余随笔》的价值、内容和特点，应是其点校旧志之始。1996年来先生得到天津市志办主任郭凤岐的支持，于该年11月开始策划该项工作。1997年2月，该项工作正式启动，并被列为教育部古籍整理研究工作委员会资助项目。后二人署名主编的《天津通志·旧志点校卷》（以下简称《旧志点校卷》）上册于1999年10月由南开大学出版社出版，共247万字，印行1500册；2001年出版《旧志点校卷》中、下两册。

《天津通志》的修纂是天津市的一项重要文化工程，旧志点校卷只是其中一个部分。来新夏为该志修纂的顾问之一。《旧志点校卷》原计划分为上下两册，上册包括康熙《天津卫志》、乾隆《天津府志》、光绪《重修天津府志》；下册包括乾隆《天津县志》、同治《续天津县志》、民国《天津县新志》（《天津政俗沿革记》为该志卷一至十六）、道光《津门保甲图说》、民国《天津志略》以及《杨柳青小志》、《说磬》，最后以《志余随笔》结尾，共12部有关天津的主要旧志类著作。实际上，后因下卷篇幅超量，又分为中下两册。与其他丛书相比较，《中国地方志集成》所收天津府县志8种，成书6册；《天津图书馆藏稀见方志丛刊》（线装）收9种，《旧志点校卷》所收的12种，从数量上看还是较为全面的。

3.2.2　校订办法

点校旧志一般有一套基本的知识和方法[22]，一直是方志研究者学习研究的重点。在《旧志点校卷》中，来新夏、郭凤岐主要承担审定任务，在凡例中说明：该点校卷全部由原来的竖排改横排，繁体转为简体，以便于现代读者阅读。原书中的注释、附录等，原大多使用与正文有别的小字，点校卷改为与正文相同，而点校本中凡有别且小于正文的楷体字，不论是否注明"点校按"字样，均为点校者所加。通过利用字体相区别的形式，解决横排后所出现的问题。每一部旧志都有专属的标点和校订人员。比如，天津现存最早的志书康熙《天津卫志》由陈作仪标点，李福生校订。在康熙《天津卫志》的"点校前言"部分，点校者说明："此次我们点校该志，是以南开大学所藏原刻本为底本，参照天津图书馆所藏补刻本，进行对勘，文字歧异之处，一一注明原委；其校注则以《新校天津卫志》作参考。鉴于我们点校印行的天津旧志，不是各志的单行本，而是汇聚本，彼此一一互注，难免杂沓重复，校注的原则是减头绪，求简明。"[23]这虽然是康熙《天津卫志》的"点校前言"，亦可见出整个旧志点校的总原则。参与点校工作的还有隋凤春、佟勇、焦静宜、张格等，来新夏将其此前所点校的《志余随笔》也收在其中。

3.2.3　"质证原则"与互校

《旧志点校卷》借用了法律术语"质证原则"，借以说明点校过程中涉及史实考辨的处理办法。比如，在该卷的《凡例》中就说明了对原书的空白阙文分别情况处理的办法：若系讳刻或省刻的，如旧志中个别年号的偏空阙文，确定无疑者，直接补入正文；系无可质证的，以阙文（□）加以标识；虽可质证，但涉及史实，不便直接补改的，则在阙文框内加楷体小字；个别字迹不清，无可质证的，也以阙文框（□）表示。在方志中用"质证"，这种说法很少见，让人眼前一亮。另外，在点校过程中如有多个版本的旧志，则采用互校的办法。"质证原则"和互校在《旧志点校卷》中得到了充分的利用，也体现了点校者的审慎态度。点校的过程中，点校者对原志正文的处理须遵循古籍整理的一般原则，否则容易犯类似《腾冲县志稿》点校本那样的错误[24]。

3.2.4　点校说明

在收入的12部方志中，由点校者撰写"点校前言"。此部分内容是点校工作的总纲领，用于说明旧志的源流、版本、价值、作者和内容，有利于读者了解校订者的工作，更好地利用该志。但在后来的总结中，来新夏仍不无遗憾地认为该志"未具考释，犹有余憾"[25]。

《旧志点校卷》出版后在学界产生了较大的影响。由天津市地方志编修委员会办公室和有关区县地志办共同编审的《天津区县旧志点校》（上、中）两册于2008年6月由天津社会科学院出版社出版，全书囊括天津所辖原4个县——宝坻、宁河、武清、静海的现存旧志，精装大16开本，装帧古朴典雅。该书出版是继2001年《天津通志·旧志点校卷》（天津所辖区旧志）出版后又一部挖掘整理旧志的地方资料著作。2014年又推出蓟县的现存旧志点校，可见天津在旧志整理方面的工作一直在推进，并且较为完善。

4　来新夏对旧志资料的类编

2006年5月《中国地方志历史文献专辑》启动编纂，由来新夏任主编。据来新夏在《中国地方志》发表的序言[26]，得知该志原名为《中国旧志历史文献分类专集》。该专辑分为《中国地方志历史文献专辑·灾异志》、《中国地方志历史文献专辑·金石志》、《中国地方志历史文献专辑·建置沿革志》三编。编纂取材"不限于一地区或一收藏单位，而是搜访全国之收藏。然后全方位地比对一地区不同纂修年代之版本，论证其史料价值及版本价值而慎加遴选，一般以每一地区较晚之方志为主，盖取其记述较全，编制较善，征选较易耳。该书所选全国方志达二六〇〇种。"[27]

《中国地方志历史文献专辑·灾异志》于2009年出版，共90册，规模较大。通过对地方志中有关灾异现象以及历代赈济制度原始资料的整理，为当代灾荒史研究提供丰富的文献资料。

《中国地方志历史文献专辑·金石志》于2011年出版，来新夏、赵波主编，共60册。该志内容介绍为"遍查中国各地包括台湾省的民国前旧地方志资料，论证旧方志的价值，而后选入。一般以每一地区较晚的方志为主，其能每县一志，共收录近三千种旧方志，收其碑记、篆刻等金石相关内容，涵盖题、序、记、文、赋、诗等多种文体"。因此，《中国地方志历史文献专辑·金石志》是目前一套全面、完整、系统的金石志资料集。

《中国地方志历史文献专辑·建置沿革志》未见出版。遗憾的是，目前仅见来新夏所写的序言，未见其学术年表提及此专辑。这套专辑丛书也很少有图书馆收藏，笔者目前尚未能见到原书。

5 来新夏整理旧志的主要观点

来新夏认为，旧志主要用于"考镜源流"；"整理旧志，首在搜求积存"[28]；"旧志虽难称尽善，而保存部分资料，备后世所参用，为新编县志史源之一，已为修志者所共识"[29]。其认为旧志整理工作主要涵盖类编资料、编纂目录、汇编地方风土丛书、刊印旧志等方面[30]。其在个人旧志整理实践方面，也相应完成了部分旧志整理工作。其对旧志整理的主要观点有三个方面。

5.1 重视旧志经济资料的整理

类编资料是旧志整理的一个重要工作内容，其原则来新夏曾总结为"全面取材，重点类编，求训致用"。"全面取材"就是综合治理，即将旧志中的有关资料全部选辑出来，编成资料索引，否则每编一个专题资料类编就翻检一次旧志，工程浩大，难胜其劳。类编资料的目的是"求训致用"，从中取得经验教训来为经济建设服务。当然可根据资料和地区的特点，区分轻重缓急，先重点选编一些当地急需参考的资料[6]713。

在来新夏看来，尽管旧志中反映经济的比重较小，但零散记载已涉及社会经济生活的诸多方面，无论是生产、分配、交换、消费等生产流通环节，还是农业、手工业、商业、交通等具体情节都有所记载，可供后人参证[31]。旧志中的经济资料在经济建设中可有大用，农工商产业、城市规划与旅游等事业的发展均可资借鉴[32]。来新夏还曾注意到日人加藤繁是最早开发方志史源的学者，在其名著《中国经济史考证》一书的第三卷中引用中国文献达300余种，其中引用中国地方志有204种，占全部引用文献60%，方志的史料价值由此可见[33]。为此，他认为从旧志中可拣选出五大类资料：农业资料；手工业和商业资料；赋役、财政及各种经济制度资料；消费、生活资料；自然灾害资料，并以不同的例证来加以说明。这种观点来新夏是一以贯之的，他也曾提出从清人笔记中挖掘经济学史料[34]。在阐述新世纪的修志思考时，他曾提出第二届修志的覆盖面至少包含三方面，而第一方面就是"记好重大经济与社会专项事类的始末，如国民经济的治理、整顿与'软着陆'，短缺经济的结束与后遗症问题，精神文明在市场经济条件下的转折性变化等方面都要以新视角记述好"[35]。充分体现了利用旧志服务当下的思想。而二十世纪八九十年代修志，确有重视经济之本旨。

5.2　提倡点校和刊印旧志

为了加强对旧志的保护，可以选择再生性保护的方式，如以点校、注释、影印、复印、扫描、缩微复制、数字化等形式进行再造。1949年后虽然重印了部分旧志，但在来新夏看来，是远远不够的。他认为："不过所刊总数与旧志总量相衡，重印者为数终究不多，致使原有旧志难于保存，而研究者又苦于得书之难，特别是一些使用价值高和某些孤本善刻更需有选择、分缓急地加以刊印，以广利用。即如河北方志而言，据知天津市图书馆就藏有40余种为他馆所未藏。这些方志虽不尽是海内孤本，至少也是罕见方志。"[36]正如他点校两部《萧山县志稿》一样，通过点校出版的形式，分散保存，加强了对这两种珍稀民国文献的保护。另外，只有通过点校和刊印旧志，才能为新旧志书进行比较研究提供更便利的材料，这也是来新夏提出比较方志学研究的一项重要内容[37]。从他主持多部旧志的点校工作上，亦可看出其在此方面用力较多。而今业界对旧志整理的重要性已有深刻的认识，如广东省即对全省旧志进行收集，并影印出版《广东历代方志集成》，共收录通志、府志、县志433种[38]。2014年第四届中国地方志学术年会还将主题定为"弘扬方志文化，发掘历史智慧——中国历代方志整理与研究"，将旧志整理作为地方志工作与研究的一个重要组成部分，这离不开诸如来新夏等方志学者们此前的鼓与呼。

5.3 主张积极利用旧志

旧志的整理主要还是为了利用。尽管旧志中也存在一些不合时宜的内容，但仍然有大量的材料值得后人借鉴。来新夏"善于运用方志资料为学术研究服务，早在1957年发表在《历史研究》上的《试论清光绪末年的广西农民大起义》的学术论文中就利用了大量地方志资料"[39]。来新夏曾提出对旧志进行批判性的继承："专题研究中被视为热点的是旧志的继承批判问题。有些文章作了专门论述。应当批判的内容主要有三方面：一为竭力宣扬封建统治者功业的夸大性内容，如立于卷首或独立成章的皇帝的无关理要、专事粉饰之诏谕、诗文与言论；二为宣传封建伦常的内容如诬民变为盗匪活动，过分颂扬义士、烈女等事迹；三为不恰当的溢美之辞。应当继承的则有两个方面：一是继承旧志中合理的编纂体例；二是继承文献资料，以备征考和补缺纠谬。"[40]后来新夏又提出应该从三个方面加以利用：一是编纂体例的借鉴；二是文献资料的征引；三是经济建设中的效用[6]717-720。

新编方志的过程中，可以参考前人的体例，在现有的基础上进行改良。而旧志中所存的文献资料，尽管不免有些糟粕性的东西，但也有不少可供参考、借鉴的宝贵资料。只有在继承前人的基础上才能有所创新，这也是方志修纂事业得以发展的源动力之一。来新夏主张在新编地方志之前，须对旧志有一个全盘的了解和把握。其在为新编方志作序时，也常提及旧志的编修情况。比如，其为《鄢陵县志》作序时，就曾对该县的旧志编修情况了如指掌[41]。其在《项城县志》附录中曾对辑入旧志序文、凡例并目录表示赞赏[42]。

对新编县志中运用旧志资料较好的地方志也会表而出之，如其称扬"《平定县志》对旧志资料的运用也较好，如《自然灾害》章，于旱、水、风、雹诸灾能以清光绪《平定县志》资料简洁地综述元明清灾情，信而有征，无劳读者之翻检旧志"[43]。2006年来新夏将其毕生收藏的6000余种方志捐给家乡萧山，以来新夏命名的"来新夏方志馆"、"来新夏著述专藏阅览馆"因而成立，对当地的方志编修事业产生了极大的推动作用。

6 结语

旧志整理工作的内容包括资源普查、编制目录、提要、索引，影印出版，校勘，标点，注释，翻译，辑佚，专题资料汇编，数字化建设等[12]63。来新夏的旧志整理工作涵盖以上多个方面，当然有些方面谈得多，有些方面涉入相对较少。1953年任凤苞将自己苦心搜集并精心保管的2500余种地方志捐献给天津图书馆，为天津一地的地方志研究奠定了坚实的文献基础，促进了当地的地方志研究。作为天津地方志研究的代表性人物，来新夏得到了中国地方志指导小组负责人梁寒冰、董一博等的大力支持，也作出了积极贡献，在方志学界被称赞"在志界本职之外的全国专家中，来先生是参加修志实践最多、持续时间最长、成果最丰硕的大家"[44]。从其为各地多部方志所撰写的书评、读后感等篇目即可看出，来新夏确实在方志学领域内寄情甚深，用力甚多。其在旧志整理工作领域所作的贡献同样也是不可抹煞的。

编修地方志是中华民族的优良文化传统，新编地方志是对这一文化传统的继承和发展，是旧方志的延伸和传承，作为方志工作者要充分认识到旧方志的重要价值和作用[45]。自1980年代以来，旧地方志的整理工作已历三十多个年头，且取得了巨大的进步，尤其2007年"中华古籍保护计划"实施以来，对于旧地方志的整理，无论是原生性保护和再生性保护，都取得了巨大的成就。当下的旧志整理工作，无论是目录编纂、影印出版、点校，还是数据库建设，都取得了非凡的业绩[46]。截至2015年10月底，全国地方志系统整理出版旧志累计达2500多部[47]。2020年，我国的第二轮修志工作将告结束，并即将迎来第三轮修志工作的开展。对于方志学家及其思想的研究，一直是方志学研究的重点。今天方志工作所取得的成就，离不开梁寒冰、董一博、朱士嘉、傅振伦、来新夏等方志先驱者的努力与贡献。

参考文献

[1] 朱晓梅. 来新夏新志编纂思想述论[J]. 新世纪图书馆，2015（2）：70–74.

[2] 吴佩昀. 浅谈来新夏教授关于第二轮修志的"三新观点"[J]. 新疆地方

志，2012（1）：24-25，34.

[3] 郭凤岐. 地方志新编对旧方志的继承及创新[J]. 理论与现代化，2002（3）：75-78.

[4] 李跃龙. 全国第一个启动新方志编修工作省份的考证[J]. 中国地方志，2015（3）：32-33.

[5] 董一博. 董一博方志论文集[M]. 开封：河南大学出版社，1989.

[6] 来新夏. 中国地方志[C]//来新夏. 邃谷文录——来新夏自选文集：上. 天津：南开大学出版社，2002.

[7] 来新夏. 旧志整理工作的回顾与展望[J]. 古籍整理出版情况简报，1985（147）：5-16.

[8] 来新夏. 分类细目[M]//中国地方志综览1949-1987. 合肥：黄山书社，1988.

[9] 傅振伦. 整理旧方志与编辑新方志问题[C]//傅振伦. 中国史志论丛. 杭州：浙江人民出版社，1986：110.

[10] 刘刚. 中国方志书目与索引述略[J]. 北京图书馆馆刊，1997（1）：48-54.

[11] 孙伟良. 来新夏著述提要[C]//杭州市萧山区人民政府地方志办公室. 萧山记忆（第八辑）. 杭州：浙江人民出版社，2015：112-113.

[12] 鲍永军. 旧志整理述论[J]. 中国地方志，2015（10）.

[13] 田嘉. 全国地方志系统旧方志整理与开发利用简况[C]//杨牧之. 古籍整理与出版专家论古籍整理与出版. 南京：凤凰出版社，2008：301.

[14] 来新夏.《河北地方志提要》序[C]//来新夏. 志域探步. 天津：南开大学出版社，1993：218-221.

[15] 李福生. 乾隆《天津新志》点校前言[M]//天津市地方志编委会办公室. 天津通志·旧志点校卷. 天津：南开大学出版社，2001.

[16] 沈爱霞.《河北地方志提要》讹误偶拾[J]. 中国地方志，2012（4）：63-64.

[17] 李大霖. 来新夏与《萧山县志》[C]//杭州市萧山区人民政府地方志办公室. 萧山记忆（第八辑）. 杭州：浙江人民出版社，2015：77-78.

[18] 来新夏，焦静宜. 来新夏先生简表[C]//杭州市萧山区人民政府地方志办公室. 萧山记忆（第八辑）. 杭州：浙江人民出版社，2015.

[19] 来新夏.《萧山县志稿》整理前言[C]//杭州市萧山区人民政府地方志办公室. 萧山记忆（第四辑）. 杭州：浙江人民出版社，2011：127-129.

[20] 陈志根. 两部民国《萧山县志稿》的比较研究[J]. 中国地方志，2014（8）：56-59，4.

[21] 来新夏.《志余随笔》点校本前言[C]//来新夏. 邃谷文录——来新夏自选文集：上. 天津：南开大学出版社，2002：605-607.

[22] 王晖. 旧志整理基本知识和方法[J]. 中国地方志，2007（3）：33-38.

[23] 来新夏，郭凤岐. 康熙《天津卫志》点校前言[M]//天津通志·旧志点校卷. 天津：南开大学出版社，1999.

[24] 古永继. 旧志整理出版岂能滥施刀斧——读民国《腾冲县志稿》点校本有感[J]. 中国地方志，2009（5）：35-39.

[25] 来新夏.《夏津旧县志校注》序言[C]//来新夏. 邃谷文录——来新夏自选文集：上. 天津：南开大学出版社，2002：603-604.

[26] 来新夏.《中国旧志历史文献分类专集》序言[J]. 中国地方志，2010（6）：6.

[27] 来新夏. 序言[M]//中国地方志历史文献专辑·灾异志. 北京：学苑出版社，2009.

[28] 来新夏. 不辍集[M]. 北京：商务印书馆，2012：150.

[29] 来新夏. 别具一格的《阳城县志》[J]. 沧桑，1995（12）：5-6.

[30] 来新夏. 1949年以来中国地方志的编写与研究[J]. 高校社科情报，1994（1）：7-16.

[31] 来新夏. 旧志经济资料初检[C]//来新夏. 邃谷文录——来新夏自选文集：上. 天津：南开大学出版社，2002：587.

[32] 来新夏. 旧地方志资料在经济建设中的作用[J]. 中国地方志，1994（1）：48-55.

[33] 来新夏. 中国地方志的史料价值及其利用[J]. 国家图书馆学刊，2005（1）：5-8.

[34] 来新夏. 清人笔记中的经济学史料[N]. 北京日报，2012-12-10（20）.

[35] 来新夏. 新世纪的修志思考——写在第二届修志之前[C]//来新夏. 邃谷文录——来新夏自选文集：上. 天津：南开大学出版社，2002：600.

[36] 来新夏. 重印《畿辅通志》前言[C]//来新夏. 邃谷文录——来新夏自选文集：上. 天津：南开大学出版社，2002：613-614.

[37] 来新夏. 关于比较方志学建设的思考[C]//来新夏. 邃谷文录——来新夏自

选文集：上. 天津：南开大学出版社，2002：577–585.

[38] 王丽娃. 广东旧志整理回顾与展望[J]. 中国地方志，2015（2）：34–37.

[39] 魏桥. 多业并举样样出彩——怀念方志大家来新夏[J]. 中国地方志，2014（7）：8.

[40] 来新夏. 中国方志学理论的发展与现状[J]. 中国地方志，1995（2）：53–61，77.

[41] 来新夏.《鄢陵县志》序[C]//来新夏. 邃谷文录——来新夏自选文集：上. 天津：南开大学出版社，2002：780.

[42] 来新夏.《项城县志》序[C]//来新夏. 邃谷文录——来新夏自选文集：上. 天津：南开大学出版社，2002：783.

[43] 来新夏. 读《平定县志》札录[C]//来新夏. 邃谷文录——来新夏自选文集：上. 天津：南开大学出版社，2002：833.

[44] 郭凤岐. 方志泰斗来新夏[C]//焦静宜. 忆弢盦：来新夏先生纪念文集：下. 天津：天津古籍出版社，2015：754.

[45] 佚名. 全国地方志系统旧方志整理与开发利用研讨会纪要[J]. 中国地方志，2005（10）：7–9.

[46] 南江涛. 中国旧志整理与出版概况[J]. 中国地方志，2017（12）：42–50.

[47] 王伟光. 全面落实《全国地方志事业发展规划纲要（2015-2020年）》，大力推进地方志事业科学发展——在全国地方志机构主任工作会议上的报告[J]. 中国地方志，2016（2）：4–15.

原载于《文献研究》2019年第5期

来新夏与《萧山县志》

李大霖[*]

　　1987年版《萧山县志》从起步到成书，一直得到来新夏先生的热情关注和悉心指导。来先生本是萧山长河人，但此前萧山很少有人认识他。其原因正如他自己所说的"少小离家老大回"。那么二十世纪八十年代初开始编纂《萧山县志》是怎么和来先生联系上的呢？缘于一次培训班。

　　中国地方史志协会于1981年成立后，陆续分大区举办培训班，以培训各地的修志人员。1982年春，华东地区培训班在苏州举办，来先生主持并担任授课老师。萧山县志办公室分配到一个名额，派出一位同志去参加培训。来先生桑梓情深，主动找到故乡去参加培训的同志，于是接上了关系。培训班结束后，县领导获悉这一情况，便函邀来先生回故乡指导县志编纂工作。来先生应邀于5月下旬来萧山。当时修志尚处于资料搜集阶段。来先生对当时工作和今后如何进行编纂提出许多指导性意见，同时向县志办公室和各单位修志人员讲了一次课。这是一次很好的培训。来先生讲了中国方志的传统，方志的价值和功能，当前全国修志状况，史与志的关系，如何寓论断于叙事之中，如何统观全局，对旧志如何继承批判，发动群众修志但不能搞群众运动，等等。对人物立传，来先生特别提出要评论人物、衡量人物、发掘人物、识别人物，并说明这是人物立传的宗旨所在。来先生讲课深入浅出，生动活泼，引人入胜。对全体修志人员来说，确实是一次很好的启蒙，也是一次鼓励。笔者当时尚未借调入县志办公室（开始系临时机构，人员均向各单位借调），但有幸面聆来先生的讲课，确实是茅塞顿开，获益匪浅。

---

　　[*]　李大霖，杭州市萧山区地方志办公室退休干部。

《萧山县志》（稿）于1984年开始总纂，聘来先生为顾问。这年秋天，来先生趁在杭州讲学之机，挤出时间来萧山指导县志编纂工作。主编费黑同志向他谈了总纂进展情况和遇到的一些具体问题，先生一一指点。如怎样体现"特色明显"，来先生明确指出志书体现特色是就总体而言，并非每编每章都要"特色明显"。如《萧山县志》设围垦编就体现了萧山的特色。

《萧山县志》成稿后，中国地方志指导小组、浙江省社会科学院、浙江省地方志编纂室和萧山县志编纂委员会于1986年5月联合在萧山召开评议会。来先生在会上对志稿作了较全面的评议，肯定志稿的指导思想基本正确，资料比较充实，地方性特点反映比较完整；同时指出不足之处，如新中国成立前后的资料比例和问题的叙述上不够调和，某些章节在文字叙述上存在"工作总结"的痕迹。他对不少编章一一提出具体的修改意见，如人物入传严了一些，文化编叙述不足等，甚至对"历史演义家"和"基本无盲县"等不确切、不规范的语言也提出修改意见。足见来先生对志稿看得多么认真、细致。这些宝贵意见对县志最后修改定稿起到了十分重要的作用。《萧山县志》于1987年出版，后获全国新编地方志优秀成果一等奖，来先生功不可没。

来先生不仅指导新修《萧山县志》，还将他祖父来裕恂先生在新中国成立前个人编纂的《萧山县志》手稿整理出版。这一手稿的发现非同寻常。县志办公室成立后不久，就集中力量搜集资料。多数同志长期蹲在浙江图书馆古籍部，从新中国成立前的书籍报刊中查找资料，做成卡片。大家埋头苦干的劲头感动了图书馆的同志。他们主动提出有一部来裕恂个人编写的《萧山县志》手稿，属善本书，目录上是找不到的，如果需要的话，可供查阅。因为这部手稿非常珍贵，大家下决心将全稿70余万字用铅笔抄录，回来再用毛笔誊清。1982年来先生来萧山时看了抄本，深为感动。县志稿评议会结束后，先生就与费黑同志商定，由他负责将手稿整理出书。现在我们能看到的来裕恂著《萧山县志稿》是来新夏先生几年艰辛工作的成果。民国二十四年（1935）刊本《萧山县志稿》，其下限为清末；而来裕恂著《萧山县志稿》，载有许多民国时期的资料，难能可贵。而更可贵的是来裕恂老先生当时无力买纸，用包烟纸书写志稿，这种不畏艰难、不图名利、孜孜以求的修志精神，实为后人之楷模。

原载于《萧山记忆》第8辑（纪念来新夏专辑）　杭州市萧山区人民政府地方志办公室编　浙江人民出版社2015年1月版

征献第四

作为文献学家的邃谷老人

涂宗涛*

　　来新夏先生是在学术上有多方面成就的学者。据初步统计：由他独立撰写的学术专著15种，其内容涉及中国近代史、北洋军阀史、方志学、古典目录学、图书事业史、古籍整理、近三百年人物年谱提要及林则徐年谱等，约362万字；撰写随笔8种，约129万字（其中一种字数不详，未计在内）；个人整理方志稿1种和点校清人笔记3种，约117万字；个人撰写普及读物3种（另一种二人分作未计在内），约30万字；个人撰写京剧剧本1种，约6万字。与人合作撰写专著3种，其中《北洋军阀史》（作者五人）、《社会科学文献检索与利用》（作者三人），来先生不但分担部分章节的撰写任务，还主持其事，进行全书的审改和统修；另一种方志比较研究，与一位日本学者合作完成，以上三书约152万字。另外，由来先生主持，与另外二人合译了俄文著作1种，约15万字。再就是由来先生任主编的著作16种，其中包括方志学、中国古代与近代图书事业史、清代目录学、史记选注、清文选、天津近代史、中华幼学文库、天津旧志整理、天津风土丛书以及关于图书情报档案与天津市的两部专科辞典，约1436万字。以上数字，还未将单篇论文和今年自选的《邃谷文录》包括进去。还有一点应该说明，关于图书主编，时下多有名家挂名者，据我的亲身感受，来先生这个"主编"是名副其实的，例如《史记选》一书，我参加了审稿工作，该书从体例、篇目安排和文

---

* 涂宗涛，天津社会科学院研究员。

字修改，来先生都是亲自动手的；又如《中华幼学文库》，其中《三字经》一书由我编校，来先生任主编，也是从体例、编校人员组成到最后文字定稿，来先生都是亲自过问的。再举一例，1987年春节期间，我去看来先生，他为了由他主编的《天津近代史》能及时出版，连春节也不休息，照样伏案审稿修改，可以说来先生是不愧"主编"这个称号的。

从以上的粗略统计和简介，大家可以看出，来先生在学术领域的多个方面都作出了贡献，其中还有开创性的，如1957年6月由湖北人民出版社出版的《北洋军阀史略》，就是建国后国内关于北洋军阀史的第一部，受到中外学者重视，曾被译为日文在日本出版。来先生在学术上之所以能取得如此成就，除家学渊源、天资聪颖、名师指导、一贯勤奋、虽处逆境仍坚持治学之外，我认为还有一个很重要的原因，即他很重视历史文献，具有历史文献学的深厚学养，他的学术殿堂是建立在广博而又坚实的历史文献学基础之上的。在此，我想从历史文献学这个角度，粗略地谈谈来先生在这方面的成就和贡献。

在历史文献学的几个主要方面，来先生都作出了可贵的贡献。

首先，在理论方面，古典目录学是打开历史文献宝库的一把钥匙，来先生在上世纪八十至九十年代的十几年间，就先后出版了《古典目录学浅说》、《古典目录学》、《古典目录学研究》等三部专著，在此期间，对古典目录学研究获得这样丰硕的成果，国内尚无第二人。在方志学的理论建树上，来先生主编了《方志学概论》，撰著了《中国地方志》（台湾版）、《志域探步》、《中日地方史志比较研究》（与日本学者合撰）等著作。指导古籍整理的理论著作，来先生出版了《古籍整理讲义》。在指导文献的检索与利用方面，来先生主编并参加撰写了《社会科学文献检索与利用》一书。

其次，对历史文献的收集整理，来先生用力尤勤，贡献更大。以北洋军阀史料为例，解放初期，来先生就参加了北洋军阀档案的整理工作，许多用麻袋装的档案蛛网尘封，不嫌脏、不怕累，重视从第一手史料出发。在此基础上，经过近半个世纪的不断探寻和积累，终于在1993年完成了《中国近代史资料丛刊·北洋军阀》一至五册共330万字汇编的艰巨任务，其后，又由他邀集自己的四个学生，拟订体例和全书大纲，师生分头撰写，再由他统修定稿，于2000年出版了102万字的《北洋军阀史》，其占有史料之详赡，可称独占鳌头。再以他的《近三百年人物年谱知见录》为例，清稿被焚于"文革"期间，是凭幸存的草稿在下放农村劳动之余重新撰写修订而成的，于此也可见来先生对学术研究的勤奋和韧性精神。他还很注意一些人的新见。我曾于1962年4月30日的《天津晚报》上发了一篇只有几百字的短文《杜甫的藏书》，只是一篇消遣性的豆腐干闲文，没有想到会引起来先生的注意，把它引进了《古典目录学浅说》一书；又如1981年由于我在南开大学分校图书馆学专业兼课，来先生是主任，在一次闲谈中，我说藏有一部清末民初人李遂贤所撰的稿本《客梦留良集》，按年系诗并加叙事，来先生即从我处借阅，然后将这部诗谱收入他的《近三百年人物年谱知见录》。通过这两桩小事，即可看出，来先生对某个专题的研究、收集材料本着"竭泽而渔"的精神，还体现在他所撰《林则徐年谱新编》一书。著者在该书《后记》中称其"主观上希望"，"至少在一二十年内，《林则徐年谱新编》能保持为研究这一领域的学者们提供主要参考书的领先地位"。完全可以预卜，至少在有关林则徐生平资料的收集排比上，今后几十年是很难超过该书的。对未刊手稿和旧志的整理刊行，来先生也作了大量工作，如将其先大父裕恂公的《萧山县志稿》（约80万字）整理刊行；他主编的《天津风土丛书》和《天津通志·旧志点校卷》，为研究天津地方史提供了很大方便。在古籍点校和注释方面，来先生点校了《阅世编》、《闽小纪》、《闽杂记》；主编了《史记选》、《史记选注》、《清文选》和《中华幼学文库》，同样作出了成绩。

再次，历史文献学和图书馆学密切相关，来先生在图书馆学领域同样作出了自己的贡献。他出版了《中国古代图书事业史概要》一书，主编了《中国古代图书事业史》、《中国近代图书事业史》、《图书馆学情报学档案学简明辞典》等著作。图书馆必备目录和藏书，而古典目录学到清代又为鼎盛时期，为反映有清一代目录学的成就，来先生主编了《清代目录提要》，为研究清代学术和藏书的重要参考书；"书话"属于藏书的话题，来先生不但自己喜藏书，还出版了《来新夏书话》，就"藏书"、"读书"、"论书"、"书序"、"书评"、"书与人"等几个方面展开了论述，是一本以书为中心而较全面地谈说的书话，可资书友们谈助者多多。

此外，作为历史文献学家，必须具有实事求是的精神和一丝不苟的严谨学风，对史料既要钩沉阐微地去开掘，更要科学地加以鉴别与考辨，有错即改。来先生在这方面的表现值得学习。以林则徐的生平史料为例，他为写《林则徐年谱》，亲到故宫博物院检读林氏手札，发现林则徐有致惺斋的一封信，谈到修志问题，颇有精见，能作今人修志后鉴，但惺斋何许人，不见室名别号之类的工具书所载，经来先生多方考证，肯定惺斋即贵州大定府知府黄宅中，黄曾修《大定府志》，林致惺斋函从不为人所知，更不知惺斋其人。来先生为此特撰《林则徐谈地方志的一封信》（载《结网录》），做到了钩沉阐微。对史料追本穷源，修正错误，最后得出正确结论，也同样表现在对林则徐史料的考辨上。如那位力图挽回林则徐被遣戍命运的王鼎卒年问题，来先生的《林则徐年谱》，据《显志堂稿》所载王鼎墓志，定其卒年为"道光廿四年"。该书增订本，为进一步核实王氏的卒年，作者托人从王鼎故里陕西蒲城的祠堂抄来石刻墓志全文，乃知其卒年石刻原文为"道光廿有二年四月戊申晦"，再据干支推算，"廿四年四月晦"并非"戊申"，这就完全可以断定作"廿四年"是错误的，增订中即作了改正。从这一细微处，体现了来先生追本穷源、一丝不苟、有错则改的严谨学风。对一时难以判断真伪的史料，则采取存疑态度，不强作解人，如在《林则徐年谱新编》中，对四川绵竹年画流传的林则徐于嘉庆二十四年正楷书写的"唐太宗与许敬宗对话横幅"，由于一时难断，即指出"此件恐非林则徐所作，姑系此存疑"，体现了严谨的学风。

总之，蓬谷老人在文史领域取得了多方面学术成就，仅就历史文献学而论，也是卓然名家，其治学精神和严谨学风，都是值得学习的。

原载于《来新夏教授学术研讨会纪念集》 南开大学地方文献研究室编 新疆大学出版社2002年版

来新夏先生与古典目录学

徐建华*

余也不才，忝列先生门墙一十八年。栉风沐雨，获益良多。先生风范，诚如《论语》中子夏所言："君子有三变，望之俨然，即之也温，听其言也厉。"一如钱穆先生的解释："君子敬以直内，义以方外，仁德浑然。望之俨然，礼之存也。即之也温，仁之著也。听其言厉，义之发也。人若接之，若见其有变，君子无变也。"令人仰之弥高。今谨以此小文，为先生寿。

古典目录学，作为一门为研究中国传统文化者指示读书治学门径的工具性辅助学科，其学科意义和学术价值早为学术界所了解与称道。但由于其自身为人作嫁、不易成名的学科特点和资料的繁复纷杂，使得许多专家、学者望而却步。古典目录学，最终成了一门非有大愿而不肯为，非有大力而不能为的相对清冷的学科。来新夏先生正是这样一位既有大愿、又有大力、学识渊博、见识过人，并具有甘为人梯精神的学者。他逆时而进，为人之所不为，在古典目录学领域辛勤耕耘多年，最终广有建树，卓然成家。

来新夏先生之所以取得如此成就，是与其家学、师承、学养及其自身的人生境界分不开的。

来新夏先生出生于浙江杭州一个诗礼传家的书香门第，自幼随其祖父来裕恂老先生开蒙读书。来裕恂老先生是一位曾有秀才功名、兼具维新救国思想的饱学之士，为晚清经学大师俞樾高足，有着深厚的国学根底。他继承了传统文化的优

* 徐建华，南开大学教授。

良部分，又接受了资产阶级新思潮的灌输，曾于光绪年间远赴日本寻求救国之道，就读于弘文书院师范科，并考察日本各类学校的教育状况。回国后，激于爱国义愤，摒绝外务，潜心著述，历时四年，终于完成《汉文典》四卷，后由商务印书馆出版。辛亥革命以后，他敝屣荣华，只在教育部门和学校任职，并参加地方志的编纂。公余和赋闲时，笔耕不辍，除《汉文典》外，还有《萧山县志稿》、《匏园诗集》正续、《玉皇山志》、《中国文学史》和《易学通论》等多种著述。作为长孙，在祖父的严格督导与教诲下，来新夏先生受到了比较严格、良好的启蒙教育与训练，为日后的古典目录学研究和一生的学术成就打下了坚实的基础。

来新夏先生的就学经历迭遇良师，这是一般的人所不能企及的。如在天津读高中期间，遇到了著名历史学家谢国桢的六弟谢国捷先生，在谢先生的指导下，开始通读二十四史，并尽览谢氏藏书。读书之余，撰写了第一篇史学论文《汉唐改元释例》。这篇文章，后经著名史学家陈垣先生亲加指导、修改而成为来新夏先生的大学毕业论文。经谢先生的引导，来新夏先生开始跨入历史学的学术之门，并于1942年考入当时名师云集的辅仁大学历史系。

在辅仁大学，来新夏先生有幸成为著名史学家陈垣先生的入室弟子，同时，受到余嘉锡、张星烺、朱师辙等名师的指导，并问学于启功、柴德赓、赵光贤、余逊等中年老师之间，感同身受了这些大师和老师们的人格魅力和学术成就。他们在学术的道路上脚踏实地、不计名利，坚持严格的道德操守，以及严肃、认真的工作精神，澹泊的个人欲念，矢志不移的学术追求和冷静平和的处世态度，影响了来新夏先生的一生。

陈垣、余嘉锡先生目录学功底深厚，又善于启迪后学，在讲课中对目录、校勘、版本和考证等专学都有深入的阐述，这对以后来新夏先生在目录领域里取得斐然成绩有着重要的启迪。尤其是他们对目录学作用的认识、评价以及自身的目录学研究成就和目录工作的实践，对来新夏先生影响很大。陈垣先生一生的学术成就，得益于目录学良多，他除了在学术研究和评价他人的学术成就时注重目录学之外，还曾亲手编制过《文津阁书册页数表》、《四库书名录》、《明末清初教士译现存目录》、《敦煌劫余录》、《中国佛教史籍概论》等目录专著与目录学著作，普惠后学。余嘉锡先生除著有《目录学发微》这部至今仍有相当影响的目录学专著之外，还著有《余嘉锡论学杂著》、《四库提要辨证》等目录学著作，影响极大。来新夏先生遵师嘱，由《书目答问》问途，渐窥目录学堂奥，最终著成《古典目录学浅说》、《古典目录学》，主编有《古典目录学研究》等，为古典目录学学科的发展做出了重要贡献。

1949年9月，来新夏先生从师于著名近代史学家范文澜先生门下攻读研究生，主攻中国近代史。在范文澜先生和荣孟源先生的指导下，来新夏先生进境甚速，并参与了整理北京所藏北洋军阀档案的全部过程。这段经历，使得来新夏先生成为新中国最早一批档案工作者之一。

来新夏先生一生著述宏富、著作等身、学贯古今，研究成就涉及许多领域，大致有：历史学、文献学、目录学、方志学、图书馆学、鸦片战争史、北洋军阀史、图书事业史以及清人笔记研究等等。离休之后，来新夏先生在继续从事学术活动、完成预定研究课题的同时，当古稀之年，又以一种再次超越自我的过人气概，迈入了另一领域，以其清新流畅、平实老到的文笔，深厚的文化学养和对现实与人生的把握以及独到的文学感悟力，在随笔领域内，以学者随笔独树一帜，卓然成家，成为当代学者随笔的名家之一。目前已出版《冷眼热心》、《路与书》、《依然集》、《枫林唱晚》、《邃谷谈往》、《来新夏书话》、《一苇争流》、《且去填词》和《出枥集》等多种，近二百万字，这不能不说是一个文化奇迹。

来新夏先生的许多学术成果都具有开拓意义。除却论文不算，专著之中，成为本领域或建国后本学科第一部学术著作的大致有：1957年出版的《北洋军阀史略》、1983年出版的《方志学概论》、1981年出版的《古典目录学浅说》、1984年出版的《林则徐年谱》、1990年出版的《中国古代图书事业史》、2000年出版的《中国近代图书事业史》和1993年出版的《中日地方史志比较研究》等，无不为本领域的开拓或本学科的建设起到了奠基石的作用。其中许多学术成果，经多次修订，日臻完善。如《北洋军阀史》，经1957年、1983年、2000年，两次修订出版。除此之外，为便于北洋军阀史研究和节省其他研究者的翻检之劳，来新夏先生又主持编辑了五巨册三百余万字的大型资料汇编——《中国近代史资料丛刊》之一的《北洋军阀》。1983年，《方志学概论》出版；1995年，经修订后撰成《中国地方志》一书，由台湾商务印书馆出版。这期间，还曾出版了《志域探步》，主编了《中国地方志综览》、《河北地方志提要》等。1990年，《中国古代图书事业史》出版，2000年《中国近代图书事业史》也随之出版。

来新夏先生的人生境界可谓是高山景行，其养成除了自身修养之外，家学、师承之功，不可没也。尤其是陈垣和范文澜两位先生，影响尤大。陈垣先生的影响至少在三个方面贯穿于来新夏先生的一生。第一是学术风骨。抗日战争时期，陈垣先生由于各种原因，未能去大后方而留在了沦陷的北平，学者的风骨使他决不与日伪合作，即使在最困难时期也还表现出对民族前途充满希望，治学不辍，写下了著名的《滇黔佛教考》、《通鉴胡注表微》等充满民族气节的著作，流传于后世。来新夏先生在"文化大革命"前与"文化大革命"中遭受不公正待遇和迫害期间，仍然决不放弃学术研究，与陈垣先生的身教不无影响。第二是陈垣先生作为学者肯于为人作嫁，编制工具书的思想与做法，也使来新夏先生一生提倡编制工具书，并身体力行。即使在"文化大革命"的特殊年代，屡遭摧残，仍痴心不改，历经二十多年，撰成《近三百年人物年谱知见录》以及后来主编的《清代目录提要》、《河北地方志提要》、《图书馆学情报学档案学简明辞典》等工具书，嘉惠学林。第三是陈垣先生将做人与做学问结合起来，一生注意仪容，书写端正。来新夏先生也是如此，很注意仪容，从不以不修边幅自诩，尤其面对学生时，更是一丝不苟。

范文澜先生"板凳宁坐十年冷，文章不写半句空"的治学精神，也给了来新夏先生深刻的影响，使他终生以求实、求真和严谨的精神贯穿于整个学术生涯中，并经常以此教育学生，传之后辈。

六十年代以后，由于某些今人无法理解的原因，来新夏先生被闲置，后在"文化大革命"中，被投入"牛棚"改造，七十年代初，又被下放农村插队落户。然而这一切，都未能动摇他对民族前途的信心、对学术的追求和对事业的执著。在人生的逆境中，他没有在悲观和嗟叹中虚度时光，而是以一种坚忍不拔的精神，坚持读书和写作，即使在无法正常读书与写作的岁月里，也尽最大可能地读些书，写点札记，或整理劫余残稿。八十年代连续问世的几部有着广泛影响的学术著作，都是在这段时间里成稿或恢复成稿的。其中，反复增补，力求完备的当属《林则徐年谱》。《林则徐年谱》历时十年，几易其稿，定稿之后又不幸在"文化大革命"中毁于"破四旧"之火，所幸初稿尚在。于是，在极困难的下放劳动的境况下，又重加整理，恢复旧观，前后历时二十年，终于在1984年出版。其后，又多次修订重版，至1997年，第四次修订成近七十万字的皇皇巨帙《林则徐年谱新编》，由南开大学出版社出版。来新夏先生这种对学术精益求精的精神，一方面确实反映了作者的学术境界，另一方面，也向学术界展示了一个真正学者的不断创新、永不止步的学术精神。这对于一个没有高尚精神追求、人生境界的人来说，是根本不可思议的。

来新夏先生真正步入目录学领域，大约是在五十年代中期。他在研究中国近代史的同时，决定着手编制一部有清以来的人物年谱目录。根据目录学的要求，他每读一谱，便写一篇书录。每篇书录除记谱名、编者、卷数、版本、著录情况、谱主事略、编纂缘起和藏者外，还增著了谱内有无可供采择的史料和涉及哪些史料。来新夏先生虽然才思敏捷、精力过人，但却很强调扎扎实实做学问，非常注重详尽地占有资料，博览群籍，广事搜求，亲自抄录积累的卡片有数万张。他历经六年，检读清人年谱八百余种，一千二百余卷，终于完成了五十余万字的《近三百年人物年谱知见录》，惜尚未付梓，即毁于"文化大革命"的抄家潮中。来新夏先生不以己悲，以谈迁精神自勉，在残稿断简的基础上，在极端困难的岁月里，孜孜不倦，终于1975年秋又恢复旧观，1983年由上海人民出版社出版，得到了学术界的广泛赞许和一致推崇。

在目录学领域，来新夏先生硕果累累，论文之外，出版有关目录学的专著多部。除《近三百年人物年谱知见录》外，1981年，中华书局出版了《古典目录学浅说》，十年之后，经修订而成的《古典目录学》问世。其后，来新夏先生又主持了国家教委古委会和国家教委社科基金相关项目，主编有《清代目录提要》、《古典目录学研究》、《河北地方志提要》等，分别于1997年1月和3月、1992年12月由齐鲁书社、天津古籍出版社、天津大学出版社出版，成为古典目录学领域较为完整的研究系列。来新夏先生这种自利利人、甘为人梯的学术情怀，一方面固然得之于陈垣先生的垂教，另一方面，也与他宽阔的学术胸襟不无关系。

"老骥伏枥，志在千里；烈士暮年，壮心不已"，来新夏先生虽已年届八旬，仍不自以为老，以编制《〈书目答问〉汇补》、《清人笔记随录》初续编，修订、续补《近三百年人物年谱知见录》为己任，实在是令人感动、使人景仰，我们恭祝来新夏先生寿比南山，学术之树常青。我们也衷心希望在十年、二十年后的今天，再举行来新夏先生九十、百年寿庆时，能够见到这些为目录学学科发展增添重墨浓彩的古典目录学巨著的问世，以繁荣我们的目录学事业，为我们的学术研究提供资粮和指引。

我们衷心地期待着！

原载于《来新夏教授学术研讨会纪念集》 南开大学地方文献研究室编 新疆大学出版社2002年版

来新夏藏书文化思想述略

朱晓梅*

【摘要】来新夏对中国藏书文化有系统而深入的研究。通过对藏书文化史的梳理，他理清了中国传统藏书文化观念，并形成自己的藏书文化思想：藏书是"文化的江山"的物质载体，其对文化传承所起的作用不可低估；藏为支点、用为目的、藏用结合是藏书文化传统的精髓，但在现代条件下必须改善这一理论，实现由藏而用、以用为主的转型，以更好地满足人民群众文化生活的需要；仁人爱物是中国藏书的人文精神，然必须在新时代发扬光大，等等。这些在古代藏书文化观念基础上形成的藏书思想，既有浓厚的历史观念，又有鲜明的当代意识。

【关键词】来新夏　藏书文化　思想

1　来新夏简介

来新夏（1923—2014），浙江萧山人，1946年北平辅仁大学史学系毕业，1951年后历任南开大学历史系教授、校务委员、校图书馆馆长、出版社社长兼总编辑、图书馆学系系主任等职，是我国著名图书馆学家、历史学家、方志学家，有"纵横三学"之美誉。对于其在这些领域的学术贡献，学界关注甚多，然而有一点却不太为人注意，即对"藏书文化"的倾心与开拓。据先生自述，上个世纪八十年代初，出任南开大学图书馆馆长和图书馆学系主任之后，从历史学专业转向图书文献学专业，治学重点也从古典目录学转向图书馆学领域。在教学实践中，他深切感到现有图书馆学和文献学学科领域的"叠床架屋"倾向，因此他开

---

* 朱晓梅，重庆师范大学图书馆馆员。

始整合二者，设想合并后的学科为"中国古代图书事业"。他领衔主编古代图书事业史，将其基本架构设想为四个部分，"图书形态的发展；图书的聚散、典藏及其相应措施；图书的整理与编目；图书的流通与纂集"[1]。他同时强调，这本《中国古代图书事业史》，既包含书史，又含有图书馆史的"一门研究以图书为中心而包括所涉及的各方面问题发展情况的学科"[2]。通过这次学科整合，来氏将图书馆文献学的物质载体———图书的地位，提高到了一个新的高度。到了九十年代以后，他利用过去搜集和积累的一些资料，"开始撰写有关藏书文化的文章"[3]，这一写就不可收，这些篇什上至先秦下至当今，连缀起来就是一部中国藏书文化史。

实际上，来先生痴迷藏书并非此时始，早在少年时代就埋下了爱书的种子。据他叙述，其对图书的喜爱，来自祖父的启蒙教育，祖父有一个校书习惯，即"先用坏版本的线装书，才知道好版本得之不易，更可以用好本子来校正错讹字，养成一种读书、校书的习惯"[4]。家学渊源使他从高中开始就养成了收藏线装书的兴趣，"书箱和书籍多少年来像亲兄弟那样，相依为命，从未分离"[5]。进入新时期之后，他发现新一代不仅没有前辈藏书的癖好，头脑中甚至连"藏书"的概念也没有了，于是"把很多精力放到藏书文化的研究上，看有关图籍，查阅相关资料，研究有关藏书家和他们的著述，思考有关藏书文化的缘起和发展，以及藏书理论的嬗变等等。"[6]在他看来，研究藏书文化，不仅是一种文化建设，也是一种道德建设，"应该竭尽全力来提倡和宣传以仁人爱物为中心内容的藏书文化，实际上这也是社会道德应有的内容"[7]。原因非常简单，"中华传统文化依托图书而得以时代传递，这对推动中华文化的发展，启迪人民的智慧和开展各国间的文化交流诸方面，都发挥着极为重要的作用，具有不容忽视的重大历史价值，可以毫无愧色地屹立于世界文化之林。"[8]通过藏书实践，他总结出不少有益的历史经验；通过对藏书文化的研究，也提出不少有价值的文化建设思路。

2 藏书与"文化的江山"

2.1 官藏与私藏各得其宜

我国素有"河图洛书"之说。图书浑言之书籍，析言之则分二说，即诉诸文字者称"书"，诉诸图画者称"图"。关于古代图书的起源，可以上溯很远，但在来先生看来，一般意义上的图书，需要具备三个条件，"需加记载的内容；一定形式的载体；自觉地传播各种知识"[9]。按照这种说法，书籍不仅有内容，有物质形式，还有自觉承担知识传播的各种主体，其中藏书者就是一种特殊的传播主体。当然，这种藏书者，既可能是一种个体行为，也可能是一种集团（或国家）行为，不管是个人还是国家，他们都对文化的传承起到不可低估的作用，他们连同他们的藏书，共同成为承载历史行迹的"文化的江山"。

来先生研究中国藏书文化，首先关注藏书主体。依他的研究，中国藏书者可分为国家、社会和个人三种类型，即所谓官藏、公藏和私藏，中国最早的藏书是官藏和私藏，大约始于周秦，"官藏和私藏约同时兴起，而公藏稍后"[10]。公藏出现之所以稍晚，可能是因为书院、寺庙等社会组织是在较晚才出现的缘故。据他考察，中国古代保护文化遗产，主要是靠官藏，如历代官府都有藏书和相应的管理机构，如汉代"外则有太常、太史、博士之藏；内则有延阁、广内、秘室之府"，清代有南北七阁等，这些公藏机构在保护书籍和传承文化方面起着关键作用。然光靠官府的藏书是不够的，暴秦对书籍的付之一炬，就是一个惨痛的教训，"私人藏书对保存图书有过重要作用，秦火焚书，馆藏大多被毁，但私人藏书却颇有保存"[11]，因此文化保护还得依靠大量私藏的补充。介乎官私之间，还有一种社会藏书。先生认为，这三种藏书形式，互为犄角，互为补充，最大限度地保存了中国的历史文献，"所有这些，自然地形成一整套藏书体系，它保证了中国传统文化的传递功能，使之处于一种相对稳定的局面"[12]。因此三者缺一不可。

2.2 历代藏书家的贡献

来先生最为叹服的是那些以传承文化为己任的私人藏书家。在他看来，官藏乃是官府应尽义务，不值得大惊小怪；私藏才是奉献精神的体现，才应该大声礼赞。他称赞过的私人藏书家不知几许，有"插架三万轴"的唐代李泌，有明代范钦天一阁和赵氏脉望馆，有清初的钱曾、朱彝尊、黄宗羲、康乾时的阮元、黄丕烈、卢文弨等等。为什么私人藏书家值得大书特书？除了奉献精神之外，在来先生眼里，还有以下一些原因：

第一，他们探讨了一套保护书籍行之有效的方法。书籍有五厄，最大灾难是火灾。为防止灭顶之灾，历代藏书家想尽了办法。如天一阁就想出了"天一生水"的妙法，在书楼设计方面做足了消防功课。另外，天一阁在防蠹、防潮和防散失等方面，采取了相应的措施[13]。这些措施对后来图书保存具有重要的借鉴价值。第二，广搜善本，妥善保管的精神。"有的学者为了访求有价值的书，不惜纡尊降贵，亲到书市去搜寻图书，如清初的王士禛就按期在书市出没，把许多有价值的图书收藏、保护起来"[14]。第三，提供了有效的校书理论、形成了有用的刊书传书经验，如明末清初的曹溶，不仅撰写了《流通古书约》，提出目录校对的基本原则，"彼此藏书家，各就观目录，标其所缺者"，还差人将己有人无的书籍，"精工缮写，校对无误，一二月间，各赍所抄互换"，使社会形成家刊秘籍的风气[15]。此外，还初步形成了一套图书管理规则，"距今四百多年的明代范氏天一阁是世界上现存最早的私人藏书楼，它的规制和管理办法至今啧啧人口"[16]。第四，不仅典藏，还善治学的藏书文化。来先生叹服这些藏书家，不少还是学问家，他们对所藏之书，悉心研究，为藏书增加生命力，他们还"手自题签，精细详审，并记其所得之岁月"，从而提高了藏书质量[17]。不少藏书家还是版本、目录学家，他们靠丰富的文献经验，保存了一大批珍版书籍。第五，传承书香，维护文化。来先生通过海宁藏书世家的考察发现，对于藏书，不管是"祖辈隔代相传"，还是"祖孙传承"、"父子相传"、"族群藏书"，"书香传承是历来藏书家所共有的现象"[18]。而从历时的角度看，历代藏书家也有一个基本共识，即"都珍惜和善待民族文化的传统，视保护民族文化为己任，千方百计地保护好作为民族文化主要载体的图书"[19]。当然，也不排除这样一些心态，即"把藏书作为自己的自怡行为，以藏书为手段，求得自身心态的满足"[20]。在来先生看来，这种做法是不值得提倡的。

对于上述优良传统，来先生是由衷赞美的。在他看来，虽经"文革"浩劫，但书香余脉未绝，某种程度上就是因为藏书精神未灭。先生欣喜地看到，古代藏书优良传统在新一代学人身上复活；他还看到，这些当代藏书家逐渐"形成一种随时随地淘书的好习惯"[21]。不仅如此，来先生还注意到，不少读书人，竭尽全力在抢救祖国濒临散失的文化资财，保存和延续祖国的悠久文化传统。从而他们也自我铸造成中华民族传统文化的守卫者。他们是接过"历代藏书家手中火炬的新兴藏书家"[22]。这些新崛起的藏书家，有的是白手起家，有的是收藏经年，有的重在当代，有的专注古本，不管怎样，这些藏书家及其藏书，无疑也将成为"文化的江山"的余脉。

2.3 藏书文化的提倡

在不同场合，来先生多次呼吁，藏书古老传统不能丢失，藏书文化必须发扬光大，他说，"中国的藏书文化伴随着图书的产生而出现，具有两千多年的悠久而灿烂的历史。它以逐渐丰富的藏书、日益完善的藏书机构、专门的收藏家和研究者、建设各种与藏书有关的专学，并以一种可贵的人文精神为主要支柱，润泽着全民族，形成一种重要的文化现象，成为中华文化重要结构之一"[24]。藏书本身是一种文化传递，藏书行为本身也是一种文化行为，其所以如此，在来先生看来，主要基于这样一种事实，即作为物质载体，书不仅是个人文化素养的体现，还是从事读书、研究活动的根本，而这些无疑都是文化活动的表征。这种文化活动有两个层次，一是个人层面，一是国家层面，就前者而言，他认为藏书不仅是图书事业的重要环节，也关乎一个人的文化素养，"宋朝藏书家晁公武曾论及汉王粲、宋宋绶之能称一代博学者，就因为他们'自少时已得先达所藏故也'。这可见藏书之能涵育人才"[24]。这种"涵育"体现在多个方面，如撰写历代藏书史、为藏书家立传、叙写藏书典故、编纂藏书辞典，等等，因而"形成一种重要的藏书文化现象"[25]。就后者而言，他以为"藏书之功……更重要的作用在于保存、传播一国的文化，使之世代相传，为立国之基"[26]。所以，先生将藏书的价值提高到民族文化生存的高度："藏书……关乎一个国家，是一个民族是否善于保护自己文化传统的重要标志。一个民族的文化要传递下来，首先要有自己的文脉——文化的脉络。这汇总世代相传的文化脉络是一个国家、一个民族奠定地位的基础。"[27]在他看来，中国文化之能延续并能保持相对稳定，很大程度上得益于这套藏书体系（官、公、私）的合力传递。

中华传统文化依托藏书而传递，然而这个传递过程决不会一帆风顺毫无风险，在来先生看来，除了"五厄"、"十厄"之外，还有两个巨大威胁，一则来自内部的威胁，一则来自外部的威胁。内部威胁可分为三种情形：残暴统治者的直接毁灭，如秦始皇之焚书等；统治者的篡改毁损，如清代之编纂《四库全书》等；持久的内乱浩劫，如"文化大革命"等[28]。外部威胁主要表现为侵略者的强取豪夺，如近代日本等对中国图书的觊觎掠夺。他对近代日本学人在华"访书"行为非常不齿，多次撰文嘲讽其"强盗"和"小偷"行径，"他们利用清末、民初中国处于混乱状态之际，使大批中华典籍离开故土，成为日本中国学方面足资夸耀的'国宝'和'文化财'……这纯粹是一种小偷哲学"[29]。他多次往返日本，抄回被盗书籍目录，寻求图书被盗铁证，并与其他文献学者一起，撰文揭露东洋盗书贼的阴险嘴脸，这些活动体现了来新夏先生高度的民族文化情怀。

3　藏用结合，藏书的实用理性

3.1　藏为支点，用为目的

中国有悠久的藏书历史，在此基础上也形成了丰富的藏书文化理论。来新夏先生认为，这些理论虽然复杂纷纭，但主要是围绕"藏"与"用"这两个问题展开的，而就二者关系来说，"藏"的价值似乎更基础，也更为重要一些，"从整个中国藏书文化的发展过程看，'藏'似乎是重要支点，而'用'往往处于一种次要地位"[30]。所以，在以藏为主的理论指导下，历代对于藏书文化的物质基础图书似乎更为重视一些，"历代都非常注重重建爱惜和恢复藏书"[31]。在这种背景之下，中国藏书理论大多向怎样保存、储藏图书方面倾斜，如郑樵在其所著的《通志·校雠略》所提出的"求书之道有八论"，即即类以求、旁类以求、因地以求、因家以求、求之公、求之私、因人以求、因代以求等，在来氏看来，都是对"以藏为主的基本理论"的系统概括[32]；以明代藏书家祁承㸁为例，认为其系统藏书理论《澹生堂藏书约》，主要内容在于"藏"的部分，其中《藏书训略》为全文核心，其"购书三术"、"鉴书五法"颇为有名。"购书三术"即"眼界欲宽，精神欲注，而心灵欲巧"；"鉴书五法"包括"审轻重"、"辨真伪"、"核名实"、"权缓急"和"别品类"等[33]。他认为，所谓"购"、"鉴"等环节，主要还是着眼于"藏"的，"他的观点主要着重于如何完善和加强'藏'的问题"[34]。

关于"用"，来先生考察出大约在战国时期就被人提出，如韩非在《三难》篇中就说，"法者，编著之图籍，设之于官府而布之于百姓者也"[35]；商鞅在《君臣》篇中也说，"诗书与则民学问"；而到了汉代专注于用的倾向更为明显，如汉武帝为实现其大一统而不断用兵的需要，"特命专人从积如丘山的简书中去整理兵书，编制《兵录》等"[36]。这些例子都足以说明，"用"在某种程度上乃是藏书的归宿。更进一步，藏书就是为了治学，"清朝嘉庆年间有一个学者叫张金吾，藏书的地方叫'爱日精庐'，他藏了很多好书。他讲了很多藏书与读书的问题，他说做学问就要读书，要读书就必须先藏书，藏书是你的根本，也是读书做学问的根本"[37]。

3.2　藏用结合，以用为主

从理论上讲，来先生认为，在中国藏书文化史上，还没有发现为"藏"而藏的藏书者，他举例说，"韩非在《五蠹》篇中曾说过，言政治的人，收藏商鞅、管仲的书；言军事的人，藏孙武、吴起的书"[38]。他还注意到，中国藏书史上一直有一种"经世致用"的倾向，这种倾向越到后期越发突出，比如明清之际曹溶的《流通古书约》，就开始出现"以藏为主向用的方向倾斜"，乾隆时周永年的《儒藏说》就"跳出了历来私人藏书的小圈子，提倡由社会承担起藏书的责任，使藏书为社会服务"[39]。而越到近代，"致用"的倾向越发明显。在他看来，中国藏书文化基本是围绕藏用关系维度展开的，在古典时期，虽说不存在单一的"藏"，也不存在单一的"用"，但不同时代其重点有一个逐渐倾斜的过程。也就是说，近代以前以"藏"为主，近代之后，逐渐转向于"用"。"随着历史进入近代，西方文化的频繁渗透，维新思想的宣传，藏书文化的藏用理论也在发生变化，由以藏为主向藏用结合方向发展。十九世纪末，一批维新思想家对以藏为主的藏书思想的弊端表示异议，并介绍国外情况，建议公开藏书以飨公众"[40]。来先生对郑观应《藏书》一文非常认同，认为文章揭示了现代藏书的基本趋向。他进而发现，藏用关系在当今网络时代，有进一步向"用"转变的趋势，"近二三十年图书类型有明显变化，在纸书以外，有各种不同载体。这些载体体积小，个人收藏容易，网络化更能广泛涉猎，'藏'的意义相对减弱，更多的思考是如何高科技手段便利于'用'。因此，未来藏书文化将在以'用'为主的基本理论指导下，来完善和发展中国的图书事业"[41]。所以来先生主张应该与时俱进，完善传统藏书理论，实现"藏用结合"、"以用为主"，更好地满足人民群众的文化生活。

3.3　批评不良藏书倾向

在梳理中国藏书文化时，通过对不同藏书倾向的臧否，来先生逐渐形成了自己的藏书观点，首先，他不太认可为藏而藏的做法，认为藏书的境界是为"用"，为读书而"藏"才是藏书的根本，"藏书与藏书不同，有的人藏书是为了欣赏，还有一种是为了读书而藏书。希望大家做后一类的藏书家"[42]。按照这种标准，那种"今天低价买进，明天高价售出"的行为，乃是一种商业行为，跟读书人已经远远拉开距离了，可见，他对藏书是有一套人文要求的，即"藏书就是为了读书"[43]。再者，他反对藏书者一味地集聚图书，他认为在聚集天下图书的时候，也要想到"散"，即把自己的所藏，分与其他藏书者，他曾非常精辟地指出，"聚书成家，大多自喜，往往忘掉人间正道是沧桑。聚与散是一对辩证存在的孪生物，他人的散才有你的聚，你若永世常聚，则后人又如何聚书成家。历来的藏书家中有不少人执迷不悟，妄想'子孙宝之'，世代相传"[44]。这席话的内涵是非常丰富的，一些典籍特别是珍稀文献，个人专藏如遇不可预测状况时湮没的风险还是不小的，分与他人一方面可以降低珍贵图书的风险，一方面也可以与人分享知识，因为学问乃天下公器，而图书则是公器的物质载体。

4 "仁人爱物"，藏书的人文精神

来先生认为，"中国的藏书活动中有深厚的文化内涵，贯穿着与中华传统文化相契合的人文主义精神。这种人文主义精神的核心就是'仁人爱物'"[45]。那么什么是"爱物"？什么又是"仁人"呢？所谓"爱物"首先应是指对这种文化载体——书的保存、珍惜以及传承，当然也包含"版本、校勘等等专学的建立"[46]，因为这些由书延伸出来的学问，说到底还是为传书服务的。"书是精神文化结晶的载体"[47]，按照这个逻辑，不管官藏、公藏还是私藏，只要能把这个载体完善地保存下来、延传下来，就算是对中国文化建设做出了贡献。

而"仁人"的涵义就比较多了，首先"以用的心态对待其藏书"[48]，既为自己所用，也为他人服务。来先生举出若干例子以为典范，如南齐崔慰祖聚书万卷，他借书给邻里少年，"亲自取与，未尝为辞"（《南史·崔慰祖》）；晋范蔚藏书七千余卷，"远近来读者恒有百余人"，他还为借阅者"置办衣食"（《晋书·范蔚传》），等等[49]。来先生认为以自己私藏为他人服务的精神，就是"仁人"精神的体现。其次，利用藏书发挥"育人才"的作用，是仁人精神更为核心的涵义。书籍传播，知识的传扬，本身就有"育人才"的功效，因此在书籍较为匮乏的时期，将自己的"私藏"让人借阅、传抄，本身就是在从事"育人才"的事业，更不要说在献书过程中的发现人才了，"东汉末年，蔡邕私藏近万卷，当他发现王粲是一位文采斐然的好学之士时，便将数千卷藏书赠予王粲，以作育人才"[50]。不自私、不自利，"喜欢把书借给别人看，从而传播知识……把自己的藏书举赠有作为的后辈"，在他看来，这些都是藏书人文精神的体现。最后，"仁人"精神还包括与天下读书人、与天下人共有之的奉献情怀。他赞赏明末藏书家李如一的说法，"天下好书，当于天下读书人共之"；推崇清末绍兴藏书家徐树兰父子共同建古越藏书楼，把家藏图籍公开出借，化私为公的豪举，并建议将李氏的警句改为"当于天下人共之"[51]，认为这是藏书文化精神最为本质的内容。他曾为天一阁题词曰："仁人爱物润泽全民"[52]。这充分反映了其"天下为公"的藏书思想。

合而观之，在长期的图书文献研究和藏书实践中，通过对历代藏书家的考察和与当代藏书家的切磋，来新夏先生逐步形成了较为系统的藏书文化思想。这些藏书思想，不少是对古人藏书理念的"复述"，但也有不少自己的发现，如由藏向用转变规律的发现、仁人爱物精神的提炼等；有的观点可以说是对古说的提升或升华，如"天下人共之"的藏书理念等。古今两语虽只二字之差，但后者体现出的为普通大众服务的藏书思想，跟前者（"天下读书人共之"）是有着本质上区别的。从这些方面可以看出，来先生的藏书文化思想既有浓厚的历史观念，又具有鲜明的当代意识。

参考文献

［1］［2］［9］来新夏．试论《中国古代图书事业史》的研究对象与划阶段问题［J］．学术月刊，1980（8）：59-60.

［3］［6］［7］［10］［27］［30］［34］［38］［39］［41］［52］来新夏．皓首学术随笔·来新夏卷［M］．北京：中华书局，2006：161-187.

［4］［5］［21］［22］［29］［37］［42］［43］［44］［47］［51］来新夏．不辍集［M］．北京：商务印书馆，2012：9-12，28，241-246，418-420.

［8］［12］［16］来新夏．书文化的传承·序言［M］．太原：山西古籍出版社，2006：2.

［11］来新夏．中国的私人藏书［J］．文史杂志，1991（12）：36.

［13］［14］［15］来新夏．藏书·读书·治学［J］．津图学刊，2001（1）：37.

〔17〕来新夏. 综论天一阁的历史地位〔J〕. 学术界，2006（6）：230.

〔18〕来新夏. 海宁藏书家浅析〔J〕. 史学月刊，2005（2）：125.

〔19〕〔20〕〔48〕来新夏. 藏书家文化心态的共识与分野〔J〕. 博览群书，2003（8）：97–99.

〔23〕〔31〕〔32〕〔33〕〔35〕〔36〕〔40〕来新夏. 中国藏书文化的基本理论〔J〕. 书城，1997（5）：23–25.

〔24〕〔25〕〔26〕来新夏. 藏书与《藏书家》〔J〕. 津图学刊，2000（2）：82.

〔28〕来新夏. 薪火相传——《中华传统文化的传递》序言〔J〕. 中国典籍与文化，2006（6）：6.

〔45〕〔46〕〔49〕〔50〕来新夏. 中国藏书文化与人文主义精神〔J〕. 图书馆，1997（5）：78–79.

原载于《高校图书馆工作》2015年第3期（总第35卷第167期）

读《清人笔记随录》的随笔

冯尔康[*]

2005年刚刚来临，来新夏先生以其宏著《清人笔记随录》（中华书局2005年1月出版，以下简称《随笔》）贡献给学术界和图书爱好者，我这里向来先生道喜。来先生年年出书，不，确切地说，年年不止梓行一部书，对著作等身的大学者来说，新作面世也许已经是极其平常的事情了，何必郑重道贺哩！愚意不然，缘故有二：这部书是来先生的力作之一，是古典文献学的重要研究成果，以此进一步奠定来先生文献学大家的学术地位；此书乃"劫"（十年浩劫）后的重生物，不能不佩服来先生锲而不舍、老当益壮的精神，因此也为读书人得览此书而高兴。是以我乐于为来先生的新书说几句话。又由于是书刚到手，匆匆拜读，故而仅就有感想之处写几笔，也是师法清人写读书"随笔"之法，奢望也能符合来先生论清人随笔之意，如若写得不好，请来先生教导。

一、信手拈来与长期丰厚积累的物化

来先生学问渊博，涉猎的领域非常广阔，举凡历史学中中国近代史与清代学术文化史、方志学、目录学、文献学，以及图书事业史，无不精通，无不有相应的名著，如享誉学林的《北洋军阀史》、《中国地方志》、《古典目录学研究》、《中国古代图书事业史》、《林则徐年谱》和《近三百年人物年谱知见

---

* 冯尔康，南开大学教授。

录》。他的学术随笔之多，大约不下八九种，我所知者即有《冷眼热心》、《路与书》、《依然集》、《枫林唱晚》、《一苇争流》、《且去填词》、《邃谷谈往》。不仅如此，来先生读古书，研究古代典籍，还点校清人笔记两种——叶梦珠的《阅世编》和顾禄的《清嘉录》。我们可以想象，以来先生对清代历史背景知识的掌握和深邃的认知，以来先生的熟读清代各种文献和烂记于心，尤其是对笔记、年谱的熟稔，他的写作《清人笔记随录》，真是如数家珍，成书自当不难而且快捷。试思，点校过《阅世编》、《清嘉录》等一部部笔记，用过多少力！部分地移植到新作中，再创造，再加工，新作就产生了。所以我想，来先生的写作，必是信手拈来，走笔如飞，这是他长期积累的必然结果。厚积而薄发，《随录》是一部厚重的学术著作。

二、重视序跋与解题，金针度人

来先生总是利用那些笔记图籍的作者自撰的序跋，或者用其友人的序言，后世整理者、编辑者的序言、题跋、前言、后记的文字，论说该书的内容、特点、以及著者的生平、观念和写作过程、情景。如述及王崇简的《谈助》，录出王氏在卷首弁言中的话："尝喜夕坐闲谈，或述古语，或及近事新闻，偶录之，已成帙矣，存为谈助。"来先生因之说："则其著书之旨已明"，"是书为撰者闲谈之笔，所记内容，上起汉唐宋元，下及明清。"来先生还引用了吴震方为将《谈助》收入他编辑的《说铃》而写的序，称道王崇简之作，"一字半句，皆足以训今而传后，诚一代文选之宗也"，所以把《谈助》辑进丛书，"以志追述感慕之意"，可知王崇简在《谈助》中讲述故事，寓有"训今传后"之意，非仅作茶余饭后的谈资。来先生因而指出《谈助》的内容，可以"参证"史实，并举出书中的例子：崇祯帝要吃米糖，太监说在御膳房制作需用银子八两，皇帝命令到市上去买，只花三钱银子。这样的实例，可见崇祯帝的为人，故来先生写道："帝王深居内宫，受人蒙蔽，固事之常理，清代亦有类此故事，实不足怪。崇祯好疑误国，此事亦以见其察察为明。"序跋，出自原书作者之手的，会表达写作的原旨、状况，以及著述时的心情，会读书的人，打开一部书，就是先看序跋，以便了解作者的历史、著述意图、寓意、寄托，他的资料依据，他的立论的出发点，如此就容易把握这部书，获得所能得到的东西。来先生撰写《随笔》，并没有刻意去讲读书方法，但是通过他对清人笔记的介绍，让我们能够领略到他的读书方法，他的写作方法。阅读一本书之始，先要认真读它的原作者序跋、整理者的前言、后记、题识，有了对该书写作的初步认知，再去阅览图书内容，会收获得多，会收到事半功倍的效果。来先生的论述方法，不啻是将金针度人，教给了读者阅读方法。这未必是来先生的初衷，然而达到了这种实效。来先生为使读者深刻体会诸书的内容，对解题、对有关知识特予叙说，如评介《宁古塔志》，因作者方拱乾是流人（流放犯），故而开篇略述流刑的历史，明言"清代受流刑的官民较多，其中以方拱乾家族前后两次赴戍最为著名"。说到《虞初新志》，何谓"虞初"？来先生也是开宗明义，从而使读者明了，《虞初新志》者，是以小说家言撷拾人物轶事，是有关人物的轶闻轶事之作。

三、信息量宏富：研究性的体现

来先生所绍述的一部部书，有的已被人注意过，甚或研究过，其中受《四库全书》关注的就不在少数，二十世纪新刻或重刻的亦颇有一些。现代的著作，自然要回应先前已经产生的研究成果，将它作为自己进一步探讨的资料，进行深层次的讨论，这样的学术研究必然是高层次的，会是学术精品。《随笔》正是这样的专著。来先生相当注意他人的研讨，这儿以《广阳杂记》的评论为例。关于该书作者刘献廷的生卒年，同是刘献廷史专家，意见也不一致，《刘处士墓表》的作者王源与《刘继庄传》的作者全祖望观点相左，近人王勤堉支持王源说法，来先生从《广阳杂记》找到两条刘献廷自述材料，证明他当生于顺治六年，而王源即持此说，来先生并以王源为刘献廷友人，"志同道合，相处较久"，经理其丧事，"所言生卒固不容置疑"，肯定王源的意见。关于刘献廷的学术地位，来先生引出"于书无所不读"的万斯同的话——"最心折于继庄"。既而观察到张舜徽对《广阳杂记》的评价，认为张舜徽乃是刘献廷的后学"知己"。来先生同时留意到沈彤、向达、王汉章为刘献廷作的传记或年谱，特别是潘祖荫的《广阳杂记跋》，绍述《广阳杂记》的流传情形。来先生在这里提到刘献廷及其著作《广阳杂记》的九位研究者，可见信息量的广博。他在这个基础上，发表见解，谓刘献廷提倡厚今求实，"鄙弃章句之徒，力主博通古今实用之学"，而其人博学，深明医道，能有所创见；史学造诣颇深；于音韵学尤具别识。来先生在与其他刘献廷及《广阳杂记》的研究者讨论中，在自身的深入钻研下，比较全面地、客观地评价了刘献延和他的《广阳杂记》。

四、以荦荦大者，为读者醒目

这是说来先生特地把笔记诸书的重要内容告诉读者，以便受益。图书内容的要点，我想需要分清作者着意所在与今日读者的需求两方面，这两点既相同又有所区别，盖因作者所在意的东西，不一定对今人有吸引力：今人有自身的选择也。来先生对清人笔记的说明，我想大约是两条原则，一是对图书基本面貌的交代，诚如来先生在《自序》写的："略循向、歆遗规，每种一文，记述撰者生平，内容大要，有关序跋，备参资料，版本异同等"；另一是认为需要特别提出的，然而哪些是特别的呢？来先生以其史识，以其慧眼，摭拾材料，令读者获益良多。如对王沄的《漫游纪略》捕捉关于"迁界"的资讯，将迁界的动议人、迁界令的执行及影响之故实拈出。"迁界是清初一大虐政，经济生民，均遭损害"，来先生正因此才加着墨。关于吴耿尚三藩之乱，《漫游纪略》亦多记录，来先生注意到了，并指出王沄"屈身僚属，文字可少顾忌"，能有如实的笔录，将满洲将帅嬉戏暴露出来。逃人法也是清初一大虐政，《平圃杂记》对条例本身、执行的恶果、产生的原因，以及作者张宸的异议态度都表现出来，来先生频加摘录，不惮其烦，盖在于它是清初历史上的大事，不可忽略。尤其要指出的是，来先生的关注重要史事，在《随笔》附录《清人笔记中社会经济史料辑录》中充分体现出来。对此请读者自阅，无须我来饶舌。

五、锲而不舍：无穷的学术生命力

明清之际的大学问家、浙江人谈迁，著作《国榷》一书，手稿竟然被小人窃去，但是他不灰心气馁，重新做起，并且到北方访问，搜集资料，终于完成百卷巨著《国榷》，成为有明一代的信史。这是史坛的佳话，而谈迁尤为人敬重。想不到的是在十年浩劫之中，书稿、资料被毁的事情层出不穷，七十年代末我在天津图书馆就看见漆侠先生重新搜求宋代经济史素材，因为原来积累的，已然被造反者销毁了。来先生也未能逃过那一劫。《随笔·自序》云："不意'文革'之火骤起，各种积稿尽付一炬，痛心疾首，情难自已！深惟手脑尚健，残笺幸存，遂默祷上苍，誓以有生之年，重整成书。七十年代之初，奉命躬耕津郊，乡居四年，每于农隙，整理残缺，次第恢复旧稿……"来先生说"奉命躬耕"，说得非常轻松，也许还使人联想到诸葛亮的躬耕南阳哩！其实，"奉命"者，下放也，是到农村学做农民，是"接受贫下中农再教育"，特别是带着户口迁移的人，是否能够回城、回单位，那是谁也说不清的，恐怕也是不敢奢想的。但是就是在这种境遇中，来先生不忘旧业，暗自砥砺，"暗箱"作业（不能为人知也），有的书稿在"文革"之后陆续梓刻问世，八十年代之末，乃着手重修笔记提要之作，遂成《随笔》，并以介绍谈迁《北游录》为篇首，以之自况也。

六、"书无完书"：一点小小的补充

"金无赤金"，"人无完人"，此类老话，在这里打住，不必去浪费读者的宝贵时间，就此我要引申说的是"书无完书"。我在拙作《中国社会史概论·后记》中写道"……再次感到学无止境以及'书无完书'的道理。人贵自知之明，个人再努力，亦达不到完善境界"云云。来先生论及屈大均的《广东新语》，谓屈氏"为清廷所嫉"。屈大均恐怕不只是为清廷所嫉，在雍正朝就发现他的文字"多有悖逆之词，隐藏抑郁不平之气"，形成文字狱，将他的后人从广东原籍流放福建，诗文毁禁；至乾隆朝又生出屈大均衣冠冢案，在《清代文字狱档》一书中就收有《屈大均诗文及雨花台衣冠冢案》。说到《永宪录》的可供采择处，来先生揭出书中关于"鄂尔泰奏请除绍兴堕民籍"的载笔。建言除豁绍兴堕民的是巡盐两浙监察御史噶尔泰，不是赫赫有名的鄂尔泰，这是排印本之误。至于《永宪录》的作者萧奭，据李世瑜《有关永宪录的几个问题》（《中国历史大辞典通讯》1983年第3期）披露，北京大学图书馆藏有原为李盛铎保存的抄本，内容比中华书局印本多出十几万字，作者名为萧奭龄，印本题作"萧奭"，有脱字。我未得机会阅览这个抄本，仅转述此信息给来先生。

原载于《书品》2005年第3期

年谱研究的经典之作

——读《近三百年人物年谱知见录（增订本）》

崔文印*

  来新夏先生虽已过了米寿之年，但正如他在八十初度时所讲，"热力犹在"，"只要早晨起床，依然天天向上"。近些年来，先生在继续他的"衰年变法"，不断推出学术随笔之外，还积极组织学有专长的年轻人参加，编纂大型工具书，而最近由中华书局出版的《近三百年人物年谱知见录》之增订本，就是这种工具书的一种。

  《近三百年人物年谱知见录》，最初由上海人民出版社出版于1983年，该书共有谱主680人，年谱叙录778篇，凡56万字。该书出版之后，来先生继续搜辑这方面的资料，经过多年的努力，又得谱主572人，年谱叙录803篇。这样，这个增订本《近三百年人物年谱知见录》，即已收录谱主1252人，而年谱叙录则达1581篇，篇幅视初版几增了一倍，字数已达110万字。可以说，举凡明末以来重要人物的年谱，本书皆收录无遗。

  该书按谱主生卒年原分六卷，另附谱主索引和谱名索引两种。增订之后，该书分为十卷，即卷一：生于明卒于清的人物；卷二：生于顺治、康熙、雍正时期人物；卷三：生于乾隆时期人物；卷四：生于嘉庆时期人物；卷五：生于道光时期人物；卷六：生于咸丰、同治时期人物；卷七：生于光绪元年至十九年前人物；卷八：生于光绪二十年后人物；卷九：知而未见录；卷十则是索引四种。可

---

  * 崔文印，中华书局编审。

以看出，这种分卷勾勒的是历史结构，展示的是历史画卷。同时，其索引除初版两种外，新增补了编者索引和谱主别名字号索引两种，极大提高了作为工具书的实用效力。

这部《年谱知见录》已远远突破了一般书目著录的模式，而是先叙该谱著录情况及谱主生平大略，次叙各年谱之特点，并间有编纂者评论。如本书共著录了明末清初著名学者钱谦益的年谱四种，即：清葛万里编《牧斋先生年谱》；清彭城退士编《钱牧翁先生年谱》；金鹤冲编《钱牧斋先生年谱》；张联骏编《清钱牧斋先生年谱》。每种年谱都首先介绍了它们的著录情况。如《牧斋先生年谱》，就介绍了从李士涛《中国历代名人年谱目录》到江庆柏《清代人物生卒年表》等十二种目录，都对该书有所著录。令人赞赏的是，本书对每一位谱主都撰了一篇小传。例如钱谦益，小传写道：

> 谱主钱谦益，字受之，号牧斋，晚号蒙叟，自称东涧老人。南直隶常熟人。明万历十年（1582）生，清康熙三年（1664）卒，年83岁。明万历三十八年（29岁）进士。历任编修、中允、詹事、礼部侍郎、侍读学士等官。南明福王立，任礼部尚书。清顺治二年降清，任内秘书院学士兼礼部侍郎。所著有《初学集》等。

这篇小传，概括了《清史稿·钱谦益传》及《明史》的相关记载，对其生卒年、里贯、字号等，都有明确记载，甚便参考。这样的小传，每位谱主都有一篇，构成了本书一个很有价值的看点，它实际上以这些人物小传串起了中国近三百年来的历史。

本书最见功力的地方，是对一人多个年谱分别所作的评介，一一指出其特点，这些，没有对这些年谱的研究之功是很难做到的。即以上述四种钱谦益年谱为例，其对葛编《牧斋先生年谱》的评介是："是谱记谱主读书、生活、仕历及游览等等，内容简略。其记事视有无内容而定，不逐年胪列。"而对于彭城退士所编《钱牧翁先生年谱》，则云："是谱记谱主仕历、诗文创作及家事等。内容较葛编稍增。"特别是对金鹤冲所编《钱牧斋先生年谱》，指出："是谱乃编者有意为谱主降清一事辩解而作。其编者跋语竟称：'先生当危亡之际，将留身以有待，出奇以制胜，迄无所成，而为腐儒所诟詈，亦先生之不幸也。'并即以此观点搜集资料，恣意论列，故谱中除一般记述谱主之仕历、交游与刊行诗文集等事外，尤详于谱主之参加东林党活动，与郑成功、瞿式耜等密通音问，以及与黄宗羲、归庄等人之交往等行事，而于降清一节则讳解为事出无奈，是此谱固不足称信史。"评价可谓一针见血。

张联骏所编《清钱牧斋先生年谱》是一民国间的报纸剪贴本。来先生指出，这部年谱"记谱主出生后至明崇祯末年六十三年间经历与仕历。主要记其著述与酬作"。并特别指出："所写书序、跋多全文载录，简介相关人物，可供研究谱主学术思想参考。"具有非常清楚的导读作用。

对于前人著录的错误，本书皆以"新夏按"的形式一一指出。如《陈章白先生年谱》二卷，谢巍《中国历代人物年谱考录》著录谱主生于光绪二年（1876），卒于民国十一年（1922），年四十七。并云，该书为"象山（近）陈汉章（倬云）编"。这里有"新夏按"云：

> 所著录谱主生卒年及题编者均误。谱著谱主光绪三年（1877）生，1923年卒，是谱编者题为陈谥。

从谢巍先生在其版本项著录该书"稿本（待访），著者家属原藏"看，谢先生似没有见过这个稿本，所以出现了著录错误，而来先生则是照上海图书馆藏本著录，当然信实可靠。

顺便提及，本书所著录的每一种年谱，都注明了收藏者或收藏单位，为研究而索取者提供了极大方便。

本书留心所收各位谱主的别名、字号、笔名等，在所撰小传中详加著录，如近现代著名学者郑振铎先生，其小传便介绍说：

> 谱主郑振铎，字警民，一字铎民，小名木官，抗日战争时在敌伪统治区曾用化名陈思训（一说陈敬夫）。常用笔名有：西谛、C.T、郭新源等；由名字与常用笔名衍化的笔名有：振铎、铎、郑西谛、西、谛、C、源新、源、新、谷远、谷、远等；还曾用过笔名S.C、慕、子汶、Y.K、文基、西源、宾芬、何谦、禾忠、云纹等；抗日战争时期用于影印出版古籍和署于藏书题跋的笔名有：玄览居士、幽芳居士、纫秋居士，以及幽芳客主、幼舫、友荒、纫秋山馆主人、纫秋主人、纫秋馆主、纫秋等。

把郑振铎所用过的笔名等，几乎网罗殆尽。尤其可贵的是，本书这次增补了《谱主别名字号索引》，只要知道谱主某一个别名、字号或笔名等，我们同样可以查到该谱主的年谱。如果我们把这部书比作打开历史的一把钥匙的话，那么，这把钥匙显然也是多功能的。读者不仅可以从谱主、谱名，而且还可以从年谱的编者，以及谱主的别名、字号等多个角度进入本书，找到其需要的相关内容。

这部内容丰富、实用价值颇高的工具书，始撰于上个世纪五十年代中期，至1964年，完成了六卷共五十多万字的初稿，分装成十二册。但"文革"期间，这十二册手稿被抄走，待发还时，仅剩两册了。1970年夏，作者又在被撕毁南开大学工作证的情况下，被遣放津郊农村整整四年。而来先生正是凭着他坚韧的毅力和对学术孜孜以求的精神，在简陋的农舍，借着15瓦的灯光，每晚都用近三个小时的工夫，整理这部《知见录》的残稿和幸存的卡片，经过两年的努力，终于初具规模。1974年秋，来先生结束了在农村的遣放，终于又回到了南开大学，他继续修订和完善这部初稿，并终于于1983年出版。我们不难看出，这部书从开始撰作到最终出版，差不多用了三十年的时间。

本书初版之后，来新夏先生即萌生继续增订的打算，并且在众多好友的相助之下，于2008年得以增订完成，这就是摆在我们面前的这部《近三百年人物年谱知见录》增订本。这部书对著录的每一部年谱都经过再三玩味，信实可靠。本书特列的"知而未见录"，则充分体现了作者实事求是、认真负责的精神，这是当今多么难得的严谨学风啊。

原载于《中华读书报》2011年3月30日

年谱学综合研究中的开拓之作

——来新夏先生《近三百年人物年谱知见录》读后

李兴盛*

目录学专著与工具书是治学者必备要籍，在茫茫学海中，有如一座灯塔，可以指点迷津，引领航行；在知识宝库前，又如一把钥匙，可以开启巨锁，显示门径。使笃学者识奥妙而深入，迷途者望歧路而知进。其功厥伟，其效至速，有不可胜言者。我本人在治学过程中，也有一部常置案头，随时阅读的这样一部著述，这就是来新夏先生的《近三百年人物年谱知见录》。我在研究清史与流人史时，就曾据此书的评介，查阅过英和、纳兰性德、胡宝瑔、铁保、徐松、查慎行、纪昀、祁韵士、方士淦等人年谱。

年谱是史籍中属于编年体类的一种人物传记。以谱主为中心。以年月、活动为经纬，按时间顺序，谱写一人之事迹。与主要记载一人大事的一般传志、行状相比，它的记述更为细致，内容更加丰富。

我国的年谱之作始于宋，盛于元明，大盛于清。据有关专家估计，仅清人年谱数量就已不下千种，可见其众多。近半个多世纪以来，有许多学者或图书馆，如李士涛、汪闿、梁廷灿、陈乃乾、孙殿起、洪焕椿、杨殿珣等先生及杭州大学图书馆、上海图书馆等，都从事过年谱的著录工作，编撰过许多有关著述，取得了很大成绩。但这些著述主要是年谱的著录，缺乏集分析、考辨于一体的综合整体研究工作，而这项综合整体研究工作的开拓者则是来新夏先生。来先生为了

* 李兴盛，黑龙江省社会科学院研究员。

"开拓目录研究的实践领域，而且将使更多的学术工作者把主要精力用于剖析史料，论证史事，发现问题，扩大研究领域，使学术研究能够更快地向前发展"，因此不辞劳苦，经过五六年的惨淡经营，"三易其稿"，方始撰成此书。为撰此书，先生亲自阅读了绝大部分（八百多种）清人年谱（书后还附有知而未见年谱147种），"每读一谱，便写一篇书录"。每篇书录记述了谱名及其异名、撰者、卷数、版本、其他书对该谱的著录情况、藏者。此外，更重要的是谱主事略的撮叙、编撰缘起的分析、史料价值的评述、不同说法的考订。而这些开创性的工作，却基本是其他同类著述所没有的。这表明先生此作填补了年谱学研究的一项空白。即此一端，也可见先生劳动量之大，所付心血之多。

本书特点甚多，美不胜书，主要者约有下列数端：

民族气节，爱国精神

我感受最深者，本书有一条红线贯穿始终，这就是民族气节的强调，爱国精神的体现。先生基于对民族与国家的热爱，因此在行文中，对民族叛徒、国家罪人以及曲为之讳饰或辩护者，鞭挞不遗余力。如在评价金鹤冲《钱牧斋先生年谱》时，指出"是谱乃编者有意为谱主降清一事辩解而作"，"此谱固不足称信史"。又一针见血地指出："按翻印是谱时，适日寇侵我国家，践我土地之际，亦无耻之徒沐猴而冠，为虎作伥之时，则是谱之重印，不免有取媚汉奸之嫌。"在谈及1941年刊印的《龚芝麓年谱》时也指出："编者于此时在沦陷区纂此谱，有为投敌者寻求历史依据之嫌。谱中叙事确多为谱主投降行为讳解……"在评价王揖唐年谱时，也明确指出："是时谱主方任伪政权显职，故谱中一意阿谀，除仕历外，其他一无足取。"对于大汉奸汪精卫之年谱更是深恶痛绝道："其于谱主反共叛国诸罪行，不只曲讳，且谀为'功业'，谄媚逢迎，可鄙之甚！"真是口诛笔伐，鞭挞入骨。在介绍汉奸袁金铠的《自述》时，谓其"于逢迎日寇，奔走献媚等事，津津乐道，恬不知耻"。对其采用康德等伪历，认为"益征其甘心附逆事敌之反动立场"。真是诛心之论，入木三分。由此可见先生分明的爱憎，亦可见先生高尚的民族气节及拳拳爱国之心。至于同样的评语还见于梁士诒、刘师培、叶恭绰、徐世昌、严复、杨钟羲、吴梅村诸谱，在此不赘。

去伪存真，考辨精审

先生所编此书，每一谱之书录，都记述了其他书对该谱的著录情况。据我们统计，所引用之书多达十余种。由于这些书的作者在著录各种年谱时，并非如来先生那样每谱都必须亲自过目，有些谱只是据他书辗转移录，因此不免以讹传讹，谬误滋生。可是来先生在引用这些书籍时，为了去伪存真，都做了精审的考辨，因此结论信而有征，堪称定论。如《李寒支先生岁记》书录，首先引用李士涛《年谱目录》之著录。该书谓"谱主卒于康熙十六年"。但来先生经认真核对原谱后道："此谱明载谱主卒于康熙二十五年。李录误。"尚可喜谱本为今释（即澹归上人）所编，尹源进校定。可是李士涛《年谱目录》却称："是书原系尹源进编……因禁毁后，由今释编后所改刻。"来先生经过考证，发现尹源进之序，先谓尚可喜将编谱之事"以命源进"，源进"逊谢久之"。后谓"澹归上人至自丹霞，得王宿昔家乘所录者，一月而遂成篇"云云，又征引谢国桢先生之论述，断定是谱为澹归上人（即今释）所编，尹源进为校定，此观点可称定论。又如汪闿《年谱集目》著录《恩福堂年谱》时，谓谱主英和"卒于道光十九年，得年六十九岁"，李士涛《年谱目录》因之。但来先生道："是谱乃记至道光十九年止，非谱主十九年卒。又谱末有子奎照附识称谱主卒于庚子六月初十，庚子为道光二十九，更证谱主非卒于十九年。"此论信而有征。此书中这类精审考辨，所在多有，兹不赘述。

画龙点睛，评语允当

来先生在全书中，经过缜密分析，深入研究，并总结升华，对所收录的每一部年谱的是非得失、功过优劣、瑕瑜真伪等特点或价值，都以简短的精辟语言，作了画龙点睛式的评介。这样，既能切中要害，突出重点，又以信实生动的表述征服读者，如姜埰谱，在引用其受廷杖原文后，先生加评语道："记受刑惨切之状，为他书所少及。"对蒋士铨谱的评语为："是谱征引繁富，用书一二二种。谱后附'征引书目'，颇便参稽。"对缪荃孙自编年潜的得失评语是："是谱……皆有裨于目录学之研究，惟记自撰《书目答问》一事，未免失实。"对汤志钧"以十余年之功，网罗遗文，搜辑鉴定，三易其稿而纂成，用力至勤"的章太炎谱，先生赞叹道："脉络清楚，资料丰富，为研究谱主生平活动，思想变化重要参考资料，而对论述当代史事亦有裨助。"对谢荫昌谱则认为"其中颇多自诩之辞"。评查继佐谱道："是谱征引有关著述五十种，自著十一种，近已佚者，赖此得保存若干，借资参证。"魏裔介谱之缺点则是"纪年用干支，无王朝年号，亦不便翻检"。于梁士诒谱，既肯定其"为研究北洋军阀史之重要参考资料"，又谓"是谱为谱主讳解之处甚多。如力为谱主洗刷其在'洪宪帝制'中之罪恶活动……故使用时必当有所分析批判"。又谓张国华谱"内容言大而夸，自我吹嘘"，"不足征信"。以上均可见先生评语有言简意赅、画龙点睛之妙。另如杭州大学所编《年谱集目》谓《敬亭自记年谱》为"康熙间精刻本"，先生则加按语道："谱主生于康熙末年，是谱自记至乾隆二十五年止，何得有康熙刊本。"妙言妙语，令人一粲。

存疑求是，定论缓作

在本书中，有些史实的研究，由于人们掌握的史料不足，还不适于立时作出定论。来先生出于慎重，对此仅提出一种可能的结论或主线暂付之阙如，至于真正的结论，则作为一种疑案，留待以后探讨与解决。这种存疑求是，定论缓作的做法，反映了先生实事求是，认真负责的科研精神。如《（原任山东鱼台县）史公年谱》，先生经过认真分析后道："是谱不著撰人，但审其笔迹与史朴年谱同出一人，疑即史恩培之乡人或戚友所编。"仅提出一种可能，而未作定论。对《黎元洪年谱资料》的评论也是如此："是谱编者署'民间不老人'。而谱中著通讯处则为薛民见，疑薛即编者。"至于由魏象枢口授、其子魏学诚等编撰的《魏敏果公年谱》，姜亮夫《历代人物年里碑传综表》将它分著两种，一为魏学诚《魏敏果公年谱》，二为魏象枢自订《寒松老人年谱》。来先生研究之后道："与原谱不符，疑误。"这里"疑误"一词就是一种推测，表明并非定论。又如《国粹丛书》收有戴钧衡编《戴褐夫集》一书，书后所附《戴褐夫年谱》，原未署作者姓名。可是直隶省立图书馆书目署名王哲撰，而杭州大学图书馆《年谱集目》著录此谱时，作戴钧衡编。但来先生经分析后认为："谓王哲编，恐亦非是，因南山全集题王哲鉴订，不能即以为年谱编者。"又云："至编者谁氏，谱未明署，仍作阙名为宜。"这种在研究条件尚不具备情况下的存疑的做法，仍是为了求是，只不过是将求是的时间推迟到以后条件成熟时再做定论。这是先生治学的又一特点。

综上所述，作为年谱学综合整体研究开拓之作的《近三百年人物年谱知见录》，具有民族气节、爱国精神，去伪存真、考辨精审，画龙点睛、评语允当，存疑求是、定论缓作等诸多特点。作为一部目录学专著与工具书，本书极大地便利了治学者，使之成为治史之要籍，治学之指南。先生为广大学者撰写此书的"铺路石子"工作，体现了经世致用的学术思想与博施济物的仁者胸怀，实可称嘉惠后学，功德无量！

原载于《来新夏教授学术研讨会纪念集》 南开大学地方文献研究室编 新疆大学出版社2002年版

从《书目答问》到《书目答问汇补》：
一部"举要书目"的世纪接力

荣方超[*]

清光绪十九年（1893），康有为（1858—1927）在桂林讲学。他给学生讲授读书门径时说："精要且详，莫如《书目答问》，版本最佳"，而且"每部值银数分，可常置怀袖熟记，学问自进"[①]。这一治学箴言可追溯到康氏年少时的读书经验。光绪二年（1876），十九岁的康有为到清儒朱次琦（1807—1881）门下研学。这期间他接触到了张之洞（1837—1909）的《书目答问》，并深深为之折服[②]。在不可复制的历史进程中，却时有相似的情境发生。后来成为康氏弟子的梁启超（1873—1929），大约在光绪九年（1883）至十年（1884）间初读张之洞《輶轩语》、《书目答问》，此二书也给少年梁启超的读书求学带来益处，后来他论幼学时说："启超本乡人，蕾不知学，年十一游坊间，得张南皮师之《輶轩语》、《书目答问》，归而读之，始知天地间有所谓学问者。"[③]

梁启超读《书目答问》是在拜师康有为之前，也就是说，梁氏读此书，并非受康氏影响。两个年轻学子，先后受益于《书目答问》，数年后又成为师生，并同为中国近代学界、政界的风云人物。我们不能确定这里是否存在历史的偶然，

---

[*] 荣方超，南京大学图书馆馆员。

[①] 康有为：《桂学答问》，见《康有为全集》第二集，上海古籍出版社1990年版，第62页。

[②] 朱维铮：《中国经学史十讲》，复旦大学出版社2002年版，第194页。

[③] 梁启超：《变法通议·论幼学》，见《饮冰室合集》，中华书局1989年版，第55页。

但自《书目答问》成书百余年来，阅读过并受益于它的学人却不在少数。其中必然有些道理。

一

清朝初年，在社会经济不断发展、政治局面逐渐稳定、学术思想有所革新的基础上，清代文献的生产和整理工作趋于繁荣。在官府和民间刻书、编辑、藏书等事业的推动之下，清代图书种类、数量大增，至晚清已累积了丰富的典籍。仅就《清史稿·艺文志》（章钰等编）及《清史稿·艺文志补编》（武作成编）所录，清代三百年间创作的图书在二万零七十一种、二十三万一千八百五十卷以上①。特别是乾隆四十七年（1782）《四库全书》编成之后，面对三千余种、近八万卷的书山，年轻学子如何寻得捷径？

阅读《四库全书总目提要》（以下简称《四库提要》）自然是一个良方。如张之洞认为读书"宜有师承，然师岂易得？书即师也。今为诸生指一良师，将《四库提要》读一过，即略知学问门径矣"②。余嘉锡（1884—1955）也认为："《提要》之作，前所未有，足为读书之门径，学者舍此，莫由问津"，又说"余之略知学问门径，实受《提要》之赐"③。然而，《四库提要》内容庞大浩繁，不便初学者学习，而且自《提要》编成至清末，间隔近一个世纪，其间在学术研究领域上又涌现出质量颇高的著作。同治十二年（1873），张之洞出任四川学政，学子常向他提问："应读何书，书以何本为善"，张氏认为："读书不知要领，劳而无功。知某书宜读，而不得精校、精注本，事倍功半。"（《书目答问·略例》）因此，在他入川的第二年（1874）就开始主持编撰一部供学子购书、读书参考的举要书目，并在缪荃孙（1844—1919）等人的协助之下，完成了一部举要书目——《书目答问》。

《书目答问》收录我国古代二千余部经典文献，书目分经、史、子、集四目，外加以丛书目、别录目、国朝著述姓名略，凡七类。每部书名下，注明作者

---

① 陈力：《中国图书史》，文津出版社1996年版，第306页。
② 张之洞：《輶轩语·语学第二》，见《张之洞教育文存》，人民教育出版社2008年版，第19页。
③ 余嘉锡：《余嘉锡文史论集》，岳麓书社1997年版，第551–554页。

姓名、版本出处、卷数异同，并择优为重要者酌加按语，皆以利于指示读书门
径为前提。由于《书目答问》所列多为实用易得之书，因而自光绪二年（1876）
刊行以来，"翻印重雕，不下数十余次，承学之士，视为津筏，几于家置一
编"①。各地不断翻印、重刻，就产生了多种刻印本。又因为"藏书者不能尽
收，读书者不能遍阅，虽以老人（缪荃孙）与相国（张之洞）之博览，亦不免有
盖阙之疑"②，"初刻印本，疏漏甚多。采录之书，亦未足为定论。其后屡经修
补剜改，或抽换版本，至于一再重刻，故出入详略，前后大有异同"③。因此，
对于该书存在的缺失和讹误，后世各家相继进行补正，于是就有了多种校补本。
据当代学者郑伟章先生统计，《书目答问》屡经翻印重刻、校补注疏、编制索
引，至2006年左右已达百种，故称之为"大火爆书"④。

那么，现在又有了个"书以何本为善"的问题：《书目答问》诸多传世版
本，哪种易读、易得、准确，或能集诸家补正之大成，更便于今日初学者使
用呢？

其实，自二十世纪六十年代以来，历史学者、文献学家来新夏先生就着手汇
集诸家校本（含校刻本、批校本及校语），增补《书目答问》。二十一世纪初，
来先生所作的《书目答问》补正笔记在天津图书馆历史文献部主任李国庆先生的
帮助下，整理成出版稿。同时，藏书家韦力先生把自己所写"私藏古籍著录"成
稿赠与来先生。由此，《书目答问汇补》一书终于编成，并由中华书局于2011年
4月刊行。是书以编著者经眼的版本为取舍范围，进行了大量汇补工作，大体可
分为以下三个方面：

（一）选定底本，汇录诸家校本（语）。

来新夏先生旧稿原以民国二十年（1931）南京国学图书馆排印本为底本，后
因光绪五年（1879）贵阳校刻本（王秉恩校、陈文珊刻）"改正清光绪二年刻本
多处误字而成较善之本"（《书目答问汇补·后记》），故选用贵阳本为汇补
之底本。汇补本以每一种书为一条目，先录底本正文，次列诸家校语。所选校本
（语）有江人度、叶德辉、伦明、孙人和、范希曾等凡十七家。如子部《困学纪

① 范希曾：《书目答问补正·跋》，见《书目答问汇补》附录二，第1207页。
② 叶德辉：《书目答问斠补·后序》，见《书目答问汇补》附录二，第1205页。
③ 叶德辉：《书目答问斠补·序》，见《书目答问汇补》附录二，第1201–1202页。
④ 郑伟章：《〈书目答问〉版刻、校补纪略及著作人归属问题》，见《图书馆：文化
的守望者》，上海科学技术文献出版社2007年版，第29–48页。

闻》一条：

> 困学纪闻七笺附集证二十卷。阎若璩、全祖望、程瑶田、何焯、钱大昕、屠继序笺。万希槐集证。通行本。
>
> 叶 嘉庆十二年刻本。
>
> 佚 嘉庆十二年万氏刻本。
>
> 范 又涵芬楼影印元庆元路刻本，无注。
>
> 韦 嘉庆元年黄冈万氏刻本，嘉庆十八年扫叶山房刻本，嘉庆十八年胡氏山寿斋刻本，咸丰二年黟县临川书屋刻本。

汇补本繁体竖排，诸家校本，以校者姓氏表示，为了醒目，以方框围之。上例中"叶"，即叶德辉校刻本；"佚"，即佚名批校本；"范"，即范希曾补正本；"韦"，即韦力批校本。

（二）增列汇补者按语。

在底本正文、诸家校本（语）之后，增列"按语"，对底本及各家校语略作说明，并订正讹误，兼采其他学人研究成果。如经部《经传小记》，在底本正文及江人度、叶德辉、伦明、范希曾、邵瑞彭、刘明阳、韦力七家校本（语）之后，"按"曰：

> 底本作"三卷"，误。当为"一卷"。

又如史部《古今伪书考》，在底本正文及江人度、范希曾、刘明阳、韦力四家校本（语）之后，"按"曰：

> 张心澂：伪书通考，商务印书馆一九三九年二月初版，一九五四年十二月重印，又黄云眉补。

汇补本正文"按语"皆由来新夏先生撰写，实际上是他校读《书目答问》诸本的批注，故列为十七家校本（语）之一。

（三）汇录《书目答问》版本图释、刊印序跋、诸家题识。

汇补本对编者经眼的《书目答问》诸版本情况，逐一进行简要介绍，自光绪二年四川初刻初印本至2008年国家图书馆出版社影印本，凡四十九种。并遴选其中有代表性的、比较重要的版本，配以图版，凡五十三幅。这部分内容附录于正文后，介绍了各版本间的渊源、承续，同时加以比较，便于读者查检、比对。

《书目答问》问世后，翻刻、重印、校补者往往撰写序跋，简述刊刻原委、评点内容异同。诸多学人藏家也将自己对书的认识和心得，信手书于卷首或卷尾。如今，《书目答问汇补》一书汇录八家十一种序跋文章、十四家三十余则名家题识，作为附录，奉予读者。这些短札片语，不仅是考察《书目答问》一书刊刻流布的重要线索，而且呈现了近百年来诸位学人藏家阅读该书的历史记忆。如伦明（1875—1944）与叶德辉（1864—1927）读《书目答问》，常备检览，时有所见所得，则以批注。民国十四年（1925）伦明在北京第一次见到叶德辉，"谈次，各相见恨晚"，并"约互抄借所未有书"①。又如1975年冬，袁行云（1928—1988）为编纂《古籍举要》，向王伯祥（1890—1975）借阅其"小雅一廛案头常备之书"——《书目答问补正》批校本，八十五岁的王氏"慷慨应允"②。袁氏得以录存副本一册，并将这一书缘作以题录。

从王秉恩（1845—1928）为《书目答问》（贵阳刻本）所撰跋语中，可知光绪三年（1877）春，张之洞在北京以《輶轩语》、《书目答问》二种定本传授王秉恩。是年冬，王氏携书归贵阳，众人皆来借读。王秉恩说："定本版师（指张之洞）送之鄂，间有印行，成都亦刻有小字本，皆不易致"③，故又有贵阳本问世。由此，可一窥《书目答问》在地理上由北向南的知识传播过程。

二

自清末迄民国，很多学人早年都曾受益于《书目答问》及其补正作品，如陈垣（1880—1971）十二岁时开始读《书目答问》，十三岁开始读《四库提要》④。陈氏谈及读书经验时还提到《书目答问》，"觉得这是个门路，就渐渐

---

① 伦明：《书目答问》朱笔题识，见《书目答问汇补》附录二，第1218页。

② 袁行云：《书目答问补正》墨笔题识，见《书目答问汇补》附录二，第1219页。

③ 王秉恩：《书目答问·跋》，见《书目答问汇补》附录二，第1195—1196页。

④ 刘乃和：《陈垣先生学术年表》，见《中国现代学术经典·陈垣卷》，河北教育出版社1996年版，第838页。

学会按着目录买自己需要的书"①。可知,其早年学术功底的积淀与这两部书目的阅读是分不开的。后来,余嘉锡也曾对陈垣说过"他的学问是从《书目答问》入手"的②。顾颉刚(1893—1980)早年购书、读书也常翻《书目答问》,那时年少的他常往苏州观前街一带的旧书肆去买书,开始接触目录、版本方面的知识,他说"《四库总目》、《汇刻书目》、《书目答问》一类书那时都翻得熟极了"③。

张舜徽(1911—1992)自述其父亲一生治学很重视《輶轩语》、《书目答问》二书,认为是"读书的指路牌"。而张舜徽之所以立志自学,"是和家庭所提供的读书环境和条件分不开的"。《輶轩语》、《书目答问》二书就是家中旧有藏书,因此他从少时便经常翻阅这两本书,《书目答问》末附清代学者《姓名略》,开首便说:"由小学入经学者,其经学可信;由经学入史学者,其史学可信……"张舜徽说:"我对这段话,深信不疑。我认为做学问,应循序渐进,不可躐等,不可急躁。"④大约在七岁至十七岁时,他读过王氏《文字蒙求》、《说文句读》、《说文释例》和段氏《说文注》及郝氏《尔雅义疏》等书;当其在小学方面具有基础知识以后,开始研究经学,读《毛诗》、《三礼》等书;二十岁以后,开始涉览史部之书,读过《史记》、《两汉书》、《三国志》、《资治通鉴》、二十四史等,进而成长为文史大家。由此可见,《书目答问》在读书生活中对其影响之深刻。

同时,《书目答问》也受到了学者们的推崇,并将其作为自己指导后学的"利器"。在读书治学尚处迷茫之中时,二十多岁的徐特立(1877—1968)跑到长沙举人陈云峰处请教。陈氏劝他立志读书,不要把精力浪费在八股时文上。然后,陈氏送了他一把纸扇,并在扇面上题写"读书贵有师,尤贵有书。乡村无师又无书,但书即师耳。张之洞《书目答问》即买书之门径,《輶轩语》即读书之

① 陈垣:《谈谈我的一些读书经验》,见《治学方法谈》,中国青年出版社1983年版,第30页。

② 陈垣:《余嘉锡论学杂著·序》,见《余嘉锡论学杂著》,中华书局1963年版,第1页。

③ 顾颉刚:《古史辨·第一册自序》,见《顾颉刚集》,中国社会科学出版社2001年版,第27页。

④ 张舜徽:《张舜徽自述》,见《世纪学人自述》第4卷,北京十月文艺出版社2000年版,第124–128页。

门径，读此二书，终生受用不尽"①，以此勉励徐特立。徐氏马上跑到长沙马王街的书铺买了《书目答问》和《鞧轩语》二书，作为读书的指南。

上世纪六十年代，王重民在北京大学开设《书目答问》课程，采用《书目答问补正》作课本，"通过它学会四部分类，并认识每类中主要古籍"，达到"既有重点，又通达了古籍体系"的教学目的②。王重民还对《书目答问》进行过校注，并手订《书目答问参考资料》一册，指导学生学习。1983年夏，华中师范大学历史文献研究所举办了为期一年的中国历史文献学研究班。明清史专家童恩翼在研究班上讲授目录学与读书治学的关系时，特别推崇《四库提要》和《书目答问》，认为"治学由目录学入手，而治目录学又由《四库提要》或更浅的《书目答问》入门，循序渐进，广泛地、系统地、有计划地攻读古代的文献典籍，在博闻约取的基础上，形成和发展自己的专长"③。

业师徐雁先生从接受史的角度评价《书目答问》说："鞧育百余年间国学人才"，并以民国辅仁大学陈垣、余嘉锡、柴德赓、来新夏师徒的阅读史，呈现了现代学术史上《书目答问》鞧育人才的典型一链。此外，他还考述了梁启超、顾颉刚、姜亮夫、缪钺、郝树侯、张舜徽、罗继祖、程千帆、张永言等近现代学人关于《书目答问》的阅读史。徐雁师还从学术史的角度考述了后世对《书目答问》的研究途径。从而，详尽地阐释了《书目答问》在中国学术思想史层面上的流传和影响④。

当然，在清末新、旧学交替的时代背景下，主修国学典籍的《书目答问》免不了被后世所诟病，视其为保守旧学和维护封建统治的"反动势力"。然而，从上面康、梁诸人的例子来看，自清末至民国，该书并未因为"出身不好"而被"换新"、"革命"。这大概是因为此书对于治学的实用性远大于所谓的政治性。即便体制变迁、时代变化，其于阅读国学经典、学习传统文化的指导作用却未曾损减。罗家伦（1897—1969）认为《书目答问》实际支配影响中国学术界数十年，李小缘也曾有评价说后来的十余种国学书目，都不及《书目答问》之丰富

① 陈志明：《徐特立传》，湖南人民出版社1984年版，第10页。
② 孟昭晋：《王重民先生的〈书目答问〉课》，载《图书情报工作》2000年第2期，第90–93页。
③ 童恩翼：《浅谈目录学版本学与治学的关系》，见《文献学研究班讲演集》，华中师大中国历史文献研究所1985年7月印，第240页。
④ 徐雁：《书目答问》，见《苍茫书城》，河北教育出版社2005年版，第195–226页。

而扼要。然而，不可否认的是，《书目答问》所著录的清末通行本在一百余年后的今天已不是易得、易见的了；现在，大概也少有学子因为读经而去读《书目答问》的；更不会有人因考科举而通过《书目答问》去购书、读书。徐雁师到北京大学图书馆古籍阅览室查阅《书目答问》诸版本时发现：

> 该馆收藏有包括四川初刻本，叶德辉、胡适和向达藏本，江人度笺补本等在内的各种版本十二种。在1985年以前的数年间，该校师生留下了较为频繁的借阅记录，而在此后却少人问津。以至于有学者慨叹："目前高等院校的文科学生，不懂古典目录学基本知识的现象是普遍的。甚至不少人连《四部丛刊》、《四部备要》也没有听说过，亦不知张之洞的《书目答问》为何物……"①

《书目答问》对于学子学习文史知识的指导作用，前已略述；它对今人研究清代文献史的重要价值，也自不待言。不过，它作为一部具有推荐、导读性质的举要书目，对于今日的国学举要书目来说，至少有两个要点值得关注。

其一，与藏书目录相较而言，举要书目更偏重对阅读的向导性。

我国古代馆藏书目和私藏书目，旨在对一代或几代积累的文献作以整理和总结。虽然藏书目录对文献进行分类，如可根据经、史、子、集四部分类之法查找文献，但是这类书目主要解决的还是"有什么书"的问题。而举要书目解决的则是"读什么书"的问题，如《书目答问》即是在众多文献的基础上，举其精要，作以推荐。

其二，推荐之书的版本须是通行的精准本，才能发挥向导的最佳效果。

历经时间打磨的经典著作，往往有几种甚至上百种不同的版本行世，在整理、校注、翻译甚至印刷装订上，都会因版次的不同而有质量高下之分。对此，张之洞颇为看重精准本。他认为："（清朝）前辈通人用古刻数本精校细勘付刊，不讹不阙之本也。此有一简易之法，初学购书，但看其序，是本朝重校刻而密行细字、写刻精工者，即佳"②。又"经学、小学书，以国朝人为极，于前代著作，撷长弃短，皆已包括其中，故于宋、元、明人从略"（《书目答问·经部》）。因此，在张之洞看来，"本朝刻本"是最宜推荐的精准本。"本朝刻本"，又多是流通于当时的常见书，不像宋元版本那样珍贵罕见，而是以较低的价格行销于市，容易买到。

---

① 徐雁：《书目答问》，见《苍茫书城》，河北教育出版社2005年版，第197页。

② 张之洞：《輶轩语·语学第二》，见《张之洞教育文存》，人民教育出版社2008年版，第18页。

选择清人精校精注的通行本，皆以作为初学者购书、读书向导的实用性为出发点考虑的。也因此，《书目答问》又在"别录"目中编选了《群书读本》、《考订初学各书》、《词章初学各书》、《童蒙幼学各书》四个推荐书目，再次强调了这部举要书目利便初学的实用价值。如《群书读本》小序云："此类各书，简洁豁目，初学讽诵，可以开发性灵，其评点处颇于学为辞章者有益，菁华削繁，虽嫌删节，但此乃为学文之用，非史学也。"（《书目答问·别录目》）由此可见《书目答问》经世致用的意义，同时也给后世编制国学举要书目提供了参考的标准和范例。

三

实用与否，固然是评判《书目答问》的一个重要标准。但是，如果这个标准变成唯一的标准，就值得商榷了。因为，从历史的角度来看一部过去的经典著作，不能囿于其本身在不同时代产生的影响，还应关注这种影响在学术文化传统上的延续。就如同一个汉字的意义，绝不止于现代出版物中字音、字义、字形。面对一个陌生的汉字，查得它现在的字音、字义，尚处于求知的初级阶段。若能继续利用工具书看看它由甲骨文至金文、篆书、楷书繁体，再至简体字的演变过程，对一个汉字乃至汉字文化的认识会提高更多。

在《书目答问》之后，陆续出现了一批举要书目，延续着指导读书治学的影响。民国三十六年（1947），张舜徽在兰州大学等校为文、史两系学生讲授"校雠学"和"国学概论"①。同张之洞应诸生之请而撰《书目答问》的历史因缘相似，七十余年之后，张舜徽亦受学生之请，开列《初学求书简目》（以下简称《简目》），依序分列识字、读文、经传、史籍、百家言、诗文集、综合论述类凡七目。《简目》所收各书，著录作者、版本、大要，或品评得失，与《书目答问》同样具有"便于初学"的功效。张舜徽在《简目》综合论述类中还推介了《困学纪闻》、《日知录》、《四库提要》、《书目答问》，这四种书正是张之洞在指导诸生后学读书门径之时所推崇的。

早年读书受益于《书目答问》的梁启超，后来也倾力读书门径的指示，他

① 王余光：《张舜徽先生的读书之道》，见《读书随记》，东南大学出版社2002年版，第369页。

曾编撰《西学书目表》（附《读西学书法》），并于晚年编撰《国学入门书要目及其读法》，指示各类经典要目及或熟读或摘读或不必读。二十世纪二十年代，胡适（1891—1962）曾开列出《中学国学丛书》目录、《一个最低限度的国学书目》等。四十年代，钱穆（1895—1990）曾在昆明给研究生班学生开列《文史书目举要》。朱自清（1898—1948）在《经典常谈》中推介了中国古代文学、历史、哲学经典。此外，还有汪辟疆（1887—1966）的《读书举要》、蔡尚思（1905—2008）的《中国文化基础书目》、屈万里（1907—1979）的《初学必读古籍简目》。九十年代以来，这类举要书目就更多了，各大高校、图书馆及专家学者相继推出系列经典举要书目，如王余光著《塑造中华文明的200本书》、苏浙生著《影响历史进程的100本书》、李常庆编《北京大学教授推荐我最喜爱的书》等。

从《书目答问》到今天的各种举要书目，是一个多世纪的经典阅读史的缩影。而《书目答问汇补》的编成，除了在文献史、学术史上具有总结意义外，在经典阅读史上还是具有里程碑意义的重要事件。此时，回过头来再看来新夏先生汇补《书目答问》的缘起和过程，就更能体会到一部举要书目在阅读史上的文化意味。

学问从《四库全书总目提要》和《书目答问》中来的余嘉锡，民国时在北平辅仁大学主讲"目录学"，即指定课本为范希曾的《书目答问补正》。民国三十一年（1942），二十岁的来新夏先生考入辅仁大学，选修了余氏的"目录学"课。来先生为了《书目答问补正》一书"跑遍京城旧书店、书摊，没有找到。后来终于在天津天祥市场找到，如获至宝"。从此，他和《书目答问补正》一书结下了不解之缘，他说："（这部书）成为我一生的案头用书，日后又为我完成《书目答问汇补》奠定了第一块基石。"①

来先生回忆说，他初读《书目答问补正》时的感受并不良好：

> 当时，我幼稚地以为由此就可以进窥古典目录学的堂奥。孰知展卷一读，只是一连串鳞次栉比的书名，彼此毫无关联，读之又枯燥乏味，昏昏欲睡，但还是硬着头皮通读一遍。

后来，他借得贵阳本《书目答问》，开始比读二书。民国三十二年

---

① 来新夏：《邃谷书缘》，见《邃谷师友》，上海远东出版社2007年版，第201页。

（1943），略有所得的来先生到余嘉锡处问业。他回忆说，余氏指点他继续做三件事，才算是初步读懂《书目答问》：

> 一是讲了三国时董遇"书读百遍，其义自见"的故事，要我继续读《书目答问补正》，并特别注意字里行间。二是要我再读一些与《书目答问》有关的著作。三是要我利用假期为《书目答问》编三套索引，即人名索引、书名索引和姓名略人物著作索引。

来先生按照老师的指点去做，逐步领会了目录学对治学的作用。如他反复读《书目答问补正》，注意字里行间的只言片语，在史部正史类注补表谱考证之属读到小字附注（内容为"此类各书为读正史之资粮"）之后，便有所体会道："这不仅了解了这类书的性质，也掌握了读正史时主要参考书的书单"。三项工作之后，他对《书目答问》的内容已熟记于心，进而体悟道：

> 我想对任何一部书或任何一种学问，如果都能做一次反三复四的工作，都会收到应有的效果。……我掌握了这套基本书目后，明显地感到对于读书治学、开辟领域、转换方向都颇有左右逢源的美感。并且由于有了基本书目，便能很快地扩大书目储存量，而书目恰恰又是研究学问的起跑线。这正是我后来能多涉及几个学术领域的原因之一。（以上均见《书目答问汇补·叙》）

来新夏先生披露其阅读《书目答问》历程中的诸多细节，并非只是简单地想要分享他与这本书的缘分。这是他在汇补工作之外，对《书目答问》做出的另一重要注解——他的阅读经历告诉我们，举要书目如同导游者一样，除了向导作用没有其他责任。导游者举其精要来描述山石的形状、亭阁的由来，而作为阅读天地万物的主人，若不能沉下心来专注地体味，难免是"走马观花"一场。导游者的精彩推介，加上你用心的感受，才能使眼前的形象变得丰润、生动起来。经典举要书目的阅读，大体也有同样的道理。

原载于《山东图书馆学刊》2012年第3期

《书目答问》研究及出版史上具有里程碑意义的集大成之作

——评来新夏先生等的《书目答问汇补》

陈东辉[*]

古籍数量众多，人的精力有限，许多古籍没有时间也没有必要精读甚至泛读，对于大多数读者而言，很多古籍仅需了解其大体情况。虽然近现代曾先后推出了多种古籍导读著述，但就总体而言，至今还没有可以完全替代《书目答问》之作。《书目答问》作为一部带有导读性质的重要著作，曾经影响了几代学者，至今仍为此类读物之翘楚。笔者每年为浙大古典文献专业学生讲授"古典文献学"课程时，均将《书目答问》列为首部向学生重点推荐的精读之书，避免学生在学习以及今后的工作中"只见树木，不见森林"。学生在初读之时，确实感到满纸书名、人名，颇为枯燥，但渐渐入门之后，感觉收获甚大。笔者将《书目答问补正》视为案头必备之书，收有该书的多种版本，当时感觉江苏古籍出版社2000年刊布的方菲点校整理的《书目答问补正》颇具特色，因为它加入了部分重要图书在1949年以后的整理出版情况。关于《书目答问》的增补之作，数量不少，但分散各处，并且大多印数较少（有的还是稿本），流布欠广。当时曾想，如果有一部著作能把上述增补之作汇成一编，必将给广大读者带来极大的便利，同时也将使《书目答问》的学术价值大为增强。中华书局于2011年4月推出的来新夏、韦力、李国庆三位先生共同完成的《书目答问汇补》（以下简称《汇

---

* 陈东辉，浙江大学教授、中文系古典文献专业副主任。

补》），就是这样一部著作。笔者见到此书后，如获至宝，爱不释手，在较短的时间内将这部120万字的著作通读一过，在受益匪浅的同时，深感该书具有很高的学术价值。该书之性质有点类似于邵懿辰撰、邵章续录的《增订四库简明目录标注》[①]和杜泽逊的《四库存目标注》[②]，不但嘉惠读者良多，而且必将极大地推动《书目答问》的研究，堪称《书目答问》研究及出版史上具有里程碑意义之著作。具体而言，该书之特色至少有以下三大方面：

（一）底本选择妥当。

因当时条件所限，来先生之旧稿以民国二十年南京国学图书馆排印本作为底本。清光绪五年王秉恩所刻的贵阳本（简称"贵阳本"），改正了光绪二年刻本多处误字而成较善之本，编者遂决定改用贵阳本作为《书目答问汇补》之底本。柴德赓曾经先后撰写了《记贵阳本〈书目答问〉兼论〈答问补正〉》[③]和《重印〈书目答问补正〉序》[④]，揭示了贵阳本的价值。柴氏曰："《答问》由光绪五年王秉恩贵阳刻本，与原刻颇有异同，予尝校得二百八十余条，大率原刻本误而贵阳本是，范氏补正，殆未见此本。今观范氏所补正者，贵阳本每先有之，贵阳本所已正者，范氏或沿旧未改，则范书虽佳，贵阳本亦自有其价值。"[⑤]此外，吕幼樵在《〈书目答问〉王秉恩刻本述论》[⑥]一文中，也充分肯定了贵阳本的价值。但吕氏在文中得出的"王秉恩学术水平、目录学眼光，均超过范希曾"这一结论，尚可商榷。范氏未能见到贵阳本确实是一大遗憾，《书目答问补正》之所以出现多处沿袭旧本讹误的情况，很重要的原因就是没有利用贵阳本。然而就总体而言，范氏的重要贡献是显而易见的，前人已多有指出，此不赘述。从《书目答问汇补》所收录的十六位学者、藏书家的增补批校也可以看出来，范氏所补之内容最为丰富，除了订正原书之误外，既有大量增补，又有不少点评，应该说总体上最有价值。

---

① 上海古籍出版社，1979年。

② 上海古籍出版社，2007年。

③ 《辅仁学志》第15卷第1—2合期（1947年12月）；收入柴德赓《史学丛考》，中华书局，1982年。

④ 载《书目答问补正》，中华书局，1963年；收入柴德赓《史学丛考》，中华书局，1982年。

⑤ 柴德赓：《记贵阳本〈书目答问〉兼论〈答问补正〉》，载柴德赓《史学丛考》，中华书局，1982年，第216页。

⑥ 《贵州社会科学》2007年第12期。

（二）材料丰富，内容完备，堪称《书目答问》的集大成之作。

《汇补》汇集了江人度、叶德辉、伦明、孙人和、赵祖铭、范希曾、蒙文通、邵瑞彭、刘明阳、李笠、高熙曾、张振珮、吕思勉、韦力等清末至当代十六位学者、藏书家的增补批校（含两位佚名氏批校本），其中大多乃首次公开刊布。如伦明批校本今藏北京大学图书馆。邵瑞彭批校本乃稿本（如今已不知去向），来先生早年曾自书肆借录一过，今将校文汇补于该书。刘明阳批校本乃稿本（如今已不知去向），来先生早年曾自书肆借录一过，今将校文汇补于该书。诚如该书"后记"所云，刘明阳批校本考订精审，见解独到，品评是非，冰释疑窦，实有点睛之效。如在该书第769页《笠泽丛书》一条下，刘氏批"陆本、顾本两本行格同，显明区别，只在卷末'清朝'两字抬不抬"。高熙曾批校本乃稿本（如今已不知去向），来先生早年曾借录一过，今将校文汇补于该书。韦力批校本乃稿本，今藏韦氏芷兰斋，此前从未公布。该书中有不少汇补者按语，对各家校语及贵阳底本略作说明，同时兼采其他学人的研究成果，以断是非。正文中为来先生所加，附录中为李先生所加。如第261页的按语指出，张锡瑜《史表功比说》一卷，范希曾误"表"为"记"。第277页的按语指出，孙联薇，范希曾误"薇"为"微"。第284页的按语指出，《补辽金元三史艺文志》四川初刻本著者作倪璠，笺补本作倪粲，并误，应作倪燦。第325页的按语指出，《穆天子传郭璞注》七卷平津馆本刊于嘉庆丙寅（十一年），嘉庆无庚寅，叶氏题"庚寅"，佚名及伦氏并题"庚申"（嘉庆五年），亦皆误。第358页的按语指出，范希曾题"旷照阁"，当系"照旷阁"之误。第370页的按语指出，《武林旧事》十卷的知不足斋本刊于乾隆癸丑（五十八年），叶氏所题"癸亥"当误。第393页的按语指出，《曾文正公奏议》三十二卷，《书目答问》初刻本作薛氏编，苏州刻本、贵阳本有增改。第458页的按语指出，宋刘邠撰《汉官仪》三卷，晁志作刘敞撰，非。有绍兴九年刻本，阮元有影宋钞本缮写本。第788页按语指出，刘氏误"嘉靖"为"万历"，"己巳"应作"乙巳"。关于宋苏过《斜川集》六卷《附录》上下二卷，该书第784页的按语指出，《宋史·苏过本传》，有集二十卷，久已散佚。乾隆时吴长元得旧钞残本，复从各书纂辑成帙。阮元从旧本重加缮录，厘定诗文六卷。除了上述正讹纠谬、补充材料、考辨原委之类的按语外，尚有一些按语乃言简意赅之点评。如第259页按语谓明凌稚隆刻本《史记评林》和

《汉书评林》乃"精刊大本"。

郝懿行的《尔雅义疏》与邵晋涵的《尔雅正义》同为清代尔雅学最有影响之论著。关于郝、邵二书之高下，多数学者认为郝书胜于邵书，但也有一些学者持不同意见，如梁启超就是典型的挺"郝"派①。《汇补》第154页《尔雅义疏》条下，张之洞曰："郝胜于邵。"叶德辉斠补云："按邵书胜郝，谓郝胜于邵，耳食之言也。"第154页《尔雅正义》条下，李笠批曰："不及郝。郝取材极富，精读之，识字之道思过半矣。"《尔雅义疏》、《尔雅正义》孰高孰低，孰优孰劣涉及许多方面的问题，并且此类评价见仁见智，不易断定。在此我们无意评论郝、邵之高下，但《汇补》所收录的上述相关资料，对于中国语言学史的研究颇有价值。

（三）附录完备，索引详细，在编纂体例方面颇具特色。

《汇补》之附录包括"书目答问版本图释"、"书目答问刊印序跋"、"书目答问题识"和"书目答问通检表三种"，从而大大增强了该书的学术价值。其中"书目答问版本图释"详细著录了编者经眼的49种《书目答问》的书名、著者、出版者、行款以及收藏者。此外，编者还选择其中有代表性的、较为重要的版本，配以清晰之书影，共计53幅，以达版本比勘之功效。《书目答问》问世之后，各家不断翻雕递印，由此产生了大量版本。各家翻刻时多有序跋述其刊刻原委。"书目答问刊印序跋"收录了8家11种序跋，包括潘霨的《书目答问序》，王秉恩的《书目答问跋》，李元度的《重刻𬭚轩语书目答问序》，舒龙甲的《书目答问笺补序》，江人度的《书目答问笺补自序》、《上南皮张相国论目录学书》和《书目答问笺补凡例》，叶德辉的《书目答问斠补序》和《书目答问斠补后序》，柳诒徵的《书目答问补正序》，范希曾的《书目答问补正跋》。这些序跋对于明了各家刊印《书目答问》之旨趣，以及该书之流布颇有助益。《书目答问》乃影响巨大之重要书籍，不少学者和藏书家常常把相关感想记在所得书上或所编书志中。"书目答问题识"收录了陈彰的《书目答问》墨笔题识、叶德辉的《书目答问》题识十二则、秦更年的《书目答问》墨笔题识、伦明的《书目答问》朱笔题识、孙人和的《书目答问》蓝笔题识二则、王伯祥的《书目答问补正》墨笔题识二则、袁行云的《书目答问补正》墨

---

① 参见梁启超《中国近三百年学术史》，收入朱维铮校注《梁启超论清学史二种》，复旦大学出版社，1985年，第317-318页。

笔题识二则、王秉恩的《书目答问》墨笔题识二则、潘景郑的《书目答问》墨笔题识、罗惇曧的《书目答问笺补》墨笔题识、高熙曾的《书目答问》墨笔题识三则、来新夏的《书目答问》墨笔题识五则、刘明阳的《补书目答问补正》墨笔题识五则、邵瑞彭的《书目答问补正》墨笔题识。这些题识虽然多为短札片语，但不乏真知灼见，并且刊有这些题识的《书目答问》大多珍藏在各大图书馆，故对于《书目答问》的研究当属不可多得之宝贵资料。"书目答问通检表三种"包括《书目答问所谓著述家之姓名、籍贯、学派、著述表》、《书目答问著录之书籍而作者未列著述家之书名表》、《书目答问未列著述家而著作著录于书目答问中之各家姓名、著述表》，系来先生1943年就读于北平辅仁大学历史系时，在其师余嘉锡的指点下，利用暑假编制而成，有点类似于课外作业，但至今仍有重要学术价值。

《汇补》附录中有不少精到的考辨文字。如第1119页指出，清光绪二年四川初刻初印本《书目答问》四卷、清光绪二年四川修订重刻本《书目答问》四卷的行款字数相同，而其他版刻方面则完全不同，实为两个版本。二者相异之处如下：一、两个版本经部正文从第四行双行小字开始文字不同；二、两个版本的刊刻字体不同；三、两个版本的版框大小不同，初刻初印本大，修订重刻本小；四、卷端下书口所题刻工姓名不同，初刻初印本题"邹履和"，修订重刻本题"彭焕亭"。又如第1121页著录了清光绪四年吴县潘霨影刻本，认为此本与清光绪二年四川修订重刻本的行款字数、卷端下书口题"彭焕亭"刻工姓名，以及经部正文第四行双行小字始题"阮本最于学者有益"均相同，当据以影刻。再如第1131页著录了民国十年上海朝记书庄石印本《增辑书目答问》四卷（题艺风老人辑），初学者仅看书名，容易产生此乃《书目答问》增补之作的误解。其实，此书行款字数及正文内容几与上海扫叶山房石印本相同，唯边栏不同。同时，附录还纠正了某些版本著录之讹，如该书第1120页著录了《书目答问》四卷有近年《中华汉语工具书书库》影印清光绪三年濠上书斋重刻本，指出：影印本卷首载《书目答问》提要云"此为光绪元年刻本"，当错。上述种种，显示出汇补者在版本目录学领域之深厚功底。

该书之所以能成为精品书，其中一个重要原因是三位编者的精诚合作。来先生撰有《"文人相轻"与"文人相亲"》[1]一文。从古至今，"文人相轻"固然

---

[1] 《东方文化》2003年第6期；收入《皓首学术随笔·来新夏卷》，中华书局，2006年。

十分普遍，但"文人相亲"亦代不乏人。该书可谓"文人相亲"之硕果，堪称典范。该书凝聚了来先生近七十年的心血。来先生学识博洽，德高望重，提携后进，自不待言。《书目答问》在来先生的学术道路上占有十分重要的特殊地位。他曾满怀深情地说道："四十多年读了一些书。如果有人问我何书最熟？答曰：《书目答问补正》；如果有人问我有何经验？答曰：《补正》当是治学起点。"①同时值得一提的是，来先生精通古典目录学，在"文革"的动乱年代中克服种种困难撰写了《古典目录学浅说》这一高质量的著作。此书由中华书局于1981年刊布后，受到广大读者的普遍欢迎，至今已重印多次，被全国多所大学选为教材或指导参考书，另外还被译为韩文出版②。笔者长期在浙江大学中文系古典文献专业开设"目录学"课程，即以此书作为教材。来先生在古典目录学领域的高深造诣以及对《书目答问》的烂熟于心，乃《汇补》取得成功之基础。另外，私藏古籍善本之富超过不少省级图书馆的韦力先生，很爽快地将自己"所写存私藏古籍著录成稿"纳入《书目答问汇补》，来先生颇为感动，喟然而叹曰："韦力君，固今之刘杳也！"③韦氏之补内容较多，版本丰富，尤其是收录了不少和刻本。从该书的"叙"和"后记"可以看出，李国庆先生对该书贡献颇大。当时来先生年事已高，精力不济，甚至以前自己在书上批注的那些墨笔小字也因目力不逮而模糊看不清。李先生利用整整五年的业余时间，通过艰辛的努力，终于将来先生"毛笔行楷，蝇头细字，上下勾画，左右移写，密布于字里行间与天头地脚处，几无隙地，形如乱麻，如入迷宫"之旧稿整理成符合出版要求之清稿，并增补了大量内容。值得一提的是，李先生还从全国各大图书馆搜集了珍贵的《书目答问》之图录。再则，他还在《书目答问》原书卷末所附的《国朝著述诸家姓名略》中加了按语，其内容是在每位学者之下增补字号、籍贯、主要履历及著述等，使《国朝著述诸家姓名略》带有简明清代学术史之性质，从而进一步增强了该书的学术价值。此外，李国庆还撰写了学术

① 来新夏：《我与〈书目答问〉》，载来新夏《古典目录学》卷首，中华书局，1991年，第5—6页。

② 来新夏：《韩译〈古典目录学浅说〉序》，《澳门文献信息学刊》第1期（2009年11月）。

③ 刘杳（479—528），字士深，平原（今山东平原）人，撰有《古今四部书目》五卷，是一部传钞行世之稿本。当他获悉另一位学者阮孝绪（479—536）在编撰《七录》时，刘杳便将自己所搜集的资料全部赠给阮孝绪，从而助其编成中国古典目录学名著《七录》。

性很强的《书目答问汇补后记》，既显示出他在相关领域的深厚功底，又为该书锦上添花。

原载于《友声集——来新夏教授九十初度暨从教65周年纪念集》 孙勤主编 中华书局2012年版

匠心独具

—— 读来新夏《古籍整理讲义》

崔文印[*]

大概是职业的关系，对于有关古籍整理的论著，我一向十分留心。传统佳节农历大年前夕，我非常荣幸地接到了来新夏先生惠寄来的新著——《古籍整理讲义》，拜读之余，既为老先生的青春常在而高兴，又为老先生的匠心独具而感佩。

本书共分十五"论"，它使我想起了在北大古典文献专业所学的有关课程，更深深感到有些"论"的特殊意义。

首先是目录学，那时我们用以讲课的课本是范希曾《书目答问补正》。翻开这部书，满篇的书名，当时确有茫然之感，不知这些书名有何用。工作之后才深深感到，恰是这一课程，使我们得益最多。在这部《讲义》中，来先生用了53页的篇幅来讲目录。来先生是当今目录学大家，他的专著《古典目录学》，曾经教育部批准，作为高校的文科教材，而他的《古典目录学浅说》，由于所讲深入浅出，亦深得读者欢迎，出版二十来年后，为中华书局所再次重印，收入了《国学入门丛书》。因而来先生所讲目录，不仅条理分明，而且重点突出，十分便利初学者学习。来先生在这一论中，首先明确了"目录"一词的定界，接着他写道：

> 目录既成为专门之学，究竟它有什么用呢？我认为：目录是用来反映图书内容，便于检寻所需图书的重要工具。把它作为一门专学来研究，在学术

---

* 崔文印，中华书局编审。

本身来说能"辨章学术，考镜源流"，就是说可借此了解某一学问的性质、内容，并且考察它的流派及发展，得到明确清楚的认识。而对治学者来说则能"即类求书，因书究学"，即运用这种目录知识可寻求到所需要的图书典籍，从而根据这些资料去探究这门学问，起到了研治学术的辅助作用。因而历来为学者所重视。（《讲义》第30页）

这段文字如话家常，通俗得如同大白话，但却把目录学的功能、掌握目录学的必要性等，都讲得十分透彻，充分体现了来先生这一《讲义》的特色。

尤其难能可贵的是，在这一章中，来先生按照我国传统目录的类型，向大家介绍了"史志目录"、"国家目录"、"私人目录"、"地方文献目录"，等等。特别是在"初学目录"中，来先生说：

古典目录书数量颇多，门类又广，对于初学者来说，颇有难以入手之苦。近代以前，《四库全书简明目录》可以算是一部为初学者而编的入门课本。十九世纪末任四川学政的张之洞应初学者的要求，在缪荃孙的帮助下，写定了《书目答问》一书，内容简要易读，也颇有新意。过去许多目录学家曾受其益，如余嘉锡先生曾自称他的学问"从《书目答问》入手"……近人范希曾为它作过《补正》，增补订正甚多，使该书质量有很大提高，更便于初学。（《讲义》第42页）

来先生在这里十分谦恭地只举了他的老师余嘉锡先生，其实，来先生自己也非常得益于这部书，他曾说："四十多年读了一些书。如果有人问我何书最熟？答曰：《书目答问补正》。如果有人问我有何经验？答曰：《补正》当是治学起点。"（《古典目录学·代序——我与〈书目答问〉》）足见，这里所讲，都是甘苦的治学经验之谈，是从自己的治学实践中总结出来的真知，绝非泛泛之谈。

为了使初学者掌握我国古典目录学全貌，来新夏先生还在这一章中用五个小节，勾勒了我国古典目录学的发展轨迹，看一看这五小节的标题还是非常有益的：

（一）官修目录和史志目录的创造——两汉

（二）四分与七分——魏晋南北朝

（三）官修目录和史志目录的发展——隋唐

（四）私家目录的勃兴和目录学研究的开展——宋元

（五）古典目录学的昌盛——明清

这真是大手笔的勾勒，寥寥几笔，轮廓俱现，它是浓缩了的中国目录学史，或者说，它是具有两千年之久的中国目录学史之纲领，甚便于初学者掌握。这里，作者的化繁难为简易之功是显而易见的，同时，也正是这一《讲义》的功力所在。

来先生这一《讲义》另一让我感慨的是《论工具》一章。记得在大二时，我们开了一门"工具书实习课"，北大图书馆为我们摆了许多工具书，实在说，这些工具书，有好多是久闻其名而未见过面的，还有相当一部分甚至连名也未闻过。在这门课上，我们不仅可以看到很多工具书，而且还可以在老师的讲解指引下，亲自摸一摸、查一查，真是十分新鲜。那时，我们还打"赌"，看谁查得快，想起来犹如昨日一般。这些工具书形同拐杖，辅助我们走在漫长的治学之路上，有些工具书，如《康熙字典》、《十三经索引》、《二十史朔闰表》等，则一直是我的案头书，未曾一日离开过。因此，看到来先生这一章《论工具》，其亲切感真是油然而生。同时，也不能不佩服来先生的卓识远见。须知，了解工具书，会用工具书，这可是搞古籍整理必备的基本功啊！

在这一章中，来先生除介绍了一般的字典、词典、索引、图表等外，特别是对类书的介绍，更是独具匠心。因为所谓类书，实际就是我国古代的百科全书，它的引文，不仅具有校勘价值，而且有些还具有辑佚价值。从实际情况看，有些小型类书如《初学记》、《艺文类聚》等，常放在手边，以便查典故之用。有些大型类书，如《太平御览》、《古今图书集成》等，虽不一定自己置备，但有时碰到一些问题，却非查它们不可。因此，了解和掌握它们的特点还是十分必要的。想当年，在古典文献专业开设工具书实习课，是魏建功、阴法鲁等前辈学者的主张，开设这门课的意义已在工作实践中得到了证实。现在，来先生讲古籍整理，也特别注重工具书的实用，这不能不是英雄所见略同啊。

最后，这个《讲义》让我感慨的是《论十三经》和《论二十四史》两节。经和史是我国传统文化的核心，古代的文人，均由读经读史出道。现在，是很少有人读这些了。即便是在古典文献专业，我们所读的，经部也只是《论语》、《孟子》和《诗经》的一部分，但由此却知道了"十三经"；史部只有《史记》一种，但却由此知道了"二十四史"。但如果不读经史，不要说整理古籍，即便是浏览古籍，很多地方你也会"不知所云"。因此，了解经史的重要，诚如来新夏先生所说：

> 倘若对儒家的经籍没有一定的了解，对中国两千多年的经典兴衰演变茫然不知，更难以对中国的古典文学、古代史、哲学史、政治思想史、语言文字学、文献学、民俗学、地理学等开展研究，也就难以对各学术领域的历史人物做出符合历史发展实际的评价。（《讲义》第208页）

不难看出，读点儒家经典，应是搞古籍整理的基本功之一。

对于"二十四史"，来先生也作了非常简赅的说明，他说：

> "二十四史"是我国通贯古今的一套史书，也是传递我国传统文化的主要渠道之一，在世界史学史以至文化史上都居于当之无愧的领先地位。千百年来，我们的先人从中接受知识和吸取精神力量，我们的民族和国家以有这样大量丰功伟绩的明确记载而感到自豪，所以很有一加翻读的必要。（《讲义》第232页）

但是，这套共三千五百一十卷的大书，总字数计有三千万字之巨，即便每天保证读一卷，也需要十年之功，岂不令人望而生畏？不过，来先生自有他一套读史的方法，他说：

> 在"二十四史"中重点是前四史，这是应该比较详细地阅读的。前四史共435卷，如果每天读一卷，则一年半也可全毕。再者，"二十四史"中有些部分可以略读和缓读，如天文、五行等志比较偏于专史性质，需要具备一定专业知识，可置于缓读地位；年表、月表和地理、职官等志是备检索查考之用的，可作为略读以掌握其查阅方法。"二十四史"中还有一些人物和时代相重复的部分，如《史记》和《汉书》间，两《汉书》间，《汉书》和《三国志》间，《南史》和宋、齐、梁、陈诸书间，《北史》和北齐、北魏、北周诸书间，既可以比读两部史书，又因为所记事迹重出，易于熟悉，加速了阅读进度。（《讲义》第232页）

这显然是来先生自己读"二十四史"的经验之谈，对我们读这套史书极有指导意义。

来先生这部《古籍整理讲义》的十五"论"，虽作者自己谦称"未能包括整理古籍的全部技能，而只是择要论说，用备初学者的参稽"（本书《序言》第4

页），但正是其所择之"要"十分恰当，也便能使初学者抓住要领，少走弯路。从这个意义上说，这部《讲义》确实有画龙点睛之功，是来先生大半生学术实践经验的真传。

顺便提及，来先生这部《讲义》，收在鹭江出版社出版的《名师讲义丛书》之中。毋庸置疑，这部丛书的策划实在是动了脑筋，创了一个学术新天地。在即将出版的书目中，林庚先生的《中国文学史》颇撩人阅读之欲，他对唐代诗文的独特见解，早就闻名于学界。何兹全先生是我国魏晋封建说的首倡者，他的《中国古代及中世纪史》，必有其不同凡响之处。其他如张岱年先生、费孝通先生等，都是当之无愧的一代大师，这些大师讲义的出版，必将嘉惠后学，在学术界产生巨大影响。

原载于《书品》2004年第3期

育人第五

来新夏先生图书馆学思想与成就研究

徐建华　冯凯悦[*]

一、引言

来新夏先生是我国著名的历史学、方志学、古典目录学和图书馆学家，其《北洋军阀史》、《方志学概论》、《古典目录学》和《中国图书事业史》等专著分别是这四个领域的入门必读，也可称为奠基之作，至今在学术界仍大有影响。近年来，来新夏先生将学术与文化融会贯通，凭借其"学术随笔"，完成了由研究学者向文化学者的转型，被文化界誉为"纵横三学，自成一家"。通常，人们对于"三学"的理解是历史学、目录学和图书文献学，然而，我们认为这种说法尚有值得商榷的余地：就学科体系而言，图书文献学并非一个严格的学术概念，和历史学、目录学也不是一个级别的学科分类体系。严格来讲，来新夏先生的研究成就主要集中在近现代史、古典目录学、方志、图书事业史和图书馆学几方面，他的研究成果对奠定这些领域的学术基础都起到了非常重要的作用，在各领域的学术地位也不相伯仲，不应该忽略任何一方面的成就。按照现今的学科体系，图书事业史应归入图书馆学，因此，应该说来新夏先生纵横历史学、古典

* 徐建华，南开大学教授；冯凯悦，南开大学商学院信息资源管理系硕士研究生。

目录学、图书馆学和方志学"四学",而非"三学"。

来新夏先生师承范文澜、陈垣和余嘉锡先生,因此,他在史料搜集和编纂,乃至古典目录学、文献学等领域均有很深造诣。"文革"结束后,凭借深厚而扎实的功底,迅速搭建起古典目录学、方志学的学科结构,这种学术积淀与宏观视角为他进入图书馆学,并最终形成自己特有的学术体系起到了重要作用。不同于另外"三学"对文献资料的偏重,来新夏先生在图书馆学方面的研究和思考还与他的图书馆实践紧密相连,与他改革开放后在图书馆界的积极活动有很大关系。1979年,来新夏先生在南开大学分校创办图书馆学专业,担任专业主任;1981年,在他倡导下建立的天津市高校图书情报工作委员会成立,并长期担任常务副主任;1983年,创办了天津高校图工委的机关刊物——图书馆学学术期刊《津图学刊》,且任主编长达二十余年;1984年,担任南开大学图书馆馆长,同年在南开大学本校创建图书馆学系,任系主任;1991年,作为天津高校图书情报工作委员会访美考察团副团长,对美国高校图书馆进行了深入的考察[①]。可以说来新夏先生的图书馆研究与实践几乎覆盖了图书馆教育、事业和研究三大领域,在教育界、业界和研究界"三界"均有成就。缘此,我们不妨套用前文,称他"纵横三界,自成一家"。

如今,来新夏先生已经年届九旬,而中国图书馆学界恰逢思辨与实证的方法之争、学术规范不断加强的关键时期,图书馆事业发展则处于国家"十二五"文化大发展的机遇与转折的重要时期,图书馆教育则处于专业化教育、职业化教育共同发展、进程同步加速的特殊时期。因此,研究总结来新夏的图书馆学思想和成就,回溯并梳理其思想渊源和发展脉络,对推动图书馆学教育、事业、研究的发展将会大有裨益。

二、来新夏先生图书馆历程的阶段性特征分析

(一)1979—1983年:结缘图书馆

1979年,来新夏先生受命在南开大学分校创办图书馆学专业,并担任专业主

---

① 来新夏. 来新夏自订学术简谱〔N〕. 2011-09-24. http://blog.163.com/zhuyanmin2009@yeah/blog/static/109991400201182492711121/.

任，开始了他的图书馆生涯。在办学实践中，他发现这个领域不仅急需大量专业的人才，更需要学科内部的改革与推进，由此他开始重视图书馆学研究，而发端正是他同年发表的《喜迎图书馆事业的春天》，文中提到他"愿将图书馆学作为我的第二本业……不惜精力地去从事中国古代图书事业史和古典目录学等科目的学习和探讨"①。事实上，来新夏先生也确是从这两个方向入手的，这在他1980年的两篇文章中可以找到根据：其一是《试论〈中国古代图书事业史〉的研究对象与划阶段问题》②，该文不仅对研究对象进行了深入细致的探讨，更通过对中国古代图书事业的创始、兴起、发展、兴盛四个阶段的划分和描述，概述了中国古代图书事业的发展过程，其对中国图书馆史研究的阶段划分思想一直延续下来，几乎可以算是《中国古代图书事业史》一书的提纲；其二是《版本、校勘考证与目录学——〈目录学浅谈〉之七》③，作为来新夏先生古典目录学系列文章当中的最后一篇，突破了以往在古典目录学学科内部的研究，从学科关系辨析的角度出发，概述了古典目录学相关学科的基础理论，从宏观上构筑了图书馆学在古典文献领域的整体框架。

来新夏先生此时的图书馆学研究尚未完全脱离其历史学和目录学的研究视角和方法，但作为一个非图书馆出身的学者，其不同寻常的学术视角必然会为图书馆的改革和发展带来深切影响。

（二）1984—1991年：全面拓展期

1984年，来新夏先生在南开大学本部创立了图书馆学系，担任系主任。在教学过程中，他逐步构建起特有的教育理念，比如，"三层楼"制的多层次培养模式，即对应图书事业需要不同类型人员，在不过多地牵动原有的本科四年制的前提下，把四年划为二二制，再加上研究生制，从而构成新兴的图书馆教育结构型式④。这种教育模式虽然没有实现，但如今图书情报专业硕士（MLIS）却与之有一定的相似性。

---

① 来新夏.喜迎图书馆事业的春天［J］.图书馆学通讯，1979（2）.
② 来新夏.试论《中国古代图书事业史》的研究对象与划阶段问题［J］.学术月刊，1980（5）.
③ 来新夏.版本、校勘考证与目录学——目录学浅谈之七［J］.图书馆工作与研究，1980（4）.
④ 来新夏."三层楼"制初议［J］.大学图书馆通讯，1983（5）.

不久，来新夏先生开始担任南开大学图书馆馆长，并逐渐将视角转向图书馆改革与发展问题上。他从实际工作经验出发，认为图书馆应从机构、管理体制、基础工作、工作手段、人员结构①等方面进行改革，不仅提出了中国高校图书馆职能要从被动、静态的传统"知识宝库"型图书馆向"知识喷泉"型图书馆转变的观点，更积极提倡由高校图书馆开设"文献检索与利用"课程，并通过全国高校图工委等机构呼吁改革僵化的旧职称评定体系②，为此后中国图书馆进入快速发展时期做出了积极努力。

八十年代后期，来新夏先生图书馆学思想日臻成熟，他通过研究图书馆学基础课程，发现其中重叠交叉严重，因而，调整了图书馆史的课程，形成他的代表作《中国古代图书事业史》和《中国近代图书事业史》，奠定了他在中国图书馆学界的学术地位。

同时，来新夏先生在担任南开大学图书馆馆长期间还推动了多项改革，其中尤以对内提高员工待遇，开创通过与国外图书馆合作交流的人才培养机制来完成"岗位人才"储备的需求，以及对外通过提高图书馆服务质量来提升图书馆在学校教学科研中的地位两大成果最为突出。这些工作成果也开拓了来新夏先生晚年在图书馆管理领域的研究视角，丰富完善了他的图书馆教育理念。

可以说自1984年到1991年，是来新夏先生图书馆学学术思想从历史学、古典目录学中独立出来，稳步发展成熟的时期；是通过图书馆教育与管理实践的不断拓展和深入，其图书馆管理和改革思想不断成熟和发展的时期。虽然此时来先生已经年近古稀，但是他在图书馆领域的探索和推进并没有因此而停滞，而是开始进入全面提升的时期。

（三）1992—2002年：体系成熟期

九十年代前期，来新夏先生行政职务逐步减少，而图书馆学思想却厚积薄发，开始自成体系。其标志之一就是来新夏先生的研究开始转向古籍保护和藏书文化，而他自己也正是在研究领域的转变过程之中逐步完成由专业学者向文化学者的过渡。两个方向的研究与中国图书事业史和古典目录学有明显的学术渊源，

---

① 来新夏. 新时期的新任务——论高校图书馆的改革［J］. 大学图书馆学报，1984（5）.

② 王淑贵，夏家善. 振兴高校图书馆事业的开路先锋——著名图书馆事业家来新夏先生纪实［M］//南开大学地方文献研究室. 来新夏教授学术研讨会纪念集. 乌鲁木齐：新疆大学出版社，2002：69.

地区藏书文化的研究还是他八十年代在方志学领域取得重大进展之后的融会贯通之作，因此，标志之说并不夸张。值得注意的是，来新夏先生的藏书文化研究较为关注藏书家的文化心态和人文精神层面的建树，由于中国现代图书馆是从西方传入，学者多关注国外图书馆学人文精神和职业道德，而忽略了中国藏书家的文化心理和精神追求，来新夏先生的溯源研究对解决我国图书馆学界目前面临的职业化进程中的各种问题未尝不是一种新的视角。可见，来新夏先生已经充分将自己涉猎的四个学科融会贯通，思想体系日臻成熟，并逐步确立了特有的人本和宏观的思考角度。

此时，《中国古代图书事业史》、《图书馆学情报学档案学简明辞典》、《古籍整理散论》、《古典目录学研究》和《中国近代图书事业史》等著作先后问世，逐步搭建起来新夏先生自己的学术和思想体系。虽然这一时期，来新夏先生的著作多关注于中国的传统文化和古代典籍，但是他的学术视域并非仅限于此。在这期间，他先后接到美国哥伦比亚大学东方图书馆和东方研究所的邀请赴美讲学，后又以天津图工委赴美考察团副团长的身份对美国俄亥俄州六所高等院校的图书馆进行考察，根据自己的经历和思考，从经费、藏书、馆舍、设备、服务、人员素质和电脑化程度①七个方面分析了中美高校图书馆之间的差距，至今我们所进行的中外图书馆差异研究，依然会从这七个角度入手，寻找我国高校图书馆未来发展的方向。

2002年，来新夏先生获得美国华人图书馆员协会"杰出贡献奖"，这一奖项可以说是继国内图书馆学界对来新夏先生图书馆学思想和成就的肯定之后，国际图书馆界对他推动中国图书馆教育、事业和研究发展，以及促进国内外图书馆界交流所做贡献的极大肯定。

这十年来，来新夏先生不仅将古今图书馆思想融会贯通，更通过不断出国访问、考察、交流，将自己的视域贯通古今，中西结合，逐步呈现出思想日趋成熟，体系逐渐完善之态。而他促进中外图书馆交流合作所取得的成就，更是得到了国际图书馆界的肯定。

（四）2003年至今："纵横三界，自成一家"

八十大寿之后，来新夏先生的学术研究开始打破学科与学科之间、学科与文

---

① 来新夏.美国大学图书馆巡礼［J］.群言，1985（7）.

化之间的界限，而为这一融合提供保障的正是他的人本视角和宏观发展的眼界。米寿之后，耄耋之年的来新夏先生仍然持续关注图书馆事业发展，并通过自己的影响力，为基层图书馆员的权利与需求积极奔走。此外，他从职业教育角度出发，结合以往教育改革研究成果，提出图书馆员再塑造理论，该理论秉承了他一贯重视图书馆教育的思想，同时也为中国图书情报未来的发展做了科学分析和展望。

另外值得一提的是，来新夏先生学术随笔日有所成，从研究型学者转变为文化学者也是在这个时期完成的，在图书馆领域独树一帜，为提高图书馆学者的社会地位和社会影响力，争取图书馆界的话语权起到了积极作用。

从时间纵轴回顾来新夏先生的图书馆学思想沿革和图书馆工作实践，可以发现：他的图书馆学思想经历了一个由文献到人文、由理论到实践、由事业到文化的过程，而贯穿其中的是他推动图书馆教育和改革以及关注图书馆文化和人文精神这两条主线，其思想基础正是来新夏先生深厚的历史学功底及其自身博大的人文情怀。

强调来新夏先生的人文主义倾向，并非说他不重视技术，相反他非常重视现代信息技术对图书馆学研究和实践的支持作用，早在八十年代初，他亲自参与编写的《社会科学文献检索与利用》，其中专设一章题为"电子计算机社会科学文献检索系统简介"，这在当时是比较鲜见的；同时他还十分看重国内外图书情报界的交流，至今重视学科建设与英语能力依然是南开图书馆学系的传统[①]。可见，来新夏先生重视传统和人本并非固步自封、墨守成规，而是对"技术至上"主义进行批判性思考的结果，这种批判性思维也是他多年来学术思想中始终坚持的信条。

整体来看，来新夏的图书馆学研究和工作阶段性特征非常明显，每个时段都有新的研究成果和成就，并且不断扩充自己的研究视野和实践范畴，在思想深度和高度上也逐步推进。然而，他将人本主义的思想与图书馆学真正地融会贯通则是古稀之年之后的事情，这种经过时间和具体工作实践积淀下来的思维体系形成了他独有的风格，即从实践线索来看，从教育和改革入手，而成于人文主义的思考和文化层面的解读，这是来新夏先生能够"自成一家"的根本原因。

---

① 于良芝. 我所认识的来新夏教授［M］. 来新夏教授学术研讨会纪念集. 新疆大学出版社，2002：132.

三、来新夏先生的图书馆成就

（一）图书馆学教育理念与办学实践

改革开放后，来新夏先生本着为国家培养人才的初衷，投身图书馆教育工作，是中国图书馆学界的著名教育家。

来新夏先生花甲之年投身图书馆学，因此，对图书馆学能够有更为客观而清醒的认识。这种批判性思维是可能源自于他的历史学背景——从宏观和发展的角度看待问题。他率先发现中国图书史、目录史、图书馆史三门课程内容交叉重复严重，据此对整个课程体系实施改革，合并为"中国古代图书事业史"，被誉为"三史合一"①。此后，他进一步编纂了"中国近代图书事业史"，基本上捋清了中国图书事业的发展脉络，优化了中国图书馆学教育的内容和体系。他在课程结构改革方面的另一项成就是搭建了自成系统的新课程结构，该结构与其设计的"三三制"培养模式相适应，并且重视实践，突出了图书馆学学科特点，此外还要求学生广泛涉猎，不仅有第二外语，还增设学科课，具有极强的实用价值。同时，他还十分重视师资力量的培养和课程教材建设，在他主持下首先出版的《图书馆学情报学系列教程》，是图书馆学界首套成系统的教材。

随后，来新夏先生还创造性地设计了"三三制"的培养模式，即将本科教育分解成两个阶段，同时重视职业教育，并在研究生教育中变传统的导师制为教师学者开始"一主众辅"的专业课程的研究生班②，为解决图书馆专业教育和职业教育之间交叉所带来的矛盾提供了可行的解决策略。这一构想秉持了他的宏观视角、批判性思维和实用主义理念。在来新夏先生的办学实践中，一以贯之的就是培养"有用人才"的理念，因此，他既看重图书馆学教学中中国图书事业史的传承，也看重专业英语的培训；在师资力量的培养中既看重多学科人才的引进，也重视培养教师职业认同感，这种务实的教育理念是非常可贵的。

（二）图书馆管理理念与馆长工作

图书馆学是整个学科体系中为数不多以机构来命名的学科之一，这就决定了

---

① 焦静宜. 来新夏教授学术述略［M］. 来新夏教授学术研讨会纪念集. 新疆大学出版社，2002：218.

② 来新夏. 试论图书馆学教育的发展与改革［J］. 津图学刊，1983（1）.

它与图书馆这一机构紧密相连的关系。来新夏先生之所以能够在进入这一领域后，迅速了解该领域的特点和问题，是与他担任南开大学图书馆馆长的实际工作分不开的。在担任南开大学图书馆馆长的十年间，他主要通过不断改革来实现自己对内和对外的管理理念，而这种管理理念可以从他的管理和发展研究中看出思想脉络和特点。

来新夏先生的图书馆管理研究有两大主要特点，其一是"人本"理念，其二是从实际管理工作角度出发。他撰文研究的图书馆人力资源管理（分为图书馆和图书馆员为研究对象两个角度）[①]、体制改革与业务管理[②]、危机管理[③]等问题均有一定的前瞻性，他强调图书馆管理研究应该重视适应性和合理性，核心是对图书馆员的管理，要通过科学的管理手段塑造具有专业素养和职业道德的新时代图书馆员，这些思想至今仍影响着整个图书馆界。

图书馆管理与发展是关联非常紧密的两个研究方向，来新夏先生关于图书馆发展的研究，也可分为两个部分，其一是图书馆学发展研究，从图书馆学发展而言，他认为未来图书信息学会更加重视业务实习和社会实践[④]，而图书情报学则还应该重视历史遗产[⑤]，体现了来新夏先生对传统与现代不可偏废的学术理念。其二是图书馆实践发展研究，这部分内容与图书馆管理联系极为紧密，而来新夏先生的图书馆发展思想是与改革紧密相连的，正是针对高校图书馆管理过程中出现的问题，他提出"信息"和"教育"两大职能，成为今后相当长一段时间内高校图书馆发展的主要趋势[⑥]。

比较而言，来新夏先生的图书馆管理与发展研究除突出了动态发展地看问题的视角外，在研究方法上，还较早地应用了管理学中的案例研究方法和历史学中基于史料的推理演绎法，这些都拓宽了研究视野，丰富了图书馆学的研究方法。

来新夏先生的馆长工作的核心理念就是"人"，这点体现在他对内构建人才管理体系和对外强调通过服务来提升高校图书馆的地位两项主要工作中。来新夏先生秉持的人才观是一种专业的和开放的人才观，即在图书馆掌握用人自主权的同时，构建一种专业的人才评审机制，并强调馆员的自我提升和岗位培训，在岗

① 来新夏.人与思想［J］.津图学刊，1983（3）.
② 来新夏.新时期的新任务——论高校图书馆的改革［J］.大学图书馆学报，1984（5）.
③ 来新夏.要注意改革中的新问题［J］.大学图书馆学报，1985（1）.
④ 来新夏.中国图书馆学信息学教育的回顾与展望［J］.津图学刊，1994（2）.
⑤ 来新夏.中国的图书馆学情报学教育及其未来［J］.教育数据与图书馆学，29卷（2）.
⑥ 来新夏.把高校图书馆办成研究型图书馆（代序）［J］.河北科技图苑，2006（6）.

位责任制和考核奖惩制的框架下实现"老有所安，中有所用，青有所学"，从管理模式上推动了南开大学图书馆改革和职业化的进程。从战略管理的角度而言，他依然重视"人"的作用，而这里的"人"则具体化为每一位图书馆的用户，正是这种立足用户的思想激发了他提升图书馆服务的决心，这其中值得关注的是他所强调的对用户信息能力的培养。为此，他积极呼吁由高校图书馆开展"文献检索与利用"课，并带头组织全国高校图书馆"社科文献检索与利用"师资培训班，为提升全国高校师生的信息素养与信息能力储备了大量的人才资源。

（三）《津图学刊》创刊历程和一贯原则

《津图学刊》是天津高校图工委的机关刊物，1983年创办以来，受到图书馆学界的重视，成为天津图书馆界非常重要的交流平台。这一刊物是来新夏先生一手创办的，因此，它所坚持的办刊原则事实上也反映了来新夏先生的学术准则和学术操守。

来新夏先生不仅是《津图学刊》的创办人，还任该刊主编近二十年，因此，对《津图学刊》怀有很深感情。他曾形象地用"非婚生子"来形容这类"内刊（即非正式期刊）"，虽然是幽默的口吻，但是其办刊初期的艰辛依然可以从字里行间感觉出来，直至1993年，《津图学刊》的会刊发行号和刊号才被批准，此时来新夏先生喜不能寐，几乎忘掉自己已近古稀之年，为刊物取得合法身份欢呼[①]。而他为《津图学刊》如此辛劳的真正目的则是希望通过《津图学刊》这一平台，使"广大高校图书馆人员从此可以不仰人鼻息而自有园地。研究的成果，经验的点滴，都将通过这一刊物而广为传播，让人们不再漠视我们这些掌管信息和知识的人"[②]。这种专业的视角是图书馆人特有的，其中所蕴含的社会影响力的问题，时至今日事实上仍是图书馆界亟待提升的方面。

《津图学刊》虽非核心期刊，但是其办刊特色和学术规范却得到了广泛认可：比如强调学术道德，《津图学刊》是我国各类期刊中较早关注学术道德的刊物，为营造良好的学术交流平台肃清了风气；此外，该刊召集了一大批海外归国的学者对学术规范进行严格要求，来新夏先生为了兼顾规范性和学术价值，不仅

---

① 来新夏.非婚生子的喜悦——祝《河北科技图苑》公开发行［J］.河北科技图苑，1996（2）.

② 来新夏.风雨十五年［J］.津图学刊，1998（4）.

自己以身作则在该刊发表多篇文章，更专门向不同研究方向的权威约稿，以期提高《津图学刊》的学术水平；另外，《津图学刊》在来新夏先生的人本思想和人文关怀的影响下，重视对知识和作者的尊重，他在刊物经费不足的情况下，依然坚持不收取版面费，希望能够尽己所能，降低知识成本。

这种尊重知识的态度和对学术道德的坚守不仅在当时显得至关重要，在现今各种学术不端事件频频发生的时代，来新夏先生的这些原则依然具有积极的意义和价值。虽然由于国家停办机关刊物，使得《津图学刊》也难以逃脱停刊的命运，但是来新夏先生的办刊理念却得以保存，至今仍具有很高的现实价值和意义。

（四）古籍保护、藏书文化及其他研究成果概述

来新夏先生作为历史学和古典目录学出身的学者，对古籍价值和藏书文化的理解非同一般，同时，他多次撰文强调中国古代图书文化的价值，如果说1991年的《略说中国图书文化》是他学术思想中该领域研究的萌芽的话，那么依照来新夏先生一贯重视"丰厚的资料"的严谨学风，以记述详实准确为特色的《南开大学图书馆古籍藏书概览》可谓是其在该领域的发轫之作。随后他定义了中国藏书文化的基本概念，指出中国藏书文化的基本理论是以藏为主、藏用结合[①]，强调"仁人爱物"的人文主义精神[②]，并结合他对方志学的研究，撰写了多篇介绍中国古代藏书家的文章，从不同学科的角度来看，都具有极高的学术价值。

来新夏先生涉猎极广，除了以上研究以外，他还对诸多相关领域都进行过深入研究，包括美国图书馆建设研究、图书馆学期刊的生存现状和发展研究，以及通过给各种图书馆学专著作序，对专著所关注的领域阐述自己的观点。这些研究都凸显了来新夏先生的独特的学术视角和深厚的学术造诣，从而形成其图书馆学思想和成就的重要组成部分。

四、结论

来新夏先生是著名的图书馆学家，他不仅家学颇深，而且在历史学、古典目

---

① 来新夏.中国藏书文化的基本理论［J］.书城，1997（5）.
② 来新夏.中国的藏书文化与人文主义精神［J］.图书馆，1997（5）.

录学等方面都有很深造诣，成果斐然。他以花甲之年投身图书馆学，并利用多年积淀下来的历史学功底，对中国图书馆学教育的内容、模式和理念进行重新审视，在图书馆事业改革和发展中，坚持以"人"为本和宏观开放的视角，在实践中不断调整策略，在图书馆学研究中不断深化发展，形成了自己的思想体系，共同促进了图书馆教育界、业界以及研究界的发展，是对中国图书馆学界做出巨大贡献，产生深远影响的一位学者。

来新夏先生结缘图书馆业已卅年有余，他的图书馆思想从来都是宏观开放的，不仅重视学科之间的融合，还十分重视人文精神层面的思考，而这种开放的态度、专业的视角和人本的文化理念，是如今图书馆界最缺乏的三种"软实力"。图书馆界的发展不仅需要学者和工作者们不断贡献智力成果，更需要从来新夏先生这样的图书馆学家身上挖掘发展的动力，只有如此，才能在图书馆改革的关键时期，把图书馆真正推到良性发展的轨道上，促进我国图书馆事业的进步。

原载于《国家图书馆学刊》2012年第3期（总第81期）

来新夏先生与图书馆学教育

柯　平[*]

来新夏先生是我系创办人，也是改革开放以后我国当代图书馆学教育的早期开拓者。在来新夏先生九十初度暨从教六十五周年之际，特撰此文，表示衷心的祝贺。

一、创办两个图书馆学系，开创天津图书馆学教育事业

世界图书馆学教育始于1887年杜威在哥伦比亚大学创办的图书馆管理学校，我国图书馆学教育发端于1920年创办的文华图专。长期以来，我国图书馆学办学点主要是南北两大家：北有"北大"，南有"武大"，图书馆学教育整体规模小、发展缓慢，无法满足图书馆事业的发展要求。

改革开放迎来了高等教育事业的春天，也迎来了全国图书馆学教育的春天。就在图书馆事业百废待兴之际，全国急缺图书馆专业人才，于是各地开始酝酿兴办图书馆学专业。

在教育界落实政策之际，1978年来新夏先生的"历史问题"得以结论。1979年，南开大学随大学兴办分校之风，在八里台就近办起了一所分校。当分校开始分专业之时，来新夏先生首倡并受命筹建图书馆学专业，任图书馆学专业主任，从此便与图书馆学教育事业结下了不解之缘。来新夏先生以高度的责任感，全力

---

* 柯平，南开大学教授、信息资源管理系主任。

以赴，阅读了大量图书馆学著作，掌握了图书馆专业知识，在半年时间里，组织起了生源。当时分校的学生是预科班，没有分专业，学生们纷纷选报外语和企管类专业，图书馆学专业不足一个班，来新夏先生给学生们作了一次专业演讲，十分成功，学生选择图书馆学专业的积极性高涨，图书馆学专业一下子增加到三个班。我刚来南开时，就接触了一批分校的毕业生，说当年来新夏先生的演讲特别吸引人，把图书馆学的前途讲得鼓舞人心，他们当年就是听了来新夏先生的演说最后选定了图书馆学专业，走上了图书馆的道路。

在分校，没有专职教师，来新夏先生就四处邀聘；没有教材，就组织编印。很快让图书馆学专业在分校办得有声有色。分校图书馆学专业稳步发展，也积累了新专业的办学经验。

1980年，来新夏先生在主持创办南开大学分校图书馆学专业实践的基础上，开始考虑创建南开大学图书馆学系，但是当时的图书馆学处于酝酿期，批准设立新专业非常困难。来新夏先生决心很大，他不仅邀请教育部图工委主任庄守经教授（北京大学图书馆学系原系主任、北京大学图书馆原馆长）进行了实地考察，还得到了教育部科教司力易周同志非常积极地支持。1982年夏，来新夏先生开始起草申请设立图书馆学系的相关材料，并造访当时的教育部高教司司长季啸风同志，得到了他的赞同。同时滕维藻校长对于创办图书馆学专业给予了大力支持，因此，学校向教育部提出了筹建图书馆学专业和图书发行专业的申请。

兴办图书馆学专业恰逢其时，1982年11月，教育部正式将图书馆学情报学教育的问题提到议事日程，列入了工作计划。1983年4月，全国图书馆学情报学教育工作座谈会在武汉召开。1983年8月8日，教育部批复同意南开大学筹建图书馆学专业。11月12日，学校正式决定设立图书馆学系，并由来新夏先生负责筹建。

来新夏先生在《烟雨平生：邃谷主人自述》回忆中说"1983至1984年是我一生中被人称为'辉煌'的顶点"（见《天津记忆》第50期第44页）。的确，这两年重要职务接踵而至，1983年6月"破格"晋升教授，1984年连任南开大学图书馆学系系主任、图书馆馆长、出版社社长兼总编辑，还有其他众多学术兼职。在一个大学，一人同时管理三个单位，对于一般人来说不可想象，非卓越之才能不可为。可能在他人看来，此诸多职务都是荣耀，而没有想到承受着更多的责任与使命，个中辛苦谁能知晓。我曾在郑州大学，同时担任了图书馆学系系主任和图书馆馆长，颇有些体悟，但与来新夏先生相比，无论是职务、影响和能力都相差甚远。在我看来，这许多兼职，虽然辛苦，却有利于图书馆学系的建设与发展。

1984年是南开大学图书馆学系创办之年，这一年来新夏先生为一个刚刚诞生的图书馆学教育"新生命"而奔波，为图书馆学新专业进行了充分准备、精心设计并付出了心血。先是组建了以来新夏先生为主任、张格为副主任、耿书豪为党支部副书记的三人领导班子，接着来新夏先生就带人到南方考察图书馆学系办学经验，访问了南京大学图书馆学专科班、华东师大图书馆学系、复旦大学分校图书馆学系以及武汉大学图书情报学院。回来后就着手制订首届本科生及进修班教学计划，确定任课教师。

来新夏先生勇于任事，既能干事，又能成事。1984年9月，图书馆学专业开始招收本科生33人。至1986年共招本科生100人。来新夏先生当选南开大学校务委员会委员，体现了来新夏先生在南开大学的影响，也说明了图书馆学系在学校是很有地位的。

一人创办两个图书馆学系，并且同时担任图书馆学系系主任、图书馆馆长和出版社社长，这在中国图书馆学教育史上是罕见的。

二、明确图书馆学系办系思想与发展道路

众所周知，图书馆学是一门实践性强的学科，图书馆学教育重视技能培养是理所当然。然而，来新夏先生对图书馆学教育有更深的理解，他从教育博与专的关系出发、从图书馆的实际特点出发，培养以博为基础的专业人才。在南开大学分校，他提出的办学方针是，不仅要学习图书馆管理方面的有关技能性操作课程，还要求学生能植根于"博"。于是广泛开设各种人文和自然学科方面的课程，培养了一批有学术根基和掌握管理技术的人才。在分校，来新夏先生亲自讲授图书馆史，还请名家来上课，如请涂宗涛先生主讲工具书，请潘明德先生主讲社会科学概论，请王颂余先生主讲书法课等。

来新夏先生以一个教育家的气魄，白手起家，把图书馆学系办起来，并明确图书馆学系的办系思想与发展道路，重点抓"两才（材）"建设。

一个"才"是人才建设。办一个系，首先得有人，人才从哪里来，来新夏先生采取了"引"、"派"、"聘"并举之法。

"引"——引进教师和行政管理人员。图书馆学系一成立，最难的是没有教师，因此来新夏先生就花大力气调进教师，有图书馆学专业背景的，如李晓新

（1982年北京大学图书馆学专业本科毕业）、钟守真（1960年北京大学图书馆学专业本科毕业）、王德恒（1983年南开大学分校图书馆学专业本科毕业）、李培（1986年西安电子科技大学情报工程专业毕业）、于良芝（1987年华东师大图书馆学硕士毕业）、邵元溥（1987年武汉大学图书馆学硕士毕业），也有非图书馆学专业背景的，如杨子竞（1954年南开大学历史学本科毕业）、刘玉照（1969年南开大学物理学专业本科毕业）。这些教师中，有刚从大学毕业慕名而来的，更多的是从工作单位"挖"来的，其间涉及调动，包括调动手续、住房安排、家属安置等许多问题都需要解决，实在不易。

引来了人如何使用，来新夏先生真正做到了人尽其才，才尽其用。根据教师的学科背景安排教学，例如，《历史教学》月刊编辑杨子竞调入后，利用其历史学背景，开展外国图书馆史、咨询、图书馆学教育等方面的教学与科研。南开大学物理系刘玉照调入后，利用其技术优势，投入到实验室建设中。那时，该系引进教师的学科背景比较丰富，从历史学到天文学，再从化学到物理学等，与之相配套的，课程的设置兼具专业性和多样化。此外，来新夏先生重视教师的职称，重视教师的发展，并在教师中发现人才、培养干部。例如，钟守真从天津市电子工业局情报室调入后一年就担任了系副主任，1992年接任系主任。

"派"——派教师出国进修提高。建系不久即争取名额派遣多名教师、学生到美国、英国、澳大利亚等地深造，如钟守真教授1987年9月赴美国纽约州立大学（奥本尼）做访问学者一年。来新夏先生尤其重视青年教师的成长与提高，青年教师于良芝来系五年，来新夏先生派她前往英国拉夫堡大学攻读博士学位并从事博士后研究。

"聘"——聘请兼职教师。例如，1986年聘请美国奥本尼纽约州立大学情报与图书馆学院院长霍尔希为客座教授，并聘请美籍华人吴廷华为副教授。1987年聘请美国加州大学洛杉矶分校图书情报研究生院院长、教授罗伯特·M.海斯为客座教授。1991年聘请美国俄亥俄大学图书馆馆长、研究员李华伟为客座教授等。

另一个"材"是教材建设。联合组织编写教材不仅推动图书馆学系的教学合作，而且也提高了教材的整体质量与水平。来新夏先生组织中山大学、南京大学等十一所高校联合编写一套"图书馆学情报学系列教程"，这套教材从1986年至1995年之间陆续推出，由南开大学出版社出版，一共11种，分别是《理论图书馆学教程》、《社会科学文献检索与利用》、《科技文献检索与利用》、《目标管理与图书情报工作》、《国际联机检索概论》、《外国图书馆史简编》、《文献编目教程》、《图书馆学情报学档案学简明辞典》等，这套教材不仅在教学中使用，而且被许多高校所采纳，在图书馆学专业广泛使用，产生了较大的影响。

除了"两才（材）"，来新夏先生还重视资料室和实验室的"两室"建设，为专业教学提供了支持和保障。图书馆学系资料室收藏有较丰富的专业资料，有图书3676册，期刊155种（其中专业期刊102种，相关期刊53种，外文期刊11种），过刊780册。此外，地方文献研究室有图书2574册，期刊213册。1986年12月，现代技术实验室及图书保护技术实验室成立，管理规则、考核制度等健全，管理严格，对实验室工作人员有严格的培训和考核制度，在文科类实验室发展历史上具有开创性和模范性，多次得到学校的表彰，比如，1990年5月该实验室被评为校级实验室工作先进集体，刘玉照被评为先进个人。

三、探索图书馆学人才培养模式

二十世纪八十年代中期，全国图书馆学专业办学点迅速增多，据1985年统计，本科办学点达到13个，专科25个，中专教育从空白发展到30个。然而，图书馆学专业人才的标准是什么，应当如何培养，成为图书馆学教育界面临的重要问题。

1983年4月，在武汉会议上，来新夏先生提出了著名的"三层楼"制，是对应图书馆事业需要不同类型人员而设想的，即将原有的四年制划为二二制，再加上研究生制，构成三层楼的结构模式。还进行了具体设计并论证其优越性：第一阶段两年侧重技能操作训练，设学科知识、语言工具、专业知识三类课程；经过考试进行第二阶段两年学习，向理论阶段发展，扩大知识面，掌握多种技能，设语言训练、专业理论、选修课三类课程；第三阶段以实行研究生班为宜，改革那种师徒相承的一脉单传方法，培养图书馆急需的高级专门人才。他的发言引起了高度关注，这一思想形成了论文《"三层楼"制初议》，发表于《大学图书馆学报》1983年第5期，并被广泛引用，成为二十世纪八十年代我国图书馆学教育思想库的重要来源之一。

来新夏先生关于图书馆学教育的思想与"三层楼"制模式设计在图书馆学教育界产生了重要影响，他提出的从本科到研究生的一体化培养思想具有重要意义，所提出课程设计具有普遍的参考借鉴作用，提出的选修课程如"古籍整理"、"书画鉴定"、"建筑设计与科学管理"、"少年儿童图书馆学"、"视听资料管理与利用"、"图书保护学"等不仅在当年十分前卫，至今还有指导意义。

来新夏先生对于人才培养，不仅有理论探索，而且亲自实践。在南开图书馆学系，来新夏先生领导教师们进行了实践探索。以"两才（材）"和"两室"建设作为图书馆学教育的坚实基石，逐步形成图书馆学人才培养的南开模式。

一是突显文化素质基础的课程设计。创建之初，按照学分制制定了教学计划，必修课为104学分，选修课为31学分，共135学分，并将选修课分为四组，前三组为外语、社会科学和自然科学方面的课程，第四组为图书馆学情报学方面的课程。

为重视本科生综合素质的培养，开设有书法、世界文化史、社会科学概论、科学史、天文学概论、信息科学导论等课程，而且聘请相关专业的知名人士任教；另外，南开历来重视本科生计算机和英语能力的培养，除了学校必修的大学英语外，每年开设普通英文文献选读、专业英语等课程，而且举办英语演讲比赛或英语角；计算机课程已经占到总课程数量的三分之一。

二是馆系合作模式。由于任系主任的来新夏先生从1984年至1989年一直兼任南开大学图书馆馆长，因此使馆系业务得以密切合作。联合举办大型学术活动，合作开展专业研究，理论与实践相结合，充分共享资源，在国内形成了馆系相互独立又融合一体的办学模式。图书馆学系与南开大学图书馆于1990年开创了系列系馆科学讨论会，并于1990年至1992年期间连续举办了三届，取得丰硕成果，通过加强系馆合作，共同提高了学术研究水平。

今天来看，这些探索仍然具有现实意义，突显文化素质基础正是近十年来一直强调的素质教育和宽口径培养，而馆系合作加强理论实践结合，也是今天开展实践教学的大趋势。

四、培养人才，重视质量

来新夏先生是著名的历史学家、方志学家和图书文献学家，也是一位图书馆学教育家，他潜心教学，不仅积累了丰富的历史学教学经验，还积累了丰富的文献学、图书馆学教学经验。1985年9月，来新夏教授获南开大学教学质量优秀奖一等奖，并当选为天津市市级劳动模范。

来新夏先生主张教学改革从课程改革开始，他在"纵横'三学'求真知——来新夏先生访谈录"接受采访时说到，当时办学"首先是改变传统的图书馆学课程设置。原先的图书馆学专业课程有重见迭出的弊病，如中国书史、中国目录学史和中国图书馆史这三门课程在讲到图书的源流、分类、编目时都要涉及刘向、刘歆父子，所以，当时有学图书馆学要'七见向歆父子'的说法。于是，我就构想实施三史合一的课程，即以图书为中心，而将涉及与图书有关的各种事业，包括制作、搜求、典藏、分类和再编纂等包容进来，不仅最大限度地容纳了原来三种课程的内容，而且重新进行了编排和整合。为了将这一构想付诸实践，我就拟定提纲，组织人员，并亲自承担章节编写和删订通稿，先后完成了《中国古代图书事业史》和《中国近代图书事业史》的编写，应用于课堂，不仅使课程设置更趋科学合理，而且减轻了学生的学习负担"（见《天津记忆》第54期第54页）。

在图书馆学系，来新夏教授高度重视教学，亲自授课，以多年来的教学艺术奉献给了图书馆学专业教学之中。他为学生主讲"中国古代图书事业史"、"社会科学文献检索与利用"、"图书馆学名著选读"、"文献整理"等课程。在教学中，他以渊博的学识、旁征博引、融会贯通，教学内容格外丰富，让学生大开眼界；他以非凡的口才，抓住学生的心理，让学生感觉到听课的享受。我虽没有听过来新夏先生的本科和研究生课，但听过他在图书馆学系和图书馆的讲座，他站在讲台前，开宗明义，转过身，一行板书，刚劲有力，让人赞不绝口，坐下来便是滔滔不绝。他的记忆力非凡，不带资料，一切尽在胸中，让人领略一个饱学之大家如何解说。他善口才，又善文章，正达一个优秀教师的教学科研双杰。

来新夏先生的教育思想，不只是重学生知识的"博"和专业的"技能"，而且要让学生具有研究基础和学术素质。在教学的同时，他注重培养学生的科研兴趣，提高学生初步的科研能力。1986年5月，在来新夏先生的指示下，图书馆学系举办了首届"五四"科学讨论会，学生的21篇论文涉及图书馆学、情报学、目录学、方志学等多个领域。

五、大力开展科研与学科建设

大学必须教学与科研并重，要办好图书馆学教育，必须以专业人才培养为目标，以学科建设为依托。没有好的科研就没有好的教学，来新夏先生鼓励教师开展科研，发表论文，从1984年到1993年，全系教师共出版著作49种，发表论文157篇。在来新夏先生的努力下，图书馆学系形成良好的学术氛围，也形成了早期三大学科优势。

古典目录学。来新夏教授受教于著名史学家陈垣、目录学家余嘉锡诸先生，具有深厚的历史学与古典文献学功底，其《古典目录学浅说》（中华书局，1981年）是"文革"后较早的一部古典目录学专著，对我国古典目录学研究产生了较大影响。十年之后，经过修订出版了《古典目录学》（中华书局，1991年）。其后，他主持了国家教委古籍整理研究委员会和国家教委社科基金项目，主编出版了《清代目录提要》（齐鲁书社，1997年）、《古典目录学研究》（天津古籍出版社，1997年）。他的研究生徐建华、徐健留系任教并在古典目录学上均有研究成果。

中国图书事业史。来新夏教授对中国图书事业史很有研究，并组织了系内科研力量出版了相关著作，如1987年来新夏教授所著的《中国古代图书事业史概要》由天津古籍出版社出版；1990年来新夏教授等著的《中国古代图书事业史》由上海人民出版社出版，该书列入周谷城主编《中国文化史丛书》；2000年来新夏教授主持与多名硕士研究生所著的《中国近代图书事业史》由上海人民出版社出版。这一系列著作的出版，使南开图书馆学系在中国图书事业史研究上占有重要地位。

地方文献研究。建系以来，在来新夏教授的带领下，南大图书馆学系形成了具有一定特色的地方文献研究团队，并取得了突出成绩。在地方志研究方面，1987年10月，时任系副主任张格和教师王德恒代表地方文献研究室出席全国各省自治区、直辖市方志办公室负责人在桂林的集会，商定编写《中国地方志综览》事宜。南开大学地方文献研究室被推举为两个发起单位之一。1988年黄山书社出版了由来新夏教授主编的《中国地方志综览（1949—1987）》。1990年8月，日本国独协大学经济学部部长齐藤博教授来校访问，议定独协大学与来新夏先生主持的南开大学地方文献研究室合作进行"中日地方史志比较研究"项目及研究人员交流事宜，经双方共同努力，《中日地方史志比较研究》以中日两种文字分别在中国和日本出版，圆满、顺利地完成了这项国际合作。

研究机构在学科建设与发展中具有不可替代的重要作用。为加强学科建设，来新夏教授创建专门研究机构。1984年4月，学校研究并同意图书馆学系与图书馆共同建立地方文献研究室，来新夏教授任主任，系副主任张格和图书馆党支部书记张宪春任副主任，该研究室为教育部古籍整理研究委员会研究机构，挂靠图书馆学系。1984年下半年，图书馆学系与图书馆、地方文献研究室、南大分校图书情报系联合举办学术讨论会。1986年，由来新夏教授主编、张格和张宪春任副主编的《天津地方风土丛书》第一辑（10种）由天津古籍出版社出版。1987年4月，地方文献研究室与图书馆还联合举办了古籍整理培训班。

六、发展图书馆学研究生教育

在来新夏先生的努力下，建立图书馆学硕士点，培养研究生。1986年7月，经国家教委批准，图书馆学系获得图书馆学硕士学位授予权，是当时全国高校图书馆学专业五个硕士点（北京大学、武汉大学、华东师大、南京大学、南开大学）之一。1987年开始招收图书馆学专业的硕士研究生。在来新夏教授的主持下，硕士研究生以少而精为特色，选拔严格，培养严格，从最初的每年招收2人到1991年增加为招生5人，1987年到1991年共培养研究生19人。其间，设有图书与图书馆事业（来新夏与杨子竞担任导师）、文献信息理论（钟守真担任导师）、文献计量研究（苏宜担任导师）三个方向。后来增设了科技文献检索、情报理论与实践、信息咨询等方向。

来新夏教授重视研究生教育还体现在他亲自指导研究生，每年指导1至2人，从1987年至1992年共培养图书馆学硕士研究生8人：徐健、王立清、刘小军、常军、余文波、秦迎华、陈红艳、黄颖。他们现都努力工作在不同岗位上。

七、重视继续教育

来新夏教授重视普及图书馆学教育，并身体力行开办多层次的学历教育与非学历教育，如1987年南大图书馆学系开始招收三年制的成人业余专科班学员，生源主要来自天津市、县的具有高中、中专学历的在职人员。1989年9月还首次招收夜大图书馆学专科生共56人。

来新夏教授重视图书馆员培养。经教育部全国高校图工委批准和委托，从

1984年起举办高校图书馆干部进修班，面向全国高等学校招收学员，主要对象是具有大专以上学历、在各院校图书馆或信息部门从事文献信息工作的在职人员，每期一年，学习期满成绩合格者，颁发进修结业证书。首期学员57人来自全国52所高校图书馆。以后进修期限分为半年制和一年制，每期招生约30人，截至1988年底，为全国高等学校培养了大约550名专业干部。全国高校图书馆干部进修班办出了经验，为全国图书馆培养了急需的专业干部和优秀人才，进一步扩大了图书馆学情报学系在国内图书馆界的影响。

八、适应新形势发展新学科专业

在来新夏教授的领导下，图书馆学系根据发展需要，不断调整培养目标和方向。建系初，仅设图书馆学专业，培养图书馆专门人才。1987年制定的图书馆学专业培养目标是"培养能胜任图书馆管理、图书馆学教学及科学研究的专门人才，学生通过一定时间的校内外实习，培养独立从事图书馆工作的全面技能，以及具有运用现代化手段从事图书馆学专业工作的能力"。由于毕业生分配去向大多为高等院校、科研部门和大中型图书馆等重要岗位，因此随着社会的发展和现代科技的进步，为适应社会需要，不断调整培养目标。八十年代末九十年代初，根据社会发展形势以及专业发展方向，图书馆学专业把培养目标调整为：面对大力发展信息产业的新形势，以"文献信息管理"为方向，培养符合社会需求的一专多能的合格人才。

为适应新形势，在来新夏教授的领导下，进行了多项举措：一是更改系名。1987年3月19日，第六次校长办公会议审议批准"图书馆学系"更名为"图书馆学情报学系"。二是建立新专业。图书馆学系更名后，着手筹办新专业。1988年4月22日，学校校务会议审议同意图书馆学情报学系筹办社会科学情报专业，计划每年招生15至20人。同年11月9日，教育委员会批准南开大学图书馆学情报学系增设社会科学情报专业（四年制）。1990年开始招收社会科学情报专业本科生。三是增加教研室。1989年上半年，根据发展需要，图书馆学情报学系建立图书馆学、社科情报两个教研室，分别由钟守真、杨子竞担任教研室主任。

九、图书馆学教育的国内外交流与合作

来新夏教授重视我国图书馆学教育的国际交流，二十世纪中叶，领导发起了与美国图书馆界的广泛合作，在图书馆学教育的国际交流与合作上作出了重要贡献。1985年5月11日至6月12日，来新夏教授随校教育考察团赴美访问10所大学。1991年成为哥伦比亚大学东方研究图书馆和东方研究所的访问学者，1993年担任俄亥俄大学图书馆海外华人文献研究中心顾问。

1993年11月，来新夏教授应邀赴台湾参加"海峡两岸二十一世纪高等教育研讨会"，在大会作图书馆学教育的专题报告，并应台湾大学、政治大学、淡江大学等校邀请作"中国图书文化的历史价值"与"北洋军阀史的研究"等专题报告。

2002年，在来新夏教授八十初度之际，大洋彼岸传来贺喜，美国华人图书馆员协会（Chinese American Librarian Association）授予来新夏教授2002年度"杰出贡献奖"。那一年，我刚调入南开，得到喜讯，特别高兴，这不仅仅是南开的骄傲，也是中国图书馆学教育界的骄傲，因为此前在中国大陆，仅有北京大学图书馆庄守经馆长获过此奖，而在大陆图书馆学教育界获此殊荣的，来新夏教授是第二人。在美国华人图书馆员协会给来新夏教授的获奖通知中评价说："作为图书馆学系的系主任，您聚拢了一支精干的教师队伍，为中国图书馆事业和图书馆教育培育了一大批人才。您使南开大学图书馆学系成为国际知名图书馆学教育机构，与国外建立了广泛的合作关系。"这一评价不仅包含了来新夏教授对中国图书馆学教育的贡献，也包含了来新夏教授对世界图书馆学教育的贡献。

十、继往开来

自1992年初因为年龄原因从系主任岗位离职之后，来新夏教授有更多的时间从事国内外讲学与学术交流活动。他所作过的讲座不计其数，从不忘记为图书馆学系师生作讲座，他以"撞击与塑造"、"中国图书文化的历史价值"、"中华传统文化与海外文化的双向关系"、"读书与治学"、"中国藏书文化漫谈"等为题，向不同层次的图书馆人表达自己的学术思想和关注图书馆事业发展的

情怀。

今天，来新夏教授仍然坚守在教育战线，他到各地讲学，培养图书馆学专业后学和图书馆员。他还用另外一种方式育人，每次见到他，他总是在书房电脑前工作，勤于著述，韧于治学，传播知识，教育后人。

我于2003年接任了由来新夏教授创办的南开大学图书馆学系主任，成为图书馆学系的第四任"掌门人"。从来新夏教授那里，我懂得了一种压力，如何承继好前辈奠定的图书馆学教育优良传统，将来新夏教授创办的图书馆学系发扬光大，这压力是历史赋予的责任与使命。从来新夏教授那里，我获得了一种动力，来新夏教授不仅仅创办了图书馆学系，而且留下了图书馆学教育的宝贵财富，其教育思想、办学的精神始终激励着南开图书馆人不畏艰难、奋勇向前。

全心投入并发展教育事业是对老一辈图书馆学教育家的最好报答。可喜的是，这几年来，来新夏教授创办的图书馆学系有了较快的发展：图书馆学成为学校的重点学科，连续获得图书馆学、情报学两个博士点，又获得了一级学科博士后科研流动站，曾被作为全国图书情报系的"七大豪门"，宣传南开模式与南开经验。2010年又获得了图书情报专业学位授权点，南开的图书情报教育在面向信息化、面向职业化、面向国际化诸方面走在了全国的前列。

自我担任系主任以来，每年一到教师节，我都要带着新入校的硕士研究生和博士研究生去来新夏教授家，祝贺来新夏教授教师节快乐。在学生们献花之后，来新夏教授总要给学生们讲几句，然后和学生们一起合影留念。

今年的教师节，去的学生最多，来新夏教授的房子又在维修之中，只有分批拜见，来新夏教授还是那样热情地在"邃谷"书房接见学生，与学生交谈。他的教导、他的慈严、他的关心、他的爱护，乃至他那充满书香的书斋、他那凌晨就开启的电脑、他那正在写作的文稿，一点一滴都给学生们以极大的教育、启迪和鼓舞，让我领悟了一个图书馆人的精神，看到了一个教育家的伟大。

我心中便有了许多个美好的祝愿：祝来新夏教授健康长寿！祝来新夏教授创办的图书馆学系更加辉煌！祝来新夏教授奉献的图书馆学教育事业更加昌盛！

原载于《友声集——来新夏教授九十初度暨从教65周年纪念集》 孙勤主编 中华书局2012年版

天津图书馆学教育的拓荒者——来新夏先生

郝瑞芳[*]

1978年是恢复高考的第二年，经过十年动乱后的中国百废待兴，人才匮乏，为了尽快培养出更多的国家有用之才，也为了圆那些因为"文革"而未能走进大学校门的莘莘学子一个大学梦，教育部在原招生数量的基础上在全国又进行了扩大招生。天津市以南开大学和天津大学为依托组建了八所分校，扩大招收了几千名走读学生。一时间，读大学的热潮滚滚，我也正是在这一年从南开大学历史系毕业，成为南开大学第一分校的一名教师，并跟随来新夏先生创办图书馆学专业。转瞬三十六年过去，当年艰难创业的情景历历在目，宛如眼前，也令我更加深切地缅怀我的老师来新夏先生。

图书馆学专业的创立

当年天津成立的几所分校在招生之初都是单一的专业设置，譬如南开大学第一分校就全部是物理专业。这些学生入学第一年主要是以补习高中课程为主，辅以部分大学基础课。到第二年即1979年，天津市教委考虑到社会的需求及未来学生的分配问题，开始对8所分校进行了重组，组建了南开大学分校（原南大第一分校）、天津职业大学（原南大第二分校）、天津理工大学、天津城建学院等，并由各校组织专家调研，准备筹建一些社会急需的专业。南大分校位于南大东门

---

* 郝瑞芳，天津师范大学教师。

对面的河沿路口，是利用原卫津路中学旧址，当时仅有一座教学楼（包括各办公室和公共设施在内）和一个小操场，办学、办公条件非常简陋。即使这样，南开大学的部分专家教授还是在分校领导的热诚聘请下来此兼职，并经调研后创建了图书馆学、科技英语、企业管理等专业，来新夏先生即为这一批南大分校的初创者之一。

创办图书馆学专业是来新夏先生首先提出的。来先生是历史系教师，对古典目录学已有深入研究，这一创意的提出是具有一定的胆略与深谋远虑的。因为在1979年之前，全国高等院校只有北京大学和武汉大学设有图书馆学系，当时社会上很少有人知道，甚至有人认为图书馆不过就是借书还书而已，并不了解图书馆学是一门学问。正是在这样一个背景条件下，来新夏先生力排众议，以他的远见卓识与勇气，在学校的领导会议上慷慨陈词，向与会人员提出创办图书馆学专业的理由与重要性。来先生不仅陈述了建立图书馆学专业的科学依据，而且提出培养这个专业人才的迫切性。他告诉大家的"信息"（这在当时是个新名词）是：北大和武大两校每年培养出来的毕业生也就不足百人，而全国各级各类图书馆数以万计，对专业人才的供需可谓杯水车薪，在"知识爆炸"的时代，与知识直接相关的图书馆学专业前途无量，设立这个专业是非常必要，也是非常及时的。正是在来先生的力争下，南大分校通过了建立图书馆学专业的决议，并由学有专长的来先生担任图书馆学专业的第一任主任。这是自新中国成立以来继北大和武大以后诞生的第一个图书馆学专业。

来先生在南大分校设立图书馆学专业的创举，不仅为天津市图书馆界培养了大批杰出的人才，更是对推动我国图书馆学教育的发展做出了卓越的贡献。继南大分校创办图书馆学专业之后，全国各地的许多高校如雨后春笋般相继开设了该专业，使图书馆学专业教育得到了长足的发展。

艰难的创业之路

1979年初夏，来新夏先生开始了图书馆学专业的筹备工作。学校领导可能考虑到我和一同分配去的同学刘铁锚与来先生的师生关系更利于工作，分配我俩做他的助手，由此，来先生带领着我们两个刚刚走出校门的学生开始了繁重的日常工作。其实我心里一直认为这是我们与来先生的缘分，因为一年前来先生"文革"后第一次重上讲台,就是在历史系给我们这一届学生讲"古典目录学",他以渊博的学术功底旁征博引,将一门很枯燥的课程讲得收放自如,深入浅出,真是引人入胜。其中讲到校雠学时,他从文字学的角度形象生动地阐释"雠"字的来源和词义,令我至今难忘。来先生的博学和风采让大家折服,以至于因为当时听课的人越来越多而三换教室,成为南大的一段佳话。如今能在先生的领导下工作,我感到很荣幸并充满了信心。

图书馆学专业的建立只是万里长征刚刚迈出第一步,更艰苦的工作还在后面。无教学方案、无专业教师、无专业教材、无参考资料、无实验设备,等等,真可谓是白手起家。尤其开始选专业时的一段往事让我记忆犹新,那就是图书馆学专业首先面临如何招来学生的问题。当年暑假前,学校组织学生自行选择专业,科技英语、企业管理两个专业是热门,第一次报名图书馆专业的学生才四十来人,还不足一个班。学校领导为了平衡各专业人数,决定重新报名,报名前特别召开了一次全校师生大会,请各专业主任介绍专业情况,以供学生报名时参考。记得那次大会是在南开大学大礼堂举行,来先生上台以后,从中国图书馆事业的辉煌成就说起,介绍了中国图书馆事业在世界图书馆发展史上的重要地位和影响,以及当时图书馆学专业的状况和未来发展前景等,他激昂慷慨、热情洋溢的讲话深深感染着学生们。第二次报名时,图书馆专业竟然一跃从一个班扩成三个班,共招了132名学生。多年以后,来先生参加第一届学生毕业三十年聚会时,大家忆起当年的往事,还感谢来先生当年的"诱导"才选择了自己一生的发展道路。

来先生在办学过程中始终把教学工作放在首位。先是制定培养方案。来先生在参考北大和武大的培养方案基础上,又深入天津市公共图书馆、高校图书馆、科研机构图书馆等各类图书馆进行调研,考察了具体工作后,制定了"突出专业特色,厚基础、重实践"为原则的培养方案。由于图书馆是一个收纳百川、集众学科门类的知识宝库,所以要求

1979年,来新夏为南大分校图书馆专业第一届学生开设古典目录学课程

工作人员要有广博的知识基础，但又要具备扎实的专业水平，同时由于图书馆工作是一项实践性很强的工作，还必须具有很好的实践能力，只有这样，才能够培养出符合社会需要的合格人才。因此，决定了教学课程主要由三部分构成：公共基础课、专业基础课和专业课。其中专业基础课是重中之重，包括文科基础综合、理科基础综合、工科基础综合和艺术综合赏析等。可以说，这样的专业基础课设置当时在全国各高校绝无仅有，从而成为南开大学分校图书馆专业的办学特色之一。

来先生对师资水平要求很高，甚至宁缺毋滥。因为此前还没有人开过这类文、理、工基础综合知识的课程，所以面临着既难请教师又缺乏教材的困难。为此，来先生想了若干办法，如把每门课程拆分成几个部分，每一部分由专科教师分别讲授，要求每个任课教师负责的部分可以不须精深，而要扎实广博，使学生更多了解各学科知识的概况。即使这样，对任何一个教师来说也都是崭新的、有相对难度的，所以聘请教师仍是一个很大的难题。尽管如此，来先生凭借广泛的社会关系在天大、南大及各高校中多处联系，确定人选，有的来先生还亲自登门拜访，先后聘请了不少高水平的老师，终于把这三门综合基础课成功开设了。

为了克服缺乏教材的困难，来先生就动员所有任课的教师们边编讲义边授课，学生们也很配合，在课堂上以记笔记为主。现在一些学生手里还保存着当年使用过的油印教材和课堂笔记，如今都成了南大分校图书馆学专业创业期珍贵的"历史文物"。

艺术综合赏析也是具有创新性的专业基础课之一。艺术类如绘画、音乐、书法等以讲座的形式每周开一次，使学生既得到艺术的熏陶也获得相关知识，很受学生欢迎。难得的是来先生竟请到了天津美术学院教授、著名书画家王颂余先生来校讲座；来先生还请他的老师、著名书法家启功先生为我们题写了墨宝，这两幅卷轴作为图书馆学系的传家宝一直被珍存至今。这些在分校可都是十分轰动的事情，吸引了不少其他专业的学生来"蹭课"，可见曾被不看好的图书馆学专业当时办得多么生机勃勃！

重师资　育新人

重师资是为了育新人，是来先生办学的不二法门。

　　首先是培养师资。由于建系之初系里没有一个自己的专业教师，来新夏先生就采取两条腿走路的办法。开始主要是先"请进来"，将天津市各类型图书馆中原北大、武大图书馆学专业往届毕业、现已富有工作经验的优秀专家请来担任专业教师为学生授课；其次是"走出去"，将系里非本专业出身的教师派往北大、武大进修，及到北大函授班学习；其三是网罗国内有志从事图书馆学专业教育的中年学者调入学校任教；其四是招聘北大、武大刚毕业的学生作为后备力量。经过几年的努力，南开大学分校图书馆学系就建立起一支老中青相结合的专业教师队伍。我就是"走出去"方法的受益者之一。我和刘铁锚都是学历史专业出身，虽听过来先生的古典目录学课，但毕竟对图书馆学专业知之甚少，来先生和北大图书馆学系联系密切，得知北大要办函授班，立即提供各种条件送我们参加学习。我们于1980年3月至1982年12月完成了北京大学图书馆学函授专修科的学习并获得毕业证书。之后，我还先后到武汉大学、华东师范大学、北京师范大学等进修了部分专业课和专业基础课。在来先生的关心和培养下，我终于走上大学讲台，一边学习一边开始讲授"图书馆学概论"课，同时刘铁锚也讲授了有关专业课。我们虽然都得到了学生们的认可，但来先生是一位治学非常严谨的人，总是不断提出更高的要求，为了确保教学质量，他甚至多次亲自随堂听课，给予鼓励的同时并指出不足，使我们不断提高自己的教学水平。如今想来，仍心存感激！

　　对作育人才，来先生有超前意识。他的眼光不是局限于课堂，而是根据图书馆学专业发展的趋势，为让学生得到更多新知识、新信息而开拓更多的途径。

1981年，来新夏邀请美国大学图书馆学专业教师贝尔曼夫人来分校短期讲学，并与本校教师建立联系（左一郝瑞芳，左五李莉，左六韩宇骐）

为了扩大学生的视野，来先生经常聘请中科院、社科院的著名学者以及一些外籍华人知名专家来校讲学或讲座，使师生们了解国内外学术前沿的信息，大家感到受益匪浅。同时，他还倡导大家在教读之余做一些科研工作，所以常有一些老师和学生到来先生家里去请教问题，他不仅热情接待，还往往在和师生们的讨论中碰撞出新点子，而且无论是谁出了成果，他都给予鼓励并设法推荐发表，在80年代初来先生创办并主持的《津图学刊》上就曾刊载过不少分校图书馆学专业师生的文章。

除此之外，来先生很重视教学与实践相结合。他亲自到各处联系，组织了几届学生到北京的中科院、社科院、北京图书馆（即现国家图书馆）、北京大学图书馆、清华大学等条件设施好的大图书馆参观实习。记得刘铁锚说80年代初有一次跟来先生去北京办事，当时条件和经费有限，住的是便宜的地下室招待所，一天要跑好几个地方，不是挤公交就是走路，到晚上累得够呛，而年已六旬的来先生却为办学而乐此不疲。另一方面，他还要求学生自觉利用寒暑假到图书馆实习，每学期开学后提交一份实习报告，以检验教学与实践结合的具体效果。

在来先生的不懈努力下，南开大学分校图书馆学专业当时在全国高校中很快脱颖而出并颇有名气，不久，又增加了情报专业而成为图书馆学系，以至后来又发展壮大（1999年南大分校并入天津师范大学，在此基础上扩建为该校管理学院）。南大分校图书馆学系的荣光之一是为天津市图书馆界培养了最早一批专业人才。第一届学生毕业时受到天津市各级各类图书馆的热烈欢迎，其中品学兼优的学生更是被争抢，这都是来先生领导下的图书馆学系历经艰难的创业之路而结出的硕果啊！1983年，来先生在南开大学本部又筹办图书馆学系并获得教育部批准，于次年开始招生。来先生在五年时间内连续创办了两个图书馆学系，在天津乃至全国图书馆学教育史上都可称为前所未有的奇迹。

来新夏先生为南开大学分校图书馆学系的建立与发展呕心沥血，使它逐步发展壮大到今天。忆往昔，使我们更加感谢先生所付出的一切，更加敬佩先生的博学多才，更加缅怀先生的大智大勇。

原载于《忆弢盦：来新夏先生纪念文集》 焦静宜编 天津古籍出版社2015年版

成如容易却艰辛

——记来新夏教授创办南开大学图书馆学系

张　格[*]

改革开放以后，图书情报工作日显其重要。相应地这方面人才缺乏的情况亦益感突出。加强对图书情报理论的研究及人才的培养，成为当时的急需。但是高校中的相关专业却寥寥无几，这种状况已经引起政府部门和有识之士的关注。

时任南开大学历史系教师的来新夏教授看到了这一发展趋势，毅然决定在天津开辟图书情报学教育的新领域，于1979年锐身出任了南开大学分校（属天津市的院校，后并入天津师大）图书馆学专业的首任主任。在天津市建立了第一个培养图书馆学人才的本科专业。经过几年的努力，聚集了一批教学力量，积累了图书情报教育的初步经验。

来新夏教授考虑到南开大学人文学科的完整性和全国图书情报教育基地的布局，遂向南开大学和教育部提出在南开大学设置图书情报专业的建议方案，并充分论证了设置该专业的必要性和有利条件。经来先生奔走，得到了南开大学领导和教育部的支持。1983年1月，南开大学图书馆学系获准正式成立。来先生担任系主任职务。

建系初期一无师资、二无设备、三无资料。学校配备了两名干部协助来先生工作。当年要招生，不仅需要编报招生计划、课程设置、教学计划，更重要的是调入人员，引入师资，购置设备，建立实验室、资料室等工作，短期内落实，确

---

*　张格，南开大学出版社原总编辑、图书馆学系原副主任。

实时间紧迫，任务繁重。这时来先生已是花甲之年，却不知疲倦地日夜操劳。后来学校又任命来先生为图书馆馆长、出版社社长兼总编，他的担子又加重了许多。在学校领导及有关部门的大力支持下，经过紧张筹备，建系工作已大致就绪；初步组建了一支专兼结合的教师队伍，并聘请了外籍专家定期来系授课；政工干部、管理人员、实验员、资料员都已先后到位，购置了一批急用的仪器设备和图书资料，建立了实验室和资料室。第一批本科生如期入学开课，图书馆学系顺利地迈出了第一步。

当时全国设图书馆学专业的重点大学不过四五所，其课程设置比较传统，教材有的也显得过时。但是他们为我国图书馆学教育积累了丰富的宝贵经验，我们多次前往请教和学习，成了我们直接借鉴和效法的榜样。来先生认为，面对新形势，创建我校新专业，我们必须高起点，高标准；办系必须面向现代化、面向未来；教师队伍必须精干高效、一专多能，不仅能开两门以上的必修课，还应有较强的研究能力；学生必须能学到新知识，还要掌握新技能。他很有信心地说，在借鉴国内外办学经验的基础上，我们应该后来居上，走上新路子。来先生从新时期培养高质量复合型人才的需求和加强素质教育的角度出发，在课程设置上加大了自然科学的课程比例，大大增加了外语和计算机课程的时间，增加了文化艺术方面的课程，并增设了现代化技术课，增加了实验课的课时。与此相适应，在教师队伍中，理工科教师占了相当的比例。这对文科学生虽有一定困难，但比纯文科的毕业生具有更强的适应能力和就业竞争的优势，使学生受益不浅。事实也证明了这一点，学生就业比较容易，有的毕业生就是因其熟练的专业外语水平，而被中央部门百里挑一选中的。

来先生十分重视教材建设。他要求教师授课要用好的教材，其他院校的优秀教材要拿来使用，没有合适的教材就组织人力抓紧编写。在来先生担任系主任期间就主持编写了《理论图书馆学教程》、《社会科学文献检索与利用》、《中国古代图书事业史》、《科技文献检索与利用》、《文献计量学教程》、《目标管理与图书情报工作》、《外国图书馆史简编》和《国际联机检索概论》等8种教材。来先生还组织全国范围内的图书馆、档案馆、情报所、图书情报学系12个单位的百名专业人员编写了中型工具书《图书馆学情报学档案学简明辞典》，收词4000多条，计89万字，吸收了最新知识和研究成果，使用者反映颇好。

为了让学生及时了解国外图书馆现代化建设和图书馆学教育的情况，聘请了在海外有一定地位和影响的李华伟、赫尔希、吴廷华、汉斯等专家担任客座教授、定期来系授课或举办讲座，大大开阔了学生的眼界，也充实了师资力量。提高教师水平，在师资力量并不充裕的情况下，着眼未来与发展，来先生还决定派遣年轻教师出国进修或读学位。同时还多次与台湾图书馆馆长和图书馆学系系主任代表团进行学术工作交流，甚至与国外同行作交流，使教师更明确图书馆学教育的发展趋势和未来人才类型的要求。

来先生办系要求起点高、前瞻性强、立足现实，面向现代化和面向未来培养人才。图书馆建设现代化步伐的加快，要求学生必须掌握相关的知识和技术，因此建立"图书馆现代技术实验室"成了当时校内文科专业的一项"特殊要求"。来先生提出宁可别处少花钱，也要把实验室建设好。为此，调来了专业技术人才，购置了设备，设计了系列实验课，建立了一套科学的实验室管理制度。为了提高投资效益，实现了实验室及仪器的高使用率。学校实验设备处对此十分满意。经教育部装备司评估检查，认为在实验室建设和管理方面是"大学文科实验室中不多见的"，并拨付专款加强该实验室的建设。

改革开放以后，图书馆界逐步了解到国外图书情报管理方面的新观念、新技术、新发展，深感现有工作人员不能适应国内新时期工作的需要，纷纷要求进修提高。为此，来先生决定，克服困难，举办图书情报学进修班，招收了包括西藏在内的各省市的学员先后达数百人之多，这些人回单位后大都成了业务骨干，有的还担任了图书馆的领导职务。

建系不久，就被批准设立硕士点，招收硕士研究生。这样，加上本科班、专科班、进修班同时开设，形成了多层次的办学格局。

来先生在校内外兼职不少，尤其在校内任三个单位的一把手，使他深感肩头重担的分量。他上对领导的期许，下对几个单位头绪纷繁的工作，凭着他高度的责任感和忠于教育事业的敬业精神，坚持夜以继日地工作。他的工作作风是在其位谋其政，决不是"任职不管事"。他扎实务实，埋头苦干。在做系主任期间，不仅在大事上出谋划策，每遇难题亲自处理。如向上级请示汇报工作，礼聘学者名流，送往者，迎来者，吊有忧，贺有喜，事必躬亲。在业务上，研究生、本科生、进修班亲自授课，还组织编写教材，完成研究项目。既为作者，必亲自撰稿；既任主编之名，必尽主编之责。决不徒挂虚衔，沽名钓誉。与其合作的年轻教师每感深受教益。他孜孜不倦，自强不息。每天黎明即起，进行研究和写作，上班时在单位认真处理行政事务，经常下班后召集系领导班子布置、研究系务工作，晚上是他备课和计划次日工作的时间。多少年如一日，大家无不为他不知疲倦的工作精神所感动。还应顺便说一句，他的夫人承担了全部家务，是他的"后勤"保障，来先生感激之情时有流露。

由于来新夏教授在图书馆建设和图书馆学教育方面的突出贡献，今年获得华人图书馆界最高荣誉奖，是继北大图书馆原馆长兼图书馆学系系主任庄守经先生之后我国获此殊荣的第二人。

来先生的苦心经营，为图书馆学系的发展打下了坚实的基础。今天，图书馆学系不断发展与进步，作为该系的创办人，来先生功不可没。他退休之后，笔耕不辍，并仍在关心该系事业的前进，因为这其中曾倾注了他的心血和汗水。

原载于《来新夏教授学术研讨会纪念集》 南开大学地方文献研究室编 新疆大学出版社2002年版

振兴高校图书馆事业的开路先锋

——著名图书馆事业家来新夏先生纪实

王淑贵　夏家善[*]

经过二十年的变革，我国高校图书馆事业已进入一个网络化发展的新时期。面对今日的巨变，我们不能忘记那些铸造昨日辉煌的改革开路先锋们。二十世纪八十年代初，改革的春风吹遍了祖国大地，我国高校图书馆事业在他们的推动下，走出了"文革"时期的"低谷"，进入了一个空前振兴发展的黄金时期。来新夏先生就是当年这些改革家们中的一员勇将。二十多年来，他致力于推动高校图书馆事业的改革发展，成绩卓著，蜚声海内外。九十年代曾被英国剑桥大学国际传记中心收入《亚太和远东地区名人录》。最近，又获美国华人图书馆员协会最高荣誉"杰出贡献奖"。在庆贺先生八十华诞的日子里，看到这位至今还"浸润在火红火红的生活中"的老人，禁不住忆起他为高校图书馆事业发展倾注的心血、付出的辛苦、做出的贡献，更激起我们对他的敬重之情。

一、甘为改革鼓与呼

谁都知道，来新夏先生有着不同寻常的特殊经历，大半生都是在坎坷中度过的。青壮年时代，长期受压抑，虽有壮志才华，都不得施展。进入花甲之年，适

---

[*]　王淑贵，南开大学图书馆研究馆员；夏家善，南开大学图书馆研究馆员。

逢改革开放的大好形势。从此，他如鱼得水，青春焕发，投身到了改革的大潮中，为之推波助澜，成了高校图书馆事业改革的开路先锋。有人称他是"老骥伏枥，志在千里"，他却不以为然，认为"老骥伏枥，志在千里"未免昂扬之气不足，当是"老骥出枥，志在万里"①。豪迈之情溢于言表。

多少年来，来新夏先生潜心读书治学，深得益于图书馆，与图书馆结下了深厚的情缘。他深知图书馆对于高校教学科研的重要性。改革春风乍起，他多么希望图书馆也得到振兴与发展啊。于是，改革图书馆便成了他晚年事业的起点。

八十年代初，来新夏先生首先独力创建南开大学分校图书馆专业后，开始接触高校图书馆界，便为高校图书馆的重要地位和作用而奔走呼唤，促进了全国高校图书馆工作委员会的成立，并参加了《高校图书馆工作条例》的讨论，为确立高校图书馆的学术性服务机构的重要地位起到了重要作用，很快便在全国高校图书馆界成为有影响的人物。

全国高校图书馆工作委员会成立不久，在来新夏先生的积极倡导和推动下，天津市也于1981年11月成立了高校图书馆工作委员会，他担任常务副主任。从此，结束了天津高校图书馆界一盘散沙的局面。1983年，来先生又努力促成创办了《津图学刊》，并亲自担任主编。1984年，来新夏先生被任命为南开大学图书馆馆长，并再创建南开大学图书馆学系，使他有机会从理论到实践去思考探索图书馆事业的改革。先生虽身在天津，但他对改革的思考始终没有局限于一地一校，而是站在中国高校图书馆事业整体发展的高度，思考图书馆的改革与振兴。那时，他便对高校图书馆的职能进行深刻思考，他认为，长期以来人们对图书馆的认识仅停留在"知识宝库"上，这仅是静态的、被动的传统图书馆。要适应高等教育不断发展的需要，高校图书馆不能仅仅是"知识的宝库"，而应成为"知识喷泉"。他形象地解释"喷泉"的内涵，勾画出现代图书馆主动提供知识信息的特性。他常说，高校图书馆不仅要主动地提供知识信息，还要担当起教育读者学会利用图书馆、检索文献的技能与方法的重担，要"授人以渔"，不要"授人以鱼"。这是他对高校图书馆开设"文献检索与利用"课的思考。1983年10月，在全国高校图书馆工作委员会秘书处召开的"高等院校普遍开设文检课"的专题研讨会上，他积极促成了这项工作的开展，成为高校图书馆开设文献检索课的初创人。

---

① 《出枥集·老骥出枥》，新世界出版社，2002年。

长期以来，由于高校图书馆的地位低下，不受重视，专业技术职称的评审始终掌握在文化部门，没有自主权，致使高校图书馆专业技术职称的评定几乎处于停滞状态，严重挫伤了图书馆专业技术人员的积极性，直接影响了专业队伍的建设。面对这个长期得不到解决的问题，来新夏先生深深感到改革职称评定体制，掌握评审自主权，是高校图书馆加强队伍建设的当务之急，他决心为之奔走呼唤。

1984年4月，在西安召开的全国高校图书馆工作经验交流会上，来新夏先生慷慨激昂地陈述旧的职称评定体制的诸多弊端，大声疾呼改革旧体制势在必行，得到广大图书馆同仁的热烈响应。为了解决这个问题，由来新夏先生及吴观国、单行、张厚涵四人发起，向当时的国务院总理和教委主任上书，请求改革现行的高校图书馆职称评定体制。这一举动受到了图书馆界和国家教委的极大关注，很快获得批准。这一改革的成功，犹如一石激起千层浪，引发了大家对高校图书馆改革的一系列思考，促使高校图书馆界的思想空前活跃，精神空前振奋。至今在高校图书馆界还广传着"四条汉子"的美誉，就是指的这件事。

正是由于他们的奔走呼唤，人们欣喜地感受到高校图书馆事业的改革已进入了一个"黄金时代"，来新夏先生在全国高校图书馆界的影响和威望越来越大，被选为全国高校图书馆工作委员会的常委。

正是这股改革的春风，使图书馆界人心思变，打破过去一校一市的封闭局面，加强开放、交流、协作，促进改革更广泛深入地开展，已成了人们的共同愿望。1985年7月，在北京召开全国图书馆工作会议期间，来新夏先生发起召集河北省、山西省、内蒙古自治区、北京市的高校图书馆工作委员会的秘书长，商量成立华北高校图协的问题。大家一拍即合，当即便研究起草了有关章程文件，同年9月便成立了华北高校图书馆协会。从此，由华北高校图协主持，每年召开一次学术年会和秘书长联席会，交流改革经验，研究改革中的问题，协调图书馆工作。华北图协的成立，使沉默封闭了多年的高校图书馆界同仁们都深深感到，这种组织形式，为大家提供互相交流、互相学习、互相协作的机会，使大家眼界宽了，天地广了，高校图书馆界的学术气氛和思想空前活跃。十几年来，大家对这个组织支持和参与的热情始终不减，凝聚力越来越强，团结协作一直延续至今。这在全国各大区也是少有的。

大家敬重协会的创建人来新夏先生，谁都亲身感受到他对华北图协的发展倾注了怎样的心血。先生虽然年纪越来越大，但每次召开华北高校图协会议，他几乎都亲自参加。每次会议他都针对改革中的问题，发表引人深思的演说，从理论和实践上，启发大家的思考，使人们深深获益，有力地推动了各馆改革的深入。

二、锐意进取敢为先

来新夏先生担任南开大学图书馆馆长，便把图书馆作为高校图书馆改革的实验基地，努力探索改革的道路。

图书馆工作千头万绪，来新夏先生上任后首先做的一件事便是努力提高图书馆在学校的地位。一方面，他常亲自到学校奔波往来，用自己多年治学的感受，苦心婆口地说服学校领导，阐述图书馆对办好一个高等学校的重要性，并极力为图书馆争得应有的待遇；另一方面，他又为图书馆的工作人员打气，形象地将图书馆比喻为"皇冠上的明珠"，是"树根"，提高图书馆人员对自身工作价值和重要性的认识。使图书馆的地位空前提高，经费也得到大幅度增加。在人事制度上，他争得了用人自主权，改革了过去图书馆专门安置老、弱、病、残人员的状况。图书馆工作人员在职称评定诸多方面也得到了与教师同等的待遇，使图书馆员感受到了自己工作的意义，从而增加了自豪感和自信心。

在此基础上，来新夏先生又在图书馆进行了一系列改革的探索。

首先，打破旧的管理体制，适应图书馆现代化发展需要，重建业务部室，建立健全各项规章制度，实行了岗位责任制和考核奖罚制。在人才使用上，制定了"老有所安，中有所用，青有所学"的原则，使多年工作在一线的老同志退到二线，成立研究室，让他们安下心来，研究图书馆改革问题，为馆里出谋划策；一些中年业务骨干，被提拔到部门岗位，给他们压担子，让他们在实干中增长才干；对年轻人，则为他们创造机会，让他们在岗学习进修，提高水平。各层次的人都各得其所，人心顺了，工作热情空前高涨。

尤其使南开大学图书馆至今还有口皆碑的一件事，是来新夏先生在任期间，为大家解决业务职称问题。当时，图书馆已多年没有正式评过职称，许多早已具备条件的同志不能评上应有的职称，专业技术人员的积极性受到压抑，技术队伍结构也严重失衡。面对这种局面，来新夏先生不顾个人得失，不怕得罪上级领导，多次为图书馆争取指标，逐步解决了多年积压的问题，为后来的职称评定工作疏通了道路。

多年以来，旧的人事制度一直困扰着图书馆，严重地影响着专业技术队伍的建设。来新夏先生到任后，毅然打破了这个制度，争取到图书馆的用人自主权，实行对社会招聘制度。图书馆几次向社会招聘了一些业务骨干，大大充实了专业队伍。此举，得到全国高校图工委的热情肯定，曾在1986年《大学图书馆学报》的"发展中的高校图书馆事业"一文中热情赞扬南开大学图书馆开了人事制度改革的先河。

作为一位图书馆的管理学家，来新夏先生深知，提高人员素质，对于加强队伍建设的重要性。他提供岗位培训，"岗位成才"。南开大学图书馆很早便送出一批又一批非图书馆专业毕业生脱产进修学习图书馆学；让图书馆学专业毕业人员学习其他专业和外语；鼓励大家读在职研究生；送没有大专以上学历的人员去夜大、函大、业大、电大进修学习，同时，还送一些外语人才去国外进修。使图书馆的专业队伍素质得到明显的提高，有效地改善了队伍的整体结构。

在加强图书馆内部改革的同时，来新夏先生十分重视不断提高服务质量，倡导在图书馆开展"爱馆、爱书、爱读者，为教学科研提供优质服务"的活动，引进竞争机制，用于表彰先进，促进读者服务工作。这一形式至今还在图书馆运用。

教育部关于开设"文献检索与利用"课的通知下达后，来新夏教授立即在南开大学图书馆组织成立了"文献检索课教研室"，设有专职教师为全校开设文献检索课。并于1984年，受教育部委托，在南开大学图书馆举办了全国高校图书馆的"社科文献检索与利用"师资培训班，培养了大批最初开设文献课的师资人才。

为向国外高校图书馆学习先进经验，来新夏先生率先打破图书馆封闭的局面，打开了高校图书馆与国外先进国家高校图书馆交流互访的大门。1985年他赴美考察访问，后又组织天津市高校图书馆代表团赴美学习。建立了许多国际交流关系，签订了互访协议。从此，开通了南开大学图书馆与国外高校图书馆交流的渠道。这在全国高校图书馆中是为数不多的。

南开大学图书馆的改革初见成效。来新夏先生欣喜地看到"改革的春风吹拂着图书馆这个古老而又有新貌的地方，使人幸福地感受到春天的清新气息在沁人心脾"。事业振兴的前景时时激荡着老人那颗青春勃发的心。但他也冷静地看到，在这"长江万里的形势下，不可避免地会有一些始料不及或新形势冒出新问题"，他不断探索着解决这些矛盾、问题的方法。1985年，他在《大学图书馆通讯》上发表了题为"要注意改革中的新问题"的文章，阐述了在推动南开大学图书馆改革中探索解决的"提高服务质量和多创收入的关系"、"数量和质量的关系"、"体力与脑力劳动的关系"、"组织手段与政治思想的关系"等问题，产生了很大反响，南开大学图书馆的改革引起了高校图书馆界的关注。1986年，在全国高校图书馆改革经验交流会上，来新夏先生做了"前进中的南开大学图书馆"的经验报告，受到与会者瞩目。

随着南开大学图书馆的发展，老馆舍已不敷使用。来新夏先生亲自奔波于教委和学校间，筹集经费，争取到邵逸夫先生的捐资和学校的助资，使南开大学图书馆列入第一批新建馆舍的行列。新馆筹建中，他倾尽心血，亲自征集设计方案，反复征求图书馆上上下下的意见，确立最佳方案，并亲自领导、过问新馆施工的筹划。

在来新夏先生的带领下，南开大学图书馆锐意改革，不断进取，在本馆事业发展史上写下了辉煌的一页。眼见着一座现代化的新馆舍大楼平地而起，他无比激动与欣慰，他深深地感到，自己在任期间，没有愧对图书馆事业和后人。

三、化作春泥更护花

新馆的落成，来新夏先生欣喜万分，他又开始筹划如何将南开大学图书馆建成具有现代化水平的新型图书馆。刚刚踏上自己人生道路的一个高峰，正要向新的更高峰迈进之际，65岁的来新夏先生到了离休的年龄。面对方兴未艾的图书馆事业和还未来得及实施的计划，老人思绪万千，百感交集。心中充满着壮志未酬的遗憾，还加杂着对事业意犹未尽的眷恋。图书馆事业，是他辛勤耕耘过的一片热土啊！

来新夏先生离休后，并没有多少卸任后的失落，他仍然心系图书馆事业，很快又开辟了自己事业的新天地。他被聘为天津市高校图书情报工作委员会的顾问，并继续担任《津图学刊》的主编。

多年来，来新夏先生对《津图学刊》倾注了自己满腔的热忱，浇灌着这块原地，使它不断成长。如今，他有更多时间关心它了。为了使它成为影响更大的公开刊物，1994年，他又费尽心血，亲自到有关部门奔波往来，终将刊物转为有正式刊号的出版物。为了提高刊物的质量，他严把每一篇稿子的质量关，并按规定亲自到编辑部审稿开会。在这片沃土上，他用辛勤的汗水，培育了一批又一批新人，活跃着图书馆界的学术气氛，推动着图书馆事业的发展。

与此同时，对天津市高校图书馆事业和华北高校图协的发展，来新夏先生始终挂在心上，他常常亲自参加各种会议，参与筹划，为晚辈们出谋划策，推动图书馆事业发展。人们至今还记得，1995年在华北地区高校图书馆协作委员会成立十周年的大会上，先生激动万分，基于对中国高校图书馆事业改革的深刻思考，他热情洋溢地为大家做了题为"撞击与塑造"的演说。他以一个历史学家的深刻思辨，考察了中国图书馆事业发展的历史和现状，提出了"五次撞击"的理论，这在图书馆学界还是前无仅有的。报告对这五次撞击进行了深刻阐述。在总结了改革的经验和教训后，来新夏先生向人们大声疾呼："面临转型社会的现实，不应终日哀叹和沉沦在负效应中，而是要清醒地看到正效应，要转负效应为正效应，努力缩短适应转型期的过程"；"我们要有自己的理想，但不要空想和幻想。我们是掌握精神财富的百万富翁，但不是断绝烟火的穴居野人。我们不单纯去追逐金钱，而是善于利用市场经济带来的若干有利条件，站在服务社会的立场上，机智地运用经营头脑，脚踏实地地去闯出一条路"；"我们即将昂首峙立在跨世纪的桥梁上，环顾四方，以宽厚的胸膛去拥抱新的文化时代，因为理想和现实的撞击不是使人消沉，而是促人奋发"。当提到第五次撞击"信息时代"时，老人更是信心百倍，"中国图书馆事业终将重现辉煌！中国的图书馆人也终将受到社会的公正评价和应有的尊重！"听着他那鼓舞人心的报告，一睹他那风发的意气和飞扬的神采，人们深深感受到了这位长者的勃勃壮志。谁都难以相信，他已是年近八旬的老人了。

写到此，我们禁不住为来新夏先生这种奋发的精神深深感动，眼前浮现出一幅"莫道桑榆晚，为霞尚满天"的美好境界。

原载于《来新夏教授学术研讨会纪念集》 南开大学地方文献研究室编 新疆大学出版社2002年版

来新夏编辑出版思想述略

陈　鑫[*]

【摘要】来新夏不仅是一位著名学者，同时也是一位重要的编辑出版家。他的编辑经历跨越近70年之久。在实践中，他提出了一系列重要观点，形成了对编辑出版事业的独到见解。其编辑出版思想的形成既源于他的丰富经验，也源于他的学术背景和学者身份。他的史家视野，使他能够站在编辑出版史和图书事业史的高度，通古今之变，重视传承但不泥古守旧，赶时代但不赶时髦。他的学者、作者身份，使他能够多角度思考编辑出版工作，提出"学"、"术"兼备，能"文"能"武"的要求。他的读书人身份，使他格外关注图书出版事业的社会责任与文化使命。来新夏的思想对当今编辑出版事业具有重要启示意义。

【关键词】来新夏；编辑出版思想；图书事业史；社会文化效益

已故著名学者来新夏先生（1923—2014）的学术经历颇为丰富，且具有多重面相。以往学界的关注主要集中在他开辟并深耕的众多学术领域、取得的学术成就，以及他晚年将学术"还之于民"的随笔写作。然而纵观来新夏一生，可以发现他不仅是著作等身的学问家、作家，同时也是名副其实的出版家。来新夏担任过期刊编辑、图书编辑，从事过文献编辑。改革开放前期，计划经济体制向社会主义市场经济体制过渡，出版业正发生重大转变之时，他担任了南开大学出版社的社长兼总编辑。在长期实践中，来新夏形成了自己的编辑思想。他的经验与思考为当代出版业的发展和编辑学的完善，留下了宝贵财富。

---

*　陈鑫，南开大学党委宣传部副编审。

本文通过回顾来新夏的编辑生涯，梳理他有关编辑出版工作的主要观点，力图概括出他的编辑出版思想特点。希望能为学界同仁进一步开展研究提供助益。

一、跨越近七十年的编辑实践

早在1945年抗战胜利不久，中国文化服务社创立了北平分社，筹办新刊《文化月刊》。此时，已困处沦陷区八年、正在辅仁大学读书的来新夏在编辑部兼任编辑员，从此进入了编辑出版行业。

1951年，来新夏任教南开大学历史系。此时，天津的历史学人刚刚创办了《历史教学》，这是中华人民共和国成立后国内最早创办的历史专业刊物之一。他们知道来新夏当过编辑，于是邀他参加编委并兼任值班编辑。这一时期，来新夏参与并逐渐熟悉了组稿、编辑、排印、校对、发行等一整套出版流程。他从事这份兼职将近十年，工作中体验到当编辑"无穷的乐趣"[①]。

不料，1960年，因曾"在《文艺与生活》杂志任助理编辑四个月的历史问题，在审干中受到严格的政审"。在没有正式结论的情况下，他受到"内控"，被剥夺参与教学、研究工作的权利，不能参加社会活动，不能写署名文章。在随后的政治运动中，来新夏屡受冲击。直至十八年后，问题才得以落实解决，重新恢复教研工作。[②]

1984年，已经年过花甲的来新夏终于"时来运转"，迎来了施展才华的机会，也迎来了事业发展的高峰。他曾感慨："遥望远天，苍松翠柏的矫健，正以岁寒后凋的精神在召唤我作新的开始。"在一般人已准备退休的年龄，来新夏得到任用，接连被任命为南开大学图书馆学系首任系主任、图书馆馆长，并成为南开大学出版社首任社长兼总编辑[③]。友人纷纷戏称此时的他成为了"来半天"、"大人物"[④]。

① 来新夏.编辑苦乐[J].编辑之友，2012（7）：卷首语.

② 来新夏.旅津八十年[M].天津：南开大学出版社，2014：346.

③ 来新夏.80后[M].哈尔滨：北方文艺出版社，2008：84.

④ 刘泽华.从往事说来公的学术韧性[M].忆㰦盦——来新夏先生纪念文集.天津：天津古籍出版社，2015：561；宁宗一.我心中的来新夏先生[M].忆㰦盦——来新夏先生纪念文集.天津：天津古籍出版社，2015：489.

由于南开大学出版社是刚刚复建的单位，人力、资金、设备都很缺乏，工作条件也很艰苦。面对繁杂的事务，来新夏事必躬亲。在大气氛的激励下，他想尽力把事办好。在他主持下，出版社健全机构、建章立制、引进人才、策划选题，逐渐走上正轨。他与同事们决定，将出版社定位为"学者型出版社"，并根据当时出版社的经济状况，提出"小有余"的经营方针①。

来新夏在出版社连续担任了两个任期的领导工作。其间，南开社在严峻的出版形势下筚路蓝缕、不断前进，逐渐形成了一支精干的编辑、出版、发行队伍，建立起机构齐全的生产经营体系，出版了近千种教材、学术著作和教辅读物，有近百种图书获得省部级奖项，并积极争取到世界银行贷款，为出版社的未来发展打下基础，成为走在全国前列的高校出版社②。

来新夏主持编辑、编纂了大量图书文献，即使在1990年他离休后也没有闲下。他主编的图书有《中国近代史资料丛刊·北洋军阀》、《天津风土丛书》、《天津通志·旧志点校卷》、《天津大词典》、《天津建卫六百周年丛书》、《中国地方志综览》、《图书馆学情报学档案学简明辞典》等。来新夏既是学者，又是编辑，既是作者，又是出版人。编辑事业与他的学术生涯相始相终、相辅相成、互相促进、相得益彰。

二、来新夏关于编辑出版工作的主要观点

来新夏就职的南开大学出版社，是一家颇具历史传统却又刚刚复建的出版社。其初创于1929年，1936年于日本侵略华北之际停办，吴大任、陈省身、万家宝（曹禺）、吴大猷等都曾任出版社编辑③。1983年，经教育部和文化部批准复建，成为改革开放后较早建立的高校出版社。作为一所综合性大学下属的出版社，南开大学出版社有其自身特点，无论是办社宗旨、责任使命、服务对象、生

① 来新夏. 我与南开大学出版社——贺南开大学出版社三十年社庆[N]. 南开大学报，2013-5-31.

② 崔国良. 怀念来新夏先生[M]//焦静宜. 忆蜕盦——来新夏先生纪念文集. 天津：天津古籍出版社，2015：83；张敬双. 十年回顾与展望[M]//崔国良，张世甲. 南开新闻出版史料：1909—1999. 天津：南开大学出版社，1999：132-139.

③ 关于早期南开大学出版社情况的报告[M]//崔国良，张世甲. 南开新闻出版史料：1909—1999. 天津：南开大学出版社，1999：130-131.

存模式等都需要有明确的定位。

来新夏上任后，期待将南开大学出版社办成一家学者型的出版社，并提出了一系列办社思路和举措。他的经验做法曾在不同场合做过阐述，现在南开大学档案中保存有出版社会议纪要、相关规定、文件等文，可资考索。特别是来新夏在晚年写下了《我与南开大学出版社》、《老编辑寄语》、《我喜欢的编辑》、《编辑苦乐》、《过年读书》等文，从这些文章中我们也可以读到来新夏自己总结的办社心得、编辑思想。此外，笔者还对南开大学出版社一些老编辑进行了专门访问，对来新夏办社的举措进行了回顾。

概括起来，来新夏关于编辑出版的观点主要体现在以下三个方面。

1. 培养"学者型"编辑

来新夏认为，人才是建社、建好社的重要资源，他尤其重视对编辑的培养。在出版社的会议纪要中，我们可以看到来新夏对见习编辑培养的几项规定，南开大学出版社草创之时，为了让几位编辑全面了解工作，来新夏定下规矩，新人第一年要在出版社各部门进行轮流顶岗。之所以这样安排，是因为在他心中，编辑不能只懂得编稿，更要做到"全天候"。这是借鉴了他自己早年从事期刊编辑时的经验。他要求新人熟悉从选题、审读、写审读报告、设计版面到校对、发行、写简介和书评的整个流程。这样可以明了每个环节的甘苦和彼此衔接的流程，避免产生不必要的误解。不仅如此，在出版社各方面条件还很紧张的情况下，来新夏坚持送编辑们外出参加专业培训，以便让他们尽快掌握业务。

来新夏说，他很迷信"编辑不是作文老师"的说法。他曾强调，编辑不应只会改错字、语法和标点等技术性的工作，更重要的是，要有"一门专业、多门杂学"作为基础。他认为，编辑技能只是"术"，一般通过三两个月的实践就可以学会。但编辑决不能满足于此，必须还要有"学"，才能使眼界更开阔。这就是他常说的，"学"、"术"兼备。来新夏鼓励编辑们撰写学术文章，不只写编辑类的论文，更要写研究其他学科的论文。他指出，编辑要把自己铸造成一个"编辑家"而不是"编辑匠"，要做"学者型"编辑[①]。

来新夏还提出，编辑要懂得以"醇"、"疵"比例来确定稿件是否可以采

---

① 来新夏. 老编辑寄语[J]. 编辑之友，2009（2）：卷首语.

用①。"醇"、"疵"之说出自韩愈《读荀子》："孔子删《诗》、《书》，笔削《春秋》，合于道者著之，离于道者黜去之，故《诗》、《书》、《春秋》无疵。""孟氏，醇乎醇者也。荀与扬，大醇而小疵。"②来新夏引"醇"、"疵"比例之说，其用意在于要求编辑分辨稿件的思想、观点。这是对编辑的更高要求。

来新夏希望，编辑要养成写编辑手记的习惯，记录下工作中的得与失，随时总结，以便改进。同时，他还要求责任编辑在图书出版之后，积极撰写推介文章、组织书评。这样做不仅是为了营销、扩大影响，更是一种锻炼。通过写书评，可以提升编辑对内容的理解，把握稿件的精华。来新夏定下规矩，书评正式发表后，出版社会给编辑额外发一份稿费，以示鼓励③。

来新夏晚年回忆往事说，他的高要求曾让编辑们叫苦连天，感到负担重，但等到编辑们渐渐成熟，对各项工作都能轻松应对后，感到了"乐从苦来"④。

2. 强调编辑、作者"互为衣食父母"的关系

由于自己便是一位学者、作者，来新夏深知编辑与作者关系的重要性。他常常建议编辑们换位思考。来新夏认为，编辑和作者既是对手，也是伙伴。根据亲身体验，他将二者关系定位作"互为衣食父母"。他指出，编辑与作者"合则两利，不合者俱伤"。如果没有编辑，作者的著作只能藏之名山，无出头之日；如果没有作者，编辑也将无事可做⑤。

约稿是编辑与作者接触之始，对此来新夏非常重视，鼓励主动出击。他说："编辑不要当收购站的收购员，坐等人家送货上门，而是要当采购员，看准作者，组织稿源。"⑥为了发现作者、联系作者，他要求编辑们每年参加两次学术会议。不明就里者会将这两次出差看作是给编辑的"福利"，其实这一安排大有深意、一举多得。通过参会，编辑们可以了解到学术研究的前沿动态，及时物色新的选题。同时，学术会议也是一个难得的与众多学者见面的机会。编辑参会可

---

① 来新夏. 我与南开大学出版社——贺南开大学出版社三十年社庆[N]. 南开大学报，2013–5–31.

② 韩愈. 读荀子[M]. 韩愈文集汇校笺注（1）. 北京：中华书局，2010：111–118.

③ 据笔者对崔国良、焦静宜的访谈记录。

④ 来新夏. 编辑苦乐[J]. 编辑之友，2012（7）：卷首语.

⑤ 来新夏. 我喜欢的编辑[N]. 文汇读书周报，2013–1–11.

⑥ 来新夏. 老编辑寄语[J]. 编辑之友，2009（2）：卷首语. 又见笔者对焦静宜的访谈.

以加深和学界的联系，更可以发现优秀的新作者，构建作者网①。

来新夏指出，编辑要善于发现新作者。在与作者的互动中，要用"两只眼"：一只眼看名家名作，一只眼看普通作者。他说，编辑高手往往能从普通作者的作品中发现佳作，甚至在工作中，帮助一些作者从稚嫩走向成熟。来新夏教导编辑说，许多有名的前辈作家常感念那些发现他们的编辑，有些知名编辑也常会倾全力帮助作者成功②。

来新夏站在作者的角度，现身说法，建议编辑约稿时最好与作者互相沟通，了解彼此的意图，收到稿件后，尽快提出裁决意见，免得作者期待多日，杳无音信。在改稿过程中，编辑也要充分尊重作者原意。来新夏认为，编辑应该"少动手而多动脑"。他指出，编辑有时由于缺乏某些领域的专业知识，或与作者的年辈相隔太大，互不理解，把作者原意改反了。他告诫编辑，不要不尊重作者的行文习惯，更不要把作者的某些思想火花视作非主流而大肆斧削。如发现不妥之处，要约作者商榷，最好请作者自己动手，编辑只作些技术性修改。如果稿件确实不合格，纵然有"关系"、有市场，也应双手奉还。来新夏认为，在发稿阶段作者也应包含一些话语权，甚至装帧封面也应征询作者的意见。他举例说，有些编辑自作主张，给学术性著作弄个花里胡哨的封面，还饰称时尚，令作者啼笑皆非③。

来新夏曾感叹，正是由于构建起了一支数量可观、学术上有成就的作者队伍，才使得南开社从默默无闻成长为在海内外初具影响的出版社。作者们"以脑汁和心血熔铸、凝炼成各种专著教材，像母亲以乳汁哺育婴儿"，使出版社不断壮大④。

3. 投入市场但不迎合市场

来新夏任职南开大学出版社时，由于多方面原因，全国出版业正处于"萧条过渡时期"⑤。出版社既是生产经营性单位，同时又负有宣传教育、发展科学文

① 来新夏. 我与南开大学出版社——贺南开大学出版社三十年社庆[N]. 南开大学报，2013-5-31.

② 来新夏. 老编辑寄语[J]. 编辑之友，2009（2）：卷首语.

③ 来新夏. 我喜欢的编辑[N]. 文汇读书周报，2013-1-11.

④ 来新夏. 回顾与展望[M]. 南开新闻出版史料. 天津：南开大学出版社，1999：445.

⑤ 来新夏. 回顾与展望[M]. 南开新闻出版史料. 天津：南开大学出版社，1999：446.

化事业的责任，如何找准定位，关系到出版社的生死存亡。南开大学出版社虽然是一家高校出版社，但也必须面对计划经济向社会主义市场经济转变带来的阵痛。

当时出版行业处于低谷，图书市场良莠不齐、竞争激烈，学术著作和高层次教材的出版严重亏损。为了应对这种挑战，同时为了打造本社的品牌声誉，站稳一席之地、谋划长远，来新夏与南开大学出版社同人定下了"小有余"的经营方针，并采取了"以收补歉"的经营策略。他们坚持社会效益、经济效益并重，以配合教学、繁荣学术为己任，力求寻找到实现综合效益的平衡点。

"小有余"方针并非"小富即安"、胸无大志，而是根据当时的经济状况，从自身定位出发，从学术、文化发展的责任出发，制定的经济收益目标。其含义是既要在经营中实现盈利，但又不能只追求经济效益。具体来说，就是在选题与经营中"以收补歉"。所谓"以收补歉"，即以出版畅销书获得的盈余，补贴长线产品、学术著作可能造成的经济损失①。

来新夏并非不重视畅销书。他认为，畅销书是出版社市场影响力、知名度的重要指标，也是策划能力、业务流程、加工制作水准和市场营销能力的重要体现。这些正是出版社的"生存之基和生命之源"②。他指出，光求库存增长，不重市场销路，决非明智之举③。但来新夏还是希望出版社在创建之初避免只"瞩目在'钱'上"④。他认为，如果不想编有价值、行之久远的常销书，每出一本书，好像狗熊掰棒子，随掰随丢，再版量微乎其微，这样既难坐享良性循环的赢利，也难创造品牌、实现可持续发展⑤。

来新夏希望，出版社要抱着"有一点余力多出一本书"的宗旨，尽力协助作者多开辟一些渠道，解决学术性书籍的出版困难⑥。当时国家和社会支持出版的资金还很少。在学校和出版社资金也都很困难的情况下，南开社建立了自己的出版基金，专门资助教材和学术著作出版。虽然因此降低了经济效益，但学术界和全社会却得到更大的效益。

---

① 来新夏. 回顾与展望[M]. 南开新闻出版史料. 天津：南开大学出版社，1999：446.

② 来新夏，徐建华. 天津出版印象[J]. 出版广角，2005（3）：16—19.

③ 来新夏. 何必如此拥挤[N]. 中华读书报，1998-4-29.

④ 来新夏. 我与南开大学出版社——贺南开大学出版社三十年社庆[N]. 南开大学报，2013-5-31.

⑤ 来新夏. 老编辑寄语[J]. 编辑之友，2009（2）：卷首语.

⑥ 来新夏. 回顾与展望[M]. 南开新闻出版史料. 天津：南开大学出版社，1999：446.

20世纪80年代，南开大学在费孝通先生的支持下，在全国首先建立起社会学专业，但是国内没有可以使用的教材。为此，南开大学出版社率先翻译引进了一批国外较好的教材，如出版了苏联安德烈耶娃的《社会心理学》、美国克特·W.巴克主编的《社会心理学》、美国刘易斯·科塞等著的《社会学导论》、日本富永健一主编的《经济社会学》、古畑和孝的《人际关系社会心理学》等，缓解了我国新建社会学专业对教材的急需，同时推动中国学者自己编写的教材，如《教育社会学概论》等[①]。

来新夏在任期间，南开大学出版社策划、出版了一批长期颇具影响力的学术著作，如《尔雅今注》、《欧洲哲学通史（上下卷）》、《中国文艺思潮史稿》、《比较文学论集》、《三江侗语》、《中国史学史资料编年（上册）》、《清史史料学初稿》、《天津近代史》、《江浙财阀与国民政府（1927—1937）》、《南开大学校史（1919—1949）》、《日本近代外交史》、《周作人年谱》、《中国古代小说艺术论发微》、《契约论研究》、《价格学原理》等；出版了具有通识性的"大学生知识丛书"，包括《漫话英美文学》、《法律与自由》、《中外军事法庭审判日本战犯——关于南京大屠杀》、《中国经济特区》等；重要工具书《社会学参考书目》、《资本论辞典》、《图书馆学情报学档案学简明辞典》、《台湾事典》等；以及地方志《青州市志》等[②]。

特别是在一些需要长期关注、较高投入的图书选题策划上，展现了来新夏作为编辑出版家的眼光与定力。比如，由吴廷璆主编的《日本史》在南开大学出版社出版，成就了一段学林的佳话。吴廷璆先生是中国日本史研究的开拓者，上世纪80年代初受教育部委托主持我国第一部日本通史的编写工作。来新夏得知这一消息，认为这是一部不可多得的学术著述，"必将在学术史上占有一席之地"，于是力主克服种种困难，一定要出版这部著作。《日本史》是一部逾百万字的大部头著作，众多国内日本史领域的专家参与，工作量极其庞大。吴廷璆先生作为主持者，年届八旬，但坚持亲力亲为，一丝不苟，统一修改。这部书稿经过前后十年，终于在1994年出版面世。此时，来新夏已从出版社退休。八十四岁高龄的吴廷璆先生亲自登三楼将题写了上下款的《日本史》送到来新夏家中，共享著作

---

① 崔国良. 不断更新知识出版新学科教材为社会主义市场经济服务[M]. 南开新闻出版史料. 天津：南开大学出版社，1999：475–481.

② 南开大学出版社社务委员会. 南开大学出版社成立64周年重建10周年纪念册[M]. 天津：南开大学出版社，1993.

出版的喜悦。此后，这部《日本史》屡获大奖，连连重印，成为南开大学出版社的"看家书"①。

为了维护品牌声誉，来新夏在审查选题时，坚持抵制一味迎合市场、格调低下的选题。他常以没有出过一本被评审为"不良读物"的书而自豪②。在来新夏与同事们的努力下，南开大学出版社终于渡越险阻，办出声色。

三、来新夏编辑出版思想的特点

来新夏编辑出版思想的形成既源于他丰富的实践经验，也源于他独特的学术背景和学者身份。作为编辑出版家的他，还拥有学者、作者、读书人等多重身份。每一重身份都让他可以从不同的角度，以不同的使命感，来思考编辑出版事业。因此，他的编辑出版思想是颇具独到之处的，拥有超越时代的价值，对当今的从业者仍具有重要的启示意义。

1. 以史家视野，站在图书事业发展史的高度，通古今之变

编辑学是一门新兴学科，但编辑事业在中国却有着悠久的历史传统。编辑学在中国诞生，并非偶然，有其深厚的土壤和优秀的基因作为支持③。来新夏深知中国编辑传统的重要价值。刚刚担任出版社社长、总编辑之时，他为了找准定位，便计划从中国编辑事业发展的历史脉络中寻找思路。他曾计划写一部《中国古代编辑事业简编》，不久便拟出了一份写作提纲初稿。但是由于事务繁忙，一直未能成书。晚年，他将这份《〈中国古代编辑事业简编〉写作提纲》发表④。这份提纲思路明晰、严谨缜密，从中可以看到来新夏的治学思路和编辑思想。在提纲中，来新夏从考订"编辑"一词的源头和词意演变入手，指出中国古代的编辑事业，是沿着收集资料整理成书一条路线发展下来的。他用最精炼的文字，对

① 焦静宜. 书生情谊——吴廷璆、来新夏二位先生的往来[M]. 南开大学报，2016-5-13.

② 来新夏. 我与南开大学出版社——贺南开大学出版社三十年社庆[N]. 南开大学报，2013-5-31.

③ 潘树广. 编辑学[M]. 苏州：苏州大学出版社，1997：1-21；刘文峰. 编辑学[M]. 合肥：安徽人民出版社，1988：10-15.

④ 来新夏.《中国古代编辑事业简编》的写作提纲[J]. 编辑之友，2013（4）.

先秦、两汉、魏晋南北朝、唐宋、明清各个时期编辑事业的整体状况、特点、成就，进行了精准的概括、勾勒。提纲虽然篇幅不大，但将中国古代编辑事业的发展史梳理得清晰明了，体现了来新夏作为历史学家的深厚功力。

虽然来新夏后来并没有以此为基础完成一部"编辑事业史"，但他先后领衔写出了《中国古代图书事业史》、《中国近代图书事业史》（后合为《中国图书事业史》），在学界、业界广受好评。从历史发展脉络中思索自身定位，这是来新夏作为一位历史学者的思维特点，也为他编辑出版思想的形成提供了重要支点。

来新夏重视传承但并不泥古守旧，赶时代而不赶时髦。由于对历史发展大势了然于胸，所以能够通古今之变。无论传承与创新，他都能够以此为标准，做到鉴往知来，顺势而为。

来新夏乐于接触新事物、了解新事物、使用新事物，但始终保持着自己的独立思考。上世纪80年代，计算机刚刚进入我国社会。来新夏便在图书馆学教学中增加相应内容，在图书馆管理工作中引进计算机。南开大学出版社也推出了一系列计算机专业书籍。随着激光照排技术出现，铅排时代加在编辑身上的沉重负担逐渐解除，编辑改稿、查核引文都变得轻松起来。来新夏对此表示肯定和赞誉。晚年，他还于八十高龄学习电脑打字，并坚持用电脑写作，直至去世。不过，来新夏不断提醒，信息化时代的年轻编辑也不要过分依赖计算机，"因机废书"，如果每天只是数字数行，则将沦为编辑匠。他反复强调，"磨刀不误砍柴工"，编辑还是理应具有学术素养，不应与书日益疏远[1]。

在技术革新之外，体制革新也是来新夏所关注的问题。他任职期间，中国出版业面临着旧的出版体制与新的市场格局之间的矛盾，体制改革势在必行。但同时，来新夏表示，各出版社所处的环境是大同小异的，因此出版人也不要因此推卸责任，过分强调旧体制的约束，这样会忽略自身存在的问题、自己应负的责任[2]。

2. 以多重身份，多角度思考，强调"学"、"术"兼备，能文能武

来新夏编辑出版思想的另一大特点是他对编辑技巧、组织协调能力和学术能力的综合并重。他认为，不学无术、有学无术、不学有术都是不能成为令人满意

---

① 来新夏. 编辑苦乐[J]. 编辑之友，2012（7）：卷首语.

② 来新夏、徐建华. 天津出版印象[J]. 出版广角，2005（3）：16–19.

的编辑，真正的好编辑必须有学有术、文武全才。

这一思想首先源自工作需要。南开大学出版社是一家高校出版社，其创办目的是"紧紧围绕本校教学和科研任务，着重出版学术专著、教材和教学参考书"①。针对这一任务，来新夏和南开大学出版社同人提出了办"学术型出版社"的定位。建"学术型出版社"当然需要一支"学者型编辑"队伍，编辑学术专著、高水平教材必须要有相匹配的知识结构和一定的学术能力。正是出于这样的考虑，来新夏要求编辑在熟悉编辑技术之外，还要掌握"一门专业、多门杂学"。

不过进一步推究，如果出版社负责人本身没有过硬的学术能力和足够的学术自信，恐怕也很难对编辑们提出"学"、"术"兼备的要求。学术恰恰是来新夏的优势。他深具家学渊源又师出名门，从幼年开始，就在祖父来裕恂的悉心指导下开始了读书生涯。考入辅仁大学后，他受到陈垣、余嘉锡、张星烺、启功等大学者的指点。其后，又在华北大学读范文澜教授的研究生。来新夏自身学养扎实、研究领域广阔，在历史学、目录学、文献学等方面均卓有建树，"纵横三学，自成一家"，享誉学界。他希望培养学者型编辑，而他本人便是这样的优秀典型。也正是因为他具有多重身份，使他可以了解学者、作者、编辑各自的需要与困难，换位思考，妥善解决各类问题。

同时，来新夏并不是在"象牙塔"里孤芳自赏的书生。他自身具备很强的组织协调能力，也清楚编辑出版是一项实践性极强的工作。来新夏曾说，当一名编辑的确不容易，要和作者、管理部门、出版部门、市场、读者多方面接触，如果没有宽容的度量和超人的睿智是很难得心应手的②。特别是要做一名编辑家、出版家，更需要有大将风度，严格执行标准、勇于改正错误，还要有斩关夺寨的精神和勇气。因此他希望编辑们能做到学术兼备、能文能武，练出"上马擒贼，下马草露布"的本领。

3. 以读书人意识，关注社会责任，重视文化担当

来新夏常常称自己只是一个"读书人"。这看似谦称，其实并不简单。读书人，也就是知识分子。在来新夏的成长环境和学术语境下，寻根溯源，读书

---

① 文化部同意建立南开大学出版社[M]. 南开新闻出版史料. 天津：南开大学出版社，1999：443.

② 来新夏. 老编辑寄语[J]. 编辑之友，2009（2）：卷首语.

2013年5月，来新夏为南开大学出版社三十年社庆题词

人其实就是指中国古代士农工商四民中的"士"。古人说："士不可以不弘毅，任重而道远。""士当以天下为己任。"可以说读书人这一自我定位，蕴含着深沉的社会文化担当。

重视社会文化责任是来新夏一以贯之的思想，这不仅体现在编辑出版工作中，也体现在他从事的学术研究、学科建设、随笔创作及其他各项工作之中。在治学中，来新夏提倡作"为人"之学，甘当"铺路石子"。在随笔写作中，他特别强调要将学术"还之于民"。在工作中，编辑出版，毫无疑问，也是一种"为人"、"为民"的工作。无论是图书编辑、文献编辑、期刊编辑，都是为作者、为读者服务的。

作为出版社的负责人，来新夏不能不考虑经济效益，但他决不一味迎合市场。在当时，低劣的武侠小说、言情小说和中小学辅导资料滥销，图书市场竞争无序，经营压力很大。但南开大学出版社保持定力，拒绝诱惑，没有出版一本这样的读物。在南开大学出版社的选题会上，经过讨论，一致认为要把主要精力集中在出好大专学校的教材和学术专著上，突出自己的特色[①]。

在来新夏心中，选题是出版社的生命线，有好选题就有好书，就能产生"双效"，经济效益、社会效益双丰收[②]。出版社必须出畅销书，但绝不是庸俗读物，而是符合南开大学出版社责任定位的、面向大众的知识性普及性读物。例如，南开大学出版社此时出版过一套《大学生知识丛书》。来新夏在书的总序中写到，出版这套书的目的是"为扩大大学生的知识领域，培养他们具备分析和解

---

① 崔国良. 注重社会效益 把大学出版社办出特色来[M]. 南开新闻出版史料. 天津: 南开大学出版社，1999：462–468.

② 来新夏. 我与南开大学出版社——贺南开大学出版社三十年社庆[N]. 南开大学报，2013–5–31.

决问题的能力，提高他们的思想、文化素养，丰富他们的精神生活"。由于定位准确，《大学生知识丛书》第一本《灵魂的奥秘》一经推出，便被书市列为畅销书之一，广受欢迎。这一时期，南开大学出版社的出版物多次获得"全国畅销书"的美誉①。在出版教材、专著时，来新夏同样看重其社会文化效益。他和南开同仁提出，出版教材的注意力要放在填补空白、解决急需方面，力争在短期内协助各院校摆脱油印教材的困扰。学术专著的重点则放在对现实问题的研究成果和有理论创见方面②。

在来新夏看来，编辑出版人要更多关注社会文化效益。他不断呼吁让学者型编辑多起来，就是为了"使文化事业正常发展，使中华文化源远流长"③。由此可见，编辑出版在来新夏心中并不是一份普通的工作，而是承担着巨大责任的事业。他作为"读书人"的社会责任意识与文化担当精神，值得当代编辑出版人引为镜鉴，对照自省。

原载于《中国出版史研究》2018年第2期（总第12期）

---

① 来新夏.《大学生知识丛书》总序[M]. 南开新闻出版史料. 天津：南开大学出版社，1999：444；崔国良.潜心经营把出版社办出声色来[M]. 南开新闻出版史料. 天津：南开大学出版社，1999：469.

② 来新夏. 回顾与展望[M]. 南开新闻出版史料. 天津：南开大学出版社，1999：446.

③ 来新夏. 老编辑寄语[J]. 编辑之友，2009（2）：卷首语.

和来先生在南开大学出版社共事

崔国良[*]

　　南开大学出版社成立后，1983年3月我被任命为校直属出版社党支部书记（1987年12月建总支任总支书记）兼副社长。社长一职因学校考虑应由一位学术上有影响的教授来担任，暂时空缺。直到转年8月，才选定来新夏教授担任社长兼总编辑。我最早知道来先生还是在"文革"前见过他写的剧本《火烧望海楼》。那时候，他住在校门口东村的东头，我住在东村的南头。虽然有时见面，但从未直接接触过。不想，他被任命为社长兼总编辑后，立即亲临寒舍，使我很受感动。他主动了解出版社的情况，并且征求我对出版社发展的意见。从此我们就相处在一起，自1984年8月至1990年3月我们共事近六年，虽然有时在处理事情上，意见免不了产生抵牾，然均可做到坦诚相见。当时来先生同时担任图书馆、图书情报学系和出版社三个部门领导工作，因此出版社主要由我配合并辅助来先生掌管社务，有大事我向他汇报，许多事他也事先与我商量。一般涉外事宜他都委托我参加或处理。总的来说还是默契。

　　来先生在建社和发展中做出了许多贡献。择其要者，仅举几件列下：

　　来先生主政出版社期间，在坚持大学出版社为教学科研服务的宗旨方面，显而易见是明确的，因此在掌握发展方向和业务上都比较稳当，没有出现过重大的政治和学术上的纰缪。当时正是全国出版行业处于低谷，且又时有各种不健康的思潮干扰的时期，南开大学出版社正当初创阶段，需要扩大经营积累资金，但我社在思想上还是比较明确的。虽然也遇到过一些错误思潮侵袭，但我社在来先生

---

　*　崔国良，南开大学出版社原总支书记兼副社长、编审。

的主持下都抵制住了。因此，上级出版机关的领导给我社较高的评价——"起步晚，路子正，步子大，出了很多好书，没有一本坏书。"

来先生的领导作风是注意抓大事，讲原则。比如建立社务会制度。出版社能在建社初期的艰难条件下健康发展，在很大程度上取决于当时的社务会制度。社务会定期召开，由来先生主持，社领导成员和各科室、部门负责人参加。社里大事都要拿到社务会上讨论决定，争取做到公平、公正、公开。各种意见和看法摆到桌面上，虽有时出现争议，但有透明度，使群众的意见能够及时反映，社里的长、短期计划大家心里有数。再如，作为领导班子成员，来先生不谋私利，严格要求自己。他在任六年，除学校规定的每月30元职务津贴外，在出版社从未多拿过一分钱。有一次，年终分奖金，每人都有一份，但来先生坚持不取，送到家里又给退回来。他当时在三个部门主持工作，但他只拿系里的一份。他给社里组稿，仅地方志就十余部，也从来没拿过组稿费。来先生以身作则，给大家树立了榜样。至今回想，我同样也感到问心无愧。

他还注意编辑队伍的建设。特别是在建社初期，编辑多是由教学岗位转轨的，对编辑业务比较生疏。他主持社里建立了业务学习制度，每月都组织编辑进行业务知识的学习。为了充实编辑力量，社里每年都向学校争取指标，从各系选留多种专业的本科生和硕士生，并给这些新生力量提供学习和进修的机会。来先生提倡编辑人员要学有专长，鼓励编辑做学术研究工作，借以提高编辑队伍的学术和业务水平，同时还可以了解相关学科的学术发展动态。为此，还规定了编辑每年都可有两次参加相关学科的学术会议或活动的机会。我也受益于这一举措，在岗期间，我与二位同事合作编纂了《南开话剧运动史料（1909—1922）》和《南开话剧运动史料（1923—1949）》。这两部80万言的史料书的出版，填补了我国话剧史，特别是早期短缺的北方话剧史料的空白，从而使南开话剧成为在我国早期话剧由文明戏向现代戏剧转变的里程碑性的标志。这就使得南开话剧首次载入中国话剧史册。

1985年10月是曹禺诞辰七十五周年、从事话剧活动六十周年。我们中国话剧文学研究会筹备组的几个人有一个想法，就是计划在这个时候召开一个学术讨论会来纪念这位校友在我国话剧史上的卓越贡献；而且建议这个会在曹禺的母校南开大学召开。我把这个想法同来先生讲了，求得他的支持。他立即表示同意，由南开大学出版社作为一项学术活动来筹办，并委托我起草报告给学校。经学校批准，我作为大会秘书长负责具体操办。会议终于在1985年10月4至6日召开了。来先生作为东道主在会上做了《曹禺生平及其剧作》报告。曹禺先生亲自到会做了激情洋溢的讲话，他说："我永远忘不了南开对我的培养和教育，我的一生是和南开大学联系在一起的。"曹禺这一次来津是他的最后一次与南开和天津告别。而这次会议却是全国首次曹禺戏剧学术讨论会，为曹禺研究的深入开展起了一个动员的作用，为以后的国内国际学术讨论会开了先河。

由于出版社重视编辑队伍的业务建设和学术研究活动，不但使编辑们很快熟悉了业务，还提高了自身的学术水平，一些编辑不仅组织和编辑了好书，自己也能著书写文章，从而在学术界也扩大了出版社的影响，提高了知名度。

来先生还关心出版社的硬件建设，为南开大学的出版大楼建设做出了贡献。出版社最初可以说是白手起家的。建社初期，一缺人员、二无办公室、三无出版印刷设备，一切从零开始。最困难时十来个编辑只有一间办公室，新来的编辑每人只能分到两个抽屉用来放东西。当时虽然是以原学报为基础，但又不能动用学报的人员和设备。没有经费找学校借，而没有印刷厂是主要困难，当时印刷条件异常紧张，市里印刷厂不接我社任务，我们只好向市出版局求援。市出版局只同意给南郊区的一个集体所有制的印刷厂接受我社的活计。这样远远满足不了我社出书数量的需要，更不要说高质量的印制要求。这时，我们得到了一个信息：国家教委将得到一个世界银行无息贷款的教材建设项目。这是一个极好的消息。来先生先派我去国家教委联系。在关键时刻，来先生亲自出马去国家教委争取。国家教委的教材办公室季啸风主任，为商务印书馆原副总编辑，与来先生旧有过从，几次力争，终于争得了将南开大学出版社列入全国八大教材出版基地之一的位置（其他七校为中国人民大学、北师大、清华、复旦、上海交大、武汉大学、西安交大，后来又有扩展），南开承担三北（华北、东北、西北）地区高校文科教材出版任务，同时争取到了出版大楼基建面积8500 m^2。项目批准后，又组织设计施工等一系列的后续工作，特别是开始资金不到位，迟迟不能开工，最后来先生决定动用了出版社50万元启动资金才开始施工。中间经过几次申请追加资金，学校也自筹部分资金。到1992年出版大楼投入使用。印刷厂成为全国定点中型印刷出版基地。南开大学出版社终于有了自己的办公用房和较好的印制条件，成为有完整的系统配套的出版单位。

在出版创议方面，在八十年代中期，来先生就注意到了提高大学生综合素质的问题，为此，我们曾与武汉大学等校倡议出版《大学生知识丛书》。当时，鉴于高等学校在"文革"中断档多年所造成的大学生知识面狭窄的弊端，有必要出版一套辅导大学生增强基础知识，拓展学生专业知识范围的丛书。开始参加的单位还有北京大学和中国人民大学，由来先生主持召开了一个专题会议商定出版原则和数量，定名为《大学生知识丛书》，由各社自行确定选题，数量不拘，均纳入这套系列丛书中。但是后来赶上出版行业的第一次大滑坡，北大、武大先后宣布退出。最后，来先生和我社领导商议决定在经费不宽裕的情况下，由南开独家出版这套丛书。来先生为这套丛书写了总序，他满腔热忱地表达了南开大学出版社的初衷和期望，其中说：

> 当前，我国正处在"大腾飞"的光辉时代，无涯的知识正在蜂拥而至，知识结构在日益繁密，那些纯求单一的陈旧观念将障碍着人类智能的发挥，知识"杂处"和"交叉渗透"将是这一时代的新要求。大学生是知识的继承、深化与增殖者。扩大大学生的知识领域，培养他们具备分析和解决问题的能力，提高他们思想文化素养，丰富他们的精神生活，都将有助于造就合格的"四化"建设人才。为此，南开大学出版社不惜以微薄之力，独承其任，决定出版一套《大学生知识丛书》，向大学生贡献自己的赤忱。
>
> 《大学生知识丛书》主要面向大学本科生，兼及各种办学形式的大专生、中学教师和广大自学青年。我们希望借助这套丛书使他们在所攻的专业之外，再从其他专业知识中吮吸养料，加深对本专业的触类旁通，也许相互融合会产生出人们始料所未及的新领域，那将是这套丛书所引以自豪的。
>
> 《大学生知识丛书》的作者不拘一格，欢迎学有造诣的老年、风华正茂的中年和脱颖而出的青年，能以这套丛书为自己的园地辛勤耕耘，公开自己所积存的精神财富。尤其欢迎有一批研究生和大学生能为自己的伙伴写书。
>
> 《大学生知识丛书》注重知识性、科学性、先进性和实用性，注意介绍新科学、边缘学科和应用学科的有关知识，特别要求通过接受知识而熟悉如何掌握与运用知识的方法。
>
> 《大学生知识丛书》不排序列，不分学科，兼收并蓄，诸体并存。成长固属可喜，但成长过程中的风风雨雨则正企待作者与读者的支持与批评。

这套丛书自1986年至1990年先后出版了《灵魂的奥秘》、《法律与自由》、《漫话英美文学》、《中国经济特区》、《中外军事法庭审判日本战犯——关于南京大屠杀》和《宗教：精神还乡的信仰系统》等，在社会上和大学生中收到了良好的反响。有的曾经多次重印，成为优秀畅销书，并且获优秀成果奖，有的还成为优秀的爱国主义教材。

为了加强学生的基础知识和发扬祖国的优秀文化传统，为青年或专业工作者提供合用的工具书，来先生提议南开大学出版社出版系列南开辞书。根据南开大学学科门类比较齐全、学术基础比较雄厚的条件，分别出版专业性和知识性比较强的工具书，定名"南开辞书"。当时我责编了徐朝华教授的《尔雅今注》（1987年），是一部我国最早的百科辞书《尔雅》的今注本。随后又有《中国古代法学辞典》（1989年）和《资本论辞典》（1989年）、《台湾事典》（1990年），来先生还主编了《图书馆学情报学档案学简明辞典》（1991年）等；后来，又有《六用成语词典》（1991年）和《英汉双解最新学生多用词典》（1992年）成为了我社的畅销书。至今已经出版了系列英语词典和经济类辞书，还有即将出版的《同义词词典》等，已经形成了我社的一个有特色的辞书系列。

尤其还应提到的是，来先生自己也身体力行，为出版社约组了一批高水平的学术著述。如吴廷璆教授主编的《日本史》，是建国以来由中国学者撰著的第一部日本通史，出版后即获优秀科研成果奖和天津市优秀图书一等奖，不仅成为该学术领域内的权威性著述，而且十余年来多次重印，是一部既有社会效益又有经济效益的"双效"书。朱凤瀚教授撰著的《古代中国青铜器》最初列入计划时仅是一部40万字的教材，但来先生从其架构和思路上认定这是一部有价值的学术著述，应该耐心等待它的成熟，随着作者学养和科研成果的逐渐丰厚，最终扩充为120余万字的图文并茂的工具性著述，成为成就作者学术道路的奠基石，后被评为二十世纪文博考古最佳图书之一。杨志玖教授以元代史研究享誉中外，八十年代，当来先生得知杨先生正在集结此项研究成果的信息后，立即派人向杨先生约稿，尽管杨先生由于目疾和其他方面科研工作的需要以至十几年后才交稿，但这部凝聚着这位史学大家一生心血的著作《元代回族史稿》，最终由南开大学出版社出版，这不能不说是南开大学出版社的一件幸事。

转眼十九年过去了，虽然，来先生和我都先后离开了出版岗位，但我们的友谊仍然不断。近年先生还为我编写的书撰写了既诚挚又激励我的一篇热情洋溢的序，使我又受益匪浅。

原载于《来新夏教授学术研讨会纪念集》 南开大学地方文献研究室编 新疆大学出版社2002年版

与来新夏教授一起在《津图学刊》的日子

于良芝[*]

2000年春天，我结束了在英国的学习和工作回到南开大学。回到天津的第二天，我去向送我出国的老系主任来新夏教授郑重报到。那时，来先生虽然从他担任的众多职务（南开大学图书馆学系主任、南开大学图书馆馆长、南开大学出版社社长）上退下来，但依然是他亲手创办的《津图学刊》的主编。他见到我很高兴，邀请我承担《津图学刊》英文文摘的编辑工作，就这样，我非正式地加入了《津图学刊》编辑团队。此后不久，来先生又邀请我做《津图学刊》的副主编之一（当时的另两位副主编是曾经担任天津教委高教处处长的阎英莲女士和曾经担任天津师范大学图书馆馆长的张凤岭教授），从那时起，我每周在编辑部工作半天，在来先生的亲自指导下学习杂志编辑工作，直到2004年《津图学刊》根据新闻出版总署的报刊经营政策而停刊。

《津图学刊》是天津市高校图书情报工作委员会的会刊，1982年12月创刊，先是32开本季刊，后改为16开本双月刊。2000年时的《津图学刊》编辑部位于天津师范大学北院图书馆一楼，来先生需要从南开大学北村的住所乘出租车到编辑部。每个周二的下午，当我踩着上班的钟点跨进编辑部时，来先生通常都已经坐在桌前审阅稿子了。我和阎老师、张老师以及编辑柳家英老师（后来是南开大学图书馆梁淑玲老师）也都尽快各就各位、审稿、组稿或校对稿子了。周二下午是编辑部人员最齐的日子，但除了讨论稿件，大家一般顾不上寒暄和聊天。然而，在我的记忆中，每个周二都是我最充实而快乐的日子。下午结束的时候，我们一般

* 于良芝，南开大学教授。

把没有看完的稿子带回家看，我或者柳老师（后来是梁老师）会陪同来先生出去找出租车。这个时候，来先生就会问我一些生活或工作上的事情。那几年正好是我的教授职称屡报屡败的年份，每到申报职称的季节，来先生就会趁这个短暂的聊天时间，给我鼓励或安慰。那时候我从来先生身上学到的最重要的为人之道是"无怨无悔"——不因别人对自己所做的事情沉浸于怨恨之中，也不因自己对别人所做的事情沉浸于悔恨之中。

编辑部最轻松快乐的团聚时光是每年年底的聚餐。每年都是来先生请客，选某个周二晚上在编辑部附近的餐厅相聚。这时候来先生会像年轻人一样兴奋，还会给我们讲一些他经历的有趣事情。我记得的一件趣事是耄耋之年的来先生与天津高校图工委秘书长李广生老师一起出差，来先生步行的速度和耐力令李老师叫苦不迭。另外一件趣事是，一次聚餐时刻，来先生告诉我们他可以盘腿而坐相当长时间。说着他就放下手里的筷子，当场在餐厅的椅子上表演给我们看，令进来上菜的服务生惊羡不已。

这些琐事代表了我在《津图学刊》的温馨时刻，也是我终生难忘的，但我在这里必须记录下来先生处理的与《津图学刊》相关的几件大事。

第一件事是版面费问题。《津图学刊》在其运行的二十多年间，基本上没有向作者收取过版面费（最后两年对加急稿件收取过300元的加急审理费）；相反，她还为作者提供一定的稿酬。2000年时很多杂志已经开始收取每篇稿件上千元甚至更多的版面费。《津图学刊》虽然有天津市教委和协办单位的支持，但办刊经费依然紧缺。我记得我们曾经为是否收取版面费进行过讨论，但来先生坚持认为，每篇文章都是作者智力创作的成果，饱含了作者的智慧和心血，不能给他们足够的稿酬已是对他们劳动的万分不敬，不能再收版面费。为了弥补办刊经费的不足，来先生尝试了很多其他办法。我至今还记得的两种办法是：（1）对全国高校图书馆馆舍进行有偿宣传（做封二或封三）；（2）适当刊登和图书馆相关的广告。版面费问题也让我想起了与办刊经费相关的另外一件事：每年的三八妇女节，编辑部的女老师都能收到来自《津图学刊》的礼物，不过这些礼物基本上都是编辑部的财务主管阎老师用卖废旧报纸的钱购置的。

第二件事是对学术不端问题的处理。2000年前后，学术界的剽窃或一稿多投现象已非罕见。我参加《津图学刊》之前，《津图学刊》发表的一篇论文就曾遭遇剽窃——它被剽窃者署上自己的名字，在另外一份刊物上发表。来先生感叹学术道德水平的下降，要求我们特别关注来稿的真实性和原始性，必要的时候要进行查重（当时还不存在查重软件）。由于来先生严格把关，《津图学刊》从来没有发表过剽窃论文，也很少发表一稿多投论文。

第三件事是对刊物质量的关注。2000年时《津图学刊》为国家社会科学二级学刊，却不是任何机构评定的核心期刊。当时很多机构在评定职称时已经要求特定数量的核心期刊论文，因此非核心期刊很难收到一流的投稿。《津图学刊》收到的绝大多数投稿都是泛泛而论的议论文，很少看到经验研究论文或批判分析论文，有些投稿甚至具有明显的随意性。记得我们曾一次性收到一位作者发来的六七篇文章，我们猜测作者很可能是位在读研究生，把某个学期的作业一次性发来，期待我们从中挑出一部分发表。《津图学刊》就是在这样的情境下力图办出特色和水平。为了提高刊物质量，来先生采取了几项措施。我们首先在来稿须知中刻意融进了研究论文的要素，引导作者撰写研究论文。其次，考虑到天津作者占作者队伍的比例最大，来先生于2000年左右在天津市的数所高校图书馆和天津市图书馆举办撰写学术论文的讲座。再次，主动向承担国家自然科学基金和国家哲学社会科学基金课题的研究者约稿。记得我当时承担的工作之一就是跟踪每年得以立项的国家级课题，然后选择与《津图学刊》宗旨相关的课题进行约稿。来先生亲自起草约稿函。此外，关注细节。来先生认为，编辑部虽然无法完全控制投稿质量，但必须保证形式方面的质量（如英文文摘的语言、参考文献的格式、机读目录类论文的标识等）。记得有一次我们编辑中国科学院文献信息中心文榕生老师的一篇论文，由于论文涉及编目过程中冷僻作者姓名的处理问题，很多字无法从计算机直接输入，而需要单独造字。为了保证造字的准确性，我们特意用特快专递将二校的校对稿寄文老师审核。这件事给文老师留下了深刻印象，他也从此成为《津图学刊》的朋友。在来先生的强调下，2000年以后发表的所有论文的英文文摘都由我亲自根据中文文摘翻译，不再采用作者所附的英文文摘。正是因为来先生对刊物质量的高度关注，《津图学刊》以其非核心期刊的定位，产生了令人瞩目的影响。2003年12月，在《津图学刊》创刊二十周年之际，我们根据CNKI数据库里反映的引用数据，统计了自1994年到2002年间她对CNKI收录图书馆学刊物的影响因子。结果显示，在这段时间，《津图学刊》的影响因子稳步提高，2002年是1994年的将近三倍。在《津图学刊》停刊之后，她发表的论文依然被大量引用。在CNKI数据库的"参考文献"字段查询发现，2004年至2011年，《津图学刊》被大约5389篇文献引用，平均每年有近600篇引用文献。

第四件事是告别《津图学刊》。2003年7月14日，《中共中央办公厅、国务院办公厅关于进一步治理党政部门报刊散滥和利用职权发行，减轻基层和农民负担的通知》（中办发〔2003〕19号）出台。7月19日，新闻出版总署根据这一文件精神制定了具体实施细则，要求省、自治区、直辖市党政各部门所办报刊，原则上划转到省级党报集团、广电集团、出版集团；省级和省级以下政法、公安、财政、税务、工商、计生、交通、检验检疫、环保、消防等部门所属行业性协会、学会、研究会等不办报刊，已办的一律停办。《津图学刊》作为天津市教委和天津高校图工委主办的刊物，应在停办之列。那段时间，来先生心里极其矛盾：一方面，新闻出版总署的政策需要服从；另一方面，《津图学刊》和她的读者及作者队伍又让来先生万分不舍。在内心最矛盾的日子里，来先生甚至考虑过是否争取以书代刊，让《津图学刊》存续。他在跟我谈到这一可能性时说，"这样做主要是为作者们考虑，以书代刊至少不至于让他们完全失去《津图学刊》这一交流平台"。但考虑到来先生年事已高，而经营以书代刊的交流平台将比正式刊物更加艰难，我对这个主意表达了怀疑。2004年，《津图学刊》在走过二十余年辉煌岁月后，正式宣布停刊。

从我为《津图学刊》编辑英文文摘算起，我与《津图学刊》只有四年缘分，但我却从来先生身上学到了很多终生受益的知识和道理。谢谢来先生曾为我提供了参与经营学术刊物的机会，使我获得了教学科研之外的另一种专业活动体验。松龄长岁月，鹤语寄春秋。值来先生九十大寿之际，祝愿来先生身体康健，天伦永享；福如东海、寿比南山！

原载于《友声集——来新夏教授九十初度暨从教65周年纪念集》 孙勤主编 中华书局2012年版

变法第六

从"对接"到"契合"：来新夏先生古稀"变法"实录

宁宗一*

一

文史学界熟悉来新夏先生的读者和朋友，都深知他原是传统文化的饱学之士，在其心灵深处有着对传统文化的永难割舍的爱恋与执著，尽管他对之进行过精深的解剖和评骘。于是在我的印象中，改革开放三十年的前十几年，他的著作似还未越过他长期积淀的专业范围，即使在我的小小书房中，仁立于书橱上的也是他的《近三百年人物年谱知见录》、《中国近代史述丛》、《林则徐年谱新编》、《中国地方志》、《志域探步》、《古典目录学》、《古籍整理散论》、《中国古代图书事业史》、《书文化的传承》、《北洋军阀史》等近二十种之多。可是，就是在近年，我突然发现来公的影响竟然超出了他的专业领域，他的文史随笔专辑联翩而至，仅在我的案头就有了几近二百万字的十多部散文选集，计《冷眼热心》、《路与书》、《依然集》、《枫林唱晚》、《学不厌集》、《出枥集》、《一苇争流》、《邃谷谈往》、《只眼看人》、《来新夏书话》、《且去填词》、《邃谷师友》、《谈史说戏》和刚出版的《80后》。在解读这些

---

* 宁宗一，南开大学教授。

文本并追寻其古稀之年"变法"的演进轨迹时，我发现了一个自认为能得来公学术和心灵真诠的现象：在史学和文学两条路并行的轨迹上，他进行了从容的"对接"。也许这对我来说并不感到惊讶，因为一个时期以来我始终认为，历史从一定意义上说乃是人类的心灵史。也许正是根据这一认识，我主张把文学作为"心史"来研究。因此，如果说来公在几十年治近代史、地方志、目录学和图书事业史方面，是在铺陈文化和文化人的命运史，注重的是反映重大历史事件和文化衍演变革的话，那么与这种"编年史"的纵向宏观的叙述方式不同的是，他近十多年却在横断面上逼真地展示了人世百态和各有一方天空的学术文化，这既体现了他的学术见地，又说明了他对文化发展的焦虑和对现实关怀之深。所以与他的"编年史"不同，作为横断面的随笔的展示方式是描述人、事、书、物、山川的品格与气韵，性质与形式，从而也就暗示了纵向的历史沉积过程。因此，读先生的大部分随笔，给人的强烈印象好像总是能不断地听到一连串的声音：这就是人生，这就是文化，这就是活着的历史！于是它证明了一点，历史过程和发展及其诸种生活方式，影响着人们的心灵，而心理结构正是浓缩了的人类历史文明，于是史与文在来公的随笔中得到了"契合"。

有成就的文史大家总是有创造思想和介入现实的双重使命感，因此他们总是能把对历史的思考和现实的思考紧紧地统一起来。来公的随笔最突出的特点正是以当代意识审视历史，又在历史的背景上思考当代，真正做到了当代意识与历史深度的融合。比如来公对林则徐的研究用力最勤，也最见功力的是《林则徐年谱新编》（以下简称《年谱》）。这是一部搜罗既广、采撷且备的长篇力作，它在学术史上的价值已是不争的事实。而作为典型的人物随笔《林则徐的取法前贤》、《林则徐的书札》、《林则徐死因之谜》、《林则徐的禁毒思想》、《林则徐的诗》、《林则徐禁烟与当前的肃毒》以及《林则徐对传统文化的接受与奉献》等篇什，我却从未把它们看做是独立的人物速写。而当你一旦面对他时，你会很快地对这位伟大的历史人物有了文化血脉上的亲近感。在生命体验上，几乎使我们更直接更强烈地触摸到了林则徐的一颗深邃伟岸而又高贵的灵魂。同时，我们也就发现了来公内心的浩瀚与力度。所以我们可以把有关林则徐的这一组随笔视为《年谱》的姐妹篇，甚至可径直地与《年谱》并称为"文史双璧"。这里给我的启示是：以人性写历史的原则，即用理性、情感与人性来和历史人物沟通。

在《兼资文武、六艺旁通的女科学家王贞仪》、《自制望远镜的郑复光》和《化学家徐寿的生平和成就》等篇，来公给予我们的绝不仅仅是表层的历史知识和科学家们的伟大贡献，从而让我们了解到民族文化史的光辉传统。其实值得注意的倒是来公的当代意识，它让我们通过这些文化精英，真正领略到了他们禀天地之气，妙悟其潜藏的人生底蕴。来公笔触所至真是洞幽烛微，出神入化，于是人们从王贞仪、郑复光、徐寿等人物身上看到了我们民族文化的"龙虎真景"，这才是历史家的眼光和文学家的感悟力的有机融合。

记得马克思曾说过："思考使人受伤，受难使人思考。"先生正是把自己经历的苦难，化作冷静的沉思，化作对历史的深刻理解。《也无风雨也无晴》乃是《依然集》的代序，我拜读此文，可以说是心潮起伏。而我之所以特别看重它，是因为该文是来公心灵的一次曝光或曰是他心灵的折射。他谈及在没有纷扰和半夜静思的时候，他不断地重温少时反复读过的东坡翁的〔定风波·莫听穿林打叶声〕，他写道："……这首词确曾给我一种解脱，无论在明枪暗箭、辱骂诬蔑的风雨中，遭到天磨和人忌；还是在几度闪光的晴朗时，傲笑顾盼，我总在用这首词的内涵使我遇变不惊，泰然自处。"看了这样的文字，我真是大吃一惊。因为在我一贯的思路中，"无悲无喜"乃是一种极高明的参禅境界，像来公这样一个人，怎么会一下子上升到佛界四禅天呢？当然不是，他只是在追求一种淡泊宁静的情趣，一种回归到依然故我的纯真境界。一则短序，我发现先生倾注了浓烈的情感，因此你同样可以把它看做是作者心灵史的一角。我若有所悟：来公历经磨难，然而正是这人生的磨难才真正成为先生的精神财富。而另一方面，如果不是文史之学支撑着他的理想与信念，他也许不会或不可能走到今天。他的历史随笔是比一般的倾诉更高一层的表达。

既然有了这样的心灵境界，于是为文时，你又可感受到先生内心虽难免仍有激愤，但却少大言，而大义自显。至于激烈的指责或者吹鼓手式的吹吹打打却与他的所有著作了无因缘，所以他的随笔少用断语，而提供给你的仍是深层次的生活的和心灵的真实，却又把判断的权利留给了读者。《漫说"势利眼"》、《谀墓之文》等都是有感而发之作，然而却无剑拔弩张之势，行文心平气和，娓娓道来。所以我常说，作家越老灵气越足，在自我消解的过程中，他们的"天目"洞开了，看见的再不是青壮年时代的梦中幻景，而是超越现象界的人性的弱点。于是，在我们读惯了过去和现在那种急于臧否、勇于判断、致力于结论的文章，再来读来公的大作，不禁想到中国当代的随笔，原来可以有这样一种从容一些、具体一些、情绪平静一些的写法和路数。在这个问题上，它给予我这样的启示：在历史的天平上，一个有社会良知、文化良知的知识分子，应该经受得住心灵的煎熬，而决不能以付出人格为代价。

来公说，他读的书除了用文字写成的书外，还读了大千世界芸芸众生的无字书（参见《路与书》序）。对于后者，人与人之间都不可重复；而对于前者，后学只有仰慕：先生读的书真多！请看十多部随笔集中，就有那么多的读书札记式的"书话"。比如《依然集》中的那两组小品："清人笔记随录"和"清人北京风土笔记随录"尤堪一读。先生之文吞吐古今，胸中经纶，若浩浩烟波之无垠。这使我想到：进入成熟时代的作家，有在高层次上重新认同传统文化的能力。然而这认同并非无批判、无自省，而是一种智慧者的沉潜，既保持着现代人的理性批判意识，又力求对独特的民族文化之精要产生深邃的感悟。所以我说，来公乃是深谙书话写作之大家。因此我读他的这些书话小品，确实读出了他的学识，读出了他的才情，更读出了他的人生况味。

二

说来公古稀之年的"变法"，这当然是和我们处于这样一个转暖与变革的文化环境有着太多的关系。在我看来，来公的历史研究与文史随笔总的也是最鲜明的特点是：学术心态充分的自由，而又善于把握时代脉搏，所以他的论著极富当代性。然而他又对喧嚣的俗情世界、新潮的时髦保持着距离，绝不随波逐流；同时又敏感地警惕着生命的钝化、心灵的消亡、人性的物化和人文精神的沦丧。我想，这就是我心中一位文史大家以其学识的睿智反思历史和认知当代的学术风格。这一总的特点在《冷眼热心》、《依然集》、《一苇争流》、《邃谷谈往》、《且去填词》中得到了充分的体现。

其实，我觉得最值得人们打量，倒是来公的文史随笔又是如何从文史这两条平行线的"对接"，进一步得到了文学与历史的"契合"，两字之差，极能说明来公探索与追求文史随笔写作之文心。关于这一点，来公在《且去填词》一书里的《我也谈谈随笔》中说得极为清晰透彻：

八九十年代，特别是九十年代，随笔写作成为文坛一大景观。我也就在这一年代混迹于随笔界。当时的动机，一是读了一辈子书，有许多信息应当还给民众。过去写的那些所谓学术性文章，只能给狭小圈子里人阅读，充其量千八百人，对于作为知识来源的民众，毫无回馈，内心有愧，而且年龄日增，也到回报的时候了，于是不顾原来圈子里朋友们"不要不务正业"的劝告，毅然走出象牙之塔，用随笔形式把知识化艰深为平易，还给民众，并向民众谈论自己与民众所共有的人生体验来融入民众。另外我还有一种羞于告人的动机，就是向师友们呈现另一种文字风貌，随手写点遣兴抒怀之作，摆出点轻松洒脱的姿态。

这一段文字是来公坦诚的心灵告白："回归民众"、"遣兴抒怀"，我之所以选取这一段文字，也正是我心中理解的从"对接"到"契合"的关键。而所谓"摆出点轻松洒脱的姿态"，则是善用心中一点灵明，洞悉民众之心，这才有了"回归民众"、"融入民众"的通脱心境。所以，读来公的书，我的感受是，千万不可忽视他关于自己的生活、自己的兴趣爱好与心态情怀的章节，因为从中我们才能发现他与书的相加，就是一部具有自我人文风度的大书。应当说来公的书是"文如其人"这一至理的最典型最完全的范例。

说真的，来公的随笔从文史对接到二者的契合无间，在无形中给了我一种暗示，他开启了我多年困惑的问题。

比如，从一般文学创作角度来说，具有历史意义的重大题材往往是文学与历史的契合点，它们能够使文学这面镜子照出历史的面貌，又使文学作品富于历史的内涵。然而当文史两家进入学术研究的层面，那么文史是不是一家，就需要有所诠释了。

事实是，文学研究与一般历史研究最大不同之处，是它不像历史事实那样具有相对稳定性。在文学领域，它的不确定性往往是或大多是，越是重要的文艺现象、文艺思潮和代表作家与作品，在不同的文学研究者眼中就仁智相异，进一步有了"一百个观众就有一百个哈姆雷特"之说。文学史家再怎样客观、公允，他所描述出来的文学历史图像，必然带有强烈的个人色彩或者个性以及观照角度乃至独有的操作方式。

再有，历史学家不研究重大历史事件，不研究人物的行状、跟脚，就无所谓历史；而文学家除了作家的研究，他们的研究对象绝不会比历史人物的文本更少，他完全可以通过作家创造的艺术世界去认识评价作家。这一切，人们的解释是，历史多是宏观的，偏重事件（政治的、军事的、经济的……）、典章制度的变迁等；文学多作微观，许多记述都是史家不屑顾及的百姓生活。历史关乎外在，文学则注重内在；历史重形而文学重神；历史登高临远，雄视阔步；文学则先天地富于平民气质。所以对文史一家、文史不分家，我们在看到其相通的那一面的同时，又比较看重其相隔相异的另一面。站在文学的研究立场和叙事方式上，窃以为史家之眼光虽深邃，但对文学的诠释往往与文家眼光的审美性的、文学性的感悟多有不同。

转了这么一个大圈子，我意在说明：来公的文史随笔对我无疑是一种"解惑"，说明学问之道需要融通，绝不可胶着一隅。同时也说明他已经找到了文史这两家的最佳契合点，就是心灵史。

现在，来公的诸代表作就摆在眼前，我确确实实地感到来公精神天空的进一步拓展。陈寅恪主张治史要有所"发现"，也就是说，要在历史的观察中注入独特的目光，看到别人不曾看到的东西。来公撰写的历史文化散文，实际上是用文学的笔法治史。因此，它同样具备着敏锐的"发现"意识。这里起码有两点给我们以教益：

一是来公不仅仅是一个中国历史文化知识的讲解者，而且还是一个思考者；第二是他在文学层面、历史层面和哲学层面都作了清晰的表述。比如在诸多名篇中写一个人物时，他把重点置于人的心理、性格和命运上；在历史层面上，他在提供了几乎无所不有的知识信息时，它的背景极为广阔，涉及的生活内容极为丰富；在哲学层面上，来公对个性、对人生的意义、人生的态度都做了认真的思考。就我喜欢的篇章来说有：《怀穆旦》、《张謇：能受天磨真英雄》、《袁寒云与宋版书》、《元白先生的豁达》、《世纪之交的沉思》、《敦煌百年三笔账》、《书生论》、《炎凉冷暖》、《儒商与商儒》、《论耻》、《一本装满人间冷暖的专著》、《下乡》等等。

由此我们可以说是来公的天分、智慧、学养，也可以说是他的艰辛，更可以说是他的坚守、他的人格精神，才能使他安时处顺，守己律物，神清思澈。

来公还有一组忆恩师忆老友的随笔，读之令人动容，也令人神往。其中《怀念谢国捷老师》、《师恩难忘》一连记述了来公的授业恩师，从广东中学时代的国文教师谢国捷先生，到辅仁大学的张星烺先生、余嘉锡先生、陈垣先生，写来动情、诚挚、深沉；而《元白先生的豁达》又令人感到师生之间的亲切。来公虽然已进入望九之年和大家行列，但仍以谦恭的态度道出：

> 恩师们的严谨缜密、求实求真的学风，成为我一生努力追求的方向。可惜我资质驽钝，虽全力以赴，至今未达到师辈的标准，而深感有负师教。

从这些文字中我们可以清晰地看到，这是一种永恒的尊敬和爱，当然也就是来公人格精神的表征。事实是，人格具有凝聚力，没有人格的思想和知识，只是一堆散乱无用的废料。所以我们才把文化和文化人之魂看作是人格，是人的人格精神。始终坚守尊师重道正是人格精神的核心至理。来公以其言行做到了。

对于一位有良知的知识精英来说，反思乃是一种义务。

就是在这不到二十个年头中，我就发现来公思维的活跃，介入的深广，视域的开阔，观察力的邃密。随笔一道竟调动了他的极为活跃的感受力，即使平凡细小的事物，都足以引发出他丰富的联想与内心的体验。如《我好想"考博"哟》、《葛剑雄，好样的》二文，前者在为我们提供了一些文化知识以外，还告诉我们什么叫真正的幽默。这种幽默不是流于语言层面上的肤浅的诙谐，而是建立在直觉和心灵上的；后者的文字看出来公心如海潮，时而在为真善美激荡，时而又在为假恶丑愤激，细查底蕴，则见心潮如涌，究其原委，知先生坚持真理、主持正义的精神。至于《怀穆旦》，读后更令人动容。所谓"错误决定何其速，纠正错误何其缓"一句极富感性色彩的对偶，义愤之情已流贯于字里行间。

由此我们发现，越是智者，越具有这种忧患意识和悲悯之心。高品位的忧患意识和大悲悯，当然不是烦恼与悲观，而是对社会或人生阴暗面的正视、警世与化解。

来公善于从他感觉范围的事件中，开掘出文化意蕴，引发思绪与洞见。从倾心于写作随笔的十几年中，我发现这位学术老人不仅精力旺盛，治学仍然那么精博，而且越来越具有强烈的关注力，不论是对社会事件，还是对现实事物，都能极为迅速地升华为思想上的热情与行动上的参与，体现出他的闪光思想和人格精神。

是的，得力于来公自身的秉赋与才情，他的获知力和知识的裂变令人惊叹。他驰骋古今，而又直面人生；胸怀开放，而又崇尚传统美德。他曾以"根植于博，专务乎精"自勉，因此在文史学界有好学深思的美誉。他善于不断地从现实、从社会、从历史、从文艺、从书本中汲取营养，在多元吸纳的基础上进行一元创造的智慧，构成了他那像不枯竭之泉的文心。由此，无穷无尽的识见、理念、思绪、灵感、诗情就源源不断地涌出。几十年的笔耕不辍，又在改革开放的机遇下，他的全部才情与思想、智慧与学识才如此旺盛有力，这就是所谓学如海、心如潮也。

三

随笔创作是心声的吐露，衡人论事，都能直指本心，作为来公随笔代表作之一的《且去填词》一文，在渲染思想与情愫时，其喜怒哀乐、思绪见地以及所发议论叫人乐于倾听，易于认同，以至被吸引。这当然靠的是他真挚的感情力量，同时也给他的文史随笔带来了强烈的感染力和雄辩的说服力。

由于来公文史积淀丰富多样，几乎涵盖了中国文化的方方面面，而命笔时又拥有多种笔墨，表现出多种气象：笔触有时细致，有时奔放，有时严峻，有时悠然，且反讽意味又融在其中；至于文采色调，柔和浓烈兼有，议论则繁详简约并举，这都构成了他自成一家的风韵。

来公前后出版的十多部随笔集表现出他对于随笔这种文体的新探索，这不仅得力于他学识上的厚积薄发，得力于他的天赋，同时也和他的语言锤炼功夫有关。语言的文白在他手里运用自如纵横无碍，严谨而又流动不居，而文言这一修炼了数千年的老精灵，来公更是出神入化地加以运用，笔风隽永，活泼而凝重，真是韵味十足。这种语言艺术上的全面优势是我们这些以语言艺术为业的人望尘莫及的。所以，只要你耐心读来公的这些文史论著和随笔，就像赴一场文字的盛宴，声色琳琅，齿颊留香。一读再读，每一次读来，都会有所发现，都是一种知识、思想和美的享受。是的，好的文字，就像好的风景区，自有吸引人一去再去的魅力。这个魅力的一大部分当然来自来公的见识和功力，但这种修炼来的老到之美和笔锋之精妙，也和他老人家长期注重文字的不断锤炼有着密切关系。

来公的这些多元的才能与能量，仅就其中一项（比如近代史，比如方志学，比如目录学，比如图书馆学，比如……）就足以造就一位出色的才人学者了，而来公的多元才能竟然在多个文史领域和文史题材面前，根据不同的方式组合起来，进行既是思想的又是艺术的运作，于是也就产生了那么多脍炙人口的名篇。

四

总之，来公的文史随笔是始终走在这条契合之线上的。人们不难发现，在他的文字中，从思想题旨到字里行间，让人处处感受到作者是在以全部的灵性和感受力去烛照历史，触摸现实和追寻美境，因而产生了许多新颖独到深刻的洞见。很多文章每对一种现象的考察，都有着与众不同的鲜活感。从自身体验出发去感受历史与现实的美与丑，并且见证美与丑的生成，其中蕴涵的令人唏嘘的人生况味，几乎都是心灵历程的外化，这应该是文学与历史的共同事业，他们的契合点显现出的心灵史的意味也就格外分明。

从心灵史角度来观照来公的写作和研究生涯，我认为还有一个绝不可能忽略的特色，那就是除了他的一以贯之的学术文化使命感以外，还有一个知识分子那至高无上的自怡性。一个不争的事实是，人在有些时候从事写作，未必都以正式发表为目的，倒是为了记录观感，梳理思想，抒发情怀，以满足其表达欲。来公确实如很多大家那样，把写作看作是一种超越一切功利的智力活动。事实上，人们也正是从他快进入古稀之年突然敲起了电脑，才更领略了他的性灵、哲理、兴会、机趣、妙谛。但这一切归根结底都是他心灵自由的产物，因为他写出的都是属于自己的东西。这样，文史的契合，是对自己心灵历程的呈现，展示的也必然是丰富的心灵史的一个重要侧面。

来公的这种境界，确也给人一种很有意味的启迪。学人应该有一种水的素质，自然一点，随意一点，不要有一种太定性的东西，通脱对一个学人来说是很必要的。已故青年作家王小波曾说过："一生中非常重要的是，是否有趣地生活过，接触了有趣的人，听过有趣的话，做过有趣的事。"是啊！在生命的流程中，如果你曾经有趣地生活过，曾经做过有趣的事情，为别人做过有益的事情，那么作为一个一生从事教育事业的人来说，就是最有意义的了。

是的，只有把个人生命融入文化生命、民族生命，个人生命才能升华，人生才有意义，生命才有价值。我心目中的来公正是这样一位大学问家。

原载于《文史知识》2009年第6期

来新夏的随笔

吴小如[*]

记得若干年前在一次会议上，曾与新夏先生相遇，彼此未打招呼。问起别人，知道是天津南开大学的来新夏教授。后来，新夏先生到北大开会，同时有黄永年先生和朱天俊先生，经过介绍，我们才正式认识了。

其实我对新夏先生心仪已久。值得一谈的是，我很爱读他写的文章，而且他的话总是说到我的心坎儿上，于是就像古人诗歌唱和一样，在读了他的大作之后，我便情不自禁也写上一篇，附和或响应他的意见，当然有时还加以引申或补充。记忆中这类近于唱和的文章至少有四篇。最早是在天津《今晚报》上，新夏先生写文章谈到有些人说话用词不当，他赠书给人，受书人竟说"笑纳"；新夏先生就说，早知如此，应称自己的著作为"大作"了。于是我也写了一篇反对乱掉书袋、瞎"跩"文的小文。后来在北京《生活时报》上，新夏先生写过两篇文章，一篇是关于一稿不妨两投的，另一篇是谈对人的称呼不宜随意从简；这两篇我都写了"和章"。再有一次是在《中华读书报》上，新夏先生和我都对把《四库全书》全部用光盘输入电脑持异议。这些他"唱"我"和"的文字，尽管看问题角度不尽相同，但至少可以说明彼此间的共同语言是很多的。承新夏先生厚爱，每出版新著必远道寄赠，这两年我已陆续收到他的《依然集》、《枫林唱晚》、《邃谷谈往》和《一苇争流》四册大著。捧读之余，既赞叹新夏先生的丰产丰收，又佩服他文章写得有分量有风趣。我们年龄相仿（他只小我一岁），而我的文思却日见拙涩，精力也在逐渐滑坡。比起新夏先生来，差距愈来愈大，迟

---

* 吴小如，北京大学教授。

早会望尘莫及，只有望洋兴叹的份儿了。

新夏先生是治史学的，对于方志学、目录学、文献学也都是专家。从他的大著中我获得不少有用的知识和令人钦服的见解。但我感兴趣的还是他对近代人物的评价和对当代老一辈学者的怀念。如他对黎庶昌、王先谦的评价都很公允而有说服力。对今人，特别是他对当年在辅仁大学求学时的几位老师的回忆与怀念（题曰《难忘师恩》），写得亲切肫挚，感人至深，我十分爱读。其中他写到启功（元白）先生，这是他回忆到的当年辅仁大学至今健在的师辈中，文章写得特别有感情。我识元白先生亦近半个世纪，只是无缘居于他的门下，谊在师友之间。尽管先父当年曾嘱咐我，既与元白同在京郊，如在书法和其他方面有问题可就近向元白请教；但元白先生对我总还是比较客气，不像新夏先生文中所写，他们之间的师生情谊几如羚羊挂角，水乳交融。我每读至此，不胜羡慕甚至有点嫉妒新夏先生了。

这几年，不少学人所写的散文随笔中，大抵有不少怀念师友的文字，而这些文字几乎都写得很有感情，新夏先生自不例外。因此我想到，在读书人中，这种尊师重道和嘤鸣求友的精神应该最值得继承发扬了。如果都像孔文举所说，"今之少年，喜谤前辈"，则几千年的通俗流风或将毁于一旦，恐怕亦非我们国家民族之福吧。

原载于《来新夏教授学术研讨会纪念集》　南开大学地方文献研究室编　新疆大学出版社2002年版

来新夏的随笔

邵燕祥[*]

　　来新夏先生八十岁了，六十岁后写随笔，真是衰年变法，厚积薄发。这样，于他主要选集了历史学、方志学、图书文献学论文和杂著的《邃谷文录》那"雄文四卷"之外，从上个世纪末叶至今，已经出版了九集随笔，计为：《冷眼热心》、《路与书》、《依然集》、《邃谷谈往》、《枫林唱晚》、《一苇争流》、《且去填词》、《来新夏书话》、《出枥集》。

　　来新夏向不卖老，但不服老，故无暮气。曹孟德横槊赋诗，抒暮年的壮心，曰"老骥伏枥，志在千里"，其实当时年不过半百，诗好，但诗后的心理大堪玩味。来新夏改伏枥为出枥，着此一字，尽得风流。这里表现出积极的人生态度，使我想到长他约十龄而一样积极面对人生、面对现实的季羡林先生，以及许多位寿登耄耋的文化老人，这是一种生命的境界，固不限于老年人的自励，更不限于老年人也。

　　来新夏在千年古训中偏爱"临渊羡鱼，不如退而结网"，用他丰腴的字体题写出来。古往今来，羡鱼者多矣，结网者亦多矣，不过所羡不同，也就有了不同的故事。来新夏这些年来结网打捞的是什么呢？我以为他最终捕获的一尾一尾活鱼，就是他一篇一篇富有知识含量、文化营养的随笔。

　　"春暖观鱼跃"，来新夏的这些随笔，毕竟是思想逐步解放的成果，只能在近二十年中写出，而在前三十年是不可想象的。正为他自己所说，"我读了若干前三十年不敢看、不想看和没有机会看的书，虽不是茅塞顿开，但也开拓了视

＊　邵燕祥，诗人、杂文家。

野，启发了思路。"

这样，他就起手写开了随笔。他发现"随笔是一种很适合大众阅读口味的文学作品，理应得到健康的发展"；他要"用随笔形式把知识化艰深为平易，还给民众，向民众谈论自己与民众所共有的人生体验来融入民众"，作为对衣食父母的回报。这种心境和动机，与一些自然科学家临老从事科普写作是相同的。

要索解来新夏的随笔，最好看看他给自己随笔作品的定位：在传统文人都所服膺的"读万卷书，行万里路"的背景下，他说他"常常把我读书、行路的事写下来成为一篇篇随笔"，不过他补充说，他的读书也包括大千世界芸芸众生的无字书，他的行路也包括磕磕绊绊、跌跌撞撞的人生路。他在"八十自述"里说得更具体："写读书的时有所悟，化艰深为平易；写世情百态，诠释人生；写古今人物，求历史的公允，发故旧的幽微"，于是我们看到来新夏教授摆脱了讲台上授业解惑的庄肃，做学问条分缕析的谨严，而在随笔的"小园幽径"上行行重行行，抒发着读书的一得，咏叹着世情的冷暖，感悟着人生的奥秘，数说着人物的遗闻，追忆着山水的踪迹……

在来新夏随笔中，最具特色的，我以为是文史随笔。一个从少年时代即好读书，端了大半辈子书本，老而弥坚，打不掉读书"毛病"的人，寝馈其中，自是驾轻就熟，也打不掉笔下的书卷气。从早年手札、卡片式的读书笔记，到晚岁发愿以数载之功完成提要式的《清人笔记随录》大工程，其间围绕文史书籍写的书话、书评、书序，读书和治学心得，行文方式从整体看与吴小如先生相仿佛。

来新夏写人，无论由书及人或由人及书，大多是他所熟悉的古今士人、学人，自然他所曾涉及的北洋军阀除外。因为熟悉，体察入微，感同身受，便不作大言妄语，而有《书生论》那样的持平之论。

读来新夏谈"学术随笔"与"学者随笔"之辨，说前者以质量定，后者以身份定，一言中的，又令人发噱；他举出陈垣（援庵）先生所写的《释奴才》、《放胸的说帖》、《牛痘入中国考》、《顺治皇帝出家》等篇作为学术随笔的典范，的确是取法乎上。但如陈垣这样的学者所作的学术随笔不可多得；而一般学者所写的不正面涉及学术的随笔，也不可偏废。随笔贵随，立意行文皆然，范围总是越大越好，精神总是越自由越好，确实不像学术论著有那么严格的规范。倒是不要在写随笔散文时大掉书袋，故作高深，作"学术"状便好。

然而，人们也常说，从随笔或散文中，比起以虚构为主的叙事作品如小说来，更容易感到作者的存在，读出作者的影子。即使着重知识性的理性之作，也可以看出作者的学风和文风。如来新夏的游记，就表明他的"文史"之游区别于一般的"休闲"之游。我在宁波的"麻将起源陈列馆"一走而过，他却写出津津有味言必有据的文章。不是说休闲漫游不能出好文章，只是此例可见来新夏的性情。鲁迅在谈革命与革命文学时说过"水管里流出的都是水，血管里流出的都是血"这样的话，以证明革命者不一定每一篇每一句都要杀向敌阵，"冲呀！……"（大意）。学者们动笔，自然也大可不必以学术随笔为限。不过，真正的学者，哪怕写与学术完全无关的内容以至芥豆琐事，那格调恐怕也不同于不学无术或不懂装懂的人吧。

来新夏叙事写景，多是写实，而不滥情，想来这与他从事研究工作的作风和习惯有关。这样，在像回忆大学时代住在什刹海边，"净业湖边一少年"的光景时，偶然流露的衷曲，依依怀旧的情愫，就让我印象殊深。他写钱江潮、写水乡乌镇时，对比"不过如此"和"余味无穷"，他说："未尽和缺憾，甚至只是向往，才是真正美的境界；如果一切圆满和完整，那就会有'不过如此'的感觉而索然无味了！"他在"八十自述"中又郑重引用了清人沈德潜一段意思相近的话："……而得之甚艰，且得半而止者，转使人有无穷之思也。"在形而上学的意义上，这"无穷之意"包含着对既往的追念，也包含对未来的探询，于是在来新夏那里，"拿得起放得下"的达观转化为诗意地对待人生的态度——回首"烟雨人生"的抒情。

随笔绝对地排除"道貌岸然"。在摘录《津门杂记》中天津社会的颓风恶习时，有《下处》一则记"优伶美名曰相公，即像姑之讹音，言其男而像女也……其寓所曰下处"云云。来新夏接着说，"当前机关于官称好作缩略，截去'长'之下肢，于是张部、孙局、夏处、钱科等等风行一时，不以为怍，谁知夏处之谐'下处'，钱科之谐'前科'，都是不读杂书之故"。这样的涉笔成趣不止一处。

又如在《且去填词》一书的后记，从柳永的故事生发开去：

> 我真期望各行各业的精英，各尽各力，发挥有特长的一面，"且去从政"、"且去写小说"、"且去建造"、"且去发明"、"且去教书"、"且去这个"、"且去那个"……那就都有可能像"且去填词"的柳永那样，成为一代词宗。

我也总想让"且去填词"一语有个浅显通俗的诠释，让更多人理解。想来想去都不恰当。忽然有一天清晨楼下为争早点摊位争吵起来，有位天津老乡陡地发出响亮的一声："该干嘛，干嘛去！"……这不正是对"且去填词"最准确、最贴切的诠释吗？

这可以算是融俗入雅、雅俗共赏的境界了。这也正是带着天津乡音的幽默。

我作为来新夏随笔的读者，确从他娓娓道来的言说里，开了眼界和思路，长了知识和见识。如他《张东荪其人其学》一文，对张东荪先生这位不该遗忘却被遗忘的人，作了简要的介绍，谈到他在二十世纪前半建立了自己由知识论、宇宙论和人生观所构成的哲学体系，谈到他非常注重文化的地位和作用，特别是抗战胜利后他的哲学思想进入了文化主义阶段，也谈到他在二十世纪进入下半以后就销声匿迹了。前些年我从新潮的学术著作中频频看到"架构"一词，发现多半是从港台或国外华人著作中移植的；读来文才知道张东荪早年把自己的宇宙论称为"架构论"，才悟到"架构"云云多半是出口转内销！

我比来新夏乡贤兄迟生了十年，当他在1946年与张东荪有一面之缘的时候，我只在北平汇文中学体育馆听过一次张东荪教授的演讲，至于讲的是什么，当时就不甚了了。但随后两三年里经常在报刊上看到他的名字，有时是发表争取和平民主的时论，有时签名支援闹学潮的学生，在我心目中这是一位"民主教授"，1949年新中国成立前后，他列名于"民主人士"，我是没有怀疑的。因此我认为来文把他"周旋于中美、国共不同政治势力之间"，比喻为"有点苏秦为六国相的策士味道"是不恰当的，战国的策士纵横列国间，往往无原则无操守；而张东荪"自认为不适于参与党派活动"，企图超越党派利益，在当时情势下属于一厢情愿且难免被人利用于一时，究竟是出于"知其不可而为之"的传统文化心理，还是出于过高估计个人影响力的迂阔，不知有无有心人实事求是地研究过。

有一点是有据可查的，来先生文章也指出，孙东荪在很多文章中推重掌握文化的"士"，视之为一个社会一个时代道德和理想的代表；"社会上有清明之气，政治上有是非之辨"，全靠他们的"清议"亦即"舆论"，这是古代；现代则靠知识分子以"独立自尊人格"来"说自己的话"，这就需要"思想自由"；张东荪大声疾呼"思想自由"（邵按："相应的是言论自由、出版自由"），认为这是"一个国家能得到治安与平和的基本条件"、"一个文化得以发扬的基本条件"和"国民道德养成的基本条件"，他认为读书人的人格尊严的保持，就在于"说自己的话"，"自己觉得非如此说不可"。我不知道张东荪政治结局的具体细节，但征诸从五十年代初起自由知识分子的命运，张东荪大概没有能够"识大体，不说话"，而是一如既往"放自己的话"，遂罹种种厄运。来文说："张东荪一再强调'说自己的话'，从个人操守来说，无可厚非，但如果不考虑特殊条件和客观现实，不深入体会历史的陈迹和世态变化，往往会因此贾祸……学者说学术上自己的话是独抒己见，至多是一场论战和批判（邵按：恐怕未必尽然），如果以策士型学者的性格，好谈政治，好发政论，处处都想固执地'说自己的话'，其结果可想而知。这也许就是张东荪招致自己没有想到的人生结局的因素之一吧。"

　　谈我读来新夏的随笔，原来没想写这么长，超过了我随笔文字的平均长度；但笔随意走，竟有不少的心得感想，一路跑起野马来。日之夕矣，牛羊下来，这野马也该回到枥下蹲伏去了。

二○○二年七月三十日傍晚

　　原载于《来新夏教授学术研讨会纪念集》　南开大学地方文献研究室编　新疆大学出版社2002年版

史家·史笔·史识

——读来新夏的随笔

朱　正[*]

历史学家来新夏在史学方面的贡献，不用我来说了。他是最早致力于北洋军阀史研究的一人，年轻时代就出版了《北洋军阀史略》，这是中华人民共和国第一本有关北洋军阀的学术专著，可说是近年出版的大著《北洋军阀史》的雏形。从书中脚注所见的材料出处，不但有现已少见的清末民初的印本，还有未经出版的稿本档案材料，可见他材料掌握之富和用力之勤。为了推动这一学科的进展，给同行提供便利，他不以罕见资料自秘，还主编了五卷本的史料集《北洋军阀》（《中国近代史资料丛刊》之一），这些书籍，不论是他著的还是编的，都是研究这门学问的必读书。同史学相关连，他对于方志学、对于档案和古文献的整理和利用，都有很深的造诣和很大的贡献。

近年来，来新夏致力于随笔的写作，已经出了好几本随笔集了。用他自己略带点玩笑的说法，是"衰年变法"，从写典重的学术著作变为写轻盈的小品随笔。这一"变法"取得了成功，他的这些随笔受到了读者的欢迎。在我看来，这是很自然的事情。比方说欧阳修吧，他拿起那支修《新唐书》、《新五代史》的笔，来写《醉翁亭记》、《秋声赋》、《泷冈阡表》等文章，吸引了千百年的读者，不也是很自然的么。文章总得有点新颖的见解，才耐读，才吸引人吧，以史家的史笔写随笔，而且处处流露出史识，这大约就是来新夏随笔受到欢迎的

---

　　* 朱正，湖南人民出版社编审。

原因。

为什么要"变法"来写随笔？他自己说："当时的动机一是读了一辈子书，有很多信息应当还给民众，过去写的那些所谓学术性文章，只能狭小圈子里人阅读，充其量千把百人，对于作为知识来源的民众，毫无回馈，内心有愧，而且年龄日增，也到回报的时候了，于是不顾原来圈子里朋友们的'不要不务正业'的劝告，毅然走出象牙之塔，用随笔形式把知识化艰深为平易，还给民众，并向民众谈论自己与民众所共有的人生体验来融入民众。另外我还有一种羞于告人的动机，我想向师友们呈现另一种文字风貌，随手写点遣兴抒情之作，摆出点轻松洒脱的姿态。"（《出枥集》第42页）又说："经过摸索探求，我找到了随笔这样一种表达形式，于是我开始学写随笔。我要写自己走过的路，读过的书——我读的书不仅是用文字写的书，还读大千世界芸芸众生的无字书；我走的路不仅指地理概念的路，也包含拖着沉重脚步，跌跌撞撞走过的人生道路。我将以动乱纷扰后的冷静，写观书、阅世、知人之作。"（《邃谷文录》上册，第39页。以下凡引自此书的，只注页码。）

这里，作者不但说明了他写随笔的动机，也说明了他的随笔的特色。作为一个史学家，他不能不关心和思考历史上的种种事件和问题；作为一个生活在现实中的知识分子，他的责任感和使命感又迫使他不能不关心和思考现实生活中的种种事件和问题。在他的随笔集里，就有不少针砭时弊之作。因为自己是文化教育界中人，对于现今文化教育界的弊端了解得太多了，他写了好些文章，对此作了不留情面的揭露。例如《求免"入典"》一文，就揭露了一些人借编印形形色色的"名人录"来敛钱的办法："'入典'者往往既愿保存，又拘情面，除极少数者外，大都认购一册，而此书收录动辄数千人，篇帙少则数卷，多则十数卷，书价至少二三百元，成本所需仅为其半。如此，一加运作，二三十万唾手可得。"《署名三叹》一文，揭露了现今某些出版物署名的黑幕，有的有价值的学术著作，因为作者没有钱而出版无期，只得忍痛署出资者之名出版；有的"以所著呈某出版社正副头领，甘言相啖，推为前辈，乞其订正，并以第一作者相许"，如此达到迅速出书之目的。还有作者"投某权位者之门，不数月而其书问世。权位者骤得第一作者之名以掩其不学无术，自感欣慰"，而这一位作者还要"于书序中竟谀某权位者有治学经验，有研究成果，并以能与其通力合作为荣"。诸如此类的事例，人们听到过的不会很少吧。《笑得想哭》一文谈学术界的剽窃行为。文章在简述了一宗事例之后，说："孟子说：'人不可以无耻。'这样剽窃者既敢明目张胆地全文剽窃，又能为自己的丑行面不更色地侃侃而说，已经不懂得'耻之于人大矣'的人生起码的道德规范，已经不是让人哭笑不得，而是让人笑得想哭。笑是耻笑这种人的无行，而接着应该是捶胸顿足地号啕大哭。哭学术道德的堕落，哭接受过高等教育者的人生道德规范怎能如此'斯文扫地'？"这里，作者提出了一个十分重要的问题。就是现在的报纸刊物上对此类现象还时有披露，真不知道学术腐败何时才能肃清。

随笔作家来新夏目光四射，他不仅注视学术文化界一隅，也注意到整个的社会生活。在《面的采风》一文中，他说自己在天津尤其是北京乘坐出租汽车时，听司机的谈论："他们会谈到人事安排的预测、领导间的争论、谁上谁下、某次会的花絮插曲等等无所不包，他们更多的话题是揭露丑恶现象，针砭时弊也很尖锐，嘲笑暴发户，骂不法人员，揭贪官污吏，有时激昂慷慨，有时也指天骂地，数落人八辈。他们把社会上流传的针对丑恶现象的顺口溜，合辙压韵地转述给我听，其内容之丰富难以尽述。我真是往往笑了一阵以后，不知怎么又感到有点苦涩……若从面的采风，去粗取精，加工润色，编一本新国风，虽然不宜传播，但作为内参，也是一种民情反映吧！"在《官大就是学问长》一文中，谈到现在官场流行的"两门新学问"："一是随时和领导'对表'，跟领导不紧不慢的合拍；二是和上下左右平衡，永远是陀螺的轴……时时'对表'就应定名为揣摩学，各方平衡就是关系学。仔细思考，它们都是传统文化中的学问，都有比较悠久的历史。"在这里，作者就把对现实的思考和对历史的思考统一了起来，深刻地指出：今天社会生活中的一些消极现象实际是来自历史的承传。这也就是"死人抓住了活人"，"死人比活人更有力量"的意思。

既然已经涉及到这个题目，索性多说几句。近几年中，不是有人说东方传统文化是何等美妙，特别是儒家学说，在新世纪里必将发扬光大，独领风骚。史学家来新夏思考了这个题目，他以为不是这样。在《创建跨世纪的新文化》一文中说："我们未来文化不是挂东方文化还是挂西方文化的问题，我们要挂的是有发展优势的融合而后创新的文化。"（《东方文化》1998年第1期）比起某些绝对化的论者来，这里显然多了一点历史发展的辩证法。

拿古人论"文"与"笔"的差异来说，学术专著也许应该划归"笔"的范围，而随笔显然是属于"文"，应该更有文采。读来新夏的随笔，常常可以看到他在不经意间显露出来的语言艺术的才能。像《返城》一文，谈自己下放农村四年之后，终于盼到了返城的那一天：

　　我去公社办手续，公社干部给我看了调令的内容，并开了一张便条，盖了公社的大印，打发我去派出所办户口转移。我双手捧上五盒事先准备好的牡丹烟，表示感谢。经办人既不推辞，也不接受，让牡丹烟冷冷地躺在办公桌的角上，经办人的面部毫无表情，像不成熟的雕刻家所塑造的面型那样，罩着一层薄薄的寒霜，真给人一种廉洁奉公的感受。我茫然不知我是对还是错，赶快拿着条子，逃离公社办公室去派出所。

　　"像不成熟的雕刻家所塑造的面型那样"，要多难看有多难看。用这种独创性的比喻来形容经办人员冷若冰霜的脸色，有极强的表现力。这些随笔作品的文采，也就可见一斑了。

　　原载于《来新夏教授学术研讨会纪念集》　南开大学地方文献研究室编　新疆大学出版社2002年版

邃谷谈往学不厌　枫林唱晚且填词

——由邃谷老人随笔说来新夏先生

徐　雁[*]

每当收到来新夏先生寄自天津南开园的新著，总有种该立马提笔写一写这个勤奋笔耕的老头儿的冲动。可冲动了好几年就是没有付诸行动，以至于雁斋书橱里积累下来的来自邃谷老人的赠书，眼见着已是书脊挨着书脊地排成班列成队了——积重难返的结果，是连通读一遍的决心都不敢有，遑论开笔评书了。偶然在外场邂逅鹤发童颜的老人家，只是在心中暗唤惭愧，连话都不敢朝那书事上多说。何以故？先生长我约四十岁，怕他出口那诙谐的话把自己给"挤"着了："老朽我把整本书都写出来了，你这'少壮'连篇文章都写不出来？"

不过存着一份心、欠着一份情也好，这不多年前的一个暑假到合肥访书，居然就在旧书堆里找出了一册宋毓培先生的随笔集《文史杂笔》（黄山书社1997年12月版）。毫不犹豫地把它收入书囊的原因，是其中有一篇千字文《心中敬仰的来先生》，它为我提供了来自另一个视角的"形象"。作者回忆说："1962年至1964年来先生担任我班的'历史文选'和'写作'两门课程的教学任务，是我在南开五年学期中任课时间最长的教师之一。先生是浙江萧山人，身材魁梧，善于言谈，而且声音洪亮。他为人谦和，治学严谨，勤于教学，在同学们的心目中是最受尊敬的老师之一。"宋先生总结说：

---

[*]　徐雁，南京大学教授。

他授课的重点突出，给我的印象最深，启示亦大。

首先在于他具有极渊博的知识，在课堂上总是旁征博引，给人以丰富的知识享受。有时为了解释一句话或者一个典故的出处，他花去的时间比讲正文要多几倍。我们总是越听越爱听，不停地记录……他的讲授不仅课堂上的学生爱听，连外系的学生有时也被吸引过来，在教室门口的走廊过道上常常挤满了物理系、数学系喜爱文科的学生，他们同样在倾听着先生滔滔不绝的讲授。

先生授课的另一个特点是勤于板书，善于板书，学生们对传授的知识能领会和吸收。他的粉笔字写得极好极快，在我所见到的老师中，还没有一个人能比得上他。他的字体遒劲、美观，看到它是一种很好的艺术享受。粉笔在他手里就像使用毛笔那样得心应手，要重则重，要轻则轻。我记得我班有好几个同学常常课后学着来先生练习粉笔字。

宋先生说，还有一点也是他至今所不能忘怀的，那就是来先生当年的表情，"虽然显得有点威严，对同学却很和气，和同学们总是打成一片"。

如今推算上去，那时候的来先生其实并不老，不过是我现在这个才过不惑的年龄，可是他就已被学生那样推重了。到上世纪八十年代中期，我第一次在北京的国家机关办公室见到来先生时，相比较我北大系里的那些个教过我们课的老师，似乎显得他要"老"上个一辈半辈的样子，不过步履中威仪犹在，说话时中气十足。

记得他进得门来，便声称找的是我们"办公室"（我当时工作的"国家教育委员会文科教材办公室"，是一个司、厅级单位，我在其下辖的编审一处做一名科员）的主管领导，这话直率得让热情好客的湖南籍女处长好不尴尬，而我们这些处长手下的"小萝卜头"，更在此"声威"之下面面相觑，不敢向前接谈一语。只在心里琢磨着，究竟是何方神仙驾临我们这个"小庙"。午间处长的领导来闲话，方知他就是南开大学的图书馆馆长、知名历史学家来新夏教授。

深入一些地认识到来先生的"和气"，是在我次年初夏奉差南开大学以后。

也许我此行叙起了在大学读书时，曾经投书请教他目录学问题的"旧"，十分讲究师道之尊严的来先生，便从此以"小友"相视了——不过这是在时隔近廿年后才得知的讯息。因为今年初春，他为我的一个随笔集《苍茫书城》（河北教育出版社2005年5月版）所写的序言中，提到了这件往事。而我记忆深刻的却是，那天下午他热情地邀我到其邃谷观书，顺带在其家便饭小酌的那番情意，以及他自书的"邃谷楼记"和两边的联语："旧学商量加邃密，新知探求转深沉。"经过半天的面对面交谈，才知他其实是很善于应酬人安排事的，尤其难得的好处是腹笥丰富，谈吐儒雅，让人如坐春风，或如聆秋籁。

与来先生交往就此多了一些起来。

不过我在国家教育机关人微职低，并没有帮过他的什么忙，有时受人事牵制，甚至连一点排忧解难的作用都发挥不了。但他却不以为忤，曾经提醒我不要身在机关，把自己的那点专业研究"放"了。对一个小公务员来说，这良言告诫，不啻是汪洋人生中的导航灯塔。且以来先生当时的学术地位和社会阅历，对于后生作此谆谆寄语，我确是心存感激并将之转化为读写动力的。记得他还曾在他当时主持的《津图学刊》上发过我几篇习作，那些东西有的就编进了我的第一部读书随笔集《秋禾书话》之中。

邀请同行专家出席教材编审会，并发表对所评审的教科书初稿的意见，是当年我们机关的主要业务内容。我在机关的几年间，走过多少大学校园，见过多少同行和不同行的学者前辈，由于当日懵懂，不知通过日记来记录人生的经历和感悟，所以至今已是说不清楚那些细节了。

不过还记得当年的一个灵感：1986年7月，我到苏州大学主持由潘树广教授承办的《社会科学文献检索》教材讨论会，忽然就想写一篇《万里寻师问学记》了，写一下我大学毕业两年多来转学多师，并向社会大课堂求知进学的收获。当年那文章若终能写成，那么来先生和潘先生两位正是我心目中要写的对象。换言之，也许正是我从他们那里学到了在课堂上和校园里学不到的东西，才萌生了写那篇文章的想法。可惜苏州会后便道回乡，一番行色匆匆，灵感也就化为泡沫了。

下决心离开国家机关，调动到南京大学搞业务，也曾征询来先生的意见，他对此是坚决支持的，这当然也添加了我南行的几分毅力几分决心。1989年10月我调入南京大学出版社工作以后，打拼在岗位，埋首于书堆，向先生请益得少了。直至三年前我回归到专业以后，才在南京、宁波、海宁、嘉兴，尤其是今年5月中旬的天津，有了不少侍座追随并从容问学的机会。

先生虽然离休了好多年，可是文章一篇接一篇地见报，著作一本复一本地问世，尤其是那学问一层摞一层地在腹，文教界岂能把他忘了！于是，他仍时常应邀在学术的江湖上走动走动，开开会，讲讲学，看一看，说一说。虽然走路蹒跚起来了，但这两年有新师母焦静宜老师扶持着，也就让人比较放得下心。至于"来老来老，您要老来老来"的热情乡谈，让旁人听了都感到热乎，更不必说他自己心里的那番受用了。

自从来新夏先生的第一部随笔集《冷眼热心》（东方出版中心1997年1月版）问世以后，近十年间他的随笔文章已近千篇，先后出版了《路与书》（中国青年出版社1997年7月版）、《依然集》（山西古籍、山西教育出版社1998年2月版）、《枫林唱晚》（南开大学出版社1998年10月版）、《邃谷谈往》（百花文艺出版社1999年3月版）、《且去填词》（天津古籍出版社2001年12月版）、《出枥集》（新世界出版社2001年5月版）、《学不厌集》（海峡文艺出版社2004年7月版）、《邃谷书缘》（河北教育出版社2005年5月版）等。其中《一苇争流》（广西人民出版社1999年5月版）、《来新夏书话》（台北学生书局2000年10月版）是他历年随笔作品的自选本，《只眼看人》（东方出版社2004年10月版）则是一部专门的历史人物随笔选。他是珍惜自己的文字如同儿女的，曾经真情流露道："面对这些如亲生儿女般的篇什，我似乎回归到依然故我的纯真境界。"

在1999年春所写的《衰年变法》一文中，来先生说：

> 我随着共和国走过了整整半个世纪的漫长路程。这五十年，我经历了两个阶段。前三十来年，从"忠诚老实"、"三大革命"、"整风"、"反右"、"大跃进"、"四清"，直至"十年动乱"，"运动"不少，我不是当运动员，就是当啦啦队，紧张得透不过气来。特别是1957"反右"，不少人原本是应邀随便说说，哪知道一言既出，驷马难追，招来了几十年的灾难。于是慎于言而敏于行，近三十年的大部分光阴就这么度过去了……
>
> 八十年代，我以花甲之年，进入第二个青春期，看到人们多从心有余悸的状态中逐渐苏醒过来，说自己的话，写自己的文章……经过摸索探求，我找到了随笔这样一种表达形式，于是我开始学写随笔，我要写自己走过的路，读过的书——我读的书不仅是用文字写的书，还读大千世界芸芸众生的无字书；我走的路不仅指地理概念的路，也包含拖着沉重脚步，跌跌撞撞走过的人生道路。我将以动乱纷扰后的冷静，写观书、阅世、知人之作。

而上述随笔书目正是其"变法"后的一系列成果，也是一个学人把自己的笔墨回归到知识本体以后，对社会的文化反哺。

2002年春，在来先生八十华诞庆祝之际，以"邃谷弟子敬贺"的名义问世了《邃谷文录》（南开大学出版社2002年6月版），这是作者的自选文集，卷首冠以《烟雨平生——我的八十自述》，插图有历年生活和学术活动照片、著述书影选。书分四卷，装订为上、下册。第一卷为"历史学"；第二卷为"方志学"；第三卷为"图书文献学"；第四卷为"杂著"，编为《邃谷书话》（分藏书、读书、论书、书序、书评、读书笔记六类）和《弢盦随笔》（含心境、世情、益智、人物、萍踪屐痕五辑）两种。附录有《自订学术简谱》。

本书集中展示了来先生此前在上述各领域的代表性成果。他在卷首说明中表示：

> 《邃谷文录》是我从事历史学、方志学、图书文献学诸方面研究的成果和另一些杂著的自选集。时间跨度是从1941至2000年的六十年间（其中六十至八十年代由于众所周知的原因，学术研究几近停顿，形成二十年空白，应说是四十年间）……所收论文和专著是从我全部700余万字著述中，由自己亲加选辑的。自选文集既可以对已往学术工作做一总检阅，又能在一定程度上体现个人思想与观点，或胜于无所不收的"全集"和由他人代选的文集……如果有人指出我的瑕疵，那是让我在垂暮之年获得改正错误的机会，我将非常感谢。

读来先生的随笔，总是能够给人以知识的享受、学识的诱导和见识的启迪。就知识性而言，仅其集名就多含典故，破译其书名寓意即为开卷求知一乐，更不必说流淌在全书正文篇章间的真知了；他的文章选题或论史或道今，或评事或品人，总是依托着其丰厚的史学积累，往往言从史出，食古而化，述往足以讽今；更有一层好处，他在笔墨言论间，常常熔铸着自己人生的历练、阅世的心得，因此思路活泼，文风诙谐，出口多莲花，落笔成锦绣。因此，读他的随笔集，不能放过了这种领略汉语言文字丰富魅力的机遇。

读来先生的随笔，必须洞悉作者知识的背景、学识的源泉和见识的根由。凡此，他不乏夫子自道，有关文章中也时有交代之笔。除了讲述家学渊源的《我的祖父》诸篇以外，回忆学府授受、春风化雨的《多谢良师》、《难忘师恩》等文，以及以"一颗种子"、"三点一线"和"十分之八"为小题的一组《书山路忆》，无不显示出他惜缘惜福的情怀。他在《书山路忆》的文末真诚地写道：

如果说，我能从学术上向社会作些微薄的贡献，那是离不开图书馆和馆员朋友们不计功利的帮助的。我应该感谢这种真挚的友情。如果忽视，甚至轻视这点，那是对真挚友情的背弃，是对文化输送渠道的重要意义缺乏足够的认识。愿从事学术工作的人们首先来爱护图书馆，敬重图书馆员，努力转变社会偏见，公允地评价图书资料工作。

当客观上"三美"并具，则参差整合其间的主观因素，则是勤奋和坚韧的个人品质了。来先生在《多谢良师》中说过"勤是治学的不二法门……与勤相连还必须有点坚韧性"之类的话。因为"人生一世，不可能永远是康衢；挫折、逆境往往会使人消沉、颓废、懒散、嗟叹。这样，一二十年的岁月会无形中蹉跎、荒废掉。一旦有所需用，只能瞠目以对，追悔莫及"。他回忆自己从六十年代起，连续十多年被投闲置散，"但我仍然以一种韧性坚持读和写，即使在'牛棚'也尽量读点书，写点札记"——这是一个过来人对在路上的新生代的劝勉和忠告，更是诚挚的仁者之言和忠厚的长者之论。因此，读他的随笔集，不能略过了关于作者的人生经历史，尤其是他的"三识"养成史。

读来先生的随笔，还须知"出入法"。他在《读书十法》中说过："读书是为积累知识，但却不能只入不出"，应该"像蚕那样，吃桑叶吐丝，要为人类文化添砖加瓦……无论什么人都应该把咀嚼汲取到的知识酿成香甜的蜂蜜，发之于言论文章来奉献给当代人或哺育下一代人"。假如说，前述求知求识是"入"的话，那么，从他的勤奋笔耕中汲取到作者博观好学、学以致用的人文精神，便是一种"出"了。再说作者是目录学家，特别重视一部书部类的安排，著述的章法，因此，读他的随笔集，务必先要细观默察其前言后记和目次编排，以便获得通读的纲领、知识的锁钥，此亦是另一种"出"了。

读过了来先生的随笔集，我更相信，自从1946年辅仁大学历史系毕业以后，他从来就不是一个只在书斋里的经史子集中做蠹鱼的书生，而是一个把书里天地、书外世界同等关心着的学人。此外我还相信，自到南开大学执教起，他就有可能被人认为是一个气骨俱傲的人了。

有人说，人生在世，"傲气不可有，傲骨不可无"。真的要推敲起来，那完全是个伪命题、伪教条。因为"傲气"假如能够被自己的五官束缚住，那所谓的"傲骨"必然是缺钙的。"傲气不可有，傲骨不可无"，愚人骗己之语耳！通今博古的来先生大概是不相信这种鬼话的。

　　然而，不信却是有代价的，是要你自己来埋单的，那单上写明了"货名"就是"人际关系"。"人际关系"是把双刃剑，但气骨俱傲最是使自己成为社会组织里有争议人物的捷径。"有争议"使人在一个高度体制化的单位里，往往被压抑、遭打击。不过，"气骨俱傲"在人事上的负面影响，完全可能随人在职业岗位上的退下而快速淡出。还其初服，对于一个气骨俱傲者来说，未尝不是好事。于其个人或有壮志未酬、出师不捷之憾，但若能退而治学，愤而著书，却也是文化学术之幸。

　　有所不信乃是因为有所信。不过此"信"非彼"信"也，乃是学问上的自信。自信亦来自对学术的诚信：刻刻苦苦地研书，严严谨谨地治学，规规矩矩地作文。这样的好习惯，来先生一直坚持着保持下来，无论是在岗位上忙于公务，还是休至林下邃谷读写，治学成为他生存着的愉悦状态，生命中的有机成分。你看他如何好强？自己悄悄地"学不厌"也就罢了，却还要"一苇争流"于学海！

　　来先生离休后不久，曾经写过一篇《要耐得美好的寂寞》，不过从那文章里还能够读出"火气"，怎么读都觉得"要耐得"三字中的劝人意味还不如劝己的成分多。林下邃谷的岁月不以人的意志流逝着，终于读到了他在去年早春二月新写的《享受寂寞》，文章已被来先生写成一篇论"寂寞"的智慧美文了，难怪他要用来作为《学不厌集》的"代序"！来先生文章的一大关节点，便是从来都有他这个"我"在里头：

　　　　我这一生中曾有过两次寂寞：一次是四十多年前，那是我被排除在"群众队伍"之外的岁月里……在漫漫的多年禁锢日子里，我学而不厌地读了几十种书，恢复和撰写了三部著作。这是我生平第一次不自觉地感到寂寞的美好，真正享受了寂寞。

　　　　十多年前，我又遇到再一次的寂寞。上一世纪九十年代初，我以古稀之年离休家居，刚从热闹场中退出，寂寞真的又来临了。但是，这次的面对，比第一次自觉多多。我并不再感到难耐，而是喜悦。因为寂寞给我腾出了自由的余年，从而我可以回翔于较大的空间，学而不厌地诵读满壁的藏书，也可以在窗前灯下纵笔写作。我可以不被俗务打断而聚神凝思，悠闲地完成那些"半截子工程"，了平生未了之愿，做自己想做的任何事。我更能把一生学而不厌的所得，用随笔的形式，回归民众，反哺民众，这难道不是最幸运的享受？

……如果遇到寂寞，肯走学而不厌的路，会让人感到寂寞并不难耐，寂寞会给人多么美好的享受！

总之，来先生不是那种"百无一用"型的书生，而该是"人情练达"兼"世事洞明"型的，用当下时髦的话来说，就是学者群里的那种"复合型人才"。他是古典的，更是现代的，他在晚年专注于文史随笔的写作，不过是施其才力之余绪焉。旁人是学不来的，也是想学也学不会的。吾于邃谷老人系列随笔作如是观。

原载于《新世纪图书馆》2006年第3期

来新夏的"衰年变法"

施宣圆[*]

学界许多人都知道来新夏教授的"衰年变法"。"衰年变法"一般是指书画界人士，蕴积多年，晚年画风大变，另辟蹊径，更上一层楼。国外一些科学家五十岁以后当在专门领域中已有所成就，往往向普及知识的道路转变，这也是一种"衰年变法"。来先生说："我虽称不上学有成就，但知识回归民众的行为却给我很大启示。所以我就从专为少数人写学术文章的小圈子里跳出来，选择写随笔的方式，贡献知识于社会。"也就是说，来先生过去是写学术文章的，从上世纪八十年代、他六十岁以后除了继续学术研究外，开始写些随笔。因此，他的学生就戏称他为"衰年变法"。

来先生不仅对这一称谓没有异议，而且也颇为得意。他自己对"衰年变法"有一番说法："八九十年代，特别是九十年代，随笔写作成为文坛一大景观。我也就在这一年代涉迹于随笔界。当时的动机，一是读了一辈子书，有许多信息应当还给民众。过去写的那些所谓学术文章，只能给狭小圈子里人阅读，充其量千把百人。对于作为知识来源的民众，毫无回馈，内心有愧，而且年龄日增，也到回报的时候了，于是不顾原来圈子里的朋友们'不要不务正业'的劝告，毅然走出象牙之塔，用随笔形式把知识化艰深为平易，还给民众，并向民众谈论自己与民众所共有的人生体验来融入民众。另外我还有一种羞于告人的动机，就是向师友们呈现另一种文字风貌，随手写点遣兴抒怀之作，摆出点轻松洒脱的姿态。"

我觉得来先生的这一"衰年变法"变得好。随笔是一种短小精悍的文体，较

---

[*] 施宣圆，《文汇报》副刊主编、高级记者。

之学术文章读者面广，影响大。其实，以往的一些学术大家都写过精彩的随笔，当今学术界也有不少专家学者在写随笔，不过如来先生那样高龄还文思如涌、笔耕不辍的学术大家实在不多。从九十年代开始，他已经先后出版了《冷眼热心》、《路与书》、《依然集》、《枫林唱晚》、《学不厌集》、《出枥集》、《一苇争流》、《谈史说戏》、《来新夏书话》、《且去填词》、《80后》以及不久前出版的《交融集》等十几种随笔选集。

来先生是我国著名的历史学家、文献学家、地方志专家。上世纪八十年代初我就认识他，他乐观豁达，学识渊博，平易近人，没有架子，我一直视之为良师益友。他是浙江萧山人，"离乡不离腔"，既说标准的普通话，也说一口地道的萧山话。那时，他曾赠我《近三百年人物年谱知见录》、《林则徐年谱》和《北洋军阀史》。二三十年过去了，这三部著述经过不断充实、修订，在学界影响越来越大。

按照来先生的说法，他的这些著述是在"象牙之塔"里写的，"只能给狭小圈子里人阅读，充其量千把百人"，所以，他要"变法"，用随笔的形式反馈给人民大众。学术研究确实是少数人的事。但是，学术是学者的生命，是学者最崇高的事业。学术研究的成果读者少，就说是"千把百人"吧，但它的学术价值却是难以估量的。

晚年的来先生"毅然走出象牙之塔，用随笔形式把知识化艰深为平易，还给民众，并向民众谈论自己与民众所共有的人生体验来融入民众"。有朋友说他是"不务正业"。看来，这似乎有些误解。专家学者写随笔，向大众普及知识，这是一种责任。现在不是有许多歪曲历史的"戏说"电视连续剧吗？来先生是有忧患意识的，他感慨地说："如果我们拱手相让，正好给一些投机热炒者提供了空间。"他赞成专家学者讲历史，也赞成用影视、广播、网络等多种传媒普及历史知识。但是，必须有一条底线，就是要本着对历史负责，对他人负责的态度，提供给大众尽可能接近历史真实的信息，而不是打着专业的幌子，拿历史作工具，故意迎合大众的不正常心理，以达到牟取私利的目的。

来先生是一位真正的专家。真正的专家一生钟情学术，无论何时何地，都与学术割不断。他说："历史学家不仅要求真，也要求新；不仅要务实，也要致用；不仅要自愉，也要为人；不仅要研究历史经验，也要紧扣时代脉搏；不仅要坚守学术阵地，也要开辟新途径，耕耘新天地。如果还是囿于一隅，抱残守缺，光在爬梳文献这打圈圈，那历史学就不仅仅是面临困境，怕是要走向绝境了！"

其实，学术研究与随笔的写作关系至为密切，可以说学术研究是随笔写作的基础。来先生在九十年代以后，不仅继续"坚守学术阵地"，出版《林则徐年谱新编》，主编《林则徐全集》和《北洋军阀史》，目前还在编纂《林则徐年谱长编》；而且还走出"学术殿堂"，"开辟新途径，耕耘新天地"，写了大量的随笔。他不愧是一位文史大家。

来先生的随笔是"学术随笔"，与作家的随笔不同，他的随笔是以学术为根柢的，目的是给人更多的历史资料和信息，就算是针砭时弊，也是以历史为基础。他的随笔是：观书所悟，贡其点滴，冀有益于后世；阅世所见，析其心态，求免春蚕蜡炬之厄；知人之论，不媚世随俗，但求解古人故旧之沉郁。他的随笔短则数百字、千把字，长则数千字。在读者中影响越来越大。那么，来先生的随笔有哪些特点呢？

（一）旁征博引，新见迭出。

文章要有新见，就要多读书，读好书。来先生家学渊源，祖父学识渊博，著述宏富，家中颇有藏书。来先生从小受到家庭的熏陶，酷爱读书，尤好文史。步入社会，牢记老师范文澜"板凳宁坐十年冷"的教导，以汉代大学问家董仲舒引的古训"临渊羡鱼，不如退而结网"为座右铭。与其坐在水边羡慕人家捉到大鱼，不如自己默默无闻地动手结网去捉鱼。他有一本论文集，就以《结网录》为书名。他读的书很多，很广，很杂。近日，承来先生寄赠《交融集》新著，翻开一读，眼界大开。书中所描述的人、书、事、风物、人情等，无不引经据典，新见迭出。人，有古人，有今人，如林则徐、严复、梁章钜、蔡东藩以及陈垣、顾廷龙、王重民等；书，有书评，有序跋，如《读〈萧山市志〉第一卷后》、《地方文献文集·序》、《新方志概述点评·序》等；事，有管窥，有个案，如《"文人相轻"与"文人相亲"》、《题字种种》、林则徐研究系列随笔；风物，如《豆腐文化三说》、《番薯的引进》、《牛年颂牛》、《马年颂马》、《鸡年话鸡》等，有新资料、新信息、新见解，让人有耳目一新之感。这是与他平时的积累分不开的，"没有以前读了不少书的积累，是难以侧身于学者随笔之列的"。

（二）说古谈今，寓意深刻。

来先生博古通今，主张积累知识，学以致用。他的随笔既有思想深度，又有现代意识；既有历史眼光，又有现实意义。他认为，读书是为积累知识，但不能只入不出，要像春蚕那样，吃桑叶吐丝，要为人类社会添砖添瓦。他说："鲁迅一生之所以伟大，学识渊博，固不待言，但更可贵的乃是他那种吃草挤奶的精神。无论什么人都应该将咀嚼吸取到的知识酿成香甜的蜂蜜，发之于言论、文章来奉献给当代人，或以之哺育下一代人。学以致用才是读书的真正目的。"他有一篇《且去填词》，是为宋仁宗翻案的，说宋仁宗让柳永填词，不是狭隘，而是知人善用，要是没有他的谕旨，就成就不了柳词的光辉。他说他写这篇文章是来源于生活中的一件小事。一次，他听到楼下小贩在吵架，有人说："吵什么吵？该干嘛干嘛去！"这句话让他得到启发，引起他的思考：现实生活中不是经常有不安本分、一肩多挑、越俎代庖的事吗？他从柳永说到有些学者为了行政工作，放弃了学术研究；有些文学家为了"兼职"，放弃了写作……他写道："如果人人做好本职……我们的社会就能和谐得多。"那篇"狗"文章（《写给狗年的话题》）先是谈古代的狗是如何"狗仗人势"，然后笔锋一转，谈到"人仗狗势"："近几年，暴发者有之，聚敛者有之，卖身投靠者有之……他们为了显财夸富，在衣食游乐上极尽奢靡……而养宠物，尤其是狗，更是此辈的时尚。""本来是'狗仗人势'，现在变成了'人仗狗势'，这种变化实在使人深感不安。过去狗是要仗人势去逞凶，而今人却要靠狗去显示财富价值。我对这种人畜易位，深感可悲。"真是入木三分，痛快淋漓。

（三）文史交融，独树一帜。

来先生善观察、好思考，随笔有论有叙，或庄或谐，各有所取。更由于大多是他的兴之所至，随时而写，情意率真，较少做作，故多清新可读，不少是脍炙人口的上乘之作。有位老专家评价来先生的随笔是"完成了在史学与文学两条平行轨道上自然而从容的对接"。是的，文史不分家是中国的优良传统。司马迁的《史记》在这方面是我们的榜样。来先生在历史系曾经开过一门写作课，向学生讲各种文体，如何取材，如何论述，如何写景写人。他要求任何学历史的人，心中必得存一念，即兼融文史；同时，掌握文献和文字。他谈到写文章一定要触景生情。文献，看起来是一堆故纸，枯燥无味，但在他看来，文献也是景，一旦进入文献就别有一番"场景"。在那里，有活生生的人，有生动的故事。不是吗？他进入林则徐的文献，进入梁章钜的文献，进入蔡东藩的文献，进入……通过研读大量的文献，他的随笔描述这些历史人物的内心世界，刻画他们的性格。他是林则徐研究最有成绩的专家，他读到的林则徐文献最多，在他的笔下向读者展示一个完整的林则徐：林则徐的家庭、师友、前人和时贤对林则徐传统文化的培育，林则徐的禁烟，林则徐的死因，林则徐的诗和书札……林则徐是一位具有爱国主义思想的政治家，近代第一位反侵略的伟大民族英雄，是一位重视民生的大吏，是开眼看世界的第一人，是严于律己的清官。他写清代笔记作家梁章钜，介绍这位与林则徐同乡又同时代的人，其名声虽然没有林则徐那样显赫，但在"立言上的著述事业却超过了林则徐而受到人们的注意"。他写通俗史家蔡东藩是"一位具有高尚品格的通俗史家"，他"通贯古今的《历朝通俗演义》"，"其有功史学自不待言！其对后世的影响也凿凿有据，不仅有多种版本，巨大印数，为众多读者所喜爱……"在他的笔下，文献中的人物一个个"浮出水面"，来先生或清洗他们身上的污泥浊水，或撩开历史迷雾，拨乱反正，还了他们的本来面目……总之，来先生的随笔"以史为干，以文为体"，新鲜活泼，独树一帜，体现了"文史交融"的风格，已经得到广大读者的认同。这，就是来先生"衰年变法"的丰硕成果。

原载于《文汇读书周报》2011年2月18日

邃谷楼的风景

——读来新夏随笔《学不厌集》

刘绪源[*]

我最早买得来新夏先生的书，还是那本在学界颇获美誉的《近三百年人物年谱知见录》。书特好而价特廉，宝贝似的捧回家，当晚就读起来。我其实不是要用那些年谱，所以并不将它当工具书读，只感到书里有一种文化人特有的气息，透出静心读书的氛围，于是便觉难以割舍。以后又陆续读到来先生关于北洋军阀，关于林则徐，关于图书目录学等多种研究著作，内心佩服无已。再后来做了几年《文汇读书周报》的编辑，在稿件中发现有来先生的文章，顿觉喜出望外，连忙与之联系，此后便在版面上断续地刊发了一组"清人笔记叙录"。最近，听说他的《清人笔记叙录初编》也将出版，计五百余篇，有五六十万字，这可真是皇皇大著——须知这是必得看过一部笔记才能写出一篇的，能在芜杂繁复的笔记的大海里整理出这些文字，要花去多少读书工夫！从当年的"年谱知见录"到现在的"笔记叙录"，不难看出，这位现已八十一岁的老学者，是以扎实的硬功夫立足于学界的，一生都是在"干重活"的。这样的学人，今后可能是越来越少了。

《学不厌集》是来先生的一本随笔自选集，他多年所从事的各门学问书中都有涉及，他的治学门径与学术经历也能从中看出来，而随笔又是一种特别怡人的形式，所以此书令我十分喜爱，放在枕边看了好几天。

---

[*] 刘绪源，《文汇报》副刊主编。

书中最让我着迷的就是那种日复一日潜心于书本的人生状态，在今天的浮躁的现实中，那样的氛围，简直算得上一种"审美理想"了。上世纪六十年代初，作者受到不公正待遇，变得整日无事可做，他没有别的爱好，便又寄情于书。这时忽然想到，何不仿效《四库全书总目标注》之例，搜求各家批注，为张之洞的《书目答问》做汇补的工作？书中抄有他当年的工作记录云：

> 1962年8月2日至9日，温度在三十度以上。自晨至夜，过录江苏省立苏州图书馆馆刊（1932年4月）第三期所载叶德辉著《书目答问斠补》全文。虽肘黏背湿而颇有所得，亦云快哉！过录既竣，心胸为之豁然者久之。翌日即归还该刊于藏者北京图书馆。俟暇当再过录邵次公及刘明扬诸氏校本。

虽是在命运未卜的坎坷年代，但那种豁然快然的心境，却不由得让人歆羡。这是作者苦中作乐，然而又是真正的乐，甚至也可说是最高的快乐。当然，如没有读书和学问的积累，这样的乐是不可能得到并且也无从寻找的。来先生出身于书香门第，但这种读书习性也不是与生俱来的，同样也经过艰辛培养的过程。

1949年，作者年方二十六，在北平华北大学史地系读书，被副校长范文澜挑中到校属历史研究室读研究生（此研究室即后来中国科学院近代史所的前身）。作者这样描绘初入范门时的情景：

> 我们都集体住在东厂胡同一号的后院厢房，范老自居前院，终日坐在大玻璃窗下攻读，似乎是有意监督学生们，不让乱上街，以渐渐养成"下帷苦读"的习惯，真是用心良苦。每当我们想偷偷溜出去从他窗前经过时，范老总是手不释卷，笔不停挥，时不时抬头望一下窗外，我们只好惭愧地退回去，不久也就没有人再做这种试探了。范老还规定，工会分发影剧票，研究生一律不参加，以免分心。我们开始总是坐不住，或是坐在椅子上胡思乱想，久之也就不再心猿意马，而惯于坐冷板凳了。书也读得进去了。这就为自己一生从事学术工作奠定了硬件的基本功。

书中还有一事值得一提，那就是作者自五十年代中期起编撰有清以来人物年谱目录，检阅八百余种年谱，历时六年，终于编成；不料"文革"即起，十二册原稿被抄，发还时仅存两册残稿。在下放津郊"学农"时，有友人一路送行，谆嘱"鼓起勇气，学习谈迁，重新撰写"，于是携残稿与零散卡片下乡，在"耕读生活和回城候差的几年里，我就以此排遣抑愤，忘却纷扰，终于在1975年秋又一次完成了《近三百年人物年谱知见录》的定稿"。这里既体现了前辈学人百折不挠的"谈迁精神"，我以为，更显示了读书习性对于人生的重要，这种"排遣抑愤，忘却纷扰"，既可说是为人的，为事业的，实在也可说是"为自己"的。

来先生以家中书斋狭窄，取斋名"邃谷"；其儿时住地曾自名"邃谷楼"；在出版六十年文集时，又题为"邃谷文录"。这"邃谷"二字，几乎伴随了他的一生。我想，上述种种所透出的读书氛围，大概就是邃谷楼最迷人的风景了。

这本《学不厌集》集中了来先生近年所写的随笔六十余篇，几乎都是与书有关的。我读来先生随笔集已不下七八种，觉得他不但创作的数量大，而且质量高，因其学识渊博，思想活跃，文字功底深厚，再加上丰富的人生经验，这都是写随笔所不可或缺的元素。纵观当下文坛，来先生随笔已然自成一家，令许多终年以散文随笔为生者难以望其项背。然窃以为，他的有些文章题目较大，显得过于正经，有点像压缩的论文；另有一些谈日常人生感受的，似应时的报刊文章，仿佛别个内涵不及来先生的也能写得出来；真正风标独具的，正是那种既体现他独特的学问见识，又写得从容而有"余情"，读后大有所获却又充满回味者。如书中的《"文人相轻"与"文人相亲"》，思想独到，材料丰饶，写来峰回路转，情趣盎然，堪称来氏随笔中的精品。

其中一些引文，如康熙时的宋荦所撰《筠廊偶笔》中记侯方域作文求教一事，不是熟读清人笔记者恐怕是很难找到的。特录之以飨同好：

> 侯朝宗以文章名天下，睥睨千古，然每撰一篇，非经徐恭士点定，不敢存稿。一日灯下作《于谦论》，送恭士求阅，往返数次。恭士易矣字、也字数处，朝宗大叹服。时夜禁甚严，守栅者竟夜启闭不得眠，曰："侯公子苦我乃尔！"此事余曾向汪钝翁、王阮亭言之，共为称快。钝翁常与人曰："闻牧仲（宋荦字）谈朝宗事，令人神往！"

当然，随笔的好坏不能只看引文，书中不少与清人笔记全无关系的作品，也是非新夏先生莫属的上好文章，如那篇《读〈关于罗丹——熊秉明日记摘抄〉的札记》，其思想与人生的滋味淳厚透辟，清俊隽永，实在是来氏随笔的又一精品。

原载于《文汇读书周报》2010年6月13日

"也无风雨也无晴"

——读来新夏先生的最新随笔《不辍集》

张麒麟[*]

来新夏先生在其首部随笔集《冷眼热心》（东方出版中心1997年版）的序言中，曾自述其随笔写作的宗旨，是"观书、窥世、知人"。他指出："观书所悟，贡其点滴，冀有益于后来；窥世所见，析其心态，求免春蚕蜡炬之厄；知人之论，不媚世随俗，但求解古人故旧之沉郁。斯可谓冷眼热心之作，亦我食草出奶之本旨。"

《不辍集》（商务印书馆2012年版）作为其最新问世的一部随笔自选集，亦秉承了这一宗旨。全书490页，选取了近十年所写的百余篇文章，按文体分为《议论》、《书序》、《书评》、《人物》、《谈故》、《忆往》六卷，文末附录《一蓑烟雨任平生》一文，则是一份口述自传。在今年来先生"九十初度暨从教65年"之际，该书的面世就有了一份独特的纪念意义。

本书题名为"不辍"，则作者"笔耕不辍"之意甚明。来先生在1957年出版第一部专著《北洋军阀史略》后，随即"被'挂'起来"，"不能参加社会活动，不能写署名文章"，"接连十八年频繁厄运，直到七十年代末"，但即便在如此人生低潮的时期，来先生依旧坚持写作，"从1960年到1963年"，"用小学生作文本手写成近50万字的10本《清人年谱知见录》"，还修订了《林则徐年谱》，并写成《结网录》。在下乡返城、"文革"平反后，来先生于二十世纪

* 张麒麟，西南大学图书馆馆员。

七十年代末至九十年代初出版了多种学术专著，包括330万余字的《北洋军阀》（中国近代史资料丛刊），56万余字的《近三百年人物年谱知见录》等。九十年代以后，来先生"衰年变法"，但依旧保持着旺盛的创作力，出版了《冷眼热心》等20余种随笔集。其睿智，其清晰，几乎让读者忘记了他的年龄。

如今来先生已是九十岁高龄，这部《不辍集》正是对他"笔耕不辍"数十年的见证。该书中有《读书与人生》一篇，其中的一段话阐明了来先生所崇尚的"春蚕精神"："春蚕到死丝方尽"，"读书人应该有一种春蚕精神，我要写到最后一个字，搁下笔来，然后离开人间。"如此笔耕不辍，如此勤奋坚韧，如此孜孜不倦，实在令我辈后生既感且佩。

书中有高瞻远瞩之作，有读书治学之作，有即兴起意之作，有人情世故之作，有文史纵横之作，有朝花夕拾之作，而往往能因小见大、见微知著，字里行间流风余韵，不由得深感作者学术造诣之深，文笔功底之厚。总之，《不辍集》有着岁月和回忆的积淀，有着耄耋之年的感悟，有着豁达出世的心态，有着返璞归真的境界。

高瞻远瞩之作，发人深省。如《谨防"文化跛足"》一文，来先生肯定了浙江萧山的经济发展，深情赞美了"故乡父老们用汗水浇灌出来的美景"，同时又站在文化学者的角度，强调"没有经济实力就没有竞争力，没有文化繁荣就没有发展前景"，希望故乡萧山能成为"经济、文化共荣的百强县"。

读书治学之作，为人指点迷津。如《读书与人生》一文，就是来先生2004年在中国政法大学讲演的整理稿。他在《蓬谷书缘》一书的代序《书缘》中写道："活了八十多岁，回头一看，只干了一件正经八百的事，那就是与书结了一辈子缘。无论藏书、读书、写书，还是认识读书人，都没有离开过书。这是一种缘分——书缘。"[①]文章从藏书、读书两个方面出发，谈了"十目一行"、由浅入深、"二冷"精神、有入有出、勤奋坚韧等读书治学的方法和道理。行文平易近人，例子信手拈来，很是生动。"立足于勤、持之以韧、植根于博、专务乎精"虽是来先生的"老生常谈"，不过作为读书治学的信条，颇有常提常新之感。

纵横文史之作，开卷而有益。如《清代笔记作家梁章钜》一文，来先生以《南省公余录》等四种梁氏著述为线索，诸多考证，重新评价了梁氏作为笔记作家的历史地位。又如《地方志与文学研究》一文，他择取六例，提纲挈领地介绍

---

① 来新夏：《蓬谷书缘》，河北教育出版社，2005年5月版。

了地方志对文学研究的意义：作研究创作背景资料、"作品存佚与作者生平之征考"、提供少数民族文学的基本知识，搜集"遗诗佚文"等等。这为学者利用地方志进行文学研究提供了方法和角度上的指导和借鉴。

朝花夕拾之作，寓情深厚而蕴藉。如《忆念青峰师》一文，来先生在辅仁大学授业恩师柴德赓先生百岁冥诞之际，深情地回忆了柴先生的二三往事，并在文尾感喟道："可惜天夺英才，方达下寿，遽尔谢世，赍志以殁，岂不痛哉！"又如所附《一蓑烟雨任平生》，是来先生回望人生道路、拾取记忆片段之小集。读别人的回忆传记，不仅是感受其风采品格、研究其思想事迹的重要入口，回看中国近现代历史的一扇窗口，也是读者反省自身、寻找自我的一面镜子。

此外如即兴起意之作，纵是一得之见亦饶有趣味，如《牛年颂牛》、《论"老人十反"》等文即是，读来轻松愉快，足资谈助。

而《书序》、《书评》两卷，来先生称之为"应情之作"。如《〈新中国古旧书业〉序》一文，不仅品评赵长海所著《新中国古旧书业》一书，亦将徐雁所著《中国旧书业百年》与之比较，让读者明白二著的体例区别、记述长短，而且还对后学提出了希望："若能以二书为基础，合成一《中国古旧书业史》，则上下贯通，横不缺项，为读者提供一完整专史，雨露广被，何其幸焉！"回望来先生近年来的诸集之题名，"冷眼热心"出自清代学者胡文英论庄子之语，表明来先生平静思考中透出激愤的心境；"枫林唱晚"则是来先生希望生活如火红火红的枫林一般，与读者漫步于"枫林"，共享晚晴之美；[①]"一苇争流"意为来先生以每文犹苇一支，积苇成舟，而且不仅要顺流而下，更是要浮沉巨波，争流而渡；[②]《依然集》的"依然"语出宋代词人周密的《酹江月》："如此江山，依然风月。"意指来先生希望在平平淡淡之中依然故我；"只眼看人"则是指来先生冀以一清明之眼看古人的是非得失，再以一模糊之眼看今人的阴晴莫测。

比起来先生之前的数种随笔集，《不辍集》的最大特点也许在于创作心境的变化，从集名亦可见一斑。在本书自序中，他曾叙述集名的经过，抛而不用《杖朝集》、《不凋集》、《后凋集》之类，而选择"不辍"这样比之前集名低调了许多的主题词，很能表现出来先生老骥伏枥的心境。在《藏书的聚散》一文中，他曾讲述藏书聚散相互依存、相互转化的道理，年轻时读书治学要藏书，年老了要学会主动散书以助后学。这也是一种豁达的心境。该文中还写道："年龄已走

① 来新夏：《枫林唱晚》序，南开大学出版社，1998年10月版。
② 来新夏：《一苇争流》序，广西人民出版社，1999年5月版。

向九十，生老病死已经走了三个字，只差一个'死'字。"如此直面生死问题，也正是"也无风雨也无晴"的一种人生观体现吧！

"也无风雨也无晴"一句出自苏东坡的《定风波》，来先生借用此句作为口述自传中最后一章的题目，表达了他在耄耋之年对待自己、对待生活、对待创作、对待周围的豁达心境。正如来先生在本书末尾所写道："蓦然回首，八十多年匆匆过去了，什么风雨，什么晴空，我都穿行过来了，人生的荣辱似乎都已缥缈，'南朝四百八十寺，多少楼台烟雨中'；过往不问荣衰事，但凭一袭蓑笠，寒江孤守，任烟雨平生。如今耄耋之人，只剩得夕阳斜照，伴我吟啸徐行。"

我们期待九十初度的来新夏先生，继续笔耕不辍，为我们贡献出新的文史随笔佳作来。

原载于《山东图书馆学刊》2012年第3期

有师友的人生是幸福的人生

——读来新夏教授《邃谷师友》

杨玉圣[*]

收到著名历史学家、方志学家、图书馆学家、南开大学来新夏教授的《邃谷师友》已经一年多了。就像来老送过我多种著作一样，这本书也是老爷子出版后第一时间挂号寄来的。书的扉页上有来老秀丽的硬笔书法："玉圣吾友雅藏 来新夏2007年9月。"

在这部集子中，老人以深厚的感情、飞扬的文采，刻画了他心目中的老师、同辈和晚辈的道德文章与学问人生。来老所写的师辈中，有二十世纪中国最受人敬重的史界泰斗陈垣老校长，著名书画家及文字学家启功教授，史学老前辈范文澜教授、郑天挺教授、柴德赓教授、吴廷璆教授、余嘉锡教授，上海图书馆老馆长顾廷龙先生。这些大家都是二十世纪中国学术史上的泰山北斗。令人羡慕的是，这些老人或是来老的授业老师，或与来老是忘年交。

比来老年轻的学人，书中写了中国艺术研究院中国文化研究所所长、《中国文化》主编刘梦溪研究员，北京大学中文系主任、长江学者特聘教授陈平原教授，南京大学徐雁教授，《光明日报》名记韩小蕙女士等中年学界栋梁。让我备感自豪、同时也惭愧万分的是，我这个无德、无能、无才的"小萝卜头"，也成为来先生笔下的人物。书中有来教授的一篇《挽留杨玉圣》，内云：

> 我原本不认识杨玉圣，只是在报刊和网上看过他写的一些学术批评文

---

* 杨玉圣，中国政法大学教授。

章，觉得这个人很怪。为什么没事找事？为什么不怕得罪人？为什么信息如此灵通？为什么当代会出这样一位"铁面御史"？我百思不得其解，总想见见他。三年前一个偶然机会，我们有了通信往来。不久，又在北京见面。杨玉圣不仅长得像个小孩子，而且言谈举止还保持着一颗赤子之心。胸怀坦荡，快人快语，实属性情中人。他很容易让人相信，这是个值得交往的朋友。我们在性格上有不少相似之处。虽然我比他大40岁左右，但没有代沟，很快成了我的忘年小友和同道。

古语说："学如积薪，后来者居上"，我于此得到验证。他有许多让我佩服的地方。

杨玉圣还年轻，前面还有许多要走的路，但是他并不顾惜自己，而以一种"大群小己"的战斗精神，维护学术尊严。他为了学术的群体而不怕为自己的前途栽刺，他为了抗争学术批评网免受伤害，而不惜自己职位的淹滞。杨玉圣不愧是学术神圣殿堂的守望者。

杨玉圣是一个在美国史专业上有成就的学者，但是他花费更多的精力，勤勤恳恳、日复一日地打扫清除学术道路上的垃圾。他勇敢地指名道姓揭露污染学术环境、不咨学术规范的人，让学术环境天朗气清，让中华学术日益昌明。杨玉圣不愧是学术道路上的清道夫。

杨玉圣有自己的阵地，不仅发出自己振聋发聩的呼号，而且也为更多人提供沟通思想、传播信息、鞭挞丑恶、洗涤污垢的平台。他千辛万苦地经营着学术批评网，至今（2006年——编者）已有五年。3月中，他曾举行有一定规模的庆祝酒会，得到许多学术界人士的支持与肯定。我因年高，未能亲临，但也写了题词以表祝贺，希望能网络天下，为学术的繁荣纯洁而继续努力。会后，他托在津工作的学生小井带来这次会议的论文集——《为了学术共同体的尊严》一书和其他几本有关著述。我很高兴。但是，小井告诉我一个令人不悦的消息。杨玉圣在会上正式宣布学术批评网将由他人接办，而他本人则退而专攻美国史，准备撰写一部《美利坚合众国史》。回归专业，又主持学术批评网两不误，当然是最好的选择。如果只能选其一，我认为：与其多一个美国史的学者专家，不如有一个历经考验、富有战斗精神的学术批评家。因为美国史专家易得，而有胆有识的学术批评家难求。因为美国史只是史学领域中的一隅，而学术批评则是关乎学术发展与争取美好前途的大业。

我曾和玉圣通电话劝慰，似乎感到他有一些不愿说的原因。我也曾猜想，玉圣也许已是明枪暗箭，遍体鳞伤，有难言之隐。纵然如此，我仍然想挽留他坚守阵地，继续战斗！

玉圣，鼓起勇气，会有许多人支持你、帮助你的。你会从繁忙事务中解脱一些，只是稍微拖长一点时间完成你的《美利坚合众国史》，它将成为你学术批评躬行实际的标本。

留下吧，玉圣！

就是因了整整大我四十岁的来教授的"挽留"，我没有把学术批评网交给朋友打理，而是坚持自己主持，因为我不能辜负了这位德高望重的前辈的嘱托，尽管为此招惹了不少莫名其妙的官司。但是，我无怨无悔，因为在我这个边缘小人物的背后，有包括来新夏老教授在内的一批学界前辈和挚友的关心、支持和爱护，我没有理由懈怠，更没有理由退却。

《蓬谷师友》是一部印制精美的难得的好书，但也不是没有瑕疵。比如，在上述写笔者的文章所附的一张照片中，来先生误把原是我的朋友，但后来形同陌路的某人与来先生在寒舍的合影当作我与来老的合影。这大概也算是这三位以史学为本行的人之间的一个小小的历史的误会吧。

有师友的人生是幸福的人生。来先生之所以得享高寿、安度晚年而且"衰年变法"、退而不休、笔耕不辍，原因固多，但在我看来，或许最主要的原因之一就是来先生拥有如此之多志同道合的师友。

原载于《世界知识》2009年第10期

淑世第七

满目春光来新夏

——来新夏教授的人格与文品

谭汝为[*]

一、萧山沽水共举觞

2012年6月8日，著名学者、南开大学教授来新夏迎来九十华诞暨从教65周年纪念日。5月，来新夏学术思想研讨会暨九十华诞庆典，在先生祖籍浙江萧山举行。6月，来新夏教授九秩诞辰系列庆祝活动，在先生第二故乡天津举行。在南开大学图书馆，来先生的著作摆满了大厅，他出版历史、方志、目录、古籍整理、谱牒、文学、艺术等诸多门类著作近百种，个人著述足以充栋。

来新夏，1923年生于浙江省杭州市，原籍为浙江省萧山县长河镇。1929年，因父亲供职天津北宁铁路局，来新夏随母亲离开杭州来到天津。其小学和中学的学习生活基本是在天津度过的。1942年考入北平辅仁大学，1946年毕业并回津谋职。1948年受聘新学中学任教。1949年天津解放后被推荐至北平华北大学学习，为范文澜教授的研究生，攻读中国近代史。1951年奉调至南开大学历史系，在南开任教至今。在漫长的治学道路上，来新夏纵横三学，自成一家。所谓"三

* 谭汝为，天津师范大学教授。

学"，指历史学、方志学与图书文献学。对于常人来说，"三学"的每一领域皆足以令人望洋兴叹，但来新夏却纵横三学游刃有余，并且取得开创性的成果。例如《北洋军阀史略》（1957），《古典目录学浅说》（1981），《方志学概论》（1983），《天津近代史》（1987），《图书馆学情报学档案学简明辞典》（1991）……都是新中国成立以后相关领域中的第一部著作，为学术发展辟出新天地，开一时风气。南开大学校长龚克说："许多学者很难跳出自己过去的学术轨迹，超越自我，来先生的开拓精神是十分难得的。"

不仅如此，来新夏每一项研究都具很强的持续性和很深的钻研性。从《林则徐年谱》（1981）到《林则徐年谱新编》（1997）；从《北洋军阀史略》（1957）到《北洋军阀史稿》（1983），再到《北洋军阀史》（2000）；从《近三百年人物年谱知见录》（1983），到《近三百年人物年谱知见录（增订本）》（2010）……从著作最初问世到扩充增订，往往前后延续数十年。对学术研讨，他从不满足现状，而是自强不息地不断进行更深入的探索，以求尽善尽美。

其中还有几部书稿因遭遇"文革"浩劫而丢失，不得不重头再来。2011年出版的《书目答问汇补》，凝结了来新夏近七十年的研究心血，可谓汇集毕生功力，其对学术的执着追求以及坚忍不拔的耐力，确实令人敬佩。国家清史编纂委员会主任、中国人民大学教授戴逸赞叹道："专与博是治学中的一对矛盾，一般学者难得兼有，而来新夏先生是一位既专又博的学者。他何以能达到这种境界？最重要的是他治学勤奋，锲而不舍。是勤奋使得他在学术上取得成功。"

来新夏先生之所以取得如此巨大的学术成就，皆源自他特立独行的人格与文品。他几十年一以贯之，以常人难以想象的坚韧与热忱，潜心于似乎枯燥乏味而内涵丰富的学术领域之中，博观约取，集腋成裘，终至硕果累累。截至目前，来先生出版九十余种书籍，可谓实打实的"著作等身"。

在自身学术研究不断精进的同时，来新夏还开创了南开大学图书馆学专业，还曾任南开大学图书馆馆长、首任南开大学出版社社长兼总编辑、教育部古籍整理研究工作委员会所属地方文献研究室主任、中国近现代史史料学学会名誉会长、中国地方志协会学术委员、天津市地方志编纂委员会顾问、美国俄亥俄大学图书馆顾问等。他带领培养了一批又一批学人的成长，将学术服务于社会。在图书馆、方志学、出版界，来新夏桃李满天下。

来新夏先生是中国优秀学术传统的继承者，也是当代诸多学术领域的开拓者。他的学问启蒙来自祖父来裕恂先生，而学术研究则起步于北平辅仁大学，受该校校长、著名历史学家陈垣先生和著名目录学家余嘉锡先生影响至深。基于良好的家学和师承，又经过自己数十年的拼搏奋斗，来新夏先生以历史学、目录学、方志学分进合击各有重大成就，被誉为"纵横三学"的学术大家。来新夏先生当之无愧地居于当代最有影响的人文学者之列，南开大学为有这样的杰出教授而骄傲，天津学界为有这样的学术大家而荣耀。为恭祝来新夏教授九十诞辰，天津学者王振良、张元卿撰写寿联：

> 匏园破混沌，辅仁奠颖博，南开终展鸿道，半途挥洒马班重；
> 志域辟荆蓁，史海发昧隐，歆略更殖新境，三学纵横斗岳高。

二、烟雨平生学不厌

来先生说："我活了八十多岁，正经八百地只做了一件事，那就是读书。"来新夏出生在一个清贫的知识分子家庭。四岁半开始从祖父来裕恂接受蒙学教育，以《三字经》、《百家姓》、《千字文》、《千家诗》为顺序，朝夕诵读。来新夏回忆说："七岁以前，一直随侍于祖父左右，生活上备受宠爱。"祖父在幼小的来新夏身上种下了读书种子。来新夏后回忆说"对我一生事业起重大影响的仍是我的祖父"。

祖父来裕恂，清末经学大师俞樾的弟子，光绪三十一年曾到日本留学，参加同盟会，曾任横滨中华学校的教务长。"潜研学术，寄情诗词"，撰有《匏园诗集》、《萧山县志稿》等。1923年6月来新夏出生时，祖父来裕恂正在辽宁葫芦岛航警学校任教。当他从家书中获悉长孙出世，十分高兴，赋诗一首，期待孙辈能继承家中书香薪火。他对长孙新夏格外精心，不但亲自讲解《三字经》、《幼学琼林》和《龙文鞭影》等蒙学读物，传授地方掌故与历史名人逸事，还让"拿市面上的粗陋读本与好版本对着读"，以提高鉴别能力。直到离开家乡、来到天津，祖父还不断写信教导他应该读什么书。祖父的学问和为人，对来新夏走上治学之路，产生了重大的影响。来新夏涉足方志学，很明显是受祖父撰写《萧山县志稿》的鞭策与影响。

陆游诗云："我生学语即耽书，万卷纵横眼欲枯。"这似乎也是来新夏终生与书为伴，"年既老而不衰"的写照。来新夏从未把读书当做苦差事做，"人们都说'学海无涯苦作舟',可对我来说是'乐作舟',所以我几乎没有因为读不好书而被打板子"。

七岁以后,来新夏就扎根津门,迄今八十多年,来新夏称天津为"第二故乡"。在天津,他读完小学及高中,在高中十分幸运地得到国文老师谢国捷(著名史学家谢国桢之六弟)的关照。在谢老师的引导帮助下,来新夏如饥似渴地阅读《史记》、《汉书》、《后汉书》、《三国志》、《旧唐书》、《新唐书》、《十七史商榷》等,眼界大开,并在谢国捷老师指导下开始撰写第一篇学术文章《汉唐改元释例》。其后,又相继发表《〈诗经〉的删诗问题》、《清末小说之倾向》、《谈文人谀墓之文》、《桐城派古文义法》、《记〈近事丛残〉》等多篇文章,并连续为《东亚晨报》副刊撰写《邃谷楼读书笔记》。此时,十九岁的来新夏已崭露出不凡的功力与才华。

"邃谷"是来新夏斋名。他十八岁所写《邃谷楼记》云:"非谷而曰谷,何也?唯其深也。无楼而曰楼,何也?唯其高也。唯高与深,斯学者所止焉尔。邃谷楼者,余读书所也,沉酣潜研,钻坚仰高,得乎书而体乎道,邃然而自适焉。"来新夏少年时,家中有约八平方米的楼梯间是属于他的小天地。那里仅容一榻一架一桌,是他读写、歇宿之处,狭窄黝暗,白天也要开灯,宛如幽谷,故名"邃谷楼"。邃谷斋名始终不变,沿用至今。

1942年,来新夏高中毕业后,考取北平辅仁大学历史学系,受教于陈垣、余嘉锡、张星烺、柴德赓、朱师辙、启功、赵光贤诸先生之门。辅仁规模虽不大,却名师云集,学风纯朴。虽当时日本侵华军占领北平,但因辅仁属德国教会学校,日本与德国是盟友,所以辅仁的教学环境相对自由。学校班级不多,每班学生不过在一二十个,因此,每个学生都能得到老师的悉心指导,师生关系融洽。辅仁求学生涯给来新夏的治学之路打下深深烙印,与众名师相处的往事也成珍贵回忆。

辅仁大学校长是著名史学家陈垣先生,他给学生亲自上四门课。所布置作业,在批改前自己先做一遍。然后,将自己做的与学生的作业一起贴在教室墙上,让学生比较感悟。陈垣校长亲自指导来新夏的毕业论文,在口试(论文答辩)时,陈垣校长以"颇有作意"勉励。历史系主任张星烺先生,是精通中西交通史的专家,慈眉善目,与学生亲密无间。余嘉锡先生是中文系主任,来新夏选修了他的目录学。"当时他已经年过花甲了,非常严肃,不苟言笑。但听余嘉锡先生的课,却如饮醇醪,他讲课的时候从来不看讲义的,滔滔不绝,如数家珍。"来新夏在目录学上的根基，就是那时打下的。启功先生当年教来新夏国文与绘画。因怕学生营养不良，启功每到周日，就召来新夏等几个学生到他家去改善伙食，看到学生衣服坏了，或掉了纽扣，师母还帮着缝补。来新夏在上世纪六十年代接受审查的时候，很多人都疏远了，启功却对他不离不弃，师生情谊保持了半个多世纪。

辅仁求学，来新夏每年都以全班第一名的成绩获"勤"字奖章并奖学金。四年来，耳濡目染老师们的崇高师德，为日后研究学问夯实了扎实根基；系统而严格的专业训练，奠定了雄厚的汉学基础；更为重要的是，老师们谨严缜密的学风和各具一格的治学方法，给来新夏以很大的影响。

1946年大学毕业后，来新夏回天津谋职，希望报效国家，一展身手，但腐败的国民政府并没给他机会。回到天津，他失业赋闲，只能靠当小职员、教员谋生。

1949年1月天津解放，来新夏热情而"积极投身于新的革命工作"。3月，被天津民青组织"保送到华北大学去接受南下工作的政治培训"。9月结业时，被著名历史学家范文澜选中，留在华北大学历史研究室，师从范文澜教授，做中国近代史研究生。

范文澜招研究生七名，实行供给制，住集体宿舍。范先生身教言传，管理严格，常勉励研究生说，"你们当学生，就是专门读书"，要"下'二冷'的决心。一冷是坐冷板凳，二冷是吃冷猪肉"。坐冷板凳，是说作学问要耐得住寂寞；吃冷猪肉，是说你真有成绩，总有人会承认你，请你入孔庙，吃冷猪肉。范先生对弟子们的文章格外"挑剔"，一丝不苟，大家都心存敬畏。他根据研究生每人的不同情况分配工作任务，范先生要求来新夏"从原来攻读的汉唐史转向中国近代史"。来新夏回忆说：那时候年轻，又在繁华地带的王府井，总想出去玩。范先生住在前院，出门必须经过他的窗户底下才能出去。"他的写字台就摆在窗子前面。他天天在那儿念书，所以你出来看见老爷子在那儿坐着，就不敢出去了"。要"不是这么严格管理，当时我们就荒废掉了"。在范文澜的熏陶影响下，来新夏"写出第一篇学习新观点的文章——《太平天国底商业政策》，作为太平军起义百年的纪念"。这是来新夏在中国近代史领域的第一篇论文，后收入《太平天国革命运动论文集》中。

历史研究室的主要工作，是整理北洋军阀档案，这些老档案装满百余麻袋。来新夏回忆说："每次从库房运来几袋就往地下一倒，尘土飞扬，呛人几近窒息。当时条件很差，每人只发一身旧紫花布制服，戴着口罩，蹲在地上，按档案形式如私人信札、公文批件、电报电稿、密报、图片和杂类等分别打捆检放到书架上。"而后"按政治、经济、文化、军事四大类分开。每个人把一捆捆档案放在面前，认真阅读后，在特制卡片上写上文件名、成件时间、编号及内容摘要，最末签上整理者的名字，然后分类归架。因为看得仔细，常常会发现一些珍贵或有趣的材料，我便随手札录下来"，"前后历经半年多的整档工作，虽然比较艰苦，但却不知不觉地把我带进了一个从未完全涉足过的学科领域，它成为我一生在历史学领域中的中心研究课题"。

来新夏回忆说："范老是马克思主义史学观的学者，但传统文化底蕴也很深，他认为搞学问应该从最基本的步骤开始训练，所以先让我们整理档案。那可是百余麻袋的凌乱档案啊。""范老的决定，开辟了我一生的学术道路"。来新夏虽是历史专业正宗的科班出身，但面临这个当时尚无研究者涉足的新领域、新课题，面对这些大量的第一手资料，也深感知识匮乏。他决心"从根做起"，"用黄草纸写札记二百余小篇，积存卡片数百张"。来新夏后来专攻北洋军阀史，在上世纪五十年代，他先后撰写了《北洋军阀史略》等三部著作。

三、天生我材必有用

1951年春，范文澜先生应南开大学历史系主任吴廷璆教授之请，同意来新夏到南开大学任教。来新夏从助教做起，先后讲授"中国近代史"、"中国历史文选"、"历史文写作"、"中国通史"、"历史档案学"、"鸦片战争史专题"、"北洋军阀史专题"和"古典目录学"、"文献整理"等课程。他深得范文澜先生的治学精髓，"坐冷板凳"不畏寂寞，教学之余潜心钻研。"功夫不负有心人"，回到天津南开的第二年，他的讲稿《北洋军阀统治时期》在《历史教学》杂志上连载。1957年，他独立完成的第一部学术著作——《北洋军阀史略》由湖北人民出版社出版。

来新夏不愧为优秀的教师，他具有渊博的知识，在课堂上旁征博引，给人以丰富的知识享受。他讲课不仅历史系的学生爱听，连外系的学生有时也被吸引过来。在教室门口的走廊过道上，常常挤满了物理系、数学系喜爱文科的学生，他们也在倾听着来先生滔滔不绝的讲授。来先生授课勤于板书，善于板书，以利于学生的领会和吸收。一位早年的弟子撰文写道："他（指来新夏）的粉笔字，写得极好极快，在我所见到的老师中，还没有一个人能比得上他。他的字体遒劲美观，看到它是一种很好的艺术享受。粉笔在他手里就像使用毛笔那样得心应手，要重则重，要轻则轻。我记得我班有好几个同学常常课后学着来先生练习粉笔字。……来先生当年的表情，虽然显得有点威严，对同学却很和气，和同学们总是打成一片。"

1958年，来新夏开始编纂《林则徐年谱》，转年完成。1959年9月，来新夏编写的为国庆十周年献礼的历史剧《火烧望海楼》在天津中国大戏院公演，历时一个月，大受欢迎。10月，《火烧望海楼》赴京献演，荣获文化部二等奖。

1960年9月的审干运动，是来新夏惨遭厄运的肇始。因1946年曾在世界科学社主办的《文艺与生活》杂志任助理编辑四个月，一时难以定论，而被"内控"（内部控制使用，即被挂起来），被剥夺教学和研究工作的权利，不能参与社会活动，不能写署名文章。那一年，来新夏三十八岁，正是年富力强、宏图大展之际。熬到所谓"问题得以落实"，那是十八年后的事了。

从此，来新夏处于投闲置散、百无聊赖的境地。他终日惶惶，无所事事，只得蛰居斗室，俯首书案。低头走路，埋头读书，退而结网。从1960年10月至1966年"文革"前，来新夏在五年的逆境中，仍笔耕不辍，他先后修订了《林则徐年谱》，撰写《结网录》、《清人笔记随录》、《清人年谱知见录》（后易名为《近三百年人物年谱知见录》）。

"文化大革命"一开始，来新夏就和历史系主任郑天挺等作为南开大学首批"牛鬼蛇神"。不久宣布被剥夺人身权利，进行"劳动改造"，关进"牛棚"。其家数次遭受红卫兵以"扫四旧"之名的打砸抢，除财物之外，包括二十四史在内的近千册线装书以及《近三百年人物年谱知见录》、《林则徐年谱》、《结网录》、《清人笔记随录》等手稿均付之一炬。

1970年夏，来新夏生日那天，被勒令全家下乡，到天津南郊区太平村翟庄子大队插队落户，暗改为农业户口。虽然农耕，但农民宽厚，不以之为异类，得免批斗之苦。来新夏坚信苦风凄雨终将过去，天生我材必有用。他心情豁达，身体日健。事后来新夏笑着说，现在身体很硬朗，还要"感谢""文革"所赐。在长期劳动改造的年代里，他成为劳动好手，学会了压地、打场、掐高粱、掰棒子、赶大车。那时满工分10分，来新夏能挣到9.5分。四年的农民生活，他居农舍、吃粗粝、赶驴车、耪大地，艰辛劳作，仍矢志不渝。每晚，他"伴着一盏15瓦有点发微红的灯，盘腿坐在土炕上，凭着一张小炕桌，摊开旧稿和资料，有次序地笔耕不辍"。在乡农耕之余，他整理了残稿《林则徐年谱》及《近三百年人物年谱知见录》，并完成了《古典目录学浅说》。来新夏倔强地说："只要我人还在，文字可以消除，稿子可以烧掉，但只要我的脑子还在，知识就断不了。所以之后的很多书都是重新写的。"

1974年，举家迁回南开大学，被安置在学校农场由牲口棚改造的简易平房里。地面铺以煤渣碎石。阴天返潮之日，时有丝丝牛粪气息刺鼻，却处之泰然。来先生在十年浩劫中尚且随遇而安，孜孜不倦地著书立说；那么在天下承平之日，他纵横三学、名扬四海就不足为怪矣！

1979年3月，来新夏所谓的历史问题查清，作出结论，恢复原有的教学工作。1984年1月，被任命为南开大学图书馆学系主任；2月，被任命为校图书馆馆长；8月，被任命为校出版社社长兼总编辑。"文革"后的来新夏，被长期压抑了的热情迸发出来，他一度脱离书斋，投入到学校的管理工作当中，先后创办了南开大学图书馆系和分校图书馆系。他说："我就是想证明自己并不是一无所知的，就是要展示一下自己的才能，所以接连在南开大学任要职，当过图书馆馆长、出版社社长、系主任、校务委员等等，那时候耗费精力比较大，学术进展比较慢，但我也觉得值得。"

迎来改革开放和学术的春天后，来新夏先后撰写或主编专著将近百部，成果丰硕。其主要代表性著作有：历史学的《林则徐年谱新编》、《北洋军阀史》、《中国近代史述丛》、《结网录》等；方志学的《方志学概论》、《志域探步》、《中国地方志》、《中国地方志综览》等；图书文献学的《中国古代图书事业史》、《中国近代图书事业史》、《古典目录学》、《近三百年人物年谱知见录》和《古籍整理散论》等。还主持编纂了《图书馆学情报学档案学简明辞典》等。

四、粹然儒者蓬莱骨

来新夏先生取得如此巨大的学术成就，源自特立独行的人格力量。他几十年来一以贯之，以坚韧与热忱，以严谨与执着，潜心于学术探研之中。在极其困难的条件下，他博观约取，集腋成裘，硕果累累，名扬天下。仅以撰著《近三百年人物年谱知见录》为例，他曾在上世纪中叶，用了十年时间，埋头检读清人年谱七百余种，写成五十余万言，不料竟在浩劫年月被付之一炬。俟大气候稍有松动之时，他即卷土重来，从头开始，再度完成这部巨著。近年增订再版，竟达百万言之巨。到目前为止，来先生已经出版90余种书籍，与其年岁相埒，是实至名归的"著作等身"。

来公性格的卓荦不群之处，第一是狷介清高的正派正直，第二是始终不渝的学术理想。宁宗一先生指出，（来公）对虚伪、庸俗乃至邪恶、残暴，有一种天然的憎恶。因此，每当运动来临时，来公往往首当其冲。在外部世界的挤逼下，来公唯一的出路，就是退守书斋与典籍为伴，神游在美的文化世界之中，但其内在的人格精神和性格中却永远保留着是非爱憎感和金刚怒目的一面。读书和写作，多少能排遣他内心的烦恼，而孤独也会随之远去。……人道是"诗穷而后工"。在逆境中，由于来公的永不放弃，使他的学术成就进入一种更高更新的境界。

"诗穷而后工"这种观点，在中国学术史上是源远流长的。孔子"诗可以怨"则是这种观点的直接理论来源，战国屈原的"发奋以抒情"是它的先声。司马迁在《太史公自序》中说："昔西伯拘羑里，演《周易》；孔子厄陈、蔡，作《春秋》；屈原放逐，著有《离骚》；左丘失明，厥有《国语》；孙子膑脚，而论兵法；不韦迁蜀，世传《吕览》；韩非囚秦，《说难》、《孤愤》；诗三百篇，大抵贤圣发愤之所作也。此人皆意有所郁结，不得通其道也。"司马迁认为：不幸遭遇是这些作者著书立说的动因，忧愤穷困反成为其事业成功的动力。当然"诗穷而后工"并非泛指一切人，而是指具有某种特殊才质的艺术家和学者。来新夏先生的学术道路和学术成就，就是一个典型的明证。他遭遇不幸、疾痛惨怛的人生记录，以及穷且益坚、不屈不挠的坚定信念，正是忧国忧民与时代脉搏一起跃动的那颗丹心的光彩折射。

来公这一代学人，不仅具有扎实的国学基础，而且早年多受西方思想影响；不但具有儒家安贫乐道思想，而且具有老庄通达且洒脱的性灵。来公作为史学大家，"富贵不能淫，威武不能屈，贫贱不能移"的正气和节操是他人格精神的底色；秉笔直书，"不虚美，不隐恶"的"实录"精神，乃是其学品的基础。

在来公身上，颇能感受到传统学人耿介的风骨。天津学者高成鸢说："在一次闲谈中，他提到天津某大人物在'把海河打造成世界名河'之役中，曾想借用来先生的威望，被先生予以拒绝，不惜从此失去'露脸'的机会。"赖有这种独立的人格，来先生的形象尽管明显属于蔼然长者，却同时带有不可冒犯的气概，这正是《论语》所说的"威而不猛"的典型。

来先生津门寓居八十余年，他视天津为第二故乡。当天津市委以编写《天津近代史》一事相托之时，来公虽自忖这是所任非人，但仍爽快答应，并不理会耳边一些"喊喊喳喳"的噪音。为了早日完成这项大任，他不分日夜，竟至劳累过度病倒在床，而使心脏受损。

五、新松恨不高千尺

来先生为人和蔼平易，慈祥真诚；对年轻后进关爱提携、奖掖鼓励；处处体现出长者风范。对于求教者一概善待，知无不言，且善于发现人才，给以热情鼓励和慷慨襄助。中国政法大学杨玉圣教授主持"学术批评网"，推行学术规范，旗帜鲜明反对学术腐败，故为先生所重。当来先生听说杨玉圣因难欲退，特地属文，呼唤杨玉圣"回来"。在文章中，为之叫好助阵，使得年轻的杨玉圣倍感亲切与鼓舞，坚定了永不退却的信心。在提到先生对他的鼓励与期许时，杨玉圣说："就是因为整整大我四十岁的来教授的'挽留'，我没有把学术批评网交给朋友打理，而是坚持自己主持，因为我不能辜负了这位德高望重的前辈的嘱托，尽管为此招惹了不少莫名其妙的官司……但我无怨无悔，因为在我这个边缘小人物的背后，有包括来新夏老教授在内的一批学界前辈和挚友的关心、支持和爱护，我没有理由懈怠，更没有理由退却。请允许我再重复一遍：有师友的人生是幸福的人生。来先生之所以得享高寿、安度晚年，而且'衰年变法'、退而不休、笔耕不辍，原因固多，但在我看来，或许最主要的原因之一就是来先生拥有如此之多、志同道合的师友。"

宁宗一先生曾讲一件有趣的往事：在上个世纪八十年代末九十年代初，宁先生的挚友小崔和图书情报学系学生小孙热恋。按当时的校规，学生时代不允许谈恋爱，如违规要受处分。这事七拐八转摆到了当时系主任来公的面前。来先生一锤定音："对小孙同学谈恋爱不给予任何处分，她在不影响学习的前提下可以和小崔老师谈恋爱。"同时又找补一句："就说是我来新夏决定的。"来公的通达和敢于担当表现了他一贯作风，即对一切有悖情理之事绝不去做。不过，这在当时来公还是顶着校规而去成人之美的，这既是他的为人之本色，更含有超前意识。不是吗，今天还有这样不近情理的条条框框吗？现在小崔老师和小孙已在美国西雅图建立了家庭，一儿一女，四口人家，其乐融融。一晃二十年了，他们怎么能不感念来公的仁爱之心呢？

浙江绍兴有一位自学青年孙伟良，是一位失去土地的农民。他白天以换煤气为生，独好藏书，私藏几近万册，常利用晚上时间阅读文史书籍，尤好绍兴方志掌故，常年浸淫于斯，成为一位小有成就的民间学者。2006年，他求教于来先生。先生了解情况后，并不以为冒昧，谆谆教诲之外，竟慨允赠书。2006年冬，数次寄赠书籍逾千册，嘱孙伟良在自家开辟民众阅览室，让文化普及乡间。自此老少二人常相往还，成就一番忘年佳话。

沧州几位民间学者成立了纪晓岚研究会，来先生也给予很大支持。来公应邀到沧州，为沧州文化名人研究及地方志修撰支招。对纪晓岚研究会注释《阅微草堂笔记》工程，来公指出：要把各大图书馆馆藏的有关学者对《阅微草堂笔记》的批语整理下来，把这项学术工作做细。

对于当下读书环境之窘迫，来公满怀焦虑，因此他不顾舟车劳顿，多次参加全国各地民间读书会，为读书求知加以引导和鼓励。他认为民间读书刊物有两大贡献：一是数千年历史中保存文献的优良传统，即文献传递，在各个时代积存文献，应是当务之急，特别是读书人的当务之急；二是众多读书刊物做成一个平台，苦心经营下去，就不难增殖文化生命力。

来公乐于跟非主流、体制外的草根学人为伍，充分显示一种开明精神和富于前瞻的思想。例如，他对民间读书报刊给予充分肯定："我们民间刊物，无论是哪个方面寄来的都有看头，读起来非常有味，因为说的是你想听的话，是他心里头想说的话。"来先生对民间读书报刊总结了两大贡献："一是积存文献，一是聚集人才。"

北京市朝阳区文化馆主办的没有正式刊号的《芳草地》，获得来老鼎力支持。从2004年到2010年间，来老为《芳草地》撰稿十二篇。他说："民刊记录了许多真实的文献，不仅当代人读，将来还可以读，这些报刊将来更有价值，是可以世代相传的。"对于这类无刊号的出版物，来老风趣地说："《芳草地》无论内容形式均当得一个'雅'字，诚为时尚刊物中之'芳草'，虽无书号，但私生子一样长大或说更加聪明，与婚生子应享有同等待遇。愿早日能得一纸'结婚证'。"当然，要取得一纸"结婚证"，谈何容易？从另一个角度说，没有"结婚证"相对自由，似乎更有利于这类报刊的生长发育。

来先生对民间报刊，对草根学者，对学界青年的隆情高义，对维系学术文脉的赤诚，倾注了老一辈学者对晚辈末学的关爱，体现了老一辈学者对于中华学术薪火相传的重视。正是这种传承精神的不断延续，中华学术才得以发扬，中华文化才能重现辉煌。

六、赤子之心桑梓情

来新夏先生著作等身，但为人谦逊平和，极显低调。在一次读书会上，某教授发言尊来先生为大师，先生接过话筒说"称我是'大师'，使我很不自在，这年头'大师'是骂人的话啊！这可是让我避之而又唯恐不及的哟！"出人意料的谐趣，赢得经久不息的笑声和掌声。

来新夏先生有一颗年轻的心，一颗赤子之心。1998年11月，来先生出席在台湾省台中市中兴大学举行的"海峡两岸地方史志地方博物馆学术研讨会"，作题为《论新编地方志的人文价值》的演讲。会后环行台湾全岛名胜古迹。时年七十七岁的来公，老当益壮，精神不减。在日月潭参观邵人文化村歌舞表演时，来先生兴致勃发，自己跳上台去，与当地的少男少女共舞。并把弟子、天津市地方史志办公室主任郭凤岐也拉上舞台，一起欢跳。几百人的参观大厅，立时沸腾起来。台上、台下，欢声笑语，载歌载舞，气氛热烈，一下子把歌舞表演推向高潮。

来新夏先生先后在天津居住了八十余年，对天津有着极为深厚的感情，为天津历史文化建设倾注了大量心血。他一贯关心地方史的编撰和挖掘工作，为传承并弘扬天津地方特色文化倾注心血。改革开放后，来新夏主编地方史志书籍，多有建树，如1986年出版《天津风土丛书》、1987年出版《天津近代史》、1999年出版《天津通志·旧志点校卷》（三册）、2001年出版《天津大辞典》、2004年出版《天津建卫六百周年丛书》、2008年出版《天津历史与文化》等。

天津学者高洪钧先生经多年努力，编辑了《天津艺文志》，收录1949年以前津人著作一千五百种左右，具有极大的价值。但成书多年，却一直未能出版。来先生得知后，撰写了《为高洪钧所著〈天津艺文志〉呼吁》："久闻津门高洪钧先生已有成稿，尚待字闺中，难以出版问世。……藏之名山的时代，已经过去。我真诚而负责地推荐《天津艺文志》，希望我们的出版家关注一下，用你们畅销书的余沥，促成其事，出些有价值、高品位的长销书吧！"

2008年，天津报人王振良与几个志同道合的朋友自费办民间刊物《天津记忆》（小册子）时，他亲笔为封面题词，鼓励民间涌现出来的新生事物，还"不时为刊物写稿"，"有过相伴共舞的岁月"。他十分强调办刊的文献性，更注重为草根学者与学院派交流搭建平台，推动天津民间挖掘、整理、保存史料活动。2011年11月初，《天津记忆》在南开园举行百期纪念活动，来新夏亲临会场与大家欢聚一堂，他那晚年夕阳红似火的热情，感染了每一位参会人员。

来先生对故乡萧山的文化事业也倾注了大量心血，特别是在萧山地方志事业发展中做出了重要的贡献。八十年代初，先生应邀担任《萧山县志》顾问，精心指导萧山的修志工作，最终使《萧山县志》成为建国后全国第一轮修志的典范。2003年启动编纂的《萧山市志》被列为全国第二轮修志工作试点单位。先生再次担当《萧山市志》的顾问，满腔热情、毫无保留地建言献计，为《萧山市志》编纂付出了大量的精力。2008年，先生毅然决定，将自己编著的著作和收藏的地方志书籍以及学术研究文献、著作手稿等无偿捐献给故乡，以实际行动支持萧山的地方志事业。这是他回报故里的一份厚礼。对于繁荣和丰富萧山历史文化发展，具有积极而深远的意义。萧山区人民政府为表彰来先生对故乡的奉献精神，特在江寺民俗园中开辟"来新夏方志馆"，供萧山人民研究使用。来先生真诚地说，他是一名萧山子弟，虽然一生漂泊四方，但时刻心系故乡。捐赠书籍建立方志馆，是希望给萧山的方志研究铺一点基础，也是希望有更多的有识之士来支持方志工作。

七、衰年变法意象新

来先生一生钟情学术，与学术有难以割舍的血脉情结。他自称："一生主要干了三件事。第一件事，研究北洋军阀史；第二件事，研究古典目录学；第三件事，研究方志学。"这三件事，说着很轻巧，但能做好其中一件，那就是学界名流大家。难得的是：来公把这三件事都做得有声有色，卓然自立，独领风骚，且相济互补。

他的学术心得是："历史学家不仅要求真，也要求新；不仅要务实，也要致用；不仅要自愉，也要为人；不仅要研究历史经验，也要紧扣时代脉搏；不仅要坚守学术阵地，也要开辟新途径，耕耘新天地。如果还是囿于一隅，抱残守缺，光在爬梳文献这打圈圈，那历史学就不仅仅是面临困境，怕是要走向绝境了！"

国外有些科学家在功成名就的五十岁以后，在其专门领域有所建树的同时，往往向普及科学知识的道路转变。这对来新夏颇有启发，在1999年春他发表了《衰年变法》，其中写道："我随着共和国走过了整整半个世纪的漫长路程。这五十年，我经历了两个阶段。前三十来年，从'忠诚老实'、'三大革命'、'整风'、'反右'、'大跃进'、'四清'，直至'十年动乱'，'运动'不少，我不是当运动员，就是当啦啦队，紧张得透不过气来。特别是1957年'反右'，不少人原本是应邀随便说说，哪知道一言既出，驷马难追，招来了几十年的灾难。于是慎于言而敏于行，近三十年的大部分光阴就这么度过去了……八十年代，我以花甲之年，进入第二个青春期，看到人们多从心有余悸的状态中逐渐苏醒过来，说自己的话，写自己的文章……经过摸索探求，我找到了随笔这样一种表达形式，于是我开始学写随笔，我要写自己走过的路，读过的书——我读的书不仅是用文字写的书，还读大千世界芸芸众生的无字书；我走的路不仅指地理概念的路，也包含拖着沉重脚步、跌跌撞撞走过的人生道路。我将以动乱纷扰后的冷静，写观书、阅世、知人之作。"

按来公的说法，他的近代史、目录学和方志学著述，是在"象牙之塔"里写的，"只能给狭小圈子里人阅读，充其量千把百人"，所以，他要"变法"，用随笔的形式反馈人民大众。来公在中国社会科学界是众人仰慕的泰山北斗，但广大的一般读者群体的心目中，是以散文随笔后来居上而蜚声文坛的。一些学者精辟地指出：这是来公"衰年变法"结出的硕果。当年，白石老人"衰年变法"，天马行空，成为国画大师；蓬谷老人"衰年变法"，另辟蹊径，成为散文大家。"庾信文章老更成，凌云健笔意纵横"。来先生大量的"学术随笔"均以学术为根柢，以给人更多的历史资料和信息为写作目的。即使刺世嫉邪、针砭时弊，也以历史为基础。他的随笔短则数百字、千把字，长则数千字。其随笔写作宗旨是：观书所悟，贡其点滴，冀有益于后世；阅世所见，析其心态，求免春蚕蜡炬之厄；知人之论，不媚世随俗，但求解古人故旧之沉郁。"流水不回休叹息，白云无迹莫追寻。闲身自有闲消处，黄叶清风蝉一林。"来公"用一种文字风貌随手写点遣兴抒情之作，给新知旧雨一种求新的感觉"。

来先生学养深厚且才情横溢，思想敏锐而富有卓见，视角新颖而具有趣味，文笔轻灵而不乏幽默，所以他的文章总是透着一股灵气和睿智，洋溢着醇厚的文人气息。他的随笔属于沉思型的，就是以当代意识审视历史，又在历史背景上观照当代，使当代意识与历史深度有机融合。无论谈古言今，品人论事，往往以独特的理性思考凸显思想个性。即使是信手拈来的随笔掌故，也常点石成金，化艰深为平易，化腐朽为神奇，凝聚着一种大气。品赏先生美文，如面对春风朗月，令人神清气爽。正如南开大学教授宁宗一先生所言："读来公的大部分随笔，给人的强烈印象好像总是能不断地听到一连串的声音：这就是人生，这就是文化，这就是活着的历史。"

古稀之年的来先生进入学术随笔新领域后，可谓彩笔千气象，凌云意纵横。陆续出版学术随笔二十多种，包括《冷眼热心》（75岁）、《路与书》（75岁）、《依然集》（76岁）、《枫林唱晚》（76岁）、《邃谷谈往》（77岁）、《一苇争流》（77岁）、《来新夏书话》（78岁）、《出枥集》（80岁）、《且去填词》（80岁）、《只眼看人》（82岁）、《学不厌集》（82岁）、《邃谷书缘》（83岁）、《皓首学术随笔·来新夏卷》（84岁）、《邃谷师友》（85岁）、《谈史说戏》（85岁）、《80后》（86岁）、《访景寻情》（87岁）、《书前书后——来新夏书话续编》（87岁）、《交融集》（88岁）、《来新夏谈书》（88岁）、《不辍集》（90岁）、《书文化十讲》（90岁）等，达四百多万字。

这二十多部随笔集子，正是其"变法"后的一系列成果。来新夏先生从科学化的精英式写作，转向文学化的平民式写作。他认为"自己被民众供养了一生，无以为报，而心有不安。作为一个历史学家，他能回报给民众的最好的东西，便是大众史学，让民众了解真正的历史，在历史中找到自己的位子"。他说："我庆幸自己的省悟，我更感谢时代的厚赐。"

鲁迅评论司马迁《史记》曾有名言："史家之绝唱，无韵之离骚。"其指出了史学与文学、学者与作家相济相生的关系。对此，来公理解很深，并推及到学术随笔的写作上。他说："作家在激情思维和生动有趣的表达方式上很有优势；学者则在深层思维，对文化的独特思考与见解上颇具根底。如果能将两者很好结合起来，那我国的随笔不仅质量会更上一个层次，而且随笔资源也会源源不断。"来先生不愧为文史大家，他为将数十年积累的学识与见解"回归群众"、"反哺人民"，把史家的眼光、历史素材与文学表现手法、生动活泼的语言冶于一炉、熔合锻炼，经天纬地，为我们提供了史学与文学巧妙打通的范例。在当代学界，可谓"指出向上一路，新天下耳目"。广大读者为什么喜欢读来先生的学术随笔？因为它给人以知识的享受、学识的诱导和见识的启迪。

为恭祝来新夏教授九十诞辰，笔者献上贺诗七首：

（一）

文史纵横百炼锋，等身万卷惠学林。博观约取醇醪饮，抱朴归真笑语频。

（二）

烟雨平生学不厌，寻情访景趣依然。热心冷眼思不辍，邃谷谈往只眼看。

（三）

且去填词世事艰，达人知命交融篇。争流一苇当结网，唱晚枫林薪火传。

（四）

南开史苑三绝立，邃谷楼台八面风。学海无涯云帆挂，精华萃取妙调烹。

（五）

粹然儒者蓬莱骨，自在耄耋尚笔耕。慧眼识才梁栋育，无声润物坐春风。

（六）

观书窥世挥椽笔，论事知人肝胆篇。银发飘飘雄风在，骅骝出枥跃先鞭。

（七）

超尘实录标千载，勘透世情万卷长。满目春光来新夏，萧山沽水共举觞。

诗中先后嵌入来老学术随笔著作：《学不厌集》、《访景寻情》、《依然集》、《冷眼热心》、《不辍集》、《邃谷谈往》、《只眼看人》、《且去填词》、《交融集》、《一苇争流》、《结网录》、《枫林唱晚》、《薪传篇》、《出枥集》等。

八、期待百岁再相聚

来公书房有启功先生的硬笔题词："难得人生老更忙。"正是来公晚年孜孜不倦、辛勤治学的写照。来老在一篇文章中曾引唐释齐己的诗："流水不回休叹息，白云无迹莫追寻。闲身自有闲消处，黄叶清风蝉一林。"来公确是以"闲身自有闲消处"的通达去面对人生的顺逆跌宕，但对于一生沉潜于学术"邃谷"之中的来新夏，九秩高龄仍钟情学问、笔耕不辍，这次第却怎生"闲消"了得？

来公总结一生治学的途径是："立足于勤，持之以韧，植根于博，专务乎精"。凡接触到来先生的人，无不感受到先生禀赋聪颖，才思过人。来先生属于学术全才，他的学问功底、学术见识、治学方法、记忆力、文笔、授课、口才等皆为一流，甚至连相貌身材、社交能力、从政水平、烹饪持家等都属上乘。但先生的治学成果，主要来自勤奋。到了耄耋晚年，他头脑清楚，精力集中，效率极高。他从不早晚锻炼，每日晨起晚寐，每天工作时间达八九小时。此外还常出席各种会议，外出讲学，年轻人也自叹精力弗如。来先生的成果、成就、效绩，是一般学者望尘莫及的。他视学术为生命，而将个人晚年的享受置之度外。对这位似乎不知疲倦、抢时间工作的老人，家人时常婉劝，让他注意适当休息；但肩上的责任，心中的任务，身上的托付，却容不得推诿和迟缓，甚至在病中老人想到的仍是工作。

在后辈学人眼中，来新夏具有难得的超前意识和与时俱进的情怀。上世纪八十年代末，来新夏就在为做一辈子学问而未雨绸缪——学习电脑。他知道，人毕竟老了，终有一天手会发抖。"没法写字对做学问来讲是致命的，用电脑就能避免这一点，手再抖，也能操作键盘。"好心人劝来老说，您生活也不缺什么，文章多一篇少一篇，无关紧要，还是安享晚年，找点乐子吧。来新夏回答："小车不倒自管推，爬格子就是我的乐趣。写作其实也是一种养生，可以锻炼大脑，不至于有痴呆现象。"确实，在这种不懈的"锻炼"下，九十岁的来新夏依然思维敏捷，文思泉涌。

来公迄今仍保持着达观而执着的心态。他的座右铭是"人生幸福达为先"，"学海无涯乐作舟"。他认为：读书的"苦"是艰苦卓绝的"苦"，是下功夫的"苦"，而不是痛苦的"苦"，你不能一天到晚愁眉苦脸地去读书。读书时心情应是快乐的。于是被人视为畏途的治学之"苦"，通过这种"达"的过滤，在来公眼里却成为"幸福"的"自怡"之乐。"只要早晨起床，依然天天向上。""只要不死，台阶还要再上。""我一生治学则持一种'学习、学习、再学习'的态度，至老不辍，祈识者监督！"这种亘古罕见的大气魄、大气度、大气势，足以感天动地！

来新夏对生命和学术，持一种乐观进取的态度。在天津青少年活动中心举行的"来新夏学术思想研讨会暨九十华诞庆典"上，一头银发、精神矍铄的来先生手捧鲜花，在九位身着盛装的小女孩的簇拥下走上讲台，来公笑称自己仍童心未泯，"行百里者半九十，我的人生只过了一半"。再次重申"有生之年，誓不挂笔"的决心，并"期待百岁时，再请朋友们来聚会"。全场掌声雷动，经久不息。这种开朗的心态、境界令与会者深受感染，许多学者噙着眼泪热烈鼓掌。"满目春光来新夏"，先生的人格和文品，正如初夏一样生机盎然。

原载于《社会科学论坛》2012年8月号（上半月）

从往事说来公的学术韧性

刘泽华[*]

人生在世，如果事事如意，那一定是天之骄子或幸运者，这样的人是极少数，不足为例。我认为只有经历背运的人，才更能显露一个人的追求与韧性。

来公缘何走起背运，我们且不必管它；但八十年代之后，来公加入了中国共产党，身兼南开大学图书馆馆长、图书馆学系主任、南开大学出版社社长、地方文献研究室主任，还有校务委员会委员等职，校外的兼职更多。因此我曾戏称他是南开的"来半天"。由此往前推，他往日的背运不应在历史的逻辑之中，但他蒙受的背运却长达二十年之久。那时完全失去了自由，被"内部控制"起来。起初是不准从事近代史的教学，只能教历史文选这类纯工具性的课程。再后连这种课也被取消。他完全被剥夺了发表文章的权利。那个时候他也不能参加任何具有政治可靠的"身份性"的会议。有一件事至今使我铭记在心。大约是1963年，一次听"反修"报告。听众排队成列进入会场，政工人员在门口清点人头，突然发现了来公，当即把我叫出去，要我通知来公出列回家。我当时不知如何应对，我说这一次算啦，以后不通知就是了。政工人员的回答是严厉的，于是只能服从指挥，硬着头皮，把来公叫出来，请他回家。以后的麻烦自然更多，到了"文革"，那就更不当人看待了。

在这种非人的境遇中，许多人失去了生活的信心。但来公却是另一般表现，他低头走路，埋头读书，退而"结网"。我记得1964年大抓阶级斗争时，一位十分"革命"的同志，猛批来公的"自留地"。现在想起来也有点滑稽，既不让人

---

* 刘泽华，南开大学教授。

家在"公田"里耕种，又不让人家有"自留地"，真是不给出路呀！好在来公有我行我素的胆量，依然在不停地开发"自留地"。我这里要提一下两位有胆识的"大佬"，在来公落难之时，他们对来公别有评论。他们就是巩绍英与梁寒冰。大约是1964年，在与巩先生一次闲谈中，他对我说，对来新夏的事要放宽些，他是一个人才，博学、有特长，对他业余所做的事不要管得太多。巩先生不大理会当时对来公的特别"管制"，多有往来，互相和诗，为此巩先生也曾受到"革命"同志的质疑和批评。我虽然没有巩先生那种自如气度，但却令我佩服。

"文革"期间来公被下放到农村，1974年回校后住在西大坑边一间平房里。人有了栖居处，可是到哪里工作呢？应该去的地方他不能去，于是来到中国古代史教研室。当时我是古代史教研室的负责人，有一天，来公提着一个破旧的篮子来到我家，从中拿出装订好的盈尺的手稿，封面赫然写着几个大字："近三百年人物年谱知见录"。来公向我简述了成稿的经过。初稿在"文革"初期被烧掉，这些稿子是在下放劳动之余，披星戴月重新写就的。面对着工整、洁净的心血之作，我一时说不出话来。我猜到了来公的来意，除了证明自己之外，显然还有一种希望在其中。面对着依然走背运的来公，时在"文革"间，我又能说什么呢？我心中虽然油然起敬，却不能表达。我只能淡淡地说，放到这里，让我看看如何？来公同意了。我不能说读得十分仔细，但书稿丰富的内容使我大开眼界。我想起巩先生的话，有才能，有功底！来公在后来此书出版的后记中说我是第一个读者，还说我提过什么好的建议，我实在忆不起当时提过什么好的建议，但我能忆起的是如何"表态"。那时我虽佩服他的学问，但不能与来公交"朋友"；他虽是我的师辈，由于我没有上过他的课，而且我们相识时他已经开始走背运，所以我也不会列入他的门墙。来公把稿本让我看，我相信也不是为从"朋友"或"弟子"那里求嘤嘤之声。如果我的推测不错的话，来公当时是把我当成"领导"来投石问路的。在那个特殊的时期，我不可能鼓励或帮助他出版，甚至连出版二字也不能说。我能忆起的，大约有如下两层意思：一是对来公的作为予以充分肯定，对大作表示钦佩；二是说了一些安慰的话，如要放远眼光，要有耐心，将来一定会有用之类的空话，至于"将来"是何时？天晓得！？也许人在困难时期，他人不是落井下石，相反而有几句即使是廉价的安慰之语，就足以使人铭记。这也许就是来公在后来出版时的后记里特别记了我一笔的缘故吧！

我这个人有时也有"自作主张"的时候。1978年我请来公给工农兵大学生开设了目录学，来公以其特有的才学和风度征服了众多学子，听课的人不断增加，三易课堂。于是有人来责问是谁决定让他讲课的？我回答得也简单：没有人通知我不让他讲课；不让他讲课，白领工资？！责问者无言可对。来公能把枯燥的目录学讲活，无疑是厚积薄发，老树生花，非一般人所能为。更有意义的是他承前启后的作用，推动了新一轮的目录学研究。在这期间，来公还让我看过他的《林则徐年谱》手稿，我越发佩服他的学术追求与韧性。

来公在推动全国地方志的编撰上也做出了特别的贡献。说到这，不能不忆起梁寒冰这位"大佬"。1978年我因参与编撰《中国历史大辞典》，同梁寒冰多有接触，他不止一次地同我谈到如何发挥来公的作用的事。他当时提出要全面开展地方志的纂修，梁寒冰决定排除干扰，启用来公。说实在的，当时只有像梁寒冰这样的有眼光的"大佬"才可能打破"死结"。梁寒冰先生由于得到来公等重量级学术人物的支持，地方志的编纂工作迅速地在全国开展起来，而来公是起草"发凡起例"的执笔人和第一发言人，功不可没！

来公在史学多个分支都有特殊的贡献。我想他能有如此众多的精品奉献给我们，这是他的一往无前的学术韧性的必然结果。特别是在长达二十年的背运中，不管有怎样的风雨波浪，也不管有怎样的外来的屈辱，但在学术领域却一直坚韧不拔，发扬学术个性，追求不已。

在说到治学的路数时，他不止一次地说我是"宋学"，而自称是"汉学"。此说有否抑扬之义，且不去管它。他在背运时搞"汉学"可能是最少麻烦的一种选择。其实看看来公的全过程，他何尝不搞"宋学"？这里抛开清人的狭隘的门户之见，所谓的"宋学"与"汉学"应该说是相通的，也就是说，思想与学术是相通的。来公不妨说是"有汉亦有宋"，这或许更能说明他的贡献。

原载于《来新夏教授学术研讨会纪念集》 南开大学地方文献研究室编 新疆大学出版社2002年版

来新夏：誓不挂笔的读书人

陈　鑫[*]

不久前，来新夏先生迎来九十寿辰。他的家乡浙江萧山、他工作的单位南开大学以及他在读书界的朋友们分别为他举行了简朴隆重的祝寿活动和各具特色的学术交流。来先生不反对热闹的庆祝场面，但拒绝了各种称颂"封号"。他说，"读书人"三个字才是对自己的最高评价，并表示作为读书人的自己"有生之年，誓不挂笔"。

纵横三学　自成一家

从幼年开始，来先生就在祖父来裕恂的悉心指导下开始了读书生涯。考入辅仁大学后，他受到陈垣、余嘉锡、张星烺、启功等大学者的指点。其后，又在华北大学为范文澜教授的研究生。1951年，他奉调至南开大学任教，读书写作成为了毕生的事业。

在治学上，来先生涉猎颇广，被人称为"纵横三学，自成一家"。所谓三学，指的是历史学、方志学与图书文献学。这其中每一个领域都足以让人望洋兴叹，但来先生却能游刃有余，并常常取得开创性成果。

1957年《北洋军阀史略》，1981年《古典目录学浅说》，1983年《方志学概论》，1987年《天津近代史》，1991年《图书馆学情报学档案学简明辞典》……

＊　陈鑫，南开大学党委宣传部副编审。

这些都是新中国成立以后相关领域中的第一部书，开一时风气，为学术的发展辟出一片新天地。

不仅是开创，更为难得的是，来先生每一项研究都具有相当强的持续性，绝非浅尝辄止。从《林则徐年谱》到《林则徐年谱新编》，再到《林则徐年谱长编》；从《北洋军阀史略》到《北洋军阀史稿》，再到《北洋军阀史》；从《近三百年人物年谱知见录》，到《近三百年人物年谱知见录（增订本）》……从著作最初问世到扩充增订，往往前后延续数十年。对学术，来先生从不满足现状，总是不断进行更深入的探索，以求尽善尽美。其中还有几部书稿遭遇"文革"劫火，不得不从头再来。2011年《书目答问汇补》出版，这部书凝结了来先生近七十年的心血，可谓汇集毕生功力。他对学术的认真、坚韧令人钦佩。

改革开放以来，来先生在个人学术不断精进的同时，还积极参与推动我国图书馆学、方志学的研究发展，培养了大批人才，为学科建设做出了重要贡献，并将学术服务于社会。在我国方志学、图书馆、出版界来先生桃李满天下。

写作随笔 回报民众

上世纪九十年代，来先生离休了。虽然学术研究并没有停止，但他可以从繁忙的事务性工作中脱身，"拔去万累"更无拘束地读书、写作了。也就在此时，他"衰年变法"，又开辟了自己新的创作领域——随笔。

他说："当时的动机是读了一辈子书，有许多信息应当还给民众。过去写的那些所谓学术性文章，只能给狭小圈子里的人阅读，充其量千八百人，对于作为知识来源的民众，毫无回馈，内心有愧，而且年龄日增，也到该回报的时候了。"

对于一个已经取得很大成就的学者来说，古稀之年超越自我，开始一种新的尝试，是需要很大勇气的。来先生不顾原来圈子里朋友"不要不务正业"的劝告，毅然走出象牙之塔，用随笔形式，把知识化艰深为平易，还给民众。各大报纸的副刊、笔谈中常常能看到来新夏的名字。随着不断的创作，一本本随笔选结集出版，从1997年的《冷眼热心》开始，《依然集》、《枫林唱晚》、《一苇争流》、《邃谷谈往》、《且去填词》、《出枥集》、《80后》、《交融集》……每年来新夏都有新书出版。今年，他又出版了最新"专辑"《不辍集》。据不完全统计，来氏随笔已近800篇。

来先生的随笔内容丰富，既有上下千年的评说历史，也有回忆亲身经历的烟雨平生，既谈论掌故，又针砭时事，多年来连续入选中国年度最佳随笔。"不务正业"的来先生晚年成为一位名副其实的随笔大家。

笔耕不辍　乐在其中

就我所知，今日学界、文坛中，耄耋之年依然高产的，虽不敢说绝无仅有，但也屈指可数。启功先生曾在赠来先生的诗中写到"难得人生老更忙"，称赞他的笔耕不辍。

不过也有人劝来先生何必这样辛苦，不如找点乐子，安享晚年。其实，读书与写作早已成为他生活中不可缺少的部分和最大的乐趣。徜徉书海中，他得以施展才智、实现价值，得以神交古人、参悟人生，得以纾解苦闷、慰藉伤痛。有人说，来先生的作品富有心灵史的意味，越了解他的经历，才越能品出其中的味道。

说起来，来先生走过的道路并不平坦。青年时性格狷介、锋芒过露的他，就被老师赠号"弢盦"，勉其韬晦。然而由于才华横溢、成绩突出兼之"本性难移"，各种运动中，来先生往往首当其冲，事业进展上也受到压抑与贬低。直至风浪过后，才在花甲之年逐渐迎来辉煌。起起伏伏、风风雨雨、天磨人忌，也许是一代学人的共同际遇。但无论如何，来先生总能在读书、写作中找到自我，立定脚跟。"江山依然风月，人生依然故我。"

在来先生的文章里，我们看不到遭受冲击后的畏首畏尾，看不到舔舐伤痕时的怨天尤人，也看不到志得意满中的张狂自大，一切在他的笔下化作冷静沉思。他记述往事释然幽默，评论世情平实理性。他把各种条条框框看得很轻，但绝不故作惊人之语。学养与阅历为他带来了一种读书人特有的智慧和通达。

也正因为这样的通达，晚年的来先生在书林中能够以文会友、广结知音。不分年龄、学历、职业、地位、贫富，只要是热爱书籍、热爱文化的人，就能跟来先生说到一起，并得到他的真诚鼓励。出于对来先生的崇敬与爱戴，在他九十初度之际，朋友们自发组织从南北东西各地赶到天津，为他祝寿。

"行百里者半九十"，来先生常常以此自勉。他说，九十岁只是人生路走到一半，后面还要加倍努力。"誓不挂笔"的他要将一个读书人的使命履行到底。

原载于《人民日报》2012年8月30日

忆弢盦

谢辰生[*]

这一年又有很多老友离我而去，周干峙、来新夏、吴小如、周巍峙、王昆。对于我这个年纪的人来说，每次送别都是极悲痛的。人生弹指一挥间，我与弢盦（来新夏号弢盦）相识七十余载，往事如梦，点滴汇海。

我们第一次见面大概是在1939年或1940年。那时我在北京求学，每逢节假日回天津与家人团聚时，经常能看到一位与我年纪相仿的翩翩少年，或埋头书房，或与兄长谢国捷谈天，或在院中陪小弟谢国祥玩耍。此人正是我兄长谢国捷最看重的学生来新夏。由于这层关系，我们渐渐地熟络起来。彼此谈天说地，除了对历史的偏好外，我们聊得最多的还是如何救国图强。今日之青年，也许永远无法理解我们那代人火一般的爱国心。季羡林先生曾言："我平生优点不多，但自谓爱国不敢后人，即使把我烧成了灰，每一粒灰也还是爱国的。"这份情怀，只有真正经历过"国破山河在"时代的人才能体悟，才知珍惜。

1940年以后，弢盦已在我家系统读完汉唐史，戌生（谢国捷字戌生）开始辅导他撰写第一篇史学论文《汉唐改元释例》。因此，弢盦成了我们谢家的常客。天下无不散之宴席，1942年我带着弟侄从天津赴延安追梦，弢盦也高中毕业离开了天津。如今想来，我们一生中交往最密切的就是这几年，那也是我们最珍贵的青春年华。

为了掩护弟侄，我被迫滞留西安，从此漂泊数载，直到1946年随大哥谢国桢到上海结识了郑振铎先生，才走上了文物保护之路。生逢乱世，天南海北，我

---

[*] 谢辰生，中国文物学会名誉会长、国家文物局顾问。

自不知弢盦在辅仁，弢盦更不知我在上海。新中国成立后，我又随郑先生到国家文物局工作。此时，父兄皆在天津任教，弢盦与他们一直保持着交往。大哥刚主（谢国桢字刚主）曾和我言，那时他在南开大学历史系任教，很多青年教师经常到家里来讨教问题，来得最勤、提问题最准确的当属弢盦。

转眼又是一甲子。2008年11月，在小穆（穆森）等操持的"首届中国文化遗产保护天津论坛"上，我们重逢时已是耄耋老翁。会场上来去匆匆，话不尽阔别悠悠。没过几日，我又接到弢盦的来信来电，畅谈往昔，悲欣交集。故人皆已逝，我们更应珍惜余生。

2010年我给时任中共中央政治局委员、天津市委书记张高丽同志写信，提出要保护天津铃铛阁地区的王家大院和马家店遗址。高丽同志批示后，我被请到天津实地考察。会议间隙，小穆陪我寻访少年时的津门踪迹，与弢盦会面自然是重中之重。那次见面，弢盦一再劝我要控制工作时间，保重身体。怎料想，这次见面竟成永别……

恢复联系后，弢盦对我是极关心的。每逢年节，他都会主动来电问候。每有新著，他也会第一时间寄送给我。相比之下，我能为他做的事太少了。在他九十大寿时，我写下八字贺词"纵横三学，自成一家"。此后常见人引用此语，但其中深意，唯弢盦和我知。这既是我们七十多年友谊的见证，更是对我两位兄长的告慰。

我们曾有"相期以茶"的约定，我们还有很多话没有谈。想到今年春节再也接不到弢盦的拜年电话，我已泪眼婆娑。近来视力不济，只能委托小穆整理此文，以寄托我哀思之万一。

二〇一四年十二月七日于京寓，时年九十四岁

原载于《忆弢盦：来新夏先生纪念文集》 焦静宜编 天津古籍出版社2015年版

老当益壮 永驻"新夏"人生旺季

汤 纲[*]

我与来新夏教授相识，是从1960年开始的。那一年8月我从复旦大学历史系毕业，分配到南开大学历史系，先在中国古代史教研室，后调到明清史研究室，和同志们一起从事《明史》校勘标点工作。那时来新夏教授在历史系中国近代史教研室任教。

来新夏教授是浙江萧山人，是我家乡诸暨的北邻，原本都属绍兴府，两地山水相连，诸暨的浦阳江就是流经萧山注入钱塘江的。相处时间长了，同乡情谊便油然而生，他要我与他兄弟相称。按年龄来说，他比我年长五岁，他1923年出生，我1928年出生，老兄老弟相称犹可。但从学术来说，则大相径庭。他于二十四岁（1946年）就于辅仁大学历史系毕业，我则于三十二岁（1960年）才于复旦大学历史系毕业。他是书香门第，有深厚的家学渊源，我则家境贫寒，且幼失怙恃，小学毕业就失学务农度日。他在十七岁时就撰写学术论文，到我和他同事时，已有不少论著问世。因此，在学术上我总是对他师事之。我在校勘标点《明史》遇到问题时，往往去向他求教，他总是不嫌其烦地对我进行这方面知识的传授讲解，使我获益匪浅。

在当时以阶级斗争为纲的岁月里，我们都是谨言慎行。尤其是他在1960年9月在审干中，因个人历史问题，一时难以定论，作出停止教学与科研工作，不能参与社会活动，不能写署名文章，即所谓"内控"处分。所以在一起时多是谈谈乡情乡谊，或追溯古越国文化，有时也借杜康解忧，微醺时偶或也谈点时事政

* 汤纲，复旦大学教授、文博学院原院长。

治。自然遵守"此中人语云，不足为外人道也"，深信彼此没有打小报告的癖好。当时也确实有这样的人，我到南开大学以后，正是所谓三年严重困难时期，由于我家在农村，在平时，可能和人们谈及农村"大跃进"、人民公社的一些情况，却被人打小报告，说我对"三面红旗"有怀疑。组织上自然对我另眼相看，那年冬季历史系教师去参加农村整社，我被取消了这个资格。

1979年3月，老来的历史问题查清，做出结论，恢复原有教学工作。老来从1960年审查历史，定为"内控"，经过整整十八年才查清问题，撤销了种种限制，正如长期围在脑袋上的"紧箍咒"，一旦撤去，其兴奋之情可以想见。有一天放假前我去老来家，看到他的著作《近三百年人物年谱知见录》尚置于案头。这部书稿是老来五十年代初至六十年代初历时十余年撰成的，在"文革"中又遭抄没焚烧，复经他据草稿重撰，前后历时二十余年，确实是老来的一部潜心之作。当时我和炳文兄合作的《明史》正交由上海人民出版社出版，在交往中感到出版社同志思想敏锐，勇于任事，只要书稿有质量，就会毫不犹豫地承接出版。所以我就向老来建议，《近三百年人物年谱知见录》是否由我向上海方面推荐，他欣然同意。于是我便与上海人民出版社联系，经他们审阅，对书稿甚为赞赏，便决定由他们安排于近期内出版。

老来总结他六十年的笔耕舌耘的心得是："立足于勤，持之以韧，植根于博，专务乎精。"在平常交谈中，他也常以此来勉励教导我。这十六字，确实是他治学的强烈信念，也是他学术生涯的有力精神支柱，所以他才能取得今天这样博大精深洋洋七百万言的著述成就。不管人生道路上遇到什么挫折，不管1960年因历史问题"内控"处理也好，1966年"文革"中关入"牛棚"也好，1970年下放农村也好，只要有一点读书握笔的自由，他都做到立足于勤，持之以韧，笔耕不辍。他的传世之作，如《近三百年人物年谱知见录》、《林则徐年谱》等，都是在人生曲折坎坷之时，在灰暗的灯光下，在闷热的土炕上撰成的。在我和他相识时，他正是一个被剥夺教学科研权利、不能参与社会活动、不能写署名文章的人。在人们看来，他在教学科研上，已是没有希望，只是一个在生活上苟延残喘的"内控"分子，"历史反革命"的帽子随时有可能被戴上。即使处在这样的境遇，他在学习上、在科研上从不中辍，每次我去他家时，总见他孜孜不倦地进行笔耕。他的这种治学精神，对我来说，既是言教，又是身教，只是我根柢浅，更兼努力不够，在学术上没有成就可言，有愧师教。

我从1960年分配到南开，一直与家人两地分居，直到1980年才办妥调复旦大学历史系的手续，回到上海。从此常互相通信问候，或我去天津或他来上海时，总要走访。记得有一年他来上海，我邀约了几个朋友聚谈，兴浓时，一个朋友即景撰了一个谜语请大家猜，说："清明、谷雨过后，打一人名。"我问："大家都知道这个人吗？"他说："不仅知道，而且都很熟悉。"当我还没有回过神来时，老来就说："是我呀！来新夏。"

"新夏"，这是万物生长欣欣向荣的季节，是人生旅程壮年勃发的季节。值兹老来八十华诞，我衷心祝贺

新夏教授吾兄：

老骥出枥，奋飞万里！

邃谷丰收，硕学通儒！

老当益壮，永驻"新夏"人生旺季！

老弟汤纲敬贺

2002年7月于复旦

原载于《来新夏教授学术研讨会纪念集》 南开大学地方文献研究室编 新疆大学出版社2002年版

忆念来公

柴剑虹[*]

2014年3月31日晚7时许，忽然接到天津友人报告来新夏教授去世的噩耗！我实在是不敢也不愿相信——因为前些日子，我在接到来公寄来他的新书《旅津八十年》后，还跟他通过电话，再一次感受到他的健朗、睿智和老骥伏枥的昂扬精神。于是，我在《悼来公》的标题下写了下面四句哀辞后，眼泪盈眶，便再也无法继续写下去了：

瞻彼高山兮萧山默然，望彼逝川兮钱江呜咽。

来公驾鹤兮升座须弥，痛失良师兮余心悲戚。

至今，来公驾鹤仙逝已近一年，我还想写点追忆的文字，却总觉得他依然还在南开北村居所的电脑桌旁笔耕不辍，声貌清晰，音容宛在，期盼拿起电话机来，还能听到他亲切的话语，因此迟迟不忍下笔。

来公祖籍杭州萧山，幼年生活在家乡长河镇，旅居津门八十年。他1942年考入北平辅仁大学历史学系，师从陈垣、余嘉锡等大师名家，也得到大他十一岁的启功先生的指教与关爱。我上世纪九十年代初才在启功老师家里得以结识来公，且小来公二十一岁，因此始终尊崇他为同乡前辈、同门师长，称之来公；而他却一直谦逊地称我为"同门学弟"。启功先生从教七十载，授业弟子数以百千计，其中不乏高材博学之士；但以我的感受，来公真正称得上是启先生最勤奋有为、最优秀的大弟子！

* 柴剑虹，中国敦煌吐鲁番学会副会长兼秘书长、中华书局原编审。

来公一生历经风雨恶浪，坎坷多难，却玉成于洪炉炼狱，对文化教育事业矢志不渝，成为举世瞩目的历史学大家名师。他的人生历程，他在文化传播、学术研究上的杰出成就，师母焦静宜老师《他在余霞满天中走进历史》一文做了非常精当的阐述；他的道德文章，众多师友、弟子在许许多多的怀念文章里都有生动感人的叙说。这些，都可以成为我们国家历史教育、文化传承、精神文明建设的好教材。忆念我亲受来公教泽的二十多年里，诸事纷繁，思绪万千，只能就感受最深的三个方面简言之。

一是牢记师恩。来公一直怀有真挚的感念师恩之情。他在辅仁大学学习的四年时间里，亲炙名家大师的教诲，不但铭记终生，而且在做人治学上身体力行，不违师训。启功先生为北京师大拟定的校训为："学为人师，行为世范"。来公不止一次地说：这个校训不但应该成为所有师范院校的校训，也应该成为所有高校的校训，成为所有教师的座右铭。他在辅仁史学系学习期间，启功先生教授"大一国文"，来公深知这门文科学生基础课的重要性，也非常喜欢文史学养深厚、生动风趣的启功先生的教学方式，所以不但课堂上认真专心听讲，而且课后也是启先生家中的"常客"，加之又钦服启先生的艺术造诣，主动跟启先生学习绘画。启先生很欣赏他的勤勉好学，精心指导，使这位刚二十出头的年轻学子不仅在文史功课上名列前茅，在绘事上也有飞速进步。来公曾动情地回忆启功先生主动与他合作绘画以供展览之事，可借用郑板桥之诗句，也是"一枝一叶总关情"啊！启功先生曾赠他一幅绘画精品，他精心宝藏二十多年，却不料在"文革"中被"造反派"抄走。启先生去世后，来公多次与我谈起此事，为"遗泽沦丧"而叹息再三！启功先生晚年，虽身体衰弱而应酬不断，来公惦念在心又不便多登门请安，便常通过我这个"学弟"转致问候。我从每一回的致意里，总能体味到来公对师恩的深切感念。2005年春夏之交，启功先生病危，来公特意撰写《元白先生的豁达》一文为恩师祈福，该文在《中老年时报》发表后，他即于6月10日写信并寄报纸给我，足见其盼师康复的拳拳之心矣！启功先生亦曾在致来公的信中，多次述及二人之深情厚意，如"殷勤见慰，足征高谊之深挚"，如"虽然身世各自不同，而其为患难则一，抵掌印心，倍有感触，半世旧交，弥堪珍重！"字里行间，充溢真情。

二是勤于著述。来公壮年时期备受政治运动牵累，大好时光身心多遭磨难，实为其个人不幸，也是文化、学术界之损失。他于1978年恢复名誉和正常工作之后，乃发愤著述，其勤奋精神、顽强意志力，加上深厚的学术功底和丰富的资料积累，不但使他步入古稀之年后在国内外学术讲坛上频频亮相，大受欢迎，而且学术专著接连问世，随笔短评颇受瞩目。他是我所知为数极少的于耄耋之年仍用电脑写作的学者之一，且数千字之文，可以一日而成，效率极高，非我辈能及。2003年为他年届八十之贺，启功先生在眼疾严重已经不便用软笔书写的情况下，仍用硬笔写了一首贺诗嘱我寄呈。诗云：

> 难得人生老更忙，新翁八十不寻常。鸿文浙水千秋盛，大著匏园世代长。
> 往事崎岖成一笑，今朝典籍满堆床。拙诗再作期颐颂，里句高吟当举觞。

记得先生专门将此诗写在洒金笺上，以示喜庆。当时我得先睹此诗为快，感觉这不仅是对来公"老更忙"最好的赞许和期待，也反映了启功先生提倡"不温习烦恼"的达观心境。2014年初来公生前撰写的最后一篇文章即以《难得人生老更忙》为题，文中写道："笔耕不辍，非谋稻粱，我手我口，愉悦世人，不亦快哉！"他还以自己的实际感受，很好地诠释了"行百里者半九十"的人生警悟。来公晚年写信或打电话给我，几乎全与写书、出书、赠书、读书相关。2013年11月，他得知拙著《敦煌学人和书丛谈》由上海古籍出版社印行，便希望寄他一册阅读，我担心耗费他的宝贵时间与目力，在寄书的同时，便提出请他看看书后所附《台湾讲学日记摘抄》并给予批评即可。来公接书阅读后，即于11月22日来信说："遵嘱读赴台日记，有真实感，颇获知识与情趣，无日记文学雕饰痕迹。手颤字不成体，乞谅。"这也是他写给我的最后一封信，勉励后学之情跃然纸上！

三是挚爱故乡。来公少小随家北上，久居京畿，却念念不忘家乡山川。他不仅时刻铭记着先祖养育之恩，更多的是关切湘湖文化血脉的传承。来氏为萧山长河诗书传家、簪缨相续之望族，对浙东文化发展卓有贡献。在改革开放新的历史时期，萧山乡镇企业发展迅猛，经济繁荣，人民生活水平有很大提高，来公在深感欣慰的同时，更加关注家乡的文化教育事业。除他亲自重新整理印行了其祖父来裕恂所著《匏园诗集》、《萧山县志稿》外，新编《萧山县志》、《萧山市志》、《萧山丛书》、《文脉湘湖》等大型历史文献的编著出版，也都凝聚了来公的许多心血；"来新夏著述专藏阅览馆"在萧山图书馆的设立，"来新夏方志馆"的开办，均得益于来公的慷慨捐赠与细心策划。来公对家乡的挚爱，化作浓浓乡情，不但融入数十篇为此而撰写的序跋、随笔之中，而且渗透进骨髓肌理，变为言行的指南与动力，为家乡文化的传承、发展、繁荣做出巨大贡献，使长河增光、湘湖添彩！我的一位中学同班同学，曾担任萧山市主要领导，由衷钦服来公在家乡精神文明建设中劳苦功高。我听说来公晚年曾表示如有可能，希望托体湘湖一抔故土，魂寄萧山千载梦境。我期盼这位萧山杰出的儿子遗愿成真，在源远流长的钱塘江畔，为家乡杭州增添一处进行钟情文化、热爱家乡的爱国主义教育的胜迹！

二〇一五年三月七日完稿

原载于《忆弢盦：来新夏先生纪念文集》 焦静宜编 天津古籍出版社2015年版

"活到老，写到老"的来新夏先生

陈平原[*]

我认识的长辈学者中，"活到老，学到老"的比比皆是；至于像来新夏先生那样"活到老，写到老"的，则如凤毛麟角。后者除了身体健康，还必须有良好的精神状态。我这里说的"精神状态"，大致包含以下三种感觉，即布衣感、现实感、文体感。

进入耄耋之年的著名学者，耳边传来的，大都是或出自真心或基于礼貌的表彰，"德高望重"之余，很容易忘乎所以。这个时候，别过分追求"高大上"，而是以平常心，结交趣味相投的晚辈，是保持晚年精神活力的关键。晚辈的学问或许不如你，但他们开阔的学术视野与锐敏的生活感觉，可以弥补你精力不足的缺憾。八九十岁还在开疆辟土，撰写鸿篇巨制，这不太可信；反而是点滴在心头的散文随笔，更能显示学养与才华。问题在于，抡得起开山斧的，不一定就捏得住绣花针。写惯了引经据典的专业著作，换一种文体，不见得放得开手脚。幸运的是，来先生"三感"兼备，故在早年有《近三百年人物年谱知见录》、《北洋军阀史》、《古典目录学》、《方志学概论》、《中国近代图书事业史》等专业著述之余，晚年还有《冷眼热心》、《枫林唱晚》、《一苇争流》、《邃谷谈往》等随笔集问世。

我与来先生交往不多，主要是从其不断赠阅的随笔集中，读出其渊博的学问与不耻下问的性情。八年前，应邀为其祖父来裕恂先生《中国文学史稿》撰写序言（《折戟沉沙铁未销——新刊来裕恂〈中国文学史稿〉序》），书信往来中，

---

* 陈平原，北京大学教授。

更是深刻体会先生的儒雅与温厚。2010年的初春时节，商务印书馆为编辑出版《中华现代学术名著丛书》，曾在京郊召开专家座谈会，来先生和我都参加了。两天的会期，除掉正事，可以聊天的时间并不多。记忆中，来先生很活跃，谈笑风生，我只是礼貌性地拜访，交谈了几句。

当时以为，既然来先生才思泉涌，不断有新作问世，可见身体很好，日后有的是当面请教的机会。直到先生驾鹤西行，我才追悔莫及。好在"活到老写到老"的来先生著述俱在，随时可在书斋中拜访、请益。

二〇一五年二月二十八日于京西圆明园花园

原载于《忆弢盦：来新夏先生纪念文集》　焦静宜编　天津古籍出版社2015年版

永远的怀念

彭斐章[*]

　　来新夏教授与世长辞快一年了，对他的怀念始终萦绕心头。

　　回顾我与来先生相识是在上世纪八十年代初，中国历史开始走向伟大转折的新时代，各项事业踏着社会主义现代化的步伐，在"解放思想，实事求是"的时代强音下，迎来了改革开放的春天，科学研究与学术交流也和其他事业一样，进入了可贵的发展时期。高等学校恢复了全国统一招生后，1978年我和北大的谢灼华教授率先招收了"目录学"方向的研究生，当时要求研究生上好学位课程外，要阅读大量文献资料，还要广泛与学者们进行学术交流。正在这时，研究生们打听到中国历史文献研究会即日在武汉召开成立大会的消息，得知来新夏教授来参加会议，还了解到代表们住在武昌洪山宾馆，希望去拜访。苦于我们与来先生素不相识，而大家又求见心切，遂决定一道前往拜访来新夏教授。到达洪山宾馆之后，即请服务员与来先生联系可否接待武汉大学的几位师生，很快得到欢迎的回复。我们叩开来先生房门时，只见主人是一位身材魁伟，举止儒雅，目光慈祥，年近花甲的学者，这时我忐忑不安的情绪稍有缓释。我说："来教授，请原谅我们突如其来的打扰，我们素不相识，我先自报家门，我是武汉大学图书馆学系教授彭斐章，带来了乔好勤、倪晓建、张厚生、惠世荣四位研究生，我们来主要是向来教授请教的。我们知道来教授是著名的史学家，早年在陈垣教授和余嘉锡教授指导下研究目录学，并有这方面的著述。"来先生微笑说道："我非常高兴和你们认识，看来，我们还是

＊　彭斐章，武汉大学教授。

同道啊！"来先生平易近人，没有一点架子，那天时间虽短，我们交谈的内容很广泛，真有一见如故的亲切感。由于是初次突然拜访，不便更多打扰，只好暂时告辞。我与来先生结识以后，经过相知、相交，结为挚友已有三十余年，这期间我们互相信任，互相支持，互相帮助，始终保持着这种君子之纯真的情谊。

来新夏先生是我最景仰的学长。我们经常一道参加学界的一些学术活动，我得知他创办了南开大学图书馆学系，还担任了南开大学图书馆馆长、南开大学出版社社长兼总编辑，我深知创办专业的艰难，因此，只要来先生提出需要，有的甚至没有提出来，我都鼎力相助。来先生还将他的学术著作题赠给我，如《古典目录学浅说》、《古典目录学》、《古典目录学研究》、《中国古代图书事业史》、《林则徐年谱（修订本）》、《近三百年人物年谱知见录》、《枫林唱晚》、《学不厌集》等，为我提供了丰富的学术资源，令我获益匪浅，我常为结交了这样一位挚友而感到幸福与骄傲。

我经常得到来先生无私的帮助和支持。我的早期研究生惠世荣毕业后，从分配、职称晋升、课题申报，以及生活方面都得到来先生无微不至的关怀和帮助。最近有一件事，湖北省图书馆主办了一份杂志《读者空间》，编辑谭三敏是一位很投入、很敬业的年轻人，杂志有一个子栏目"我的书屋"，要进行系列学者访谈，我第一个就推荐她采访南开大学来教授的"邃谷楼"。2012年元宵节的前一天，她专程到天津采访了来先生，受到了来先生的热情接待，后以"旧学商量加邃谷，新知培养转深沉——来新夏先生访谈"为题刊载在《读者空间》2012年第1期上。

我与来先生交往中还有一件难忘的事。上世纪八十年代后期，来先生曾对我说，他有一位胞弟旅居台湾，由于当时两岸还未通邮，一直未取得直接联系，后来辗转得知其女儿在美国的住址和电话，但无法进一步沟通。恰好，1988年我应西蒙斯大学邀请去访问和讲学一个月，于是设法与来先生的这位侄女取得了联系，约定见了面，我详细讲述了来先生在大陆的情况，特别是他在学术上的成就、做出的贡献和他在学术界的影响，以及大陆的生活情况，并带回了礼物和书信，结果使他的胞弟不但与家里取得了联系，而且很快回到大陆探亲，与离别四十多载年近九旬的父母亲团聚。这件事来先生一直铭记在心。我八十岁生日时，来先生在《德业日隆，体笔双健——祝彭斐章教授八秩大庆》一文中还专门提到。对我来说，这是顺便之举，不足挂齿，而来先生对这件事多年不忘，说明他是多么看重亲情和友情。

来先生知识渊博，学养深厚，严谨治学，甘坐冷板凳的勤奋精神，令人敬佩，值得永远怀念！

原载于《忆弢盦：来新夏先生纪念文集》　焦静宜编　天津古籍出版社2015年版

我认识的来先生

曹亦冰[*]

　　来先生是一位可亲可敬的长者，又是一位才高八斗、学富五车的大专家，也是一位在出版界与古籍整理研究领域负有盛名的楷模，还是一位识大体、顾大局又极具开拓性的前辈。与来先生接触，给我印象最深的有三个方面：第一，他对科研孜孜不倦，奋力耕耘。来先生虽然年事已高，但对古籍整理与研究的毅力，比年轻人还要强，所做的贡献也比年轻人还要大。他主持的南开大学地方文献研究室，虽然人员较少，但每年提交给古委会的科研成果最为突出，不仅数量多，而且质量高。如今年中华书局出版他编纂的《近三百年人物年谱知见录（增订本）》和《书目答问汇补》（上下册）两部厚重著作，学界反响非常好。第二，他的为人很仗义，有求必应。如2006年在安平秋主任的策划下，由我和卢伟以北京大学中国古文献研究中心研究员名义向教育部申请了一个重大课题，即《美国公藏宋元本汉籍图录》，向来先生请教，就选题范围、框架及内容撰写诸方面，他都一一细致地提出了宝贵意见；他还主动帮助我们与美国国会图书馆负责管理中国古籍的居蜜先生沟通；在我们的请求下，他慨然应允做我们这个项目的学术顾问，并答应撰写序言。他这样的举动给了我们很大的支持，尽管项目在运作过程中出现了各种各样的困难，但在来先生的精神鼓舞下我们都克服了，该项目已经结项，现正在做出版前的审定工作。又如，2009年台湾大学吴宏一教授因购买不到来先生于上世纪八十年代出版的《近三百年人物年谱知见录》，通过我想向来先生求教哪里能够买得到该书，来先生告诉我，原来的书一是没有了，二是中

　　* 曹亦冰，北京大学中国古文献研究中心教授、全国高等院校古籍整理研究工作委员会副秘书长。

华书局马上要出版增订本，出版后一定赠送吴教授一部。果然，该书于今年出版后，来先生给我来电话，核对吴先生的大名，随后即将书寄了过来，恰好吴宏一先生正在北大讲学，我马上转交给他。吴先生很是感动，我更加感慨：没想到两年前电话里说的事情，来先生居然还记得那么清楚并兑现承诺，真是令我佩服得五体投地！第三，平易近人，和蔼可亲。我是1983年古委会成立前就从事古委会的筹备事务工作了，多年来与众多专家学者打交道，来先生的平易近人最为突出。他从不摆大学问家的架子，也从不以专家口吻要求我们工作人员做什么，每次都是特别谦和地亲自写信讲明希望我们答复或要做的事情，我每次接到来先生的惠函，总是被他的谦和所感动，而且还能从来先生写信的典雅风格中学到知识。另外，我每次向来先生请教事情，来先生从不厌烦，都是耐心听完而后和蔼可亲地解答。特别是每当来先生的科研成果出版后，不仅给古委会秘书处单位寄送，还签署大名惠赐给我个人。我每当拜读来先生的大作，都受益匪浅。不仅他惠赐大作让我有饱尝甘露之感，而在内容上我也学到了丰富而有用的知识。对于我来说，来先生的大作就是教科书和知识词典。

原载于《友声集——来新夏教授九十初度暨从教65周年纪念集》 孙勤主编 中华书局2012年版

我佩服来新夏先生

张守常[*]

来新夏先生比我少一岁，但大学毕业比我早一年，所以我一直奉他为学长，更主要的，"学"长嘛，是要讲学问的，在这方面，我更要奉之为学长。

我所熟识的人中，真正称得起博闻强记的不多，来先生是其一。强记，即记性好，或如古书所说的过目不忘，这是天赋。但有此天赋者不一定博闻。上帝造人是公平的，能强记的配额在知识分子和非知识分子中间是平均一致的。"秀才不出门，便知天下事"，文盲没有秀才的本事，他们能强记，也只能是身边眼见耳闻的事。解放初期的乡村支部书记，贫下中农出身，很少有识字的。他们去上级开会，不会作记录，只能凭耳朵听、脑子记，而回村传达，也能头头是道，巨细不遗。那时乡村基层干部大都如此，不如此，那工作他就干不了。总之，他们谈不上博闻。博闻是知识分子——主要是高级知识分子的事。一般知识分子，甚至如中小学教师，他的工作向他提不出更广博的知识要求，于是他也就不再孜孜以求地博闻了。自然也有例外，不过是少数。所以博闻，是高校教师，或研究机构的研究人员，他们的工作，要求他们的所知所闻，还要不断地向纵深发展。但他们不一定（而且由我看来还是比较的多数）具有强记的天赋，他们靠的是多读、多抄。书读得多了，互相印证、融会贯通，会又翻过来加强记忆。博闻和强记，又有相辅相成的关系，有相得益彰的功效。

不过，即使在高级知识分子中间，强记者也未必即多闻，这里还需有一个重要条件，即其人有爱读书和多读书的勤勉习惯。

[*] 张守常，北京师范大学教授。

绕了这么一个大圈子，再归到本题上来：来新夏先生就是这样一位既能强记又能多读的博雅君子。

最先让我感到他的博的是他的《林则徐年谱》。他几乎每段都引录林则徐当时与之有关的原始材料，有不少是我未见过的，甚至是根本不知道的。我治中国近代史比较喜欢读史料，曾在课堂上公然说，在当代同行朋友中间，像我这样读史料这么多的不多，但是，和来先生比起来，我还差一大截。这是我初读《林则徐年谱》的感受，他后来又一再增订，我相差的就更多了。

我是以中国近代史为专业的，但只是在某几个方面，如太平天国、义和团，作一点个别问题的小规模研究，成绩有限。而他则是从鸦片战争到北洋军阀全面开花。连天津教案这样的个案，他也写得原原本本，清清楚楚，面面俱到。

他有几种著作，稿已散失，而他重新再来，终得问世。这种败而不馁的毅力和勇气亦属少见。

他做学问涉及的方面多，而皆卓然有成，这和他的勤奋、执着、毅力和勇气是分不开的。

我曾对他说过：我佩服他，佩服得五体投地。这是实感，并非过分的奉承话。

现在，我的实感仍然如此。

二〇〇二年八月，北京，病中

原载于《来新夏教授学术研讨会纪念集》　南开大学地方文献研究室编　新疆大学出版社2002年版

读书治学应如"掘井及泉"和"跑马占荒"

——来新夏教授曾对我如是说

金恩晖*

　　来先生是我们从事图书馆工作的同行，是当代图书馆学家、中国藏书史研究专家，还是著名的历史学家、方志学家和文献学家。他在多学科领域内刻苦钻研，勤奋治学，造诣精深，著述等身，成就卓越，堪称当代图书与文史学人之楷模。

　　我与来先生虽为图书馆界的同行，学术上多年往来，亦师亦友；但对于我，他却始终是我业界的前辈，更是诲人不倦、谆谆指导我读书治学的师长。

　　来先生与我的交往已有三十多年了。1979年秋天，在太原召开的中国图书馆学会成立大会暨第一次学术研讨会上，我被编到目录学组，有幸与来先生相识。小组讨论过程中，他渊博的学识、深邃的史论，特别是他对方志目录学方面发表的独到见解，令我肃然起敬！

　　记得，当时我在会下激动地对他表明心迹，说："我们这一代人读大学时，政治运动不断，所学知识贫乏，又遇上十年'文革'，更使我的学业荒疏，您的学术根底深厚，是我们这一代人望尘莫及的。现在，请允许我诚恳地拜您为师。希望以后在方志学、目录学诸多方面，对我以学生视之，多多指导，这实乃我之三生有幸！"当时，承蒙来先生微笑、颔首默认，在此后多年的生活里，我真切地感到：来先生当年"默认"我为他的学生是极其真诚的承诺，而非客套的

*　金恩晖，吉林省图书馆原馆长、研究馆员。

应付。

此后，每逢有来先生参加的图书馆学、方志学方面的会议，我都力所能及地争取参加，只要有赴津门公出的机会，我都要到先生家中求教，三十多年间，几乎每年的新年或春节（仅2014年例外）我都能收到来先生亲笔写来的信函或贺年卡……1998年，我的方志学论文集《寻根集》在京出版，1996年和2003年我和台湾大学胡述兆教授联合主编的《中国地方志总目提要》（含旧志提要与新志提要，共四卷）先后在台北出版，这两种书都曾由来先生亲自为之作序。两篇序言本身，都是治学严谨、见解深刻的学术论文，从中充分地表现出他是我的良师益友的大家风范。

我与来先生每次谈话，都能得到他对我面对面的辅导和教诲，尽管时间都较短，很多学术问题来不及展开。但曾有一次难得的机缘，我同他有过长达三个多小时的单独接触，他从地方志研究谈起，向我深入浅出地讲到读书治学的方法问题。

那是2001年夏日某天，我专程赴天津南开大学他的家中，请他为我和台湾大学胡述兆教授联合主编的《中国地方志总目提要》作序，经他慨然允诺后，因担心影响他的休息，也不便再占去他的宝贵时间，正欲告辞，但来先生却坚持要我留下来，鼓励我多提些问题，或谈一谈我是如何走上治学方志的道路的。我认为这是先生给我的一次向他求学求教的良机，但因未经准备，便一股脑儿地向他请教了自己在读书治学过程中遇到的大大小小、五花八门的学术问题和具体难题。他未嫌我之浅薄，而是不厌其烦、不分巨细，耐心地一一予以回答，有如春风化雨，沁人肺腑。其中有一段讲到他治学方志，乃至大半生读书治学的体会，令我印象深刻，收益良多，终生难忘。

当时，我向他汇报说，我在北大读书时的授业恩师王重民教授指导我治学方志时，曾要我"先耐下心来去认真地读一部家乡的志书"，将这一部书的主旨、结构、重点、特色研究透彻，再以此为基础，由点到面，力争了解东北乃至全国方志的状况。我遵命从选择金毓黻先生编撰的《长春县志》起步，认真地阅读过后，按王先生所教，一一照办了。来先生听到我对王重民老师的话如此认真，并且是如此实践了老师的教导，他非常高兴，连连点头称许，并推心置腹地对我说："看来，你搞方志有些成果，并非偶然，而是治学方法上得到了重民先生的真传，重民先生的治学，实乃他当年辅仁恩师陈垣老校长的真传啊！"接着，来先生又不无幽默地说："陈垣校长也是我在辅仁大学读书时的恩师，说起来，我和重民教授、和你，尽管年龄差距很大，治学年代不同，但在读书治学方法上，均来自陈垣校长，可称是师出同门啊！"

"先认真地读一部家乡的志书"这么一句平实、通俗、简单、易懂的话，将王重民师、来先生和我联系起来，成了我们读书治学入门的不二要义。于是，来先生便从"先认真地读一部书"，谈起了陈垣先生的"史源学"方法来。来先生说，史源学是他就读辅仁大学时，亲从陈垣老师受业的一门课程。这门课程的名目是"史源学实习"……陈垣老师在为这门课程所写的导言中曾明确地说："择近代史家名著一二种，逐一追寻其史源，检照其合否，以练习读一切史书之识力及方法。又可警惕自己论撰时不敢轻心相掉也。"（引自来新夏著《且去填词》，天津古籍出版社2002年1月版，第152页）来先生认为："史源是研究历史者必须随时注意发掘和开拓的重要方面。……陈垣老师把史源学、目录学、年代学、校勘学和避讳学等五种专学构筑成'陈学'治史方法的基础，并以之教授学生，使学生能得到研究历史的金针。"他尤其提到"九十年代初期，我在准备'古籍整理'一课，其中有《论考证》一篇，于是重读《陈垣史源学杂文》，又得到超出以往所未领会到的教益"（参阅来新夏著《且去填词》第155页）。

来先生说，陈垣老师的史源学谈的是历史学的研究方法，重民教授将这一方法引到方志学研究上来，用以指导你的方志研究，甚是恰当得体。推而广之，这种研究方法，应是一切科学领域读书治学的基础。任何一个科学部门（如方志）的研究是如此，某一科学部门中任何一项问题的研究也是如此。这在图书馆的阅读学领域内，就是首先要做到精读一本基础书，然后再去此领域知识海洋中博览群书，扩大知识面。

接着，来先生对精读与博览的概念，做出了他自己的发挥。他说，做学问一定要有基干，老话说就是"专攻一经"。无论你是搞哪一个领域，先把这一领域内的重要书籍念透一部。所谓"史源"，是指历史资料的最早来源。陈垣将其发展成一种专门学问，作为训练初学者提高其考证工作能力和素养的重要手段。来先生提倡学人们要以"掘井及泉"的精神去精读一部入门书。孟子讲过一个比喻："有为者辟若掘井，掘井九轫而不及泉，犹为弃井也。"（《孟子·尽心上》）意思是说，做事情好比挖井，挖到六七丈深了，水还没出来，仍是一口废井。学习不是一样吗？为什么不通过一本基础书，坚持到真正领会学问、拥有真正的心得呢？做学问好比挖井，挖得很深还见不到泉水，仍是一口废井，学问再怎么做也是不深不透，仅得皮毛。

对于在精读基础上的博览，来先生用了一个生动的比喻，他向我提出应以"跑马占荒"的精神去博览群书。所谓跑马占荒，是指清代向关外迁民时满族官宦圈占封地的一种方法。当时关外人少地多，旗人骑着马围着荒地无论能跑多大一圈，这片土地就是他的了。来先生主张博览群书，他形容读书应当像当年"跑马占荒"那样，不惜一切代价地、贪婪地占有知识的荒原沃土，越多越好。这正如他有一次答复朋友采访时所说："我对学问是主张博，但是要求有各个专业方面的精，博而后精。"我认为，来先生在治学上，之所以取得了被称誉为"纵横三学，自成一家"的骄人成就，在历史学、方志学与图书文献学等诸多领域所取得的开创性成果，同他认真领会、实践并坚持陈垣校长的治学方法分不开，更同他出色地发展了前辈的治学方法，将"掘井及泉"的精神与"跑马占荒"的精神结合起来，将精读与博览均发挥到极致，从而不断地开辟着学术领域的新天地。

一代学术大家一朝永逝，令人何堪涕泣，曷胜哀痛。在痛悼良师之际，我愿将来新夏教授多年来对自己的影响与教导铭记心间，并学习和发扬他那种直至生命最后时刻还在治学与写作的精神，有一分热，发一分光。

原载于《文汇读书周报》2015年4月20日第3版"书人茶话"

来先生与我论学手札

居　蜜*

2014年2月26日《中华读书报》刊登来先生《关于〈溃痈流毒〉的几点考证》。3月1日来先生因病入院，3月31日逝世。这篇文章成为来先生的千古绝响，也给我带来深深的悲痛。

与来先生论学手札的时间也正是本人在美国国会图书馆策划主持中文善本项目的时段，即2005年至2012年。2005年3月3日在给来先生函内提及"我于3月12日到台北商量善本扫描"，从此开启美国国会图书馆与台北"国家图书馆"合作七年的合作项目。

论学手札所涉及的问题有二：

一、地方志

以本馆地方志收藏世界闻名，1933年收得山东潍县高鸿裁毕生收集山东方志一百十八种。其中颇多珍稀版本。2003年本人致来先生函如下：

> 来教授：
> 　　二月六日大札敬悉。一直十分忙碌，未能及复为歉。信中询及张祥河奏稿，大致叙述如下：
> 　　张祥河奏稿　不分卷　八册二函　红格钞本
> 　　根据王重民解题（见附页），全书应有五六十册，不知在国内见否？

---

* 居蜜，美国国会图书馆馆长室专案项目中文善本资料库主任、哈佛大学历史学博士。

有关山东方志部分材料呈上：

1. 1933年，承王文山先生仲介，国会图书馆从山东聚文斋书店买得山东潍县高鸿裁（字翰生）毕生收集山东方志一百十八种。王文山博士为清华大学图书馆员，曾在国会图书馆任职编目工作。

聚文斋书店致王文山信（原件）

2. 山东方志收藏清单，按书名拼音排。

3. 高翰生先生传。聚文斋书店原件。

4. 兖州府　阳谷县志　康熙五十五年　四册一函（钞本）

内有高鸿裁跋（光绪二十九年）提及先生收集方志之苦心。

5. 从重修阳谷县志序可看出凡是高翰生收藏山东方志均有"潍高翰生收辑全省府州县志印记"。

6. 在乾隆二十五年潍县志内有一红纸墨笔函，为孙镜芙致高翰生。

"翰翁世叔大人左右……兹敝署副领事霍君代青岛德人觅购山东各府州县志书，探访尊处集有帙甚为注意，嘱侄奉询。

复函请寄济南商埠德国领事署文案处"

此函不知是哪年所撰，但可知此批方志甚受各国关注。

有关山东方志，如何进行叙述解题，再和您商量。

我于三月十二日到台北商量善本扫描，月底到芝加哥开亚洲学会年会，可能四月再和您联络。

收到材料，请告知。敬候

研安

又：张颖小姐告知已取得大作。

居蜜敬上

2005年3月3日

二、清人文集

另一主题为清人文集。这是来先生的研究强势，所以选书独具慧眼。来往函件中特别提到《溃痈流毒》、《张祥河奏稿》、《西槎汇草》。2005年有国家清史编纂委员会所出版来新夏著《清人笔记随录》即提及《溃痈流毒》一书。来先生并亲笔签名，赠本人一册。题曰：

　　居蜜女士　　雅存　来新夏　二〇〇五年春节除夕

有关文集的来往函件有下列各帧（附扫描件）：

（一）2005年2月6日传真

　　TO：美国国会图书馆中文部

　　居蜜女士（Mi Chu Wiens）

　　FAX：（703）255-3922

居蜜女士：

　　你好！

　　FAX已收到，因有些思考，迟复为歉！

　　（1）善本书目我已看到，各书版本价值甚高，亦有一定的史料价值。但是否都是当前大陆社会所急需，出版条件如何，均应考虑。我的意见是：

　　A. 暂不印行本书

　　B. 编制《国会图书馆善本书提要》，供有需用者检索

　　（2）我对你处所藏山东方志300余种有兴趣，每种前撰写一篇《出版说明》（2000字左右），可以承担全部项目组织人员由我审订，具体办法待居蜜女士来北京时面商。

　　（3）我已与张颖女士通电话，她春节时来取书。祝

　　春节好！

　　代向华伟兄致意祝春节好！

　　第40种《张祥河奏稿》，张祥河是清人还是明人请见告。

　　　　　　　　　　　　　　　　　　　　　　　　　来新夏

　　　　　　　　　　　　　　　　　　　　　　　　　05.2.6

（二）2005年2月8日手函

居蜜女士：

　　您好！

　　前发FAX，已收到

　　我对善本书中的二种有兴趣

（1）40 张祥河奏稿

（2）69 西槎汇草

上二种愿承担撰文

我对山东省方志300种愿全部承担编写《提要》工作

拙作《清人笔记随录》呈上一册，体例是否合适？祝

春节好

来新夏

05.2.8

（三）2005年4月20日手函（原函为竖写）

居蜜女士：

您好！

收到传真后即与上图联系，经反复查询上图确藏有《溃痈流毒》。另本书前有内藤小序，则知中美二藏本即内藤所钞，二本惟序跋内容不同，但上图所藏为一函四册四卷，而国会所藏为六卷，不知不同为何，甚望惠寄六卷本目录，以相核对。但传真不清楚，请用邮寄。附上中方藏本序及题词藏章。即颂

春祺

来新夏

四月二十日

上图所藏《溃痈流毒》本序

"原本系京都府立图书馆所藏余尝语汪穰卿舍人以其有益鸦片战役史事穰卿欲任印行余为录副二分未成而穰卿即世后以一分贻罗叔言参事今以一分奉赠

菊生先生能为我印行此书以成穰卿未竟之志乎

庚午九月　虎"

另在目录页之首有张元济题词一行

"此书为日本内藤虎次郎所赠恐今后无以慰两死友之望矣 菊生"

目录页钤有三藏章

□←……上海图书馆藏　阳文

□←……合众图书馆藏书印　阳文

□←……张元济印　阴文

（四）2006年4月手函及钤印

居蜜女士妆次：

您好！在京一别，瞬近一年，想起居安康为颂。前承邀约介入国会图书馆善本藏书整理问世等事，深感您热心中华传统文化之深情，不胜敬佩。所嘱整理《溃痈流毒》及《张祥河奏稿》自当遵办，二书扫描本已由广西某出版社寄来复印本，目前正在整理中，并拟于适当时机去上海核对《溃痈流毒》另一钞本，但不知出版诸事如何处理，尚待见告。今有一事奉托，请予帮助。北京大学中国古文献研究中心（教育部基地之一）有一课题为《美国公藏宋元版汉籍图录》，由该中心"海外汉学研究室"主任曹亦冰女士领衔，我被推为该项目学术顾问，于课题进展时有关注。曹女士于古文献整理研究多年，颇著成绩，拟于本月二十日率研究人员数人赴华府等地采访资料，素知贵馆入藏珍本甚富而您又热心学术传播，我原拟同往，奈以年高不耐远行，特备专函请曹女士面呈，务请格外关照。如有费用规定亦请告知，若有优惠，不胜感谢。日后您在国内大量整理出版馆藏珍籍，曹女士亦颇可借助，叨在知好，尚祈谅其不情之请，若有所命仍请远洋电话告知，定当效力。

华伟兄处另具专函奉候 专此

奉恳 顺颂

近佳

来新夏

二〇〇六年四月

（钤印："萧山来氏新夏"）

每次收到来先生信函都是觉得赏心悦目，受益匪浅。来先生字迹工整、华丽，文笔流畅，思路清晰。最让人感动的是细心见诸小节，如2006年4月函，称呼本人为"女士妆次"，显然尊重对方是女性学者。此函来先生署名下款加上工整钤印，更增加手札的分量。

来先生与我的论学手札代表一个时代，一辈风范。

原载于《忆弢盦：来新夏先生纪念文集》 焦静宜编 天津古籍出版社2015年版

我与来新夏先生的交往

施宣圆[*]

一

宣圆同志：

我前在教育部出席一个审稿会，27日返家见到大札，始知小稿拟发，并问及清史一事，现简复如次。

去年九月在北戴河会议上，我曾在大会上发言，会后即将发言稿誊清由王思治同志拿走，当时可能是一般习惯做法，或在内部发作通讯。后承邀约写点东西。我在回校后即就发言作了整理正式写成文于十月初（或九月底）寄你处，至年底始获惠告拟在元旦后刊发并附清样。但至二月尚未见发，我想你不易发，又碍于面子不便退回。二月初知道清史通讯要发此讲话，我一则想到你处已逾半年可能已失时间性不拟刊发，又不好去问究竟发否，所以未表示异议。今来信言你已见到目录（我至今未见到清史通讯目录），即你处一稿即可不发，我也不会有任何意见，因一点想法无须发两处。而你又说要在28日报上发，我已无法止发，只得向你表示歉意。如你报领导问及，你可申明责任在我，没有及时取得联系造成，以免使你为难，不知你意如何，如需我再作其他说明，也尽速告知，以便照办。总之，不能使你的一番好心

---

* 施宣圆，《文汇报》高级编辑、《学林》专刊原主编。

遭到非难。这是一种道德责任。

　　我最近课程开会都比较多，而年过花甲，精力已衰，垂暮之年，也不能多所作为了。下月初即去武汉出席全国图书教育改革会议，中旬到洛阳开哲学社会科学规划会。奔波忙碌，使原有不太深厚的存底也已见底了，如不及时坐下来充实一下，恐怕难在学术上有发言权了。

　　谢谢你对枣庄一位不知名作者的大力扶助，正以见你所具备的一种编辑道德，我应向你学习。

　　这一小稿实在给你制造了麻烦，再一次表示我的歉意。专达

祗颂

　　编祺

来新夏

（1983）3.27晚

　　按：以上是我保存的来新夏先生最早给我的来信。1982年9月，我们一起参加在北戴河举行的清史学术研讨会。但是，我们是不是在这次会上第一次见面？记得在1979年和1981年先后举行太平天国学术研讨会，前在南京，后在广西。来先生似乎也参加了。不过我的笔记本上查不到记录，也没有来信。来先生给我的信也应该不止这几封，可惜有的遗失了。进入新世纪，大多是电话来往。现在能够保存这几封也算是不容易了。

　　这封信，有些误会。这次清史学术研讨会是建国以来第一次有关启动编纂《清史》的学术研讨会，全国的清史专家云集北戴河，商讨编纂大型《清史》事宜。戴逸教授主持会议。会上，来先生做了精彩的发言，他提出要加强清史研究，强调"三新"，即研究新课题、发掘新史源、编制新的工具书。来教授的发言很有新意，引起学者们的反响。我当时就向他约稿，请他为我们《文汇报》的《学林》专刊写文章。可就在此时，王思治先生把他的发言稿取走了，来先生以为是作为一般的"内部通讯"处理。而我们这里由于来稿多，未能及时安排，一拖再拖，直至3月28日才在《文汇报》发表（见附）。而此时《清史通讯》却先发表了。为此，来先生感到很内疚，他首先想到的是我，担心我发表了已经发表过的稿子。他再三向我"表示歉意"，并表示"如你报领导问及，你可申明责任在我，没有及时取得联系造成"。在他看来，文稿不能一稿两投，这是"一种道德责任"。其实，这件事责任不在于来先生，而在于我没有及时与来先生沟通，

所以发生了这场误会。况且，即使"清史内部通讯"刊登了，我们再发表，也不能说是一稿两发，因为它是"内部通讯"，读者少，而报纸覆盖面大，读者多！

他来信说："我最近课程开会都比较多，而年过花甲，精力已衰，垂暮之年，也不能多所作为了。下月初即去武汉出席全国图书教育改革会议，中旬到洛阳开哲学社会科学规划会。奔波忙碌，使原有不太深厚的存底也已见底了，如不及时坐下来充实一下，恐怕难在学术上有发言权了。"来先生博学多才，是因为他时刻不忘"充电"，刻苦勤奋！

"枣庄一位不知名作者"，大概是他转来的一封信，需要我帮助处理。这位"不知名作者"不知现在何处？由此可见来先生是一位热心人，求他帮忙的人不少，正是他具备了一种助人为乐的美德，我们应向他学习。

附来新夏：《继续加强清史研究》

清朝是我国历史上最末一个封建王朝，既是中华民族的融合者，也是封建文化的总括者。过去由于辛亥革命时期反满宣传的某些影响，清史研究没有得到应有的重视。近年来，清史研究工作颇见进展，取得一定成果。但我以为，对于清史的研究，应该进一步加强。

一、研究新课题

近年来清史的研究范围比较广泛，但还有许多新课题亟待开拓。如阶级结构问题，近年来的文章以论述农民、地主、雇工和游民较多；但对商人却论述较少。康雍乾时期的商人，我看主要有垄断商人（盐商、铜商、行商）、大商人（米商、茶商、布商、批发商）、一般铺户商人和小商、小贩等四类。对这四种类型的基本情况就缺乏完整的描述。当时商人地位有所提高，但提高程度究竟如何？是否可从官僚士人经商、商人作官以及社会意识观念的变化等方面作些探讨呢？又如对城市居民中的医生、塾师、办婚丧事者、家庭手工业者、包办酒席的厨司、埠夫等也缺乏具体剖析。而对于游民，则多注意其穿州过县的游民群和南山棚民，而对游民的其他去处则未多顾及，如说唱艺人、跑马卖解者、乞丐、迷信职业者、地棍流氓（这类人遍及全国，各有专称，福建称"聊落"、江南称"泼皮"、江西称"棍子"、广东称"泥腿"，他们对社会起了破坏作用）等。在政治方面，研究事件典制者多，但有些问题需要更多的探讨。如中央集权的估价问题究竟是强化统治呢？还是表明统治力量的削弱？统治阶级内部斗争除康熙与鳌拜问题、雍正夺位问题涉及较多，其他如乾隆时党争、道光时政争、咸同间的"祺祥政变"、光绪朝的帝后之争等等都需要进一步考察。在文化方面，除了乾嘉学派的问题，有些课题还可以深入研究，如校勘、考证、版本、训诂、音韵诸学是否有阶级属性，还是一种纯技能。辑佚学之恢复古书面貌是否对乾隆的禁毁古籍在客观上起到抵制与反抗的作用等等。

二、发掘新史源

研究历史需要史料已是常识问题，正经正史等基本史料应该首先掌握也毋庸置疑。清代档案数量浩繁，即以一档而论就拥有档册千万件左右，是取用不竭的宝库。近年来很多论文加以采录，有许多同志穷年累月搜检研讨取得成效。这是亟待开掘的重要史源。

方志占古籍十分之一，清志又为方志总数的百分之八十即六千五百余种。虽有糟粕，但可用之处甚多。凡风俗习惯、民生利病一切不详载于正史者都借方志而获保存。如嘉庆《增城县志》记载的客民来历，光绪《潮阳县志》中的畲民，乾隆《新安县志》中的工匠日价，湖北《竹溪县志》、陕西《大荔县志》和河北《东光县志》等的记同治元年、十年两次北极光的出现等都是珍贵史料。

谱牒是近年来开始受到注意的一种史源。现存宗谱无准确统计，仅从国家档案局的存目看约四千多种。有的宗谱很完整，如宜兴任氏家谱自明景泰以来直至民国十六年，经二十六代，重修十三次。从宗谱中不仅可以看出社会状况、人口状况，而且有的谱还附了年谱、碑传和文集等等，颇资参证。如《华亭王氏族谱》所附《鹤间草堂主人自述苦状》一篇就解决《溃痈流毒》一书的辑者问题。清人年谱数量很多，当在千种左右，也记了一些有用的资料，有的为一般记述所未及。

笔记是一种具有私人档案性质的著述。它的材料经过验证后都较生动具体。其所涉及的面也较广。如《阅世编》一书记康熙元年至二十七年十四种物资的价格，可以从中看到当时物价的升降。文集数量既多，内容也丰富，实为不可漠视的史源。如《内自讼斋文集》之记王聪儿始末；《春融堂集》之记军机处典制以及钱大昕、洪亮吉和汪士铎等人文集中均有政治、文化等方面的记述。

三、编制新的工具书

工欲善其事，必先利其器。过去虽有一些有关清史的工具书（如《清代职官表》等等），但还不够。这项工作不仅为研究工作铺路搭梯子，而且本身就是一项研究工作。福建师大图书馆同志殚数年之力编了二十八种通志人名索引，很有用。我在开始进入清史研究领域时，就用了不短一段时间，翻读了九百多种年谱，随手写了提要，撰成《近三百年人物年谱知见录》，为他人节翻检之劳。目前，编制新工具书的天地很广阔，例如清人文集，其确数难知，仅就我所知者有二千余种。过去王重民先生编的篇目索引不过四百余种。张舜徽先生的《清人文集别录》也不过六百余种，大有重编之必要。日人有宋元随笔条目索引，我们为什么不可以编制一部《清人笔记条目索引》呢？

近年来，清史研究更趋活跃，每年有上百篇的论文问世，出版了不少著作、资料和清史专门刊物，建立了一些研究机构。去年秋天，全国的研究清史专家、学者云集北戴河，商讨编纂大型《清史》事宜。加强清史研究为编纂《清史》提供有利条件，而《清史》的编纂则又推动清史的深入研究。

二

来先生很早就对林则徐研究有兴趣，即使在最艰苦的岁月，他也继续搜集了不少有关林则徐的资料。1981年，由上海人民出版社出版《林则徐年谱》（后又有《林则徐年谱（增订本）》、《林则徐年谱新编》、《林则徐年谱长编》）。当时，研究林则徐的学者不多，来先生和厦门大学历史系的杨国桢先生最有成绩，所以，来先生和杨先生是会议的主角。这时的来先生已经年过花甲，但是身体很好，精神焕发，风度翩翩，而且平易近人，和蔼可亲。他老家是浙江萧山，平时是标准普通话，又能讲一口浙江话，还会讲几句上海话。《林则徐年谱》与他的另一部著述《近三百年人物年谱知见录》都是在上海人民出版社出版的，责任编辑是王有为。王也参加了这次会议。来先生经常和我们在一起聊天，一起参观林则徐纪念馆、林则徐墓园。这一次我们在一起，他给我留下的印象最深。

三

按：上世纪八十年代中叶，我国学术界兴起一股"文化热"，为了推动"文化热"研究，上海复旦大学曾经组织过多次小型学术座谈会和研讨会。1986年元月初，复旦在上海西郊龙柏饭店举行首届国际中国文化学术研讨会，这是一次高层次、高规格、高水平的国际学术研讨会。名家云集，高朋满座。来先生应邀出席会议。《文汇报》学林专刊以"传统文化与现代化"为题,邀请参加这一国际学术研讨会的名家撰写文章。第一版的文章发表于1986年1月10日,作者有金冲及(中共中央文献研究室研究员)、耿云志(中国社会科学院近代史研究所副研究员)、孙长江(北京师范学院教授)和来先生的《文化与文明》(见附)。估计他有信给我,但我没有保存下来。

附:来新夏《文化与文明》

我国是一个历史悠久、文化遗产极为丰富的国家,面对这些宝藏应该如何正确对待和怎样发挥其积极作用,确是需要认真对待的一个课题。对这些问题作理论性探讨固然必要,但也不能忽略这种研究的实用价值。当前我们的重要任务是建设"两个文明",这和中国文化的研究是否有联系?我看是有的。文化和文明是两个意近而又不同的概念:把人类生活和政治、经济诸活动从后进状态向前提高一步可以称之为文明,而各国各族各地为提高文明的形式、习惯、方法等等就是文化。文化是文明发展的一部分,或者说是反映这种发展的意识形态部分。因此建设我们的社会主义"两个文明",首先要很好地研究中国文化,从中寻求适合建设"两个文明"的一些形式、习惯和方法。

我认为文化既有其民族的特异性,但却不应有排他性。一种文化是一个国家和民族的一定社会、经济在观念形态上的反映,同时又反过来为其社会服务的。文化是随着历史的发展而不断创新的。这种不断创新经过人民实践认可而充实了民族文化的武库。这种创造来源于全民族,并为全民族所共享,汉初叔孙通定朝仪是当时的一种文化,但却并非叔孙通个人的"独创",而是移用了民间的社祭形式加以规范丰富;唐朝黄巢起义用石人一只眼的民谣反对封建地主阶级统治,大约五百年后,元末的刘福通又用它来反对元朝的统治,二者在推动社会发展方面起到了民族文化的继承作用。

当然,民族文化也还有其应批判的一面,五四时期新文化运动正是批判了旧的封建文化而取得的。所以,中国文化应说是中华民族共同创造而自具特色的。而且它自身也将在继承批判中不断创新与发展。我所说的民族特异性并不等于呼号保存国粹;相反地,民族文化要求发展创新就不能抱残守缺,故步自封,而应该广泛吸取、选优补缺。做学问要博观约取,生物发展要有杂交优势,世界上没有绝对纯的东西,纯之又纯会退化,而杂则往往能使人去粗取精,发展增殖。唐朝吸取外来文化出现了盛唐的灿烂文明,明清的西学东渐繁衍了康乾文化的内涵，新文化运动寻求到"民主"与"科学"，开辟了中国近代历史的新纪元。当前应认真寻求西方文化中的优秀特质，使之与我们民族文化的特质互相交融，以丰富和创新我们的民族文化。

四

按：1990年秋，为了纪念《学林》创刊400期，编辑组向全国学术界五十余位名家发出邀请信，敬请他们在百忙之中为《学林》题词或撰写贺信。当时许多名家（如周谷城、于光远、王元化、任继愈等）纷纷寄来贺词或贺信，来先生接到我们的信件，来电问我要写什么内容。我说随便。又问用毛笔还是钢笔。我说，用毛笔。他说：毛笔字不行，写不好。我说，我知道您的书法很好。最后，他谦虚地说：试试看。不久，我收到了他的墨宝。来先生的题词是：

传播知识　启迪民智
文以载道　汇聚群彦

学林专刊四百期
浙东来新夏题
一九九〇年十一月

五

宣圆老兄：

多日未通音讯，想近况佳腾为祷。日前，沈渭滨同志告知，他曾为我写一学者介绍，已承吾兄同意刊发，急需小照附入。上半年因弟膺选天津高教系统优秀教师，特由市派人专为照一小影，以备悬挂广告栏内，故效果尚佳，又是最近照片，特寄请审用。弟十月上中旬间可能去复旦讲课。沈稿发表请寄二张以备存档。专达
祇颂

编祺

来新夏

90.9.1

按：《文汇报》学林专刊于上世纪八十年代末辟有《学者与专著》栏目，介绍国内学术名家的治学方法和研究成果，已经发表介绍谭其骧、胡道静、王元化等学者的文章。来先生自然是学术名家，他早在五十年代就开始研究北洋军阀史，著有《北洋军阀史略》，其后又进一步搜集资料，至八十年代初又出版《北洋军阀史稿》，这是八十年代国内史学界有关北洋军阀史研究的代表性著作。复旦大学历史系沈渭滨和杨勇刚先生提出要写来先生，我说来先生是名家，他治学广泛，学问渊博，写哪一方面？沈说写他与北洋军阀史研究，我说好。沈渭滨、杨勇刚的文章《来新夏与北洋军阀史研究》于1992年3月24日在《文汇报》刊出（见附）。可惜的是，与这篇文章同时发表的来先生小照，一时却找不到了！来先生的这封信，就是寄照片时所附。

附：沈渭滨、杨勇刚《来新夏与北洋军阀史研究》

北洋军阀是近代中国史上一个反动的军事政治集团，是外国侵略势力和中国封建主义在清末民国初年特殊的历史条件下结合生成的一个怪胎。在它存在的三十余年中，尤其是1912年以后的十数年间，左右着中国的政治、军事和外交活动，对经济、文化、教育事业有着严重的影响。但是，由于学术界对于中国近现代史的习惯划分，及中华民国史研究开展迟滞等原因，长期来北洋军阀史研究显得相当薄弱。这种状况，使得中国近代史诸多方面的纵向研究难以深入进行。

面对这段历史的研究条件匮乏和研究工作无人问津的困境，来新夏先生以勇于开拓、甘做铺路石子的精神，自五十年代初期起，就为北洋军阀史研究的兴起和发展倾注了大量心血。他早年毕业于北平辅仁大学历史系，当过著名历史学家范文澜先生的研究生，在资料整理考订、理论修养和研究方法上经受过扎实的训练。1951年调到天津南开大学历史系任教后，即开始收集整理有关北洋军阀的资料，涉足这一领域的教学与研究。次年，他在《历史教学》杂志上发表了题为《北洋军阀统治时期》的讲课记录，并在此基础上加以扩大和改订，于1957年出版了新中国第一部系统论述北洋军阀史的专著《北洋军阀史略》。他力图以历史唯物主义的观点方法，将北洋军阀集团的兴衰变化作为一个历史整体进行考察，探求其成败兴亡的内在联系。这部著作的出版，不仅开拓了北洋军阀研究的新领域，而且也为今后学术界研究这段历史奠定了良好的基础，因此引起了国内外学者的注意。

七十年代末，随着民国史研究的兴起，有关北洋军阀的历史资料也日见丰富。来先生决然重理旧业。在其他同志支持协助下，他翻阅了大量的文献著述、历史档案、报刊杂志、方志笔记、文集传记等资料，对北洋军阀史的研究对象、范围、分期问题、特点、地位、影响及其阶级基础等重大问题进行了深入研究，终于在1983年出版了《北洋军阀史稿》一书。这部36万余言的著作，比之《史略》不仅篇幅增大，条理更为清晰，论证更为缜密，而且论述的范围也大为扩展，在中国各派反军阀统治力量的斗争史和有关历史人物的活动方面，在军阀混战的具体战役战斗方面，在北洋军阀集团与外国帝国主义侵略势力的关系方面，都有较多的增加和拓展。毫无疑问，《史稿》是八十年代国内史学界有关北洋军阀史研究的代表性著作，对军阀史和民国史研究的深入开展起到了促进和推动作用。近年来，天津成为北洋军阀资料整理和研究中心，确实与来先生在这一领域的拓荒、研究分不开的，作为中国北洋军阀史研究的奠基者，来先生是当之无愧的。

来新夏教授现在是南开大学图书馆馆长、图书馆学情报学系主任、南开大学出版社社长兼总编辑，又身兼不少学术团体的职务，在忙于行政、出版工作的同时，仍勤奋笔耕，著述不断。目前，由他主编的五大册约三百万字的《北洋军阀》资料丛刊，已经出版了第一册。这部作为中国近代史资料丛刊配套的大型资料书，一旦出齐，将对北洋军阀史的研究起到良好的推动作用。

六

宣圆兄：

昨发一稿《乾嘉史学三家》，今晨检机发现有数处空缺未填，特再寄校正稿一份，请用此份为托，劳神处谅之。

近佳！

来新夏
11.28

稿费单收到，谢谢！但财会写成"米新夏"。取时可能费点唇舌，请转告财会，来非米！

按：此文好像未曾发表。来信准确时间不详，可能是1992年。从这短信可见来先生做事（包括做学问、写文章）是十分认真的。而我们报社的财会同志却很马虎，来新夏写成了"米新夏"。

七

宣圆兄：

久疏音问，日前转到大札，老友不遗在远，衷心甚慰，数十年交往犹如昨日。而今我已离休六年，满头银发，一切迟缓，亦无可奈何之者，所幸思维尚佳，不时应邀作一小文，于日用亦不无小补，不意拙文竟入方家之目。

"学林"为旧园地，本当奉献，唯不知是否仍由老兄主政，未敢冒昧投稿，今遵嘱寄奉手头一文，为对近日中华所出《文献家通考》一书之评说。作者郑伟章入仕后不忘读书，二十年积成一巨著百余万字，共订三册。我见其书为近年少有之力作，故应邀为其写评。郑君日前已奉派赴澳大利亚任参赞。此文无虚夸，未知能否入选？如不合刊者，万不勉强，我当另作文呈阅，便中请寄数期学林，以便体会要求。

上半年应戴逸之邀，成一随笔集《一苇争流》，望赐告详细地址（家），以便寄请指正。

我身体尚好，只是老伴瘫痪已卧床年余，经济精神二压力，甚难解脱。

谨祝阖府康泰

来新夏

（1999）9.12

附上五月份在讲座上所照，老夫老矣，留作纪念。

又，收到信即电府上，据告出差去了。

我的地址电话均见名片，请按此联系，否则辗转耗时。

按：郑伟章是原《红旗》的史学编辑，我与他见过面，不熟。来先生一向提携青年才俊。郑是一位勤奋治学的后辈，其《文献家通考》是一部"利于当代，泽及后学之学术性工具书"，所以他竭力为我推荐，其精神令人深为感动。来先生的文章《阐幽发微 功在儒林》，刊于1999年10月16日《文汇报》（见附）。

附来新夏：《阐幽发微　功在儒林》

学人一生著述，能有数种称著作者，可谓不虚此生；其数种著作中能有一二种为治学者常置书案，传之久远，嘉惠后学者，百人中难得其选。近年离休家居，多读时贤所作，虽颇多收益，而大多经眼一过，几无重读者，其能常置案头，时加翻检者十不得一二。其能付之插架以备不时参考者，也不过三四，而郑君伟章所撰《文献家通考》（中华书局1999年6月版）适可当前者之选。

初夏之际，郑君遣急足由京送其所著《文献家通考》一书三册来我津寓，墨香犹存，俾我先睹，粗加翻检，内容朴实，无蹈空之论，此固可读之书。时虽已近溽暑，犹冀读其书以祛热，乃尽一月之力，浏览一过，非敢云精读。略缀数言以书后，庶同道者一顾！

《文献家通考》为郑君以二十年风华岁月，自甘岑寂，采访著名图书馆三十余家，翻读文集、丛书、方志、笔记、日记、年谱、书目题跋及其他各类旧籍共一千四百六十余种，爬梳搜求，极尽所能，网罗清初以来文献家达千五百余家，较诸往贤，可称空前。若衡之清人叶昌炽所著《藏书纪事诗》，则是书可补叶著之不足，增叶著之遗漏，续叶著之后出，是郑君洵无愧为叶氏之功臣。不仅如此，郑君于清初以来至今之千五百文献家其人其学，无不考证潜逸。详其书目、题识、刻书、印记以及文献散佚之传递源流，虽名为人物通考，实则熔清学之目录、考证、版本诸显学于一炉，读其书犹读一清代学术史。

郑君于其书用力特勤而自我珍惜颇甚，历年每与我相晤，辄娓娓道其著书之甘苦，而我亦日待其书之早日杀青；然未知其书篇幅如此之巨，内容如此之丰，涵盖如此之广，治学如此之勤，当为近年文献学领域中少见之专著。其尤可称道者，撰者不止于为成名山事业，求后世之名。顾其守"为人"之学之道，更以见撰者史德。世多有以著述谋一己之声名者。《文献家通考》则求为利于当代，泽及后学之学术性工具书。先师陈援庵先生，一生著述闳富，多为传世之作，但其影响深远，利溥后世者则为《二十史朔闰表》，是以援师慨乎其言曰："兹事甚细，智者不为，不为终不能得其用"。伟章所为正"智者不为"之"为人"之学。其书卷首有目次与传主姓名索引，可按图索骥得文献家之生平，卷尾有引用书籍分类目录及文献家地区分布表，既可导引对文献家作进一步研究，复可比较地区文化现象。至于各传之末多注以出处，不但见撰者之恪守著述体例，尤便于有志深研者得其指引。

伟章方当盛年，若再耗十年功，运其深厚之底蕴，成清前文献家通考，则可合二者为《中国文献家通考》，成一完璧，庶伟章可了无遗憾，而儒林武库更增一皇皇巨著。伟章少我二十余岁，谊属忘年，回视后来，不禁有居上之惶惑。我读《文献家通考》讫，深有学无止境，山外有山之感！

八

宣圆兄：

前寄启（功）先生论学书，恐难在贵刊用，弃之可也。今年是陈垣先生120年诞辰，我应邀写了篇文稿，原拟在中华读书报发，但因老兄多次责我不交好稿，故将此用心之作送老兄审正，可惜文字稍长（3000字左右），不知采用否？不用请电告，弟再别投。专颂

暑安

来新夏

7.14

按：信中提到的启功论书一文与纪念陈垣一文，可能因文字稍长未能发表。来先生心胸宽广，从来不摆大教授的资格，不计较稿件是否发表，对我们的退稿常常表示理解和谅解。据信中"今年是陈垣先生120年诞辰"字样，可推知写于2000年（陈垣生于1880年）。

九

施兄：

你好，承大笔写评拙文，暑热执笔，甚感不安，拜读之余，愧疚不已。弟所为远不如施笔所述。全文无意见。惟2至6页述弟《知见录》等三书篇幅过大，与题意不切。弟意此三书评说宜删或简括为一小段，点到为止。所言坦率，望谅为幸。专颂

秋祺

来新夏

7.26

　　按：2011年2月18日，我在《文汇读书周报》的"特稿"版，发表了我撰写的《来新夏的"衰年变法"》一文（见附）。此文初稿，曾有一大段对《近三百年人物年谱知见录》、《林则徐年谱》和《北洋军阀史》的评述。来先生对初稿提出意见，认为应以他的"衰年变法"为主，后来我遵照他的意见，这一段简略了，突出其随笔"以史为干，以文为体"、"文史交融"的特点。在写作此文过程中，我与来先生通过几次电话。我说他在九十年代以后，不仅继续"坚守学术阵地"，出版《林则徐年谱新编》、主编《林则徐全集》和《北洋军阀史》，目前还在编纂《林则徐年谱长编》；而且还走出"学术殿堂"，"开辟新途径，耕耘新天地"，写了大量的随笔。所以，我和他开玩笑，说他"衰年变法"，变得不彻底，与学术还是藕断丝连。他笑着说：万变不离其宗。是啊，学术研究与随笔的写作关系至为密切。学术研究是随笔写作的基础。来先生不愧是一位文史大家，他的"衰年变法"，也应该属于他学术生活和研究的一个重要组成部分！

　　原载于《忆弢盒：来新夏先生纪念文集》　焦静宜编　天津古籍出版社2015年版

追忆我们的老作者来新夏

韩小蕙*

时间是人类最无奈的情人，更是老年人最残酷的杀手。一转眼之间，来新夏先生离开我们已经一年了。在清明的安魂曲响彻大地之际，我心中思念的潮水漫溢了堤岸。

来新夏先生生前是南开大学名教授，曾担任南开大学图书馆馆长、出版社社长等职务；同时是历史学、方志学、图书文献学专家，被称誉为"纵横三学"的学者；一生从事古典目录学、历史学、方志学、档案学、文献学等的研究，特别对图书馆学教育做出了一己的贡献。去年初春在九十二岁高龄去世，以一支红烛的高贵身影，向这个他奉献一生的世界做了最后的道别。

来新夏先生对我们来说还有一层更亲切的意义：他是光明日报文学副刊的老作者，从1994年6月25日第一篇《论代人受过》开始一直到他辞世，老人家一共为我们副刊撰写了40篇散文和随笔；加上他为我报《史学》等其他版面写的文章，这个数字总共达到68篇之多。最后一篇是2013年5月24日发表在《文荟·大观》副刊上的《题赵胥〈朴庐藏珍〉》，当时他已九十岁高龄，依然思路清晰，文笔遒劲，显示出强健的文化生命力。

可惜仅仅在10个月之后，他却在没有什么征兆的情况下，遽然离去。我猜想：大概是他这辈子做得太多了，晚年仍快马加鞭地驱赶自己，上帝实在觉得心疼，就派来黄鹤把他接走了？

昔人已乘黄鹤去，此地空余黄鹤楼！

---

* 韩小蕙，《光明日报》领衔编辑、中国散文学会副会长。

我是南开大学七八级中文系学生，1978—1982年在南开园读书。都怪我生性愚钝不开窍，那时只知道在教室与图书馆之间死心眼儿啃书本，不懂得去请教名师如何才能把书读好，这是我离开南开，特别是与来新夏先生成为忘年交以后所痛悔不已的。不过话说回来，当时来先生乃声名远播的大教授，而我只不过是南开数千学子中不起眼的一个，与他之间不仅隔着中文系与历史系的跨界鸿沟，更是大海洋与小水滴的不同阶层不同分子。

认识来新夏先生是在上世纪九十年代中期，我时任光明日报《周末文荟》副刊编辑。是我主动"追逐名人"的：一次在某报上看到他的一篇文章，觉得学问深湛，见识独到，遂以南开学生的身份"套近乎"向他约稿。来先生果然"中招"了，后来一篇篇发来佳作，我窃喜。

一来二去，我逐渐发现了来先生的许多可敬之处：比如他从不摆名人架子，每次来稿，必定会附上一封亲笔信，显示出对编辑部的尊重。他也从不摆出大学问家的姿态，逢到生僻的史实、事例，尽量写得深入浅出，让读者易于接受。我们认识的二十年里，他从没耍过"大牌"或露出"学霸"的范儿，碰到我不懂之处，他从未嫌弃或鄙视，而总是耐心开导，诲人不倦……

来新夏出身书香世家，发蒙时随其祖父来裕恂读书。来裕恂老爷子是清末经学大师俞樾的弟子，光绪三十一年（1905）到日本留学，在弘文书院师范科就读，当时鲁迅先生也在那里读书。在东瀛期间，来裕恂受革命思想影响，很早就参与了辛亥革命活动，还曾担任由孙中山创立的横滨中华学校的教务长。一次他读到日本人写的一部有关汉语语法的著作，很受刺激，立志自己也要写一部，回国后潜心四年，写出《汉文典》、《中国文学史》等多部著作。祖父不仅在年幼的来新夏心中播下了中华文化的种子，也对他的一生影响巨大，或者亦可以说，纵观来新夏先生的一生，其实走的就是严复、梁启超、鲁迅、来裕恂那一代现代爱国知识分子的道路。

在后来的求学之路上，来先生还从名师陈垣、余嘉锡、启功等诸位大师，打下了深厚的学养基底；加上天资聪颖，好强争先，进入南开大学不久即成为"南开四才子"之一。他对金钱往往淡然一笑，但做起学问来却是一丝不苟。最让我羡慕的是他一部接一部地出书，有小得像《新华字典》一样精致的小册子，更有像《辞海》一样比砖头还厚阔的大部头，拿在手中沉甸甸的把胳臂压得生疼。特别是在他晚年的生命时期里，他出书的速度就像是由286翻到386又翻到486，由2G翻到3G又翻到4G，我每过几个月便会接到他的新书，都有些应接不暇了。

心里便生玄想：从人类的物理能量来说，一个人也就百把斤重，享寿百把年，其到底能够释放出多大能量？能够做出多少事？而一个中国知识分子如来新夏先生者，生于军阀混战的嘈嘈乱世，长于日寇侵略的血雨腥风，成学于解放战争的隆隆炮火，后来又经历了一系列"运动"，同时还承担着以很低的薪水供养家庭、携妻育子的人生重任。在这重重叠叠的人生压力之下，他不仅把自己的主业教书育人做到了顶尖水平，竟然还能够一本接一本地把诸如《北洋军阀史》、《中国古代图书事业史概要》、《清代目录提要》、《古典目录学浅说》、《近三百年人物年谱知见录》等学术著作，以及随笔集《学不厌集》、《邃谷文录》、《出枥集》……近百部著作奉献给世界，他得是多么顽韧地"蛮拼的"，才能做到这一切？

春蚕到死啊！

蜡炬成灰啊！

呕出了一颗燃烧的心，沥尽了浑身沸腾的血啊！

他还不断地给自己加码，什么都要求顶尖，要求完美无瑕，要求争第一。记得那年我写了一篇随笔《以文字为生命》，其中说到文坛、学界有一批用生命来对待文字的学者和作家，他们的来稿严谨到编辑别想改动一字一标点的境界，比如孙犁、金克木、张洁、张承志……第二天，我即接到来先生从天津打来的电话，说他读了愚文，"诚心请教"他如何也能再长一点儿学识从而进入我的"比如"名单？我笑了，心想：这争强好胜的老头，真是什么也不甘居人之后啊！

就是这种永远争先的脾性，使来新夏先生在其九十二年的生涯中，始终扮演了一名冲锋在前的学术战士的角色，做出了超过常人三倍、五倍、数倍的专业成绩。他那些等身、超身的著作和编著，简直只有用"辉煌"二字可以形容了！

春萌夏长，去日苦多。一年年的日子飞速滑过，我亦越来越多地领略到"这老头"的可爱：比如他曾很老百姓地说起他会做饭，在老夫人患病期间悉心照顾老妻，经常亲自动手做天津人爱吃的炸酱面，当然还会炒菜、做面食。这话听得我鼻子直发酸，他的确是文武昆乱不挡，"文革"下放在天津郊区劳动时，他就已经把自己锤炼成了一把劳动好手，压地、打场、掐高粱、掰棒子……而就在那种情况下，他还不可思议地完成了好几部学术著作，真让我等庸庸碌碌者惊为天人。

又比如他的生活态度始终乐观开朗，自称"享受寂寞"，"学而不厌"，人生的第一目标是"做学问，传承中华文化"。所以，无论是在人生顺境还是逆境中，在亲情友情爱情的享受中或是负面的击打下，都能像泰山上的不老松那样，挺直腰板，堂堂正正地矗立，郁郁葱葱地承接着天露，沐浴着清风。最让我印象深刻而又觉得好玩的是，有一次他到北京，路过新建成的王府饭店，看到其富丽堂皇，实在可人，便也堂皇地走了进去，坐进一间华贵的餐厅，气宇轩昂地点吃点喝。他心里其实是有点发虚的，因为那天他兜里只有600块人民币！好在老天爷还是怜爱他，结账时还给他剩了块八毛的，总算没有失了大教授的尊严——在年深日久的交往中，我早已知道他虽位在中国第一流学者的队列里，却并没有什么钱，家里最值钱的东西就是书。然而没什么钱的来大教授却敢这么"大手大脚"地"开洋荤"，这种视金钱为无物的狂放故事，我们以前曾屡屡在陶渊明、李白、唐寅、梁启超、郁达夫……身上看到过，这是熔铸在中国知识分子骨子里的"恃才傲物"基因啊。

这老头还有特别柔情的一面：2000年我生了一场大病，来先生听说后很着急，不几天就托学生从天津给我带来慰问品。打开一看，我愣住了，只见是一盒已经拆封的西洋参含片，纸盒子的另一半塞着螺旋藻胶囊。我哆嗦了一下，赶紧闭上了眼睛，明摆着，来先生是把自己正吃了一半的补品停下来，拿来送给我了！后来我战胜病魔过生日时，他还通过邮局给我送来鲜花和巧克力……

我最后一次见到来新夏先生是在2013年8月，我去南开园他那住了多年的老房子里，看望他和夫人焦静宜女士。焦静宜也是我们南开出身，原是历史系来先生的高足，后是他出版社时期的强有力助手。静宜曾送给我一部她的厚厚的史学著作，读之弥见洽闻，书卷气俨然，令我心生敬畏。来先生几次满心欢喜地对我说，他俩过得特别和谐惬意，"没想到老了老了，倒享受到一辈子最舒心的日子……"由于书太多，他们家里还是显得有些乱，可那也是中国知识分子家庭的常态。见到我给他带去的新疆纸皮核桃，老人大为高兴，笑逐颜开地说："这是补脑的，好啊，好啊！"都已年逾九十，已经勤奋了一辈子，可他想的还是工作、学问、写作——我记得季羡林先生去世前，曾写过一篇散文，说他还有七八部书要写，因此"在去八宝山的路上，我绝不加塞"。还有当下已经109岁高龄的周有光先生、已经104岁的杨绛先生、已经100岁的马识途先生，以及其他一大批鹤发老文人，都还一直坚持笔耕在他们肥沃的田野上，这是中国知识分子的共同优点啊！

来先生的离去对我打击很大，一下子就摧毁了我对死亡的信念——原本这些年闻听哪位走了，我都会安慰他们的亲属，说是亲人们解脱了、上天堂去了，因此无须难过……但失去了来先生这位忘年交，使我感到了沉重的疼痛，甚至都觉得这世界的明亮少了几分、温暖也少了几分！唉，从此我在南开园里又失去了一个惦念的坐标，一想到再也见不到那张一脸严肃一脸学问而又一脸童真的笑脸，我浑身的血液就像被十二月的冰雪冻住了……

　　还是在我生病那年，来先生打来的电话中，我俩曾半开玩笑半认真地"约定"，将来无论谁先走一步，留下的那位一定要为先行者写一篇悼文，而且"不得少于三千字"。去年来先生走的时候，我瞬间崩溃了，心里涌起了太多太多，反而失去了拿笔的力气。近来这些日子里，金灿灿的迎春花开了，世界上最洁净的白玉兰开了，闹喳喳的山桃花开了，按捺不住憋了一冬激情的油菜花也把它们震撼人心的"大地艺术"一大块一大块地靓抹在大江南北、青山绿水……面对着生命蓬蓬勃勃地爆发和生长，我想起古罗马诗人鲁克烈斯的一段话："死是另一种生的起源。你的死是宇宙秩序中的一段，是世界生命中的一段。"来新夏先生当得起这段话。

　　　　　　　原载于《光明日报》2015年4月3日第13版"文荟·专题"

怀念来新夏先生

朱则杰*

著名文史专家南开大学来新夏先生，刚刚于3月31日逝世，享年九十二岁。这个消息，我是从网上读到李兴盛先生《哲人其萎 风范长存——沉痛悼念来新夏先生》一文才知道的，文载《黑龙江日报》4月2日第12版。而我过去得以亲承先生指教，也正是起于兴盛先生。

1993年10月，我同兴盛先生等联合组建《全清诗》编纂筹备委员会。筹备过程中，陆续聘请学术界有关专家担任顾问。先生那里，即由兴盛先生出面邀请。先生欣然应允，并为《全清诗》做过不少工作。

先生原籍浙江萧山，现今已经并入杭州市，分为萧山区和滨江区。1994年10月31日、1996年1月10日、1997年9月21日，我在杭州城区先后三次拜见过先生。先生就《全清诗》编纂事宜，给过很多具体的指导。例如据当时《〈全清诗〉记事》稿摘要记录，先生针对某些人的不同认识，嘱咐我们对待旁人意见，应取八个字态度——"虚怀若谷，自有主张"，也就是一方面能够听得进，另一方面则最终仍由自己裁夺。又关于清初抗清死节之士以及南明诗人，先生建议《全清诗》第一编一百册最好暂时回避不收，这样可以减少可能有的非议。这些指示，的确都十分有益。

在《全清诗》的资料收集方面，先生也给过很多实际的帮助。例如我们希望获得当时南开大学出版社出版的《全金诗》作为一种参考，本来打算采用邮购的方式；先生通过责编焦静宜先生，免费赠送给我们一套，不但使我们得以先睹为

---

* 朱则杰，浙江大学教授。

快，而且为我们省下了一笔书款。又先生祖父裕恂先生，虽然逝世于中华人民共和国成立后，但现存其编年诗歌最早作于清末光绪十五年己丑（1889），因此依例也可以收入《全清诗》。先生曾经主持整理祖父的《匏园诗集》初编，于1996年12月由天津古籍出版社正式出版。见书之后，先生又特地惠赐数册，以备"编《全清诗》时采录剪贴之需"（1997年6月10日函）。后来《匏园诗集续编》整理问世，同样也是如此。

《全清诗》由于种种原因，看样子在我们这一代是不可能正式开编了。先生所赐《匏园诗集》凡二编，我曾经结合作者经历等，分别指导所在浙江大学国际文化学系对外汉语专业本科2000级叶燕丹同学、2006级来月丹同学，先后撰写成毕业论文《来裕恂与早期浙江大学——〈匏园诗集〉有关早期浙江大学史料考》、《〈匏园诗集续编〉考论》，前者并已推荐发表于《浙江高等教育》杂志2004年第2期。此外某些材料，则曾另外写入拙著《清诗考证》第一辑之四《〈清人诗文集总目提要〉订补》第六十九条"姚莹俊"、第七十二条"来裕恂"等处。这对将来的学者编纂《全清诗》以及其他相关的学术研究，应该都还是有作用的。

另外先生初版于1983年的《近三百年人物年谱知见录》，我在当年读硕士研究生二年级的时候就已经购置，一直是案头常用的一种工具书。如果从那个时候算起，那么先生的学问，沾溉我已经有三十余年的时间。

最后一次拜见先生，则是2006年4月在北京"蟹岛绿色生态度假村"召开的《清史·典志》纂修工作会议上。先生作为国家清史编纂委员会特别聘请的专家，该次会议期间担任第四组的召集人，而我恰好就是这个组的成员。如今先生虽然已经故去，但先生各种形式的指导、帮助以及他的诸多著述，仍将继续影响着我的晚年。

原载于《今晚报》2014年5月30日

仁厚勤敏长者风

——回忆与晚年来新夏先生的文字交谊

钱婉约[*]

　　临近期末，整理、搜检书桌书架，检出几通近年来新夏先生（1923—2014）赐下的大作及书信手迹，甚是珍贵。哲人已去，睹物思人，长者仁厚勤敏的风范，栩栩然如在眼前。遂捡拾记忆，补写回忆文，以寄托缅怀自励之情思。

一

　　近几年与来先生的交往，缘于2006年初我出版了《日本学人中国访书记》（以下简称《访书记》）一书。这本书搜集了内藤湖南、田中庆太郎、武内义雄、神田喜一郎、长泽规矩也、吉川幸次郎等六人来华考察、访书、购书的日记或回忆性篇什，按照人物生卒年先后，编排翻译而成。书出版后，因为关涉藏书史、近代学术史、中日文化交流史等学科领域，而又兼具资料性与可读性，一时受到欢迎，也在报刊或网上看到几篇介绍评论文章。

　　出乎我意外，也最让我看重的，是身为文献学家、图书馆学家的前辈学者来新夏先生，亲自撰文对这本书给予了推介和奖掖。《他们不仅仅是淘书——读〈日本学人中国访书记〉有感》，我是经朋友看到转告，才读到文章的（《文汇

　　＊　钱婉约，北京语言大学教授。

读书周报》2006年8月25日）。说起来，我在上世纪八十年代初，就读于北京大学中文系古典文献专业本科时，就听过来先生讲的课。当时，北大古文献专业从全国各处特聘了专家来北大授课，有陕西师大的黄永年先生、南开大学的来新夏先生等等，使我们这些本科生不仅得到北大老一辈学者的教导，还有幸得到同领域内全国最重要的大学者的亲炙。但是，毕业这么多年，特别是我自己后来转而修习中国近代学术史、近代日本中国学等，与来先生早已没有直接的过往和请益。我对来先生来说，应该只是一个毫不认识的非同行的作者而已吧。

来先生的文章，肯定了《访书记》的编辑宗旨、现实意义和译笔：

> 《日本学人中国访书记》汇集了六位日本学人在二十世纪前半期来华访书的个人纪事。……他们利用清末、民初中国处于混乱状态之际，使大批中华典籍离开故土，成为日本中国学方面足资夸耀的"国宝"和"文化财"。因此，这本集日本学人访书记于一编的译著，应该说是在当前"国学"日趋火热之势时的一种必读书，因为它可用作查点我们国学典籍的库存。……她不仅找到一个好题材，译笔也很通达。值得向读者推荐的则是钱婉约女士所写题为《近代日本学人中国访书述论》的《绪论》。这是一篇撮其指要，论其指归的导读性佳作。

来先生指出，《访书记》在当时读书界、学术界"国学热"势头下，可作为当今"查点国学典籍"的一种知识必备。他还特别引征和赞同我"绪论"中所说的"访书活动是近代日本关注中国，渗透中国，殖民中国的社会思潮在文化学术领域的折射"这样一层意思，称"'关注中国，渗透中国，殖民中国'这三句话，对我这个饱经日本侵华创伤的人来说，不啻是浇了一头冷水，原来多从中日文化交流的一面着眼，而忽略了'渗透'与'殖民'的另一面。"表达了老一辈学者对于六十多年前侵华战争深刻的历史经验和真实的情感记忆。

二

次年的2007年，正值晚清四大藏书楼之一的归安陆氏"皕宋楼"东去日本一百周年，年末光景，浙江湖州召开"皕宋楼暨江南藏书文化国际研讨会"，在这个会上，我有幸见到了多年未见的来新夏先生，那年，他八十五岁，也是来参会的同行学者中德高望重的长辈学者。我只是上前自我介绍了曾经是"听课学生"的身份，表达了对先生撰文推介《访书记》的感谢，会上来先生的故旧、门生、拥戴者很多，而自己于藏书史方面实在是浅见薄识，就未敢与先生更多交谈。这也是后来先生在另一文章中"后来我们有幸在湖州皕宋楼百年纪念讨论会上见面，因为匆忙，未获倾谈，一直引以为憾"一语的由来。

但是，这个会议倒也引起我对于日本学者中国访书的进一步研究探索，确切地说，就是对于岛田翰的关注和研究。因为在这个纪念皕宋楼去国离乡一百年的会议上，自然涉及为陆氏和日本方面牵线搭桥的重要人物——日本人岛田翰。来先生在会上作了《关于"皕宋楼事件"罪责之我见》的主旨报告，明确说"皕宋楼藏书外流之罪责，岛田翰无疑当为魁首……岛田翰只是一个从邻居家偷珍宝来充实自己家当的窃贼而已"，再三重申"皕宋楼藏书的外流，岛田翰应负主要责任"，是激越的问责者。持论相对平和的学者，则承认主因在晚清中国的家国贫弱，使得邻人有机可乘，趁火打劫。而无论激越者与平和者，在谈论到岛田翰时，其实对于他到底是个什么样的人，他的生平经历、学术造诣如何，了解并不多，甚至并无了解。

2009年，我发表了《那些因书而生的往事》，首次比较全面地介绍了岛田翰一生曲折传奇的经历，他因书痴书癖而屡犯书德败坏之行事，也挖掘了他令中日学界共同赞叹的学问成果，对于他悲剧性的结局，给予"哀其不幸"的理解和评论（载《中国图书评论》2009年第10期）。文章发表后，我想告知来先生并寄呈一份给他。于是，给他打电话。没想到，电话一通，来先生就先主动说："你的岛田翰文章我已经看到了！……你给岛田翰的同情多了一点。我觉得他就是一个书的变态者……我对于日本人的仇恨，是到骨子里的。"我"哦……哦……"地应着，首先是惊异于先生阅读涉略之勤敏及时，其次是想：小小一篇"岛田翰文"，本来就未想能改变一位成熟老学者的思想立场，只要他看了，就好。放下电话，我内心是满足的，为了先生读了我的文章，而且我也及时知道了他的评论和想法。

随后，来先生就在2010年2月3日的《中华读书报》上，发表了《也说岛田翰的才与德》一文。文章说：

> 钱婉约女士据翔实史料，较详尽地缀辑岛田翰生平及行事，并有所评说，对会议确是一种有益的补充……对岛田翰的汉学世家，钟情汉籍的痴迷

以及其文献学的成就等方面，都有较详尽的记述，并对岛田翰的文献学成就提出三项：第一项是协助竹添进一郎出版《左氏会笺》，第二项是《古文旧书考》的撰著及出版，第三项是促使静嘉堂买入归安陆氏藏书及《皕宋楼藏书源流考》写作。除了购入静嘉堂藏书一事我尚难认同外，其他我认为都是事实。

来先生特别提出：

> 钱婉约女士不仅对岛田翰的生平和成就作了较多的勾勒，也谴责了岛田翰的恶行，她在文中用了近一半的篇幅，揭露了岛田翰的书德败坏……钱婉约女士对岛田翰的一生的描述应是全面而公正，对藏书史各有关问题的研究有重要的裨益……如果岛田翰接受道德法庭的审判，钱婉约女士应是一位很好的律师。她像老辈有些学人那样，太仁慈！太宽容！太着重于怜才惜才，而感叹这个盗取中华国宝的窃贼是"空怀才学，不为世用"。

来先生在想象中将岛田翰置于道德法庭，然后命我为律师，对于我为"盗贼"做"律师"，提出了委婉的批评！我曾细品这段文字，感觉先生表述异见——哪怕是对着我这样的晚辈，也是那样地宽仁为怀，有容为襟；肯定在先，批评于次！最后，先生才亮出自己的不同观点：绝不能将岛田翰促使静嘉堂买入"皕宋楼"这种"损伤他人以利己"的行为，作为他的文献学成就，因为：

> 购入陆氏藏书，对日本来说，岛田翰可说是作了贡献，是一桩成就；但对中国来说，却是无法辩解的损失……岛田不死，中华珍籍之难不已。中山狼的故事，还是要记住的。

民族大义，掷地有声，显示了研究者鲜明的民族立场，也再次重申了他谴责、追讨和不宽恕的态度！

三

半年之后的2010年暑假末，8月22日，我的日记里有一段关于来先生的记事：

上午，南京小荣来家，他在《博览群书》实习，说25日将到天津去，参加来新夏先生八十八岁米寿庆典，并作访谈。我遂临时动议，请小荣代为带上一封给来先生的贺信并寿礼——一盒冬虫夏草。信是这样：

来先生大鉴：

值此先生88米寿大庆之时，谨托《博览群书》的记者，带去此函和小礼一件，呈上后学热诚的祝福：祝您身体健康，学术生命之树常青！

我也想借此机会，感谢您这几年对我学习和研究的关注和批评，您的《也说岛田翰的才与德》文，我拜读了，受到教益，一并于此呈上我的深深敬意。即此

恭请道安，并颂寿祺！

后学　王余光　钱婉约谨上

因为从学术领域来说，余光与来先生是同行，他们本就时有一起开会论学之因缘。所以，贺信是我写的，心意则是两人共同的。

未想到，不久，先生就有回信郑重寄到余光系里，信如下：

婉约余光二兄：

猥以贱辰　承赐大札并佳品　至深愧怍　新夏年登望九　德言事功一无足述　而不甘寂寞　时发悖论　率贤伉俪曲加宥誉　甚感

超九望百　本为俗世善颂之词　新夏谨遵友好关注　珍重生活　善加自养　以与诸友好共之

专申谢忱　顺致

秋祺

来新夏　2010.8.30

一周后，又有一封信，随新出的书籍一起，寄到余光系里。信是这样写的：

余光婉约：

谢谢二位对贱辰的祝贺，兹奉上为本次天津私家藏书文化论坛而编选之拙作《来新夏谈书》一册，该书P100页收有与婉约有关岛田翰之商榷文字，请指正。

贤夫妇方当英年而成就已令人美慕，我虽在望九之年，仍当自励，以求

日进。

　　专达祗颂

　　俪祺!

来新夏　2010.9.7

这两封信几乎同时收到, 我一并回复如下:

来先生大鉴:

　　明日中秋, 接踵国庆佳节又至, 首先祝先生和家人双节快乐, 喜庆呈祥。

　　先生寄到余光系里的信 (二封) 及大作《来新夏谈书》先后收悉, 十分感谢, 迟复为歉。

　　书中收有对拙书拙文的分析评点, 无论是表扬还是批评, 都将成为我日后认真研读、审慎为文的鞭策。婉约甚感幸矣。

　　随信附上近文一篇, 敬请赐读 (约案, 应该是当时刚发表的《侠士狂生经世心——内藤湖南汉诗解析》一文)。对于日本的那些中国学家, 先生是否可允纳婉约徘徊于 "律师" 与 "公诉人" 两端的情形? 再祝

　　秋祺!

晚　婉约　2010.9.21

因为有此前的 "律师" 之说, 所以, 才有我所谓 "徘徊于'律师'与'公诉人'两端" 的说法, 也是想表明自己理解前辈学者的民族正义, 同时, 在新时代和新的视域下, 意欲超越, 着重客观实证和力求返回历史现场的研究意愿。

　　而来先生的信, 随即又来了。来先生在信中, 同意我的 "律师与公诉人两端" 的说法, 而且站在时代历史和民族大义的角度, 做了更高层次的总结论析。最后, 他说 "两代学者不妨各行其是, 互补双赢"。这真是我那年的国庆节得到的最好的节日礼物!

余光、婉约你们好:

　　大札并有关内藤一文均拜领。内藤为日人来华淘书之魁首, 抗战时期有些作为客观上对中华文化有所补益, 但究其实质仍在希冀控制中华文化, 待细读大作后再表示意见。

　　徘徊于 "律师" 与 "公诉人" 两端确是妙论, 也许对事务能更客观些。

我们这些历经日寇铁蹄，民族主义情绪更浓些，议论难免失之偏颇，也许时代决定人性，两代学者不妨各行其是，互补双赢吧。专祝

节日快乐！

来新夏　2010.9.27

回忆与来先生的这些书信往来，对我，是自己一点小的研究成果，获得了一位尊敬长者的及时垂注，无论鼓励与批评，都是很重要的精神收获；于来先生，可能只是他晚年博览精研，勤于笔耕的沧海一粟。婉约何其有幸，不能不深切怀念来先生，以及此段文字交谊带给我的学术教益。

原载于《图书馆研究与工作》2014年第3期（总第139期）

来新夏先生开专栏

——我在《深圳商报》办副刊的一段回忆

刘敬涛*

1993年10月18日，我下了飞机，坐上报社副刊部小罗的车，进入了虽已入秋仍热气腾腾的深圳。这是我来深圳的第一天，也是由出版界进入新闻界的开始。从此，不再编书了，转型为报纸副刊编辑，具体岗位当然还跟书有关——不久前，《深圳商报》创办了一个《星期刊》，每周四个版，其中一个版是读书版，我是这个版的主编。回想起来，这块读书版，是深圳报业史上的第一块读书版，比当时深圳另一家大报的读书版出刊早了几天。说起这一点，至今还有点沾沾自喜。

读书版的版面编辑方针，以书为中心，评书、读书，照顾各层次各类型读者的需求。读书版是经济类综合报纸的副刊，这就决定了它有别于专业的书评报刊，作者既有专家学者名人，也有打工青年；栏目设置丰富多彩，有"每周书评"、"精短说书"、"新书窗"、"读书杂谈"、"域外书事"、"古书今谈"、"书海钩沉"等。当时市里举办的读书征文活动，也以《深圳商报》的读书版为阵地，刊发应征作品。

一些栏目在设置之初，作者队伍不整，时常缺稿。我就发挥自己在出版界"混"过几年的小优势，写些小文。如今，翻开当年的剪报，像《汪曾祺：排在双黄鸭蛋后面》、《书的寂寞》、《四"遇"宗璞》等，反映当时文化动向和读书热点，现在读起来也还饶有趣味。

看得见的是版面，看不见的是编辑与读者、作者的交流。在编辑读书版的一年多时间里，我和图书馆馆员、民间读书会的读者、文化学者等建立了良好的关

* 刘敬涛，深圳报业集团《深圳晚报》主任编辑。

系。版面上评论的图书，很多都是深圳本地的作者。同时，为开拓深圳读者的眼界，提升读书版的档次，我也努力向国内知名作家、学者约稿。许多作者是当时的副刊部主任侯军介绍来的。比如读书版的栏头题写，先后有孙犁、宗璞、舒传曦等先生的手迹，而给我留下深刻印象的，则是著名图书馆学专家、南开大学教授来新夏先生在《读书》版上开专栏的一段往事。

来新夏先生仙逝后，侯军曾在一篇回忆文章中提到："那会儿我正筹备在《深圳商报》副刊上开辟一块读书版。来公乃是图书专家，约他来开个专栏，岂不正是机会？于是，我就郑重其事地给来公写了一封约稿信。很快，来公的回信就到了：'来函奉到，情真意切，甚感。副刊版面如此繁多，非阁下大才无以当之，容暇当撰小什，寄请裁定。'过不多久，一组谈清代典籍的随笔就寄来了。我立即和《读书》版的责任编辑商量，给来公开了一个《古书今谈》的专栏。推出之后，很快就赢得了一些读者的青睐。这个专栏大约发了三十余篇读书随笔，在当时的深圳读书界堪称空谷足音。"

文史大家来新夏先生

这段话将来新夏先生为《深圳商报》撰稿的经过交代得很清楚，而我正是直接负责这件事的责任编辑。

说来惭愧，我虽曾在南开大学读书四年，却不知道本校图书馆的馆长就是来新夏先生。经过侯军介绍，我和来新夏先生建立了编作关系。人世间的事情，真是有说不清的奇妙。来先生是史学大家，他能成为《深圳商报》副刊的作者，《星期刊·读书版》因之"蓬荜生辉"。记得后来我借回津约稿的机会，曾去来先生在南开园北村的住所拜访他。他住在一栋老式教师住宅楼的顶楼。进得门去，是一条长长的走廊，屋顶很高，我猜想，这也许就是先生书斋名"邃谷"的由来吧？

来新夏先生的"邃古"书房内景

来新夏先生给"读书版"写稿，始于1994年的3月。发轫之作是3月20日的一篇介绍朱生豪毕生译介莎士比亚的文章。而他的《古书今谈·清人笔记随录》专栏则始于 6 月 5 日。专栏时间长约一年，其间我与来先生有不少的书信往来。我现在手头保存有10封。其中有两封是来先生农历除夕与春节写的，可见老先生笔耕之勤。信中所说"除夕家人忙碌而我蜷居斗室撰文"不是偶尔为之，而是常态。而今重读这些信函，我读到了久违的"写信年代"那种"见字如面"的亲切感。自然，文字也帮助我们记起了过往的那些琐碎生活细节。一个副刊编辑和作者的来往，其实就是在这样琐碎而细致的文字交流中，逐渐加深感情，进而成为文友的。如今，这样的文字之交，因电子时代的到来而变得异常珍贵。

来先生治学，有严谨认真的精神和直爽简洁的行事风格，这与他的"外形"也很协调。先生身材高大、脸盘方正，五官线条、棱角分明，眼神深邃，神情专注。与人交谈，音调不高，并不是滔滔不绝。当对话忽然"冷场"，你会顿时悟到，这是他又陷入了沉思。这是我见过来先生后的印象。

来先生的《古书今谈·清人笔记随录》坚持写了一年，成为《读书版》一个含金量很高的栏目。这组短文日后都被收入先生的文集，文末都注明了原刊报纸和时间。更值得一说的是，来先生的文章是交给本报独家发表的。这是《深圳商报》的荣耀，其中，也有我的一份贡献吧。

除了来新夏先生，《读书版》还有很多知名作者，如著名作家孙犁、王蒙、冯骥才、刘心武，著名画家韩羽，著名学者李庆西、陈子善，著名杂文家牧惠以及丰子恺先生的公子丰华瞻教授等。他们的美文佳作让初创的《读书版》星光熠熠、文采灿烂，在一度被世人目为"文化沙漠"的深圳，成为一道亮眼的文化风景。

略感遗憾的是，我在《深圳商报》只作了一年多副刊编辑，就被调往新创刊的《深圳晚报》去编国际新闻，我与副刊的因缘也戛然而止了。我所编辑的《读书版》共出版了58期，后来几经版面调整，汇入了《文化广场》周刊，成为《深圳商报》延续至今的一个副刊品牌。

原载于《个人图书馆》2019年10月25日

"出栌" 一例

仇润喜[*]

　　知道来先生大名是在上个世纪六十年代中后期。那时，我有幸在南开大学读书。那场史无前例的"大革命"，一夜之间席卷了南开园。昨天还是我辈十分敬仰的教授、专家、师长，转天便一个个被剃头、戴帽，游"校"示众。真正的是非颠倒，斯文扫地。我虽在中文系，却知道并记住了历史系有一位"学术权威"叫来新夏。不为别的，只因先生的姓氏较为少见，故印象颇深。由于种种原因，尽管在校六年，却无缘拜见先生。

　　经过拨乱反正，改革开放，到八十年代中后期，全国开展了中国近、现代史的学习教育活动。与此相适应，编史修志工作摆上日程。1986年，我们天津市邮政局史志办公室应运而生。当时，称得上"一穷二白"：资料没有，工具书没有，连史志办公室的职责也是懵懵懂懂的；有的只是在民园邮政支局一间10多平方米的办公室，和从机关部门抽调来的三四位干部。完全是学中干，干中学；整理档案，搜集信息，走出去，向专家教授讨教；请进来，与兄弟省市同行搞协作交流……称得上不屈不挠，孜孜以求，痴心不改。一通忙活之后，正当苦苦寻求突破之际，来先生主编的《天津近代史》问世。这对我们来说，不啻是一场春雨。有了它对近代天津政治经济大环境的勾勒，有了它对邮政起源的概括，使我们如拨云见日，个个都有如获至宝之感。客观地说，《天津近代史》的出版，使我局的史志工作找到了"源头"，有了"主心骨"，有了"纲"，有了一个高起点。

---

　　[*]　仇润喜，天津市邮政局原副局长。

此后，南开大学出版社举办建社五周年庆祝活动，我有幸参加，终于见到了心仪已久的先生。在谊园门口，先生西服革履（在当时尚属少见），笑容可掬地与大家握手，恭恭敬敬地递上名片。名片上赫然印着的是南开大学图书馆学系主任、图书馆馆长、南开大学出版社社长兼总编辑等。出乎意料的是，这位二十多年前的"学术权威"，眼下已六十有五的教授竟如此风流倜傥，温文尔雅！即兴讲话，他声若洪钟，有条有理，引经据典，妙趣横生！

此后几年，天津邮政文史工作在包括先生在内的方方面面的关心、指导、帮助下成果送出：在出版《天津邮政史料》（1～5辑，计280万字）、《天津邮政110周年》、《天津邮政115年大事纪要》等史料书的基础上，编写出版了70万字的《天津邮政志》；1998年借近代邮政创办120周年之际建立了天津邮政文史馆，使史志工作从文件、史料的挖掘、整理、编辑、出版延伸为立体化展览。2000年，即邮电分营、邮政独立运营的第十年，我局决定利用"大清邮政津局"旧址建立天津邮政博物馆，目前已取得实质性进展。2000年至2001年，我局与今晚报社联合举办征文活动，随后出版了《说不尽的天津邮政》……称得上与时俱进，称得上"好戏"连台。在此期间，先生更是不遗余力，奔走呼号，不断为邮政文史工作出谋划策，不仅令我们获益多多，尤其使我们没齿不忘。代表性的有三件事情。

其一，在2000年开始的我局与今晚报社的征文活动中，先生撰写了《兴建天津邮政博物馆刍议》的文章，在肯定我局文史工作，高度评价"大清邮政津局"旧址的历史价值的同时，指出："天津邮政既有近代邮政发祥地的光荣历史，又有大量文献实物的积存，在卫城、老街先后消失的情况下，无疑它已是天津独一无二的文化标志，应当充分地加以展示。"文末并进一步呼吁："祈望有关领导部门协调各方，顾全大局，为消除文化名城有文化沙漠之讥，早日于'大清邮政津局'遗址兴建天津邮政博物馆，俾市民视此为荣耀，充实业余文化生活；津门子弟可于此接受传统文化教育。老朽余年，犹得目睹盛事。岂非幸事！"先生的文章很快成为我们向有关领导、有关部门宣传天津邮政的历史地位、宣传建馆的意义，争取支持的重要依据，成为兴建天津邮政博物馆的破题之作。

其二，是先生介绍德国汉学家石慕宁夫妇参观天津邮政文史馆。石女士在仔细参观之后表示，其祖父曾在大清邮政津局工作过，并有当时的照片留存，愿意找出来捐赠。此后不久，我们便收到了从德国寄来的大清邮政津局早期的外景照片。此照片不仅照得非常清楚，而且保存得也相当完好，为我们所未见，具有相当的史料价值，并且理所当然地成为我们下一步对该建筑进行加固装修，整旧如初的标准、样板。

其三，是在今年4月份，天津电视台"青年大世界"栏目制作天津近代史专题片。来先生和罗澍伟先生主讲。来先生中心讲的是近代天津邮政的创办和"大清邮政津局"旧址的文物价值，并展示了有关图片。为了宣传天津邮政，为了天津邮政博物馆的早日建成，先生可谓念念不忘，尽心竭力，见缝插针。

我常想，先生以耄耋之年，在大量的学术及社会活动之余，仍能勤耕不辍，且佳作不断，是一种什么精神？即以天津邮政博物馆而论，在我局来说，固然是件大事；而在先生那里，不过是细枝末节，小事一桩，何以倾注这么大的热情，这么多的精力，不仅是有求必应，而且一而再、再而三地指教、点拨，并广而告之？为名乎？先生作为大学问家，早已名闻遐迩。为利？倒有一点，那便是社会功利——先生一再强调博物馆的社会效益。至于个人，先生从来都是义务奉献，随请随到，百分之百的君子之交。那到底为什么？近读先生的《出枥集》，使我茅塞顿开。先生在该书的"自序"中写道：自己"颇钟情于魏武之'老骥伏枥，志在千里'，堪称'烈士暮年，壮心不已'，顾我犹感微憾。窃惟'伏枥'显呈老态；'千里'未免距短。乃妄易为'老骥出枥，志在万里'……"原来，这是先生的一种追求，一种寄托，一种境界。明乎此，便不难理解，为什么先生能"人当退休之年，我方出山问世"；为什么"无怨无悔，还我坦荡"；为什么"年虽八旬，热力犹在"；为什么"只要早晨起床，依然天天向上"；等等。先生高山景行，实为我辈楷模。

因此，在学术研讨会举行之际，我必有所表示。"表示"什么？经与我的同事——市集邮公司林刚经理、市邮政文史中心阎文启主任商议，决定以邮政人特有的方式，为先生做带邮资的纪念封400枚（因供不应求会后又加印一次）供与会者实寄、珍藏，另做同样图案之特大封一枚，供与会诸先生签名后装框呈先生珍存。从现场及事后听到的反映看，此举颇受欢迎，我们也很感欣慰。

原载于《来新夏教授学术研讨会纪念集》 南开大学地方文献研究室编 新疆大学出版社2002年版

忆来新夏先生

高洪钧[*]

来新夏先生走了，天津图书馆学界失去了一位德高望重的良师益友和领军人物。

我初识来先生是在二十世纪八十年代初，因参加北京大学图书馆学系天津函授站学习，听他讲古典目录学辅导课。此后不久，我又参加了南开大学历史系在蓟县渔阳宾馆举办的第一期地方志学习班，听来先生主讲方志学理论。如此说来，我当算是他的"开门"弟子，但我自愧不合格。

曾听人说来先生性孤傲、难接近，其实不然。1984年，河北人民出版社首开整理旧方志先河，点校排印了洋洋三百卷光绪版《畿辅通志》，分装三十七巨册；责编栾保群君是我大学同学，慕名从石家庄来，约我偕访来先生，想请其写个序。来先生热情接待，欣然允诺，并在很短时间内写就了长达六千字的《重印〈畿辅通志〉前言》，"序其源流始末，并附贡末议以归"，使该书生色不少。出版社的同志也很受感动，同时也说明来先生平易近人，并无半点大学者架子。

1993年秋，天津市高校图书馆系列第一次评定正高级研究馆员，名额有限。当时我校有二位同志提出申报，其中一位是新任图书馆常务副馆长（原某系副主任、副教授）。时任高评委主任的来先生接到申报材料后说：刚来图书馆就申报正高？结果是另一位基层群众被评上了，而这位党员领导却落了榜。从中也可见来先生和诸位高评委成员办事公正，坚持资格标准，而不以身份地位论高低的认真态度和工作作风。

---

* 高洪钧，天津师范大学图书馆研究馆员。

更让我感动的是，1999年下半年我退休后，用三年时间私修成近四十万字的《天津艺文志》征求意见稿，印送给我心目中的几位专家审阅。想不到来先生竟在2005年3月11日《今晚报》上撰文呼吁说："《天津艺文志》是天津文献资源的信息库，内容丰富，搜罗较广，编纂有序，颇便于利用，不仅对了解天津有可资参证之处，更示人以治学门径，为学人辟治学通途……我真诚而负责地推荐《天津艺文志》，希望我们的出版家关注一下，用你们畅销书的余沥，促成其事，出些有价值、高品位的长销书吧！"经过这一宣传，社会上不少人来电话，有向我咨询天津乡人著作情况的，也有以研究天津人文历史为课题的在校博士生和硕士生，来我家索取资料或钩沉线索，以完成毕业论文的。其社会效益已日见显现。

后来，来先生也曾有"事"找过我，一是在2006年至2007年间让我参与点校《清代经世文选编》，一是2009年让我点校《萧山县志稿》（民国二十四年本）。这些都是旧文献整理的事。因为我腰腿痛，行动困难，每次都是来先生让他亲戚焦静倩老师骑自行车往返来我家传递"作业"，包括支付"劳务费"等，有时还捎上几句表扬和鼓励的话，充分体现了来先生关爱晚辈、奖掖后进的大师风范。我也从中得到了锻炼和提高。只是来先生在有关书的出版说明或其他文章中，每提到我的名字总把"洪"字写成"鸿"字，大概是鸿雁比洪水好吧！

我和来先生最后二次见面：一是在2008年6月14日，来先生邀我去南开大学宾馆参加京津两地的专家座谈会，就《清代经世文选编》的定稿问题征求意见，并让我发言。另一次也是最后一次，是在2010年8月27日，由今晚报社和天津图书馆联合主办的中国私家藏书文化论坛会后举行的"来新夏教授米寿庆祝会"上，我被安排与来先生同桌。席间来先生问起我《天津艺文志》出版事，我回说尚无眉目。他安慰我别着急，再想办法。

来先生确为《艺文志》的出版事费了心思，除在报上发文呼吁外（该文后收入上海远东出版社出版的《邃谷师友》），有次天津某出版社编辑去他府上约稿，他就直接向该编辑推荐我书，但却因出版社考虑经济效益而未果。直到2012年下半年，我忘了具体日期了，来先生最后一次来电话问到我，手头还有无《艺文志》增订稿？我回说仅有自留的一套（上下两册），最近给天津图书馆李国庆先生要走了，因为他和《今晚报》的王振良先生准备把它收入由他们主编的丛书中，争取由国家图书馆出版社出版。我不知道来先生何以事隔多年后还惦记着这《天津艺文志》？曾有友人建议，我自己也想过，如该书能出版，定要请来先生再作序，但已无此机会了。

来先生走了，我很遗憾，也很沮丧，甚至感到愧疚。因为我的无能，未能让他生前看到《天津艺文志》的出版。我本不善交际，也不会说恭维话。但来先生的知遇之恩我是没齿不忘的。他的为人为学和高风亮节，更是我学习的榜样。生命不息，读书不止，笔耕不辍，做好学问，我也将沿着这条路走下去！来先生安息吧！

原载于《今晚报》2014年5月6日

短笺长忆来翁情

——深切悼念来新夏先生

袁　逸[*]

2014年3月31日下午约4时，杭州的晴空下突然接到来先生仙逝的噩耗，顿时惊呆。眼前的天也瞬间变得昏惨可憎。这是一个多么豁达通透热爱生活的智者啊，就这样走了？事后，焦静宜老师在电话中说，先生走得很宁静，安详，没受折腾，没有痛苦。是啊，先生有寿有福，应该是满足的。在生命最后的十年，有焦老师寸步不离陪侍身边，细微体贴难以尽言。31日的不眠之夜，我翻检出来先生与焦老师的结婚告示——那是2004年10月从天津寄来的，粉色的温暖中是一对新人甜蜜的笑容。告示内容云："敬启者，我俩已于2004年10月22日（重阳）在天津履行结婚登记手续，谨此奉闻。敬颂时绥。来新夏、焦静宜鞠躬 2004年10月22日。"一晃眼，又是十年了。而检视我与来先生的交往，也已有十四个年头了。

我与来先生的最初相识在2001年，那一年冬，来先生与焦老师应邀来杭州参加浙江图书馆举办的活动，由我全程接待、陪同，由此熟悉相知。2002年10月，我们又凑巧一起去台湾参加当地图书馆举办的"地方文献学术研讨会"，更多了共同的话题。此后，来先生频频应邀来浙江，回家乡，或讲学，或指导，我多次参与、陪同；其中的一些活动还是我牵头张罗的。先生深情关注、扶持家乡的图书馆事业、方志编纂事业，有请必从，有求必应，以提携后学、服务他人为最大

* 　袁逸，浙江省图书馆学会秘书长、研究馆员。

乐趣。先生暮年高龄，却有着一颗年轻而时尚的心，本已是相貌堂堂伟岸丈夫，却还是很在意衣着风度，出门总是以整洁体面示人。

记得在北京的一次地方文献研讨会上，先生看中了我穿的一件中式外套，便半开玩笑地说要我脱下来给他，我当场脱了让先生试穿，果然还算合身。可是，我没带备用衣服，总不能穿着毛衣回家吧？再说旧衣服送人也不合适。我答应先生，回去后一定给他买件相同的。过后不久，在先生再次来杭州时，我将新买的一件中式外套给了先生，并逼着他当场穿上，当众展示一番。先生当时乐呵呵的情状犹历历在目。

先生又是一个十分重传统礼节的人，我的女儿结婚、我的外孙女出生，先生与焦老师都是关爱切切，早早地送上了厚礼。先生名望卓著，却有着许多的草根朋友、忘年之交，嘉兴的范笑我，海宁的陆志康，慈溪的励双杰、童银舫，绍兴的孙伟良等就是。我应该算是其中最没出息的，却或是最为性气相通、最可无忌笑对的一个，也一定是受惠最多的一个。不说先生为我的小书辛勤作序，这些年，单是先生亲笔签赠的著作已不下二三十部。我的女儿袁密密当年报考南开大学研究生的过程，及此后在津就读的期间，更是深蒙垂爱，关怀备至，舐犊之情溢于言表。从小没见过亲爷爷的密密终于在来爷爷处得到了那一份千金难买至亲至爱天高地厚的温情暖意。此恨绵绵无穷期啊！

近日，焦老师来杭州，提及要为来先生编一文集，其中包括书信、题词等。于是，翻检近年所藏，得此五函，略作注释，先交深圳《公共图书馆》布示。

附：来新夏先生来函

袁逸说明：以下收录来新夏先生给我的五封信，时间从2001年至2012年。也大致反映了两人交往的过程。由于当代通讯的发达，我与来先生的联系以电话为多，这五封短函完整留存已弥足珍贵。为使读者更好地了解信函内容，笔者作了适当解释。

来函一

袁逸兄：

在杭承迎送，甚感。我当日中午即安返蜗居。

现有一事相托。我因准备写一篇嘉业堂的小文，一切资料均备，唯对业主刘承幹晚年生活不详。据传闻后在申生活穷困，死于8平米斗室中，卒于何年？终年多少？是否经过"文革"洗劫？有无文字记载或确实口碑？请代为访查，尽快见告。如有文字材料请复印见寄。请向你的部下小朱书记问好。即颂

　　近佳

来新夏　11.10

注：此信信封上的天津邮戳为2001年11月11日。

这是我收到的第一封来先生的信函。此前，来先生在焦静宜老师陪同下来浙江，是我接待的，由此相熟。由于时隔多年，记忆已不太清晰。大致能记得的是，来先生先到的杭州，参加浙江图书馆的一项活动，入住的是杭州中山大酒店。后由我陪同去绍兴。时间不长，但我能感觉到，由于性情相投，我与来先生很快一见如故，开启了此后十数年的情谊。

关于湖州嘉业堂主刘承幹的资料，我记得接信后很快便搜集、复印了不少寄去。因我馆刚编完《浙江图书馆志》不久，且档案室里更有不少原始的资料，我熟悉已有的相关资料。也在随后的电话中谈了自己的看法。

信中的"小朱书记"为浙江图书馆某党支部书记朱小燕，时在地方文献部，也参与了接待来先生工作。

来函二

袁逸：

　　你好！

　　密密去北京实习，我通知她如可能回津过节。

　　萧山馆已将图书2000余册运走。因馆舍建成延期故，第二批2000册当在年底。此事正麻烦，我雇了三个打工才勉强完成，自己也疲惫不堪。

　　最近洗印照片，有你二张，特寄去留念。我已留下另二张。

　　专此即颂

　　近好

来新夏

注：此信未署日期。信封上的天津邮戳为2006年9月25日。

密密是我的女儿，时在南开大学读研究生，隔三差五地时常在来爷爷家蹭饭，尤其爱吃爷爷包的特色饺子。信中提到的过节，应该是国庆节。来先生寄来的两张照片是此前陪先生与焦老师去绍兴时所拍。

来先生寄送萧山图书馆的书都是先生原先在家收藏的，因萧山馆建立"来新夏先生著述专藏阅览馆"所需，遂倾力相助。挑选、下架、打包等劳烦，对一个耄耋老人而言，艰难不言而喻。好在，该馆建成开放三年多来深受各界人士喜爱，人气甚旺。

来函三

袁逸兄：

你好！热吗？汗流通体亦是一乐。

序文等均收到。但反复读拙文无隙可击，文献丛刊诸文也难有采择。为此在序文后写一附记，依（倚）老卖老。又附一旧文，虽已发过，但倘能得人心。一切请你全权处理，可行则行，不可行则罢，万勿照顾这张老面皮，使你为难。专颂

暑祺

今日35度　新夏　7.26

注：此函写于2010年7月26日，系利用一已废弃的复印纸，书于背面。

是年，为浙江图书馆建馆110周年，故致电先生，请其撰一文以襄盛典，并寄去先生数年前为《浙江图书馆志》写的序文等资料以供其参考。先生思量再三，认为原序言所说已很好表达了他想说的，难以再有新意。遂尊重先生意愿，将此文刊于《图书馆研究与工作》2010年第4期。信中所提及的旧文为《应该重视图书馆员的权利与需求》，系先生在华北地区高校图书馆协作委员会第二十届年会上的讲话。我最终未采用此文，先生也再未丝毫提起此事。可见，先生善解人意，处处顾及他人的长者宽厚。

来函四

逸兄：

《萧山地图集》耗时半月读完，又酝酿多日，参考刘杭说撰成一序，现

寄去请斧正。如有不当处请定夺改订。虽已立秋，仍未退热，望自我珍重。我尚好，保证闯过90关。

新夏　8.14

附上小作《砚边余墨》一册

注：此函随书寄来，时间当在2012年。

《萧山地图集》为杭州市萧山区一部大型现代地图集，编者素仰来先生之学望，托我向先生索序。来先生不忍辞请，以90高龄之躯，冒酷暑挥汗撰就，为此地图集增色尤多。我记起了几年前的夏天去南开大学北村先生的居所，亲睹先生赤膊在电脑前奋战的情景，至今难忘。信中提到的刘杭为浙江图书馆地方文献部员工，也参与了《萧山地图集》的编制工作。

更记得，当时读到"保证闯过90关"这句话时印象至深，肃然起敬。老爷子烈士暮年，自信满满，恰可为其"誓不挂笔"之语互证。

来函五

逸兄：

新年好！

《萧山地图集》序已于11月18日在上海文汇读书报刊出，样刊日前方寄到，我留一份，另一份寄你，或转陈先生均可。

今天除夕整理书札，特寄你一信祝快乐。

小忽悠过得好吗？爷爷想她。她也不寄个贺卡来。可恶！！！

新夏　除夕

注：此信未署日期。信封上的天津邮戳为2012年1月22日，正是除夕。

陈先生是《萧山地图集》的主事者，也是我的朋友。随信附有《文汇读书报》的剪报。

"小忽悠"为小女袁密密，相对应地，我则是"大忽悠"。其得名来由是，俺父女俩常恣肆无忌于来先生前，轮番哄蒙逗乐先生，遂有此混号。"小忽悠"1983年生人，正好小先生一甲子，生肖、干支完全相同，都是癸亥年的猪。"小忽悠"在南开大学读研期间经常吃住在来爷爷家，来先生对之宠溺有加，结下深厚的祖孙情。无奈现今的年轻人常是没心没肺，加之职场、家庭两头忙，少有能真切体会长辈的付出与牵挂。"爷爷想她。她也不寄个贺卡来。可恶！！！"就中流露的强烈情感让我震撼，无语。三个惊叹号，每一个都是爷爷的真情，渴望。

原刊于《公共图书馆》2014年第2期（总第43期）

印象来公

沈迪云[*]

我到萧山地方志办公室十年余，如果要说什么收获，最大的收获之一要算认识新夏来公，并不因为他是我的老乡，也并不因为他的名气之大，而是那种"老骥出枥，志在万里"和对故乡"大爱"之精神时时在感动着我，鼓励着我。

老骥出枥

魏武名言"老骥伏枥，志在千里"，来公把他改成"老骥出枥，志在万里"。这一改，在来公身上发挥得淋漓尽致。

六十岁时，他立志说："遥望远天，苍松翠柏的矫健，正以岁寒后凋的精神在召唤我作新的开始"，我"要以'花甲少年'的龙马精神，树千里之志，使余年踔厉风发，生气勃勃地植根于博，务求乎精。"

七十岁时，他自赞说："无忧无怨，意气坦荡；蒲伏默祷，合十上苍：只要不死，台阶还要再上。"

八十岁时，他豪言壮语"只要早晨起来，依然天天向上"。

事实也印证，来公耗二十年之心血，换来学术春天，把六十岁以前的损失重又夺回来，完成六百余万文字的学术典籍。更可贵的是，他八十岁以后我每年还能收到来公大作至少三部，成为中国学术界的奇迹。任何立志从事学术研究的年轻人，都能从中得到很好的法门和教益。

* 沈迪云，杭州市萧山区地方志办公室主任。

如今来公九十岁，他还会怎么说？

病中论道

老骥出枥，总有一累。长期超负荷的来公，2009年4月住进医院，得悉后我去天津探望他。走进他的病房，他躺在病床上，我说"来老师，你总算可以好好休息了"，容不得我下一句安慰话，他执意要起床，却给我滔滔不绝说起《萧山丛书》一事。我深知，这是一项宏大的文化工程，若无深厚的学术功底，根本无法完成，此非来公莫属。但考虑到现状，我再三说"暂不用管此事，身体养好再说"。在旁的焦老师抱怨"他就是这个脾气，未做完的事一直执着"。

事实上，那次我去看他却成了我们之间一次工作座谈。他跟我说了为什么要出《萧山丛书》的许多理由，并且他早已做好了大量的前期工作，已从全国各大图书馆收集到各个时期有关萧山的著作篇目。又对丛书是按作者分，还是按时期划分，对内容如何排版等等都作了详细的规划，提出真知灼见，使我顿悟。

来公啊，来公，我不是来谈工作的。我如坐针毡，只得赶紧离开。

大爱故乡

孔夫子搬家全是书，踏进来公之家也全是书，几家大图书馆早已虎视眈眈看中它，对我们来说从来没有这个奢望。2006年那次来公来到萧山，他作出决定："我一生收藏的各类志书6000余部，其他地方都不捐了，全部捐给家乡"，这真是天降喜事！

萧山区委、区政府对此十分重视，区政府领导专门协调有关部门，腾出闹中取静的江寺一幢楼作为"来新夏方志馆"。现在此馆不仅是萧山各镇街、部门、企事业单位修志查阅资料的唯一去处，还成为全国各地方志同仁来萧山的必踏之地。

如果将来萧山方志事业再能上一个新台阶，无论如何都应该用浓墨重彩来记载。

原载于《友声集——来新夏教授九十初度暨从教65周年纪念集》 孙勤主编 中华书局2012年版

永远的乡情

——《友声集·来新夏教授九十初度暨从教65周年纪念集》代序

孙　勤*

2012年，来新夏教授九十初度暨从教六十五周年。孔子说："知者乐，仁者寿。"来新夏教授当之无愧！他的家乡人祝贺他！

浙江萧山，钟灵毓秀，代有人出。来教授祖上于南宋建都临安时迁居于此，是当地的大姓望族，至今老屋犹在。虽然他少小离家，却心系故土，他曾满怀深情地回忆说："我离乡七十余载，犹不忘冠山青绿、祇园梵呗。我来氏家族世居长河，而舅家经商西兴……忆少时住舅家，每雨中着钉鞋，踏行于老街青石板路间，叮叮音响，重绕耳畔……"每读至此，我心中就会涌起一股热流。这是多么浓厚的乡情！

来教授对故乡的一片赤子之心体现在他对萧山发展的由衷关切，尤其关注萧山的文化建设。改革开放以来，来教授与家乡的联系日益密切。上世纪八十年代初，他悉心指导萧山地方志的编纂工作，使《萧山县志》在全国第一轮修志工作中取得了骄人成绩。九十年代，他多次莅临萧山，为家乡的发展建言献策，萧山图书馆、方志办、档案馆都曾得到过他的支持和具体指导。至本世纪初，来教授年过八旬，却离而不休，仍然笔耕不辍。勤奋和执着的收获是硕果累累，名满天下，而他对萧山的炽热乡情不仅丝毫未减，且又做出了更多的奉献。2007年2月，坐落在萧山城区江寺藏经楼的"来新夏方志馆"和设在萧山图书馆内的"来新夏著述专藏阅览馆"相继成立，来教授把自己毕生收藏的地方志和专业书籍四千余种无偿地捐献出来，为家乡的文化建设添砖加瓦。这是多么高尚的情怀！

---

* 孙勤，萧山图书馆馆长。

　　我与来教授相识于我任萧山图书馆地方文献部主任之时。多次的工作接触，他在我心目中不仅是博学弘通、令人尊敬的大学问家，更是一位仁厚蔼然的长者。"来新夏著述专藏阅览馆"的设立，不仅提升了萧山图书馆的文化品位，更成为弘扬萧山地方文化、彰显乡人成就的一座标志，萧山人引以为自豪！为此，我们也要把这一份故土对游子的乡情回馈给他。于是，便有了编辑这本《友声集》的创意。2011年孟夏，趁来教授到杭参会之机，我向他表达了这个意愿。随后，即开始收集相关资料，邀约诸友撰稿。令我深受鼓舞的是，此举得到海内外友人的热情响应，三个月之内即收到相关文章四十余篇。作为这些文章的第一读者，我不仅被其中诚挚的友情、亲情、师生情所感动，更每每被专家学者们所记述的来教授孜孜不倦的治学精神所叹服！这是我编辑这本《友声集》意外的也是最大的收获。

　　本书稿于10月底顺利集结，主要内容包括两方面，一是收集了自2003年即来教授八十岁以后见于各报刊对其人其书的评论，二是邀约近年多所交往的一些同道、书友的文章。限于篇幅，对前一类文章进行了筛选，并取每位作者仅存一篇的原则后，共得八十余篇。又根据内容，分为上、下两卷：卷上主要涉及著述与事功，卷下则记述交往与友情。其后附录"来新夏著述提要"，以概括来教授的学术生涯。可以说，无论是对其书的评论，还是对其人的嘉许，每一篇文章都饱含着深情，每一位作者都是来教授的知者。正由于此，编排起来颇感难分轩轾，于是采取了如此简易的方法——每卷中的文章均按作者姓氏的汉语拼音顺序排列，遂使书稿大致就绪。

　　感谢每一位作者，是你们的论与述让人们更了解来新夏教授的人品、书品和生活细节；

　　感谢协助编辑本书的南开大学图书馆和萧山图书馆的同仁们，是你们的工作让萧山人的一片乡情融入字里行间；

　　感谢中华书局和责编李晨光先生，是本书的出版把九旬游子的荣耀带给萧山。

　　家乡是生命的根，这本书中所承载的，正是永远的乡情！

二〇一二年元月

　　原载于《友声集——来新夏教授九十初度暨从教65周年纪念集》　孙勤主编中华书局2012年版

知名学者来新夏与他的著述专藏阅览馆

方晨光*

来新夏先生是中国近代史、方志学及文献学上的领军人物。

"来新夏著述专藏阅览馆"设于投资1.3亿元的萧山图书馆新馆。这是萧山图书馆除日常外借、阅览、少儿、地方文献等功能外，举起的一面文化名人的旗帜。

一、来新夏先生是全国知名学者

来新夏，浙江萧山长河人，1923年6月出生于杭州，1946年6月，毕业于北平辅仁大学历史学系，获文学士。1949年从师于华北大学范文澜教授，专攻中国近代史。曾任南开大学教授、系主任、校图书馆馆长、南开大学出版社社长兼总编辑，为《中国地方志集成》指导委员会委员、林则徐基金会第一届理事会理事、国家教委图书资料专业职评委副主任委员等职。现任教育部地方文献研究室主任，社会兼职有中国近现代史史料学会名誉会长、文渊阁本《四库全书》学术委员会委员、天津市地方志编纂委员会顾问，美国俄亥俄大学图书馆顾问等职务。

来新夏先生专攻中国史、方志学及文献学，具有较高的学术造诣，并有独特的见解。将中国书史、中国目录学史和中国图书馆史等，实施三史合一，撰著《中国古代图书事业史》和《中国近代图书事业史》等著作，并在南开大学图书

---

*　方晨光，杭州市社会科学院研究员、萧山图书馆原总支书记。

馆学系进行教学实践。他的主要著作有《清人笔记随录》、《近三百年人物年谱知见录》、《古典目录学》、《林则徐年谱》、《北洋军阀史》、《中国近代史述丛》、《志域探步》及10余种随笔集等50余部。

来新夏先生一生得了不少奖。如1984年被评为天津市市级劳动模范，2003年获教育部人文社会科学优秀成果二等奖。但最突出的是，美国华人图书馆员协会鉴于来新夏教授在图书馆领导工作期间的卓越业绩，在学术领域中的众多优秀成果和推动中外国际交流所做出的努力，经过世界各地图书馆人的提名评选（每年1人），特授予来新夏先生2002年度"杰出贡献奖"。这是我国自建国以来被授奖的第二人（1992年北京大学图书馆馆长庄守经首次被评授）。

二、"来新夏著述专藏阅览馆"体现的价值

在建设"来新夏著述专藏阅览馆"的协议中这样写道："为创建新馆的文化氛围和提升文化品位，弘扬萧山地方文化，彰显乡人成就。"事实上，这样的提法是远远不够的。2006年全省公共图书馆地方文献工作会议上，我专门介绍筹建"来新夏著述专藏阅览馆"的经验，说明了这件事的重要和在浙江省的影响。

萧山因有来新夏先生这样的文化名人，值得引以为自豪；设立"来新夏著述专藏阅览馆"，是萧山的荣耀。谁都知道，一部地方史，经大浪淘沙，最终剩下的是名人的历史。萧山的历史文化如此，西施、许询、贺知章、杨时、毛奇龄、蔡东藩、葛云飞、任伯年、来楚生、沈定一、杨志华等等，不一而论。来新夏先生无疑是现代文化名人。设立专馆，应该说具有远见卓识。

在萧山图书馆设立"来新夏著述专藏阅览馆"，集中展示了来先生一生追求的文化目标，便于各级领导和广大市民了解深层次的文化内涵，为更多的学者研究来先生的学术成就提供方便。通过对"来新夏著述专藏阅览馆"的策划宣传，让更多人走进萧山图书馆，了解图书馆学，以及图书馆与社会政治、经济等各方面的关系。从而，把图书馆作为自己终身学习的重要场所。

通过"来新夏著述专藏阅览馆"的设立，以此可以带动"萧山名人专柜"的设立。在萧山图书馆新馆的四楼，已设立了"萧山名人著述专藏阅览馆"，以专柜的方式展示萧山名人的书籍，同时供学者研究。"萧山名人著述专藏阅览馆"入藏的萧山文化名人有：邵燕祥（诗人）、任大霖、任大星、倪树根（儿童文

学作家）、郭汉诚（戏剧家）、汪洋（电影家）、章柏青（电影评论家）、高帆（摄影家）等；还展示了历年来萧山文人出版的多种书籍，体现萧山的文化成果。

三、"来新夏著述专藏阅览馆"及开放效应

萧山区文广新局于2007年2月2日，在新落成的文化中心专门召开了"来新夏著作捐赠仪式"，向来先生颁发收藏证书。

"来新夏著述专藏阅览馆"汇聚了来先生毕生心血的文献学、历史学、方志学等50余种著述、7个方面研究方向的7000余种藏书和100余件物品。这些著述、物品反映了来先生各个时期的文化探索和文化追求，它是萧山人民的宝贵财富。

来先生向萧山图书馆捐赠的书籍、杂志、手稿、实物、照片、书画及用品等，萧山图书馆将永久地妥善保存，不因人员调动、场地变化等而受到影响；所捐赠的图书按专题单独编目，不编入萧山图书馆现有对外目录，仅供读者在馆阅览。为办好"来新夏著述专藏阅览馆"，图书馆特聘来先生夫人焦静宜女士担任终身顾问，以指导"来新夏著述专藏阅览馆"的工作。

经过提出方案、搜集资料、展厅设计、装修装饰、陈列布展等9个月时间，2007年2月"来新夏著述专藏阅览馆"正式开馆。"阅览馆"设在新馆四楼，地方文献室的东面出入比较方便的地方。面积130余平方米，靠南，有小阳台。"阅览馆"分内外两间，以屏风式圆洞门隔开。外间为序厅和书房，内间为陈列阅览室。序厅：陈列来新夏先生画像（刘波画、范曾题）、简介、大幅照片及风景装饰物。书房：名称为启功先生题写的来先生书斋"邃谷"，内置来新夏先生使用过的书桌、转椅、书架等，桌上放置笔墨纸砚及图书、辞书等。四壁悬挂来新夏工作照，顾廷龙先生"邃谷"真迹，自书《邃谷楼记》真迹。陈列阅览室：周围悬挂"来新夏先生生平展"图板，100余幅照片分别展示了来先生成长过程和学术生涯中主要事迹；边上8只展柜分别陈列来先生的文献学、图书馆学、历史学、方志学、语言文学、剧本手稿等不同学科的著述和媒体评说；中间书柜上方分别按家学、师承、历史学、文献学、荣誉证书等分类陈列手稿和原件；书柜内陈列来先生捐赠的用于研究的按图书馆学、历史学、方志学、哲学理论、文学、杂著等参考图书。墙上空余地方分别悬挂来先生自题的"临渊羡鱼，不如

退而结网"的座右铭、中国政法大学教授杨玉圣写的"纵横三学，自成一家"立轴、书法家傅耕野先生写的"宠辱不惊看庭前花开花落；去留无意望天空云卷云舒"一对评介来先生的立轴真迹、大书法家启功先生为来先生八十寿辰写的"难得人生老更忙"的赞语镜框和2002年度美国华人图书馆协会颁发的"杰出贡献奖"铜牌。

"来新夏著述专藏阅览馆"采取一厅多用，平时日常开放，供广大读者了解来先生的生平，供专家学者研究来先生及来先生的著述，并查阅相关资料。专藏阅览馆还承担接待领导和专家学者的任务。

"来新夏著述专藏阅览馆"具有宣传、展示、研究的作用。其品牌效应不断扩大，至此已接待观众8万余人次。图书馆利用"世界读书日"、"图书馆服务宣传周"、"未成年人读书节"等节日大力宣传，通过"来新夏著述专藏阅览馆"的影响力，扩大萧山图书馆的社会作用。

"来新夏著述专藏阅览馆"建设，极大地丰富了萧山城市文化的底蕴，张扬萧山城市文化的个性，增添萧山城市文化的亮点，显示萧山文化的力量，体现了萧山文化的积累；它具有本土化、个性化、直观化的特征，是人们最清晰、最深切地凝视地方特色文化的窗口；它是萧山人除经济强区外引以自豪的文化资源，是萧山的宝贝，这种资源是不能被夺走、不能再生的珍贵资源，全国仅此一处；是萧山人乃至浙江图书馆人引以为自豪的文化标志和文化形象，有利于提升文化工作者的创业精神和精神境界。

"来新夏著述专藏阅览馆"是萧山图书馆的一种文化探索，是高雅文化走入平常百姓视野的全新实践，事实表明，这种尝试非常成功。

影响第八

来新夏邃谷楼：纵横三学，自成一家

韦 力[*]

来新夏先生乃是南开大学著名的教授，然而其晚年却与民间读书界有着密切的交往，这种做法与一些名教授的处事姿态有着不小的差异，而其平易近人的语态在读书圈内有着广泛的夸赞之声。

我与来新夏先生的相识时间大概在二十年前，某天我接到了《光明日报》文艺版主编韩小蕙老师的电话，她告诉我说南大教授来先生将到北京来办事，他想约你见面。来先生的大名我早已听闻，他的主动约见当然令我很高兴。几天之后，韩小蕙陪来先生来到了我的寒斋，而我则拿出一些善本来向来先生请教。

中午我请他们二位吃饭，在席间听到来先生讲到他的藏书历史。由此而让我了解到，这位著名学者从小就喜欢藏书，其藏书历史之长远超我的年龄。

关于来先生为什么要来京找我这位晚辈后生，他在见面时并未提及，只是称听说我在藏书方面有些成就，想来看一看。到了2004年底，我所写的《书楼寻踪》得以出版，便给来先生寄呈一册请他斧正。此后来先生写了一篇《友朋赠书录》，此文提到了几十位作者赠书给来先生的记录，其中也提到了我的《书楼寻踪》。文中对我多有夸赞，他认为这种写法"不是一般游山玩水，偶有所遇，信笔写下的随意之作，而是有文献准备，有行动规划，有寻访目标的一次藏书楼研究的田野工作，是一项对地面文物的专项考古工作。《书楼寻踪》不仅为后来求

---

* 韦力，藏书家。

访者授一指南，又为藏书文化研究增若干可靠资料，而征文考献之方法更对今之浮躁学风给以棒喝。"

当时我看到这样的夸赞之语很是兴奋，来先生是目录版本学界的名家，能够得到他的首肯当然给我以很大的鼓励。而他在这篇书评中也简略地提到了我们相识的过程："我认识韦力很偶然，在世纪之交的那一年秋天，有一位专讲收藏的报纸编辑来家采访，向我介绍了中年藏书家韦力。经过辗转周折，我们终于通上电话，但尚未谋面，亦未看到他的藏书，似感微憾。隔了几个月，我借去京之便，和《光明日报》记者韩小蕙同往韦力寓所，得到韦力君的热情接待。他向我们谈到他正在实施一项行动计划。他在搜集了解有关藏书楼的文献资料基础上，亲自走访各地藏书楼及其遗址。"

自此之后，我跟来先生有了较为密切的交往。而我渐渐也了解到他的学术体系不仅是在图书文献学上有着广泛的影响，同时他在历史学和方志学方面也同样是大家，这正如谢辰生先生给他所题之辞——"纵横三学，自成一家"。将这三门学问熔铸于一炉，其学问之博大，足令人赞叹。

然而来先生在其晚年于治学方面有了一些变化，他连续地出版了多本随笔集，那种信手拈来的旁征博引以足见其腹笥之深厚渊博。而来先生每出一部新作几乎都赠送于我，可能他知道我的藏书偏好，故其每次都在新作的扉页上写一篇颇为不短的题记，以讲述本书的主旨以及相关的故事。如此的爱护使得我十分感谢这位前辈，而在后来的交往中我们也时常通电话了解彼此的情形。

在交往的过程中，我也渐渐了解到来先生的家学，而后我读到他所撰《我的学术自述》一文，方对他的生平有了概念性的了解。关于他的出身，来先生在本文中写道："1923年的夏天，我出生在江南名城杭州的一个读书人的大家庭中，父叔常年谋食四方，家中事无巨细都由祖父主持。祖父裕恂先生是清末秀才，曾从师于晚清国学大师俞樾，二十世纪初留学日本弘文书院学习教育。在日本期间，曾在同盟会主办的横滨中华学校任教务长。回国后，经蔡元培介绍加盟光复会，在家乡从事新式教育的劝学工作。"

来先生出生在江南的读书人家，而他的祖父来裕恂乃是清末民初著名的学者，早在光绪末年，商务印书馆就出版过他所撰的《汉文典》。他还写过一部《中国文学史》，而我在撰写《觅文记》时也参考过该书。从文献上得知，来裕恂还撰写过《萧山县志稿》以及《匏园诗集》、《易经通论》等。因为来新夏的父亲在外地工作，故幼年时他是陪伴在祖父身边，这样的饱学之士当然会对来新夏产生深远的影响："我七岁以前，一直随侍于祖父左右，生活上备受宠爱。但祖父对我的教育却很认真，非常严格地对我进行传统文化的蒙学教育，以三、百、千、千的顺序去读，去背诵，还为我讲解《幼学琼林》和《龙文鞭影》等蒙学书，为我一生从事学术活动奠定了入门基础。"

来新夏在七岁时跟随母亲来到了天津，因为父亲供职于此，而他在天津上学期间又遇到了好老师，使得他对历史有了浓厚的兴趣。在二十世纪四十年代初，他考上了北平辅仁大学，而他的授业老师有多位都是学术界的大名家，比如陈垣、余嘉锡、张星烺、朱师辙、柴德赓、启功、赵光贤等等。正是这些名家的培养，使得来先生的学术眼光更为广博。

从1951年春开始，来先生在南开大学任教，自此之后的六十余年间，来先生一直站在此校的教席上。他在南开大学教过中国近代史、中国历史文选、中国通史、古典目录学、历史档案学、鸦片战争史专题和北洋军阀史专题等。除了教学之外，来先生从五十年代开始致力于北洋军阀史的研究。他从1952年开始就在《历史教学》杂志上连载《北洋军阀统治时期》的讲课记录，到了1957年，他将此记录整理为《北洋军阀史略》一书。此书在学界引起了广泛的注意，日本学者岩崎富久男将此书翻译成日文在日本得以出版。

关于北洋军阀史的研究，来先生仍然做着深入地探求。他与人合撰了《北洋军阀史稿》，后来又与他的学生共同编纂了三百多万字的《北洋军阀》（《中国近代史资料丛刊》之一种），而后他又主持撰写出了百万字的《北洋军阀史》，由此而让来先生成为了国内著名的北洋军阀史研究大家。

正是由于这样的研究，以及他对祖父《萧山县志稿》的整理，使得他在"文革"中受到了批斗。"文革"结束后，来先生与梁寒冰共同发起了全国性的修志工作，而来先生从1983年开始，按照华北、西北、中南、东南的区域划分举办了四个修志培训班。在讲课的过程中，他编纂了一部《方志学概论》，该书乃是中国第一本修志教材，由此而使得他成为了国内方志学权威。之后他撰写出了《志域探步》一书，而后他应台湾商务印书馆之约对该书作了全面的增补与修订，并将此书改名为《中国地方志》，此书亦是中国方志学领域的名著。

与前两个领域的学术成就相比，来先生在图书馆领域的贡献也同样令人瞩目。对于这一段经历，他在《我的学术自述》中有如下调侃式的说法："命运往往拨弄人，十年动乱终于走到了尽头，一切又归于平静、正常。我也从二十世纪六十年代以来那种百无是处的处境中解脱出来。问题结论了，政策落实了，我的

'聪明才智'似乎又被重新发现，有了新的价值。二十世纪八十年代前后，当我临近花甲之年，一般人已在准备退休，而我却方被起用，迎来了一生中唯一的'辉煌'瞬间。我在一两年内先后荣获了校务委员、校图书馆馆长、校出版社社长兼总编辑、图书馆学系系主任、地方文献研究室主任等诸多头衔。校墙外面的虚衔，也如落英缤纷般地洒落到头上来。"

正是因为有这样的机遇，来先生将自己的精力转向了图书文献学，为此他写出了一系列的著作："我结合新的事业，又转向于图书文献学领域。在这公务繁忙的十多年中，我主持并参与编写了《中国古代图书事业史》、《中国近代图书事业史》和《图书馆学情报学档案学简明辞典》，撰著了若干专门性论文，开辟了我学术研究工作的图书文献学领域。"

也正是因为这个缘由，使得他对中国藏书史有了系统地梳理，同时他也开始留意当代藏书的现况。也许正是出于这样的动机，使得他对我有了兴趣。他竟然在百忙之中抽出时间特意到北京与我相见，而我在跟他交往的过程中，更多者是跟他学到了为人处事的道理。他曾向我讲述自己在被批斗被关押之时依然不放弃对生活的信心，他想尽办法能在那样困难的时段里继续研究学问。因为他认定一切都会过去，而这样的心态给我以很大的鼓励，使我处在自己人生的低潮期时，依然能够面对一切。

三年多前来新夏先生去世了，但他的晚年却很幸福，因为他有焦静宜老师的照顾，同时因为他的德高望重以及平易近人使得他朋友遍天下。我记得他晚年每到盛夏之时都会跟焦老师到蓟县避暑，他会时常打电话给我，劝我不要太劳累，要学会劳逸结合。以他的话来说，搞文史的人生命长度很为重要，因为文史需要多年的知识积淀，到了老年才是展现成果的时候。虽然如此，但上天还是把他召唤去，不知他在那里是否还在研究自己的三学，而在现实的三个学术领域里确实失去了一位和蔼可亲的饱学之士。

对我而言，有一件遗憾事一直耿耿于心：我跟来先生有着十七八年的交往，然而在其生前我却未能走进他的书斋。其实在这么长的时段内我去过天津很多回，但心下里总不愿打扰老先生的治学之思，正是基于这样的心态，使我一直希望有机会弥补上这样的一个遗憾。2017年底，萧山图书馆举办了"传承学术精神，感悟人格魅力——缅怀来新夏先生逝世三周年座谈会"，我在此会上再一次见到了来先生的妻子焦静宜老师。在讲座之余我向焦老师提出自己想去拍照来先生的书房，而焦老师爽快地答应了我的要求。于是在2018年3月3日，我第一次走进了来先生的书斋——邃谷楼。

此趟的天津之行，乃是应天津著名学者王振良先生之邀，前往他主持的问津书院办一场讲座，故而王先生陪同我一同走进了南开大学，因为他也是南开的学子。我们三人在用餐之后，焦老师与王先生带我在南开校园内一路参观。王振良曾有一度致力于研究天津的名人故居，故其在校园之内每到一处，他都能给我指出这里曾经住过哪位名人。焦静宜同样毕业于南开大学，从毕业后她在本校任教至今，所以对校园内的变迁也是如数家珍般能够一一讲述。而我几次走入该校，每次都是办完事就离去，从没有像今日这样能够在校园中闲庭信步。

当我们走到一片平房区时，王振良马上说，当年来老就住在这个区域内。而焦静宜则向我讲述着来新夏居住在这里时的惨痛遭遇，因为在"文革"之时，来了一群"红卫兵小将"，正是在这里把来新夏所藏的线装书点了一把火几乎烧了个干净。

对于这件事，我在来先生的几篇文章中都曾经看到过，可见此事对他的心理有着不可磨灭的影响。他在《我与古旧书》一文中写道："四十多年前，这一面墙的二十四史竟于1966年的8月间，丧身于红卫兵的'文革'烈火中。另一些线装书，也都不是充公，便是烧掉，我的数千册古旧书几乎一扫而空，仅剩下从灰烬中扒出和后来所谓发还的查抄物资，总共只有百多册。2004年10月，我想念那批书，写过一篇《我的线装书》的小文，来悼念这些无声的密友。"

此文所写颇为简略，然来先生在《我的线装书》一文中则有着如下的细节描写："1966年一个炎热的下午，一群年轻后生闯进我家，声言'扫四旧'而且自称按最高指示办事。他们卷走了我收藏的书画、唱盘和集邮画册外，主攻方向是我的线装书。这伙勇士们首先看中倚墙而立的那套二十四史，争先恐后地把一箱箱书倒在地上，把小木箱摔砸成木片，架在一起点火。樟木易燃，火势熊熊，整抱的史书一次次抛到火堆上。我只能痴痴地在旁垂手而立，不敢乱说乱动。书箱和书多少年来像亲兄弟那样相依为命，从未分离，我呆呆地看着火势，内心悲切地目送这些朝夕相处的亲兄弟同归于尽。我忽地想到'煮豆燃豆萁'的故事，虽然这不是书箱对史书的'相煎何太急'，但仍然隐约地听到若断若续的'烧书燃书箱，书在火上泣'的呻吟。勇士们把其他线装书也以化私为公的名义用板车拉走，把剩下的二十四史一股脑儿推在火堆上，便得胜还朝般地扬长而去。他们不知道，线装书压多了就不起火苗，所以最后一压，火熄烟起，我急从余烬中抢救一些未燃尽的书，像从死亡边缘上抢救出垂危者那样庆幸。一经整理，还残余几十册，约是全套书的十分之一，其中《史记》还是完整的；屋里的平装书也被勇士们从书架上胡乱扔在地下成堆，不料书堆下也压着一部分线装书；后来发还查抄物资时，我又收回象征性的几十册，总共有百余册之谱，这就是我劫余后的线装书总数。历尽人间沧桑，何物不可付之烟云！"

看到这样的描写，真让我有揪心之痛，虽然说来先生一再告诫我无论遇到怎样惨痛的经历，也要努力坦然面对。但他在看着红卫兵在烧自己的藏书之时，依然有着要与书同归于尽的想法，而这样的心情若非对书珍爱之人难以体味。

关于来先生何以爱上了藏书这件事，他在《我与古旧书》一文中有着如下表述："八十多年前，我开始在祖父教诲下读启蒙读物，但并不是时新的新版教科书，而是三、百、千、千和《幼学琼林》等等，都是扫叶山房极简装的线装书。祖父常命我用这种本子和好一点的版本对照诵读，纠正错讹。当年虽然不懂版本校勘之类的专称，但亦算一种初步的童蒙训练，成为我与古旧书结缘的开端。"

祖父的影响对来新夏影响至深，祖父在教他读书之余同样告诉他读书要读好的版本，只有这样才不会把书读错。而这样的概念扎根于来先生的心中，使得他对书籍的版本有所留意。因此他来到天津之后，渐渐养成了转旧书店和旧书摊的习惯。而其转旧书店的地址，他在《旧书店》一文中有如下记录：

> 我从十七岁读高中时就开始逛旧书店、摊。那时天津的旧书店、旧书摊比较集中的地方是天祥商场二楼，旁边的劝业场和马路对面的泰康商场则显得零散。开始偶尔去逛逛，渐渐成为每周必到的常客，和书店的老板也慢慢地熟悉起来。

天津的天祥商场乃是民国年间旧书店最集中之处，我曾特意到天津寻找过这处著名的旧书集散地。可惜的是，天祥商场已经不见了踪影，带我前往一看的朋友只能向我指认天祥商场的原位置。故而，那个时代的书界繁荣场面已经成了绝响。但天祥商场却保留在许多爱书人的记忆之中，故很多人的文章里都会提到在天祥商场买旧书时的美妙时光。而来先生也正是在这里跟书商学得了一些目录版本学界的概念，他在《旧书店》一文中写道：

> 有时店堂清闲，老板还会邀请我这位常客坐坐，端上一杯"高末"清茶，饶有兴味地谈论些关于书的知识，那都是他几十年书贾生涯的经验之谈，尤其是版本目录方面的内容时时引起我极大的兴致，我那时知道的什么

"金镶玉"、"四大千"、"鱼尾"、"黑白口"、"黄批顾校"、"活字本"和"精刻本"等等知识，都是从这位六十多岁的老板口中学到的，也许这些知识给我埋下了后来专攻古典目录学的种子。

关于来先生当年在天祥商场买到了哪些书，因为他的藏书在"文革"中被烧掉了，而他又没有目录留传下来，故使得邃谷楼藏有哪些珍本今日已难知其详。然而，他的藏书中有一个门类，因为品种特别，所以他在几篇文章中都曾提及，例如他在《我与古旧书》一文中写道："六十年前，天津解放，古旧书散出不少，价格也跌差很大，我在京津两地的书摊和街头地摊上，论捆买到不少古旧书。粗加整理，较多的是清人年谱和皇历。年谱引起我日后撰写《清人年谱知见录》的兴趣。那几十本皇历有不少是挨着年的，可惜在'文革'中我只能眼巴巴地看着它们葬身在家门前那堆无情的烈火中，我那不轻易流的眼泪，不自觉地顺着面颊流下来，而那些无知的男男女女却哈哈大笑地欢庆自己的战果。"

在解放初期，来先生就致力于清人年谱和时宪书的搜集，这两个门类的前者使他有了《清人年谱知见录》的著述。而对于时宪书却因为所藏之本全被烧毁，故未曾见到他写出相应的研究成果。然而，从其所记可以了解到，他也曾对时宪书十分看重，并且他对自己的所藏也颇为得意，曾有一度他还想把自己的书斋改名。来先生在《旧书店》一文中写道：

> 我经常到旧墙子河边的废品堆上去闲逛，在一捆捆废书本中往往会有意想不到的收藏。有一次，我花费三块多钱买了好几捆废书本，从中捡出了十几本清朝乾嘉同光时的皇历，虽然有些残破陈旧，仍然使我大喜过望，以后由于加倍留心，又陆续收集到一些，加上我原藏部分，断断续续地有百多年，心想如能把清朝皇历收齐，那不是很有历史和文物价值的吗？我一度还想模仿傅增湘先生因有两部善本《资治通鉴》而命名自己的书斋为"双鉴楼"那样，把我的书斋题名为"清历楼"，后因积累不足而未果。即就这百多年来说也颇自珍惜，不幸在"文革""扫四旧"时，理所当然地被付之一炬。

对于时宪书的收藏，来先生竟然有一百多个年号，这个成绩确实不俗。因为我恰好也有此好，三十年的搜集，至今也不过一百多个品种，因为时宪书属于实用品，故保留的概率不高。而著名学者周绍良先生曾专藏明代的大统历，后来这些藏本都捐赠给了北京图书馆。然而，清代的时宪书却未见有专藏之人，来先生提到的傅增湘，其实也有藏历之好，只是这位大藏书家仅藏一些特殊的稀见年号，比如乾隆六十一年到六十四年等等。而来先生则是想把清代的时宪书按照年代一一排列下来，搞成一个大全集。虽然因为"文革"的原因，使得他的这个志向未果，但他系统地收藏清代时宪书，则是我所知道的当代学者中的第一人。

来先生的邃谷楼位于南开大学一个独立的区域内，这个院落面积不大，里面主要是三层到四层小楼，这些楼房的外观都有着横竖的加固梁，显然这是唐山地震后的产物。而邃谷楼所在的一排房则是南大北村10号楼，其楼门前有一棵颇为粗壮的枣树，而我遗憾于其不是两棵。而后我跟随焦老师登上了三楼，这种老楼没有电梯，真不知晚年的来先生是如何上下楼。

进入屋中，眼前所见是窄长的一条走廊，走廊的两侧各有几间房。因我在萧山图书馆已经参观过来先生所捐之书，因此我以为邃谷楼已经不会看到满壁皆书的景况。然而我在走廊内依然看到两侧墙壁的书橱里放满了书，而几个房间参观下来，里面依然凡墙皆书。真不能想象，当年那些数量巨大的书堆放在哪里。

"文革"期间，虽然来先生所藏之书基本上被烧掉了，但是他在"文革"之后又开始故态萌生，他在《散书之痛》一文中写道："'文革'过后，我又重整旗鼓再建藏书。当时，一方面社会上流散的图书量大，便于淘书，可谓网网不空；另一方面许多旧雨新知多投入著述，赠书日多。没过几年，我的藏书又恢复旧观，几间住房，都堆置了书。我还因此在天津评选藏书家活动中获荣誉奖。"

可惜的是，我今日走进邃谷已经无法看到这样的现况，因为他的书已经捐出去了很多。对于捐书之地及其所捐的数量，来先生在《散书之痛》一文中写道："十来年前，我已超过八十岁，不免考虑身后问题。想到这些藏书的去处。晚辈既不从事同一专业，可留的书不多。与其空占活人空间，不如早作安排。我也想到藏书聚散的道理，我同意藏书'聚久必散'的规律，但也想为书谋得一个好的'安身立命'之所。2007年2月，我终于决心向家乡散书，得到地方政府的欢迎和支持。他们建立了'来新夏著述专藏阅览馆'和'来新夏方志馆'，我还支持绍兴一农民创办'民众读书室'，一共捐赠了万余册图书。"

其实他的所捐不仅如此，因为此后不久，天津图书馆的善本部主任李国庆先生又找到他。李主任跟来先生说，天津图书馆建了新馆，李主任特意在新馆内辟出一块地方建起了"来新夏书房"，故其希望来先生将自己剩余的藏本捐到那个书房里面去。其实，在此之前，来先生将书捐给萧山之后就有了一些悔意，他的后悔并不是因为心疼这些书的离去，更为重要者是他在捐书之后仍然在治学，而当年他所买之书乃是他研究学问的资料参考，而在捐书之后，当他突然用到某书而不见的时候，当然会带来些许的不便："当时心情是激动的，'不亦善乎'的感情亦是真实的，'聚终有散'的理念一直是坚定的，对藏书做这样的安置也是妥善的。以后又继续捐赠了一些书，心情也很平静。但是过了一年多，由于若干尚需查阅和翻检的书被捐掉而感到不便时，就有一丝悔意，埋怨自己的草率。"

理智的决定与感性上的难以割舍，这当然都是人之常情。其实，来先生在捐书给萧山之前，曾跟我在电话中商量过这件事。他向我详细讲述了捐书的心态，而我也直率地告诉他自己的意见。他说已经把藏书视为自己的孩子，当他们离去之时当然有许多的不舍，但是他还是捐出了自己的珍爱之物。捐书后的数年，当李主任再次提出让他捐书之时，他说自己确实有了心理障碍，但他觉得自己曾写过一篇名为《藏书的聚散》，此文发表在《中华读书报》上，该文列举了不少历代藏书聚散的故事，而后他得出聚必有散的结论，而李主任找到他也肯定跟那篇文章有一定的关系，这让来先生觉得既然说出这样的话，总要捐出一些书给天津图书馆。

可是，当他整理自己所余之书时，感觉哪一本书都不舍得捐出去，以他的话来说："这次散书比前次障碍较大，因为留存的书，有的是朋友签名本，有的是难以断定何时要用，有的是与我共经'文革'灾难的残留本。拿起放下，好像是要把自家子弟驱赶出家门那样的痛惜。我实在下不去手，只好委托妻子焦静宜办理，规定了三不捐，一是朋友的签名本，二是近几年尚需不时翻检的工具书和专业书，三是枕边的消闲书。一切由静宜决定，我则置身事外，不加闻问。经过几天辛劳，终于选出千余册图书，分装十余纸箱。"

虽然有着这样的不能割舍，他还是假妻子之手捐出了上千册书给天津图书馆。这样加起来，他的捐书数量确实不少。而今我走入邃谷依然看到仍有如此数量不少的藏书，这也足见来先生对藏书有着怎样的挚爱。

到如今，来先生的书房仍然是原有的式样，焦老师告诉我，这间书房内的格局完全没有变动，包括桌上的一些陈设她也未曾移动位置。只是来先生在书房内的床上摆放着一些书箱和资料，她正在整理校对《来新夏文集》，故需要把这些材料找出来。即使如此，这些书的摆放也十分齐整。由此可见，焦老师对来先生的深情以及她做事的谨严。

参观完邃谷，我请焦老师坐下来给我讲述一些不曾了解到的故事。焦静宜从她何以认识来先生讲起，她说自己1975年进南开读书，当时学的是中国史专业。说她1968年下乡到黑龙江生产建设兵团（来先生是在1970年至1974年被下放到郊区），所以进入南开时是三年制的工农兵学员。所幸入学一年后"四人帮"被粉碎了，在同学们的强烈要求下，学校决定给工农兵学员强化补课，而当时来先生给他们这一届学生讲古典目录学。

焦老师说，这是来先生离开讲坛多年后第一次恢复上课，而那时焦静宜是班长。但她刚走入校园后不久就发生了唐山大地震，图书馆被封闭了起来，学生们无法借书看，所以来先生在讲课时提到的很多书他们都没看到过。这样的课其实也听得半懂不懂，虽然说来先生很会讲课，因为他的表述清晰明了，但即使这样，还是有些学生对这门课不感兴趣，但也有少数的学生却很喜欢目录版本学，因为他们从来没有听到过这门课能讲得如此生动。

来新夏讲课的名声很快在学校内传播开来，后来旁听的人越来越多，因此他们的教室站满了旁听者，这让正式的学生很有意见。这个意见反映到相关部门，于是学校给来先生调了个大教室，这个教室能坐八十多人。但很快又满了，为此，系里又将来先生的课调到了历史系阶梯教室，但同样有很多人来听讲。这些听众不仅是本系的学生，其他专业的人也来听这门课，甚至社科院和天津图书馆的人也来旁听。由此可见，来先生在古典目录学方面是何等之稔熟。

焦静宜毕业后留校当了编辑，她所在的刊物是《南开大学学报》，季刊。此刊分为文、史、哲、经4个版块，总计有96个版面。而学报编辑工作需要专深的业务知识，让焦老师不免感到有些吃力，当时学报领导也要求在熟悉编辑工作的同时尽快确定今后的科研方向，以便全面提高专业水平。几经斟酌，终于选定中国近代史作为研读方向，并由学报领导出面委托来先生进行专业指导。北洋军阀史是中国近现代史的重要阶段，天津乃北洋军阀的发源地，而来先生在五十年代即有这方面的专著面世，正巧1979年来先生应出版社之邀，重新修订《北洋军阀史略》，焦老师也由参加此书的编写而进入北洋军阀史研究领域。从此之后，焦老师就成了来先生的助手。

到了1983年，南开大学在学报编辑部的基础上筹建出版社，次年，来先生被任命为出版社社长兼总编辑。所以，来先生是南开大学出版社的第一任社长。而1979年来先生在南开大学分校就创办了图书馆专业，是自新中国成立以来继北大和武大之后诞生的第一个图书馆专业。后来又在校本部独力创办了图书馆学系，为南大又增加了一个一级学科系，而来先生出任此系的首任系主任。在这个时段内，他同时还任图书馆馆长及出版社社长，而每一份工作都是专职。其工作繁忙的状况可想而知，故焦老师说那个时段来先生很累。

除了治学之外，来先生把很多精力用在了行政方面，比如他利用国际银行贷款建起了出版大楼。后来又利用邵逸夫基金盖起了学校的第二个图书馆，而这都是来先生对本校的贡献。

对于来先生的晚年捐书之举，焦老师说，她也没有完全理解来先生为什么对故乡萧山有着如此深厚的情感。因为他在七岁时就离开了萧山，自此之后，再没有在那里长期生活过。而来先生原本应允把自己的藏书捐给萧山方志办，然而萧山市政府认为，来先生的这些书若捐给萧山图书馆会更有影响力。但来先生认为，既允诺在先，不能因此而失言，于是他就将自己的藏书分捐两处，而这两个地方都建起了来新夏藏书专室。

焦静宜告诉我，来先生的遗嘱中提到他的剩余之书还是要捐出，但他要求不能分散。其实此前也有其他地方来谈过，希望得到来先生的所藏之书。其中，包括私人提出要给来先生建独立的藏书馆，但来先生不想让自己的藏书分散多地。

虽然来先生出版了那么多著作，然焦静宜说来先生从不计较稿费，即使稿酬不高，他还要掏钱起码买一百册。来先生有一个名单，每出新书都让焦老师按名单寄出，除此之外，来先生平时也愿意赠书给喜欢自己著述的朋友。前几年国家图书馆的李际宁先生向来先生要他的稿本，来先生将自己的《近三百年人物年谱知见录》和《林则徐年谱》两部手稿捐给了国图。

来先生去世于2014年3月，在此前他的学生徐建华教授提出要给来先生编全集，但来先生不主张出这样的著作，他谦称自己没资格。后来徐建华又带领他的学生编了《来新夏文集》，遗憾的是，《文集》还没有编好，来先生就去世了。因此，焦老师近年的工作就是协助校勘《文集》。

对于来先生的藏书，焦老师说，还有一些来先生批校之本未曾捐出，而后她给我打开了一个纸包，此书乃民国石印本，里面有不少来先生的眉批。看到先生所批之书，我多少有些激动。虽然说来先生赠送给我不少他的大作，上面也都有他的字迹，但我还未曾得到过他的批校之本。焦老师也明确地告诉我，来先生不希望自己的书分散，故我努力忍住了自己的欲得之念未再张口。

大概十年前，来先生在电话中告诉我，他在早年就开始收集《书目答问》的名家标注，已经收集了多家，而今他请天图的李国庆主任整理成文稿准备出版。来先生希望我能将此稿校对一过，而我则跟来先生说，这些年来自己也在从事这方面的工作。来先生闻言，问我是否愿意将自己的标注汇入该书之中。能如此附骥当然求之不得，于是我立即将自己的电子稿发给了来先生。他收到后，却跟我说：原来你的标注已经有了四十多万字，完全可以独立成书，汇入他的书中有些可惜了。故他建议我独自出版，然我却坦陈地跟来先生说，自己并不介意这件事，能给来先生作出些许贡献，也是我的荣誉所在。然来先生说自己绝不会掠美，于是他提出这部书由他和李国庆与我共同署名。

之后，为了编此书，我们三人有了很多细节上的商议。而后李国庆排好了版式，我用了几个月的时间将该书细校一遍。因为我校对水平有限，故书中还是有些错误。而本书由中华书局正式出版后，我看到这上下两册的一百多万字，还是感念来先生的提携。此后，中华书局还特意为该书举办了学术研读会，在会上我听到许多专家对该书的首肯。虽然有溢美之辞，但跟着来先生能够得到这样的荣誉，还是令我有些小得意。

此后，这部书在业界有着不小的影响。焦老师说，这部书的出版令来先生也很高兴，尤其后来此书获了奖。然我对获奖之事却未曾听闻过，于是焦老师起身到书房内去翻找，而后拿出了几本证书。其中之一乃是中国出版协会古籍出版工作委员会颁发的获奖证书，此证书中写明《书目答问汇补》荣获2011年度全国优秀古籍图书奖一等奖。这部书能够得到业界的首肯，这当然是令人兴奋的一件事，而我却未曾听到来先生提起过。他到了晚年真可谓淡泊名利，而焦老师也奇怪我不知此事。虽然这是迟来的荣誉，但至少我觉得我是本书的作者之一，总还有着与有荣焉的愉悦，而这也更加让我感念来先生的无私。

关于来先生何以要汇编《书目答问》的批注本，他在所写的《我与古旧书》一文中提及到他跟古旧书业行家的交往，此文中提到了天津古籍书店的张振铎、王振永和刘锡刚，而来先生搞《书目答问汇补》竟然也与书界的这些行家有关系。他在《我与古旧书》一文中写道：

> 振永和锡刚主要跑南开图书馆，振永和我有更多的私交，所以经常到我家来聊天，有时拿些好版本书给我看。有一次送来两种《书目答问》批注本：一是天津藏书家刘明阳的批注本，一是邵次公的批注本。我连夜过录，数日后始归还。这一过录引起我广搜《书目答问》批注的兴趣。历时半世纪，终于完成《书目答问汇补》一书，利人使用。

既然有这样的批注本在，我问焦老师是否原书还在，她帮我翻找一番却未曾找到，这样的本子当真令我神往。

关于来先生书斋名称邃谷楼的来由，我在此前并未留意，2005年南京的董宁文先生编了一本《我的书房》，其中收有来先生所写《我的书斋——邃谷楼》。我从此文中得知，来先生最早的斋号是蜗居，直到他十八岁时才有了独立的书房。虽然这个书房面积很小，乃是楼梯下面的"簃"，但来先生却将他改造成了书房，对于堂号的来由，来先生在此文中写道："有了独有的书斋，自然应该有个能登大雅的斋名。我从昏沉的楼梯底下苦思冥想到幽暗的深谷，又把平淡的深字换成比较深奥的邃字，而且这间黑屋是占有从楼下到楼上的空间，至少有点楼味，于是便果断地定名为'邃谷楼'。"

当年的邃谷楼其实面积仅8平方大小，但来先生却十分喜爱，为此他还写了一篇《邃谷楼记》。来先生自称，此记乃是他用文言文来写作的处女作。《邃谷楼记》颇长，我摘引前面一段如下：

> 非谷而曰谷，何也？惟其深也。无楼而曰楼，何也？惟其高也。惟高与深，斯学者所止焉尔。邃谷楼者，余读书所也。沉酣潜研，钻坚仰高，得乎书而体乎道，邃然而自适焉。晦翁朱氏诗曰："旧学商量加邃密"，朱氏之为是诗也，时方与象山辨致知格物之同异，称商量且以邃密为言，喻其深也。今余以邃名谷，又以邃谷名楼，盖亦示志学端倪而专攻史学之志略尔！

这段话解释了他何以以邃谷名斋的缘由，同时也可窥来先生在治学方面有着宏大的愿想。难怪他在时间允许之时，能够在三个学科迸发出异彩。这样的先生我却跟他有着时间不短的交往，而这也正是我的幸运所在。

原载于2018年5月3日、4日韦力"芷蘭齋"公号

我的修志启蒙老师来新夏先生

孙 乔[*]

2014年三四月间，我赴深圳探亲，每日必读的《晶报》放在桌上，那天是4月3日，翻到"人文正刊"栏目，一个醒目的标题映入眼帘——"追忆来新夏先生"，作者阿滢。我十分愕然，来老师去世了，是真的吗？随即给报社打电话探问，得到阿滢先生的肯定答复，并告知来老师家的电话。那一整天，我的脑海里不时地浮现出三十二年前在苏州举办的全国第一期方志研究班上的学习情景以及来新夏老师的身影，还有他对我的关怀……

踏上征途

二十世纪八十年代初，全国掀起盛世修志的热潮，我被阴差阳错地推上浪尖，成为皖北商贸重镇——蚌埠市的一名"女史官"，由省推荐去苏州方志研究班学习。1982年5月8日我踏上南去的火车，很快到了苏州站。出了站就见到一个陌生而又亲切的牌子："地方志研究班"，接站的同志和车子早已等候，汽车直接开到了地区招待所，全体学员就住在那里。这个研究班是中国地方史志协会会同江苏省社会科学院委托南开大学历史系和江苏师范学院举办的全国第一期地方志研究班，参加学习的是华东地区六省（山东、安徽、江西、浙江、江苏、福建）一市（上海）共计159人（附通讯录）。研究班10号正式开学，在江苏师范学院大礼堂举行的开学仪式热烈而隆重。中国地方史志协会领导梁寒冰和江苏省

* 孙乔，安徽省蚌埠市地方志办公室原主任、编审。

社会科学院领导出席了会议并发言，着重讲了办班的宗旨、意义，并预祝办班成功。会上宣布了研究班的领导组织成员：

领导小组组长许符实（江苏省社会科学院党组书记、副院长），副组长张梦白（江苏师范学院历史系副主任、苏州历史学会会长）、来新夏（南开大学历史系副教授、南开大学分校图书馆学专业主任，中国地方史志协会理事）。

领导小组下设两个组：教学组组长来新夏，副组长吴奈夫（江苏师院历史系讲师、苏州历史学会秘书长）、陆振岳（江苏师院历史系讲师、苏州地方史研究室）；总务组组长李宪庆（南开大学历史系办公室主任），副组长胡振民、闻立鼎（均为江苏师院历史系工作人员）。

会议结束时全体人员合影，留下了珍贵的历史纪念。

1982年5月10日中国地方史志协会第一期研究班在苏州开学纪念（坐者第二排左八为来新夏先生）

胜读十年

开学后的第二天即进入紧张的学习阶段。第一堂启蒙课就是来新夏老师上的。他可是来自著名的南开学府啊！他衣着朴素，面带微笑介绍了自己，他以研究班领导、教学组长的身份，首先讲了这次办班的目的，分析了当前的修志形势，简明扼要地介绍了方志、方志学的概念和基本理论，并强调我们要继承发扬修志的优良传统，编修新一代方志，需要我们这一代人去担当等等。一堂课下来，对我们这些未接触过地方志的人来说，似一付催化剂，又像听到了临战前的鼓声，心中有些躁动，也有些隐隐的不安。

第三天，老师们排山倒海般的讲课开始了。共有九位老师，如吴奈夫、金召祥（江苏师院）、周春元（贵阳师院）、傅贵九（南开大学）、林衍经（安徽大学）、邸富生（辽宁师院）、陈明猷（宁夏大学）、林正秋（杭州师院）、季士家（江苏社科院）等。他们均是各院校的历史系老师，并从事地方史志的研究。基本上一天一课，老师们分别就方志的起源和发展、方志学的形成和研究、编纂新方志的指导思想、原则、要求和方法等系统而深入浅出地讲述了有关知识，内容丰富，专业性很强。我们白天听讲，晚上按省分组讨论，我们安徽组带队是省志办资料征集处负责人欧阳发，他和我们一起先复习当天的讲课内容，核对笔记（因我们有些同志对讲课中的一些方志名称、概念不太清楚，加上有的老师地方口音重，听不太懂，而讲课的油印稿是后发的），然后谈感受。为了检查讲课的效果，来新夏老师和吴奈夫老师还分别到各小组听取意见。有一次来老师就来到我们安徽小组参加讨论。在谈到如何编修方志问题时，我发言认为：修志必须是政府行为，要向全市人民发安民告示，并要大力地向群众宣传等。他听后十分赞同，给予肯定。还有一次，他召集了各组部分同志座谈会，主要征求对讲稿的意见，我也去参加了。大家在一致肯定讲课内容的同时，提出如要使讲稿成为系统的教材，还应再统一篇目，删繁补缺，并希望最好能尽快问世等。来老师很认真地听了大家的想法，并表示一定按照同志们在讨论中提的意见和要求，进一步组织修改并尽快出版，以满足各地修志人员的迫切需求。

1982年5月10日下午，来新夏在苏州主持举办的华东地区地方志研究班上讲授《方志学概论》第一课

授课很快结束，我们的收获是满满的，特别是对我这个未涉足过这一领域的方志盲来说，无疑是为我打开了通向修志的大门，在我面前尽现的是绚丽夺目的地方志画卷，它的内涵是那么源远流长、博大精深，它的生命力又是那么顽强旺盛、永不止息，我感到身上的担子太重太重，我能担负起这一继往开来的重任吗？修志对

我们这个城市来说可是一张白纸啊!

二十天的学习既紧张又丰富多彩,研究班组织了一次到灵岩山采风,还有两天由各组自行安排。我们安徽组的同志集体到无锡游览一次,然后又用一天时间参观了苏州的名胜古迹,我个人则利用中午、傍晚休息时间去看了苏州的街市风貌。最有意思的是有一个晚上研究班还组织全体学员去听了一次苏州评弹,可对我们中一些北方人来说,虽然一句都听不懂,为了礼貌也只好坚持到底。

在这二十天中,来自六省一市的同志们朝夕相处,同堂共读,虽叫不出名字,但面孔都有点熟悉,大家见面都点点头。要分别了,还真有点舍不得,一位来自山东的同志以他那齐鲁的豪放给老师、同学、招待所同志都写了热情洋溢的佳作,代表了我们全体学员的心声。我把底稿全部集来了(附原件),一直收藏着。

临结业前,我到办公室去见来新夏和吴奈夫两位老师,向他们告别,感谢他们为我们提供了这次极好的学习机会,再次征求他们对我们下一步修志工作的意见,并请他们留言纪念,他们欣然命笔。来新夏老师的题词为:

> 编史修志,知人论世,为千秋大业。班昭成一代之史,孙乔领一方之志。后来居上,拭目以待。
>
> 八二年五月中国地方史志协会在姑苏举办研究班,蚌埠市志办负责人孙乔同志与焉。因思汉有班昭以一女子而续成汉书,获誉学林,但以女子修志者尚无,孙乔同志后来居上,开女子修志新居,思之兴奋,临别书赠孙乔同志。
>
> 来新夏　82.5.28

我想,来老师能为我题字,可能因为这次来参加研究班学习的女同志不多,六省一市只有九名(山东一人,安徽六人,福建一人,其他地区一人),而具体负责一个地区修志的只我一人。

不负重望

研究班学习结束后,我们回到了工作岗位,按照老师的讲课要求,首先制定了修志工作计划。在市领导的重视和支持下,经过一年多的努力,全市成立了各级修志组织，调配了专、兼职修志人员，并广泛开展了资料的征集工作。为了保证修志工作的良好进行，我们不忘老师嘱咐，狠抓了修志队伍的建设。到1984年，全市共有修志人员1001人，为了不断提高修志水平，共举办各种形式和层次的学习班143次。参加学习的计有5000余人次。我们所用的教材，开始就以苏州方志研究班的讲课油印稿为参考，1983年8月来新夏老师主编的《方志学概论》问世后，又以此为依据，并参照全国的修志经验，结合本市的修志情况，编写了讲课提纲，深得修志人员的欢迎。至1989年，经过对资料的精心筛选，先后整理汇编了《市志资料》、《专辑》等20册计280万字，为修志打下坚实的基础。1990年，各类专业志全部完成计700万字，在此基础上浓缩成300万字的市志总纂讨论稿，并分别于1991年10月和1992年8月召开了评稿会，得到省志领导、专家和兄弟市志办同志的充分肯定，它凝聚了全市修志人员的心血和智慧。1993年我因病离职休养，《蚌埠市志》于1995年10月由继任领导编纂出版（我只参与了部分篇章的总纂工作），至此，圆满完成了蚌埠第一部方志的编修任务。十年修志虽然付出很多，但终在一张修志的白纸上众手绘出了蚌埠这个地方如何从一个淮河岸边的小渔村演变发展成为现代城市的历史画卷，心已足矣。同时也见证了修志伊始，苏州方志研究班的老师心血没有白费，特别是来新夏老师事后精心主编的《方志学概论》一书，在培养新中国第一代修志人方面起了重要的、引领的作用，并已结出丰硕成果，他可以欣慰了。

二〇一四年四月

原载于《江苏地方志》2014年第6期（总第154期）

史志工作的良师益友

——深切怀念来新夏先生

秦海轩[*]

我退休赋闲二年余，信息极不灵通。及至来新夏先生夫人焦静宜老师来电话，告知征集来先生文稿和有关资料时，我才惊悉来先生仙逝的消息，心中无比悲痛！

我与来先生相识，是从搞地方志工作开始的。1991年，我离开了非常熟悉的教育事业，开始从事地方志编纂工作。地方志是个什么学科，究竟该怎样编修，心里一点底都没有。于是我加紧学习地方志理论，阅读地方志文集，以尽快适应新的工作。其中，就拜读了来先生的多篇史志文稿和评论地方志的文章，方知来先生不仅是方志界大家，而且在历史学、图书文献学、方志学等不同领域都有非同凡响的成就，被誉为"纵横三学，自成一家"的学界泰斗。我一直对来先生崇拜有加。

1999年，通过全体编纂人员多年的共同努力，由我主编的《晋城市志》（以下简称《晋志》）出版了，全书375万字，概述晋城古今。新志出版，都要请方志界的专家学者进行评论。在山西省地方志办公室原副主任曹振武先生推荐下，我把《晋志》寄给了南开大学的来新夏先生。来先生是全国知名的大家，案头的书稿堆积如山，能有时间看《晋志》吗？我怀着试一试的心理，等待着回音。

志书寄出不久，就收到了来先生一篇2000多字的评论文章。来先生不仅详

---

* 秦海轩，山西《晋城市志》主编、编审。

读了300多万字的《晋志》，还对每一部分都有精彩的点评。他评论说："《晋志》是一部很有特色的新志，凡例11条，条条无套语，实可备撰写之依据。有的条目颇有新意，均为有识。《晋志》的综述也与他志有所不同，其最大优点可称言简意赅，全文不过3000余字，而一地一书之大要毕具，至于文字之通畅可读，犹其余事。其《市情数据表》30余页，则大有创意。数字文献今年已为修志者所注意，惟按全志顺序分门别类，表列数字以概括全志内容，使读者一目了然，尚不多见，以表与综述接合一体，相辅相成，不读全志文字，几已尽知晋城之基本面貌，此固足备他志所参考。大事记已为新志之定例，近年多为编年与纪事本末相结合之体。而《晋志》变其例，设上下篇：上篇称《大事编年》，以公元纪年为序，记境内有史以来至1998年底之大事、要事、奇事，为一志之经；下篇为《要事纪略》，分专题记事件本末，共记古今要事30件，各有标题，略述原委，以见晋城历史轮廓。其例甚善，足可推广为他志法。若于外文目录外，将《综述》与《要事纪略》译为外文，则极有利于域外人士对晋城之认识。"评论中还说："《晋志》纂修速度之快，质量之高，异乎寻常，此举冲击志界之爆炸力，不应低估。"来先生的评价无疑是对我们修志工作的肯定，更是对我从事地方志事业的鞭策和鼓励。来先生对我这个志界新人的提携由此可见一斑。

此后，我在修志中有疑难之事就在电话中向来先生请教，来先生也不厌其烦，有问必答，使我在二十多年的修志生涯中受益颇深。因修志事务繁忙，我一直未有当面拜访的机会。

我与人合著的《中国皇帝制度》出版后，来先生在百忙中阅读评价说："我匆匆浏览一遍，深感秦君固洞识皇帝制度为中国自秦至清二千余年封建专制制度之关键所在，研究此一课题则纲举而目张，使长期封建社会之历史然而得其窍要矣。……此书举凡皇帝名位、皇权、继替、宗藩体制，以至后宫、外戚、宦官、职官、谏净乃至都城、宫省、宗庙、陵寝、礼仪、警卫、服饰、贡纳等等有关皇帝之一切规制，几乎无所不包，令人对二千余年的封建社会史了然于心，有提纲挈领之效。"

2005年，我被评为全国十名"修志模范"之一，来先生时任中国地方志协会学术委员，专门来电表示祝贺。其间，我的史志文稿结集出版，书名曰《史志丛稿》，特请先生作序。来先生欣然命笔，赐以大序。序中言："晋城市志主编秦海轩君是我久闻其名而未获一晤的著名志界人士。老友曹振武兄多次与我谈及秦先生诚邀我赴晋城一晤的愿望，我也久闻晋城为人杰地灵之胜地，颇思一游以广智益闻，并与秦君商讨探究志学之大略。惜俗务羁绊，未得成行，唯秦君著述则久娴于心。"来先生对我的鼓励和提携溢于言表，而来先生的晋城之行却一直未能成行，使我内疚于心。

2010年10月，我特意前往天津登门拜访来先生，我和曹振武先生在天津市志办原主任郭凤岐先生的引领下，来到来先生家里，见到了神交已久的史志大师。来先生面容和善，平易近人，待人和蔼可亲，与来先生促膝长谈，真有"与君一席谈胜读十年书"的感慨。当时，来先生已八十八岁高龄，临别时还说准备抽时间去晋城一趟，欠秦海轩的这个人情一定要补上。

来先生学问渊博，诲人不倦，不知提携了多少像我这样的志界新人。在来先生的指导引领下，使我坚定了终生从事方志事业的信心。而今来先生去了，他的晋城之行也终成遗憾，但他的高尚情操和学术思想影响着一代又一代的史志工作者，永远是我精神上的良师益友。

原载于《萧山记忆》第8辑（纪念来新夏专辑） 杭州市萧山区人民政府地方志办公室编 浙江人民出版社2015年版

我随来老编大书

李国庆[*]

何为大书？用力超常、部帙超常、价值超常，三者咸备而编成之书也。

不知从何开始，自己作为书童，往来于馆校之间，为来新夏先生送书上门，耳濡目染，从来老那里窥视到一点儿治学门径。尤其是近年来，来老让我直接参与编制了几部大书，于是获得了向来老讨教的最佳时机。在几部大书相继问世后，来老怀揣无愧之心，驾鹤仙去。自己现凭记忆，整理斯文，纪念来老，并与同道共享。

一、编制《清代经世文全编》

2005年新年伊始，一天早上，来老打来电话，命我过去。来到府上，来老指着一捆捆用报纸裹着的文件包对我说："这是我早年干的活儿，里面全是经世文。"我听罢，似懂非懂。来老接着解释说："经世文是当朝人议论政事得失的单篇文章。从清初开始，就有好事者将单篇经世文经过挑选编制成集，多名为'经世文编'，是单篇经世文的总集。"来老继而又说："今天请你过来，商量一件事：我想向国家清史编纂委员会申报一个项目，就是《清代经世文选编》。以这些旧稿为基础，再从其他传世的'经世文编'中精选出若干篇，汇总起来，编制点校一部《清代经世文选编》，这也是我多年以来的一个想法。想请你协助

---

* 李国庆，天津图书馆历史文献部主任、研究馆员。

我落实一下这个事。"

我听后，既高兴，又茫然，真不知如何落实。在后来的谈话中，来老进一步谈了自己的大致想法和具体落实步骤：如何申报项目，如何着手筹备，如何组建项目组，如何开展工作，等等。我这才明白，来老早已运筹帷幄，胸有成竹。接下来的工作，就是按照来老的设计，一步一步干就可以了。

在编纂《选编》过程中，一个难点就是网罗传世的清代各个时期编印的《清代经世文编》。来老说："《选编》看似简单，其实不然。需要网罗众本，把清代各个时期编印的《清代经世文编》找齐，从中遴选名家名篇，这样的《选编》才能有代表性。"自己凭借多年与图书馆同行打交道形成的人脉关系，几经努力，几乎全部搞到，包括清陆耀辑《切问斋文钞》三十卷，贺长龄辑《皇朝经世文编》一百二十卷，张鹏飞辑《皇朝经世文编补》一百二十卷，饶玉成辑《皇朝经世文续编》一百二十卷，三画堂主人辑《皇朝经世文新增时务洋务续编》四十八卷，陈忠倚辑《皇朝经世文三编》八十卷，麦仲华辑《皇朝经世文新编》三十二卷，求自强斋主人辑《皇朝经济文编》一百二十八卷，宜今室主人辑《皇朝经济文新编》六十二卷，邵之棠辑《皇朝经世文统编》一百零七卷，何良栋辑《皇朝经世文四编》五十二卷，求是斋辑《皇朝经世文编五集》三十二卷，甘韩辑《皇朝经世文新编续集》二十一卷，王延熙、王树敏辑《皇朝道咸同光奏议》六十四卷，于宝轩辑《皇朝蓄艾文编》八十卷等二十二种。在这些《经世文编》中，有的是来老个人的藏书，有的来自北师大馆、吉林馆、浙江馆、南开大学馆及天津馆等多家藏书，为完成本项目奠定了基础。

在南开大学地方文献研究室里，有两架藏书都是"经世文编"的底本复印件。来老编制《选编》的多年夙愿现已经实现。这个《选编》项目，始于2006年初，到2009年12月31日结项，历时四年完成定稿。选录清代经世文作品1100篇，精装6册，200万字。顺利通过专家组鉴定，认为《清代经世文选编》在编辑、点校等方面，达到了国家清史编纂委员会制定的《文献整理工作通则》规定的质量标准，并认为这个《选编》的学术价值主要体现在以下几个方面：本书是清史研究领域的一项新成果，是研究清史问题的重要参考书，填补了清史研究领域的一项空白，为读者提供了一部了解清代各界人士撰写的"议论政事得失情况"的清史文献专集，具有史鉴作用，颇具实用价值，可供当代施政者参考。

在完成《选编》这个项目后，来老提议将这些二十种《清代经世文编》合而印之，题名《清代经世文全编》，2010年12月交付学苑出版社正式出版，共170

册（正文168册，目录2册）。在《全编》出版《前言》中，来老说道："《全编》之成，既蒙各藏者惠借底本，又承学苑出版社不惜斥资付印，终为学林增一参考用书。欣观厥成，不胜欢悦，稍叙其事，并向有关方面致谢！"

二、编制《清代科举人物家传资料汇编》

编制《清代科举人物家传资料汇编》，与国家新编《清史》有直接关系。2002年8月，国家批准建议纂修《清史》报告，11月成立由十四部委组成之领导小组，12月12日成立清史编纂委员会，清史编纂工程于焉肇始。编史之始，即整理出版《文献丛刊》、《档案丛刊》，二者广收各种史料，均为清史编纂工程之重要组成部分。既可供修撰清史之用，提高著作质量，也为抢救、保护、开发清代文化资源、继承和弘扬历史文化遗产做了实事。

2005年末，文津书店总经理董光和先生专程来津，拟拜见来新夏先生，为其编印之方志丛书索序。作为董光和先生的多年书友，我陪同他到来老府上。在说完正事之后的闲谈当中，言及清史《文献丛刊》事。自己向来老请教："能否对近年由台湾出版的《硃卷集成》进行重编，每种只择取文前履历部分，削掉文中八股文部分，形成简编，收入《文献丛刊》，不知此意可否？"来老说："这个想法可以，不过要是申报清史项目，还需进行充分论证，同时还需征求有关方面的意见。"来老的这个指导性意见，对我们来说十分重要。接下来的工作，就是围绕来老的这个意见办的。

一是联系收藏硃卷文献大户——上海图书馆。陈先行先生是我多年的同行，在互通馆藏文献方面，有成熟路径和经验。在得知我们的想法和要求后，陈先行先生答应："全力支持！"就这样解决了主要硃卷文献的来源问题。二是联系出版社——学苑出版社。徐建军副社长是我多年的合作伙伴同行，在交流选题和论证方面，观点和想法往往一致或接近，交流不存在障碍。在得知我们的想法和要求后，徐建军副社长答应："积极配合！"就这样解决了出版问题。三是联系项目单位——清史编纂委员会。在学苑出版社和有关人士游说下，很快达到准确消息："可以考虑立项！"就这样基本解决了项目申报问题。

在落实了上述三个方面工作后，我和董光和先生再次来到南开大学，拜见来老并作简要汇报，同时恳请来老担任本书主编。来老说："担任主编，有不劳而获之嫌。既然大家这么看重我，又是这么一个好选题，我也只好答应。"来老深思一会儿。说道："这个项目的上马，意在为新编清史提供文献，所以质量第一，万不可大意，更不须粗制滥造。我提出几点想法，供你们参考：一是要取原本进行扫描付印，不能直接使用台湾出版的《砾卷集成》；二是台湾出版的《砾卷集成》，只限上海一馆所藏，且当中存在缺漏等不足，尚有些馆可以进补一些；三是要排成单版，不搞上下双栏。"

在来老直接指导下，经过有关各方的努力，本书收入清史《文献丛刊》项目，用上海馆所藏底本进行复印，同时增补天津馆等几家馆藏，较之台湾出版的《砾卷集成》有所增益。本书前后历时两年，2006年12月由学苑出版社正式出版，共101册（正文100册，索引1册）。

三、编制《书目答问汇补》

2003年初，为了提高业务理论水平，我参加了由天津师范大学设立的历时二年的"古典文献研究生班"系统专业学习。当时，来新夏先生主讲"古籍文献整理"课程。一天，讲张之洞撰《书目答问》一书，在课间休息时，来老取出一部线装本《书目答问》让大家看。我取阅后向来老建议："此书需要修复和配置函套，交

2004年春，来新夏在天津图书馆历史文献部研究生班讲授"古籍整理"课

学生来办吧！"来老笑允，再三叮嘱千万保管好，他特别补充说道："此书经历不一般，一是属于查抄退赔之物，二是在余师（指余嘉锡先生）指导下的研读成果。"

我得到原本后窃喜：即可看到来老墨笔真迹，又可为来老做件实事。此书经过部门员工妙手修复之后，一部配有函套、修复齐整的稿本《书目答问》，呈给

来老。我问来老道："您老的这部批校本为何不整理？"来老答道："此稿整理，谈何容易！我人老目花，早年用蝇头小楷写的字已经看不清楚。这部书稿还有不足，需要寻找一些资料。精力不及，整理无期。"流露出了无可奈何的语气。我接过话题说道："学生能否试试，协助您整理这个书稿？"来老说："可以的，若能这样就好了。"

这是我利用进修机会，承担的比较大的一个研究项目。其间无数次来到来老家，聆听来老指导。来老说："整理这个稿本，需要做几个工作：一是访求当世诸家的批校稿本；二是收集清季以来刊印众本；三是遵照各家成果取得之先后，于同一条目之下，一一胪列，复加按语，始成《书目答问汇补》。"来老还说："《汇补》所称之'汇'，乃汇录之意；所称之'补'，乃补正之意，亦即汇录诸家对张之洞《书目答问》的补正成果为一帙，故以'汇补'为名。"《汇补》在收录范围方面，重在收录各家批校本，突出"各家批校成果"，这一点有别于范希曾作的《书目答问补正》。这是《汇补》所具有的学术价值的一个方面。

在来老的指导下，我开始斯稿整理之役，前后历时八年而藏事。《汇补》共收录了十三家批校成果，多为清末民国时期和当代名家，包括王秉恩贵阳刻本、江人度笺补本、叶德辉斠补本、伦明批校本、孙人和批校本、范希曾补正本、蒙文通按语、刘明阳批校本、韦力批校稿本、赵祖铭校勘记、邵瑞彭批校本、高熙曾批校本及张振珮批校本，可以称为一部集大成性的批校本成果。这部来老自称"扛鼎之作"的《书目答问汇补》，2011年4月由中华书局出版，书局为此书专门召开了首发式，并荣获2011年全国优秀古籍图书一等奖。

四、编制《萧山丛书》

2011年7月的一天，我蹬自行车到南开大学来老府上。来老说，想了解一下国家图书馆藏清鲁燮光编的《萧山丛书》情况。我打电话给国图同行，请帮助调阅一下此书。很快得到答复："关于我馆藏善本《萧山丛书》，我查看了一下，情况如下：《萧山丛书》十一种十六卷，9册，共580拍，清鲁燮光编，鲁氏壶隐居藏本。除第六册《固陵杂录》抄的字不太清晰外，其八册抄得都比较好，只是用纸较薄——透字，没有页码。该书的馆藏号是：10837。"

经过几次交流，后来得到了国图藏的这部抄本《萧山丛书》。为着手编辑新辑《萧山丛书》打下文献基础。嗣后，来老与萧山政府有关方面进行实际协商，历经了立项、审批、筹划经费、拟定体例、确定第一辑入选书目等具体工作，确定了分辑编纂刊行，自2013年始，分年出版，每年一辑十册，共成一函。影印出版，每种之前加冠一篇前言。在《萧山丛书》卷首，来老撰写总序，内容包括四个部分。来老在讲述了丛书起源和地方丛书之后，引出了要重点谈的鲁燮光所编《萧山丛书》和新编《萧山丛书》。文曰：

2007年2月1日"来新夏方志馆"在故乡萧山开馆，来新夏于次年3月留影

萧山之有丛书，始于鲁燮光所编《萧山丛书》。燮光生平，据民国二十四年本《萧山县志稿》卷十九所载，有云：

"鲁燮光字瑶仙，晚号卓叟，原籍山阴，其先世自清初来萧山，居西河下。燮光以廪贡生选授慈溪训导，俸满，保升知县，历署山西和顺等县令，光绪时，晋省存饥，办赈颇力，巡抚李秉衡大器之。性好学，手不释卷，初选辑《永兴集》一百数十卷，遭乱残缺。晚年著《萧山儒学志》八卷、《湘湖水利志》四卷、《西河志》一卷，均未刻。在山西著有《山右访碑录》一卷。重游泮水，寿九十余。"

今萧山区志办复考知其生卒年为清嘉庆二十二年（1817）生，宣统二年卒（1910），享年九十三岁。若与丛书所收各书中跋语及边识相校，与鲁氏生卒，大致不差。萧邑地情各书于此多失载。

《萧山丛书》有刻有抄，均以其壶隐居藏本乌丝阑纸存录，共收书十一种，除王思任尺牍选本为明人外，其余十种，均为清人撰著，而鲁燮光所著达八种。原稿存国家图书馆，我所见为萧山区志办扫描本。所收各书均为萧人，于研究乡邦文献，颇有裨助。其各书序跋批语，多有可取之处。惜仅有一辑，入民国后中断。

自鲁编丛书后，垂百余年，萧山无丛书。新编《萧山丛书》创意于数年前，后经萧山区志办与南开大学地方文献研究室交流磋商，于2011年定议合作，历经立项、审批、筹划经费、拟定体例、确定第一辑入选书目等，确定分辑编纂刊行，自2013年始，分年出版，每年一辑十册，共成一函。所收各书为免次生错讹，悉加影印，分邀专人各撰前言一篇，稍尽导读之任。

新编《萧山丛书》第一辑，收书十种，遍及四部。撰者多为萧籍著名学者，如毛奇龄兄弟、王绍兰父子、汪辉祖父子、任辰旦及鲁燮光等。由于各书篇幅不一，有合数种为一册者，以求各册厚薄相当，而不以时代为序也。

萧山为历史古邑，人文荟萃，乡邦文献充盈，《萧山丛书》第一辑，选目入书，颇费周章。整理编次，又多所考虑。2013年，选编工作始藏事，所选多名人名著，版本亦尽量选优。书成差强人意，惟初生之物，其形必且。《萧山丛书》虽非初生，但中断百年，不免疏漏，今后各辑，责任更显繁重。至祈乡老贤达，学者名流多所指正，尤望惠予评说，挖掘幽隐，提供选目。在事诸君，殚精竭虑，并此致谢。

2014年春节后，来老看到了由学苑出版社印制的新辑《萧山丛书》初稿。令人十分遗憾的是，来老没有看到正式出版物。而令人稍感欣慰的是，来老谋划在前，我等晚辈将继续完善之。新辑《萧山丛书》第一辑，在近期即将出版。第二辑将在2014年底正式出版。同时编制出了拟入《萧山丛书》的底本目录，收录明清以来古籍多达二百种。这部《萧山丛书》的相继问世出版，将以最好的方式告慰来新夏先生这位萧山贤达。

原载于《藏书家》第19辑　齐鲁书社2015年2月版

"我感谢八十年代"

——读来新夏先生的来信

李 辉*

我与来新夏先生只有一次交往，是应苏州王稼句兄之邀，同去江苏泰州市。短短两天，行程匆匆，不过，座谈会上，江苏泰州的老街小巷之间，听他漫谈，极为快乐，也颇受教益。

那一年，来先生已是八十八岁高龄，但精气神儿不弱于青年，长途跋涉后，依然声如洪钟，谈古论今，逻辑性强，出口成章，一点儿也不拖泥带水。尤为难得的是，他谈及文化现象，观点明确而犀利，毫不留人情面。哪里像一个耄耋之年的学者？有的观点我并不赞同，却钦佩他的思考角度和锐气。

回到天津之后，来先生陆续寄来他的新作。记得，他寄来第一本书时，还在扉页上写了一封信，愉快谈及我们的泰州相识。可惜，这本书被一位朋友借去看，再也没有还我。幸好找到了一本《来新夏谈书》，他也是在扉页上写来一信。

2013年，我在三联书店新出一本《绝响———八十年代亲历记》，给先生寄去一册请教。他很快回来一封信，并附赠他的新作一册。这封信，虽不长，却很重要。他是从拙著谈起，但不如说，他是在说自己，说自己与八十年代的关系。他写道：

> 很高兴收到你的赠书。八十年代对我也很重要，是我的新生年代。……

---

* 李辉，作家、《人民日报》高级编辑。

八十年代是个值得纪念的年代，是容人回忆的年代，可望而不可及的想法奇迹般地出现，炼狱中灵魂破土重生，想干而不能干的事容你展现。我在这十年中，有了话语权，不再当啦啦队或运动员，我感谢八十年代，与小我三十几岁的你相比读更有趣味。九十年代有点下滑，我的"辉煌一瞬"也过去了，我庆幸赢得了一个较宽松的年代，写了近千篇随笔，也算不负此生。……谢谢你的赠书，拙作小册子只供赏玩，不足登大雅之堂。只想告君"有生之年，绝不辍笔"之痴念示已。

我能理解他的心情。他，以及与他同龄的许多文化人，恐怕都感同身受。

今年春节前，我收到来先生寄来的新书。春节期间，我连续打了几次电话，家里均无人接。我想，大概他们外出清净去了。他身体那么好，寄书来的信封也是他亲笔写的，有力而流畅。我没有想到，他竟是突然病重住院，再也没有回到家中。他就这样，没有征兆地离我们远行了。

慢慢读先生的书，还在听他漫谈。窗外，下雨了。

原载于《南方都市报》2014年8月17日

记忆中的来新夏先生

刘运峰[*]

最早知道来新夏先生的大名，还是在三十年前我读本科的时候。那时，南开大学图书馆的藏书有限，每一位本科生只有四个借书证。由于我们政治学系是新组建的，在发放借书证的问题上并不顺利，据说每人先发两个。在一次班会上，大家向副系主任李晨菜老师反映，李老师性子很急，当即说："这不公平，我现在就去图书馆找来先生！"李老师是来先生的晚辈，在来先生面前说话非常直接。很快，我们也有了四个借书证。从此，我知道了图书馆馆长来先生的名字。

改革开放之后，来先生时来运转，风头甚健。他精力充沛，身兼数职，举手投足，不同凡响。记得学校开运动会，许多系的旗子都是红底黄字或是白字，系名也多为黑体美术字。唯独图书馆学系的旗子是白底红字，系名出自范曾先生之手，在运动场上很是抢眼。入场那天，身为系主任的来先生西装革履，风度翩翩，走在图书馆学系队伍前头，真是派头十足。

第一次和来先生近距离接触，是在1985年10月南开大学举办的"曹禺先生七十五周年诞辰暨戏剧活动六十周年"的一次集会上。那天晚上的活动是来先生主持的，他那天陪同曹禺、于是之、范曾、刘厚生、夏淳、孔祥玉等名流步入会场，在向大家介绍了诸位嘉宾之后，就开始介绍这次活动的主角曹禺先生。来先生手中没有稿子，完全凭记忆，将曹禺的生平、代表作、国内外的影响条分缕析地讲给大家，语言平实又生动。我当时有些纳闷，来先生并不是研究文学的，怎么对曹禺那么熟悉，简直是如数家珍一般。那时，来先生已经年逾花甲，但丝

---

[*] 刘运峰，南开大学教授。

毫没有老态，他身着深灰色西服，系红色领带，戴金丝边眼镜，头发又黑又亮，用现在的话来说，堪称南开大学的形象大使。这不只是我一个人的印象，就在去年，北京大学的张积教授谈起他在华中师范大学随张舜徽教授读研究生时，曾听过来先生的一次讲座，他对我说："来先生真是太有风度了，应该做外交官！"

但我很长时间都没有主动去和来先生联系，一来我生性不愿意攀附名人，挖空心思地找人家要书、要字，硬是拉人家合影、让人家签名，这种事我从来不做；二来在我的印象中，来先生有些"凶"，不苟言笑，咄咄逼人，身上透着一种清高和孤傲。据说，他在做图书馆馆长时，要求非常严格，办事雷厉风行，有些人很有意见。对来先生的学问，我也不甚了然，只是买过他的《结网录》、《近三百年人物年谱知见录》、《林则徐年谱》等。因此，毕业之后的很多年，我都没有想到和来先生联系，尽管，我的两个做编辑的好朋友都和来先生有着密切的交往，从他们那里经常会听到来先生的消息。

2001年12月，我到北京参加《鲁迅全集》修订座谈会，专门讨论鲁迅佚文佚信的增补问题。在会上遇到鲁迅研究专家朱正先生。朱先生曾给过我许多帮助，我便邀请他来天津走走。朱先生很高兴说，也好，正好去看看来新夏先生。

朱先生和夫人带着小孙女来到天津，我托张铁荣教授先和来先生取得联系，然后就来到了来先生在南开大学北村的家中。这是一座颇为陈旧的楼房的顶层，房间没有做任何的装修，依然是水泥地面，满屋的书柜、墙上的字画说明主人的与众不同。与我上大学时相比，来先生已是满头白发，但面色红润，精神很好。朱先生和来先生神交已久，第一次见面，非常高兴。我在旁边静静地听两位老人聊天，并为他们拍了几张照片。

朱先生对来先生笔耕不辍表示钦佩，来先生苦笑着说："别人是'著书都为稻粱谋'，我是在为老妻谋！"原来，来先生的老伴住进了疗养院，每月需要支付数千元的费用，这对来先生是一笔不小的负担。来先生感叹说："现在文章也不好发。"朱先生笑答："来先生的文章怎么能不好发呢！"

朱先生的小孙女只有四五岁，很是活泼调皮，来先生很慈爱地拿出一盒十八街麻花送给她，哄她高兴。来先生说：到他这里来的小孩儿多，他就常准备一些零食。从这件小事上，我感到来先生为人的细心、周到。

中午，我们一起去百饺园吃饭，看到来先生家仍是简易的木质门，我说："您还是装一个防盗门吧，这样安全些。"来先生笑笑说："这样挺好，我天天唱空城计。"

这次见面，来先生给了我一张名片，名片的正面是毛笔手书的"来新夏"三个字，背面是通讯地址和家中的电话，除此之外，没有任何的前缀，不像有的人那样头衔一大堆，正面印不下印反面，让人不知道他究竟是干什么的。这枚小小的名片，也反映了来先生的自信、自尊和大家风范。

从此之后，我对来先生的印象有了根本的转变，我感到，这是一位方正、博学、勤勉的长者，可以给人许多教益，从此，我和来先生的交往也就多了起来。2002年早春时节，我单独去来先生家中，请他为我收藏的《近三百年人物年谱知见录》初版本签名，来先生很高兴，在扉页上题写道："运峰先生以拙作来请签名，余睹旧作，又喜知者入藏，记其缘由，以示谢意。"那个时候，来先生对我还不太熟悉，因此遣词用句都很客气。

2006年5月，我回到母校南开大学任教。转年夏天，我迁居南开大学北村，和来先生的家不足100米，从此，我便成了来先生书房"邃谷"的常客。

来先生虽然离开了教学科研的一线，但一点儿也没有闲下来。他除了修订几部大部头著作外，就是不停地写文章。从天津的《今晚报》、《天津日报》，到上海的《文汇读书周报》，北京的《中华读书报》，会经常出现来先生的新作。几乎每一年，来先生都会有一两种甚至两三种新书问世。很难想象，一位八旬老者，会比许多职业写手还要多产。这一方面来自来先生的学养深厚，另一方面是由于来先生的勤勉过人，除了读书和写作，来先生几乎没有任何的娱乐，他的大部分时间是在十余平方米的斗室——"邃谷"，端坐在电脑前一个字一个字地敲着。有时去拜访他，他常会说："我刚刚写完一篇文章，你先看看。"

来先生博闻强记，许多文史掌故、名人轶事以及典章制度都烂熟于心。我虽然读了几十年书，但对于社会交往中的许多老规矩还是一知半解，生怕用错，每当这个时候，就会请教来先生，来先生也总能给我满意的回答。2013年10月8日，王学仲先生去世。按照辈分，我应该称王先生为太老师，因为我的老师孙伯翔先生是王先生的大弟子，我应该算是王先生的再传弟子。为王先生送行那天凌晨，我写了一副挽联，在落下款时却犯了难，因为署"再传弟子"显然不大妥当，有自吹之嫌，但简单地署一个"晚"字又轻了一些，我翻了几种工具书，也没有找到答案，无奈之中只好给来先生打电话求教。那时还不到七点钟，来先生还没有起床。我知道这样很不礼貌，但由于给王先生送行的车辆八点钟就要出发，也只好如此。电话响了一会儿，焦静宜老师接了，我也听到来先生的声音："谁呀？"我先向焦老师表示歉意，焦老师说："没关系，我让来先生接电话。"我顾不上向来先生道歉，就直接向来先生请教，来先生问了一句："孙先生是王先生的亲传弟子吗？"我说"是！"来先生脱口而出："那你就署'小门生'。""小门生"这个称谓我还是第一次听到。一个难题在来先生那里顷刻就得到了解决，真不知道如何感谢来先生。有一段时间，下决心搜集来先生的著作，结果发现这又是一个难题，因为种类太多了。每过一段时间，我就拿上几本新搜到的书去来先生那里，一是求教，二是请来先生签名。来先生总是说；"这都是以前的东西，没多大意思，花钱不值得。"有时则说："这书我还有存书，你张个口就可以给你，不用花钱买。"但我从未开口向来先生要书，我总觉得，主动去买师友的著作，是对人的尊重。尤其是对一位耄耋长者，是不能有太多的要求的。

在我搜集到的书中，是来先生早年的作品，来先生见到后，很是兴奋，往往会写上一段题跋，也顺便谈谈关于这本书的一些故事。2012年6月的一天，我在孔夫子旧书网上淘得一册《路与书》，这本书是1997年由中国青年出版社出版的，很不容易找到，我拿来给来先生看，来先生在书上写道："运峰得此书不易，心感其情，略缀数语以志书缘。"过了大约两个月，我又在网上买到了来先生早年编写的《第二次鸦片战争》，这是1956年1月由通俗读物出版社出版的，篇幅很小，仅11000字，用4号字排印，共28页。来先生看到这本书，笑着说："你可真有本事，这本书也能找到！"这本小册子原由江苏省南通市第三初级中学图书馆收藏，也不知道怎么就流了出来。这本书实在简陋，连扉页都没有，来先生只好在封二写了这样两行字："运峰雅藏。数十年前所作，久已难求，今运峰自网上得之，如见故人。"

2013年8月的一天，我拿着新买到的《天津近代史》来到"邃谷"。来先生先是在扉页上写了"运峰正"并签上了自己的名字。随后向我透露了一个关于这本书的秘密。来先生是中国近代史专家，又长期生活在天津，因此，来先生是领衔主编《天津近代史》的不二人选。受有关部门的委托，来先生率领一个团队出色地完成了任务。这本近30万字的著作1987年3月由南开大学出版社出版，总印数为5万册，这一印数在当下是很难想象的。来先生说，这本书本来是要印几十万册的，有关部门也拟好了文件准备向全市推行，但在为书名题字上却产生了分歧。有关部门要请一位领导题写，来先生认为不合适，坚持请启功先生题写。那时候来先生是南开大学出版社的社长，主动权自然在来先生手中，但也让有关部门很不高兴，于是撤销了文件，不再推行此书。我笑着对来先生说："您干嘛那么认真，有些人还求之不得呢！"来先生也笑着说："我当时也是'冒傻气'，可是积习难改。"说完，来先生又在这本书的扉页上写了这样一段话："是书撰于1987年，距今近三十年，印行五万册，可称一时之胜。实则大可畅行，以该书本为官方委托，一纸公文自当风行一时。惟书成，余不识政俗，婉拒权要署签，（官方）遂撤除文件，至今已难求一册。运峰喜书，淘得一册，为志其密，亦书林一佳话也。萧山来新夏又及，时年九十一岁。"

来先生很乐意和我聊天，并希望我能为他的《近三百年人物年谱知见录》做续补的工作，每当见到这方面的资料，他都会交给我参考。

这几年，来先生出了新书，都会打来电话："运峰，你在天津吗？"当我回答"在"时，来先生就说："你来一下，有一本书给你。"放下电话，我会在十分钟之内赶到"邃谷"。就在今年，我还得到了来先生的三本新著，一是《古典目录学》，一是《旅津八十年》，还有一本《〈太史公自序〉讲义》的抽印本。

今年春节，我去给来先生拜年，来先生很高兴地告诉我，他的文集已经由广东人民出版社发排，共有1000多篇文章，400多万字，分成了六大卷。我说："您真是高产！"来先生说："我也不知道怎么写了这么多。"来先生还说："我还可以写几年，给我操持出文集的朋友说，等我一百岁的时候，再出一部续编，不知还能不能活到那个时候？"我说："没有问题，您的精神很好，身体没有大毛病，一定能过百岁。"来先生笑笑说："试试看吧！"

2月27日下午，我去给来先生送载有我写的《来新夏先生赠我〈朴庐藏珍〉》的样报，来先生说准备把去年在问津书院讲的"袁世凯与天津新政"修改成一篇论文，让我帮他搜集一些资料，以便注明来源和出处。因为我以前帮他找的那些资料不知道放到哪里去了，我请来先生放心，尽快交给他。来先生说："那就麻烦你了。"

3月3日上午，我外出办事，手机响了，是一个陌生的号码，我接通后，传来略带沙哑的"喂"的一声，我问"哪一位？请讲。"电话却断了。过了一会儿，这个电话又打了过来，原来是焦静宜老师，她说："刚才是来先生打电话，不太会用手机。"焦老师告诉我，来先生住院了，特意嘱咐我有关袁世凯和天津的资料先不忙找。我忙问来先生怎么样，焦老师说，不要紧，就是感冒。我说，请来先生好好休息治疗，过几天我去看他。

3月9日上午，和王振良兄通话，顺便提到来先生，振良说，来先生的情况不太好。原来，来先生由感冒引起了肺炎，又由肺炎发展到心衰，被转移到了重症监护室。当天下午4点钟，我来到总医院干部病房探望来先生。病床上的来先生眼睛微闭着，没有了往日的神采。焦静宜老师轻轻地呼唤他："来先生，刘运峰看您来了，你知道吗？"我默默地站在来先生的旁边，看着昏迷中的来先生，心里有一种不祥的预感。毕竟，来先生已经是九十多岁的老人了。

但我仍然祈盼着奇迹的发生。每当经过来先生的楼下，都希望看到"邃谷"的灯光再度亮起来，但是，连续二十多天，"邃谷"依然没有开灯。

3月31日下午5点来钟的时候，王振良兄突然来到我的办公室，我第一句就问："来先生怎么样？"振良说："来先生下午3点10分走了。"虽然在心理上有一些准备，但还是感到有些突然。我和振良静静地坐着，谁也没有说话。

听焦静宜老师讲，来先生走得非常安详，没有丝毫的痛苦。这是来先生的福分。在他人生的最后十年，在焦静宜老师的精心照料和协助下，来先生基本做完了他要做的事情，他的二十余种著作都是在近十年完成的，来先生实现了他"有生之年，誓不挂笔"的承诺，也创造了年过九旬依然笔耕不辍的奇迹。来先生应该是没有遗憾了，走得坦然，欣然。

很久以前，就想求来先生一幅字，来先生也答应给我写，但又说："我的字不行，没有下过功夫，拿不出去。"我对来先生说："您不用谦虚，您的字很有法度，属于温柔敦厚一路。"来先生才告诉我，年轻时曾临过《北魏张黑女墓志》，后来大多用钢笔，写毛笔字的机会就少了，上了年纪，手有些打颤，就更感觉写不好了。我曾劝来先生多写写毛笔字，甚至私下里认为他可以少写些文章，多写字，因为写文章需要脑力，写字对老年人来说，则是很好的休息方式。但来先生的"文债"实在是多，约稿的，求序的，应接不暇，来先生也有些不堪其苦，但也无可奈何。我每次去来先生那里，都想提求字的事情，但看到来先生实在太忙，写字又需要做许多准备，就没有再提这件事，总以为还有机会，没想到却成了永久的遗憾。

原载于《文汇读书周报》2014年5月2日"人物"版

与来老交往有感

邓骏捷[*]

来新夏先生是当代学术大家，在史学、文献学、方志学等多个方面著作等身，成就卓著，影响广泛。余生也晚，且僻居海隅，与先生既无师生之缘，亦无同乡之谊。然而，幸获先生青睐，近年颇有一些往来，从中深感先生扶掖后辈的长者风范。借此略记一二，以表感恩之情。

大约是1997年，我有一次路过天津，在天津师范大学一位老师的带领下，冒昧到南开拜访先生。当时除说了一些仰慕的话外，还奉上我编的两册有关澳门文学的目录书。先生对我能做"替人作嫁衣"的工作，颇为鼓励。当年，先生又到澳门开会，我也陪同游览。其后，由于学业无成，所以不敢再打扰先生了。

2004年，我受学校图书馆之命，负责整理馆藏古籍，并编辑出版了《澳门大学图书馆古籍特藏图录》。该书出版之后，我想到终于有向先生报告的机会了，于是立即寄奉一册。不久，就收到了先生热情洋溢的来信，并且敏锐地指出其中某些古书的学术价值。这真是为我在澳门这个灯红酒绿的花花世界里埋首于"古墓"（我校馆员对古籍室的谑称）的工作，打了一支强心针，深为之感动。此后，先生不断给我寄赠自己新出的作品，我心里明白，先生显然是在鼓励我不要迷失于现实，不要放弃传承中华文化的应有责任。对于千里之外的无名小卒，先生也如此关爱，表现出的不仅是长者之风，更是无穷的人格魅力。

2007年，先生受邀到澳门讲学，我自然要作陪，报告学习情况，请教心中疑惑，先生一一作了解答，让我顿有豁然开朗之感。更加令人激动的是，先生回津

---

* 邓骏捷，澳门大学教授。

之后，写了一篇《重游澳门》的文章发表在《今晚报》上，文中既谈了十年来澳门的巨大变化，亦为澳门未来的发展前途提出了忧虑之思。在当前一片"唱好"的现状下，那真是难能可贵的箴言啊！

2008年，我与一班志同道合的朋友，创办澳门文献信息学会，出版《澳门文献信息学刊》，旨在为文化事业作些微乎其微的贡献，于是我又想到了先生。先生二话不说，既答允出任学会的顾问，更为《学刊》题辞、撰稿。有了先生这位重量级前辈的压阵，我们就有了底气，放手大干。现在《学刊》已经出版到第五期，上面发表先生在内的名家大作多篇。学会又举办了数个国际研讨会，并成功提名"天主教澳门教区档案文献（十六世纪至十九世纪）"列入联合国教科文组织《世界记忆名录》（亚太区）。这一切无不是在先生的鼓励和支持下完成的，可以说先生不仅是我们的学术顾问，更是驱动我们努力向前的精神动力。

先生学问渊博，著述不辍，桃李满门；又"衰年变法"，出版大量学术随笔，哺育后人；更加宣示春蚕之心不死，有生之年，誓不挂笔。让我等后辈有"仰之弥高，钻之弥坚，瞻之在前，忽焉在后"的感觉，叹服不已。

最后，祝愿先生长寿康宁，续为中华民族发光发热，永作我们的文化大纛。

原载于《友声集——来新夏教授九十初度暨从教65周年纪念集》　孙勤主编　中华书局2012年版

记来先生的教诲

赵传仁[*]

初识来新夏先生，是1986年的秋天。那时我刚调图书馆做行政工作，学校接教育部通知，令高校开设"文献检索与利用"课，校领导决定让图书馆的同志先在中文、历史两个系开课讲授。这是一门非常陌生的课程，不知如何讲授？此时听说南开大学来先生已编出教材，

于是决定赴天津登门求教。当时先生身兼数职——南开大学图书馆长、图书馆学系主任、出版社社长、历史系教授，社会兼职更多，是大学者，是大忙人。见先生之前，总是惴惴不安，唯恐先生不接见。既见先生，是那样的热情、和蔼可亲，对我的求教，有问必答，且循循善诱，真是"望之俨然，即之也温"大学者的风度，并亲赠所编《社科文献检索与利用》一书。1984年教育部才通知高校开设这门新课程，二年之内，先生竟编出开风气之先、对后来同类教材有深远影响的教科书，足见先生接受新事物之快和高瞻远瞩的气派。我回校后用先生的教材为中文、历史两系四年级讲授了这门课。开始是选修，报名听课者仅占人数的一半，不久，便不断增多，最后几乎全体学生都来听课。他们反映收获甚大，说若在一二年级讲授，会读到更多更有用的书。以后便成为必修课，我一直讲到退休。现由中青年教师继续讲授。饮水思源，先生启导之恩，没齿不忘。

八十年代末，山东友谊书社（现改名山东友谊出版社）约我们编撰《中国古今书名释义辞典》。人类文明与书籍是分不开的，中国是发明印刷术的国家，书文化源远流长，上下几千年，作者既夥，书名各异，或以作者籍贯名，或以职官

* 赵传仁，曲阜师范大学教授。

名，或以室名别号名，或以古诗文名句名，或表自负，或表谦虚，或因避讳而改名……层出不穷，千姿百态。书名学涉及人名学、地名学、职官学、政治学、史学、文学、宗教学、民俗学、农学、医学、避讳学等各个文化领域。而书名又往往揭示了作者的身世、情趣和著书的宗旨。所以书名不可不研究，用先生的话说"书名之学不可漠视"。可是有些书名含义隐曲，不经一番考释，是不易理解的。有不懂者便向先生请教，例如《镜镜詅痴》不知何义？先生讲：第一个"镜"字是考镜研究之意，第二个"镜"字代指光学原理，"詅"为叫卖。"詅痴"出颜之推《颜氏家训·文章》谓本无才学，又夸耀于人。清郑复光以《镜镜詅痴》名书，既有谦意，又含有其著作不为世人所理解的愤慨。我们遵照先生的教诲，对难解书名追本寻源，务求得其确解，严肃认真地撰写每个辞条。先生又在百忙中赐以序言，给以多方鼓励。1992年出版后，受到周祖谟、郭溥澜等十四位著名学者的称扬，1995年获全国高校人文社会科学优秀成果奖。

1993年，我们为颜光敏诗文作笺注。颜光敏为清初著名诗人，为"金台十子"之一，受到顾炎武、王士禛等人的赞扬。颜氏交游极广，上自明末遗民，中及侪朋好友，下至学生晚辈，广为结纳，过从甚密。从他的三大册日记中，可知他们聚会宴饮几无虚日，故诗文中唱和赠答之作甚多。而这些唱和赠答之作，既运用"古典"，又包含"今典"。所谓"今典"，即涉及当时的人和事。诚如陈寅恪先生讲：诠释前人的作品，释"古典"不易，释"今典"尤难。原因是"今典"多不见经传，难以查寻。我们笺注这些"今典"，感到很棘手。先生告诉我们：有些不见经传的人和事，可能地方志和谱牒中有收录。根据先生的教导，我们利用地方志和谱牒中的资料诠释了颜氏诗文中一些难解的"今典"。如颜氏有《送王敬修之任垫江》一诗，王敬修不知何许人？想查《垫江县志》，山东省各图书馆均无收藏，检《中国地方志联合目录》，知北京图书馆有，便向北图杨晏平先生请教。杨先生回信说：康熙年间任垫江知县王姓者，只有王于昌，山东人，进士出身。这给我们一个很好的信息。查《明清进士题名碑录索引》，无王于昌，而有王俞昌，山东高密人，康熙三年甲辰（1664）进士。再检《高密县志》：王俞昌，字敬修，康熙三年进士，曾任四川垫江知县，问题乃得解决。又如七律《喜荆璞伯父归里》，不知颜荆璞何许人？请颜景琴同志查《颜氏族谱》，知光敏堂伯父颜伯璟字荆璞，岁贡生，官鱼台县教谕。再检《鱼台县志》，知其在顺治十四年至十八年（1657—1661）官教谕。在先生的指导下，我们顺利地完成了笺注工作。该书1997年由齐鲁书社出版，先生首先在中华书局主办的《书品》上撰文给以奖励。在先生的揄扬下，一代学术宗师启功先生，通过先生索阅此书，并来信给以鼓励。苏州大学清代文学研究博士生导师让其六位博士生每人购一册，用为参考书。书不久即售光，仍有各地读者来信索书。

最近《中国古今书名释义辞典》扩编为《中国书名释义大辞典》，为了进一步提高书的质量，出版社想聘请几位著名学者做顾问，在学术上给以具体指导。我们首先想到先生，先生不仅欣然俯允，而且亲自赴京请启功先生做顾问，并请启老赐题书名。先生对后进的关怀奖掖，竟是如此地周到和不遗余力。

回顾近十几年来的教学和科研工作，若说略微有点成绩的话，皆承先生亲炙所致。今当先生八十初度，谨记所受之教诲，为先生寿。

二〇〇二年六月二日

原载于《来新夏教授学术研讨会纪念集》　南开大学地方文献研究室编　新疆大学出版社2002年版

重剑无锋

陈子善[*]

三十年前，改革初起，学术待兴，自书肆购得来新夏先生著《近三百年人物年谱知见录》（1983年4月上海人民出版社初版），拜读再三，获益良多，从此记住先生大名。

后来得知先生家学渊源，祖父来裕恂乃经学大师俞樾弟子，与鲁迅同过学，先生受其学问和为人影响颇大。先生毕业于北平辅仁大学历史学系，孜孜不倦研究历史学、版本目录学和方志学，三学纵横，成果累累。先生又长期出任南开大学图书馆馆长，而我也曾任华东师大图书馆副馆长数载，因此，见面共同话题不少。

进入新世纪后，有幸与先生在全国民间读书刊物年会上多次相聚，会里会外，或请益，或同游，先生均兴致勃勃，谈兴甚浓，使我有如坐春风之感。

2010年8月，我赴津恭贺先生米寿。回沪后，先生于9月9日惠函云"蹉跎岁月八十八年，德言事功一无足述，千里来贺，益增愧恧"，足见先生之虚怀若谷。随函又附先生毛笔手书一纸："重剑无锋 子善兄雅属 来新夏题 岁在庚寅"。借金庸小说《神雕侠侣》主人公杨过用剑之今典以励勉，又足见先生对后学期望之殷。当然，"重剑无锋，大巧不工"，也可视为先生在学术上的自我期许。

先生晚年致力于学术随笔写作，笔耕不辍，卓有建树，我就曾得先生多

---

* 陈子善，华东师范大学教授。

次惠赠。先生曾曰"春蚕之心不死，有生之年誓不挂笔"，他说到做到。而今先生仙去，这句遗言自当作为后学如我者之座右铭。先生泉下有知，想必颔首也。

原载于《天津日报》2014年4月21日第12版"满庭芳"

邃谷春深

——追念来新夏先生

张元卿*

我的本科专业与文史无关，学校不是"211""985"，虽然做了多年的文史研究，也还常被取笑"出身"不正。读本科时，我还热爱我的专业，但个人兴趣偏向文史，课余看的多是这类书籍，因没人点拨，走了不少弯路。第一次听说来新夏先生，就在这个时候，也翻过《近三百年人物年谱知见录》等书，感觉来先生的学问既深且正，可自己的底子太差，根本无法进入先生的学问世界，虽与先生同在一城，却没有听过先生的课或讲座，只是仰慕而已。

大学毕业转徙多年后，我回到天津工作，虽然那时已研究生毕业，专业已改为中文，也有了自己的研究方向，但胡乱读书的习惯并没有彻底改变，此后的十年光阴便一晃而过了。转机出现在2008年，那年秋我和王振良兄等筹办民刊《天津记忆》时，来先生特地为我们题写了刊名，等到创刊号快编好时，得到董宁文兄通知，说淄博马上要召开全国民间读书年会，便先赶印了一批，由我便带着去参会了。到淄博的当天，听说来先生也来开会了，晚上我就带着《天津记忆》去拜访来先生。这是我第一次见到来先生，先生看到创刊号《天津记忆》，高兴地翻看着，不时发问，我一一作答。看到刘云若的文章，他说这个人很值得研究。我的硕士论文写的就是刘云若，至今很多中文系教授还看不起刘云若这些小说家，来先生却肯定他有研究价值，这对我是极大的鼓舞。来先生治史学，却对刘

---

* 张元卿，南京大学文学博士。

云若这样久被遗忘的作家感兴趣，且无一点雅俗成见，这使我感到有些意外。

第二天开会，来先生首先发言，他总结了民刊的两大贡献，认为一是保存了文献，二是建构了平台，团结了读书人，聚集了人才。来先生身在学院，却这样肯定民刊的价值，又使我感到有些意外。这是我第一次听先生演讲，当时群贤围聚，凝神倾听的情形，至今如在眼前。淄博四日，日日见到先生，有时上前聊上几句，有时跟在身后，更多的是远远地望着先生。

2009年后我和来先生交往渐多。2009年年初，我淘到一本来先生的《美帝侵略台湾简纪》，和振良、老穆去来先生家，走到楼梯转角时，发现先生已站在门口，俯身望着我们说："三人行，必有我师。"那天，大家聊得很开心，来先生还在《美帝侵略台湾简纪》上给我写了一段题识。几个月后，听说来先生住院了，我和振良一起去总医院看望先生。我们在来先生床边坐下后，先生说这次差点就再见了，随后他问起近来有关《悔余日录》的事情，我们简单说了说网上的议论，来先生听后严肃地说："中国文人太可悲了！"接着又感叹了一番。

那年5月，我们在天津举办了津门论剑会，会后去来先生家，向他报告开会的情况，在谈及民国北派通俗小说时，先生说他读高一时就看还珠楼主的《蜀山剑侠传》，都是从租书铺租着看，当时社会上的一般人也看这部书，还说《蜀山》比金庸的好，他当年看《蜀山》时，曾绘制了一个人物图，把每个人物出场的页码记下，出场次数用"正"字表示。当来先生看到这次会议的藏书票中有李薰风的照片时，便问有没有讨论到李，又说刘云若比张恨水高。显然来先生对民国通俗小说做过深入的思考，有其整体的考量，可惜在日后的交往中我没能就此话题再向先生请教。那年秋天，我和振良随来先生夫妇去包头参加第七届民间读书年会，会上来先生对民间读书人的期望感人至深。在参观成陵时，同行者都走在前面，只有振良和我跟在来先生夫妇身后，这时忽然下起了雨，焦静宜老师立刻给来先生撑开了伞，扶着先生继续慢慢地向前走。走不多远，焦老师问来先生："要不要吃点丹参片？"先生说："那就吃点，有备无患。"吃完药，先生和焦老师继续在雨中慢慢向前行走。

从包头回来后，我和来先生时有联系，但见面不多。2011年我要去南京读博，离开天津前和振良去来先生家里告别，先生希望我多接触南京当地的读书人，为以后站住脚打好基础，临别送了我一套新出的《书目答问汇补》。

来先生素以历史学、方志学、图书文献学闻名于世。我于史学，缺乏专门训练，也没有自己的根据地，只能在文学史的范围内做些琐碎的考证，没有能力体会先生史学之高深，但对先生的方志学和图书文献学却很感兴趣，也曾尝试着写过这方面的文章，因此，拿到《书目答问汇补》后很是高兴。人们总称道来先生的"三学"（其实先生对印学也颇有研究），却常忽视先生晚年"变法"，投入极大精力写作学术随笔的意义。先生曾谦虚地说《知见录》是为人之学，并不高深。我以为《知见录》是提要之学，有些内容是高度概括，没读过原书者不一定真能读懂，只能由此可获得该书的基本信息。来先生晚年写作学术随笔，不只是因为不愿再专为专门研究者写文章，他一定也感到自己以往的论著不适合一般读者去读，他要将其学问小品化，将以往概括性的心得用美文推阐开来，去和更多的读者对话，用来先生的话说，就是"回馈社会"。我以为来先生用学术随笔"回馈社会"之举，除了上述原因，多少也包含了他对学院研究者的失望，而这失望可能是这些研究者多已不再用生命去研究，在他们的研究中越来越看不到个人趣味和性情，更谈不到思想和精神。因此，当来先生发现这些在学院失落的东西却在民间延续时，他一定是无比兴奋的，或许还产生过学在民间的感叹。他晚年不顾年迈积极参加民间读书年会，为的是名吗？不，那时先生已经名满天下，他不需要用几次民间会议来证明什么，他希望得到的应是读书人雅集清谈之乐，学术薪火能否在民间传递倒在其次。

像我这样"出身"不正的读书人，在来先生周围还有很多，多数身在民间。来先生乐于接引民间学人，是因为他不仅读天下书，也友天下士，不以"出身"取人。这些民间学人或许不能承传先生的"三学"，但先生治学的精神与做人的风范定会在这些读书人的追摹中薪火相传。

2012年春，我去萧山参加来先生的学术研讨会，同时为先生九十华诞祝寿。因参会的人多，我没能和先生多聊，可看到先生身体康健，鹤发童颜，亦甚为欣慰。今年2月到天津出差，本想去看看来先生，后因事多，也没去成。当时听振良说来先生身体还可以，只想着以后还有机会，便匆匆南下了。3月31日，我在公交车上接到振良的电话，说来先生今天去世了，我感到很突然，因为此前没听说来先生身体不好，而我一直以为先生或可寿登期颐呢。孰料萧山一别，竟是永别。

来先生就在这样普通的一天离我们而去了。我于先生是小友，先生对我来说却是旗帜。在没有旗帜的日子，我将何以自处呢？对于如何成就专精之学，如何用专精之学来回馈社会，来先生无疑是读书人的楷模，大家尽可从不同的角度自己去领会，可面对很多具体问题，我们仍需向来先生求教。就我而言，我想问的不仅是如何累积专精之学等问题，也想和先生聊聊书画篆刻等方面的话题，可如今邃谷春深人已去，这一切都无法实现了，唯有思念随夜雨弥漫。

二〇一四年四月十一日作于北秀村，十五日改定

原载于《今晚报》2014年4月24日

教我怎能不想他

赵 胥*

人总是跑不过时间的，来先生已经离开我们一年了。这一年里，先生的音容笑貌总是浮现在我眼前。写回忆先生的文章是应该的，是必须的，但却是不情愿的，因为至今我仍不能相信先生已经离开了的这个事实。

我与先生相识是因为一件诗稿。2008年，我从徐州朋友手中购得一件饶宗颐先生1944年在广西瑶山"无锡国专"时期的诗稿。这首诗很长，是赠给其同事蒋石渠的，并已收入《瑶山集》。对于这样一件藏品，如果只是随便装裱起来，镶个镜框，实在体现不出作品的魅力，也显得平庸了些。所以我便萌生了一个想法，就是邀请国内外一些与饶先生有交往的学者为这件诗稿题跋，最后装池成卷以增加诗稿的分量。有了想法之后，便开始拟定名单，来先生是图书馆学和版本目录学领域里的大家，自然出现在名单里。于是，我壮着胆子给来先生写了第一封信。写信时真是担心，像来先生这样的大学者，会不会搭理我这样一个无名小辈呢？这封信会不会就这样石沉大海了呢？可没过多久，我便接到了先生的回信，笼罩在脑中的疑云随即一扫而光！先生信里写道：

赵胥先生：

来函并诗卷收到，并嘱为饶诗书件题跋，实不敢当。我本不善书法，加以年高（87岁）体衰目眊手颤，毛笔字写来甚难看，附于饶公诗后不啻佛头着粪，至祈

免于出丑。如实需作此，硬笔是否当意？尚希

---
* 赵胥，中央美术学院教师、画家。

函告，以便应命。耑此，顺颂

近佳！

来新夏

09.11.7

收到来信，心里既有喜悦又有遗憾。喜悦是因为得到了先生的回信，也应允为诗卷题跋，遗憾的是如果只能用钢笔书写则少了几分味道。我从信中感受到了先生的儒雅与谦和，所以便又写了第二封信。有了第一封信的机缘，我的心里自然也就不那么紧张了。信寄出去了，一直未有回音。大概十天后的一个下午，三点多，电话响了，手机显示的是天津的号码，心中有些疑惑。摁了接听键，电话那头一口标准的北京话："赵先生您好！我是来新夏。题跋已写好了，只是不知您是否满意。方便时可到津来取……"听着先生的电话，我心里特别激动，也不知说什么感激的话才好，就一个劲地说谢谢。也许先生体谅我急切的心情，还没等我去天津，几天后即接到了先生快递来的题跋。本以为先生只会写几个字而已，简单地跋一下，没想到寄去的宣纸几乎写满了一页，字迹清晰，笔力浑厚，绝不像耄耋之年的老人能写出来的。题跋内容如下：

> 饶公学识优长，士林共钦，诗词尤称名家。余钦慕既久而缘悭识荆。近北京赵胥君见惠饶公赠石渠先生诗手迹印件，命题其尾。二老共事国专，同历艰辛。饶诗写于甲申岁暮，即民国三十二年十二月，当为公历一九四五年一、二月间。至今殆逾周甲，读之犹若面对，亦以补未获一面之憾。周、冯二公书文并佳，书跋为原诗增色。余不善书，近年体衰目眊，春蚓秋蛇，更难当贤者之目。婉辞再三，赵胥君执意命题，情意难遣，率而作续貂之笔，聊志与饶公之书缘尔。
>
> 己丑嘉平题，应赵胥先生雅属
> 八七叟萧山来新夏题

如此长的题跋真不知耗费了先生多少精力，真是难为先生了！

过了没多久，我就专程到天津拜访来先生。先生住在南开大学北村，记得当天是先生亲自开的门，然后便指引到进门右手边的书房兼客厅"邃谷"。来先生坐在电脑桌边那把皮转椅上，我坐在离他最近的木质圈椅上，开始时我是很拘谨的，大气都不敢喘，有时对话还磕巴，可聊着聊着就放松下来了。来先生虽然乍看上去很威严，但一接触即感觉有着家人般的亲和，那天从家世、师承、学业甚至聊到婚姻，话题很广、很杂。先生知道我是学画出身，便起身到里屋取了一本稿子递给我，我接过来仔细看了，是一本提纲，旧旧的，已有了"善本"的感觉，内容皆是古代画家所作的诗词。我问先生这是何意，先生回答："我在辅仁念书的时候，启功先生曾亲授山水技法，并合作过山水扇面，可惜在启先生的展览上那幅扇面被有心人买走了，连张照片都没留下。但由于这学画的机缘使我对画家的诗词有了兴趣，随后便请教陈老师（陈垣）和启先生，他们都觉得这个题目很好，希望我把它做出来，可那以后社会动乱，四处奔波，这本书就耽搁下来了。你是学画的，你来做合适，我没做成的希望你能做出来。"听罢，我一时说不出话来，真不知先生看中了我哪里，第一次见面即委以重任！真是又兴奋又忐忑，只能暗下决心，一定要完成此书了！那次见面后不久即是来先生米寿庆典，我专门绘制了一幅油画肖像送给先生，一方面作为寿礼，另一方面也是对先生信任的一点报答。

2010年前后，我打算编一本《杨仁恺先生书信集》，当时手中已经收集了不少信件，可还缺少一些与杨老交往频繁，且比较重要的学者的通信，其中就包括写给启功先生的书札。那时急需与启功先生的后人取得联系，而我却从未与启先生家里有过往来，只好又向来先生求助。来先生与启先生有师生之谊，上世纪四十年代来先生便拜于启先生门下，除了学习国文还兼习书画。两位老人感情很好，启先生还曾极力支持来先生续弦，在病重时仍念念不忘。一般情况下，老先生们遇到"中介"熟人这样的事都不会轻易答应，多半是怕担"责任"。而来先生则不然，所谓"信人不疑"正是这个道理。先生听完了我的想法和要求，便立即起身到里屋，不一会儿工夫，拿了个信封交给我，说："这是给启先生内侄章景怀的介绍信，你直接去找他，就说是我介绍的，他应该会帮你的。"信里写道：

> 景怀先生：
>
> 　　您好！
>
> 　　中央美院赵胥先生系杨仁恺先生入室弟子，为弟多年交往小友。生性好学，极重师道，素知杨先生与元白师颇多交往，友谊甚笃，往来信函较多。赵先生为汇集杨先生致启先生函，如您手头有此类资料望能允其复印保存，不情之请，至祈

亮詧，即颂

夏祺！

弟来新夏拜上

2010年6月8日

"多年交往的小友"，简直是对我最大的褒奖！拿到这封信真是百感交集，先生对我是如此信任，我却没能在先生在世时做出什么成绩来，真是愧对先生。当场来先生还给北师大侯刚先生去了电话，在电话里也将我要做的事情做了一番说明，希望侯先生为我提供帮助。先生的这些举动为我征集杨老的书信提供了莫大的帮助，同时也为我增添了不少的信心。虽然没能在启先生的遗物中找到杨老的书信，但没有来先生的帮助是无法探知到这个结果的。老一辈学人的品德在来先生身上都得到了集中的体现，同时甚至还融入了不少"大侠"的范儿，可谓"儒侠"，这样的风骨如今是不多见了。

来先生九十大寿，不论官方还是民间都有很多庆祝活动，我作为先生的忘年交，也打算贡献自己的一份力量。本打算出资请人为先生编一本随笔选，我把想法和先生说明后，先生沉默了一会儿，突然说："要编就你来编，别人就算了。"我是画画出身，只是爱好文史，由我来编先生的随笔，恐怕是要出笑话的，所以这个话题当时就停在那里，没敢往下接。回到北京后，我思来想去，人生总有第一次，还有来先生亲自帮我把关，有什么可怕的呢？想到这，便给来先生写了封信，自告奋勇为先生编这本随笔选，作为先生九十大寿的贺礼。为此，我再次来到先生家。先生将其著述的自藏本统统借给了我，同时只要有副本的便一同签赠给我，这样一下子汇集了三十几本来先生的著作。接下来我和苏毅兄便从这些书中筛选了一百多篇文章，作为一个基本的目录，又将这些文章全都输入成繁体字。经过几个来回，随笔选基本成型了，又请先生的世叔谢辰生先生题写了书名，书籍装帧上又加上沅澧兄创意和想法，更是如虎添翼。一晃，几个月过去，先生庆典的日期也临近了，我拿着样书到天津和先生做最后的核对，同时商量印数。一开始我的想法是印一千册，即使庆典之后也可以用来送送朋友，别弄得紧巴巴的，可先生执意只印四百册，怎么说就是不同意，我知道先生是怕我多花钱，最后只得听从先生的意见了。九十大寿庆典那天每一位重要来宾的手中都有我编的这本随笔选，虽然不知大家评价如何，但心里还是美滋滋的，毕竟在这么重要的日子里我们也贡献了自己的一份心意。

我父亲过世得早，到2012年已是第十个年头。我打算赶在十周年之前将这些年收集的学人书信甄选出百通汇集成书，用以纪念。这本书从书名、入选名单，到释文、装帧，几乎每个环节我都与来先生探讨过。名单几经修改，释文考订也不断充实改进，到2012年年中时书已基本完成了。书名请了姚奠中、饶宗颐二位先生题写，又请了吴灏和吴子建两位先生绘图、治印，唯缺少一篇颇有分量的序言。不用说，我心目中当然是来先生最合适了。可当时先生已九十高龄，真怕老人家不答应。我便又一次专程到天津，拿着三校的稿子请先生过目。先生翻看着，时而点点头，时而提些修改意见。我壮了壮胆子在旁边小声地说："您看，这书就差一篇序言了，我想请您来写，不知能不能……"话音未落，来先生便说："好！我来写，就是别急。"真没想到先生答应得如此痛快，这下心里的一块石头总算是落地了。来先生嘴上说别急，不要催他，其实他老人家手头快着哪，我回京后没几天便收到先生寄来的序言，真是又快又好，捧读之下令我辈汗颜！尤其要说到的是，先生序言第一稿中对我评价甚高，我实不敢当，建议先生去掉了，先生竟未怪我的年轻冒昧，这种胸襟如今几人能有？我觉得先生的序言不只概括了全书，还指出了书中的缺憾，对我这个晚生后辈绝不隐藏观点或一味庇护，例如：

> ……更为读者方便，重加释文并注释，复于注释后附以致函者简介，虽大多已享大名而易得，但声名不甚彰显者，则较难着笔。以致尚有付缺者，其中若无文献可据，但有传闻者，亦不妨以存疑之笔，略叙始末，俾知者有所补充。于有疑意者，当指明缘由，如陶行知与陶知行，虽仅名字倒换，亦为其个人思想有所变易之表现，今之读者或难知晓本义。其实难追寻者，不妨注以"生平不详"或"待考"，以待知者增补。

先生是文献学的大家，一眼便看出了书中的问题。本来想在《朴庐藏珍》第二辑中改进上述问题的，可如今，斯人已去。

《朴庐藏珍》出版后受到很多朋友的关注，也有不少朋友跑到先生那去要书。记得是2013年的夏天，一位书友通过来先生要一本书，恰巧我要去天津，便就带着书一块去了。那天到津比较晚，大概已是晚上七点多，我按惯例提前给先生家去了电话，得知先生在休息，我就晚了一会儿到。可就我这一个电话，先生睡不着了，连忙起来穿衣服，怎知一不小心摔倒了，头还磕在了电视柜的把手上，出了血，我这罪过可大了！我到家里的时候，先生竟执意不去医院，后脑上盖着块纱布正坐在椅子上等我呢。一会儿，先生的外孙女来了，帮先生涂了药，先生说是没事了，可我心里总觉得特别别扭，转不过弯，这件事都怨我太莽撞了。

在与来先生交往的过程中，不止是我得到过许多的教诲与提携，我周围的朋友也有很多得到过先生的支持与帮助。黑龙江大学的臧伟强老师是我收藏道路上的指路人，他花了四年时间写了一部关于近代学人签名本的书，内容极为丰富，也花费了相当多的精力。2011年的冬天，我们一行五人专门到天津拜谒来先生，先生看了书稿后感叹于作者的用心，答应为这本书作序。来先生当时已是年届九旬的老人了，但仍每天坚持写作，而且还坚持自己将文章输进计算机，着实令人佩服。来先生的记忆力与认真劲儿也让我印象很深，那天看书稿时一点点小失误都清晰地记得而且还贴上了签条，在与臧老师讨论书稿的编排及内容时亦是指陈弊端，实话直说，绝不隐藏，这样一位学术大家仍然有如此浓厚的赤子之心，令那天在场的人无不感动。而且没料到的是，来先生怕慢待远方来的客人，那天早已让师母在南大专家楼的餐厅订好了座位，让我们中午一起品尝南开的"校园美味"。说老实话，这顿饭很不错，地道的杭帮菜加上美妙的干红。在品尝美味的同时我们发现来先生竟然还是位美食家，当"鳝糊"端上来的时候先生让服务员拿来了少许胡椒，当时我以为只是来先生的习惯而已，没想到亲口一尝果然不同，味道、鲜度一下子足了好多！这位美食家不仅会品而且还亲自下厨，听师母讲，家里每天三顿饭差不多两顿是来先生要自己动动手的。九十岁的老人自己下厨？您想过吗？我特别珍惜那次经历，因为那是我陪来先生吃的唯一的一顿饭。

来先生曾经写过一本《近三百年人物年谱知见录》，对研究文史的人来说是必备的书籍，先生在年谱的整理和保存上下过很大的功夫，很多不知名的或难得一见的年谱在先生的书中均有收录。2013年，川大的缪元朗老师完成了《缪钺先生编年事辑》的编写，准备在中华书局出版。因与缪老师是多年好友，我便主动提出这样重要的书应该请重量级的学者来题写书名，那就是来先生，缪老师也觉得十分合适，只是担心先生的身体。记得我是年前将书稿送去的，顺便给来先生和师母拜了个早年，先生当时就答应了，说随后就写。那天先生状态很好，面色红润，只是腿吃不住劲，不能久站。过了年，没几天便来电话说写好了，但当时我在外地组织招生考试，打算从外地回北京的时候过路天津再取走也不迟。可没想到就这一等，竟成了永诀！

先生遽然仙逝，起初我知道消息时是不相信的——这怎么可能呢，一个月前还好好的，怎么这么快人就没了？我马上打电话去询问，消息自然是肯定的，但无论如何我也无法接受，连夜开车到天津，在先生灵前磕了三个头——就是到了那一刻我都无法接受这个事实！

从2008年到2014年，我和先生相识的时间仅有五六个年头，可感觉像相识了几十年一样。这一年，我总感觉，在那个一进门右手边的小客厅里一位白发老人还在敲击着键盘，还有那一口标准的北京话，时而还能蹦出一两句天津的俏皮话。来先生走了，我少了一个去天津的理由；来先生走了，我少了一位随时可以请教问题的老师；来先生走了，我又少了一位待我如亲人般的家人。我感谢先生这些年对我的指导和帮助！东北有句土话"没处够"，我和先生就没处够！刘半农先生有首歌词《教我如何不想他》，用在结尾再合适不过了——教我如何不想他？教我怎能不想他！

原载于《忆弢盒：来新夏先生纪念文集》 焦静宜编 天津古籍出版社2015年版

问学邃谷十七年

张继红[*]

　　我认识来新夏先生是在1995年，算来已过十七个年头。由而立，跨不惑，至知天命，学问无多少长进，自感愧对先生；而先生银发红颜，风度依然，诚我辈之福矣。近闻先生从教六十五年，又岁登九秩，乃欣然命笔，以记邃谷问学之零星记忆，作为恭贺先生之心语。

　　1994年，我由部队转业，进山西古籍出版社（现易名为三晋出版社）。次年，与原晋兄策划整理出版民国笔记。承社领导信任，此事由我担纲。我先前的专业是古典文学，研究戏曲文物，对晚清至民国年间史事不甚熟悉。受命以后，全身心扑在搜集资料上，不久即搜集了李孟符《春冰室野乘》、许指严《十叶野闻》等10余部，加以点校，拟予付梓。然此系在国内首次成批量整理出版民国笔记，心中忐忑，乃请教总编辑孙安邦先生。孙先生说，可向南开大学的来新夏先生请教，并请他作个总序。那时，虽久闻来先生大名，然未曾得缘请教，因思南开宁宗一先生与吾师黄竹三先生私交甚好，给我们代过《金瓶梅》研究的专业课，即与宁先生联系，讲清意图。宁先生欣然答应引荐。乃知来先生不仅研究北洋军阀史，而且精通目录学、方志学，撰有《林则徐年谱》，于清代笔记体著作颇为熟悉。不仅如此，来先生一度兼任南开大学出版社社长，精通出版，因自喜来先生实为作《民国笔记小说大观》总序之不二人选。那时交通不便，通信是最常用的方式，我将请教的问题并请先生作总序的意图托宁先生转呈。

　　不久，来先生即将总序寄来，且附一函云："尽三日之力，闭门造车，三易其稿，亦请宁教授过目，以为尚能入目。乃以快邮寄上裁定。如有不妥或与创意不合之处，请加斧正。如不适用，弃之可也。"其序有云："我好读杂书，尤沉浸于清人笔记，二十余年以三余之暇，读清人笔记近四百种……撰《清人笔记随录》手稿若干卷……设天假我年，当继《清人笔记随录》之后而有《民国笔记随录》之撰。不意山西古籍出版社先我着鞭，有《民国笔记小说大观》之辑。际此出版低谷，此不仅为盛举，亦可称壮举。"

先生的奖誉固不敢当，而先生赐序确为本书增色不少。犹忆1996年初北京图书订货会，一次订出1200余套，心甚释然，以其不负先生之忧。然有关《民国笔记随录》一事，先生曾嘱我做，只因手懒，仅积得若干资料，迄未成卷，有愧先生嘱托。

民国笔记出版，经历三年之久，其间多承先生指教，不敢有忘。及至1996年，国内有出版随笔之热，文史专家在二十世纪八十年代出版其专著之后，于年迈之时，忆及旧事，摘其美文，往往吸引读者，也起出版此类图书之意。于是北方请来先生约涂宗涛、宁宗一、王春瑜三位先生，南方请邓云乡先生（吾晋灵丘人，《民国笔记小说大观》第二总序之作者），邀周劭、金性尧、谢兴尧、陈诏诸先生，又加本省林鹏先生，成一套《当代学者文史丛谈》。当时拟邀先生任丛书主编，先生于1996年11月20日来信：

> 近日想已去沪，未通电话，写信给你。（一）对于丛书名称，经咨询各方，均告与社方推销市场有关，要我不要干预。但我总感到用名家太刺目，是否可改用《学者自选文史随笔丛书》，下面各取集名，副题可加《×××随笔集》。（二）主编最好由贵社领导人当，我可备咨询，因我精力不济，如当主编，怕出差错，也担心不孚众望。（三）我已代联络数人（连我共四人），均为学者型，作家不入。①来新夏：南开大学教授；②宁宗一：南开大学教授；③王春瑜：中国社科院研究员；④涂宗涛：天津社科院研究员。总人数最好在5至10人间。此四人手头均有成作，自选一集尚不难，都表示四五月间可交16万字左右的文稿。（四）作者普遍希望不搞豪华，但要精品，封面典雅点（最好请作者自题书名再配以美术加工），纸张好点、装帧像样点。（五）王春瑜先生推荐舒芜，虽资望甚老，但我考虑舒老属于作家型，未同意，同时也考虑作者群不要过分重复组合，舒老是我上海那套丛书中的作者之一，王春瑜、邓云乡虽也是那套书作者之一，但王、邓仍属学

者型，故可列入。（六）我尽十日之力，搜求文稿，现编一目录约18万字，请提意见、尽快寄还。（七）望来津面谈一次。

往事模糊如云烟，然读先生此信，忽忆当时情形，且知先生于丛书实当了主编的角色，而固辞不任，更觉品德高尚，感铭至今。而那套书也就以不设主编作罢。

之后，与先生请教处甚多，且在九十年代末得赴天津，拜见先生于邃谷。犹忆那是一个夏天，先生约了宁先生，在南开的饭馆请我用餐。之后，每到天津，必看先生，相知之下，聆教于谈笑之间，受益如此，实感幸运。尤其先生每次出版新作，必亲自题了字并盖章惠赐，计有《北洋军阀史》、《中日地方史志比较研究》等学术专著和随笔集若干。这些厚重的著作虽不能一一尽读，然每一拜读，不禁感受先生爱我之心，总想尽力为先生新著出版作些小贡献。

2000年过后，约请先生续修其《近三百年人物年谱知见录》。先生颇以为然，后以中华书局李岩兄有出版之意，先生乃商之于我，我欣然同意。之后，于2006年为先生出版《书文化的传承》，2009年出版《书前书后》，受益颇多。其《书文化的传承》尤感兴趣，包括"口传与纪事"、"简牍与帛书"、"纸和纸书"、"雕版·活字·套印"、"典藏与整理"、"流通与传播"、"幼学教育"、"经史子集"、"图书的再编纂"、"结语"。先生序言云："各篇内容，皆有所据，而语言则出之以浅近，以便初学入门者阅读。所述虽未能概括完整，但对一般读者，大致可以满足需要了。"颇能概括其出版意图。尤其"典藏与整理"、"流通与传播"、"经史子集"、"图书的再编纂"诸章，皆为深入浅出，是大家所做的学术普及图书，于我辈从事图书出版者而言，更是别开生面。在当今学术浮躁之下、大家云集之时，先生肯作如此普及性小书，使书香永传，实为感佩，而读者应为有幸。关于《书前书后》一书，是经苏州王稼句兄组织的一套小丛书，也是以书话为主，作者以徐雁等当代文坛俊彦为主，而以来先生压阵，恰如先生常言之"八〇后"，与中青年学者相处无间，驰骋文场，而不知老之将至。

作为出版人，近年来，多从事管理工作，与学界渐远，然深知来先生实为当代史学界大家，绝非过誉。其一，先生少时长于萧山文化世家，青年时期，师从陈垣、范文澜、启功等名师，国学功底极其扎实，学术训练极为正规；其二，先生近五十年来，无论运动、动乱，皆咬定讲台，严谨治学，未曾轻易荒废治学，即使在下放农村时，仍然勤做笔记，勤于思考，故动乱结束，大作连续出版；其三，先生交游广泛，思路活跃，尤能与时俱进，与年轻学者交流，熟知学术前沿情况。八十岁后，精通电脑，让我辈汗颜。然而，我以为，先生之所以终为学界大家，实为睿智与恒心所致，而所致之由，又因了乐观向上。一次，中夜拜读先生大作，其中说到下放津郊农村，于泥尘道上赶着大车，扬鞭奋进，不禁心中乐之。由此，深深被先生乐观向上的心态感染。我想，向先生问学虽无止境，而学习先生之胸怀博大、乐观向上，已可终身受益了。因此，在先生九十初度之时，谨致深深的谢意，并祝愿先生身健如不老之松，学术之树长青。

原载于《萧山记忆》第五辑　杭州市萧山区人民政府地方志办公室编　浙江人民出版社2012年版

来新夏先生的恩泽

曾主陶[*]

1984年，我报考来新夏先生的研究生，方向是中国古典目录学。考试结果名落孙山，无缘于来先生的门墙。当时心有未甘，加上对来先生仰慕心切，于是特地从长沙跑到天津，只求见一见梦想中的导师。在南开大学图书馆馆长办公室，来先生很客气地接待了我这位千里迢迢风尘仆仆却又十分唐突的门外汉，并给了不少安慰和鼓励。从这位慈祥、深邃的长者那里，我得到了一份长久的收益。此后近三十年的时间，我享受了编外弟子的待遇。每当我收到先生寄自邃谷的新著，我就当是先生给我发讲义了。私淑弟子，虽然没有时常耳提面命的机会，但来先生对我的关注，未必稍逊于那些登堂入室的徒儿。

遗憾的是我在中国古典目录学领域无所建树，写了几篇论文后就半途而废。原本是学书不成去学剑，1992年开始我进入了编辑出版行业。其时，来先生执掌南开大学出版社已有多年，是行内公认的老前辈。真是孙悟空最有想法，筋斗总是翻不出如来佛的手掌。

2007年5月间，我作为岳麓书社社长去拜访天津读书界的几位知名学者，并约同天津古籍出版社的刘文君社长一同去拜访来先生。来先生案头有来裕恂先生《中国文学史稿》，正待寻找合适的出版商。来裕恂先生是来新夏先生的祖父、晚清大学者俞樾的门生。1903年，来裕恂先生留学日本，就读于弘文书院师范科，经蔡元培介绍加盟于光复会。辛亥革命后，来裕恂先生敝屣荣华，以教书为职业，并潜心著述，有《汉文典》、《匏园诗集》和《续集》、《萧山县志

---

* 曾主陶，《湖湘文库》协调办公室主任、岳麓书社原社长。

稿》、《易学通论》、《中国文学史稿》等多部著作传世或遗稿待梓。百年遗稿天留在，抱向深山掩泪看。谨守先人手泽，并使之刊刻流传，是中国文人的情结。看得出来，这种情结在来先生身上至深至笃，且愈老弥坚。多年来，来新夏先生对祖父的著作加以细心整理，先后有《汉文典》、《匏园诗集》和《萧山县志稿》正式出版。来裕恂先生《中国文学史稿》的初撰年代是1907年，正值中国新撰文学史的第一次高潮，是中国文学史体裁转型期的代表作品之一，具有整理出版的价值。就岳麓书社的经济实力和出版水平来说，将《中国文学史稿》出版好，倒不是一件难事，于是我就慨然承诺。来先生深为出版社着想，坚持免去稿费和整理费。

2008年，岳麓书社想约请国内知名学者，撰写一套具有一定文化深度的旅游文丛，于是我想请来先生担纲。来先生很快就邀请到葛剑雄、邵燕祥和林非三先生加盟。要知道葛、邵、林三先生名满天下，都是"稿务"缠身之人，有年高德劭的来先生帮我组稿，诸公不得不拨冗完卷。这套书最后定名为《学人履痕文丛》，于2009年5月按时出版。

2006年，湖南省政府出资6000万元编辑出版《湖湘文库》，这是一套体现湖南历史文化的大型文献丛书，多达700册。2008年，湖南出版投资控股集团为加强对《湖湘文库》编辑出版的协调工作，调我担任集团文库协调办公室主任，并且主持《陶澍全集》的编辑工作。陶澍和林则徐是至交，二人在江苏督、抚任上合作共事五年之久，魏源称赞陶、林"志同道合、相得无间"。因此，编纂《陶澍全集》，很有必要参考已经出版的《林则徐全集》。来先生是研究林则徐的专家，有《林则徐年谱》最具权威，又是《林则徐全集》的首席主编，对陶澍的著述和相关文献早在余目所及之中。为此，我于2009年9月底专程赴南开向来先生请教。来先生告诉我，收入《林则徐全集》的奏折，其中有数篇虽然是林则徐主稿，但确实是陶、林二人经过反复磋商后形成的，且二人共同署名，而这些奏折为清刻本《陶文毅公全集》所遗漏。来先生建议我们参考《林则徐全集》，做好补遗工作。更为令我感动的是来先生将珍藏多年的油印本《陶文毅公年谱》赠送与我，希望我潜下心来做好陶澍这篇文章。书上有来先生的收藏题记，《题记》云：

> 近几年，因撰《近三百年人物年谱知见录》，广收清人年谱，日前于旧书摊偶得王焕镳先生所编《陶文毅公年谱》二卷，油印本一册，喜不自胜，

归舍尽十日之劳通读全谱，为《知见录》写书录一条，略述陶公生平并事功。是谱始撰于一九二八年，至一九四九年方成书。征引资料较多，惟大多为习见易得之书，便于检求而已。一九六二年三月中旬题于邃谷，萧山来新夏。

这些年，来先生陆续将自己的藏书捐赠给社会，在他的家乡建立了"来新夏著述专藏阅览馆"和"来新夏方志馆"，而这部珍藏了四十六年的线装油印本《陶文毅公年谱》一直等待着"传之其人"。先生以珍藏相赠，令我这位三十年来的编外弟子喜出望外。临别之际，来先生特意再作一题记，表达殷切期望。《题记》云：

四十多年前余曾得《陶文毅年谱》一册二卷，王焕镳先生述湘贤陶澍生平事功之作。文革幸免于火，庋藏至今。客岁吾友曾君主陶主持《湖湘文库》编撰事，与余时有商榷。窃思宝剑赠烈士，余乃出旧藏举赠主陶。一以存其乡贤事迹；一以助主陶编撰事业之毫末。旧藏临行颇有流连，因缀数语以志文字之因缘耳，主陶其善藏之！二〇〇九年国庆前夕，来新夏题于南开大学邃谷，行年八十七岁。

主陶何德何能，受来先生恩惠至深且巨。而且来先生恩泽所及，远不止我本人，我曾经担任社长的岳麓书社，以及我现在从事的《湖湘文库》编辑出版工作，受益于先生者亦非浅鲜。先生九十华诞，从教六十五年，桃李天下，泽及衡湘，今有小诗一首遥祝先生健康长寿。

颂来师

六十五载桃李风，
九十高龄不老松。
仁者爱人仁者寿，
三千鹤算拟遐龄。

原载于《友声集——来新夏教授九十初度暨从教65周年纪念集》 孙勤主编 中华书局2012年版

我与来新夏的"三序之缘"

方晨光[*]

"我是湘湖子民",这是萧山历史文化专著《文脉湘湖》"后记"的标题，至此开始，我有了"湘湖子民"的笔名。启发"湘湖子民"笔名的主要灵感，源于来新夏先生之序《湘湖知音》。关于萧山历史文化的专著，至今我写了《文脉湘湖》、《水脉萧山》、《湘湖史》三种，从开始写作到现在已有十一个年头；来先生为这三本书写了三个序，称我为"忘年乡友"，对我更是爱之有加。这三个序的字里行间，饱含着来先生对晚辈的至真至爱与满腔期待，我称之为"三序之缘"。就这"三序之缘"算起来也有整整六年了。

首序之缘

开始于2006年7月中旬，萧山图书馆新馆欲设立"来新夏著述专藏阅览馆"。我代表萧山图书馆前往天津南开大学与来先生洽谈建馆一事，来先生安排我们在南开大学外宾楼住下，第二天在家中为我们准备了早餐，并商谈了具体建馆事宜。中午，来先生请我们在天津最正宗的狗不理包子铺品味现场制作的一笼一个的独门"狗不理"，这让我这个家乡来的无名小辈深感不安。

来先生的家在南开北村一筒子楼的三层，与我想象中的"史学家、方志学家、图书文献学家"的家有很大的差距。不能想象，在现代化发展的今天，来先

---

* 方晨光，杭州市社会科学院研究员、《创意城市研究》常务副总编。

生的家依旧这样"简单",不大的房子内除了厨房均是书架与书,就连洗漱间内也放了许多书,给我的印象是真真切切的"书香门第",真真实实的"学问大家",而来先生自命为"邃谷",想来其中不乏深意。谈完工作,我忐忑地提出《文脉湘湖》请序的要求,来先生马上说:"你寄来我看看。"寄去不几日,来先生即寄序于我云:

> 乡人方晨光,初未识其人,而久闻其名,为吾乡群文、博物、图书、文化网站诸文化单位之领导人。今夏,晨光为协商我向故乡捐书事,冒暑来津,亲莅寒舍,始与晨光相晤,固彬彬一学人也。年逾不惑,干练深沉,而一经接谈,学养颇深,叙乡邦文献尤娓娓不绝,并以《湘湖诗画邮票珍藏册》见赠……晨光公毕离津回里,不几日,复寄赠其所著《文脉湘湖》,请序于我。粗加涉猎,不仅讶晨光岂仅得湘湖之鳞爪,实为湘湖天时、地理、人文诸方面历史之深知者。我深庆吾乡人文一脉之继响,更喜湘湖之得千古知音,恍惚间若有一大隐抱琴斜倚于跨湖桥头,轻弹缓拨,丝丝飘荡湘湖八千年沧桑心曲,或入耳,或入梦。行见湘湖文脉,曲折舒缓,惠我萧山。我又乌得而不为之序乎……今突得晨光《文脉湘湖》,循读一过,颇得时光倒流,旧念再现,时空隧道,恍然缩短之乐……设能手此一书,则湘湖古今风貌可得其大要。若远至八千年前之跨湖桥文化遗址,为中华文化之源起又增一新证;中经宋儒杨时之围塘筑湖及明嘉靖三十三年(1554)之跨湖建桥,乃成山绕湖转,湖傍山走,山中藏湖,湖中有山,交融争辉之自然格局。帝王踪迹,贤士嘉德,亦遍传口碑。湖水润泽古镇,名产快人朵颐,而景点之隽语描述,更令人神往。谓《文脉湘湖》为地方小志,不仅为萧山增一乡邦文献,亦为方志武库辟一支流,于地方文献之开拓与研究,大有裨益。

《文脉湘湖》为浙江省社科联课题,萧山历史文化丛书之一,于2007年6月由方志出版社出版,26.6万字。书中插页第一幅照片即是我与来先生在湘湖"梦湖桥"畔的合影。来先生在序言《湘湖知音》饱含深情地畅言:"我深庆吾乡人文一脉之继响,更喜湘湖之得千古知音。"这正是序名"湘湖知音"的出处,也是我与来先生的"一序之缘"。

二序之缘

缘于2010年12月，我再一次冒昧地请序于来先生。这次是我写了近四年的《水脉萧山》，比《文脉湘湖》时间还长。虽然，写这书信息我早已告诉来先生，但当我电话请序于来先生时，电话那一头的声音好像有难言之处，但我还是带有私心，亟盼来先生为我作序，因为我深知来先生对我的了解和厚爱。"如果不急的话，你寄我一看。"来先生又说，"看了再说。"我没有多想，又一次寄去书稿。本想这次大概要几个月时间了，好在书稿电子版发给了出版社，待出版社审完少说也要几个月。没想到，没隔几日，来先生两次打来电话，称赞了书稿的思路和叙写的方式，十几日，便寄序与我云：

> 2006年，晨光曾著《文脉湘湖》一书，邀我作序。我读其书稿，盛赞其描述湘湖之完善，令人神往，而兴后生可畏之叹，却尚未洞识"水脉"之深意。2009年春，我应江苏《泰州日报》之邀，评论其城市史著述——《泰州城脉》。该书以泰州宋城城砖为书的造型，其以"城脉"为名者，盖以该城之相延至今，以有历史脉络为之疏导。今晨光以"水脉"为萧山生存、发展之根基，亦犹人体脉络之相贯通。以水区划而萧山古往今来天地人物，皆得包容。晨光遍历吾乡之山水，以水乡人独有之眼光俯视萧然大地，以柔水之心观其山水之胜，悟其"水脉"真谛。所著《水脉萧山》则为故乡提其纲而挈其领，世人当由此而知我故乡。

《水脉萧山》为浙江省百项档案精品编研工程立项课题，于2011年9月由中国档案出版社出版，全书45万字，配有250余张插图。该书书名"水脉萧山"由来先生题签。他赞许书稿："晨光遍历吾乡之山水，以水乡人独有之眼光俯视萧然大地，以柔水之心观其山水之胜，悟其'水脉'真谛。"此序与首序间隔四年，来先生已是八十八岁高龄。后来，当我得知，来先生是在身体不适的情况下而为之作序时，感激和崇敬之心难以言表，同时颇感愧疚，窃恨自己的自私和无知。现在想来，来先生"看了再说"的话，饱含了怕身体状况不好而有负于人的复杂心理。

三序之缘

这次是《湘湖史》，此书为杭州市哲学社会科学规划重点课题、杭州市历史文化丛书之一。2011年8月，来先生偕夫人焦静宜来萧山，与萧山图书馆孙勤馆长商议"来新夏著述专藏阅览馆"扩展一事，来先生欲将家中近年来所藏之书再次捐赠"专藏阅览馆"，"专藏阅览馆"也将再增一个阅览室。来先生容光焕发，精神状态颇佳，邀我共进晚餐，我在表达上次请序的歉意后，又谈及所著《湘湖史》，并恳请再序。这次来先生未作丝毫考虑，爽快答应。当书寄至南开大学后没几日，来先生又来电话，赞扬《湘湖史》的完整，终于看到了湘湖完整的历史。他在序中这样写道：

> 我曾读过几种有关湘湖的书，获知湘湖的大略，总想能读到通贯古今、全面论述的著作，而一时未能如愿……时经四年，晨光和他的合作者果然实现他们的学术理想，完成了《湘湖史》的撰写。《湘湖史》仍以历史文化为视角，反映从跨湖桥文化以来包括自然湘湖和人工湘湖的8000多年的历史。其区域范围为湘湖"文化辐射区"，以湘湖流域为基本范围，并超出湘湖流域。较之《水脉湘湖》又进层楼。

在与来先生的"三序之缘"中，先生的人格魅力深深地感染着我，每一次请序都得到了来先生的鼎力相助，哪怕是在身体不适的情况下。细细想来，我与来先生的"三序之缘"，可以概括为16个字：读之认真、写之真切、评之中肯、冀之厚望。

《文脉湘湖》、《水脉萧山》、《湘湖史》三部书稿，加起来共近百万字，每次来先生总是认认真真地读，并在序的字里行间传达出非常真切的热爱家乡、关心晚辈的情感。"湘湖与我并不陌生，七十余年前，我方在髫龄，寄居于西兴外家，就读于铁陵关小学……我亦多倚大外祖膝上，伏听乡邦掌故，偶有谈及湘湖影色，则怦怦心跳……甚至形诸梦寐。岁月推移，旧念逐渐模糊，回忆日益褪色。今突得晨光《文脉湘湖》，循读一过，颇得时光倒流，旧念再现，时空隧道，恍然缩短之乐。"（《文脉湘湖·序》）"晨光既成《水脉萧山》，邮其稿至寒舍，力邀作序。历时十日，始读竟全稿……我好像血栓被疏通，能通畅地周流全身那样。舒适痛快，我找到故乡真正的命脉！"（《水脉萧山·序》）"我心向往之而谋先读为快，适晨光正发来书稿请序，时当溽暑炎夏，读其书若感清凉。"（《湘湖史·序》）所有这些，对于一个年届九十的先生来说，所付出的劳动当比中青年人更多，无论从视力、体力、时间上都是如此。

来先生为余"三序"，评之中肯，而且冀之厚望。"《湘湖史》的主要作者方晨光先生，是我的乡友，虽相识较晚。而相知则深，颇为其勤奋向学的精神所动……在经过中年历练后，愈益显示他淡泊名利的性格。"其实，来先生对于《湘湖史》的序有两份寄于我，他在阅尽全稿后，特打电话给我，告知两份序的区别，一份是《湘湖史》未作修改的序，一份是听取意见修改后的序。当我听取来先生的意见，将第六章"湘湖旅游度假区"部分改为"余论"并作了相应调整，然后打电话告诉来先生并欲再寄还序作调整时，来先生非常高兴，连连说："不用再寄了，不用再寄了。"话语间透露出对晚辈的极大信任。在《文脉湘湖》序结尾处，来先生这样写道："晨光历任公务，而能于公私丛集之暇，敏而好学，行有余力，则日以治学著述为业，于当前公务人员中实属难能。晨光既以湘湖为专攻，则随湘湖日益发展、更新，而研究探讨当有更大进展，而为地方文献学领域增一专家。晨光方在中年，后来者必当居上，我虽年登八秩，然老骥出枥，志在万里，犹愿与晨光共勉，为乡邦文献同做贡献。晨光其勉旃！是为之序。"话语间，来先生传达出对晚辈的殷切厚望。

我曾是萧山区的"十佳藏书家庭"，书房是我心灵回归、情感表达的地方，亦是我情寄湘湖、研究湘湖的处所。书房挂着一块不大的黑色的匾，匾的凹凸面上镶有墨绿色"超逸斋"三大字和"萧山来新夏题"六个小字，钤有红色"萧山来新夏印"印。还有一棕色小框，上有来先生为贺《文脉湘湖》首发式而写的"为乡邦文献又增一佳作"的赞语。每当我看到这些，以及来先生写的"三序"，就会想起来先生，想起我与来先生许多次相见的缘分，想起来先生对我的厚爱、教诲和鼓励，从而体会到来先生由"三序"而体现出来的人格魅力和敦厚、诚恳的为人处世的方式……来先生是我终生学习的楷模。我似乎增添了无穷的动力，会再一次地忘掉写作的艰辛，再一次拿起笔来，为研究下一个湘湖的专题而再次伏案。

原载于《萧山图书馆工作》2014年第2期（总第172期）

与来新夏先生的三二事

励双杰[*]

最近在看电视剧《我们队伍向太阳》，演绎的是1949年初在天津培训后南下工作团的一群青年学子，剧里简称"南工团"。因来新夏先生在《三学集·自序》中曾提到他也参加过南工团："1949年1月，天津解放给我带来了从未有过的欣悦。在革命洪流的冲击下，我积极投身于新的革命工作。不久，经民青驻校领导人的动员，我和另一位同事张公骓兄被保送到华北大学去接受南下工作的政治培训。于是，脱去长袍，穿上用紫花煮染过的粗布所缝制的灰制服；抛去优厚的工薪制，去吃小米，享受大灶供给制。"所以就去剧中找哪一位会是来先生的原型。后来想想，编剧未必知道这段史料，因为"政治培训期满后，张兄南下到河南，我则被留在华北大学的历史研究室，师从范文澜教授，做中国近代史研究生"。于是我们少了一位南下干部，多了一位史学大家。我有幸与来先生有过几次交往，我的书房"思绥草堂"匾也是来先生给我题写的。看完电视剧，已是夜深人静，泡一杯茶，翻开自己过去的日记，找出与来先生有关的点点滴滴来，回忆过去，惬意地享受着。

一

我得结识来新夏先生，始于2006年绍兴公祭大禹陵。"公祭"是在4月2日上

---

[*] 励双杰，家谱收藏家、作家。

午，下午我在咸亨大酒店见到了来先生。把我介绍给来先生的，是浙江图书馆的袁逸老师。袁老师显然是来先生颇为推重的江南才俊，这在来先生给袁老师专著《书色斑斓》写的序言中可见端倪："我也很喜欢和他谈天说地，谈学问，谈人，谈事，在这些交谈中不时会出现些机锋，让我感到他腹笥颇丰而见识独到。"自然，袁老师所介绍的人，来先生也是格外照看的。我在来先生身边坐下，几句交谈过后，来先生说："你的姓很少见啊，有家谱吗？"正好聊到了我非常有兴趣的话题，拘束一扫而光。当我把随身带来的《邃谷书缘》和《清人笔记随录》拿出来请来先生签名时，一旁的袁老师笑说："这就显出我这人没有心计了吧？人家可是您的'粉丝'，是有备而来。"来先生微笑着说："你的纯洁天下知名。"取笔在《清人笔记随录》扉页写上："双杰吾友雅藏。丙戌季春识双杰于绍兴宾舍，出拙作请题，略辍数语，以志宿缘。萧山来新夏题，二〇〇六年四月。"随即递给身边的袁逸，并对我说："他是我的经纪人，得先让他过过目，他同意了，我才能还给你。"

那天的晚饭我们安排在咸亨酒店，在鲁迅故居旁边，据说就是孔乙己常来的地方。坐在酒店的天井里，人就四人（还有焦静宜老师），小方桌，我们各占了一边。臭豆腐、臭苋菜、茴香豆自然是少不了的。来先生老家萧山，原来同属绍兴府，他的祖父曾是绍兴知县，故对这类家乡菜大快朵颐，哪里管它臭也不臭。酒是绍兴黄酒，天下闻名，来先生总共喝了大约有一碗，脸上已现红光，醉态可掬，自嘲说："二两够矣，正好微醺。"袁老师生性洒脱，而来先生又明显是宠着他的，故也言谈无忌，把脸凑过来，神秘兮兮地跟我说："来先生有一个绰号，你知也不知？"我瞠目结舌，不知与对，却见袁老师右手掌朝上，伸出食指和中指，向着空处虚弯了两下，说："小二，来二两！来先生的绰号啊，就是'来二两'。"乐得来先生呵呵大笑，用筷子虚点着他说："他日你当治一印，上刻'项城袁氏'，人家必当你是'先大总统之后'哩。"袁老师老家宁波，但祖上却来自河南，故来先生有此一说。

我这次主要的任务是送来先生去绍兴齐贤镇见一位未曾谋面过的文史爱好者孙伟良。第二天开车上路，来先生对这个要见的孙伟良充满了好奇，与我们开玩笑说，以前官员上任，履历表上要写明官员的身高、体形、肤色、有无胡须等，这个小友不知是什么样的。说好是在羊山石佛公园等，一会儿电话打来，说看到一个穿西装骑自行车的人就是他了。果然，有一个穿着灰白西服骑自行车的人过来。来先生从车窗内望出去，微笑道："面黑，微须。"仔细端详，果然形象。后来我再与伟良兄见面，每次都会想起来先生的这四字"考语"，仍会忍俊不禁。

二

这次我去绍兴，带去了我《中国家谱藏谈》的稿件，想请来先生帮我提点意见。因为来先生和他的学生徐建华教授曾出版过学术专著《中国的年谱与家谱》，是我案头常备的指导教材。十几天后，来先生就寄来了他的一封亲笔信，长长两大页，鼓励和建议列了十条，并说"我已向山西古籍出版社老总张继红推荐"。当我打电话过去感谢时，来先生说他刚跟张继红社长通过电话，现在家里，可以马上跟他联系。怕我忘了，临挂电话时，还笑说："张继红，就是姓张的要继续红。"后来，来先生又给我亲笔题写了书名"中国家谱藏谈"。拙作《中国家谱藏谈》得以出版面世，与来先生的关系最大。用他自己的话说："年轻人因为对出版社还不是很熟，所以我能帮就帮。"一个籍籍无名的民间草根，能得来先生费心提携，足见先生的博大胸怀。

而我得来先生的恩泽，远不止此。2008年3月在萧山召开"地方文献国际学术研讨会"，我因为来先生的举荐而得以与会。这是由北京大学中国古文献研究中心、萧山区人民政府主办的国际会议，规模和层次都是空前的。这次会议就创造了我的两个第一：第一次参加这样高层次的研讨会，第一次在这么多专家面前发言。而要命的是，在此之前，我并不知道还会有发言的机会。在毫无准备的情况下发言，紧张、语无伦次是可想而知，好在来先生再三鼓励，总算还不致太出洋相。

三

来先生每有新作面世，我总有机会得到。而赠书中印象最深刻的，是来先生送我的《景城纪氏家谱》。

这是2005年沧州纪晓岚研究会根据清嘉庆七年（1802）本重新排印校订的线装本，没有对外公开发行。之前，我已有一册1990年纪氏家族续修的《景城纪氏家谱续册》，硬皮封面。这两册家谱不同的地方是，1990年本是根据1802年"原家谱"而续修的，《谱述》说"原家谱，至今已有一百八十余年未曾修续……从原家谱最末之列祖续起，原家谱不再重印，此谓之续册"。世系是从第十六世开始的。而2005年本，正是嘉庆七年的重印本，世系仅至第十六世。两部家谱合在一起，就是最全的纪氏家世了。

来先生在信中说："双杰，友人送我纪氏家谱，因不收藏，转赠给你，供你庋藏。"我与来先生天南地北，见面的机会不多，这虽是一件小事，从中却也可以看出，来先生一直在记挂着我。我的藏品以1949年前的家谱为主，但因为这是纪晓岚家族的家谱，又是来先生所赠，就成了思绥草堂最有意义的藏品。

四

据我所知，来先生来过慈溪两次。

第一次来慈溪，是专程到我的思绥草堂看我的藏谱。那天是2006年11月12日，因来先生的驾临，草堂蓬荜生辉。我爱人第一次招待博古通今的老教授，忐忑之余，却也打点起十二分的精神来，拿出看家本领，农家菜、小海鲜变着花样烹调，尤其是那种用麦粉做成的如北方"面疙瘩"般的面点，让来先生赞不绝口，问这叫什么，有名字吗？我爱人告诉他，我们就叫"糁夹定"，但具体是哪几个字，也说不上来。来先生问了详细的做法，知道是先调好麦粉，再用筷子夹着一块一块放到滚水中，然后放上青菜之类的辅料煮熟而成。来先生略一思索，即道："有了，应该是叫做'箸夹锭'吧？""箸"是筷子，意思是筷子夹出来的块状物。仔细端详，似乎应该如此，不禁拍案叫绝。

酒足饭饱，我的意思是请先生先午睡片刻，迟些再看我的藏谱。但来先生毫无倦容，坚持要看书，也就恭敬不如从命，把他请到我二楼的书房。拿给来先生看的第一件藏品，是台湾第一任巡抚刘铭传的家谱。这是因为来先生曾写过一篇《想起刘铭传》的文章，来先生在文中说："他一生做过三件大事：镇压太平军、捻军起义，抗击法国侵略者进犯台湾，开发台湾建立省制。其中开发台湾所建立的丰功伟绩，是晚清时期最值得纪念的历史光彩，更是台湾史上划时代的里程碑。"我这一部光绪十年（1884）木活字本《刘氏宗谱》，就是刘铭传亲自纂修。故来先生看了后，连说不容易，并详细地问了我收藏的过程，饶有兴趣地说很有意思，应该写出来让大家分享。后来我写过一篇《千里奔波只为刘铭传》的小稿，说的就是得到《刘氏宗谱》的来龙去脉。

除了刘铭传家谱，自然还有我的"镇宅之宝"，如《孙氏统宗源流族谱》等。来先生看得极为仔细，不时问我一些问题，并提出自己的一些看法和见解，中肯而精辟。能在瞬间得出这样的结论，若非深谙此道者，自然绝无可能。我参加"地方文献国际学术研讨会"，提交的论文就是《宋修活字本〈孙氏统宗源流族谱〉考辨》，其中有些观点，就出自来先生的指点。

而让我至今犹念念不忘的，是来先生的几句话："在清代，藏书家肯定是学者；而学者，也都藏书。现在也应该这样，要做好学问，藏书就有意义，藏而致用，就是方向。"虽然因学识上的局限，难以有更深层次的发展，但来先生的话，却一直督促着我不敢松懈。

来先生再来慈溪，是在一年之后。坎墩街道召开《十里长街》研讨会，来先生是邀请的主要专家之一（后来九州出版社出版的《十里长街读坎墩》，主编就是来新夏先生）。因为会议安排得紧，来先生虽与我见了几次，但始终找不出大块的时间再来我家做客。恰好前几天我刚从孔夫子旧书网上购得两册二十世纪八十年代初《北洋军阀史稿》的油印本，所以特意带着请来先生和他的夫人焦静宜老师题写几句，因为焦老师也是此书的主要作者之一。来先生见到这两册书比较惊奇，说他自己都没有了，没想到能在慈溪看到。因为当时有事要出去，我是在第二天拿到来先生和焦老师亲笔题字本的。来先生在上册封面上题曰："史略增订本油印二册，为我数十年前旧作，后定稿为《北洋军阀史稿》，于一九八三年由湖北人民出版。余久无此本，今双杰于市肆得之，亦可称一书缘，持来请题，聊缀数语，以志人间遇合。"焦老师说这部著作是她的首部作品，意义不小，故亦在下册封面上题道："二十世纪八十年代初佐新夏先生增订《北洋军阀史略》，此为征求意见之油印稿，久已无存，丁亥深秋游慈溪，得见此本，亦云幸矣。"《北洋军阀史稿》浸透了作者半个世纪以来潜心研究北洋军阀史的心血情思。而我在原本上添先生伉俪手迹，无疑添花锦上、好事成双，思绥草堂又增加了一部意义非凡的善本！

我与来先生最近一次见面，是2011年6月在西子湖畔的"'黄跋顾批鲍刻'与中国古旧书文化研讨会"上。来先生精神矍铄，仍是那么诙谐洒脱。会后闲聊，笑问我现在已有多少身价。来先生说的身价，当然是指我藏品的价值。因为当下古籍的市场价格大涨，而我所收藏的线装家谱，自然也属古籍范畴，所以来先生有此玩笑。那天我故意没有回答，来先生第一次来我家，我的家谱就藏在二楼的一个房间内，拥挤不堪，难窥全豹。现在经过重新翻修，三楼一层都已成了家谱的栖身之地，二万余册古旧线装家谱整整齐齐排在了书架上，藏书环境大为改观。我就想，还是等来先生您抽出时间来，再次光临寒舍，亲自帮我估估身价吧。

原载于《萧山记忆》第五辑　杭州市萧山区人民政府地方志办公室编　浙江人民出版社2012年版

良师栩栩宛在前

——忆来新夏教授二三事

刘宪康[*]

2014年3月31日下午3时10分，我崇敬的乡贤来新夏教授在天津逝世，享年92岁。噩耗传来，深感悲恸。哲人已去，无可挽回。但我有时静思冥想，总觉得这位学识渊博、德高望重、慈祥厚道、可敬可亲的大师，其侃侃谈吐，言犹在耳，音容笑貌，若在眼前。

二十世纪八十年代，萧山启动了新中国成立后第一次县志编纂工作。我是县级机关在职干部中被确定为兼任的县志撰稿员之一。当时，县党史资料征集小组、县志编纂领导小组办公室（简称"史志办"）编印的《编史修志通讯》（简称"通讯"）是我必读的一种简报。正是从这份"通讯"，以及史志办同志向我们这些撰稿员的介绍中，我得知当时刚年届六旬的来教授是国内一位造诣很高的历史学家、文献学家、目录学家和方志学家；他是中国地方史志协会理事兼学术委员，相关著述颇丰。他为人正直、率真、谦和，是南开大学资深教授。作为家乡修志的顾问，他从开始指导编拟《萧山县志》纲目到最后县志评审定稿，都应邀参与。在这一过程中，他讲过不少非常中肯的意见和建议，一般都刊登在史志办的"通讯"上。来教授成了我最服膺和心仪的老师。由于他当时工作很忙，回故里指导工作往往来去匆匆，而我其时还未退休，碌碌于部门的本职业务，虽有能拜识讨教的想法，但缘悭一面，未能如愿。

---

* 刘宪康，中国汉语方言学会会员、浙江省历史学会会员。

二十世纪九十年代后期，我先后购得新出版的（来新夏祖父）来裕恂（1873—1962）所著的《匏园诗集》以及来教授所著"当代学者文史丛谈"之一的散文随笔《依然集》，如获至宝，认真阅读，颇多教益。我退休后，作为地方文史界的一名小兵，在当时县文联的支持下，正式出版了书名为《山青花欲燃》的一个文集（杭州出版社，1999年版）。在2000年春节前后的首批赠书中，我就给来教授寄去了一本，请求赐教指瑕，但一直未获回音。

一封热情鼓励的来信

2007年11月中旬的一天上午，我因负责编撰《萧山市志》"方言编"第三稿审稿事去区志办，非常意外地在那里巧遇了心仪已久的来教授。我冒昧地上前作了自我介绍并递上了名片。他马上亲切地和我握手，二人可谓一见如故。他说："区志办给我订了一份《萧山日报》，我在天津家里天天能看到这份报纸，上面凡是有你刘宪康写的'葛浪滩头'，我都看，有种故乡的亲切感嘛！"我说："太谢谢了！您得多提提批评意见。"我有点胆怯地问到几年前曾寄拙著《山青花欲燃》一书给他的事，来教授有点诧异地问："什么？我没有收到过这样一本书呀！"他问我寄书的地址怎么写，我答曰天津南开大学历史系。他说："原来问题在这里，历史系我好久没去了，我不在系里讲课了，那里早已没有我的'坐落场'喽！"（按："坐落场"是萧山方言，此处指工作、办公的地方乃至一张供备课、休息的桌子。）他讲着相当标准的普通话里忽然跳出一句地道的用萧山口音讲的"坐落场"，使我倍感亲切。来教授给了我名片，上面有他的家庭地址和电话等。他关照寄书就按此地址。

11月下旬，我收到了来教授寄来的信。信中说：

> 来函与大作均已收到，谢谢！因去澳门讲学，昨日方归，迟复为歉。
>
> 大作《山青花欲燃》中有关为毛奇龄辨诬之文，已拜读，确为毛氏一洗旧说，无论引证辩驳均能有理有据，有实事求是之意，亦为史德，至感钦佩。
>
> 集中有论先祖游颐和园诗一文，语多中肯，作为后人，尤当铭记。最近滨江区准备印行先祖《匏园诗集续编》，年底或能问世。

我认为，来教授此信不应仅仅看成是纯私人间的通信，而应视为来教授对乡邦本土后学在文史研究方面所作努力的一种热情肯定和鼓励。另外，来教授在信中提到的《匏园诗集续编》，已由此书主编、我的湘师学长吴云先生于2008年1月28日面赠给我，随即浏览选读起来，至今犹常翻阅。

一次倾心坦诚的晤谈

2011年，来教授应请为"萧山历史文化丛书"写了总序。在总序中，他赞扬了这套丛书已出诸书虽属地方小志，却具有相当学术性。他说："我曾陆续得其书，浏览一过，对故乡认识近真，补往昔所知之不足，丰富知识，获益滋多。"他在序中列举了李维松之《萧山古迹钩沉》、方晨光之《文脉湘湖》后，提到"又与《萧山方言趣谈》作者刘宪康面谈交流"，接着对拙作作了充分肯定。此事得从滨江区筹划出版"杭州市滨江区历史文化丛书"一事谈起。当时我受滨江区历史文化研究会之邀，倾心担当列入这套"丛书"全七册中《乡音土语》一册的校注、润色和该册前言的撰写等工作。来教授祖籍萧山长河（现属滨江区），他被滨江区聘为这套丛书的总顾问，并为丛书写了热情洋溢的总序；各册书名《史事撷英》、《古韵流风》、《乡音土语》、《民俗风情》、《口耳遗文》、《乡贤轶闻》、《古镇图说》，均由来教授亲笔题写。丛书正式出版后，我应邀参加了2007年10月23日上午在滨江长河社区天官地会场举行的"杭州市滨江区历史文化丛书"首发式暨滨江区书法美术展览开幕典礼，和来教授亲切会面。来教授在和我握手时主动热情轻声地说："仪式结束后参观一下书画展，之后请你到我房间里来，咱们谈谈。来，不迟于10点吧。"

我非常高兴，简直是受宠若惊。在仪式上，杭州市、滨江区有关领导和来教授先后讲话。我和一些同志作为特约嘉宾，以"积极支持丛书编纂工作"的名义受到了表彰奖励。仪式结束后参观设在长河街道天官社区的展览，之后我去龙禧宾馆一楼大堂等候来教授。

将近10点，西兴文史研究室的傅水生陪着来教授来了，三人一起上楼到来教授下榻的房间。坐下后，水生提出，这里有点逆光，最好到楼下找个地方，我给你们拍张双人照。来教授说这里拍就行，现在都兴直接拍彩色的，即使有点逆光，也不碍事；再下去拍，浪费时间了。于是水生立即拍了一张。随后就谈了起来。来教授忽然提到刚才在大堂我们看到的一个细节：保安在对一名牵着一条狼狗进来的青年下"逐客令"："宾馆不允许带狗，你牵着的狗，鼻头'凶（音近xiong，下同）来凶去'，慌兮兮的，快牵出去！"我猜想那人大概是附近的拆迁户（按：当时龙禧宾馆才开张不久，我们看到离宾馆不远处还有个别农户在拆迁），我听到那个牵着狗的人在说"吃完水马上走"。来教授问我："这'凶'来'凶'去的'凶'字怎么写？"我回答说："我曾经考查过，这不是一个字的问题，而是同一个字的不同读音问题。嗅，自古基本涵义没啥变，都是'以鼻取气'（用鼻子闻气味）的意思，它自古有两个读音，一个是xiu，还有一个音就是xiong。现在普通话只用xiu（音同'秀'），而在萧绍方言土语中，还保留着这个近似'凶'（xiong）的古读音。我有一本汉语大词典出版社2005年出的横排标点整理本《康熙字典》，它注得很清楚，这个'嗅'字和'趦'字一样，有一个'xiong'的读音。这个读音还一直活在现今仍在使用着的萧山方言中。"

来教授点点头说："你的方言研究，涉及横的方方面面，纵的说古道今，虽非常通俗，却有一定深广度，不是平面的，而是立体的，借用一下几何学和空间理论概念，你研究方言的视角是有维度的，三维的。你的《萧山方言趣谈》我几乎都大略地看了，有几篇看得细些，印象特别深，像《'汗到八处'见精神》、《'堂口咣清'》、《'埭头笔直'》，还有《'一炮仗路'说夸张》这几篇，写得有说服力，文笔也好。我看完全可以用作对中小学生进行乡情教育、编到《乡土教材》里去的。"

我说谢谢鼓励。我谈到，退休前，长河、西兴、浦沿三镇还没从萧山划出单独建区，这是我下乡搞调研最多的几个乡镇，我的不少方言语料就采自这一带。这次"滨江区历史文化丛书"中的《乡音土语》，我同意主编傅水生老师要使用我一小部分已发过的小文章的提议，因为这些文章中采用的原始语料有好些就来自滨江前身这几个镇。如动词（词根代号V）后加双音节尾缀"来势"（V来势），原长河镇一带土语中最为常用，萧山城厢周边一些村是受长河土语辐射的，也有使用，但远不如长河惯用。这种句式，有将行动进行下去，但又有"顺其自然，不必急"的意味。我正想举例说明，想不到来教授猛然想起他小时候也用过这种说法，连说："有这种说法！有！有！"这时，坐在床沿的傅水生站起来接着说："来教授，刘老师，你们机会难得，茶么吃来势，'滩头'慢慢交讲来势，心宽体泰'聊'来势，我到楼下去看来势，另外还有点事体。等到好吃饭了，我会来叫你们的。"他用方言的这番"V来势"的活用，使我们三人都畅怀大笑了起来。

接着我的提问，来教授讲述了他向萧山图书馆和区史志办捐赠书的事。我说这是他赠给家乡的无价之宝。他说："我把我的藏书留在萧山家乡，能发挥作用，放心。"我告诉他，今年（2007年）春节后，萧图的"来新夏著述专藏阅览馆"和区方志办设在江寺藏经楼的"来新夏方志馆"我都去过，前者我去蹲了两个半天，经眼熟悉一下情况，还来不及好好拜读；江寺方志馆是我常去的地方，但因为展列书籍的地方比较狭小，书架太少，有好些赠书还未能展示。来教授说，两处可以分分工，我的赠书不一定全都陈列在一线书架上，但也不能藏着睡大觉。江寺馆有些书可以放在后间书库内的书架上。要有科学分类、便于检索的不同方法的目录索引，电脑一查就查到。他说，他当过多年大学图书馆馆长，大学图书馆是做学问的地方，古今中外图书，比县级图书馆要多得多，电脑查书，什么书，放在哪里，很快查到，使你能很快阅读到需要的书。这些工作整个要跟上去，倒不只是他赠送的一些书。他问到了我个人的藏书情况，我一一作了回答。他问我近期有些什么打算。我说正在准备，打算在三年内、至迟在2010年内再出一本方言知识类书籍，连书名和章篇分类都有个方案了，书名叫《知章故里话方言》。他很高兴地说："好嘛！这个书名好！那得抓紧！祝你心想事成。出书后，马上寄我一本。"来教授说，一个人世上走一趟，总想活得有长度，多活几年，但也得有宽度，争取在一定时间段里多做些有益的事。萧山、滨江本一家，都是他的故乡，有什么要他出点力的事，只要他身体还可以，都会乐意担当。正在交谈中，傅水生来了，他带我们去餐厅。我一看时间是11点05分，从10点07分开始交谈算起，共叙谈了58分钟，这将近1个小时的交流，非常紧凑、愉快，是我一生中永远难忘的黄金时刻。

回到家我很兴奋，稍事休息后，洗了一个冷水脸，泡了一杯绿茶，为避免"清景一失难再摩"，立马根据上午和来教授面谈时所记要点，追记了以上内容。

一纸言简意赅的珍笺

在"滨江区历史文化丛书"首发式那次与来教授面谈交流以后，凡是为参加各级历史学会年会或相关研讨会提交的有关萧山人文历史的论文，自认为确有自己新发现、新创见、新观点，且自我感觉良好的篇什，我都会在第一时间寄一份给来教授。来教授著作等身，而且桃李满天下，学生中不乏文史界高足，他能收到的高文新论，当会与时俱进、不断更新的。作为故里后学寄给他一点反映家乡人文历史方面的新作，我以为主要不应是请求他一定非得有什么评点和反馈，而只期望他在保重身体的前提下，能随兴翻一翻，哪怕是匆匆一瞥，了解一下家乡有一些人在研究乡土人文历史，有点新发现、新见解，聊慰来老思乡之情，这就足够了；千万不能有任何让他添麻烦之请。滨江那次首发式以后，我先后寄给他的文章有《毛奇龄对湘湖的杰出贡献》［第七届西湖文化（含湘湖、运河杭州段、西溪湿地）研讨会，2007年］、《知章故里应筑园，书法为体诗为魂——打造贺知章诗碑公园之我见》（2007年）、《关于刘基作于萧山两个作品的考析确认》（2008年）等篇。后来，得悉来教授及其夫人焦静宜女士正在为萧山区志办点校整理民国二十四年的《萧山县志稿》，比较忙碌和辛苦，我就不再寄拙作给他，免得他分心。

2010年3月，由萧山区志办与南开大学地方文献研究室共同承办，由萧山区志办主任沈迪云与来新夏教授共司其事的《萧山县志稿》（民国二十四年本）横排标点整理本正式出版发行，成为萧山史志界、文化界和图书馆界的一件大事。本人有幸获赠一册，视为瑰宝。同年7月，我的新作《知章故里话方言》一书正式出版发行。我在出版后第一时间给来教授寄去一本。过了几天，我打电话问候并问有否收到此书，来教授的回答是："两天前就收到喽，你几年前在滨江开会时向我谈到的出书计划如期实现，祝贺你！我现在目力大不如前，但我会抽空看看的。"充满对晚生的真挚鼓励之情。

2012年5月，来新夏教授学术思想研讨会暨九十华诞庆典在萧山举行。会后，《萧山记忆》第五辑辟了一个"来新夏教授九十华诞专栏"，特地从中华书局出版发行的《友声集——来新夏教授九十初度暨从教65周年纪念集》中摘录了6篇文章，以表达家乡人对来教授的祝贺、感谢和敬意，也可使更多家乡人略知来师之学识博大精深。这一辑的"跨湖问史"栏下，刊发了拙作《杨时在萧诗作新发现》一文。我经过仔细通阅《杨时全集》（全国高等院校古籍整理研究工作委员会规划项目，福建人民出版社，1993年版），对其中有些诗作反复研究其写作的"时"、"地"背景，把逐句逐字释义和整联整首诠释联系起来考析，发现杨时在萧所作之诗并不止以往所认为的3首，而应是6首。这一次，跟往常寄篇论文让来教授了解一下"乡情"不同，我确实非常希冀听听来师对拙作的意见，看看我的考析立论是否靠硬。于是，尽管明知区志办肯定也会寄给他《萧山记忆》第五辑，我还是抢时间寄给他一册，并同时寄去一信，在问候的同时，请求他拨冗一阅拙作，多少谈点看法，提点意见。书和信寄出后，一想到来教授年事已高、白内障动手术后虽说开始几年情况不错，但后来又变差和行动不便的近况，我又有点后悔，觉得太贸然了，这不定会给他带来劳累。我在期待中多少带有点不安。令人惊喜的是，来教授居然很快寄来了亲笔信。这是一纸130多字的简短便笺，言简意赅，情真意切，提携后进，溢于言表。信中说：

> 来信和刊物均收到。
>
> 我行年九十一岁，精力衰退明显，一篇文章要看几天，迟复为歉。
>
> 杨时是著名理学家，曾出仕萧山，当引以为骄傲。你能尽力寻求发掘，得逸诗很好，对乡邦文献是一贡献。文章写得流畅，考论亦很谨严。对全文详加评论已是力所不及，望能体谅。

来教授2013年4月15日的短笺，既给了我很大的鼓舞激励，也平添了我对来教授的更多思念，可谓感恩并担心着。我虽从平时因工作关系与来教授联系较多的同志那里，了解到他"平时行动已离不开手杖"、"身体不太好"的信息，总想能听到他"大有好转趋势"的佳音，但并未获得。在这种情况下，除与他平时有亲密来往的亲友外，我以为家乡人不宜也不应多头或多次去电去信探询病情，否则，反而会给他和他的家人添乱。我只有心香一瓣，在心底默默祈祝他度过风险，早日康复，以期达颐龄。2013年下半年，是我去萧图"来新夏著述专藏阅览馆"接触来教授著述最多的时日，其学术力作《北洋军阀史》、《林则徐年谱新编》，乃至其《冷眼热心》等随笔几乎都得以浏览一过，但由于我精力所限，充其量也只是一种浅阅读而已，远未能窥其堂奥。

2014年元旦快到时，我照例又给来教授寄去了虔诚祝他健康长寿和阖家安康的贺年卡及问候信。

今年春节，我和老伴及部分儿女孙辈是在海南三亚度过的。回萧后，区历史学会推荐拙作《浙东运河（萧山段）——一条用历代诗词连接起来的"官河"》申报区科协评奖，并通知我于4月1日去学会办公室（设在区志办）填评审表。那天上午八时许，我在区行政中心综合楼七楼迎面碰到区志办沈迪云主任从办公室出来，我问他到哪里去，他沉重地边走边答："来教授昨天下午去世，我现在去机场，要到天津去参加追悼会。"我一时愕然，下意识地跟着沈主任走了一二十步，有点哽咽且语无伦次地说："要紧！要紧！你，代表乡亲、代表萧山'方志人'，去送送伊，送送伊。来教授，真的想不到……"

我鼻子酸了，眼泪夺眶而出。

确实想不到，来教授寄给我的短笺一如在昨，可他却走了。

尊敬的来教授，故乡人不会忘记您长期的，尤其是这最后三十年如一日地对故乡作出的无私奉献！故乡人将永远怀念您，永远，永远。

原载于《萧山记忆》第8辑（纪念来新夏专辑）第72-79页　浙江人民出版社2015年1月出版

人是故乡的亲

吴　云[*]

　　1988年盛夏，我们长河高级中学的老师集体旅游北京，我有幸随来泰安老师一同从北京坐中巴到天津，拜访故乡的名人来新夏教授，请教编写《长河镇志》的事。那时的中巴车已经有空调，但"手机"这玩意儿社会上尚未曾有，因而与对方联系远没有现在的方便。我们到天津东站下了车，再乘公交到南开大学门口，进了南开大学又经询问，终于找到了来教授的住处。

　　来教授一见到我们，面露喜色，说，长河有电话，告诉我你们昨天就会到的，你们的住宿处我昨天就替你们约好了。我们说："我们前天从杭州上火车，昨天到北京，在北京住了一夜才来的。"来教授满口长河土话，神态亲和，他家的房间狭小朴素，跟我们学校老教师的房间差不多，我们像是在老家与一位熟人谈天，毫无正在高等学府拜见名人、教授的拘谨之感。来泰安老师拿出一大叠《长河镇志》手稿（那时还没有电脑打字），说明来由："长河镇政府自1982年开始为修《镇志》收集资料，1985年9月成立了修志办公室，文书何金海任主任。关于自然地理、历史文化等方面早已写了一些，但工农业生产、行政、教育等动态的东西，近年发展太快，跟不上写。今年暑假开始前，何金海约我们长河高中语文组几位老师假期里相帮来写，这位（指我）是吴云老师。几番编写的稿子都在这里。当然有必要请家乡的行家——您，来指导。"来教授笑着说，自己家乡的事当然义不容辞，稿子放这让我慢慢看了再说。你们俩今天就住在这里好了。我们说："我们此来北京主要行程是旅游，要集体行动，所以今天还得赶回北京。"来教授主随客便。来泰安老师说："我们想同您拍一张照片。"来教授听了哈哈大笑说："这样你们好回去交账的啰！你（对夫人）给我拿件白衬衫来，如此一件汗衫上照，样子不好。"来教授很方便地套上夫人拿来的衬衫，大家坐好了，开开心心拍了照。来教授很会体谅人家的心情，他的话道出了我们的内心所想。我们起身告辞出来，仍坐中巴回程。盛夏日长炎炎，已经下午过半，但日照还猛烈地辐射着座位旁的挡风玻璃。汽车风驰电掣般向西对着日光奔走，仿佛夸父追日。到了北京下榻处，天尚未黑。

《长河镇志》于1989年由光明日报出版社出版，封面书名是来教授题签，在扉页"长河镇志"四字下面署"来新夏敬署"五个字，并钤名、字章。其中一个"敬"字，表达了来教授对故乡山水、故乡人物、故乡文化的虔诚敬意。《长河镇志》里面刊载着来教授祖父来裕恂的传记，也刊载着长河始祖来廷绍、族太公（二十一世）来宗敏、祖父（二十四世）的几十首诗。来教授一个"敬"字，情深义重啊！我见过来教授别处好多题字，从来不曾用这么一个"敬"字。

我和来教授那次难忘的会面以后，过了整整十八年，2006年3月，我们杭州滨江区社会发展局决定编写一部当地的历史文化丛书，抽集编写人员，我又被拉了进去，原因是我参与编写过《长河镇志》、《西兴镇志》，算是熟手了。那段时间里，我得悉来新夏教授正好在萧山，便向社发局领导提议邀请来教授前来指导我们的工作。社发局局长丁幼芳是长河人，对来教授久仰大名，立即与萧山区地方志办公室领导联系好，专车到萧山接来教授和夫人焦静宜到滨江区，住入龙禧宾馆，聘请来教授为顾问，同时又任命我为主编。

来教授对家乡的事一如既往乐意操劳，不摆架子。我得以十八年后又见到来教授，喜不自胜。来教授风采不减当年，谈风甚健。来教授非常赞许我们编写地方文化书籍，他说，别人要消灭一个国家，先要消灭这个国家的历史。我曾到过日本，见他们那里一个村子一个社区，都办有本地的博物馆，让人们知道这里的人是怎么生存过来的。我们滨江区也可以办嘛，可以收集一些传统的生产工具、生活用具，陈列起来，让大家知道我们这一方土地这一方人是怎么演变过来的，以培养人们爱家乡爱国家的观念。社发局丁局长、武斌副局长以及我们编写人员听了很受感动，后来也真的收集了一些旧农具旧家具，拟办一个乡土博物馆。

有来教授亲切指点，我们便有序地分头编撰。《杭州滨江区历史文化丛书》计划编七个分册，来教授启发我们取七册的书名，先由每册的主要编写人自报和大家来讨论确定。书名我们要来教授毛笔书写，于是来教授为每分册书的名题写了四个字，分别是：《史事撷英》、《古韵流风》、《乡音土语》、《民俗风情》、《口耳遗文》、《乡贤轶闻》、《古镇图说》。来教授的书法颜体风骨，深沉含蓄，功力深厚，怪不得多方人士要乞求来教授的墨宝。来教授为丛书写了《总序》，刊在每分册之首；还特地创作一首词《卜算子》，为《古韵流风》一书压阵。可以说来教授全方位力促丛书的完成。

2006年11月17日的一次工作会议上，来教授向社发局领导提出了一项个人的请求，他说："我祖父来裕恂先生，字雨生，号匏园老人，生于1873年，1962年逝世，享年九十。他是前清秀才，后来东渡日本，考察教育。归国后加入光复会，参与了清末的资产阶级民主革命活动。民国初在教育界任职，1927年曾出任绍兴县长，因不满官场恶习，不久即愤而去职，以教书为生。新中国成立后受聘为浙江省文史馆馆员。1957年当选萧山县政协常委，1958年当选为萧山县人大代表。他一生著述阂富，写诗近五千首。1996年得萧山文史委员会资助，天津古籍出版社出版了他1924年以前创作的诗二千四百首，一至三十六卷，名《匏园诗集》。其余的诗稿《匏园诗集续编》（以下简称《续编》）现存杭州图书馆古籍部，馆长褚树青先生于上世纪八十年代中期以复印件寄给我，我家藏多年，苦无出版机缘，心有未安。我现在想请在座的吴云老师和来小钦老师相帮编理，吴云老师负主要责任，工资和印刷费我全部自担。"丁幼芳局长即刻答应，说："我们这里负责编印好，不要你拿出一文钱。"我和来小钦老师相视微笑，没有出声。因为我在图书馆里找资料时见到过《续编》真迹，数量大，部分文字难认，整理有相当难度。但丁局长已经满口答应了，我们岂能推辞？况且这是来教授的事，有他在，再大的困难也总能解决的吧。

2006年11月22日，《续编》复印件邮包从天津寄到我家里，邮包有5公斤大米包那么大，重量也相当。我老伴一见愕然，说："我来打电话请丁幼芳局长来，看看如何办？"丁局长光临寒舍，看见这么一大件复印稿，也为之一怔。她说："我以为要吴老师编一本书，总不过是一本书，不知道竟有这么多。我叫王福明馆长来拿去，放在他那里，起码得请四个帮手来才能开办。"于是，《续编》复印稿搬到文化馆，一放就是一冬。到2007年4月2日，也就是清明节前三天，王馆长请来两位助手，都是长河人：来永培，退休教师；来永杰，原铁路蒸汽机车司机，杭高毕业生。馆方给我们腾出一间小办公室，就开工了。来小钦老师是来教授亲点的，他来拿一小叠稿件，回家去誊写，因为他家远，不便早出晚归。

说编理诗稿，粗看也并非很难，无非是把毛笔写的繁体字改写成硬笔的简体字，直行改成横行，诗句意思我们可以不管。然而年纪比我小的两位来先生，看着这八十多年前老学者写的字，行书中间有草书，更有异体字，有从前通行的简体字，还有涂改添注的字，要通篇认出来并不轻易。两位誊写过来的现代简体字，往往不规范，还得我用红笔再修改。来小钦老师隔了两三个星期来交差，要去写《江二村志》了，只有我们三驾马车，埋头苦干。不能忘记傅水生老师也跟我们苦，往来印刷厂，把手写稿送去打字，打字稿取回来再改，红笔改好再去打字，穿梭其间。

话分两头。另一头的工作，是我们编撰的《杭州滨江历史文化丛书》，此时已经印刷完成，邀请来教授来主持首发式。10月21日，王馆长、傅水生老师和我到飞机场去迎接，中午12时25分接到来教授、焦静宜两位，进龙禧宾馆休息。我知道来教授一定要顺便看一看《续编》的工作进程如何，所以次日上午，我把《续编》的打印稿带去，向来教授汇报："我们初度翻写已经完成，其中有些字，因为老先生用印过字的、写过字的废纸的反面写诗稿，纸头两面有字，复印机里强光照射，两面的字叠在一起，难以辨认。要到图书馆查对真迹原件，再作分析。还有一件事，《续编》后面有一首题为《放言》的诗，内容自叙生平，很像《史记》里的《太史公自序》，我打算把这首诗放在末尾压脚，如《太史公自序》一样摆法。"来教授完全认可。来教授看了打印稿上的密密的红笔，问道："这些红笔是你改上去的吗？"我说："是的。"来教授显然看出我的工作之辛劳。这次会面还敲定了《续编》封面的款式、正文字体的大小，以及《序》、《前言》、《后记》及照片的排列顺序等等。

10月23日，《杭州滨江历史文化丛书》首发式在长河举行，来教授主持首发式，并讲了话。区人大常委会主任周瑞烈、区委副书记阮文静、区人大常委会副主任郭裕森、区委常委宣传部部长陈瑾剪彩。

《杭州滨江历史文化丛书》发行以后，我专心于《续编》。10月30日，我们三人得到王馆长同意，傅水生老师陪同我们到杭州，在浣纱路杭州图书馆附近开了旅馆，每天到图书馆查对《续编》真迹，考实了不少难字。但还有一些字，由于当年墨水太淡、笔破字粗，也可能写的时候老先生手有点颤抖，实在认不清。这时候要从句子的上下文意来推测，再从平仄、对仗、韵脚等不同角度来判断，使尽了浑身解数。在图书馆查对了四五天，其间发现了来裕恂先生亲笔写的家史《哀思录》。这是来氏的传家宝，我打电话给来教授，来教授立即电话给该馆馆长褚树青，叫褚馆长复印一份，交我带回。后来书中所附《来公雨生传》、《匏园自挽》以及"年表"中许多资料，都来自《哀思录》。我自费复印一份《哀思录》给来新阳先生带回台湾，让他们一支在台湾的子孙，将来知所从来。

我们从图书馆回来，做好收尾工作。12月23日，《续编》三校稿由傅水生老师送印刷厂付印。2008年1月28日，《续编》印制完成。

2008年2月底，忽然接到萧山区地方志办公室寄来一份邀请函，要我代表滨江区出席3月16日在萧山金马饭店举行的"地方文献国际学术研讨会"。我一时摸不着头脑：我跟"国际学术"有什么搭介？

3月15日我到金马饭店报到，拿到《会议指南》，知道这次学术研讨会，来教授是主办人之一，邀请代表76人，都是教授、学者、图书馆馆长、某某办公室研究员等学术界人物。我急匆匆去看望来教授，来教授很忙，正在与多位来宾谈天。他在谈天间歇，朝我笑笑说："吴先生，明天你要在会上发个言。"16日上午是开幕式。来宾们都衣冠楚楚，神采丰赡，有说有笑。我不免自惭落寞。这时，来教授走过来替我壮胆，说："你就《续编》里《前言》的内容概要说一说好了，时间限10分钟。"我说："那要你来讲。"来教授说："我怎么好评介自己祖父的文章？你讲吧！"来教授点题在要窍，在《续编》整理过程中我对来裕恂先生进行过研究，于是很快拟成了一个发言提纲。轮到我发言，我只好目中无人地讲起来，说来裕恂老先生出身书香世家，一生写诗五千首。早年参加孙中山先生领导的革命团体"光复会"，"光复会"同仁秋瑾、徐锡麟殉难，他写诗沉痛悼念。袁世凯篡权称帝，他写诗痛斥。这些诗收在《匏园诗集》里。他后半辈子以隐士自许，诗情平和，不谈政治。但他对日寇的暴行写诗怒斥，对旧社会官商勾结、物价飞涨、民不聊生敢于写诗为民请命。他热爱家乡，发表过许多赞美湘湖、白马湖的诗，对当前开发旅游事业非常有用。这些诗篇留在《匏园诗集续编》里。最近来新夏教授为他祖父这本《续编》的出版作了很大努力，既为地方文献的保存、发扬作出了贡献，也是对祖父尽了一片纯洁的孝心。这本诗集刚刚印出来了。我的发言未曾料到获得全场热烈的反响，都说要这本诗集。来教授只好和我商议，打电话给王馆长，请他送100本书过来。王馆长遵命，和傅水生老师二人驱车送书到会场，并拜见了来教授。来教授让工作人员把书分发到每位代表手里，不是代表的人也见者有份，剩下还有七八本，杭州图书馆吴贤珍先生一揽子抱走。此刻的研讨会，成了《匏园诗集续编》的"首发式"。在这次重要的学术会议的开幕式上，我和全体与会者拍了集体照。

17日大会分组讨论，下午参观"来新夏方志馆"，当天会议结束。

18日，来教授一家到绍兴县齐贤镇他的编外弟子孙伟良家作客。这边丁局长安排为第二天来教授祭祖坟作准备，傅水生老师带人到坟地上清除杂草，平整坟道地和上山的路。

19日一早，傅水生老师在西兴街采办祭祀用品：象征"发"的食物馒头、芽蚕豆、荸荠以及清明粿，还有香烛、元宝、银锭、花篮等。我写了花篮的丝带。我说，银锭、元宝是否属于迷信品？傅老师说，这是风俗，不是迷信。来教授来这里上坟，一定要按这里的风俗办事。准备就绪，车子接来教授夫妇、台湾来的二弟来新阳夫妇和美国来的侄女来明贤等，一家五人，到长河傅家峙包家湾山上来裕恂老先生墓前。此刻，萧山方志办的陈志根、李维松刚刚赶到，和我们这边文化馆王福明馆长、傅水生老师以及我一起陪同祭墓。傅水生老师摆好花篮、祭品，点燃香烛等，还把《匏园诗集》和《续编》也带来供上祭桌，告慰来裕恂先生在天之灵，说："您的《匏园诗集续编》手稿已正式出版面世，您老人家可以放心了！"傅水生祝告毕，来教授上前，虔诚恭敬地深深鞠躬，令人见之动容。来教授行礼毕，来氏其余四人上前行礼。四人退下，我们五个陪祭人上前行礼，拱手折腰。我们礼毕，来教授拉他们一家五人排在我们五人的前面，向我们行礼致谢，我们不约而同地拱手回谢。礼毕，我们把香烛纸灰的火烬熄灭。来教授一家人对社发局给上坟事的精心安排表示十分满意，再三致谢，说想得真周到，大大出乎我们的意料！

下得山来，我们又陪来先生一家到长河街道办事处，滨江区副区长陈瑾、社会发展局丁幼芳局长、武斌副局长等已来到了长河街道办事处，街道党工委书记陆军、办事处主任丁永刚、宣传部部长林章忠等党政领导也在迎接，以贵宾礼遇接待来教授一家。来教授一家人用惊讶的目光扫视着宽敞豪华的贵宾室，发出由衷的赞叹："一个街道能有如此高规格的接待室，实属罕见！"他们听了林章忠的介绍后，非常激动，异口同声地说："家乡变化太大了，太大了！"陆书记赠送海内外归来的游子每人两盒长河土产的纪念品。中午在食堂办上家乡味的酒菜，领导与贵宾共进午餐。陆书记说："到饭馆吃不及在自家食堂吃亲热。"我坐在来教授右边奉陪用饭。饭后游览了长河老街，来教授到旗杆墙门故居，所见物是人非，不禁黯然神伤，焦老师给二墙门上来裕恂老先生当年亲笔的"青对南山"四个字拍了照。二先生（焦静宜老师如此称呼来新阳先生）见长河街头墙上写着来裕恂老先生作的诗，对焦老师兴奋地说："没有想到我爷爷在家乡有如此高的威望，他八九十年前题的诗，今天还写在墙上教育着后代。"

来教授从长河再回到西兴，要到外婆家去看一看。外公外婆舅舅表兄都已故世，见到表嫂吉红嫂和一位表侄。吉红嫂已备了香茗水果，共叙家常。情长话短，来教授还要去看看母校。当年读书的"铁陵关小学"现在改名为"西兴实验小学"，地址搬至官河路。校领导对这位来访的老校友礼仪周到，由两位少先队员上来给来教授献红领巾，并请来教授题词。来教授写了"百年树人，弦歌不辍"八个毛笔字，下款为："丙戌冬书赠母校西兴实验小学百年校庆 来新夏题"。来教授真是个多情的人，遍访故旧，处处走到！

后来西兴小学印百年校庆纪念册，来教授的题词整版印在第120至121页上，"弦歌不辍"四个字还印在封面上，他的照片印在第56页"学生校友的足迹"栏头一位。

2008年10月13日，来教授和焦老师来萧山住在蓝天宾馆。我和傅水生老师二人前去拜见，商谈了要求政府把来裕恂墓列为文物保护点的事。我们说，这事我们社发局在努力，尚未得到上级批准，然而能保存至今安然无恙，实在是地方政府和长河父老乡亲共同努力、刻意保护的成果。

2012年5月中旬，接到萧山区人民政府发来"来新夏教授学术思想研讨会暨90华诞庆典"邀请函，告知2012年5月20日至22日在浙江开元萧山宾馆举行庆典。20日下午，我准时前去，在童铭先生处签到就去看望来教授。来教授被一大堆人簇拥着，拿着带来的他的著述请他签名。来教授看着是正版的书则签上名，对那些盗版、伪托的书拒不签，并对求签字者说明道理。

21日上午庆典，萧山区领导致欢迎词。于是，来教授精神矍铄、手捧鲜花登场，会场顿时响起热烈的掌声。来教授发出了不同凡响的宣言："行百里路半九十，我只不过是走了人生一半的路程，后一半怎么走，请大家见证：有生之年，誓不挂笔！期待百岁时，再请朋友们来聚会。"如此振奋人心的誓言，具有极强的鼓舞力，立即激起全场雷鸣般的掌声。

下午参观"来新夏著述专藏阅览馆"、"来新夏方志馆"。晚上庆寿晚宴，也就是故乡的吃寿酒。酒席间，来教授被敬酒的人围得团团转，望过去只见人头攒动。

我寿酒是吃了，但未曾送寿礼。倒是来教授送给大家许多纪念品：一幅洒金红底黑字来教授题写的"寿"字，由杭州十竹斋木刻水印锦裱的立轴；两册枣红绸面精装书——《来新夏随笔选》和《友声集》；还有来新夏方志馆的纪念章等。

　　来教授是位很重亲情很重乡情的人，他的慈祥的笑容和爽朗的话音，如时时在鼓励着我们。

二〇一五年一月十四日写于西兴三一书舍，时年八十六

　　原载于《忆弢盦：来新夏先生纪念文集》　焦静宜编　天津古籍出版社2015年版

归去，也无风雨也无晴

——感念来新夏先生

韦承金[*]

来新夏先生走了，大家都在追思他、缅怀他。我没有受教于来先生门下的荣幸，仅仅因为在《南开大学报》任编辑的缘故，得以数次拜访。自知才疏学浅，对来先生的学问没能有深入的了解，因此写怀念文章不是十分适当。但觉得来先生的人格给了我力量，所以将来先生与我的几段因缘记录下来，以表达我对他老人家的感念。

一

2006年我初到《南开大学报》编辑部不久，被安排陪同《南方都市报》记者专访来先生，那是我第一次拜访他。"邃谷"是来先生的书房，水泥地面，陈设简朴，四壁都是书架，在北窗下电脑后方的那面墙，总算是有些"留白"，那里挂着来先生一些师友的墨宝。

采访中，来先生从军阀混战时的幼年谈起，讲了家学的影响，回忆了陈垣、余嘉锡、张星烺、启功、范文澜等老一辈学者的言传身教。在他的记忆中，这些恩师在学业上对学生要求无比严格，而相处时对学生却是关怀备至。如陈垣先生

---

* 韦承金，《南开大学报》编辑。

身为校长，但亲自上四门课，布置的作业必定亲自批改，并示范一篇，与学生作业一同贴在教室里，让同学们通过对比检查优缺点。有一回来先生和一些同学在新年晚会上编了一出调侃老师的"恶作剧"，陈垣先生及时给予批评，让同学们认识到自己的错误，但事后陈先生并不记"仇"，而是一如既往地关爱学生。随余嘉锡先生修目录学时，来先生期末成绩得了个"B"，他觉得分数有点低于是斗胆询问原因，结果余先生说："我读了半生的书，只得了半个'B'。"来先生后来得知余先生给的"B"其实是他所给过学生的最高分，从而体会到老师对学生要求之严格和肯定之充分。而教国文和绘画的启功先生，则常在周末时请学生到他家里"改善生活"，学生衣服掉扣子破口子，师母常帮补补钉钉……

言谈间，来先生神色儒雅而透着刚正之气，透过那清癯的面相，仿佛能窥见前辈学人的风骨。

来先生谈兴很高，甚至讲了他从前很少提及的"文革"磨难。批斗、游街、劳改、喷气式飞机、罚站、拳打脚踢……各种各样的批斗方式来先生都遭受过，然而他并没有刻意地渲染其残忍——也许他不忍心在我们这些后辈听者面前揭开伤疤，也许更因为他已经淡然面对这场灾难。来先生回忆，有一回自己被剃阴阳头准备拉去游街，这时候红卫兵给他戴高帽，因为来先生头比较大，高帽子一戴就掉下来，如此反复几次之后，红卫兵被惹急了："把这个拉出去，下一个！"来先生因此幸而免于戴高帽……说到这儿时，来先生颇有些得意地笑了起来。我想，只有这种超脱的精神境界，才能让来先生在那段艰难的困境里，还能笃定地埋头做学问——在那几年里他整理了三部旧稿，写了一部目录学方面的著作。

相对于对自身所遭受迫害的"轻描淡写"，来先生对他的"棚友"穆旦先生的回忆则是"笔力深沉"的。那时，来先生与穆旦可谓"一对黑"，他俩同进牛棚，共同承担洗刷游泳池等劳动。劳作的间隙，穆旦会跟来先生聊天，谈他的诗和译作，谈他的经历。每当来先生在劳动中不小心流露出情绪时，穆旦会悄悄提醒他少说话。而当来先生因发牢骚被打小报告从而受到"革命群众"斥责时，穆旦又时常来开导他。在来先生印象中，"穆旦是个很内向的人，有诗人的气质，但绝无所谓'诗人习气'。他是一位读过很多书的恂恂寒儒，有才华横溢的诗才，却又像一位朴实无华的小职员，有一种'敛才就范'的低姿态"。来先生认为，这种低姿态，也许是从"反右"运动以来一直到"文革"这十几年间磨练出来的。得知穆旦在心神交疲时仍能坚持诗歌创作、文学翻译，结出精神的"珍珠"，来先生无法想象面前这位低姿态的诗人，内心有多么的强大……

来先生语调低沉，但用词十分肯定。由于上了年纪，声音已不算洪亮，然而话语里时有斩钉截铁之势，又不忘时而自我调侃一番："我们扫地那些年，是南开最干净的几年。"当时听着这话，我们笑了，但笑过之后是一种揪心的痛让人眼泪直打转。

许多人曾劝来先生撰写回忆录，但他都婉拒了。他认为一个人写回忆录，固然可以反思，但反思不一定要写出来，自己明白就可以。他说："启功老师有句名言'不温习烦恼'，特别像我们高龄，九十岁的人，总有难过的事，等于在自己伤口上撒盐，何必呢！"

是的，来先生很少跟人谈论他身经的风风雨雨，传世的著述中，也较少提及。然而关于穆旦的回忆，来先生却是郑重其事的。他把自己所知晓的关于穆旦的事迹（包括这段"文革"记忆），单独成《怀穆旦》一篇（来先生临终前两个月由南开大学出版社出版的《旅津八十年》收录有此文，文末注明"1999年春初稿，2006年6月修订"）。虽然"在自己的伤口上撒盐"疼痛难忍，但为了让穆旦的人生能有比较完整的记述，作为"文革"中某一时期穆旦所受遭遇的唯一见证人，来先生觉得"后死者应该担负起这种追忆的责任"，他在《怀穆旦》一文中十分热烈地赞扬了穆旦："他没有任何怨悔，没有'不才明主弃'的咏叹。穆旦只是尽自己爱国的心力，做有益于祖国和人民的事，他代表了中国真正知识分子坚韧不移的性格"。

能理解并如此激赏穆旦之人格的人，也必定拥有一颗不平凡的心灵。对学术和理想的敬畏，让他们保持着一般人难以做到的坚守。而这种坚守时常让不理解的人以为是"自命清高"。所以，南开园里传言来先生"孤傲清高"的一些段子，我猜都是真的。譬如传言来先生在任南开大学图书馆馆长和出版社社长时，坚守原则，要求严格，办事雷厉风行，因触犯了某些人的私心而遭受怨恨。再譬如传言来先生曾在尽心竭力主编某一部史学著作后，因固执地请启功先生题签并坚持拒绝某位领导的题签，而使该著作在印行时遭受莫名的阻力，对此他虽颇有不快，但毫不后悔。还有，据说他在给学生讲课时，不仅在讲课内容方面条理分明、深入浅出，甚至衣着都不苟且，西装革履、风度翩翩、派头十足，俨然"南开大学形象大使"……

那次陪同采访，虽说是工作上的安排，但对我来说，却是非常难得的学习机会。当时我还有一个任务——《南方都市报》只来了文字记者，并未有摄影记者随同前来，所以只好由我临时充当摄影师。后来我通过电子邮件将所拍摄照片给

《南方都市报》传去，过不久他们给我寄来一笔稿费。想必我拍的照片已经刊登了，但我并没有见到样报。转年，因为办公电脑更新，旧电脑里的部分文件在复制过程中竟然没备份上，又过了几个月我才察觉到这个失误，但为时已晚，我发现自己所拍摄的来先生的那些照片，已尽数丢失，再也无法恢复，徒留一个命名了的空文件夹——

"2006年4月17日 访来新夏先生"！

二

初任《南开大学报》副刊编辑时，我发现这份报纸很少登有来先生的文章，这是一个很大的遗憾。我希望来先生这样的大家能成为校报副刊的"铁杆"作者。于是斗胆登门，恳请来先生赐稿。记得第一次跟来先生约稿是在2008年，那时秋季学期刚开学，我希望来先生面向青年学子写一篇谈读书治学经验的文章。约稿之前，我一直惴惴不安，因为对于我这样的无名晚辈，印象中"冷傲"的来先生，说不定以怎样的理由来拒绝我。但没想到来先生很爽快答应了，他说以前虽然零散地跟别人谈过自己读书的一些经验，但很少写有这方面的专文，正好趁此机会归纳总结一下那些"只言片语"，并且没过几天就告知我前去取稿。

这篇《闲话读书》，首发于2008年9月26日《南开大学报》"新开湖"副刊上，后来在《博览群书》等杂志转载，又被《新华文摘》（2009年第14期）收录。很多读者纷纷反映读了这篇文章深受教益，应该多发这样的好文章。

我本人也从这篇文章得到很深的教诲。上学时，我在阅读方面很随性，爱读一些看起来"才情四射"的文章，以为读书只需要这般"痛快"就可以了。后来遇到来先生等前辈，尤其读了来先生这篇《闲话读书》和其他的随笔，我才意识到，很多青年人如我，可能因为年轻时的所谓"满腔热血"使然，在阅读面上往往轻于那些"严肃"的经典原著，甚至认为那些过于严肃的学术活动无非就是钻故纸堆、做一些枯燥的考据，因而颇为不屑。可是年岁渐长时越来越发现：自己年轻时浅阅读获得的那些"思想的火花"，并不高明到哪里去，而且因为没有一定经典作品阅读的积累，对那些"才情四射"之作的理解也往往是比较浅薄的；另一方面，那些看起来"严肃"的经典之作往往是"源头活水"，那些"沉着而痛快"之作，往往值得一而再地"咀嚼"。真正经得住历史考验的精神产品，往往是要经过广博精深的积累和清苦的劳作。因此，来先生所强调的"立足于勤，持之以韧，植根于博，专务乎精"的读书"十六字经"，可谓切中我读书习气之"要害"。

出于对来先生的尊敬，更因为作为一名编辑的责任感，我在编校来先生稿子时格外精心。除了从他的文章里获得教益，也帮助他改正过个别"笔误"。当然，在我迄今近十年的编辑生涯中，经手过南开不少知名学者以及优秀学生、校友作者的稿件，但有来先生这般渊深学识、而写稿又如此认真的作者，是极为罕见的。来先生写作的过程十分严谨，一般他都是亲自用键盘敲出电子版，又打印出来自己校对过后，才交给我。同时他又很谦虚地跟我说，稿子若存在什么问题一定要及时提出来。工作中，我偶尔发现来先生原稿中的个别错字，经他同意都改正了。记得有一回在编辑来先生一篇以文言文形式撰写的文稿中，发现一处语序的笔误，我及时向来先生提出修改建议，拿去给来先生看后，他完全同意我的修改，并点点头向我投以感激的目光。后来，与来先生往来渐多之后，每当我觉得文稿中有个别地方需要改动或因版面所限而需要略加删节时，来先生都爽快地跟我说："由你全权处理吧，我不用看了。"知道来先生对我如此信任，我既感到高兴，又觉得有压力，更得到一种动力。

受到来先生等前辈的影响和鼓励，我时常也写写记记，但大多是以日记的形式存在，不敢轻出以示人。2011年年初，我得知李世瑜先生去世，打算写一篇怀念李老的文章。我曾在甲子曲社与李老有几面之缘——我平素有一些附庸风雅的业余爱好，昆曲是其中的一方面——因感念李老在昆曲方面给予我的关爱，便从这个角度写了一篇《李世瑜先生与昆曲二三事》。后来看到《今晚报》所刊登来先生《悼念世瑜学长》一文才得知，来先生与李先生是辅仁大学的同窗，又是多年的知交。其中关于李老对于戏曲与曲艺的嗜好，来先生这样描写：

> 世瑜学长是一位多才多艺的才子，他不仅通中英文，旧诗词，还熟谙昆曲，会唱各种曲艺，无不娴熟。上世纪七十年代，他在近郊咸水沽中学当教师，由市里骑车去上课，每天往返，骑车约需两小时，他不以为苦，总是高高兴兴的。有一次他告诉我，这一路骑车一路歌，真带劲！我问他都唱些什么，他说京韵、梅花、西河、京东各种大鼓，时调、八角鼓，能唱的段子都翻来覆去地唱，把原来不太熟的段子复习多遍，说完哈哈一笑。八十年代后期，他去美国调查研究教堂和教派，在一封来信中说，他还在一次联欢会上

说了段洋相声，让洋人听众都大笑不止。真不可思议，一位学者能如此洒脱，我们这些人中，谁能有这种才情？

逸笔草草，一位博学多才、乐观豁达的学者被来先生勾勒得神完气足，跃然纸上。而这"一路骑车一路歌"的经历，我也时常有，因此很能引起我的共鸣。我想，除了相知较深的原因之外，如果没有来先生这样的学识，是很难写得这么好的。

我终于鼓足勇气，把我所写的《李世瑜先生与昆曲二三事》拿出来，一份打印出来给来先生看，另一份传给一家报社的编辑，希望能给我提提意见。记得来先生很仔细地看完拙作后，先是默不作声，似乎在回忆什么，然后轻声地说："哦，你也喜欢昆曲。"紧接着又问："你这篇文章发表了吗？"我回答说："刚寄给了《中老年时报》，编辑回信说可以采用，但要过一阵子。"来先生说："我打电话给你推荐一下，让他尽快刊发。"我有些难为情地说："不必了来先生，再等等也没关系的……"没等我说完，来先生已翻开号码簿开始拨起电话，但电话那头无人应答。来先生说："他可能在忙别的事，等傍晚我再打。"第二天一大早，我便接到来先生来电："我已经跟编辑商量好了，你的文章过两天就能刊发出来。"就这样，来先生自始至终都没有对我的这篇"习作"提出任何批改意见，但是他实际行动让我体会到一种莫大的鼓励，同时我还通过他那篇"示范作业"《悼念世瑜学长》体会到自己的不足。

来先生曾任图书馆馆长、出版社社长兼总编辑，熟谙编辑出版业务，这方面曾著有《中国古代图书事业史》、《中国近代图书事业史》等。他还说过，以前曾想编写一部"中国古代编辑事业史"，由于种种原因，一直没能抽出时间来实现这个想法（来先生逝世后见《编辑之友》2014年第4期刊发先生早年撰《〈中国古代编辑事业简编〉写作提纲》一文）。但来先生始终都没有针对我的编辑工作做过很具体的指点，而只是不断鼓励我"多读点书""眼界要宽"。我后来才渐渐明白，这大概是一种"君子不器"的教诲吧。

来先生每有新著付梓，总能惦记着留给我一册。2011年6月9日，我接来先生电话，让我去他家一趟。见面后来先生告诉我："《书目答问汇补》已由中华书局出版，昨天刚在北京举行新书发布会，书店都还没上架。家里暂时只有一套样书了，先把这一套给你。"然后翻开扉页认真地为我题字："承金小友存，来新夏，二〇一一年六月。"临别时嘱我："这部书要认真读，对学问根柢有帮助。"过些天，来先生又让陈鑫兄捎给我一枚带作者签名的藏书签，陈兄转告我，来先生说忘了给我藏书签了。

我总跟来先生说，平时有什么需要我帮忙的地方，可以随时召唤我。然而被来先生喊去帮忙的时候，只有过那么几次，大多是因为他有新著出版，出版社将样书送到楼下之后，他就打电话喊我前去帮忙搬书。来先生打办公室电话找我时，一般都问："小韦在吗？"因为"韦"字来先生念阳平声，有时候导致同事没反应过来，没意识到找的是我，以为或许是想找一个名字叫"晓唯"的人而打错了电话。"韦"字念阳平声是对的，不知什么原因，多数人都把这个字读成上声，以讹传讹之后，我在北方认识的大多数人都把我的姓念成上声字（当然，我并不太介意那么念），唯独来先生坚持念阳平声。除了我，一般陈鑫兄和付善明兄，也经常被叫去帮忙。搬完书，来先生立即给我们每人签名赠书一册，让我们得以先睹为快。

接触多了，渐渐了解到，来先生并不是我先前想象的那么"冷傲"，总板着面孔"正襟危坐"，他其实有挺随和的一面。记得是在2011年的夏天，有一回到北村访来先生，大热天的，他也不开空调，穿着一件短袖衬衣，而且敞开着胸膛——面对我略有些惊讶的表情，来先生笑了笑没说话。这笑容里颇有些"不见外"的意味——来先生并不是失态，而是不介意以这样"随意"的方式见我。我问："天那么热您怎么不开空调？"来先生说，空调不能总开，天热了就应该多淌淌汗，现代人身体的很多毛病，都是违背自然规律闹出来的。

来先生对我的关怀，还体现在一些很小的生活细节上。2010年9月初去见来先生时，他问我："暑假回广西了吗？"我答道："没有回广西，去了趟安徽。"来先生立即说："哦，去了岳父家呢？"我点头称是，同时暗自惊叹来先生记忆力之好。记得我只在2009年登记结婚之后有一回跟来先生提及妻子陶丽是合肥人，没想来先生竟一直能记得，难怪宁宗一先生把"惦念"作为关键词来形容来先生心中装着许多人。

陶丽是南开史学专业毕业的，有时她与我在旧书肆淘到来先生的旧著，便由我在登门约稿时顺便请来先生签名，来先生对我们这些"粉丝"的索求总是慨然应允。有一次在来先生为我题字时，我说："您的毛笔楷书有'二王'小楷和北朝墓志的笔意，硬笔行书有颜真卿的圆劲笔力和宽博体势，又似乎略参黄庭坚的笔势。"来先生只是淡淡一笑，也许对我的看法颇有几分同意。老一辈学人大多能写一手好字，但来先生晚年只有记日记、为著作题签或应他人之索书时才写字，因为电脑毕竟更方便。

2013年6月拜访来先生时，他又问及我的生活近况。得知陶丽已有8个月的身孕后，来先生建议："这个时候，饮食要适量，吃太多了孩子在肚子里个儿太大不好生。如果胎儿正常，这时候可以适当锻炼身体，运动运动。"来先生知识面之广博，以及对晚辈关心之无微不至，令我赞叹不已。我在来先生身上依稀见到，他的那些授业恩师学识渊博而关爱后学的遗风。

三

我并非文史哲类专业出身，但在我的编辑工作中，来先生并没有因此而对我另眼相看，而是给予我非常纯粹的关怀和支持。我对此时常心怀感激，但除了偶尔登门取稿件、送样报之外，一般不敢随意叨扰来先生。因为我知道经常写作的人，不愿总受到外界干扰。更主要是因为，我脸皮薄，不愿总登门造访，让别人觉得我别有企图似的。我的这种性格，着实导致了一些永久的遗憾。

2014年3月初的一天，学校新学期刚开学不久，我收到来先生赠送的一部随笔新著《旅津八十年》，是陈鑫兄受来先生之托转给我的，扉页上还有来先生题字，笔迹略有些颤抖："承金存 来新夏 二〇一四年正月。"我这才想起来，我又是好久没有拜访，也好久没有问候来先生了，真是不应该。

于是我拨了来先生家电话想问候一下并感谢来先生赠书，没想到电话那头无人应答。过几天才打听到，来先生已因感冒转肺炎而住院，并且进入重症监护室了，可能不太方便接受外人的探望。我心想来先生身体一向很好，应该没什么大问题。医院里有医生和护士的专业护理，我去了也许不仅帮不上忙还打扰了来先生休息，还是等他出院再登门拜谢吧。可万万没想到，3月的最后一天，传来来先生去世的噩耗。我竟再也见不到来先生，连一声"谢谢"都没能再让来先生听到，这给我留下了深深的遗憾。

再一次来到"邃谷"，北窗之下，那台电脑依旧在，但它的主人已无法再按下开机启动键。在电脑的正上方，是一个相框。相框里的来先生，神情泰然，目光深邃而邈远，似乎在看透了人世间的风雨晴明。

印象中这幅照片已经挂在这里很多年了，每次拜访来先生看到这幅照片，我都会莫名想起第一次拜访来先生时的光景。说真的我一直有些怀疑这幅照片是我初见来先生时拍摄的，但每次我要向来先生问个究竟时，都开不了口。怎么可能是我拍的呢？因为我从没给来先生洗过照片。更何况，2006年刚学摄影没多久，想必摄影水平很差劲，来先生怎么可能把我拍的照片挂在这样重要的位置？我总这样想。于是我总开不了口。

来先生去世后，我在校报副刊组一期缅怀来先生的专版。焦静宜老师拿出来先生的影集让我挑选配图。忽然，一幅照片引起了我的注意，这幅照片与来先生电脑上方相框里的那幅是同一幅，同样的神态、同样的构图，而图片说明写着："2006年，接受《南方都市报》记者采访。"难道这幅照片真有可能是我拍摄的？

焦静宜老师回忆说，这照片是2006年来先生接受《南方都市报》记者采访过后没多久，那位记者寄给来先生的，后来由天津图书馆的李国庆先生帮忙装了个相框，来先生很喜欢这幅照片，所以一直挂在他工作的电脑上方。

这么说，这幅照片十有八九就是我拍摄的了。我还想进一步证实这个猜测，可是当年采访来先生的田志凌记者已无法联系上。但很快，我从网上淘到了一册南方都市报出品、南方日报出版社2008年1月出版的《最后的文化贵族——文化大家访谈录》，该书收录了2006年的那次访谈，采用了若干幅配图，而图片的署名赫然写着"摄影：韦承金"，其中一幅就是来先生电脑上方这幅。终于找到了肯定的答案！

就摄影技术而言，这幅照片拍得略有些虚，当时室内光线不是太好，而且因为我摄影经验不足，手端得不够稳当，此外可能ISO值设得比较高，从画面上看噪点略多。唯一的好，可能是抓住了来先生那深邃而泰然的目光。来先生口才好、思维敏捷，在回答记者提问时少有凝神停顿之时，唯独这一瞬间，被我抓到了。

记得来先生曾说他非常喜欢苏词，尤其这首《定风波》："莫听穿林打叶声，何妨吟啸且徐行。竹杖芒鞋轻胜马，谁怕？一蓑烟雨任平生。料峭春风吹酒醒，微冷，山头斜照却相迎。回首向来萧瑟处，归去，也无风雨也无晴。"来先生曾在他的随笔里多次提及这首词，又以"一蓑烟雨任平生"题名自己的"九十初度著述展"，足见他对于这首词的钟爱和体悟之深切。

而我所拍摄的这幅照片中，来先生目光中满是宁静澹泊的自在，没有沉郁或孤愤，也没有飞扬之意气——那心境，当是"也无风雨也无晴"的"太上意境"吧——来先生曾说："以我的心得，太上意境莫过于'也无风雨也无晴'。"我现在已无法回忆起拍摄这张照片的那一瞬间，来先生正在谈论什么话题，但我相信，来先生将这幅照片一直挂在电脑上方一定有他的理由。我甚至以为，来先生会认同我的这番理解。

来先生出生在军阀战乱中，辗转于日寇铁蹄下，又历经"反右"和"文革"之狂澜……身处 "穿林打叶"的时代风雨中，面对明枪暗箭、天磨人忌，先生从未低头，而是始终坚信，一时的风雨与坎坷，终究不废江河万古流，"何妨吟啸且徐行"！而当他终于迎来"山头斜照"之晴空万里时，又能泰然处之，自律而兼济天下，泽被后来人。来先生告别人世的那一刻是十分平静而从容的（据焦静宜老师回忆）。我想，那一刻必定是"也无风雨也无晴"的坦荡。

二〇一五年三月三十日

原载于《忆弢盦：来新夏先生纪念文集》 焦静宜编 天津古籍出版社2015年版

学习勇于自纠的诚实学风

陈福康[*]

　　这个题目的文章，本来我在五年前就想写了，可是当时因为忙乱未曾写出。近日，则因读到2月2日《中华读书报》上李金松先生的《〈清人笔记随录〉辨误一则》，才促使我提笔撰写。

　　我读李先生的文章，不禁莞尔。倒不是因为李先生文章具体的"辨误"本身有误，也并不想笑话李先生，首先是因为记起了李文的这一"辨误"还与我也曾有过那么一点儿"关系"。

　　来新夏先生的《清人笔记随录》是2005年1月由中华书局初版的。在那以前，来老在《邃谷谈往》等书中曾多次提到自己撰写此书，早已积稿盈尺，可惜在"文革"动乱中毁去不少，晚年退休后，正在奋力补写。因此，我当时翘首盼望能早日读到这部巨书。有一天来老来信，说到他在补写此书时急于寻觅张舜徽先生的《清人笔记条辨》。张先生的这本书也是我非常喜欢的，但我得信后赶紧就把自己手头的一部给来老寄去了。而来老在《清人笔记随录》问世后，亦立即寄赠了我一部。在奉读之后，我曾写过一篇书评，题为《八旬老学者新奉献》，发表在那年6月的《中华读书报》上。

　　在那篇书评中，我随手例举了来老此书中的两个片断：胡承谱的《只麈谭》记有鲁亮侪逸事，十分生动，但来老博览强记，忆得少时曾读袁枚谈鲁氏一文内容相似，于是重检袁氏文集，发见固然如此，再加小小考据，便证实胡氏乃有剽窃袁文之嫌。邵晋涵《南江札记》中，有辨《后出师表》非伪之文，近人卢弼著

---

　　[*]　陈福康，上海外国语大学教授。

《三国志集解》却引何焯之说，来老谓何氏乃窃自邵氏云。畏友刘兄寂潮读了拙文后，告诉我邵氏实生于何氏死后，这是来老记错了。我一查书，果然如是，惭惶（因我未察其误）之余，忙打电话告诉来老。此后，我便在9月23日《文汇读书周报》上肃然读到了来老的《我的自纠状》。

来老写道："从事著作，总希望自己的著作完美无缺，能给人以裨益；但往往在成书以后，事与愿违，又不断发现错漏，引致自己的无尽悔意，始知古人不轻付枣梨（按，报纸错排为"黎"字）的谨慎。《清人笔记随录》是我尽数十年积累之功，于耄耋之年，整理成书问世，理应减少差错。一旦问世，内心喜悦，难以言喻。而各方鼓励之词，纷至沓来，益增快慰。直谅多闻之友，虽时有指疵摘瑕，亦多婉转陈说。近于怡然陶醉之余，持书循读，确有字句错讹谬误之处，心怦怦然，而最不可谅者，则为叙事缺漏与论述悖忤。若不细检推敲，亦可掩愆。惟静夜深思：个人得失事小，贻误后来事大，若隐忍不发，希图蒙混，则中心愧怍，而有负读者，遂决然举二例以自纠。"

老实说，我当时读到如此真挚、沉重的自责文字，真正是"心怦怦然"，深受感动和教育！你想，来老耄霞之年辛辛苦苦写这么厚一部大书，有些疏漏本也难免，且毕竟又都是较小的失误。来老这样严以律己，充分体现了一位老学者的敬业精神，体现了一个劳动者的淳朴本质！

来老所自纠二例的第二例，就是我上面提到的《南江札记》一则，也就是李金松先生的"辨误一则"。来老写道："此段文字大误，何生于1661年，而邵氏则生于1743年。何先邵后，相差八十余年，而我妄凭记忆，将何焯混误为何秋涛，未遑查对，鲁莽着笔，错下结论，以致后先颠倒，混淆是非。尤不可恕者，我于平日多次告诫学生：勿恃记忆，应勤于翻检。而自己高年成书，记忆本已减退，竟未能身体力行，着笔时仍不细加查对，贸然论事，深感汗颜。幸有他人指出此段文字，生年颠倒，论述有误，应删除其说。此不仅为自己有误，更以己误而厚诬何、卢先贤，则罪疚更深。敬请读者将此段文字删去。"

我当时读了来先生的"自纠状"而想写一篇文章，就是想表达对来先生的敬意，并表示自己一定也要向来先生学习的决心。同时也因为近些年来，我们看到有一些自称或被称为"大师"的人物的相反的事例，实在是太多了。如明明不懂什么叫做"致仕"，经人指出后还巧言掩愆，甚至还有朋友出力为之遮羞，结果越描越黑，大损清名。像这些大家都知道的事，我这里就不说了，即以我本人亲身经历者而聊言数例吧。

例如，我为考证郑思肖《心史》非伪，不得已先后撰文与海内外多位论者（有的还是名流）辩论，一一指出他们的例证无一准确，全有硬伤，可是得到的回报大多是"哑口无言"的"默杀"，此外就是毫无学理的蛮缠，甚至还有出语伤人者，就是至今没有一个爽爽气气认错的。

又如，我曾在《中华读书报》上撰文，指出某外国著名汉学家的一本谈中国的书，其汉译本中有非常可笑的误译，该书责编看到拙文后便寄来此书，要我继续纠错，我便老老实实花了几个休息日为他打工，查出误译数十条寄去，不料却连谢一声的回信都没有，反而我在报上看到该京城著名出版社竟特为此译本召开评功摆好的大会，而它的一位译者还在网上给我发了语带怨刺的公开信。

又如，京城某著名报纸刊载某大师侈谈"国学"之宏文，将《子史精华》和《史通削繁》当作是从子部、史部中"选择"出来的"读本"，并称二书"帙卷浩繁"，又把《黄帝内经素问》说成是排在汉代《伤寒论》之后的唐代之书等，我在《中华读书报》上指摘了这些笑话，该大师置之不理，而刊载其文的某报竟发了一篇教训我和《中华读书报》的文章，题为《文人切忌无事生非》。

又如，某人花四年功夫全力写了本"研究鲁迅"的书，只是为曾遭别人批评而泄愤，书中荒唐和缺常识之处实在太多，仅举一例，他竟说鲁迅、茅盾致中共中央的信是身在陕北的红军中人伪造的，又称此种伪造是"革命"行为，因鲁、茅"威望很高"，是革命"很需要"的，却全然不顾该信当年仅发布在内刊且并没公布写信人名字，那么这种伪造又怎能达到借光于鲁、茅威望的"革命"目的呢？

这样的例子真举不胜举。与这些人物相比，来先生对待他人批评的态度，真可谓是霄壤之别啊！

尤须指出的是，来先生这样的"自纠"态度和诚实学风，是一贯的。例如，我在《皓首学术随笔》丛书的《来新夏卷》的序中，即看到他的说明："卷七《吹疵摘瑕》，为自纠和评说论辩之作。"来老在上述《我的自纠状》的最后又写道："我深感学问之道，万不可掉以轻心，少有疏懒，即铸大错，更不得以高年目眊为自辩（按，报纸排为"辩"字）。为记取教训，特自纠如上，并向读者致歉。至祈读者指误摘（按，报纸排为"谪"字）谬。举以相告，则必泥首以报。"因此，李金松先生文章最后说的"想必来先生不以为忤"，真是多余的话了。来先生的这种高风亮节，对我们当前的学风是会有良好的影响的。我就在网上高兴地看到《郑板桥年谱》的作者党明放先生，在其博客上也发表了一篇相同题目的《我的自纠状》，其第一句话与来老的"自纠状"写的也一样，显然，他就是以来老为榜样的。

我读李先生的文章不禁莞尔，还有些别的原因，不妨也在最后一说。我想，李先生当时肯定没有看过来老的"自纠状"，这也作罢了；但他如要"辨误"此"一则"，只消写出何先邵后的年份即可，完全没有必要"依次胪列来先生所述文字中提到的诸人关于《后出师表》非伪之说"，抄那么多几乎一样的文字，白白浪费那么些纸墨啊。更有朋友告诉我，李先生此文其实已经在去年（2010）中华书局出版的《书品》第6期上发表过了；而且，李先生还曾在去年将此文寄给上海某报，而该报没发，转给了来先生（其实，该报应把曾发的来老《我的自纠状》寄给李先生才更对啊）。值得这样子到处投寄吗？须知，来老此书早在2008年4月就由中华书局出了第2版，而《书品》杂志的编辑也不去翻一下本单位出的书，看看那句有关何、邵、卢的话，在261页上是早已删除了啊！

原载于《中华读书报》2011年2月23日

把大众的东西反馈给大众

——来新夏先生的草根学术情结

王振良[*]

南开大学著名学者来新夏教授，2014年3月31日在天津市总医院溘然长逝。来新夏先生在历史学、方志学和文献学等研究领域，都取得了开创性成果，被学界称誉为"纵横三学"。先生学术兴趣虽然宽泛，但博观约取，开掘深广，全面评价远非本文所能承担，现谨就十余年交往过程中，我个人对他的了解和理解，谈谈先生的草根学术情结。

以笔者的观察，先生的草根学术情结主要体现在两个层面：一个是致力于学术随笔创作，把得自大众的东西反馈给大众；另一个是弘扬民间性的读书和学术活动，为书香社会建设和学术事业繁荣提供基础支撑。如果再深入地概括，就是一个层面从前面引导，另一个层面从后面推动。

来先生出身浙江萧山书香世家，但少年时代的流徙生活和特殊年代的非人经历，催生了其骨子里的浓郁民众情愫。新中国成立后，他虽然长期身处南开大学这一著名学府，从事着正统的"学院派"研究，但他最初却选择了"坏人"（北洋军阀）这一课题。1992年先生卸职离休，在此前后他出版了两本随笔集——《冷眼热心》（1997年1月）和《路与书》（1997年7月）。由此开始直到今年初《旅津八十年》印行，先生的随笔集累计超过二十部，平均下来每年一本还多。针对这种情况，学者借用艺坛的成语，称其为"衰年变法"。

---

* 王振良，天津师范大学新闻传播学院教授、天津今晚报社原高级编辑。

来新夏先生的"变法"不是心血来潮，而是他身跨学院和民间两个圈层，经过多年思考的结果。先生的"变"是主动的，他接受记者采访时曾说："我是到了晚年才突然觉悟了。我原来在学术圈子里头所做的事情，只是给学术圈子里那几百个人看的。因此我要变法，我要把得自大众的一些东西反馈给大众。"先生以其离休后的实践，将高雅学术随笔化、散文化和美文化，使学术从象牙之塔走向普罗大众，这从某种层面上来说，甚至比学术本身更具有社会意义。

来新夏先生的随笔创作，上世纪八十年代即已开始。1999年，在《衰年变法》文中他说："八十年代，我以花甲之年，进入第二个青春期，看到人们多从心有余悸的状态中逐渐苏醒过来，说自己的话，写自己的文章……经过摸索探求，我找到了随笔这样一种表达形式，于是我开始学写随笔，我要写自己走过的路，读过的书——我读的书不仅是用文字写的书，还读大千世界芸芸众生的无字书；我走的路不仅指地理概念的路，也包含拖着沉重脚步、跌跌撞撞走过的人生道路。我将以动乱纷扰后的冷静，写观书、阅世、知人之作。"

来新夏先生的"衰年变法"，有两点值得注意之处：一是学界"变法"多因年老体衰，才被迫专力学术随笔创作。而来先生离休后，仍继续从事学术活动，如出版《清人笔记随录》，整理笺注《书目答问》，增订《近三百年人物年谱知见录》、《北洋军阀史》等大部头著作。二是先生的随笔量多质高。量多是因身体康健，质高则得益于深厚的学养。"衰年变法"的学者中，创作量多者固然有，质高者也不鲜见，但能两者兼有的，则屈指可数。来先生以古稀之年的余力，迈入学术随笔领域，以其清新流畅的风格、平实老到的文笔、深厚萃拔的学养和对现实与人生的独特感悟，卓然而为大家。

来新夏先生的随笔突出特点有三：一是现实性，常针对实际问题有感而发，针砭时弊，有的放矢；二是学术性，知识含量丰富，引经据典，要言不烦，观点明确，论述精彩；三是趣味性，读来轻松愉快，既能获得知识，又有美的享受。笔者尤其看中最后一点，即将学问做得有趣味，好看且有用，成为学术的美文。关于这一点，先生似从未专门述及，而全部体现在其创作实践之中。也正是这一点，使先生的随笔有了广泛的民众意义，并产生巨大影响。

来新夏随笔的美文特征，在其早年学术中已有所体现，如《古典目录学浅说》、《古籍整理散论》等，虽然皆是教材性质的学术专著，但都可谓通俗易懂，而非令人望而生畏的高头讲章。著名目录学家钱亚新认为，《古典目录学浅说》的特点"在于一个'浅'字，行文不论叙述、议论，都能由浅入深、'深入浅出'"。能把枯燥的学术论著写得"深入浅出",说起来简单,实非学术大家而不能为,因此钱亚新才把眼光盯在"浅"上来评论。

1984年出版的《结网录》,已显露出其学术的美文化和随笔化取向。2005年出版的《清人笔记随录》,则可看成是先生学术与美文结合的巅峰。《随录》中的许多篇目,出版前在报刊上零散发表过,受到众多读者和学人的追捧,这也正体现了美文耐读的特性。2006年出版的《书文化的传承(插图本)》,被《中华读书报》评为"年度图书之100佳"之一,复旦大学陈福康教授评论说:"作者跳出传统目录学、图书馆学的讲课框框,从中华文化承传的角度,对绵延数千年的中国'书文化'作了梳理。该书见解精辟,要言不烦,虽是一本小书,却展示了大学问家的功力。"

把枯燥的学问转化成学术的美文,可以看成是来新夏先生"把得自大众的一些东西反馈给大众"的积极努力,也是其草根学术情结的第一个层面的体现。

来先生草根学术情结的另一个层面的体现,就是对民间读书和民间学术活动的推波助澜。民间读书这个概念并不很科学,但似乎已被读者广泛接受,大体用来指代学者之外的所有读书活动。来先生特别强调读书的"淑世"和"润身"两大功用。在著文、演讲或接受采访等不同场合,他多次强调这样的观点:"读书的两大目的就是淑世和润身。淑世就是对社会有所功用,要帮助对社会的某些问题进行思考。润身就是培养自己的素质。"

以来先生晚年的学术地位和社会影响,其交往的圈层按理说应该是逐渐提升的。可我们翻阅通信录后却发现,先生晚年的交往圈层,社会地位整体上呈现的却是下移趋势。来先生不断强调读书要"淑世润身",其实就是"达则兼济天下,穷则独善其身"的精练概括。从晚年的社会活动实践看,在"独善其身"的同时,来先生更多地做着"兼济天下"的工作,就是从民间层面引导普及读书,并推动民间学术活动的开展,以此来发挥其读书"淑世"的作用。

2010年11月,笔者主持的内部交流资料《天津记忆》迎来三年百期纪念,来先生特撰《〈天津记忆〉百期》以贺。文中说:"《天津记忆》……始创之际,我曾应振良之请为题刊名,一直使用至今。我也不时为刊物写稿,刊物亦曾为我出过几期有关我的人与文的专册。彼此契合无间,我当算与这份民间刊物有过相伴共舞的岁月。"其实,不止是《天津记忆》,先生与许多著名民刊都"相伴共舞"过,如南京的《开卷》,北京的《芳草地》、《书脉》,济南的《日记杂志》,长沙的《书人》、《湘水》,东莞的《悦读时代》,海宁的《水仙阁》,

泰安的《泰山书院》，包头的《包商书声》等，他都以各种形式支持鼓励过，或出任顾问，或题签题词，或撰文襄助，或评论揄扬……

民刊的价值素为有眼光的学者所关注。著名学者龚鹏程先生指出："书的品质与它出版的形态并无关系，不是正式出版品就较好，非正式出版物即较差，有时且相反。正式出版品诉诸市场，往往媚俗；又因要冲业绩、追求国家评奖之效益，更易徇于官样文章……反倒是非正式出版品，本非牟利，又局限于小众流通，颇能肆情发挥理念、表现创意，专业化深度亦可较强。"

来新夏先生作为学院派学者，又专门致力历史学、方志学和文献学研究，因此也很早就认识到民刊的巨大价值。与先生闲谈并探讨民刊发展时，他曾多次表示过这样的意思：民刊本身就是一种文献，尤其是兼具地方特色者，既可为今后修志提供资料，同时也可供研究历史尤其是地方史采择；而像《开卷》这样起步早、质量高的民刊，本身就是现当代文坛的多角度的历史记录。来先生晚年对民刊一直情有独钟，不遗余力地予以支持。曾经沾溉于先生的民刊有多少，短时间内恐怕无法精确统计。天津作为先生旅居八十余年的第二故乡，在受益方面自然有着近水楼台的优势。2008年起，笔者先后主持创办《天津记忆》、《品报（电子版）》、《问津》三种内部交流资料（亦即所谓民刊），先生不但充任顾问并题签，而且还经常性地撰文支持。在其关怀鼓励下，天津民间学人以《天津记忆》等为平台，先后举办过二十多次学术活动，在国内乃至海外都有着广泛影响。中国文化遗产保护天津论坛、"严修与崇化学会"纪念座谈会、中国私家藏书文化论坛、《天津记忆》百期纪念会等，先生都是躬亲参与，给天津民间学术活动提供了充分的学术高度的支撑。

先生对笔者谈话时，也不止一次表达过如下见解：社会学术繁荣的重要标志是民间学术的繁荣，而不是象牙塔里学术的繁荣。象牙塔里学术的繁荣可以代表学术的高度，而民间学术的繁荣才代表学术的广度。而且，许多学术课题的展开和深入，往往是从民间研究肇始的。民间学术一般具有非功利性特点，因此动力机制更加完善，具有恒久的活力，给学院派提供了取之不尽的养料。先生同时也指出了民间研究的先天性缺陷，即方法的科学性和思考的制高点不足，需要向学院派取经。只有将学院和民间的研究结合起来，互相取长补短，才有可能实现学术的真正繁荣。

正是由于对民间刊物和民间学术价值上的高度认同，来先生才愿意挤出其宝贵时间，不断地为民刊呼吁地位。他戏谑地把民刊称为"非婚生子"——出生是非法的，可一旦出生又能为社会所默许和容纳。这个对民刊尴尬现状和地位的比喻，可以说是再恰切不过了。

来新夏先生对民间学术的支持是尽心竭力的。2013年我们重建天津问津书院，作为民间的天津地方文化研究交流平台，先生题写"问津书院"匾额之外，复两次主动莅临书院为我们助威鼓劲。其中，第二次（9月28日）先生主持第八期问津讲坛，作了《袁世凯：在津推行北洋新政》学术报告，前后历时七十多分钟，竟成为先生公开学术活动的绝响，想来令人唏嘘不已。

来新夏先生对绍兴孙伟良的扶持，则堪称学林佳话。孙伟良是位失地农民，靠换煤气罐维持生计。但他失地不失志，为了实现读书梦想，省吃俭用创办了来新夏民众读书室，义务为村民提供各类读物。来新夏先生知道情况以后，不但给他捐赠了上千册图书，还两次到图书室参观考察，并指点其从事绍兴地方史研究门径。如今孙伟良已发表多篇学术论文，成为小有名气的绍兴地方史专家。

来新夏先生以著名学者身份，身体力行，躬亲呼吁，从两个方面对学术普及进行引领和推动，虽然仅仅属于其个体行为，但其实绩和影响却比很多政府层面的活动还要大。全国各地受过先生提携和影响的民间学者，虽然不少人还不为体制学术所完全认同，但他们在各自的地域和领域，都有着自己或多或少的影响，在书香社会建设和学术文化繁荣方面，发挥着重要的社会脊梁作用。

来新夏先生对中国民间学术的影响，我们觉得目前还仅仅是开始。这种影响再通过一系列发酵过程，最终可能是无法估量的。最后录下先生去世当天我撰写的挽联，作为对先生的深切怀念和本文的结束：

　　辟史境，拓志域，平生征典册，三学宏开迁固笔；
　　籍萧山，诞杭垣，壮岁旅京华，百年最是津沽缘。

二〇一四年五月十九日定稿于四平轩

原载于《文史知识》2014年第7期（总第397期）

传薪第九

春蚕到死丝方尽

——纪念吾师来新夏先生逝世一周年

马铁汉[*]

我与来新夏先生的师生之谊可谓久矣！自1955年我考入南开大学历史系起，直到2014年初，历时长达六十年。当年来先生三十多岁，是位讲师，给我们上中国近代史课。开讲时，声音洪亮，神定气足。讲到殖民者的凶残和中国人民的苦难时，同学们都义愤填膺。听说先生治学刻苦，异常勤奋，一天至少要作十张资料卡片，如果没有如数完成，一定在星期天补上。他给人的印象是历史系的"少壮派"。

我自幼喜爱京剧，在校时参加了"南大京剧团"，曾组织历史系的同学排演过《霸王别姬》和《四郎探母》，还与天津大学的同学们合作排演过《穆柯寨》等，所以毕业后考入了中国戏曲研究院创办的中国戏曲学院研究生班。当时梅兰芳是两院的院长。我原想报考戏曲史专业，由于年轻又爱唱戏，于是被分到导演专业，从此与中国戏曲结下了不解之缘，终身从事戏曲事业。来先生对京剧也颇有兴趣，并写过一些有关文章。我记忆犹新的是，当年郭沫若先生给曹操翻案时，来先生就在《天津日报》上发表过《改编"长坂坡"兼论给曹操洗脸》一文，题目很有兴味。他是从天津市京剧团得知有改编京剧《长坂坡》的意图，从

---

[*] 马铁汉，中国戏曲研究专家、书法家。

而讨论到曹操的脸谱等问题，文章最后没有下结论，而是建议多听听观众的意见再定。这是牵涉到历史人物与艺术形象的问题，所以来先生是比较慎重的。

1959年，天津市京剧团欲排一出具有天津地方特色的近代历史戏，于是向先生咨询、请教，最后决定请先生执笔创作这出《火烧望海楼》。由著名京剧演员厉慧良主演。此剧以中国近代史上"天津教案"为题材，反映出天津人民对殖民者的反抗和斗争。题材新颖，风格独特，上演之后，一炮打响，红

1957年6月，来新夏（左三）与即将毕业的历史系学生合影

极一时。我看戏后，抑制不住内心的激动和喜悦，写了《火烧望海楼和天津教案》一文，发表于《北京戏剧电影报》上，对此剧进行了评介。在厉慧良之后，其弟子马少良继续演出，使京剧《火烧望海楼》得以传承。在以近代史事件为题材的京剧作品中，此剧生命力最强，成为天津市京剧团的保留剧目。

此外，来先生还创作过一部京剧，写义和团反抗侵略者的故事，曾将手稿寄来命我修订、删改，我将剧情进行了集中、精炼，寄还给来先生，并建议定名《火烧紫竹林》，可与《火烧望海楼》结为姊妹篇，但由于种种原因，没能排演。经过多年后，来先生找到了手稿，自然喜出望外，还寄给我一份复印件，我一直珍藏至今。

来先生既然喜欢京剧，那么我们师生之间就有了合作的机缘。1986年，北京出版社约我写一部"谈史说戏"的书，把京剧中有关历史题材的传统戏作一诠释，并加以对照，既有历史知识，又有艺术审美。我听了欣然允诺。但那时我在京剧团当导演，不时地还要创作改编一些剧目，所以时间比较紧张。后来听说他们要给我找一位合作者，居然就是来新夏先生。我高兴之极！因为来先生到京出差，总要抽时间到舍下一叙，我们师生很说得来。这样定了之后，还引起了几位同窗的兴趣，也纷纷加盟。我又请京剧界耆宿李万春先生题写了书名，使本书更增添了几分艺术气息。这样，《谈史说戏》一书很快撰成并出版发行。

2004年1月，国家图书馆刚设"文津讲坛"不久，即邀来先生到北京，在"文津讲坛"作学术报告。我们见面之后，我将拙作《戏中邮》赠给先生。此书封面由我的同窗学友范曾题图，书的内容是讲戏曲文化与邮政文化的不解之缘，即讲述古代沟通信息和传递书信的故事。每一出戏都介绍了剧情、艺术特色、演出情况和逸闻掌故等。我跟先生说还打算写一本《邮中戏》，想把国内外有关的戏曲邮票逐个作一诠释，使人们不但能够欣赏票面上的构图，还可以领略到一些戏曲知识和审美情趣。先生听后，大加鼓励。我提出请他作序，先生满口答应。还说："我们都七老八十了还乐此不疲，不容易！"那次我写了一张条幅"观海听涛"送给先生，顺口说道："您那里离渤海近，听涛方便。"先生感叹地说："学海无涯呀！"后来，《邮中戏》付梓前更名为《品邮说戏》，来先生果然撰写了热情洋溢的序文，对我鼓励不小。此文来先生还收入了他的随笔集《邃谷师友》中。

学术报告即将开始，我没有告辞，而是作为一名旁听生，坐在第五排当中。先生在开讲前对大家说："今天我来讲课，听课的还有一位年逾七旬的老学生也来到现场。"顿时，掌声四起；我赶紧起立致意。这一课，来先生讲的是《中国图书文化的历史价值》，我当时认真做了笔记。因为从未经先生审阅，故一直作为自己的学习资料珍藏着。这也是我最后一次听来先生讲课，声音依然洪亮，语言掷地有声。

2006年，我接到先生的来信，说有家出版社想将《谈史说戏》增补、修订，重新出版，并希望能有一名主编。我当然提出由来先生任主编最合适。不料来先生竟提出让我当主编。几经推让和协商，最后决定先生和我联合主编。当然，先生年事已高，工作繁忙，由我多做些具体工作理所应当。这次将剧目的编排作了调整，原来文字、语句有讹误的都加以订正；同时，还邀请我的好友、中央民族大学美术系教授邓元昌贤弟为每一出戏都画了插图。元昌与我曾一起排演过京剧，对人物造型和脸谱都有研究，此次相邀为的是力求此书图文并茂。不出所料，由来先生牵头的师生合作获得圆满成功。

一次，来先生来我家，我拿出纪念册请题字留念，先生提笔写下了"弥老弥刚"四个字。我觉得此语蕴涵着启功先生曾给先生题写过"难得人生老更忙"的意境。说明来先生在传承这种"烈士暮年，壮心不已"的精神，鼓励并期许我这"七零后的小老头儿"要老有所为，继续努力。

近几年，我和先生见面的机会比较少了，但没断联系，到了年节，总是通过电话或邮寄贺卡来表示慰问与祝愿。翻阅了一下2013年先生寄来的贺卡，心中惆怅不已。这是先生寄来的最后一张贺卡，人虽远去，但情意永存。回想先生的好学不倦、敬业乐群、治学严谨、埋头实干的精神，值得我终生学习、受用。先生年逾九旬还在写书、出书，几乎每年都有新作问世，达到了著作等身的高度，为我国的史学、国学宝库中增添了灿烂的珍品。行文至此，我想起了两句唐诗："春蚕到死丝方尽，蜡炬成灰泪始干"，作为先生人品、学品的写照，十分恰当。

原载于《中老年时报》2015年3月31日

观于海者难为水

——怀念来新夏先生

白新良[*]

转瞬之间，来新夏先生去世已近一年，但是，从受业先生门下至今，五十多年的许多往事却时刻萦回脑际。于此，将能回忆起来的片段书之笔端，以志对先生最深切的怀念。

由于入学之初年幼无知，不懂求学问道，直至1962年秋，因为一次偶然事件，我才认识了来先生。按照教学安排，进入二年级后，需要开设"历史文选"课。而当时给我们授课的是一位刚刚毕业的青年老师。该老师备课既不认真，课堂讲授亦多有错误，致使全班同学意见很大。作为历史文选课代表，我和数位同学一起向系领导反映了这一问题。系领导对此十分重视，经过调查，即刻停止了该老师授课，改请来新夏先生担任历史文选课的授课老师，从此，我才有缘认识先生并和先生开始了半个多世纪的师生交往。

使我难忘的是，来先生初次登上讲台，即给我们留下了极为深刻的印象。按照授课安排，"历史文选"课讲授次序是先远后近，即是先讲成书时代

1978年重上讲台时的来新夏先生

* 白新良，南开大学教授。

最早的《尚书》、《诗经》，而后渐至《国语》、《战国策》、《史记》、《汉书》等书篇目。如所周知，《尚书》、《诗经》无不佶屈聱牙，义奥难懂，对于历史系学生来说，是一道难以闯过而又必须闯过的关口。而来先生登台伊始，即深入浅出，广征博引，将课文《尚书》中的《牧誓》从字词到主旨讲得十分清楚，明白易晓，如同演奏美妙乐章，引人入胜。两个钟头，全教室鸦雀无声，屏息受读。课后，征求同学意见，全都感到是一次难得的享受。而后讲解《诗经·七月》、《诗经·东山》、《国语·楚昭王问礼于观射父》等篇目，亦十分精彩，皆觉心灵经受了一次次净化和洗礼。以致系内系外许多青年教师闻讯，也纷纷赶来听课。随着和先生接触渐多，先生广博学识和诲人不倦的大家风范更使我们佩服得五体投地，对先生愈加景仰和崇拜。从此之后，我也经常出入先生南开大学东村寓所（1976年地震后改为南开大学煤气站，今经修整已改为八里台立交桥旁卫津河沿线景观）。名师登台授课激发了全班同学学习古文的空前热情，不少同学在先生带动下开始阅读原著古籍。受先生影响，我则开始背诵《诗经》、《楚辞》，浏览《左传》、《史记》，通读《资治通鉴》、《明史纪事本末》等史学名著，从而为后来从事史学研究打下了基础。

1964年初，河北霸县"四清"期间，杨志玖、汤纲、王鸿江等先生和我一起来到东台山大队。因为该村是旧军阀韩复榘老家，有些史实需要发掘，三位先生遂负责撰写该村村史，我则与河北省委工作队一起调查大小队干部经济问题。为了修好这部村史，住在邻村的王玉哲、来新夏二先生经常前来东台山，与杨先生互相商榷。因此，数月之间，和来先生多次接触。使我感到，先生不但可敬，而且可亲，于是和先生相处不再拘谨，彼此感情愈加增进。

"四清"结束返校之后，由上层领导掀起的"左"的歪风开始影响到高校。在人们心目中，学习历史、学习古文、阅读古籍原著就是搞封资修，搞帝王将相、才子佳人。刚刚涉世不久的我们这批大学生面对专业课和社会现实之间的矛盾，陷入深深的迷惘之中。在我感觉中，这时，来先生也开始陷入逆境。大约是在1965年，我曾经看到先生穿着旧衣服和其他老师一起在第三宿舍前（前留学生宿舍）搬运木头，满身灰尘。之后，"文革"灾难又突然降临中华大地。作为旧社会过来人，来先生自是在劫难逃，被打成"牛鬼蛇神"，多次挨斗、戴高帽游街、打扫厕所，备受凌辱。看到这些惨景，作为一个受业学生，我异常痛苦，始终不敢正眼直视。而后毕业分配，我离开动荡的南开大学，步入了动荡的社会。十数年中，工作和生活都漂泊不定。先是北京哲学社会科学部，后是杭州浙江省军区农场、杭州机床厂，转了一大圈，最后回到河北正定原籍中学教书，与先生也中断了来往。只是在偶尔翻阅所携《中国历史文选》时，才回忆起当年岁月和先生的声容笑貌。近年从《今晚报》上先生著文得知，这一时期，先生也被下放到津郊翟庄子，饱经苦难。直到1974年，方才重回南开大学。

"文革"结束后的1978年，通过报考郑天挺先生研究生，我回到了阔别十年的南开大学。不久，即再度拜谒来新夏先生。这时，先生住在西南村17号楼一楼东侧一个极其普通的房间，除了书籍床铺之外，几乎没有可以容身之地。看到老学生前来看望，先生极为高兴和欢迎。在互诉十数年来各自经历之后，先生勉励我安下心来，努力学习，成为一个合格的学术研究人才。尔后，先生又再次登坛授课，为我们这批"文革"之后的第一批研究生开设目录学专题课。对于从事学术研究的学者而言，目录学承担着寻检相关原始资料和了解研究现状的重要作用。因而，先生所开的这门课程对我来说无异于及时雨和雪中炭。正是借助于先生授予的这些宝贵知识，我顺利地进入学术研究境界，并最终完成了研究生毕业论文的写作。

研究生阶段，我所学的是中国古代史明清史专业。毕业之后，本应继续从事明清史教学和研究。但是，这时来先生因为在南大分校创建图书馆专业并同时在校本部主持另建图书馆学系，分身乏术，已经两年未曾教授历史文选。系领导经过研究，由我接任这一课程教学。这样，在没有任何思想准备的情况下，毕业论文答辩之后不过百日，我登上了大学本科生讲坛。

1983年2月，来新夏主编中华书局版《史记选》期间与出席审稿会的赵光贤师（前右三）及朱维铮（后右三）诸先生在南大芝琴楼门前合影

为了讲好这门课程，我多次立雪程门，向先生请教教学经验。看到自己昔日的弟子即将登上大学讲坛，先生十分高兴，并于百忙之中专门抽出时间，将授课所应注意要点倾囊相授，还送给我杨树达著《词诠》等工具书供我使用。看到我对讲好这门课程颇觉惶恐，心中无底，先生告诫道，要虚心，不要心虚。还说，我相信，

我所教出的弟子决不会被轰下讲台。经过先生指点和鼓励，我将所要讲授的每篇课文皆背诵、默写，反复翻阅各种字典词典，广泛阅读有关资料，认真撰写讲稿，从而收到了较好的课堂效果，同时也得到先生的赞许和鼓励。来先生曾和我说过，希望从事中国古代史本科教学的青年教师都能教一至两年"历史文选"课。他说，从通史和文献学的角度看，历史文选与古汉语不同，研习原始文献对青年教师来说是非常重要的基本功，通过备课、教学的过程，使自己的知识更扎实、眼界更开阔，给学生一碗水，自己要有一桶水才行。我亲身体验到了先生的卓见。

在我教授文选课半年之后，1982年暑假高考阅卷期间，来先生又告诉我，中国历史文献研究会即将在兰州召开年会，他拟推荐我参加这次学术会议，希望我能提交一篇学术论文。按照先生要求，利用阅卷间隙，我以《孔安国献书考》为题撰成论文，呈请先生审读。先生看过之后，颇加赞赏，随写入会介绍信一封，由我携赴兰州，出席会议。所撰论文，也引起主持人员重视并被收入会刊。此后不久，先生在主持召开编辑《史记选》一书学术讨论会期间，又命我参加讨论并通审注释文字。通过两次学术会议，我对当时文献研究现状有所了解并由此认识了张舜徽、刘乃和、涂宗涛、赵光贤、朱维铮等学界前辈，从而有机会向他们请益问学，进一步开阔了自己的学术视野。

先生不独关心我的学业成长，而且对我生活也颇为关心。当时，我工薪微薄，生活拮据。1983年，先生又特别介绍我到分校图书馆专业兼课，以补家需。行文至此，虽然已过三十余年，仍觉心头暖流滚滚，感念先生的古道热肠。

在看到我已经能够胜任高校课程之后，先生又带我深入学术研究领域。这时，先生正拟编写《中国古代图书事业史》一书，即命我负责撰写清代部分，并将他亲拟撰写大纲及多年搜集的有关资料悉数相赠。按照先生指导，我又广阅有关原始资料，大约历时一年，将十余万字初稿呈送先生。随由先生删削修改，交出版社出版。1987年，先生开设全国图书馆文献进修班，又特命我利用一个星期时间，每天六个小时，为学员讲授考据学。通过这些学术创作和讲授活动，我对学术史产生了浓厚的兴趣，研究涉猎范围进一步宽阔。当时，在来先生等许多老一辈学者的倡导下，全国地方志纂修活动方兴未艾，受先生影响，我亦欲从中发掘宝藏。几经翻检，发现其中大量有关书院资料尚未引起学界重视。为此，我从1988年始，历时数年，以地方志为中心，遍阅《古今图书集成》、明清两朝一统志等有关中国古代书院典籍近三千种，将历朝书院建设资料一一摘出，撰成《中国古代书院发展史》一书。该书出版后，即被中国文学网列入精品书籍。近年，又被收入明清史学术文库，由故宫出版社再版行世，产生了一定的社会影响。同时，我还以前此所写考据学讲稿为基础，多年在历史学院开设历史考据学课程。虽然因为其他研究课题缠身，未能就此深入，但却一直难以释怀。本世纪初，为了实现这一研究夙愿，我又将清代辑佚、清代文献辨伪作为博士论文选题，分别商请我的两位博士生喻春龙、佟大群同学进行深入研究。经由他们努力，论文撰成后，即被国家清史编委会清史研究丛刊批准立项，分别由上海古籍出版社（2010）、人民出版社（2012）出版。回顾数十年来我的全部学术活动，我觉得，我之所以能够取得一些进步，一是受赐于我的研究生导师郑天挺先生，经他指导，我进入了清史研究领域，掌握了研究方法。二是受赐于来新夏先生，经他引领，我的学术视野愈益开阔，走上了学术研究的康庄大道。

上个世纪八十年代后期，先生所兼社会职务愈来愈多，空前忙碌，我也重返历史研究所明清史研究室从事清史研究。这样，我和先生之间的来往逐渐减少。但是，凡有学术课题，先生总想着邀我参加。1995年时，先生曾邀我参与中国近代图书事业史的编写。2005年时，又邀我参与清史编委会《清经世文选编》项目。仅因当时我亦先后承担国家社科课题《清代中枢决策研究》和国家清史编委会清史传记部分编写任务，无法分身，使我失去了一个再次向先生学习的好机会。2006年，先生又以耄耋之年，为我们集体撰写的《清史纪事本末》亲撰书评。可以说，为了促成我在学术研究道路上成长，先生费尽了心血。

2006年，在前赴南开大学行政楼出席清史纂修文化部调研会路上，又遇到了先生，觉其面目较前苍老，且步履略显蹒跚，当即趋前扶掖。其后不久，我则以常规体检时查出肾癌，入院做切除手术。出院后，身体虚弱异常，且以清史纂修任务泰山压顶，遂又强撑病躯，不敢丝毫懈怠。之后，由于劳累过度，2008年春，再度住院治疗。出院后，行走愈加艰难，无法下楼行走，竟成与世隔绝之势。从此以至先生去世，一直未能见上先生一面。想起五十余年来所受先生教诲，而于先生弥留之际竟未能趋至榻侧，执手诀别，不觉掩面潸然，难以自己。

先生身躯伟岸，两目炯炯有神。精力过人，勤于治学，终生不辍。即使身处逆境，亦未尝中止。以此厚积薄发，纵横三学，识见绝伦，著作等身。且举止谈吐均极高雅，情操高洁。"文革"前后，为了迎合时尚，或哗众取宠，不少文人写文章或发言时，粗俗语言、时髦口号满天飞，而在与先生交往几十年中，从未见先生说过一句粗俗语言或时尚口号。尤为印象深刻者，是先生记忆力与讲演口才亦可圈可点，几个钟头讲演，不看讲稿，一气讲完。且一口标准普通话，字正腔圆。凡听其讲演者，皆觉置身广寒仙境，观嫦娥舒袖，又如坐于江州司马之侧，闻霓裳羽林之曲，无不感叹"观于海者难为水"。夫人焦静宜女士为南开才女，多年从事近现代史研究，成就斐然，为学界人士所共仰。两人婚配，不但相得益彰，使先生晚年在学术研究中硕果累累，再攀高峰，而且由于焦老师无微不至的悉心照料，也使先生晚年生活安定幸福，得享九二高寿。于此行文将终之际，谨此默祝先生冥安并向多年与先生相濡以沫的焦静宜老师表示深深的敬意和感念之情。

农历乙未年岁初受业弟子白新良书于华苑久华里寓所

原载于《北京青年报》2015年3月31日B6版"星期学术"专版"老来老来望老来——来新夏先生逝世一周年祭"

我在来师领导下工作

江晓敏[*]

我是1978年通过全国统一考试进入南开大学历史系学习的。在一个星期的入学教育之后，开始上的第一堂课，即是由来师讲授的《中国历史文选》。来师当时虽已年过半百，历经坎坷，仍气宇轩昂、步履矫健，炯炯的目光里透着一丝威严。文选的篇目为来师自定，广泛取材于十三经、二十四史及历代笔记、政书、家训等等。每讲一篇，来师总要就其时代背景多加介绍，而不只拘泥于字词的讲解。来师思维敏捷，学识渊博，讲起课来旁征博引，鞭辟入里，兼之口才极佳，言语之中永远保持着一份自信和洒脱。每每谈及历史事件或历史人物，似亲临其境，如数家珍，且言之有物、深入浅出，逐渐引领我们走进博大精深的中国史学领域。听来师讲课，真是一种享受，《中国历史文选》遂成为最受我们学生欢迎的课程之一。时间已经过去了二十多年，我至今仍仔细保存着当时上课所用的教材。尽管只是油印的零篇散页，却带给我许多美好的回忆，珍贵无比。

入学一段时间后，逐渐得知来师原为辅仁大学的高才生，曾师从于余嘉锡、陈垣等著名学者，较高的天赋和孜孜以求的刻苦努力，使来师无论在历史学、目录学，抑或其他国学领域，都有着渊博的学识和深厚的造诣。在他几十年的教学生涯中，先后教授过中国历史文选、中国通史、古典目录学、历史档案学、鸦片战争史专题以及北洋军阀史专题等多门课程。令我印象深刻的一件事是全班同学曾和来师及师母一道去看京剧《火烧望海楼》，此戏是来师根据近代史上有名的"天津教案"编写而成。剧情生动有趣，语言诙谐幽默，很难令人相信这是出

---

* 江晓敏，南开大学图书馆古籍部主任、研究馆员。

自一位历史教师的手笔，着实让人深切感受了古人所谓"才高八斗"、"学富五车"乃非妄言也。平时在课间休息时，同学们也总是围着来师询问学业方面的问题，尽管我们的身份是大学生，但是由于十年动乱，所学知识有限，所提的问题现在想想十分幼稚可笑，对来师的解答亦不尽明白。记得来师在谈到《快阁师石山房丛书》、《小方壶斋舆地丛钞》等书籍时，我就如坠五里雾中，来师重复了几次也还是弄不明白。来师从不讥笑我们的孤陋寡闻，往往在一点一拨、答题解惑之外，顺势指示门径，指导我们学习历史从何处入手，应该读哪些书，使我等在学习专业知识的同时，也初步接触到治学的方法。在后来的若干年里，我也经常接受来师这方面的指导，一生受用不尽。

在我们上学期间，国家的政治形势发生了急遽的变化，逐步摆脱了历次政治运动和十年动乱给社会和人民带来的种种恶劣影响，尊重知识、尊重人才被提到了日益重要的地位，来师的生活也翻开了新的一页，除讲课外，他的多学科的学术造诣和多方面的潜能不断被"开发"和"利用"，在他广泛涉猎的图书馆学、方志学等领域声誉鹊起，活动亦渐趋增多。在南开校园里，经常可以看到来师匆匆往来的身影。此时的来师，精神矍铄，自信洒脱，仿佛焕发了第二青春。记得那年我曾为撰写毕业论文之事造访来师府上，简朴的住房，到处堆满了书籍。在书桌对面的墙壁上，当时挂着一面小木牌，上刻"黄花晚节"四个字。"黄花"乃菊花之谓，宋人韩琦有诗云："不羞老圃秋容淡，且看黄花晚节香"，赞叹菊花傲霜而开，老而弥坚。想来来师是以此自勉，时时提醒自己励志奋进，永不止步。在许多年里，无论是身处逆境，蜗居斗室，也要潜心向学，兀兀穷年，这便是来师坚毅的性格特征。

毕业两年后，我从天津市政协调回母校图书馆，命运又一次安排我近距离接触来师——作为他领导下的一名工作人员。当时来师已成为南开赫赫有名的人物，身兼图书馆学系主任、图书馆馆长、出版社社长兼总编辑等要职。我调回南开，要感谢来师的鼎力相助，而到图书馆工作，能够近距离感受学术大师的风范，亦是我愿意调入南开图书馆工作的原因之一。作为部属，从八十年代到九十年代，我更多感受到的是来师精力充沛和治事威严的一面。尽管身兼数职，来师仍习惯于事必躬亲，重大事务很少假手他人，他身上所蕴藏的管理才能得到充分的发挥。在任八年，来师对图书馆的建设和馆藏图书的增加殚精竭虑，贡献良多，如台湾影印出版的《文渊阁四库全书》、《全国地方志丛书》等，都是在来师任上斥巨资购入的大套书籍。

在来师做馆长的期间，给我印象颇深的是他为提高图书馆的地位而不遗余力地奔走呼号。为了多解决几个人的职称问题，来师曾反复去学校争取，一而再，再而三，使得在"文革"以后第一次职称评定中，图书馆的很多人都得到了满意的结果。得知学校有出国进修的名额后，来师尽力为图书馆找各方游说，在系里老师出国还未普及的80年代，图书馆就已经先后派出二人通过考试竞争，得以去美国和英国进修，既为图书馆的现代化建设培养人才，又使出国人员得到提高自身素质的机会，怎能不令其铭感五内？在得知香港邵逸夫先生要为内地捐款，专门用于修建图书馆的消息后，来师立即派人去教育部力争，终致南开成为邵氏捐款的首批受益者。

还有一件与我自己有关的事情。调入图书馆不久，我曾经有一个考取在职研究生的机会。但是来师当时不同意，并勉励我说只要工作努力，以后在职称晋升等各方面都不会比别人差。慑于馆长的威严，我只得心存遗憾，喏喏而退。过了两年，到我晋升职称的时候，却面临与比我早半年毕业的一个同事竞争的局面。当时馆里有所谓硬件之说，若此我明显处于下风。记得我一时委屈着急，就到来师面前哭鼻子，说我按照先生所说放弃了考研的念头，努力工作，可到头来总是要受到毕业年限等硬件的限制，终归要落在别人后面。来师当时除好言劝慰外，并未许诺我什么，可事后却找学校反复交涉，终于多争取了一个名额，使各方皆大欢喜。

上个世纪九十年代，来师先后离开了图书馆以及其他部门的领导岗位，但是学术活动有增无减，愈加繁忙。历史学、图书馆学、方志学，来师纵横驰骋于广阔的学术领域，《近三百年人物年谱知见录》、《林则徐年谱》、《古典目录学研究》、《结网录》、《北洋军阀史》等专著层层迭出；来师的学识和口才已然名闻遐迩，各地踵门执经请益、邀请讲学者络绎不绝，真可谓教泽流风广被，威震大漠南北。但是就我个人而言，摆脱了上下级关系，不必慑于馆长的威严束手束脚，在其后至今的十多年中，我与来师又回到师生契合的氛围之中，时有交往。能够经常在来师面前讨教学问，聆听教诲，使我受益良多。来师本有意收我做他的关门弟子，由于一念之差，我放弃了这个机会，故而今生仅及门墙，至今每念及此，仍不禁扼腕叹息。

来师并未因我不是入室弟子而另眼相待，在我的记忆中，来师对学生很少厉言愠色，九十年代之后，褪去层层光环的来师更多地流露出亲切温和的一面。本人因为资质平平，生性疏懒，很少自觉用功，近二十年来，经常是在来师的指令和"鞭赶"，甚至戏言"柿子就拣软的捏"的敦促之下，我才做一点儿事。刚到图书馆不久，来师即命我参加编写《河北地方志提要》、《中国古代图书事业史》等，并命与陈作仪先生一道编辑《南开大学图书馆藏善本书目》，后来又参加了《清人目录提要》等书的撰写工作。通过这些写作，迫使我读了相当数量的有关图书事业史、古典目录学、版本学方面的著作，初窥到这一领域的堂奥。尤其是通过整理、编辑馆藏善本书目，将书本上的目录、版本知识付诸实践，梳理了多年积累下来的馆藏目录、版本中的疑难问题，实在是一个难得的锻炼机会。正因为有此次的实践为基础，才有了后来长达20000字的《南开大学图书馆古籍藏书概览》一文的出炉。终是由于资质驽钝，这么多年来，耳提面命、亲聆教诲，我从来师处学到的却不过仅是皮毛而已。记得两年前协助来师整理纂辑《清文选》一书，从首议收录标准，作者断限，入选范围等，皆由来师指导我先初拟，再由他酌定；确定篇目后，由我初步进行标点、注释，来师逐篇审阅，纠谬补缺，退我再改，最后由他通阅定稿。在来师几乎是单一教授之下，我自觉学问长进了一大截。在送交出版社之前，来师为该书撰写了一篇序言。尽管只有短短数千字，并不妨碍来师从历史学家的角度，对清代散文作了独特的总结分析，文词焕发，气势浑厚，言之有物，鞭辟入里，充分印证了来师学问的广博和对清人事功与思想研究的深邃，裨益后学其多。

在做学生的二十多年里，我目睹了来师在生活中的大悲喜。长年驰骋于历史学、方志学、图书馆学等领域，潜心研究，径径自守，终在天命之年厚积薄发，硕果累累；花甲之年青春焕发，不仅在学术领域，在宦海生涯中亦业绩斐然，成就辉煌；古稀之年学无止境，习用电脑，将一篇篇令人击节赞赏的随笔源源敲出。长久以来，更为难得的是来师永葆青春、励志奋进的高尚情操。前半生际遇坎坷、身居陋室，来师矢勤矢慎，目睇手纂，六十岁时立志：以"花甲少年"的龙马精神，树千里之志；七十岁时合十上苍"台阶还要再上"；八十岁自励"只要早上起床，依然天天向上"。八十寿诞刚过，来师已经开始为九十岁将要推出的《清

1985年图书馆的新年联欢会（左三为来新夏）

人笔记随录》日夜忙碌，在身体欠佳，且患目疾的情况下，依然多方核对史料，笔耕不辍。

仰望参天大树，我等永远只是一株小苗。我们衷心祝愿来师生命之树常绿，期颐之寿可享！

原载于《来新夏教授学术研讨会纪念集》　南开大学地方文献研究室编　新疆大学出版社2002年版

开显历史之大美

——再拜来新夏师

刘　刚　李冬君[*]

"金针"织就历史

历史之美，当以"金针"来绣，"金针"是什么？是考据。

考据，首先就是以怀疑主义的态度来运用历史学的工具，用一针一线的功夫绣出历史真面目，或曰"鸳鸯绣出予人看，莫把金针度与人"，先生则反之，唯以"金针度人"。

在考据工具中，目录学堪称"金针"，我们选修了先生的古典目录学课。先生讲学，予人以美，一举手，一投足，都是一种美的范式，还有一手好板书，也令人开了眼。

他拿一支粉笔，在黑板上挥洒自如，板式一清二楚，字走龙蛇，极其潇洒，结体谨严，一笔不苟。后来我们才得知，原来先生年轻时，随启功先生学过书画，还参加过画展，偶尔也卖一两幅。但他志在学术，故于书画之道，未曾深造。然其才情学识聚于笔端，随腕流转，涉笔成趣，自有光昌流丽之笔传世，惜乎后学未曾拜识，只是遥想先生，当年英发，如何起画？

最叫人佩服的是，先生能把枯燥无味的目录学，讲得美轮美奂。

* 刘刚，诗人、作家；李冬君，南开大学历史学院教授。

他用文化史的眼光看文献，用现代性来看古籍，从《七略》讲到《四库全书总目》，从历朝《艺文志》讲到民间藏书，从史官讲到书商，从版本讲到人物，从学术讲到政治，从文化风貌讲到文化传承，在目录学的坐标上，展开了一幅文化史的画卷……他讲起来滔滔不绝，音调铿锵，一字一句落在古籍上，叮叮当当，如打铁一般，迸发出灿烂的火花，又如大珠小珠落玉盘，流丽宛转。

总之，他那神采飞扬的生动，令我们至今神往。他信手拈来的那些古籍，我们闻所未闻，一股脑儿听下来，觉得新鲜，琳琅满目，很充实。我们按照先生指示的门径，背了一堆古书的名字，好像要变成"两脚书橱"了，也开始学着先生的模样"掉书袋"，那份满足感，真有点暴发户的味道，仿佛一下子就从知识贫农提升为文化富翁。

如今，当年背的那些书，都忘了，惟余八字："辨章学术，考镜源流。"

这八字，就是"金针"。好酒都有年份，越老越醇，多年后，我们才懂得了它的价值。满坛好酒，但取一瓢，只饮一口，就那八个字，已够我们品味一辈子，此乃先生"金针度与"，织就锦绣史学，我们每见先生，都觉得先生长了一张"辨章学术"的脸，脸上有一双"考镜源流"的眼。

先生说自己蹲"牛棚"时，就是打扫厕所，也比别人打扫得更干净，这倒不是出于什么争强好胜，而是多年的学术训练，使"辨章学术，考镜源流"追求尽善尽美成了他的本能。有了这样的本能支撑，不管对怎样恶劣的环境，都能适应，即使在苦难中，先生都会把苦难当做试金石。

先生在下放的生产队里，一蹲四年，白天当农民，晚上做学者，四年里面，他整理了三部旧稿，还写了一本目录学方面的书。在学校里没有的自由，在乡下反而有。他说，中国的农民真高明，他绝对不来批斗你。农民以为，这些人是先在这里放一放的，将来还有用呢！

要为人民写史

"辨章学术，考镜源流"，原来还有这样一番怀抱！

三十年前，我们听先生的课，总觉得先生有一种难以言喻的美，不光仪范美、风度美，更是骨子里头的美，此美隐约，与现实反差很大，宛如深渊里的牵牛花，美在往上爬！

那时，他讲司马迁，一往情深，原来那司马迁身上，就有乃祖的影子。可先生从未提起乃祖，实则乃祖就是先生的太史公。

三年前，我们去看望先生，想同先生和师母焦静宜老师一起吃顿饭，先生欣然，笑说，硬的钢铁不吃，软的棉花不吃，其他通吃。当我们得知先生的数百万字巨制《书目答问汇补》就要问世，不由得赞叹道：先生真了不起！哪知先生眉头一皱，说，我有什么了不起？比我祖父差远了。

我们这才知道，先生还有这么一位立于"喜马拉雅之巅"的祖父。

就在他书房里，先生给我们补了他祖父一课，告别时，先生送了我们一本书，即乃祖所著《中国文学史》，读了这本书，我们才真正懂得了先生当年讲的那个热血沸腾的司马迁。

现在看来，先生的美，应该属于二十一世纪，他的确是太超前了。不光我们，那时有几人真懂先生？加上我们脑子里一堆"文革"后遗症要清理，出现了一个又一个的思想问题，成了有名的问题学生，脑子里就像开了战场一样，一日百战，今日之我与昨日之我战，明日之我又将于今日之我战，脑子里究竟有几条思想战线？当脑子被问题的马蹄乱踏一番后，我们就用考据学来打扫战场了。

有考据学在手，思想不再跟着教条走，把伪问题找出来，一个个都清除了，将真问题留下，与师友们探讨再探讨，我们那时简直就是思想的发烧友，有时通宵达旦地发高烧，还真有点"风雨如晦，鸡鸣不已"的劲头。有幸的是，在求真理的道路上，我们遇到了先生，被先生"金针度与"。

一天，刘泽华老师打来电话，说来公对我们评价很高。原来是我写的《中国私学百年祭》，是写严范孙和南开新私学，要在南开大学出版社出版，师母焦静宜老师是这本书的责编。先生还亲自打电话来说，这本书好就好在体例创新，把编年体和纪事本末体结合起来了。先生用他那双"考镜源流"的眼，一眼就看到了这本书的内在价值，我们那点"发凡起例"的意识，还不都是跟先生学的。

先生是《人物》杂志的老作者，他在杂志上看到我们那篇赛金花的文章，很高兴，说这篇文章不光文笔好，还对一个众说纷纭的妓女抱有了理解和同情，把赛金花写成了中国的娜拉。先生对学生的书盯得很紧，《孽海自由花——赛金花"出走"以后》和另一本《儒脉斜阳——曾国藩的战场和官场》先生说他基本都是一口气读完的，还说历史学的书就应该这样写，要让人能一口气读下去，要多为人民写史，少为专业写史，多为人民服务，少为饭碗服务。我们知道，这是先生对我们有所期待。

期待美的历史

电话里，先生又问，你们还在写什么书？我们告诉他，正在写一部诗话体的中国史，书名为《青春中国》，大概"青春"两字吸引了他，要我们把提纲发给他，我们遵命。

几天以后，他又打来电话，说长江后浪推前浪，你们比我强。

闻此言，我们大吃一惊，先生何许人也？先生是我们一直仰之弥高，望洋兴叹的老前辈呀！论渊博，当今有几人能及？论勤奋，唯以"天行健"言之；论成果，哪止著作等身？

有人说，近年来，先生几乎是两天就写一篇文章，这样大的写作量，年富力强也受不了，更何况先生已年近九旬。先生毕其一生，纵横文史，沉潜方志，著书不胜枚举。历史学的成果就不用说了，还有目录学、方志学、谱牒学和图书馆学，在这些领域里，他都做了开创性的工作。对于学者来说，在一个专业里有所开创已属不易，在多方面都有开创就更是难乎其难了，可这难不倒他。

学术研究以外，他还写文学作品，早年创作过戏剧，晚近，随笔一本本问世，有学术性的，也有文学性的。《80后》中，有大量的文学性的文字，写得最好的，是写他幼年与小表妹的故事，那样天真无邪而又曾经沧海的文字，也只有先生能写了。将两小无猜那么活泼泼地写出来已是上乘文字，还在这些文字上面赋予了一种年份的醇度和厚度，就更是极品了。这样的文字，如山泉、美酒，如春雷第一声中发芽的春茶，你只要品了一口，就再也忘不了，那"小表妹"的身影，就会散发着山野里的芬芳气息和古镇上那怀旧的溪花禅意，在心头萦绕……这两年，先生每出书，都会签好他的名字给我们寄一本来，他的书我们都会认真拜读，因为我们当年在南开并未真正读懂先生，现在来补课犹未为晚。

过了知天命之年，已到了该懂先生的时候。我们去天津，只要一有时间，就会去看望先生，先生有时候也会打个电话来，问一声，那书出了吗？每一次问过之后，他都会提起书中的"魂兮归来哀江南"；他以为我们写了庾信及其《哀江南赋》，可我们恰恰没写，真是惭愧，允当后补了。

先生时常问起的那本书，后来，我们改了个书名，叫做《文化的江山》，就要出版了，编辑说，请你们的师友为这套书写几句话吧。我们便给了编辑几个人的名字，她都联系了，可先生却没联系到。我们有点担心，让学生到南开大学出版社去找师母焦静宜老师，才知道先生住院了，八十多岁的老先生住院，总是让人忐忑。没几天，先生把电话打到我们家里，我们真高兴。先生说：我刚出院，让我动笔墨题写书名，恐怕手还不稳。先生是启功的弟子，墨宝我当然求之不得，但是决不能让先生累着。我连忙说，先生，您为这本书说句话就行。第二天早晨，先生又来电：冬君，拿笔记录。听筒那边，先生一字一句：

> 历史是民族和国家的支柱与灵魂，不能有丝毫失忆。祈望国人重读中国历史。

《文化的江山》出版后，不待我们请求，先生很快就写了书评，指出："作者聪明睿智，懂得择善而从。我读完全书，发现他们的治学奥秘，他们不一味摒弃胡适'大胆假设，小心求证'的方法，而是寻找其合理因素，他们认为胡适忽略了一点，'那就是在求证之前，还要确认。没有对假设的确认，求证便无法进行'。所以应该是'假设—确认—求证'。这是作者明标出来的'刘李公式'。还有一点作者没有透露，也许是我的猜测，那就是他们把传统方法与时尚习惯统一起来。他们的博涉群书和成书之快，若与写作时间比量，有一定差距。我猜测他们或许将自己所思所想，利用电脑检索，但不是如世俗小子那样，就此下载，连缀入文，而是又老老实实地回归原著，细读原文，免去错引或割裂。他们在设想之后检索，又在检索之后回归原著，使资料准确，理解恰当。这就是我为他们猜想的'确认设想—检索资料—回归原著'的公式，也许是我们的共识。这两点无疑是他们在写书过程中的实践成果，对一般浮躁和急于求成的后来者应是一种

1986年历史系硕士答辩师生合影（左三起：陈振江、陈志远、来新夏、刘泽华）

贡献。"这就是先生"考镜源流"的法眼，本来应该由我们在书中说明的。

先生实际上指出了我们书中的一个缺失，却那么委婉，犹如春风拂面……

先生九十大寿，我们正式向先生行了拜师礼——由冬君代表刘刚，先生将他的传记托付于我们，我们没能在先生生前完成，真是愧不堪言！弟子再拜先生，愿先生在天之灵开显历史之大美。

原载于《经济观察报》2014年4月7日

师恩难忘

李德福[*]

京城9月，暑热已渐渐退去，清爽的秋风吹得窗外一片深绿。这天上午，我刚在办公室坐下翻阅案头的文件，手机突然响起，一看是来自南开的座机号码。对来自母校的音讯我从不敢怠慢，赶紧起身接听——

是焦老师的声音。焦静宜老师既是来先生的夫人，又是我一位中学同学的姐姐，早年也是南开历史系的学生，毕业留校后长期从事编辑出版工作，为人谦和、善良、学养深厚。来门弟子们都说，先生之所以高寿并且八九十岁时仍笔耕不辍，写出那么多的史著、杂文、随笔等锦绣文章，与焦老师在生活上的悉心照料和学术上心领神会的默契帮助不无关系。

电话中，焦老师提及来先生逝世周年纪念文集，约我写一篇回忆来先生的短文。其实我早有此意。作为先生的入室弟子，先生辞世时我未及前往送别，遗憾不已，虽过后专程去家里的先生遗像前叩拜祭奠，仍难表无尽的哀思。作一篇追忆先生的文字，或是纪念先生的最适合的方式。

将一将思绪，不由得想起三十多年前的往事——1982年春，我们78级中国史专业四十多名同学中，一多半报考了研究生。80年代的大学生是国家稀缺的人力资源，各大机关、院校、企事业单位都争抢着要人，谁也不愁找工作的问题。然而，那是一个追求学问的年代，纯粹的、没有功利之心的书生意气的年代，许多同学还是选择了继续升学深造。考研结束后，我们都焦急地等待着考试成绩，不久，辅导员王连荣老师告诉我们几个成绩不错的同学说，她得到消息是全班就你

* 李德福，中央党校巡视员。

们几个人每项成绩都在及格以上，肯定能录取了，其他同学都有一门或两门的成绩未达60分，还在等教育部的新规定才能决定能否录取，所以，你们几个就不用再考虑毕业分配问题了。王老师还特地告诉我，我报考的导师来新夏先生已经看过了我的本科毕业论文，认为功底不错、思路开阔、文笔挺好等等，意思是录取没有问题。其实，我本科期间因为心底里认为明代是中古时代汉族人的王朝，是本族的正统，所以主要选修的是明史类的课程。后来改为报考来先生指导的民国史方向的研究生，是在报名后才开始突击准备该方向专业史和专业基础史考试的。好在那时年轻、记忆力好，又善于钻书本、拉框架、捋思路，好像那时任何考试对我都不是太难的事。

说起与来先生的缘分，真是"源远流长"。首先，我从先生生前赠我的《旅津八十年》一书中才知道，老人家少年读初中是在天津"究真中学"。这所19世纪末天津基督教公理会创办的学校，坐落于河北区昆纬路，它的历史比现著名的南开中学还早。新中国成立后，究真中学改名为天津市第三十中学，我的初中和高中也是在这所学校读的。其次，先生少年时曾家住河北区律纬路择仁里，二十多年前这里已拆建成一座居民大楼，仍叫择仁里，而我恰巧也在这座大楼里有套房子，我和先生先后在择仁里这块土地上生活过。其三，先生是南开那一辈学人中公认的"杂家"，而我虽称不上什么"家"，却也自幼喜阅杂书，上了大学乃至读硕士、博士，头脑里都没有什么"专业意识"；他是历史学出身，却又跨越了方志学、图书文献学诸学科，还编过剧本，不仅当教授，还做过图书馆馆长、出版社社长等多种行当；而我也是从事过诸多职业，教过书，也写过几本书，从军到老山前线参过战，还干过处长、出版社社长、副校长、副市长、督察专员等。任何经历虽都如过眼烟云，但每个人毕竟都是三十多年的在职工作年限，所以从这点来说，也算见识过形形色色。回顾人生，茫茫人海中，我与先生的缘分，所谓"不是一家人，难进一家门"，真是如此。

对来先生学识之渊博、口才与思维之敏捷，不用我等晚辈评价，我只讲一件事足见老人家的包容之心——

1985年初春，离82级硕士生应提交毕业论文的截止日期仅有两个多月了，而我的论文还没有动笔，甚至连写什么题目都没定。究其原因，还是因为看了不少杂书，没有把写毕业论文当成头等大事，有些像现在的小青年。但事到临头，内心也有点儿急啊！平时遇到着急事或想问题时，我喜欢一圈圈地绕着操场散步，那次连走了两天，忽然想到何不以给袁世凯"翻案"为题呢？当时想，首先，袁是"中华民国"正统的第一位正式大总统，写他符合民国史方向研究生的专业范畴；其次，无论国民党时期还是新中国成立后若干年，各方面史著、文章对他都是千篇一律地骂倒，而1985年正值改革开放初期，提倡"解放思想"给了研究者空间和余地，正可从新的视角做纠正文章。我内心想定后并没有马上跟先生说，因为毕竟"文革"刚过不久，很多人还心有余悸，而且学术界也时常小有风浪，所以有些担心能否得到先生的认可。如果被否掉再更换其他的题目，恐怕就来不及赶上答辩了。那时南开已越来越重用先生，筹建新系和各种兼职已经够他忙的了，我真希望他可能无暇顾及我要写的具体内容。有了成熟的构思，三万多字的论文很快就写出来了：材料没有新的，个别有的也是转引的二手资料；但思辨问题的方法和视角与以往论者全然不同，得出的诸方面结论当然也就不一样了。

现在看来，其实很简单，因为除了普通的刑事犯罪，对任何一位政治家所做的事情，甲认为对的，乙可能认为是错，反之也一样。况且古今中外的政治家们嘴上说的、纸上写的与心里想的，会是一致的吗？但那是二十世纪八十年代，人们还不敢或不完全会去思考诸如袁世凯、李鸿章甚至慈禧太后究竟做的哪些事情，对中国近代社会发展是起了正向作用的。直到90年代以后，学术界的评价才开始松动。先生作为学者，早在五十年代就写过北洋军阀史专著，对袁的评价自然要符合当时社会的主流观点，我交上这篇几万字的《关于袁世凯集团若干问题的辨析》后，内心忐忑，生怕被否掉。然而，想不到的是先生在认真审阅了原稿以后仅批改了几十字，就同意我将论文送到校打印室打印装订（当时还是铅字打印），并以他在史学界的名望请来一流学者参加我的硕士论文答辩会。记得有两位还是专门从北京请来的，其中一位是李宗一先生。李先生曾写过颇有影响的《袁世凯》一书，当时还担任着中国社科院近代史所所长，是近代史学界大牌级人物，由他担任我这个硕士生的论文答辩会主席，这在今天也是不可想象的，包括后来我在中国人民大学博士毕业的论文答辩，也没有如此阵仗。

导师对学生的作用不在于具体教了什么、讲了什么，尤其是对我们那一代恢复高考后走进大学、自学自悟能力都比较强而又学文科的学生来说，对与己不同观点、想法的包容和鼓励，是比什么都重要的。先生的身教言教，我揣度这就是他所一贯主张的"和而不同"理念的体现吧。后来，正是在这篇论文的基础上，我又写了《袁世凯与清末民初的中国政治》一书。这本书，几年前被袁世凯的家乡河南省安阳市要了数十册，专门摆放在袁氏陵墓管理处展厅内的展柜里。该管理处的负责人对我说，自从中国结束帝制建立了共和制，袁世凯是经过国会全体议员选举程序的第一任正式大总统，中山先生或是临时的，或是后来在广州被部分南方议员推举就任的，法统上不如袁正宗。如果袁氏陵墓展厅内陈列的都是写着"窃国大盗"、"罪恶一生"之类观点的书，也是对他的不公、对共和体制下首任国家元首职位的不敬，你看世界上有哪个现代国家全盘否定自己的国家元首？他们就没有做过错事？好在有你这本书放在这里，总算是公允的。

来先生是学问广博的"杂家"，但更是研究和评说清末民初那段历史的专家。先生已于去年仙逝，在另一个世界里，以先生的好奇心必会去打探他所研究和评说过的那些历史人物，也会告诉袁大总统历史的评价会越来越究真求实、越来越公道公允的。

原载于《忆弢盦：来新夏先生纪念文集》　焦静宜编　天津古籍出版社2015年版

我的导师来新夏先生

王红勇[*]

二十九年前，年轻的我负笈北上，投到来新夏先生门下攻读北洋军阀史研究生。三年寒暑，得来先生耳提面命，多方关照，对于我的成长，助益良多。毕业后返乡从政，虽然离开了学术界，但对于来先生，依然景仰之心不减，以不同方式，常加问候。而来先生对于我，也还是关爱依旧，对我的个人发展、职业生涯、待人处事、婚姻家庭、小孩教育等各个方面，以他几十年丰富而睿智的人生经验，时有点拨。比如我工作之初，在山东省委宣传部编辑刊物，缺乏经验，来先生不仅在办刊原则、编辑方针、栏目设计、审稿要点等给予具体而细致的指导，同时还不时纡尊赐稿，使得这个刊物在国内同类型刊物中，特色明显，得到了各方的一致好评。今年是来先生的鲐背之年，作为先生的早年弟子，自然不能置身事外，谨以此文，为先生寿。

来先生一生著述宏富、著作等身、学贯古今、卓然成家，成就涉及诸多文史领域，大致有：历史学、文献学、目录学、方志学、图书馆学、鸦片战争史、北洋军阀史、图书事业史以及清人笔记研究等等。离休之后，依然笔耕不辍，在继续从事学术活动、完成预定研究课题的同时，又于古稀之年，以一种再次超越自我的过人气概和对社会、对历史的责任与担当，迈入了学术普及领域，以其流畅、平实的文笔，深厚的文化学养和对现实与人生的感悟，使其学者随笔独树一帜，成为当代随笔名家之一。目前已出版《冷眼热心》、《路与书》、《依然集》、《枫林唱晚》、《邃谷谈往》、《来新夏书话》、《一苇

---

* 王红勇，中共山东省委宣传部常务副部长。

《争流》、《且去填词》、《出枥集》、《访景寻情》、《交融集》、《邃谷师友》、《邃谷书缘》等近二十种，令人敬佩。

来先生的许多学术成果在学术界都具有开拓意义，影响深远。除却论文，其若干专著成为本领域或建国后本学科第一部学术著作，如《北洋军阀史略》、《古典目录学浅说》、《方志学概论》、《林则徐年谱》、《中国古代图书事业史》等，无不为本领域的开拓或本学科的建设起到了奠基石的作用。其中许多学术成果，经多次修订，日臻完善，并且，为了适应不同读者的不同需求，还有针对性地写作与出版了不同层次的著作，有目的地普及和扩大了学术的影响面。如《北洋军阀史》，经1957年、1983年、2000年三次修订出版；除此之外，为便于北洋军阀史研究和节省其他研究者的翻检之劳，来先生又主持编辑了五巨册三百余万字的大型资料汇编——《中国近代史料丛刊》之一的《北洋军阀》，八十年代中期，我正在先生门下读研，有幸参加了其中的资料整理工作，得到了扎实的治学基本功训练。

来先生的人生境界可谓是高山景行，其养成除了自身修养之外，家学、师承之功，不可没也。

来先生出生于浙江杭州一个诗礼传家的书香门第，自幼随其祖父来裕恂老先生开蒙读书。来裕恂老先生是一位曾有秀才功名、兼具维新救国思想的饱学之士，为晚清经学大师俞樾高足，有着深厚的国学根底。他曾于清光绪年间远赴日本寻求救国之道，回国后，不满清廷腐败，激于爱国义愤，摒绝外务，潜心著述，历时四年，终于完成《汉文典》四卷。辛亥革命后，敝屣荣华，只在教育部门和学校任职，并参加地方志的编纂。公余和赋闲时，笔耕不辍，除《汉文典》外，还有《萧山县志稿》、《匏园诗集》正续篇、《玉皇山志》、《中国文学史》和《易学通论》等多种著述。作为长孙，在祖父的严格督导与教诲下，来新夏先

1986年夏，来新夏与北洋军阀史、古典目录学两个专业方向的在读研究生合影（左起：林文军、徐建华、来新夏、国庆、王红勇）

生受到了比较严格、良好的启蒙教育与训练，为一生的学术成就打下了坚实的基础。

来新夏先生的就学经历迭遇良师，这是一般人所难能企及的，其中影响最大的当属陈垣和范文澜两位先生。陈垣先生的影响至少在三个方面贯穿于来先生的一生。一是学术风骨：抗日战争时期，陈垣先生由于各种原因，未能去大后方而留在了沦陷的北平，学者的风骨使他决不与日伪合作，即使在最困难时期仍表现出对民族前途充满希望，治学不辍，写下了著名的《滇黔佛教考》、《通鉴胡注表微》等充满民族气节的著作流传于后世。来先生在"文化大革命"前与"文化大革命"中遭受不公平待遇和迫害期间，决然不放弃学术研究，与陈垣先生的身教不无关系。二是陈垣先生作为学者肯于为人作嫁，编制工具书的思想与做法，也使来先生一生提倡"为人"之学，并身体力行。即使在"文化大革命"的特殊年代仍痴心不改，历经二十多年，撰成《近三百年人物年谱知见录》以及后来撰写和主编的《清代目录提要》、《清人笔记随录》、《河北地方志提要》、《中国地方志综览》、《图书馆学情报学档案学简明辞典》、《书目答问汇补》、《清代科举人物家传资料汇编》等工具书，嘉惠学林。三是陈垣先生将做人与做学问结合起来，一生注意仪容，书写端正。来先生也是如此，待人接物注重仪容礼貌，从不以不修边幅自诩，尤其面对学生时，更是一丝不苟。

范文澜先生"板凳宁坐十年冷，文章不写半句空"的治学精神，也给了来新夏先生以深刻的影响，使他终生以求实、求真和严谨的精神贯穿于整个学术生涯中，并经常以此警醒和教育我们，传之后辈。

"老骥伏枥，志在千里；烈士暮年，壮心不已"，来先生虽已年届九旬，仍不自以为老，努力不已。在学术方面，还将给我们奉献出《目录学读本》、《来新夏文集》和鸿篇巨制的《清代经世文选编》以及多部学术随笔，实在是令人感佩和景仰。作为学生，在汗颜之余，谨以最崇敬的心情，恭祝来先生寿比南山，学术之树常青！

原载于《友声集——来新夏教授九十初度暨从教65周年纪念集》 孙勤主编 中华书局2012年版

一个学生眼中的学问大家

宁敬立[*]

与先生的缘分，始于一本书。那是1986年，在武汉大学图书馆的书架上，偶遇先生主编的《北洋军阀史稿》。当时，"北洋军阀"还只是近代史教材中一个近乎贬义的模糊概念，也是中华民国史上一个走马灯式的奇特政治现象。由于对中华民国史感兴趣，就立马把这本书借出来，从头到尾仔细地通读了一遍。在报考研究生专业的时候，在武汉大学行政楼供报考者查阅的全国研究生招考目录中，又查到了南开大学有中华民国史的专业，导师就是赫赫有名的来新夏先生，就毫不犹豫地报考了来新夏先生的中华民国史专业。记得当时还贸然给先生写去了一封请教信，以期投石问路，得到指点一二。也许是机缘巧合，尽管在考试时自我感觉不太理想，还是幸运地收到了面试通知。面试在南开大学老图书馆先生的办公室里进行，那是第一次见到先生。印象中的先生，西装革履，精神矍铄，温文尔雅，一个典型的中国知识分子的形象。面试也没有想象中那么严肃、一本正经，也许是先生为了有意缓解我的紧张、拘谨情绪，只是简单地问了问读了哪些中华民国史方面的书，个人有哪些想法，等等。直到收到录取通知书，走进盼望已久的南开园，忝列先生门墙，才知道我是何等幸运，先生在历史学系和图书馆学系都招录研究生，而我是先生在历史学系招录的最后一名学生，同门师兄都戏称我是先生的"关门弟子"。

在我对先生最初的印象中，先生不苟言笑，一身正气，凛凛然透着一股威严，令人心生敬畏。但接触时间长了，对先生了解多了，方才理解先生"望之俨

---

* 宁敬立，河南省洛阳市委宣传部干部。

然，即之也温"的人格魅力，我想这也是先生为他的第一本随笔集取名《冷眼热心》的缘故吧。亲聆先生教诲，细读先生文字，知先生也风趣，也幽默，字里行间氤氲着儒雅、深刻、通透、豁达的人文气息。先生出身杭州名门望族，幼承家学，学养深厚，祖父来裕恂曾任教于浙江大学的前身求是书院，负笈东瀛，颇留意于日本教育，应蔡元培之约加盟光复会，解放后任浙江省文史馆馆员，著有《汉文典》、《萧山县志》、《匏园诗集》等名著，这应是先生国学根脉的一脉家学源流。后来，先生考入辅仁大学，师从陈垣、余嘉锡、启功等国学大家，在华北大学受业于史学家范文澜，亲炙于这一个个名声如雷贯耳的学术大师，为后来先生在历史学、目录学、方志学等领域深耕细耘、成就一代学问大家，厚植了铢积寸累、厚积薄发的深厚根基。先生的学问博大精深，高山仰止，仰之弥高，钻之弥坚，有着那个时代知识分子的傲然风骨和凛然正气。先生的学问不是象牙塔里的高头讲章，也不是脱离现实的书斋里的学问，而是面向现实的、回馈社会的经世致用的学问。先生的文字，简捷、干净、优美、丰盈，有温度，接地气、雅俗共赏，通俗易懂，洋溢着古诗文的节奏美、韵律美和典雅美。人称先生之学，有"纵横三学"之誉，指的是先生在历史学、方志学、文献学领域的高深造诣。但是先生知识渊博，多才多艺，文艺才华卓绝，学问功夫在学术圈之外也遐迩闻名。先生早年曾涉足戏曲界，根据天津教案的史实，编写了京剧剧本《火烧望海楼》，由天津京剧院名角儿出演，荣获文化部二等奖。后又在历史与戏曲之间进行跨界研究，与戏曲界专家合作出版《谈史说戏》，于戏里戏外，探赜索隐，钩深致远，考证、探究历史的真实与虚构，通俗易懂地解读戏曲中的历史。花甲之年，"不甘于再蜗居在纯学术的象牙塔中"，力主"衰年变法"，以洞察社会与人心的通透见识，用群众能读喜看的文字，写观书、阅世、知人之作，其随笔别开生面，笔端常带感情，可以说，先生之学，其大无涯，爱一行，专一行，精一行，于后学取法之处，亦曰"三学"：

一曰求精求深之学。"为学犹掘井"，先生读书、治学，锲而不舍，精益求精，久久为功，追求的是"学问无止境"的至美境界，"业精于勤、行成于思"的探索精神，"入之愈深，其进愈难，而其见愈奇"的求知愉悦。先生治北洋军阀史，发端于整理北洋军阀原始档案，先是筚路蓝缕，在《历史教学》杂志上发表《北洋军阀统治时期》讲课教案，然后在此基础上拓宽思路、以点到面，正式出版《北洋军阀史略》小册子，再到扩充资料、增删改定，出版《北洋军阀史稿》增订本，成为当时北洋军阀研究领域的拓荒之作、权威之作。但是先生还不满足于此，随着先生主持编纂的《中国近代史资料丛刊·北洋军阀》大型资料书的出版，在资料准备日益丰富、学术研究日益精进的条件下，一部体例更加完善、观点更加明晰、内容更加丰富的学术专著《北洋军阀史》终于问世。从单篇文章到一部专著，历时近半个世纪，成为中国近代史研究领域无可替代的开山之作、扛鼎之作。对此，先生也乐观地自信，"在这一领域内，至少在一定时间内不会重出同一题材的著述"。有半个世纪持之以恒地精耕细作，有"一份资料说一份话"的学识功底，有对学术研究孜孜以求的不懈探索，先生的自信完全是有底气的，是经得起时间检验的。

二曰源头活水之学。朱熹《观书有感》诗云，"半亩方塘一鉴开，天光云影共徘徊。问渠那得清如许？为有源头活水来"。说的是书中的美妙风景和读书的切身感悟。先生在少年向学之时，就汲汲于探究学问的"源头活水"，受清人学问大家王鸣盛《十七史商榷》的观点启发，对"学中第一紧要事"、"凡读书最切要者"的"目录之学"产生了浓厚的兴趣，逐渐认识的"目录之学"就是读书做学问的"源头活水"。在辅仁大学读书时，受教于目录学大师余嘉锡先生的讲义《目录学发微》，并在余嘉锡先生指导下对古典目录学名著《书目答问补正》编索引、做汇补，从中获益良多，更加深刻地体会到"目录之学为读书引导之资"。从此，先生就把《书目答问补正》作为终身做学问的"枕中秘、怀中宝"，在古典目录学研究领域夐夐独造。先生重视编写被他人认为吃力不讨好的资料书，认为这是惠及学人的"为人之学"，先后出版了《古典目录学》、《近三百年人物年谱知见录》、《书目答问汇补》等学术专著，成为古典目录学研究领域的权威大家。记得当年先生在与弟子们闲聊时，特别提到他最满意、最重要的著作就是《近三百年人物年谱知见录》，后来在米寿之年又不辞辛劳加以增订修订。先生之所以被学术界誉为"纵横三学，自成一家"，在历史学、方志学与图书文献学领域游刃有余、卓有建树，并不是偶然的。

三曰经世致用之学。受陈垣、余嘉锡、启功等近现代学术大师的亲炙，先生为学，注重经世致用，反对浮夸学风，扎扎实实做真学问，注重新的学术领域的探索、拓展。先生推崇顾炎武、黄宗羲等清代考据大家的治学态度，把考据学运用于清人笔记史实研究，做人所不屑的考据功夫，在浩如烟海的私家档案、清人笔记等原始资料中，沙里拣金、爬梳钩辑、积少成多、集腋成裘，勾稽出米、豆、麦、盐、白糖、棉布等生活必需品的价格，还原出江浙地区酒楼、商铺、小吃、物产、风土等充满烟火气的市井风貌，勾勒出正史中难以看到的集市、商业、会馆、赋税、特产、饮食等珍贵的民间生活细节，补正史之不足，令人别开生面、耳目一新，读《状元府的饮食单》、《旧志经济资料初检》等短章佳什，生活气息扑面而来，让我们直面历史细节，对明清之际日常生活有了更直观、更生动的了解，这种力避浮躁、倡树实学的研究方法，从史料出发、真实还原历史现场的治学态度，为学者当悬之座右、奉为圭臬。

在南开园学习的日子里，先生对学生的要求既是严格的，又是宽松的。孔子曰："不愤不启，不悱不发。"先生的教学方法也大类如此。记忆中的学习形式，以沙龙式、启发式的交流研讨为主，先生先布置讨论题目，指定书目让学生读书思考，然后在老图书馆先生的办公室里讨论，先生最后归纳提炼、画龙点睛，总让人感觉有醍醐灌顶、茅塞顿开的意外收获。最难得的一次听先生讲大课，大概是在图书馆学系的一次大课上，一个大教室里座无虚席，发的油印讲义是《古籍整理概论》，先生在讲台上风度翩翩，侃侃而谈，没有讲稿，只有一支粉笔，一手漂亮的板书，但是教室里鸦雀无声，讲者眉飞色舞，听者聚精会神，至今思之，先生循循善诱的大家风采、纯粹完美的讲课效果，可谓观止。最令人期待的是周末在先生家小聚，几位师兄弟在尽享美味佳肴之后，围坐在先生家不大的客厅里，听先生漫谈式的即兴教学，谈他的治学方法，谈他的读书藏书，谈他在辅仁大学、华北大学求学的逸闻趣事，至今记忆犹新的是，先生不止一次给我们讲他的老师范文澜的治学心得："板凳要坐十年冷，文章不写半句空。"有一次，先生出题，让大家说出二十四史的书名和作者，还开玩笑地说，谁能完全答正确，就带谁外出参加学术研讨会，无形中让我们感到先生对学生博览群书的期许和希望。先生每有新作出版，就亲自签名钤印，给每个学生赠送一本，我们每个人都珍若至宝。先生时任南开大学出版社社长、图书馆馆长、图书馆学系主任，在南开大学乃至全国知识界如雷贯耳、大名鼎鼎。先生一生读书、教书、出书，与书结下不解之缘，当之无愧称之为"为了书籍的一生"。

在先生身上，自始至终有一种不服输的精气神，有一种学到老、活到老的毅力和韧性。先生有一部随笔集名为《不辍集》，顾名思义，彰显的是一种精神、一种信念，生动地诠释了先生笔耕不辍的生命底色和自强不息的人生况味。1997年元旦，给先生寄去新年贺卡，先生在回信中除了惦念我的工作和生活外，还表示，"我已离休，今年已74岁，明年准备挂笔不再写作，所以准备把自己一生论文自选一本文集，大约有60余万字，估计75—76岁能完成，又需筹集出版资金，希望80岁前能出版，然后可颐养天年。"但是后来的事实是，先生并没有兑现

"挂笔不再写作"的愿望，而是退而不休，老而弥坚，以其"老骥出枥、志在千里"的雄心壮志，更加勤勉地笔耕不辍，焕发出更加辉煌灿烂的学术青春。先生在九秩高龄之年，更是发出"有生之年，誓不挂笔"的铮铮誓言，以"90后"的豁达心态和执着信念，书写了老一辈知识分子"难得人生老更忙"的忘我境界和进取精神。

三年的南开求学岁月是短暂的，但是先生的谆谆教诲却是终身受用的。离开先生多年，但先生耳提面命、谆谆教诲的读书门径，言犹在耳，铭记于心，"临渊羡鱼，不如退而结网"的务实态度，"立足于勤，持之以韧，植根于博，专务乎精"的求学真谛，"采铜于山"、"博观约取"的学问功夫，"学海无涯乐作舟"的读书境界等，都成为弟子门人读书求学的不二法门。我虽然阴差阳错，在工作中游离于学术圈之外，但是先生对我人生最大、最直接的影响，就是养成了爱书、藏书、读书的习惯，视坐拥书城、沐浴书香为人生最大理想和幸福。1997年冬月，寒舍意外失火，先生所赠书籍也随之全部化为灰烬。先生得知后，迅速来信劝慰，对学生殷殷关爱之心跃然纸上，令人感泣，"近日获知你家遭回禄之殃，尤为系念，家财藏书，虽已荡然，但终究为身外之物，且你尚在壮年，兴家立业犹可指待，万望放宽心思并安慰家属，困难终会过去。"先生在信中还表达了对我生活境遇的关心，在物质上施于援手，"鉴于我们的师生情谊，我虽然不能像富有者那样给以足够的支持，但也从我的笔耕收入中寄去人民币壹仟元，数虽寥寥，但也是我的一番心意，供添置一些日用品之需，希收用。"对于珍之爱之的被毁藏书，先生也充分体谅到我的心情，慨然应允"检旧作及新著四种（三新一旧）补充你的藏书。旧著不知积压何处，日后如有再寄。聚散本为自然之理，万望勿以此为念。"随后，收到了先生汇寄的一千元慰问金，以及《古典目录学浅说》、《林则徐年谱新编》、《中外地方志比较研究》、《清代目录提要》等著作，并一一签名钤印，在《古典目录学浅说》扉页上，先生还认真作了题签，"敬立遭回禄之殃，藏书荡然，吾所赠书亦付丙丁，闻敬立深以为憾，乃检存书再次相赠。"

自此以后，发愿收藏先生著作，在实体书店、在京东、在当当、在孔夫子旧书网，一遇到先生的新作旧著，就一本不落地购置珍藏。经过多年的集藏，把1957年版的《北洋军阀史略》、1983年版的《北洋军阀史稿》、2006年版的《北洋军阀史》等系列作品，《近三百年来人物年谱知见录》、《书目答问汇补》等学术名著，以及各种随笔集大部分收入囊中。2012年6月，恰值先生九十诞辰暨从教65周年，我把集藏的部分先生著作归拢在一起，装了满满一拉杆箱，乘火车千里迢迢赴津，在为先生祝寿的同时，也希望趁便得到先生的亲笔签名。当时，祝寿活动安排得很紧凑，先生白天要参加各种应酬活动，还要忙里偷闲、见缝插针，为这么一大堆书一一签名，现在想起来，真有点于心不忍，对不起先生。但是先生还是不辞辛劳，利用晚上休息时间，在每一本书上一一签上了名，满足了我的愿望。我想，浸润着先生手泽的这批珍贵藏书，当作为无价之宝、传家之宝，成为我生命中宝贵的精神财富。

先生有言："我是一个读书人，什么头衔都是过眼烟云。我一辈子唯一干了一件正儿八经的事就是读书。咱们知识分子最本分的事情就是读书，至于写作，是至死不休。"2019年9月21日，先生叶落归根，魂归故土，碑铭上镌刻着当代诗人、评论家邵燕祥题写的"读书人来新夏"六个字，一个"百科全书"式的学问大家，盖棺之论竟如此低调谦逊，朴实无华，令人肃然起敬。

羡鱼莫如结网

——记恩师来新夏先生对我的关怀与教诲

刘小军[*]

每年的教师节，我都要回到南开大学北村教师公寓看望恩师来新夏先生。今年我特意带上了我的研究生大斌。大斌不是我的第一个研究生，但是他今年考上了南开大学的经济学博士。大斌木讷寡言，秉性与我很接近，对于先生甚为仰慕。见到鹤发童颜的先生，尽管先生一如往常见到晚辈那样和蔼可亲，大斌依然十分拘谨，手足无措间深深地向先生鞠上一躬。看着多少有些羞涩的大斌，感动着他对先生的敬意，而此时的情景把我的思绪带回到了二十多年前⋯⋯

二十多年前，经历了高考失败的我心中充满着迷茫。高考失误让我与心仪已久的武汉大学失之交臂，进入了自己不是很情愿的湘潭大学图书情报专业学习。羞愧、悔恨和彷徨交织，心里感觉空落落的，顿时觉得人生失去了目标。一个来自湘南小县城的十八岁青年，孤独无助，当时心中多么渴望能够有人给自己指明方向。但内心好强的我依然不肯放弃，一头扎进了图书馆。"我为什么会失败？别人为什么能成功？上大学为了什么？人活着是为了什么？它的意义何在？人世间为什么充满了那么多的不平等和痛苦？善有善报吗？⋯⋯"带着满腹的疑问，我毫无头绪地游历于经史子集间，期待从古今中外大师的著述中找到答案。结果自然可想而知。一个原本学识有限，刚刚进入大学的学生，自然没有披沙沥金的能力。面对先贤们的字字玑珠，自己还是满头雾水。除了迷失于知识的大海，徒

---

* 刘小军，天津商业大学教授、经济学院院长。

添了颓废。日子在浑浑噩噩中度过，内心忍受的其实是更大的煎熬。

机缘巧合，大学三年级的时候，系里请来了刚刚从美国访问归来的南开大学来新夏教授进行学术讲座。来先生在当时的图书馆学界已经是如雷贯耳，而我们学校因为地处偏僻难得有机会能亲眼一睹大学者的风采。我和大家一样心中充满期待，当然，还有不同的一点：希望将心中的疑惑当面向先生请教。终于见到先生了：风度翩翩，睿智。而演讲更精彩——时而慷慨激昂，时而娓娓而谈，先生抑扬顿挫间，将如何看待自己的专业，如何厘定知识体系和结构，如何做学问，如何处理博学和专精的关系，如何做人，如何看待人生，如何看待理想和现实，如何面对失败和成功等问题一一解答。自始至终我全神贯注，仿佛有久旱逢甘霖之感，如醍醐灌顶，心胸倍感开阔。当雷鸣般的掌声响起时，我才如同受佛家之开悟般的喜悦中回过神来。演讲结束了，我却一直没有机会向先生提问，可我心中的疑惑消融大半，同时也暗下决心，一定要投入先生门下，耳提面命，时刻得先生之教诲。

自此，我如浪子回头，学习勤奋用功。毕业前夕，毫不犹豫地报考了南开大学的研究生。功夫不负有心人，最终我幸运地进入先生门下，成为先生的入室弟子。

第一次去先生家中求教，让我有诸多意外。没想到先生家中如此简朴，与我想象中的大教授家有天壤之别。没想到先生家如此多的书，以至于家中多少有些凌乱，但有序。没想到先生全然没有威严，只是和我拉家常，不经意间就提出了要求。先要我多读书，多用功，要上对得起国家和父母，下对得起自己，不要虚度光阴；治学先要做人，做人才是根本，做人就是做好身边的小事。没想到师母是那样慈祥，嘘寒问暖，让我有回家的感觉。

研究生的生活其实平淡无奇。上课、念书、查资料，进入南开学府，投入名师门下的激动心情过去后，心里对自己毫无进步感觉有些焦虑和不安。跃跃欲试中，写了一篇小文期待先生的首肯。那时候没有电脑，都是手写。抄好后，带着几分沾沾自喜，兴冲冲去了先生家中。先生仔细阅读我的文章，一改往昔的平易近人，满脸的严肃让我惴惴不安。终于，先生开口说话了。先生先是一丝不苟地指出了我文章的错别字以及语句表达上的明显错误，然后就立论行文之规矩给了我一番教导，最后语重心长地告诫说，做学问和做人一样，要踏踏实实，不要图虚名，名利那是身外之物，做学问要坐得冷板凳。纵然才高八斗，若不脚踏实地，那也是缺乏根基。学富五车，是点点积累得来的。要练好基本功，不要急功近利。先生的教诲让我无地自容，我也明白了自己在读书明理和做人之间还需要好好修为。

羞愧间，我抬头看到先生书房中悬挂的一匾额，上书由启功先生书写的"邃谷"二字，当时不明此中之意。回去后翻阅资料才明白取意出自《汉书·董仲舒传》的"临渊羡鱼，不如退而结网"，意为做学问应该低调，读书做学问要求"邃密"和"虚怀若谷"，来不得半点虚假，原来先生之"邃谷"也有如此深意。先生家学渊源，早年求学时期又得陈垣等大师指点，加之天赋极高，在古典目录学、地方志、北洋军阀史和图书馆学等诸多研究领域成绩斐然，颇负盛名。先生治学严谨，成名之后，每日依然坚持早起读书并笔耕不辍。反观自身，心浮气躁，实乃读书人之大忌。"结网"还是"羡鱼"，当下有了感悟，而如何"退而结网"还得向先生学习，也许是一辈子的事情。

先生虽然读书做人上对我和其他弟子要求十分严格，但生活上却对我们无微不至地关心。尤其是我家境贫寒，尤得先生偏爱。逢年过节，先生必定叫上我们去家中小聚，一来解我们思念亲人之苦，二来也为我们改善伙食。有一次家中因为盖房需要借钱却四处告贷无门，父母成天愁眉苦脸，我也因此无心学习。万般无奈之际，先生得知了此事，马上自掏腰包把钱借给了我，并嘱咐我不要为这种小事担忧。在感激中，心里更添了对先生的敬重。毕业前夕，我工作没有着落，先生亲自帮我联系工作单位，并推荐我到天津商学院图书馆工作。在我眼里，先生与我已经情同父子。毕业后，我工作和生活上遇到困难，还经常向先生求助。先生搬家，我也不惜力气为先生藏书打捆，时值盛夏，汗流浃背也乐此不疲。

让我铭记终生的是先生参加了我的婚礼。工作之初，收入低，家底薄，根本不可能举办像样的婚礼。单位领导和同事对我十分关照，帮我在学校工会的活动室举办了简单的结婚典礼。由于父母远在湖南老家，家里也难以支付来回路费和其他费用，所以父母不能来天津。可是再简单的婚礼也得有长辈参加才好。先生和师母知情后，当即提出要以我父母身份参加我的婚礼，令我潸然泪下。心中常反问自己何德何能独得先生如此厚爱。婚礼那天，先生和师母带给了我新婚的礼物，还代表我父母发表了热情洋溢的讲话，使我倍感温暖。滴水之恩，亦当以涌泉相报。先生与师母如此大恩大德，此生难报，唯有谨遵师训，做好事，做好人。

大学图书馆工作，在大多数人眼里其实是没有多少创意，更谈不上有学问，像天津商学院这种普通大学的图书馆的工作，他们更认为不值得一提了，根本就用不着研究生。更何况我头顶还有名师弟子的光环，在众人眼里，我一定会孤傲不驯。但我心里清楚，自己并没有多少学问，更清楚自己应该按照先生的要求多"结网"，少"羡鱼"。每天打开水，我抢着帮岁数大的同事捎上，时时还伴着微笑。分配我看阅览室，整理书架、擦书桌、扫地，这些别人觉得是卫生工作的繁琐小事，我做得认认真真，心平气和。排目录卡片是一件枯燥之极的事情，我也能从中自得其乐。我和同事成了朋友，和学生成了朋友，在平静中"结"好了"网"。

一次偶尔的机会，学校事业发展需要选拔一批有硕士学位的年轻教师攻读博士学位，因人数不够选择面扩大到非教学部门，我再次幸运地被列入候选名单，但前提是必须转行学习经济学。我此前从没有学习过经济学，时间短，要考取博士研究生几乎没有可能。在我困惑之时，先生一方面鼓励我坦然面对困难，指出不同专业虽千差万别，但读书做人的道理还是一样。另一方面为我介绍南开大学国际经济研究所博士生导师蒋哲时先生对我进行指导和点拨。经过简单的思想斗争，我全身心投入了考试准备，并最终再次误打误撞捕得了又一条"鱼"——获得重回南开攻读博士研究生的学习机会。

转到一个截然不同的专业，没少经甜酸苦辣，个中滋味心知肚明。但先生之教诲，让自己在历练中心趋淡然。或偶有挫折而不气馁，或小有成绩而不自负。后来能执三尺教鞭，心里也时刻警示自己以先生教诲严于律己以免误人子弟。多年来先生的言传身教，也使自己养成了勤奋念书的习惯，并时常结合身边之事反思，每有所悟，不忘告知学生共同分享。

回顾自己走过的人生道路，自见先生之日起，就离不开先生的印记。工作、生活和学习中有了成绩也不忘向先生汇报。由于才疏学浅，天赋不够，无法得先生学术之万一，实在是此生之憾事。然先生"邃谷"之精神，自以为能得一味，勤"结网"，少"羡鱼"，亦不负先生之期望。若假以时日能只"结网"，不"羡鱼"，并由大斌他们传承之，岂不快哉！

原载于《友声集——来新夏教授九十初度暨从教65周年纪念集》 孙勤主编 中华书局2012年版

一生事业的依傍

王立清*

1988年9月，我考取了南开大学图书馆学情报学系的硕士研究生，成为来新夏先生的入门弟子。这一机遇，不仅使我有幸亲聆先生的教诲，而且切身体会了先生的学术风范和严谨的治学方法，以致受益终身。此前，我本科生期间也曾聆听过来先生的目录学讲座和中国古代图书事业史的课程，深深地被先生渊博的学识和极好的口才所感染和吸引，但那仅仅似对星空的仰望，除了敬仰还有距离。

两年半的研究生学习生活使我有机会更为深入地接触和了解自己的导师来先生。"立足于勤，持之以韧"是先生一生精神的写照，当时，来先生除了教学科研，还身兼图书馆馆长、图书馆学情报学系主任、南开大学出版社社长等数个行政职务，事务繁忙，但他对于学生的培养和教育不仅没有一点懈怠，反而倾注了更多的心血。多年之后，我有了自己的研究生，愈加佩服和领会先生指导学生的独到之处和良苦用心。

来先生极为注重培养研究生的科研能力，体现在教学实践中就是紧密结合培养方向，尽早明确研究选题，把关课程选择。我研究生入学之时，恰逢先生带着历史学的丰硕成果转攻"中国图书事业史"方向，鉴于这方面国内研究的空白，先生规划着中国图书事业史的研究蓝图，并把我们带入了一个全新的学术领域。先生治学严谨，布局确当，他首先在宏观上把中国图书事业史划分为古代和近代两个阶段，然后组织精干的专业队伍分别进行研究、著述。当时先生主持的《中国古代图书事业史》基本完稿，已着手中国图书事业史近代部分的编写工作，他

---

* 王立清，中国人民大学信息资源管理学院教授。

的构想是：把中国近代图书事业分成若干专题，作为学位论文题目由研究生们任选，先撰成资料较充实、论述亦较完整的论文，再经统一编纂而成为浑然一体的学术专著。先生认为，这是"对中国近代图书事业作一次总括性论述的试探"。做这件事，先生坚持了十年，先后有八位研究生加入其中，我是较早进入这一研究领域的成员之一。

记得刚一入学，先生就给我提出了明确的研究方向，即中国近代图书事业史。同时也给予了我充分的选题自由，允许我在这个大的研究范围内选择自己感兴趣的主题作为硕士生阶段的研究题目。围绕此目标，来先生指导我完成了硕士阶段的课程选择，并开列了一系列的阅读书目，同时还让我到南京、上海等地搜集查阅相关资料。于是，我携带先生的介绍信，遍访有关名师，查阅图书文献，寻求研究视角。在华东师大，我见到了著名的洋务运动史专家夏东元教授，就洋务运动时期的西书流入和翻译情况进行了讨教，从而触发了写作思路。这样，在先生的指导下，我熟悉了各种研究方法，又有了文献调研、实地走访的基础，在硕二开始时就确定了硕士毕业论文的研究题目——"中国近代译书之宏观研究"，准备对中国近代的译书进行梳理和研究。在硕士论文的写作过程中，我得到先生的悉心指导，大到研究方法的应用、研究内容的论述，小至文献资料的引用、复核，我更进一步地领略了先生历史学、目录学和方志学的深厚功力以及严谨的治学态度。按照来先生的初期设想和规划，随着师兄和历年师妹、师弟们一篇篇硕士论文的完成，逐渐积累了中国近代图书事业史的专题研究资料。1992年夏，先生召集我们回到南开园，就事先拟好的《中国近代图书事业史》写作大纲进行了讨论，将近代部分界定为1840年至1949年，并按照历史发展进程将全书划分为两次鸦片战争时期、太平天国时期、洋务运动时期、戊戌变法时期、辛亥革命以前十年、北洋军阀统治时期、十年内战时期、抗日战争时期、解放战争时期等九章，首章"绪论"为全书的主旨概述，由先生亲撰。当时，我们几个已经在北京、秦皇岛等地工作的弟子，都专程回到天津，在讨论书稿的同时，恰逢先生七十寿辰，师生欢聚一堂的热烈情景恍如昨日！

正如先生所言，这部书是"由三代师生苦心经营十多年"，"数易其稿"，终由来先生笔削点染完成。2000年，《中国近代图书事业史》由上海人民出版社正式出版，实现了先生"要把中国近代图书事业所承受的传统文化的吹拂，西方文化的影响，破土而出的新生气息和无端肆虐的血与火，描绘出一幅供人赏鉴，备人参考，引人深思，发人猛醒的历史图卷"的研究设想。先生独立成文的《绪论》统领全书，高屋建瓴，更是点睛之笔。这部书首开中国近代图书事业史研究先河，因此获得中国图书馆学会第二届图书馆学情报学学术成果奖著作一等奖。此后，该书与1990年出版的《中国古代图书事业史》重新编排合为一书，成为一部贯通古今的《中国图书事业史》，2009年由上海人民出版社出版，成为将中国书史、中国目录学史、中国图书馆史"三史融为一体"的通史性著述，使具有"南开"特色的中国图书事业史研究在图书馆学领域始终独占鳌头。

先生对弟子在学业上的要求是很严格的。先生曾师从陈垣、余嘉锡、启功等名师，受益于老师的严格训练，所以会遵从这一传统和习惯。但这种严格并不是严厉的斥责，而是以身作则，认真批改作业，指出问题和不足，并要求我们仔细修改。记忆中每次给先生交作业时，多少会有一些忐忑，先生渊博的学识和流畅的文笔让我们这些学生很自然地心生敬畏，所以对先生交代的功课也会格外用心。来先生是一位很敬业的导师，几乎每次都会对我们的文章做出批注和修改，包括错字、标点等等。有时，我们修改后的内容，先生还会再次过目，甚至返回再改，直至满意为止。在先生的引领下，我学会了如何撰写学术论文，掌握了如何采用适当的研究方法，懂得了如何从事科研活动，知道了什么是严谨治学。

来先生虽然在学业上要求很严，但同时在生活上又能给予我们父执般的慈爱和关怀。来先生不仅学问做得好，而且是一个很懂生活，也很能理解学生的好老师。我们这些学生可以无拘束地去先生家，都在先生家不止吃过一次饭。每逢在先生家上课或讨论问题遇上饭点时，先生总会主动招呼我们留下吃饭，让这些异乡学子倍感家的温暖。虽然多年后已记不得在先生家品尝了什么菜，但先生用高压锅焖米饭的香味还记忆犹新，因为先生家的米饭要比南开食堂的米饭好吃很多很多。先生家藏书满架的书房兼工作室是弟子们求学问道之所，当年先生在这里与我们的对谈如沐春风，谆谆教诲至今犹在耳畔。

来先生不仅对学生竭尽传道授业解惑之责，更是努力地为学生搭建广阔的成长平台。我的第一篇论文就是在先生提携下发表在当时高校颇有名气的《津图学刊》上，文章源自一篇课程作业，先生发现后指导我进行了多次修改，又推荐给该刊发表。这对于当时还是本科生的我来说是莫大的鼓舞和振奋，也极大地激发了我的自信，并从此与学术研究结缘前行。读研期间，先生会鼓励我们参加一些学术会议，以开阔视野；有时会带着我们结识一些学界前辈，参与讨论一些学术问题。在学术交流中，先生深厚的传统文化底蕴，风趣幽默的语言，激情饱满的精神面貌，甚至他西服革履、一丝不苟的着装，都让弟子们感到今生能以来师为师而骄傲。1991年我硕士毕业之际，来先生得知我想去北京工作的愿望，主动为我写推荐信，托朋友探问应届生需求事宜。更令我感动的是先生仙逝后，焦老师传给我的一封来先生手札的影印件，此札为硬笔所书，是1991年3月20日来先生致中国人民大学图书馆馆长杨东梁的一封信，其中写道："……王立清系我系硕士研究生，曾从我专攻图书事业方向，具有双学位资格，为人颇好，工作负责，历年获奖，已蒙贵馆录用，今后尚祈严加要求扶植成长，专此奉恳……"后来，我在网上搜到了这封信札原件的图片，乃为此札的收藏者展出以示哀悼来先生。看着这熟悉的笔迹，想着先生的音容笑貌，追忆着先生对我们这些学生充满关爱的点点滴滴，内心充满感恩和怀念之情。

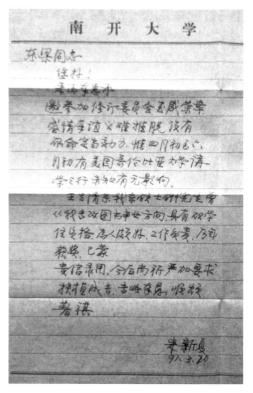

1991年3月，来新夏为弟子王立清进业致中国人民大学图书馆馆长杨东梁函（王立清提供）

我硕士毕业后到中国人民大学工作，此间，每逢先生来京开会或讲学，若我知晓，一定会去看望先生，汇报工作和生活情况。尤其是先生得知我考取了北京大学信息管理系王余光老师的博士生之后，尤为高兴，在交谈中还特意表扬了我的上进心，并嘱咐我处理好学习和工作的关系。工作后我曾回过南开，见过几次先生。最后一次是2012年的9月份，这一年先生已九十高龄。当时我去南开大学做研究生保送的宣传工作，抽暇去家探望了先生，焦老师开门见到我时格外高兴，先生在书房接待了我，书架、地上依旧都是书，电脑旁放着刚打印出来的稿子。先生看上去面色红润，思维还是那么敏锐，表达还是那么清晰，这一次见面交谈了40多分钟，谈话内容从先生近期的出访活动和学术写作，到我的工作生活状况，似乎想穷尽所有的话题，辞行时仍感言犹未尽。看着先生健朗的身体，听着先生铿锵有力的话语，我心中坚定地认为先生如此健康定当活过百岁，我们师生还会有很多次这样愉悦的谈话和交流。不曾想这竟是与先生的最后一次会面，这一场景也永久地定格在了我记忆的长河中。

1991年离开先生身边，至今已有二十四载春秋。其间，虽不再频繁近距离地接触，但从断断续续的互动交流以及媒体的报道中，先生不断地给学界带来惊喜，让学生我钦佩有加。1997年来先生七十四岁，开始学习用电脑写作。先生预见人老了手会发抖，无法写字，但如果用键盘输入就可避免这样的问题，还能继续工作，我深知先生一直以来是视学问为生命的，先生的这种超前意识和与时俱进精神，令我敬佩不已！此后，古稀之年的来先生开启了"衰年变法"——为"反馈民众"而写随笔，糅合了知识性、趣味性和丰富的真情实感，实现了历史与文学的从容对接，出版了《路与书》、《冷眼热心》、《枫林唱晚》、《学不厌集》、《一苇争流》、《谈史说戏》等20余种数百万字的随笔散文，凸显了先生深厚的文化底蕴、清新流畅的写实风格以及豁达从容的人生感悟，堪称奇迹。我眼中、心中的先生从来都是这样的：勤勉、坚韧、博学、严谨、睿智、求新、真诚、儒雅、慈祥、大气、乐观……

来先生曾在接受采访时说过："一个人一生中会遇到许多老师，他们以毕生的精力教学生知识与做人之道，为自己的学生奠定一生事业的基础，给以深远的影响。过去把老师排在'天地君亲师'之列，说明在给自己生命的父母之外，就是为我们开通事业通衢的老师，所以学生有自称'受业'的说法。有的老师甚至成为自己一生事业的依傍，使你终生难忘。"在我求学的路上一样曾遇诸多老师，授我知识，伴我成长，给我影响。来先生对我而言，则是上述所言的"成为自己一生事业的依傍"而终生难忘。

谨以此文缅怀恩师来新夏先生，感念之情，文不尽意！

原载于《南开大学报》2015年4月3日

感念师恩

穆祥望[*]

师者，所以传道授业解惑也。老师对于学生的帮助有很多种，有的教授学生知识，有的传授学生道理，有的赋予学生能力，有的老师则改变学生的人生轨迹。来新夏先生于我而言，是上述的一切。

大一期间，由于大部分课程都是公共基础课，读杂书、听讲座便成为我们课余时间的乐趣和消遣。记得，一个秋天的傍晚，图书馆馆长来新夏教授要向大学生讲书与读书，听说南开的图书馆馆长一向都是大师级学者，我们几个同学便饶有兴趣地相约去听讲座。没有想到，这看似普通的一次讲座，却事实上改变了我的人生轨迹。

那天，我和同学一起向主楼小礼堂走去，我们预计提前15分钟到达，本想能够找个前排座位，可是，一到小礼堂，就被眼前的场面惊呆了，听讲座的人已排到主楼二楼，从前面的人缝瞭望，不但所有的座位全满，而且窗台、通道上或站或坐已经挤满了人。人山人海，甭说前排，连进会场都是问题。机灵的同学拽我出来，偷偷溜到后台，心想这颇具创新的点子准能行，结果又傻眼了——一帮学生捷足先登，早已占据主席台后有利地势。好在一个学姐给我们腾点地儿，我俩便挤坐在后台进口的角落。就这样，第一次听先生讲座竟然是与先生"同台"，但看到的是一个背影轮廓，一个让我牢记一生的轮廓。

那天，先生讲的是读书，怎样读书，读什么书。二十七年过去了，当年听先生讲座的笔记已经找不到了，但是到今天，依然记得不少内容。先生那天从中国

几千年悠久历史的"书"讲起，面对难以尽数的知识财富，大学生怎样从中汲取养分，爬上"书山"，同时掌握好节奏。让我印象最深的是读书的阶段：初上"书山"，一片茫然，不易辨别自己的方向，需要稳步慢品，要选定好书精品认真精读，养成能坐得住的好习惯，奠定扎实的基础，增强识别能力，填充内涵。走过山腰，积累了一定知识，掌握了读书方法，就要加速、扩大范围、多读书、触类旁通、分辨清浊。在追求质、量并重的过程中，把读书作为生活中不可或缺的内容，善于思考、善于汲取，"博观约取"和"好学深思"，读书有得，成为真正爱读书和会读书的人。

那次讲座两个小时，全场鸦雀无声。后来跟随先生多年才发现和总结出来的先生讲课特点，其实在那次讲座中体现得非常充分。先生的开场白没有更多的铺垫或是客套，总是直接切入主题；没有讲稿，但条理非常清晰，连串的妙语、故事，都是道理的讲述和历史的脉络，那么深入浅出、耐人寻味；直接面对学生的困惑和知识盲点，观点鲜明，逻辑缜密，问题分析和阐述丝丝入扣。

那次讲座之后，我开始仰慕这位大学者，也萌发了转而学习图书馆学的念头。其实，我的高考正值南开图书馆学系第一年招生，我的第一志愿就是图书馆学系，但被哲学系录取。当时填报图书馆学志愿，只是单纯地认为图书馆学是研究图书的，可以多读书。那次讲座为我打开了一扇门，我看到了图书发展史中的"绚烂多彩"，看到了文化传承载体的"变化多端"，很想探究由书形成的历史，由书组成的真实世界。大二一结束，我就申请转到来新夏先生为系主任的图书馆学系，当时来先生还兼任图书馆馆长。怀着忐忑的心情敲开先生办公室的门，说明来意后，先生询问了我从哲学转向图书馆学的想法，并鼓励我要努力钻研和踏实学习，将辩证的思维和哲学的方法用于图书馆学之中。于是，我欣喜若狂地参加了面试，结束后，来先生在我的申请表上写下了"同意"，自此我的人生轨迹改变了。二十多年过去了，我没有能够成为"两课"教师，但是，在图书馆的工作、生活颇感充实、丰富。

能够师从先生的确是今生幸事。跟着先生，学到的不仅是专业知识、人生道理，更重要的是在他的言传身教之下，领会并掌握了一些治学方法，修养了乐观的信念和坚持的勇气，让我受益无穷。

在教学方面，先生坚持亲自给本科生上课，既注重教学内容，使之广博丰富，又讲求教学方式，以善于表达、娴于文辞而获得卓越的效果，深得师生好评。记得开设"中国图书事业史"课程，先生以高屋建瓴的气魄，策划合中国图书史、中国目录学史和中国图书馆史"三史"为一体。先生亲自作第一讲，厚积薄发、举重若轻，以图书为中心，将与图书有关的各种事业，包括搜求、典藏、分类整理和再编纂等包容进来，最大限度容纳了原来"三史"的内容，以图书形态发展的特点为主要标志，将中国图书事业划分为不同发展阶段，综合考察围绕图书而展开的各种事业，概括叙述中国图书事业的辉煌成就，总结图书文化的优秀传统和历史地位。先生用动态、能动的态度研究枯燥的图书史、图书馆史，向我们展示灿烂的文化。正是先生的创新精神，使图书馆学的课程设置更趋于科学合理，减少了诸多重复，减轻了学生的学习负担。正是先生的课程改革，结束了当时学图书馆学要"七见向歆父子"的说法。

从事实际工作之后才逐步感到，真正让我受益最大的，其实还不仅是从先生那里学到的图书馆学理论和实践方法，而是先生真正教给我们的坚韧的精神。

先生经常告诫我们治学一定要"立足于勤，持之以韧，植根于博，专务乎精"，图书馆人应当是探索科学的尖兵，应当站在时代的前列，清楚地看到社会潮流，见到新学科的产生和发展，及时为新的学科输送知识养料。研究图书馆学不是靠记忆力和才思，而是靠对图书馆和社会发展需要的观察，这些观察也包括图书事业史，而这些需要日积月累。

日积月累的主要方法就是读书笔记，先生强调立足于勤是求学的基点，勤写、勤听、勤读和勤思，最终落实在"勤写"上，写笔记、写资料片断和思考点滴，多年积累会成为非常可观的学术资料；写笔记要用自己的话来概括，这本身是一种再创造过程，把别人的观点吃透消化成自己思想的一部分。这不仅是积累，而且还是一种磨砺。先生在几十年中，已经养成了随手摘笔记、抄卡片、搞剪报、写提要、记心得、思问题的习惯，后来了解到，先生为八十年代以来的学术成果的爆发足足准备了三十年。很难想像，连续问世的几部很有影响的学术著作是先生在"特别年代"中面朝黄土背朝天的点滴余暇，伴随着"交代材料"积累的结果，这彰显了怎样的韧性！

如今，先生已是望九高龄，依然笔耕不辍，在从事专业研究的同时，还撰写大量随笔杂文，用随笔形式把知识化艰深为平易，还之于民众，归之于社会。先生旺盛的学术生命和"常开新境"的学术风格值得我们认真学习。

来先生带我走上图书馆事业之途至今，我已经在南开大学学习、工作了二十七年，这是我生命中最宝贵的时光，因为我能够时常亲耳聆听来先生的教诲。二十多年来，我每每暗自庆幸，仰望先生、高山景行、心向往之者不计其数，但能够长期在先生身边，获益于先生言传身教的人能有几何？一辈子能遇到这样的大师和人生楷模，我感到莫大骄傲和幸福。即将迎来先生九十华诞，令学生们高兴的是先生依然身体安康、精神矍铄，而且仍然孜孜不倦地为学术研究和服务社会贡献自己的力量。在先生九十华诞之际，向景仰的来先生表达敬意，表达祝福，恭祝来先生、焦老师健康长寿，永远"笑游桃李林"！

原载于《友声集——来新夏教授九十初度暨从教65周年纪念集》 孙勤主编 中华书局2012年版

和风暗换年华

—— 我与来新夏先生近卅载的师生缘

唐承秀[*]

不经意间，与先生相识已然二十六载。点点滴滴的记忆平时闲散在脑海深处，轻易不会触碰，直到近日细细梳理，才发觉原来每到我人生的关键之处，都能见到先生的身影，和我的成长息息相关。就像春天里的和风细雨悄然而至，不知不觉，润绿了年华。在先生九十大寿到来之际，把这点滴回忆凝成文字，作为对先生的祝福。

一、求学之路

1984年我从河北承德考入南开大学，服从分配进入到哲学系，开始了憧憬已久的大学生活。但是，由于当时心仪的专业并不是哲学，因此，从入学之初的兴奋逐渐变得迷茫、不安。那时哲学系八四级是一个大班，70多人，为了方便开展活动，被分成了几个小组，我所在的第一组被封为"雅典学院"。小组研讨时总有那么几位常常是口若悬河、激扬文字，从柏拉图、苏格拉底到马克思，从老、庄再到毛泽东，古今中外，谈兴甚浓。

我很羡慕他们学识渊博、能言善辩，自叹弗如。然而，羡慕之余也在苦苦思

* 唐承秀，天津财经大学图书馆馆长、研究馆员。

索，应该多研究实学，来丰富我们哲学的思维。我特别赞赏马克思的一句话，"哲学家们只是用不同的方式解释世界，而问题在于改变世界"。因此，困惑之余，便常常拉上室友四处去蹭课，丰富知识，开拓视野。

一次偶然的机会，路过主楼的一间教室，被独特的声音所吸引，这是第一次见到来先生，只见他目光睿智，声音洪亮，正在讲有关图书历史的掌故，是在给图书馆学系的学生上课。不知不觉停下来"偷听"了一会儿。也许就是这次偶遇，注定了我与先生的师生缘。

大学一年级就在好奇、彷徨中度过，最终还是萌发了转系的念头，斟酌再三，感觉图书馆学专业比较适合自己的兴趣和性格，并且，在八十年代中期，这个专业属于新兴的朝阳专业，大家对未来充满希望，就业前景也还不错。于是，义无反顾办了转系手续。现在想来，一时的决定竟定下来一生的从业之路，与图书馆事业结下了不解之缘。1985年，正值先生所组建的图书馆学系成立的第二年。作为系主任，先生在繁忙的工作、教研之余，对我们几位转系同学也时有关注和关心。听先生的课真是一种享受和学术的沐浴，先生给人的感觉是威严而博学，有点令我们这些大二学生望而生畏。但讲起课来，抑扬顿挫，引经据典；写起字来，竖行板书遒劲有力，字迹另成风格。虽然上学期间，听先生课的机会并不多，但却为我们今后的专业知识打下了坚实的基础和研究兴趣。

在我彷徨迷茫而转换专业的时候，投到先生门下，延续了今后这么多年的师生情谊。

二、初入职场

四年的专业学习终于在1989年划上句号，其中有三年的时间我们宿舍就在新开湖的老图书馆旁。春夏秋冬里、朝霞夕阳下，都曾有我们在湖边流连的身影，老图书馆自然也是我们对往昔回忆中一个不可或缺的背景图片，湖光、馆舍定格在我们许多同学的记忆之中。没想到1989年我有幸和另三位同班同学成为这座图书馆中的新兵。先生自然是当时决定留校人选的重要决策者之一，因此，能够与南开继续着渊源，实在要感谢先生和当时的馆领导做出的决定。

那时，先生身兼南开大学图书馆学系主任、图书馆馆长、出版社社长兼总编辑数职，公务甚为繁忙。作为一名新员工，其实也难能见到老馆长，但入职之初，我们拜见馆长的情形还依然历历在目，给我的感觉还是威严震慑。我们参加工作的第二年，也就是1990年，先生已经六十八岁，图书馆长届满离任。虽然我和先生在图书馆工作的时间交集并不多，但对我来说，还是要感谢先生引我走上工作岗位，开始我人生的又一个重要里程。

后来的一段时光里，虽然在图书馆里很难见到先生，但却常有机会到先生家中相聚，因为我的夫君徐建华是先生的研究生，我便和先生的弟子们成了周末先生家的常客。那时先生住在南开大学北村一个小单元房里，满满的藏书犹如进了知识宝库，我们的到来更是显得拥挤，空间狭促却很温馨，给我留下美好的记忆。让我印象深刻的还有先生家的饭菜，特别是红烧鱼，味道甚是独特。每次到先生家，都要留我们吃晚餐，那时候食堂的饭菜种类不似今天这般丰富，所以在先生家打牙祭、享美食的情景，至今还记忆犹新。后来，我们这些学生们各有小家庭，也就很少再三五成群去先生家大吃大喝了。回想起来，生活中的先生不像课堂中、办公室里那般威严，是一位平易近人的儒雅长者。

三、新的岗位

时光荏苒，一切都在变化之中。2010年，我的工作也有了变动，虽然性质未易，但地点却换到了天津财经大学，承担了一馆之责。

为了增添财经类大学的人文气息、活跃校园文化，我觉得积极举办一些有品位、有深度的文化与学术讲座，以扩大学生视野是大学图书馆的职责和本分所在。因此，在筹划2011年"世界阅读日"前后的系列活动时，首先想到的就是请先生来做一场讲座。可说心里话，先生时已八十九岁高龄，能否同意是个未知数。忐忑地给先生打电话说了自己的想法，没想到先生慨然应允，还郑重地说了一句"小唐的事我一定支持！"让我特别感动。

于是，在第十六个"世界阅读日"来临之际，2011年4月21日下午，先生饶有兴致地为天津财经大学的师生们做了"读书与人生"的主题讲座。南开大学、天津科技大学、天津职业技术师范大学等兄弟院校的部分图书馆界同仁也慕名而来，聆听了这场充满人生智慧和文化底蕴的讲座。

那一天，礼堂里座无虚席，已是八十九岁高龄的先生，精神矍铄，声音沉稳有力，不减当年。以他个人多年读书治学的亲身体验，就如何爱书、读书、用书作了精辟的论述。倡导大家在对中华传统文化的学习和继承过程中，应取其精华、弃其糟粕，而对如何分辨精华和糟粕，先生认为，不应盲从别人的论断，应该在多读书的基础上形成自己的看法。

先生以他独有的儒雅和魅力征服了年轻的学子们，这是我上任后首位邀请的学术大家，他的到来，为财大校园，也为我工作的顺利开展，增添了一抹亮色。

在回去的路上，先生望着车窗外似曾相识而又陌生的景色，感慨近年来市区变化之巨，有很多地方都变得认不出来了。由此，我也心生感慨，和风暗换年华，漫漫人生路，也要经过不同的景色。像先生这样经历了大起大落、一波三折、一乎低谷、一乎高潮，还依然能恬然故我、潜心治学，真是难能可贵。无论环境如何变化，治学之心不改，先生真是我们后辈永远的榜样！

原载于《友声集——来新夏教授九十初度暨从教65周年纪念集》 孙勤主编 中华书局2012年版

邃谷幽思　学者风范

——访来新夏先生有感

冯凯悦*

　　人生的际遇有时候是件很奇妙的事情，从未想见，我这样一个学识鄙陋、资历甚浅的小辈，能够在进入图书馆学的大门之初就有幸和来新夏先生结识，并且有机会为他做口述访谈。能够在这个过程中见识到来先生的学养风范，感受到来先生对后辈的关怀之情，于我自然是一件值得铭记的事情。而这次经历的缘起还要从我和来先生的一点渊源说起。

　　五年前，我初入南开大学信息资源管理系图书馆学专业，在系史教育中第一次了解到著名的历史学家来新夏先生原来就是我系的创始人，不禁心生亲切之感。后来我由于对历史学有着浓厚兴趣，双修了南开大学历史学院的课程，中国史专业。在此过程中，来先生在方志学、文献学、目录学、中国近现代史的学术成就不断给我带来新的震撼，尤其是每当学期初的第一堂课，历史系的老师们浏览花名册时发现我是图书馆学的学生，必然会问起我是否知道来新夏先生，来先生最近身体可好，我的心中都会洋溢起一种自豪之感。拥有这样一位大师级的老系主任相信是我们系所有学生共同的骄傲。

　　转眼四年的本科生活结束，我如愿以偿留在本校读研，并且有幸能够拜徐建华教授为研究生导师，而徐老师又正是来先生的得意弟子之一，正如来先生在《〈传统特色文献整理与收藏〉序》中所说："建华方当知命之年，学识已有一

＊　冯凯悦，南开大学信息资源管理系硕士研究生。

定基础，精力充盈，为大有为之年。虽曾隶门下，但观其成果，不禁有出蓝胜蓝之喜。……老朽于建华有厚望焉。"恰逢来先生九十大寿将临之际，徐老师有为来先生编纂一本图书馆学论文集的想法，考虑我曾经有过历史学的学习背景，就这样我幸运地获得了近距离接触来先生的机会。

来先生撰文常在末尾注明"于邃谷"，我以前常想梁实秋有雅舍小品，于雅舍中品人生百味，而来先生则于邃谷幽思，在邃谷中思衰年变法，因此总感到邃谷的神秘与辽远，却万万没想到邃谷就在南开园中，自己曾多次于门前匆匆而过，却从未想到自己与这样一个著名的地方擦肩而过。

迈上曲曲折折的楼梯，走过略显昏暗的过道，想到自己即将见到一位泰斗级的老先生，我不禁心中有些紧张。门一打开，一位皓首老人笑盈盈地站在我面前，厚厚的银发，睿智明亮的眼睛，简单的半袖衬衫，舒服轻便的拖鞋，朴素而随和。我鞠躬向来先生问好，来先生很亲切地招呼我进门，让我原本紧张的心情一下子放松下来。

来先生的书房不大，但是很明亮整洁。书房的门恰好对着窗，房间里浮动着微风，门口右边的架子上放着启功先生亲手写的"邃谷"匾额，让我不禁为老先生取名的雅趣和恰当感到由衷的赞叹。房门的左侧是一个将近一面墙大的书架，上面摆满了各种大部头的著作，正对面是一个较矮的书柜，书柜上方挂着一幅几乎等身的来先生的半身油画像，画面上的来先生和真实的来先生都面对着我，同样挂着慈祥的微笑，窗外的光洒在来先生整齐的银发上，跳动成细碎的光晕。他亲切地问我的情况，嘱咐我一定不要因为帮忙编书而耽误学业，临别还送我一本散发着油墨香的《砚边余墨》，并亲笔题字"凯悦小友雅正"，让我颇有受宠若惊之感。

第一次拜访过后，我们开始着手准备来先生的论文集目录，每次到邃谷向来先生请教意见都让我受益匪浅。来先生治学严谨，每次交给他的材料，他都极认真地看过，然后用笔在材料上或注或删。每当我拿到来先生标注过的材料，都不禁有一种惭愧感油然而生，也总是想起肖复兴曾撰文写叶圣陶先生为他亲笔改作文，文章上满是注释，甚至有缠了血绷带的比喻，这种对老先生们的尊重之情恐怕只有我们这些亲身经历过的人才能真切感受，单凭言语或文字实在难以尽述。

来先生虽然著作等身，但是为人极为谦逊，还记得有一次我把做好的口述访谈提纲拿给先生审阅，来先生一定要我把"大师"、"泰斗"这样的词勾掉，然后对我说："这些词不能随便用的，我为人不喜欢这些虚的东西，做学问要扎实

（踏实）一点。"让我无法不对来
先生的高尚品格肃然起敬。

可能做学问、搞学术究其根本
就是要追求真理，老先生一生都在
寻求真知，因此讨厌虚伪，也厌恶
官僚，但是对学生却是无微不至的
关照，每次到来先生家，他都会问
起我们自身的一些情况，然后叮嘱
我们合理分配时间。来先生自己极
其珍惜时间，这点不仅他多次撰文

2009年教师节，来新夏在家中接受学子们献花

提及，而且他现在笔耕不辍的行为可能更是其珍惜时间的明证，但同时，老先生
对其他人，甚至我们这些小辈的时间同样珍惜。有一次我们想为先生的所有研究
生建一个新的通讯录，但是来先生手边并没有现成的联系方式，我就提议我们去
学校校友办公室去找这些信息，但来先生一定不许，说怕耽误我们的时间。看着
老先生为节省我们这些小辈的一点时间，放下手头的工作，翻箱倒柜地找不太常
用的电话簿，虽然来先生精神很好，但腿脚毕竟不是很灵便，这样的先生怎能不
让我们从心底感激和崇敬？

值此来先生九十寿辰之际，作为徒孙，我们真心希望来先生能够身体健康，
福寿康宁，能够继续在邃谷中为我们撰写更多的文章，无论是学术研究还是漫谈
随笔，都能够带给我们无尽的思考，都是我们宝贵的精神财富。而我也将继续努
力，做好来先生口述史的访谈研究，让老先生的人生经历和道德品质能够感动和
感染更多的人。人生的很多际遇都可遇而不可求，我想只有加倍努力才能报偿我
的幸运吧。

原载于《友声集——来新夏教授九十初度暨从教65周年纪念集》　孙勤主
编　中华书局2012年版

因材施教忆恩师

——缅怀来新夏先生

孙伟良[*]

甲午清明节晚，师母来电说看到了我发表于《新京报·书评周刊》上《藏读来公》一文，就编外学生追忆恩师的点点滴滴，实属情真意切。并说来先生有遗言，将择部分藏书寄赠"民众读书室"，不日照办。师母又说其胞弟将来先生几幅照片已上传新浪微博，请我予以转载，以让关注来先生的网友能看到先生的音容笑貌。

照片四帧为：一是来先生在甲午新春；一是来先生的书桌；一是来先生亲手培育的盛开着的旱莲；再是来先生的灵堂遗像。凝视着先生智慧、亲切、风度翩翩的遗像，与之交往的一幕幕又浮现在我的眼前⋯⋯

2006年3月21日，来先生自天津来电，4月初赴绍出席绍兴名贤馆开馆和祭禹大典，顺便来齐贤羊山风景区一游。4月3日，春光明媚，陪同来先生夫妇者尚有浙江图书馆历史文献部主任袁逸、慈溪家谱收藏家励双杰，我那天脱下换煤气的工作服，破天荒着西装领带，为贵客们当临时导游。

羊山处绍兴古城西北十五公里，自从隋开皇年间采石筑城墙始，遂为采石场，明清两朝大规模修筑钱塘江海塘，因地理之便，亦于此伐石，久之成为残山剩水，碧涧深潭。里人于东、西、北三面皆临水之孤岩开凿佛像，后建寺覆盖其上。羊山石佛寺岚光水影，景色清奇，吸引历代文人驻足吟咏，明代国子监祭酒

* 孙伟良，绍兴文史学者，独立撰稿人。

陶望龄，清代翰林院检讨毛奇龄、朱彝尊，近代蔡元培、鲁迅、周建人等皆登临于斯，游记摩崖林林总总，为越地一胜景。来先生一行走遍寺内及石窟，在名胜厅小憩。先生说这个景区很幽静、野趣，若是在闹市区，早已是游人如织了。

中午在寒舍用餐，家姐的炒菜连连博得众人赞许，来先生说"这才是正宗的农家菜"。席间，先生谈及他的祖父来裕恂曾任绍兴县的父母官而倍感自豪。来裕恂（1873—1962）字雨生，号匏园，曾留学日本，应聘为横滨中华学校教务长。回国后加入光复会。1927年6月，由时任浙江省民政厅长马叙伦征荐，出任绍兴县县长。11月，因不满官场恶习，愤而辞官。在杭州、萧山等地继续从事教育工作。来裕恂在绍颇多善政，浙江图书馆藏其《治绍政绩》稿本9册，系从政半年间绍兴县政府往来公文及日常政务记录汇编。

午后至古镇安昌。"明清街市傍河连桥错若绘画，水墨民居台门深巷罗列群星。"来先生一行徜徉三里长街，在绍兴师爷博物馆驻足良久，小坐喝茶。

绍域文风炽盛，却地狭人稠。以科举出仕，僧多粥少，未能上榜的读书人的出路怎么办？清代名幕龚未斋概言之为"读书不成，去而读律"，就是去做师爷；又言"吾乡之业于斯者，不啻万家"。从业人员之广，故有谚"无绍不成衙"。《安昌镇志》编者包昌荣、倪守箴两位老师尽地主之谊，对馆藏文献之征集、种类，安昌籍绍兴师爷业绩一一予以解说，来先生频频颔首，并说如能将馆藏文献予以点校出版，有裨于清代幕府制度研究之需。

作别之时，我冒昧地向来先生提了一个要求，能否在南开大学读个函授历史类学位？换煤气的当然没必要镀金，而内心一直以来有个求知的欲望：初中生读读大学教材。对于双杰兄的抿嘴一笑，袁主任的狐疑不解，来先生沉吟片刻之后道：现在大学生、教授多如牛毛，哪怕你真的拥有文凭，就一定是博学多才了？何况你年届不惑，记忆偏差，这文凭恐有难度；社会也不差你这张大专文凭。绍兴是个文化古城，只要你专一而为，哪怕一碑、一桥、一祠堂、一人、一书、一古迹，将之搞清来龙去脉，这文史富矿够你挖掘，然而付诸文字，那比拥有文凭强多了。以今日得见之羊山风景区、安昌师爷馆而言，就大有文章可做。

来先生的一番肺腑之言，其实是诠释了清代方志学家章学诚的学说"地近则易核，时近则迹真"。不久我从上海图书馆复制到《羊山韩氏宗谱》，从文献到实证，浸润其中。

数月后，来先生来电话。说有一歌星，其初出茅庐一鸣惊人，听者直喊过瘾，后特地赴港进修唱技，之后民众反而觉得挺异样的。我立刻领悟了，先生是要我保持本色，发挥个性。因为此前，我对自己的文笔抱怀疑态度，时有邯郸学步的念头。先生说做学问的道路是取长补短，然更应扬长避短，要善于发现自己的长处，并且有效地发挥。又说，在理论上，你肯定搞不过大专院校的教授；但在实践上，这是你的优势，你有许多"接地气"的机会。要善于将文献整理、实地踏勘、采访口碑等结合起来，如此形成的文字，才是有内涵、有价值的文章。又谈到某学者读《论语》，影响甚广，但切忌拾人牙慧，每个人限于学识、经历以及修养，对《论语》有着不一样的悟解。必须去看原书，自己慢慢去领悟。毋庸讳言，先生是要求我去啃原始资料，从那里去吸收养分。先生何等之忙，为我单独作二十多分钟的电话授课。恩师的教诲，伟良铭刻在心。

不久，先生寄赠"临渊羡鱼，不如退而结网。伟良小友存。来新夏书"。"结网"句，蕴含一种教人循序渐进，网成自能得鱼的寓意。恩师的良苦用心，伟良感激之余，只能用逐篇笨拙的文字，以作答谢。

之后，习作如《绍兴〈羊山韩氏宗谱〉及其文献价值》、《探访张市沈家祠堂》、《陆游一脉在齐贤》、《从清代告示碑文管窥羊山采石史》、《傅怀祖及其〈灌园未定稿〉》等出稿，我都会快递先生一份求教。

我在走村串户换煤气的同时，留意访求乡邦文献。有次得见一师爷手稿，允借阅一晚。翌日复制一份即刻寄津请先生鉴定。先生阅后予以题跋："此绍兴齐贤镇师爷高师昂手稿，伟良得见后复印入藏，今邮来一读，多有塞北风情之作，诗多纪事，可供研究之需，手稿无题名，高氏号鹤圃，何不以此名书曰《鹤圃诗稿》。二○○八年五月，萧山来新夏题。"

因忙于生计，我尚无系统研究《鹤圃诗稿》，未有只言片语见诸报端。而先生遽归道山，骇惋莫名。他日撰就文章，先生已不能为之过目，感慨之余，我深深地自责，有负师恩啊。

寒斋书桌墙上，悬挂着"立足于勤，持之以韧；植根于博，专务乎精。丙戌仲春书应伟良乡友共勉。八四叟萧山来新夏题"。每每目睹先生毕生遵奉的治学态度与途径，既有师言"共勉"，当不懈怠。

孙伟良撰于甲午清明后十日

原载于《绍兴文理学院报》2014年5月25日（第78期）

我的老师来新夏

吴眉眉[*]

　　我的老师来新夏先生，主要从事古典目录学、历史学、方志学、文献学等方面的教学与研究工作，对各学科有着独到的见解，具有很高的学术造诣，尤其对创建南开图书馆学系作出了不可磨灭的贡献。在他人眼里，先生是一位著名的教授，著作等身，桃李天下。而在我心中，先生更像一位慈父。先生与父亲确实有许多相似之处，不但年龄相仿，遭遇类似，历经磨难后依然保持豁达乐观，对生活始终充满信心与希望的个性最为相同。虽然幸会先生六年余，见面不过三次，但先生对我的教育和关怀从未间断。有时我甚至怀疑是上苍怜惜，在父亲离开我一年后安排了与先生的相遇。

　　初见先生，是2005年5月在天津图书馆举行的《书林清话丛书》主题品评会上。当时丛书新推出六种，其中就有先生的《邃谷书缘》。那次活动，令我收获颇丰，不但结识了多位师友，更难得的是有幸拜会先生。当我捧着《邃谷书缘》呈上名片请先生签名时，先生简短的几句交谈，一下拉近了距离，在先生身上我似乎看到了父亲的影子。

　　那以后，我遇到难题首先想到的是求助先生，先生也是有求必应，并且从不放过任何一次激励的机会。如看了我名片上的小画，即在来信中写道："你的绘画小品甚有情趣，寥寥数笔，颇传神韵，未悉能否见惠一方，以陶冶俗情。"先生见多识广，如此放低姿态，让我感动。便于2008年除夕为先生画了小品墨梅，还不假思索地在树枝花苞间添一轮圆月寓意新年吉祥。先生于正月初十回信，

---

　　* 吴眉眉，苏州市职业作家、画家。

说："小品尤见情趣，为寒舍增春色雅兴。惟此幅作于除夕，则为月之晦日，不当有圆月，应有月色而无月光。未识当否？一笑。"先生以轻松的口吻指出画中的不当之处，令我深受启发，做任何事情都应实事求是，任何情况下都不该由着性子凭空想象。

每有小书出版，我总是第一时间奉上请先生批评，先生也必定及时回信加以鼓励，如看过我2006年12月出版的《洞庭碧螺春》后，即在回信中写道："尊著《洞庭碧螺春》图文并茂，几括所有茶事，通读以后，有读新茶经之感。"我自然清楚书中的诸多缺憾，但先生只说可取之处，给了我以继续向前的信心。2008年，我参与撰写《友新六村志》之《新郭村志》，负责策划、统稿的王稼句请先生为该书作序。事后先生在回信中写道："前为六志撰序，读《新郭村志》为女史笔墨，通读一遍，有清新之感，甚喜。"先生的话如同绵绵春雨滋养着我。

又见先生，是在2010年5月22日晚上。先生、师母、薛冰、潘小庆、彭国梁等一行由王稼句带领从泰州顺道来苏州，入住友联假日酒店，欢迎晚宴就设在酒店内。时隔五年，再见先生、师母，感觉一点不陌生，反而更觉亲近。餐桌上气氛融洽，不时传出先生特有的来氏幽默语言，惹得席间笑声不断。用餐结束，先生不忘为东道主题字，并风趣地称之"画饭票"。先生对于别人的好都尽力回报，认为这是理所当然。

24日上午，稼句先生和我陪先生一行数人游留园。看见茶室，先生不肯走了，同行的诸位师友陪同先生喝茶，我则陪伴师母继续游园。一路上我们的话很多，而且很投洽，看得出师母是喜欢我的，于是大胆地向师母道出了欲拜先生为师的想法，师母听了爽快地说："好啊，这是好事啊，我一会儿问问来先生。"

有此非分之想，得感谢薛冰先生。就在22日晚宴前与薛先生闲话时，他说："来先生南下之行你要天天陪着，从苏州陪到来先生老家萧山，再由你负责送回家。"我说："好啊，求之不得呢！我送到天津就不回来了。"他说："不如你就拜来先生为师，做来先生的关门弟子，在天津跟来先生学本事，岂不更好。"薛冰先生看似无意的一句话，令我茅塞顿开，事实上先生早就是我的老师了，何不乘此难得的机会向先生提出呢？于是，就有了留园请求师母从中牵线之事。

游了留园，中午在山塘街上的松鹤楼用餐。餐间，我听见师母悄悄地问先生是否愿意收我这个弟子，先生说："她已经很好了，我也教不了她什么，最后只怕落得个徒有虚名。"我一听急了，忍不住斗胆直接问先生："那您是否答应？""答应啊！"听了先生的肯定回答，我开心地说："好！今晚在西山雕花楼我们就举行拜师仪式。"先生问："稼句知道吗？"我答："一会儿就向他汇报。"当时稼句先生坐在我们对面，圆桌很大，故而听不到我们的对话。

下午，在去西山的路上，我边开车边向稼句先生如实汇报情况。他的反应和师母一样，说："好事啊，晚上的拜师仪式我来安排。"晚餐时，稼句宣布拜师仪式开始。先生起身，师母手里拿着领带跟着进了洗手间。不知真相的师友们用疑惑的眼神望着我，我忙道明拜师的来龙去脉。说完，先生西装革履地出来了。待先生、师母坐定，我问先生："鞠躬行不行？"先生说："不行，我们要老式的。"我很自然地行了叩拜礼，先生赠言八字："博观约取，好学深思。"我呈上两只红包，师母从颈项取下玉佩挂在我的胸前。那一刻，我感到无比幸福与温暖。见证拜师仪式的诸位师友，尤其是薛冰先生，感动之余都为我们高兴，一一敬酒祝贺。

相聚是短暂的。25日中午在友联假日酒店门前与先生、师母话别。我提出陪先生、师母去萧山，先生说："我们去办公事，没时间顾及你，况且这两天你也陪得累了，回家好好休息，以后见面的机会多了。"我只好从命。先生上车前又叮咛道："记着回家哦！"这简短的五个字，彻底打动了我，自父母过世后这样充满父母之爱的动情话语已经久违了，我情不自禁地在先生、师母脸颊上轻轻一吻，就如同每次回家看望父母临别行礼那么自然。

2010年6月8日，先生寄来我们在西山雕花楼的合影，信中云："苏州一行甚愉快，门下增一贤媛更感欣悦，寄上签名合影四帧，备收藏。"不几日，又收到先生寄来的八字赠言书法作品。7月25日先生来电，说今天给我寄了几本先生祖父来裕恂的著作，收到后不必回电，先生、师母被安排到山里的别墅避暑，回家后再给我电话。两天后收到先生寄来的快递，先生在信中云："眉眉，你好！近日检出先祖遗著五种，皆我斥资出版，供你涉猎，不必全读，略加浏览以明来氏之学。天气炎热，望多珍重。"有《中国文学史稿》、《易学通论》、《匏园诗集》、《匏园诗集续编》、《萧山县志》五种。先生的祖父，即我的太老师，少攻经史，曾从师于晚清国学大师俞樾之门，肄业于诂经精舍，奠定了深厚的国学基础。民国时出任过绍兴县县长等地方官，新中国成立后任浙江省文史馆馆员，一生主要从事教育工作，生平著作宏富。

2010年7月收到邀请函，我被邀参加8月25至28日在天津举办的"天津市十大私家藏书论坛"暨"来新夏教授米寿庆祝会"活动。与先生、师母分别三个月后，我终于可以回家了。

8月24日，怀着急切的心情独自踏上十七点五十八分的火车，由于世博会刚结束又是大学生返校的缘故，我能买到站票已经很幸运，还好二十三点就补到卧铺了。第二天上午九点到达天津站，十点多住进水上公园内的会宾园，放下行李即给先生电话报平安。电话刚拨通就传来先生焦急的声音，得知我昨夜补到卧铺才松了口气。师母说，先生为我担心了一夜，打电话又怕我站都没地方站，再接电话更累。先生让我稍作休息，下午二点回家。

午饭后，拎着送给先生、师母的礼物站在宾馆门前的路边等候出租车时心情是激动的。等了好一会儿，一辆出租车停在我跟前，我上车后才几分钟车停了，司机指着边上的一栋楼说，到了。还真近，只需八元起步价。这时先生来电，说突然想到北村要从学校的东大门进才方便，而出租车司机一般都不清楚，我被送到了西南村。先生让我在附近找个阴凉处等着，师母马上就来接我。

八九月的天津依旧很热，我躲到一家幼儿园大门边的屋檐下。不一会见师母脸上挂着汗珠，笑盈盈地来了。不多会儿，我们在几栋老式楼房之间停下，师母说："到家了。"这里的楼房都是三层的，先生家住顶楼。师母开了门，"欢迎回家！"先生洪亮的声音从右边的书房传出。

问好之后，呈上礼物，先生和师母每人两件真丝短袖衬衣，一件西式，一件中式，这是我和姐姐用大半天时间精心挑选的。先生一件是淡灰绿色，配师母那件淡红镶钻的；先生中式那件为紫红色团纹，配师母那件黑底红团花，恰似两套情侣装。一一试穿，都很合身。师母特别高兴，她说都好多年没买到这么漂亮又合身的衣服了。先生同样开心，摸着衬衣说："真滑真舒服，只有苏州买得到这么好的真丝衣服。我得把这件红的放到九十岁生日时穿。"我笑着说："放着不穿要坏的，九十岁再买。"

先生书房的几案上摆着一只超大的葫芦，我很觉新奇，先生说那是学生送的。先生又指着北墙上挂着的一幅与先生真人一般大小、形神酷似的画像自豪地说，这是中央美院壁画系的朋友给画的。

那天下午，我们聊了很多。先生、师母各签了几本著作送我，师母还给我一瓶从非洲带回来的精油，那香味是我特别喜欢的。我对先生说："这是好东西，一瓶不知要用多少朵鲜花制成呢！"先生对师母说："这下你碰到识货的人了。"说完我们都哈哈大笑起来。

这时稼句先生打来电话，说一会儿拜访先生。先生说："你一会就跟他们一起走吧。"先生是怕我又迷路了。于是，我们移至先生和师母的卧室继续喝茶。

我环顾四周，与先生两间四壁都是书柜的书房不同，这儿的墙上挂了多幅老字画，每一件都很特别，它们散发出的清雅古朴的气息，我尤其喜欢。还有一对嵌着先生、师母名字的嵌名联，内容生动，笔墨自如。这时，我突然想起曾经送给先生的那幅小画，不禁羞愧起来。

稼句、自牧、韦泱三位先生来了。问候之后，稼句先生送上一把紫砂壶和一罐好茶叶，茶壶上的字由他亲笔题写，显得格外有意义。先生接过礼物，高兴地说："这是要我独享啊！"另外两位先生也分别送上珍贵的礼物。

师友们在先生的书房探讨学问，我和师母退到师母的书房说悄悄话。见桌上摆着一帧先生和师母年轻时的照片，我竟然没大没小地问师母："您是否学生时就暗恋先生了？"师母大方地说："说不上暗恋，是一直没遇上合适的。"师母呷了口茶，接着说："我毕业后留校，那时学校有规定，不给单身女子安排房子，我只能住宿舍。后来终于分配了房子，而且就在来先生家后面，来师母见我一个人吃饭很成问题，就经常叫我来一起吃饭。来师母对我说，如果觉得不好意思就负责买菜和洗碗。就这样，我成了这家的常客，直到来师母病故。"

由于师母尚未退休，中午十二点下班回家，先生已经把饭菜都做上了。我说："师母您真有福气。"师母说："女人最大的烦心事就是做家务，但等我明年退休了就不会再让来先生做饭了。"这时稼句他们要走了，我也起身告辞。

26日下午，"天津市十大私家藏书论坛"在天津图书馆四楼会议室举行。先生穿了那件西式衬衣，淡灰绿色配上一头银丝，派头十足。师母穿了淡红色的那件，光彩照人。先生在发言中主要谈了书的功能，简要概括为两个关键词："淑世"、"润身"，很耐人寻味。整整一下午，先生一直端坐着，认真倾听每个人的发言。

27日下午，"来新夏教授米寿庆祝会"在天津图书馆四楼会议室举行。先生身穿紫红色中式上衣，胸前佩戴鲜花，喜气又精神，师母依旧穿着昨天那件。我悄悄问师母为何不穿情侣装，师母说不想抢了先生的风头，我俩相视一笑。拜见先生后，先生忙给我介绍他的得意女弟子——李冬君。先生说："别看这位师姐貌不惊人，衣着朴素，可不得了，是个博士后，你以后要多向她请教。"我连连称是。师姐拉着我的手说："先生一直在我面前念叨你这个关门弟子，今天总算见着了。"还一个劲地说先生有福气。应该说，能遇上先生这么好的老师是我有福气才对。

先生米寿庆祝会由《今晚报》的王振良主持，老寿星首先发言，随后主持人一一介绍来宾。介绍我时，振良先生说："这位一看就是典型的江南才女，能书会画……""她可是我的关门弟子啊！"没等主持人介绍完，先生忍不住大声地说，引来全场掌声。先生继续说："我之所以愿意和年轻人交往，是能让自己保持一颗年轻的心。收了关门弟子后，那颗几乎衰竭的心又澎湃起来了，哈哈！"先生的来氏幽默再次征服全场，顿时又爆发出一阵热烈的掌声和笑声。

介绍完来宾，先生接受并展示来宾的礼物，然后是来宾逐一发言。轮到我时，我说还是请前辈们多说点吧。大家一致要求我说两句，我说："那好，就说两句。一句是，先生一直以来对我的学习和生活都很关心，在拜师仪式上送我八字赠言，'博观约取，好学深思'，我会朝先生希望的方向努力；第二句，5月底先生到苏州，临别时对我说'记着回家哦'，我听了很温暖、很温暖。谢谢先生！谢谢师母！"说到这里我哽咽了。

8月28日中午，先生在天津一家老字号请我们吃正宗的狗不离包子。席间，先生说："眉眉第一次回家，总得吃顿师母包的饺子吧，晚上我亲自下厨，不走的人都来。"会议已经结束，外地来宾大多离开了，只剩下我们几个是晚间二十三点的火车。

傍晚，我们如约而至。先生正在厨房忙着，师母和她的妹妹在包饺子，我也参与其中。在师母指导下，我很快学会了，并得意地拿给先生看，先生连声称赞："孺子可教，孺子可教。"

开饭了，满满一桌香喷喷的菜，先生、师母、王振良、王稼句还有我围坐一起，品着黄酒，吃着先生亲手做的拿手菜：红烧大虾、煮花生、拌什锦、蒸香肠……热腾腾的饺子吃了一盘又盘，热闹得就像过大年。先生忙了一天竟然不知疲倦，一晚上侃侃而谈，菜吃得津津有味，酒也喝得格外豪爽。

回苏后，我常常思念师母包的饺子和先生烧的佳肴，有一天忍不住给先生打电话，我说："好思念家宴的味道。"先生说："那好办啊，什么时候再来，我和师母做给你吃。"我说："没想到先生不但学问做得好，菜也做得那么可口。"先生笑着说："我是会做一些，美食是好东西。你不下厨房吧，你一定不馋。哈哈！"先生的言下之意是说自己因为馋了才下厨房的？真是位可爱的老人。

2011年初，我接到《桃花坞岁时风情》的写作任务，因年前已经出版过一本同类题材的《古新郭风俗》而顾虑重重。先生得知后，及时给予鼓励和建议，为了消除我的顾虑还首肯为我审稿，我自然满心欢喜，轻装上阵。稿成之时我却犹豫了，想到八十九岁的先生，每天仍要做大量的学术研究及文学创作，怎么也不忍心再增加先生的负担。

先生经常感叹没有教我什么，我明白先生是担心我们的师生关系徒有虚名。其实自认识先生起，数年来先生不断地予以谆谆教诲，还不时寄来著作供我学习，有幸忝列来门后，先生更是费心从古典目录学教起……即便真如先生所言没有教我什么，纵使我愚笨学不到什么，然而先生对待生活的淡泊明志，对待工作的兢兢业业，对待学问的一丝不苟，对待创作的满腔热忱以及为当今学界作出的巨大贡献等等，终当潜移默化，令我受益终身。

先生为我所做的一切，学生感恩于心。

二〇一一年十月三十一日于苏州光福紫雨楼

原载于《友声集——来新夏教授九十初度暨从教65周年纪念集》 孙勤主编 中华书局2012年版

他在余霞满天中走进历史

焦静宜[*]

2014年3月31日下午3时10分，夫子来新夏先生遽然仙逝，于今已半年。在我心中，他并未远行。不仅仅是时时刻刻的所思所念，还有远近友朋的缅怀与追忆，都让我时时感知他从未停歇的脚步。

先生1923年农历六月初八日生，享年九十二岁。先生一生历经风雨，既有民族灾难、时代变迁，又有因政治运动而遭遇的人生坎坷，但他的不屈不挠、坚韧勤奋，非常人可比。听言观行，终其结果——先生功德圆满矣！

先生祖籍浙江萧山，为长河望族，沾溉祖荫，得祖父启蒙，故乡的哺育，使他感念至深，终生不忘。虽于少小随家北上，但一生挚爱故乡的人文山水并引以为自豪，终老仍能操乡音，最喜欢品饮的还是家乡寄来的龙井。

少年时期随父母为生活而迁徙南北，辗转就读于萧山、天津、南京诸地。漂泊磨练了意志，更涵养了他向往自由的性格。

青年时代的先生经历了人生的重大转折。1942年他考入北平辅仁大学史学系，得到陈垣、余嘉锡、张星烺、启功诸师之教，"渐窥学术门墙"。在抗战最艰苦的条件下，他发愤读书，每年以全班第一名获"勤"字奖章暨奖学金，终以优异成绩完成学业，获文学士学位。1946年毕业后回津，由于社会动荡，几经谋职，应聘至天津新学中学任教，得以养家糊口。1949年1月，天津解放。3月，即被"民青"组织推荐至北平华北大学二部学习，从此参加革命工作。为显示革命意志与旧我决裂，来新夏改名"禹一宁"，想当年的先生是多么意气风发！

---

[*] 焦静宜、南开大学出版社编审、来新夏先生夫人。

华北大学学习结业，大部分学员被分配南下到新解放区工作，先生则被留校，师从范文澜教授，专攻中国近代史。在此期间，发表了他在中国近代史领域试用新立场、新观点、新方法撰写的第一篇学术论文《太平天国底商业政策》；参加了北洋军阀档案整理工作，从而成为新中国第一批档案工作者。抗美援朝战争爆发，他积极报名参军，未获批准，于是奉范老之命撰写了《美帝侵略台湾简纪》以口诛笔伐，成为先生在新中国成立后出版的第一本著述。这是一段难忘的革命生涯。

1951年2月，南开大学历史系主任吴廷璆教授来京邀聘教师，经范老推荐，先生返津到南开大学任教，从此以教书育人为职志，笔耕舌耘六十余年。

二十世纪五十年代是火红的年代，先生以饱满的热情和旺盛的精力投入工作。他曾担任历史系秘书、教研组主任，参与教学和行政管理；曾奉派参加全国土改工作团到湖南剿匪反霸，分田分地；曾响应号召学习俄语，每天强记单词100个，两月间通过考核获得全校第二名；曾每周往返京津间学习，为了给文学院各系开设中国革命史公共必修课；他还是建国初期最早的史学刊物《历史教学》创办期的参与者之一，利用业余时间担任编委和值班编辑。在专业上，在为历史系讲授"中国近代史"诸课的同时，先生对中国史的若干问题进行了深入研究，在刻苦研读史学典籍的基础上，科研成果接连问世。《北洋军阀史略》于1957年出版，是新中国成立后的第一部北洋军阀史专著，而同时进行的清人笔记研究、林则徐年谱研究等，都是先生此时开始在史学领域的拓荒之举。1959年是中华人民共和国诞生十周年，先生应邀编写的京剧历史剧《火烧望海楼》成功上演，并获文化部二等奖。

木秀于林，风必摧之。先生的中年是在"难以言说的痛苦"中度过的。1960年，风华正茂的先生因所谓的"历史问题"，在审干中受到严格的政治审查，以"难以定论"为由被剥夺教学与研究工作的权利，不能参与社会活动，不能写署名文章，生活待遇保留，实行所谓的"内控"。自此，刚刚三十八岁的先生被投闲置散十八年。然而，正是先生的卓尔不群成就了他不凡的事业。挫折使他对人生有了新的认知，才能心无旁骛，更深地沉潜于学术研究的大海。在困顿中，30余万字的《林则徐年谱》完稿，经翻检大量清人年谱而撰写了870篇书录的《清人年谱知见录》已达50万字，由检读校图书馆所藏清人文集与笔记逐一题录的《结网录》和《清人笔记随录》亦已积稿盈尺，在文献爬梳中抄写的资料卡片达数万张……"失之东隅，收之桑榆"的些许慰藉刚刚到来，却不意"文革"爆发，家中数次遭劫，包括二十四史在内的近千册线装书和这些手抄誊清的书稿、资料均被付之丙丁。1970年至1974年，先生被勒令携眷到南郊翟庄子插队落户，匆忙之中仅随带简单行李，而残篇断章皆捆载而行。四年农耕，艰辛备尝，却得免遭批斗。白天照章下地劳动，晚间整理残稿。昏黄灯下，面对断纸裂笔，心何以堪！然先生以百折不挠的毅力，孜孜矻矻，竟历时三年，将《林则徐年谱》、《清人年谱知见录》凭记忆逐一清正，又就随身带来有关目录学的卡片和笔记，开始撰写《古典目录学浅说》。至1974年得通知返校时，遭劫残稿大多得以恢复。此乃不幸中之大幸。

1976年"文革"结束，1978年3月重返讲台，同年秋"历史问题"查清并做出结论，还一身清白。秉知恩师启功先生，得一慨叹："王宝钏寒窑十八年，终有这一天！"

"文革"后的十多年，先生曾有过他自言的"所谓'辉煌'一瞬"——1979年他被启用，在南大分校独力创办图书馆专业；1983年在南大本部再创建图书馆学系，并破格晋升教授；1984年被接连任命为图书馆学系主任、校图书馆馆长、校出版社社长兼总编辑；随之，又有多种社会兼职纷至沓来。此时的先生踔厉风发，他直言："我之所以接受这么多副重担，主要是想向南开园的人们证实我的能力和对教育事业的忠诚。我即受命任事，自当奋勉从公，以做事不做官的精神去做好各项工作。"有此根柢，他勇于任事而不避明枪暗箭，多业并举，卓有成就。二十世纪九十年代初先生从各岗位上先后离任，至今同仁间犹有"来新夏时代"之说。先生在此期间还投身于开创新中国编修地方志的工作，他参与制定条例，主持培训骨干，为建立中国新编方志学体系而深入研究方志理论，为推动和指导地方修志工作实践不辞辛苦而奔波于全国各地。这十年，既是先生为国家、为教育事业效力、付出的十年，也是先生的学术事业丰收的十年。《林则徐年谱》、《近三百年人物年谱知见录》、《北洋军阀史稿》、《古典目录学浅说》、《方志学概论》等著述的接连面世，为其事业的发展奠定了坚实的基础，后经不断奋进，方得以"纵横三学，自成一家"而享誉学界。

先生的晚年是幸福的。"衰年变法"既是先生学术观念的转变，也体现了他对自由理念的追求。他成功了——先生毅然走出纯学术的象牙之塔，用随笔的形式，把几十年来积累的学识和见解用民众可读和喜看的文字表达出来，由回归民众、贴近民众而反哺民众。十多年间，先生笔耕不辍——写读书的时有所悟，化艰深为平易；写世情百态，诠释人生；写古今人物，求历史的公允，发故旧的幽微。以求知人阅世，有益于后来。由1997年出版的第一本随笔集《冷眼热心》始，至今有《枫林唱晚》、《邃谷谈往》、《一苇争流》、《依然集》、《不辍集》等30余种随笔集奉献给大众。先生的作品得到了广大读者的喜爱和关注，而他自己也在抒怀遣兴中"似乎回归到依然故我的纯真境界"。

先生是在"难得人生老更忙"的愉悦中度过的。他带领团队按时完成了国家清史项目《清代经世文选编》，他在米寿之年出版了《近三百年人物年谱知见录》（增订本）和《书目答问汇补》两部巨著，他聚集学界才俊主编当前体例最称完备的国学基础教材《目录学读本》，他领导下的地方文献研究室为故乡萧山整理出版了百余万字的《萧山县志稿》和大型历史文献《萧山丛书》，他还每年有一两种随笔集问世。至晚，他更把推助文化繁荣视为责任和人生乐事。他不仅经常把所思所悟通过报章与读者分享，还为他人成果问世大声鼓呼，不遗余力；尤对上进的后学，则尽心扶植，乐观其成。睿智、宽厚与真诚使先生桃李满园，友朋遍南北，或有客上门，或远方飞鸿……然而先生在忙碌中生活井然有序，平时上午在电脑前读书写作，下午自娱看报待客，饮食起居，情趣怡然，还不时小有新意。2月20日，他的最后一篇随笔定稿；28日，他还在为电视台的国学普及节目录像。在大家心目中，他始终健康并快乐着，生命的奇迹当非他莫属……

先生走了。走得平静，遗容是那样安详。因为他是欣慰的。先生辛劳一生而无怨无悔，坦荡从容而无所愧疚，他用毕生努力凝结成的事功与业绩，世人自有评说。诗人邵燕祥先生唁函中称先生"余霞满天"，这也正是先生晚年的风景。先生没有停下脚步，他在余霞满天中走进历史。

感谢识与不识的关注来新夏先生的朋友们！

甲午重阳

原载于《忆弢盦：来新夏先生纪念文集》 焦静宜编 天津古籍出版社2015年版

后记

春光明媚的5月是值得纪念的日子。自2014年5月我接手《来新夏文集》的编校工作，埋首案头不觉已七度寒暑。近两个月来的加紧工作，似乎是给自己设定了一个仪式——一定要在今年5月前完成这项对我来说尤具纪念意义的工作，以确保《来新夏文集》在先生百年诞辰之际顺利面世。如今如愿以偿，心中格外欣慰。而《来新夏学记》是与《来新夏文集》相伴而生的一部纪念文集，因此这篇后记也包括了我七年来的心愿和感受。

2014年初，广东人民出版社总编辑卢家明先生惠临邃谷，在诚约书稿的同时，又与来新夏先生初定了《来新夏文集》的出版意向，而且返穗一周后即寄来出版合同，广东人民社的诚意令人感佩。我受邀加入《来新夏文集》编校工作在当年5月，先生刚刚逝去月余，其时尚心绪难平。此前，仅知先生文集由徐建华教授主持已在进行中。在先生生前工作过的南开大学地方文献研究室，我第一次见到出于众手的初稿时，深知其中既包含着建华师生前期工作的辛劳，也意味着日后工作的繁重，颇感难负仔肩。然而想到先生多年教诲，且自己又从业编辑出版多年，当责无旁贷。七年以来，幸有文集编委诸位掌握大局，又有建华先后派来本科生、研究生的协助，使《文集》的两次编校工作得以逐步推进。虽然几年来心无旁骛，努力工作，但由于利用电脑查核资料的低能，往往影响进度。好在众手捧柴，又经定稿、分卷、校核诸道把关，书稿终得杀青。

书稿中原附设"友朋评说"一卷，采择来新夏先生生前有关书评、采访若干，以备读者参考。随着编校工作的深入，关于书稿结构的立意逐渐成熟，加之来先生身后所能见到的评论、纪念文章有二百余篇，因此，2016年10月《文集》定稿会上即有"友朋评说卷"独立成书之议。时过三年，又有具相当分量的对来先生学术思想进行综论性研究的文章陆续面世，于是，2019年9月于萧山举行的"来新夏先生学术思想研讨会"期间，编委会邀集到会的有关朋友就《来新夏文集》后期工作进行研究，在得到出版社大力支持的情况下，"友朋评说卷"独立成书的意向基本确定。回津后，立即着手此项工作。先将"友朋评说卷"从《文集》中析出，可得有关文章约二十万字。其间，在完善《来新夏文集》后期工作的同时，又有多方友朋提供线索，并提出宝贵意见和建议，不仅开阔了思路，也使篇目更加丰富。至2020年6月初，书稿基本成型，随即将初选篇目交各位编委过目。6月下旬，编委陆续反馈意见，并初订书名为《来新夏学案》，以突出学术传承的主旨。之后，在书稿整理、校对的过程中，出版社又对初编篇目提出建议，认为应配合《来新夏文集》的整体规模，进一步扩大篇幅，丰富内容。于是，书稿在原有基础上得到充实，在不改变主旨的前提下扩大了外延，不局限于先生在治学方面的成就，而且涵盖了先生教书育人的业绩和淑世为人的情怀诸方面的内容。在此，衷心感谢撰稿的各位师友！抱歉的是由于篇幅所限，一些文章不得不忍痛割爱。鉴于上述，编委们几经斟酌，确定书名为《来新夏学记》。其间，正值新冠疫情肆虐，危情四伏之际，王振良先生冒酷暑通阅了全稿，并按先生平生学行将全稿厘为九编。金秋十月，柴剑虹、王振良二先生先后赐下"序"与"弁言"，至此，《来新夏学记》基本定稿。2021年4月三校竣，书稿顺利交付出版社。

先生以"立足于勤，持之以韧，植根于博，专务乎精"自勉并遵循始终，这也可以说是他一生治学精神的写照。先生被称誉"纵横三学"，晚年又以学术随笔奉献民众，一生撰著的各类文章达千余篇，约五百万字，无论大小篇章，都是用传统治学方法完成。多少年来，"如鹊运枝，如燕衔泥"，孜孜矻矻地笔耕不辍。他说自己是一个读书人，他把淑世与润身作为读书的人生圭臬，《学记》中各位师友的记述和评论，当是先生学术人生的真实见证。

《来新夏文集》和《来新夏学记》一并完成，首先要感谢编委会的诸位，他们认真负责的工作贯穿了编校文稿的全过程，其中的师友之谊、师生之情，我铭感五内，此生难忘。还要感谢七年来协助工作的信息资源管理系的多位本科生和研究生，先后有刘钰、汪汉清、伍巧、孙晓晗等，尤令我感动的是，每表谢意时，她们总是答称"先生的再传弟子，责无旁贷"。这是薪火相传的力量，也是最令人欣慰的。在此，对自《来新夏文集》交稿至今广东人民出版社历届领导始终不渝的支持和王俊辉编审及其编辑团队的辛勤工作表示诚挚感谢和敬意！

焦静宜谨记

2021年5月写于南开大学北村邃谷